高效能人士的 Excel人力资源300招

高效能精英训练营　编著

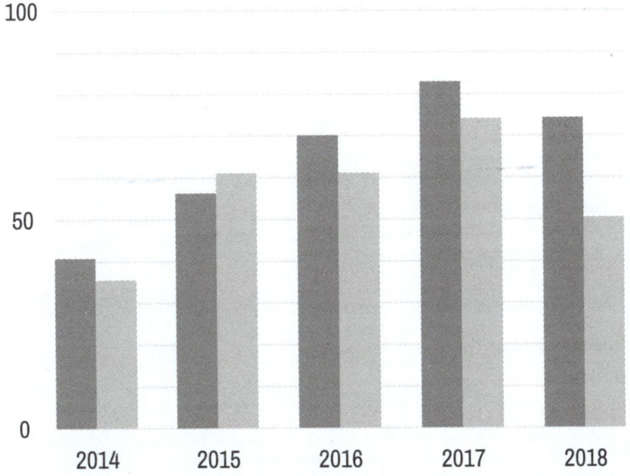

机械工业出版社

本书以 Excel 2016 为操作平台，从零基础开始，详细分析了在职场工作中遇到的 Excel 难题，以实战演练的形式，通过 300 个实用案例介绍 Excel 在人力资源办公领域的应用。

本书共 10 章，分别介绍 Excel 在人力资源中的简单应用，内容涵盖了 Excel 的基本操作、数据录入、表格优化、人力资源管理中的人力资源规划管理、人事招聘、人员配置、管理与人员培训、绩效统计、员工福利管理，以及辅助图表的插入与编辑等内容，本书提供了完整的实例素材文件，通过扫二维码或进入网盘形式以供读者下载。

本书内容丰富、步骤清晰、通俗易懂、图文并茂，可以有效地帮助用户提升 Excel 在人力资源办公中的应用水平。本书面向初级和中级用户，适合想利用 Excel 进行人力资源管理的各类人员使用，也可作为高职、高专院校相关专业、公司岗位培训或计算机培训班深入学习 Excel 的参考资料，还适合广大 Excel 爱好者阅读。

图书在版编目（CIP）数据

高效能人士的 Excel 人力资源 300 招 / 高效能精英训练营编著. —北京：机械工业出版社，2017.5

ISBN 978-7-111-56777-6

Ⅰ. ①高… Ⅱ. ①高… Ⅲ. ①表处理软件—应用—人力资源管理 Ⅳ. ① F243-39

中国版本图书馆 CIP 数据核字（2017）第 099913 号

机械工业出版社（北京市百万庄大街 22 号 邮政编码 100037）

责任编辑：丁 伦　　责任校对：张艳霞

责任印制：常天培

保定市中画美凯印刷有限公司印刷

2017 年 8 月第 1 版 · 第 1 次印刷

148mm×210mm · 11.125 印张 ·341 千字

0001—3000 册

标准书号：ISBN 978-7-111-56777-6

定价：49.90 元

凡购本书，如有缺页、倒页、脱页，由本社发行部调换

电话服务	网络服务
服务咨询热线：（010）88361066	机 工 官 网：www.cmpbook.com
读者购书热线：（010）68326294	机 工 官 博：weibo.com/cmp1952
（010）88379203	教育服务网：www.cmpedu.com
封面无防伪标均为盗版	金 书 网：www.golden-book.com

前言 Perface

凭借分析数据、执行计算、制作数据资料图表及分析变化趋势等强大功能，Excel在人事招聘、档案管理、员工培训和绩效统计等人力资源工作中占有至关重要的地位。如果读者是使用Excel的“菜鸟”，却想切实掌握软件操作；如果读者是人力资源的新人，需要提高办公能力；如果读者希望在短时间内学到更多的Excel办公知识，希望在最大程度上满足工作的需要，那么，请翻开这本“武林秘籍”，它所包含的Excel“招数”，定能让你在人力资源的“江湖”里占有一席之地。

1 本书主要内容

在利用Excel进行人力资源管理工作时，难免会遇到诸多难题，本书的主要目的就是针对人力资源管理工作中出现的问题提供解决办法，将人力资源工作细分为人力资源规划、人员招聘与配置、人力资源培训与开发、绩效管理，以及薪酬福利管理等模块，在每个模块中，既通过实例介绍Excel操作技巧，解决工作中的疑难问题，又向初涉人事工作的职场新人提供人力资源办公模板的制作方法，切切实实地提升读者Excel的应用水平。

本书共10章，结合具体实例，提供解决问题的步骤和方法，帮助读者掌握Excel技能。第1章，人力资源表格的基本操作，主要介绍了单元格、行/列、工作表和工作簿的基本操作；第2章，简单数据的数据的录入与优化，主要介绍了在Excel中输入数值、特殊符号、长串数字，以及美化工作表的技巧；第3章，表格的优化与图形插入，主要介绍了优化工作表、插入艺术字、形状及图片的方法；第4章，人力规划与招聘表格，主要介绍了人力资源规划与招聘时用到的函数与表格，包括IF函数、SUM函数、公司人才需求预测表和招聘岗位详细信息表等内容；第5章，人员管理与试用表格，主要介绍了在人员管理和试用时需要用到的函数与表格，包括AND函数、DATE函数、新员工招聘面试比较表和试用期员工转正申请表等内容；第6章，档案管理与培训表格，主要介绍了进行档案管理与培训时用到的函数及表格，包括COUNTA函数、TEXT函数、人才储备登记表和员工培训计划表等内容；第7章，绩效统计与工资表格，主要介绍了进行绩效薪酬管理时用到的函数及表格，如VLOOKUP函数、ROUND函数、员工工龄工资表和员工薪酬表等内容；第8章，员工福利与活动表格，主要介绍了进行员工福利管理时用到的函数及表格，如DATEDIF函数、INDEX函数、五险一金申请表和医疗费用报销申请表等内容；第9章，添加数据辅助图表，主要介绍了Excel图表的创建与编辑等内容；第10章，其他人力资源常用的图表及注意事项，共介绍了120例人力资源常用图表的制作及注意事项，如宝塔式企业管理结构图、年度考核分析表、职位提升程序示意图和员工工作动力测评问卷等内容。

2 本书主要特色

特色 1：针对性强，招招实用。本书没有铺排过多的理论知识，而是专注于人力资源管理领域，总结了 300 个实例，如各类函数的实际应用、图表的插入，以及透视表和透视图的应用等，每招只需 1 分钟，涉及了 Excel 的操作步骤，以及能够轻松掌握操作要领。

特色 2：案例真实，身临其境。考虑到办公的实战性，本书中的案例均为实际工作中常用的文件，如值班人员的合理调整表、员工差旅费报销单、员工工资动态分析图、住房公积金存缴限额图，以及年龄与薪资的相关性分析等，为读者营造了一个真实的办公氛围。这些案例均保留在网盘资源中，只需根据实际需要，稍加修改，即可应用到实际工作中。

特色 3：通俗易懂，图文并茂。在讲解每个实例的过程中，采用图解的方式，使用通俗易懂的语言对步骤进行说明，并赠送素材文件，以及提供语言视频教学，使讲解更加生动、有趣。

特色 4：技巧拓展，更进一步。除了正文中提到的 300 个实例，对于难以理解的要点或需要注意的事项，还进行了知识拓展，帮助读者进一步加深学习印象，掌握操作技巧，增加实例的含金量。

3 本书适用人群

如果读者是 Excel 界的“新手”，那就跟着书中的人物“新手”一起，从第 1 章开始，学习 Excel 的基本操作和技巧，并将其应用到实际工作中去。

如果读者是初涉人事工作的职场新人，想要了解 Excel 的基本操作方法，可以从目录中快速检索需要的技巧及电子表格，在掌握软件操作的基础上，深化学习，掌握不熟悉的内容，加深办公和职场方面的相关方法和技巧。

4 本书创建团队

本书由高效能精英训练营组织编写，该团队由从事职场教学及培训多年的培训师组成，培养了大量优秀的学员。具体参与编写的人员名单如下：陈寅、钟瑞、宋一迪、刘敏、向小腾、荣宇、封瑜、廖成志、冯光翰、吴艳超、李毅、向博山、刘雪莎、皮清海、涂宏佳、杜建伟、王岚、郭舒佳、易依、胡淑芳、陈远、宋瑾、柴青、钟昕、徐芳宇、戴京京、贺富强、杨玄、张梦婷、李杏林等。

由于时间仓促，编者水平有限，书中难免疏漏于不妥之处。在感谢读者选择本书的同时，也希望能够把对本书的意见和建议告诉我们（具体联系方式请参看图书封底上的电话及二维码）。

目录 Contents

第 4 章 人力规划与招聘表格

第 5 章 人员管理与试用表格

第 6 章 档案管理与培训表格

第 7 章 绩效统计与工资表格

第 8 章 员工福利与活动表格

第 9 章 添加数据辅助图表

第 10 章 其他人力资源常用的图表及注意事项

Part One

第 1 章 人力资源表格的基本操作

Excel 是 Microsoft Office 办公软件套装的组成部分，具有强大的报表制作、数据分析与管理和图表添加等功能。本章从文档、工作表和单元格 3 方面入手，从广到细，由浅入深，介绍了利用 Excel 软件制作人力资源表格时所需掌握的基本操作，帮助用户从零基础开始学习 Excel 办公软件。

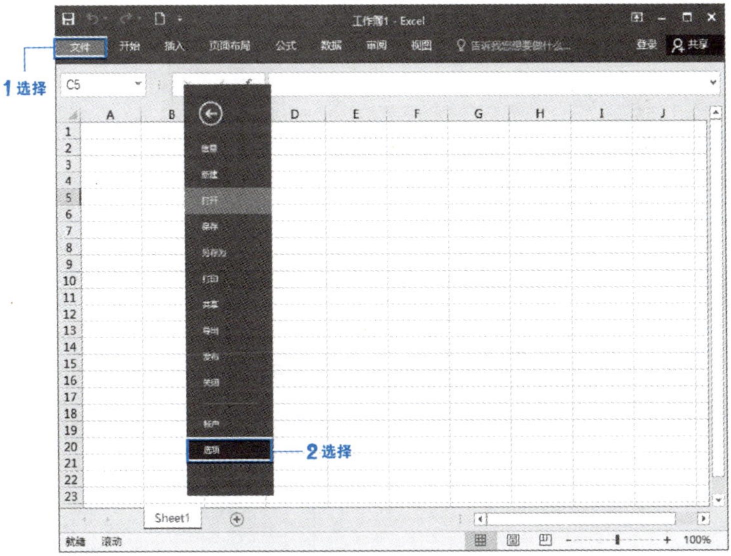

实例 001 文档、工作表和单元格

难度系数：★★★　适用版本：07/13/16/17

技巧介绍： 新进人事部的小白接到指示，初次接触 Excel 首先得了解 Excel 的组成。Excel 文档由若干个工作表组成，工作表由单元格组成，单元格是 Excel 工作簿的基本组成单位。

① 通常所说的 Excel 文件，就是指工作簿文件，其扩展名为 .xlsx，如图 1-1 所示，双击即可打开工作簿文件。

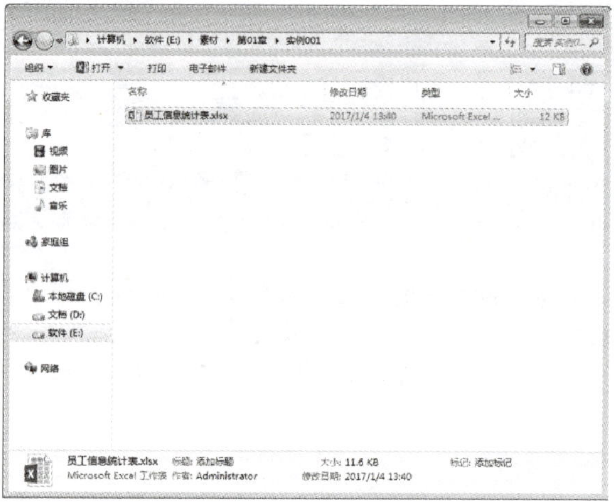

图 1-1　Excel 文档

② 打开 Excel 文档后，在工作簿窗口底部看到的 Sheet1 标签表示的是工作表，可以通过单击“新工作表”按钮添加工作表。

③ 在每个工作表内，被网格线纵横隔开的是单元格，按所在的行列位置命名，数据的输入和修改都是在单元格中进行的，如图 1-2 所示。

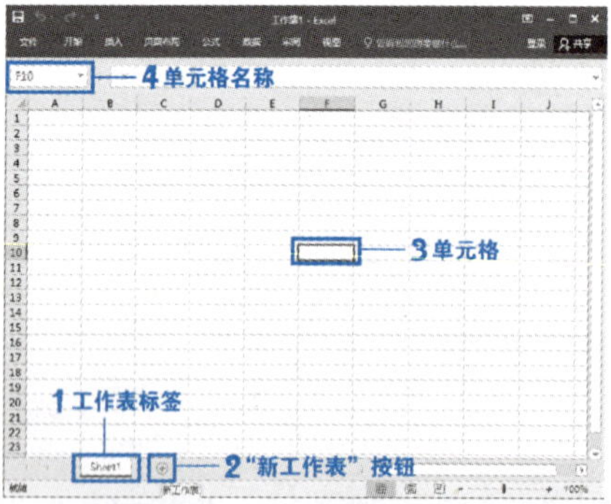

图 1-2　工作表区

技巧拓展

在 Excel 中，工作表内从左到右的方向被称为行，从上到下的方向被称为列，共有 1048576 行和 16384 列，如果想快速移至最后一行或最后一列，在工作表中选中任意单元格，按键盘上的【Ctrl+ 方向键】组合键即可，【←】【↑】【↓】和【→】4 个方向键代表是 4 个方向，与【Ctrl】键组合，可以快速移至最底行或最右列，以及最左行或最左列。

Extra tip

实例 002 快速创建空白工作簿

难度系数：★★★ 适用版本：07/13/16/17

技巧介绍： 对 Excel 有了最基本的了解之后，小白开始着手创建工作簿，如何快速、简单地创建空白工作簿呢？

① 单击“开始”按钮，选择“所有程序”→Excel 2016 命令，如图 1-3 所示。

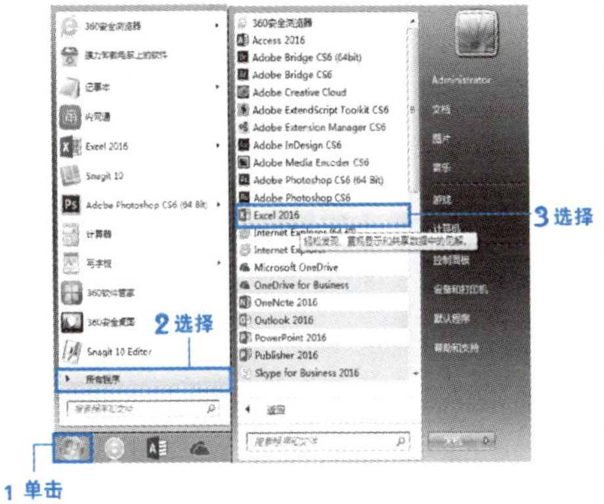

图 1-3 选择 Excel 2016 命令

② 启动 Excel 应用程序，在工作界面中选择“空白工作簿”选项，快速创建空白工作簿，如图 1-4 所示，即可在工作簿中输入所需的数据内容。

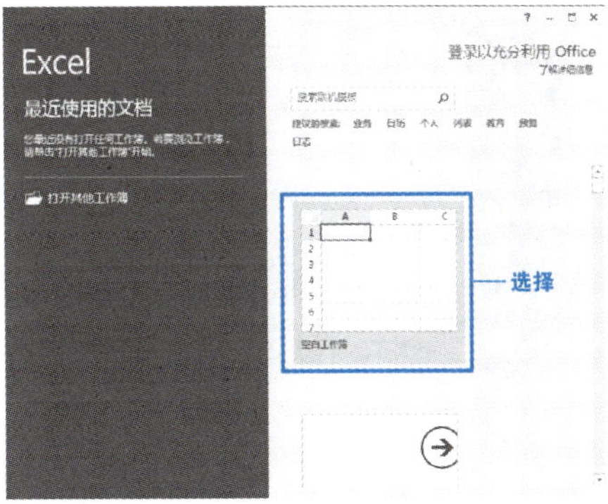

图 1-4 创建空白工作簿

技巧拓展

打开 Excel 应用程序后，通过单击“自定义快速访问工具栏”按钮，从打开的下拉菜单中选择“新建”命令，将其添加至快速访问工具栏中，单击“新建”按钮，如图 1-5 所示，或按【Ctrl+N】组合键，也可快速创建空白工作簿。

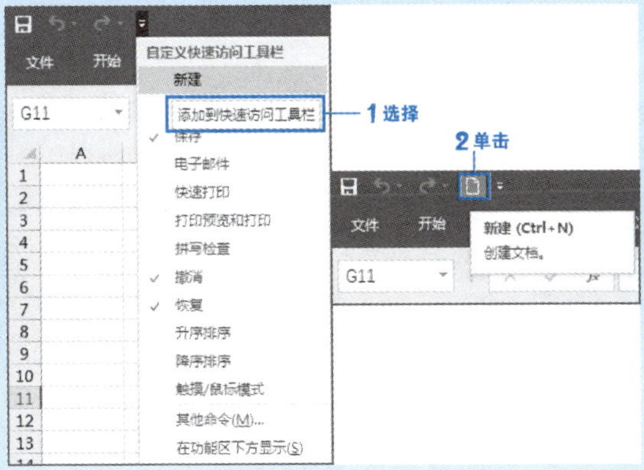

图 1-5 新建工作簿

Extra tip

实例 003 创建有内容的工作簿

难度系数：★★★ 适用版本：07/13/16/17

技巧介绍： 在“新建”工作界面中，除了“空白工作簿”外，还有许多已经包含数据内容的工作簿。这些是 Excel 联机模板，可以直接从因特网上下载并应用，从而创建“有内容”的工作簿。

① 启动 Excel 应用程序，在工作界面中选择“员工培训跟踪器”选项，如图 1-6 所示。

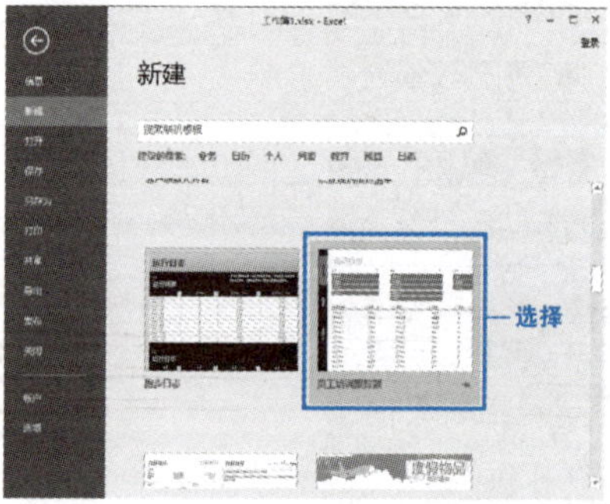

图 1-6 选择“员工培训跟踪器”选项

② 将打开“员工培训跟踪器”文档的详情界面，其中介绍了此模板的具体内容及用途，单击“创建”按钮，Excel 将下载并打开此联机模板，如图 1-7 所示。

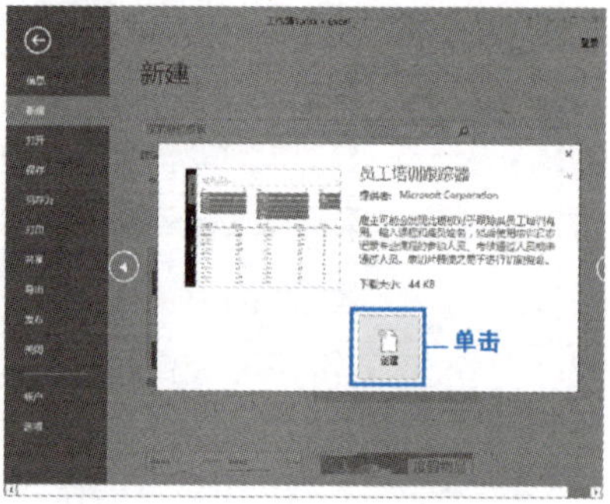

图 1-7 模板详情

技巧拓展

在下载模板的基础上，根据实际工作情况，对表格内容进行修改，省去从头制作工作簿的步骤，提高了工作效率。

Extra tip＞＞＞＞＞＞＞＞＞＞＞＞＞

实例 004 保存文档与副本

难度系数：★★★ 适用版本：07/13/16/17

技巧介绍： 对 Excel 的摸索已花费了不少时间，却不幸碰到停电，小白之前的辛苦全部泡汤。为了减少不必要的损失，在录入数据内容之前，当务之急是保存所创建的文档。

① 在“快速访问工具栏”中预设了“保存”按钮，单击“保存”按钮，或按【Ctrl+S】组合键，在打开的“另存为”窗口中选择“这台电脑”或“浏览”选项，弹出“另存为”对话框，如图 1-8 所示。

② 在“另存为”对话框中设置文件的保存路径、文件名及保存类型，单击“保存”按钮，如图 1-9 所示。

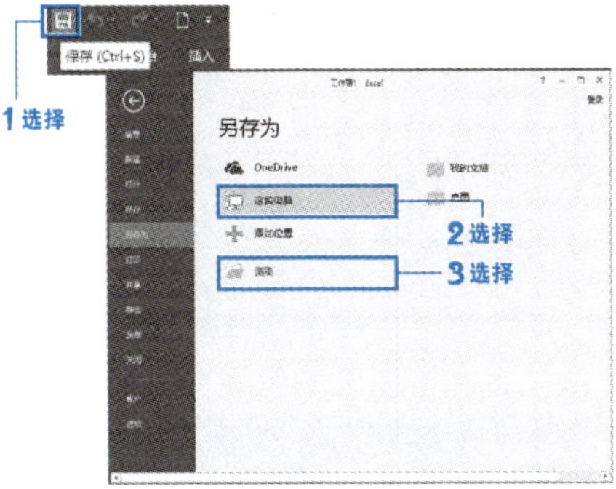

图 1-8　“另存为”窗口

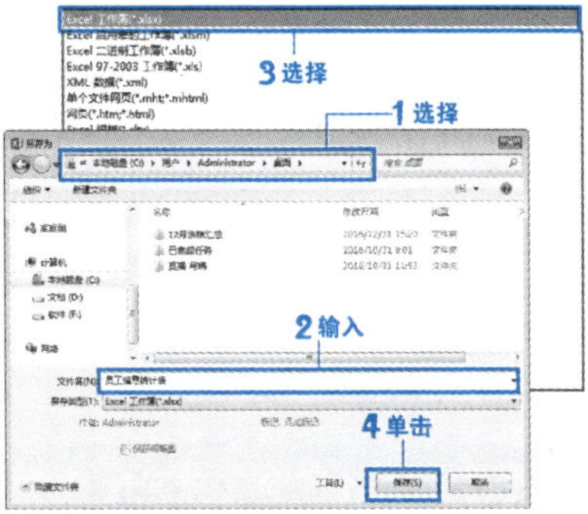

图 1-9　“另存为”对话框

技巧拓展

对于已经保存过一次的 Excel 文档，按【F12】键，即可弹出“另存为”对话框，从而将制作的电子表格文件保存为副本。

Extra tip ›››››››››››››

实例 005 将表格保存为模板

难度系数：★★★　适用版本：07/13/16/17

技巧介绍：“保存类型”下拉列表框中有一个“Excel 模板 (*.xltx)”选项，通过它可以将自制的电子表格保存为模板，当遇到类似需求时，不需要重新制作，在模板的基础上进行数据录入即可。

① 在 Excel 中打开“素材\第 01 章\实例 005\电话号码表 .xlsx”文件，按【F12】键，在弹出的“另存为”对话框中设置文件名，将“保存类型”设置为“Excel 模板 (*.xltx)”，文件的保存路径为默认，如图 1-10 所示，单击“保存”按钮。

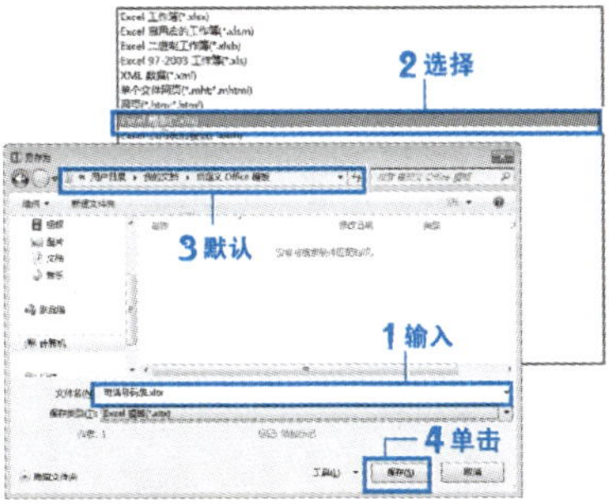

图 1-10　设置保存类型

② 重新启动 Excel 应用程序，在“新建”选项组中选择“个人”选项卡，选择保存的“电话号码表”模板，即可应用该工作簿模板，如图 1-11 所示。

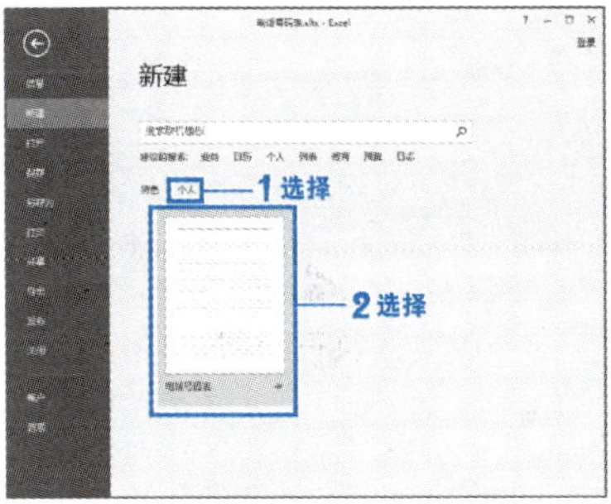

图 1-11　选择模板

技巧拓展

在“保存类型”下拉列表框中，可将文件保存为多种类型，如 Excel 工作簿、Excel 启用宏的工作簿、Excel 97-2003 工作簿、单个文件网页和模板等。

Extra tip >>>>>>>>>>>>>

实例 006 打开指定的文档

难度系数：★★★　适用版本：07/13/16/17

技巧介绍： 在制作报表的过程中，小白打开其他 Excel 文档作为参考，可是文档分散在各文件夹中，此时就要学会对 Excel 进行设置，可以打开指定目录中的文档，以提高工作效率。

❶ 要在 Excel 中实现打开指定目录中的文档，可以选择“文件”选项卡，选择“选项”命令，如图 1-12 所示。

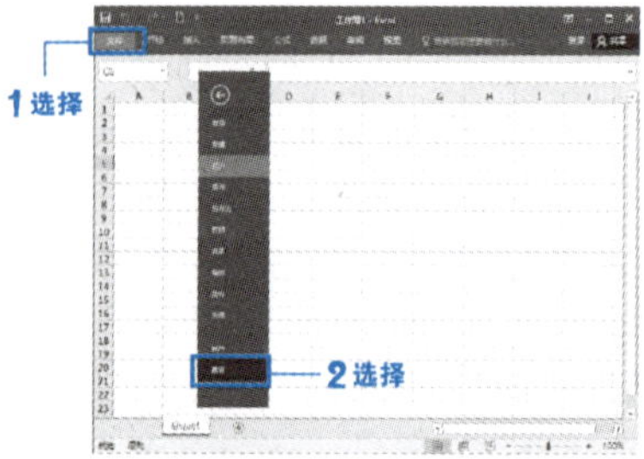

图 1-12　选择“选项”命令

❷ 在弹出的对话框中选择“高级”选项，在“启动时打开此目录中的所有文件”文本框中输入文档所在目录，单击“确定”按钮，如图 1-13 所示。

❸ 关闭并重新启动 Excel 应用程序，将自动打开该目录中的文件。

图 1-13　设置文档所在目录

技巧拓展

将需要自动打开的文档放在指定目录位置：C:\Program Files (x86)\Microsoft Office\root\Office16\XLSTART，如图 1-14 所示，每次启动 Excel 时，该目录下的文档均会被自动打开。

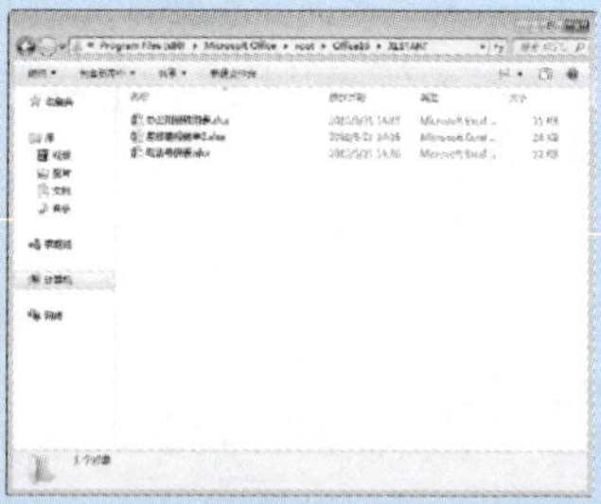

图 1-14　默认打开位置

Extra tip >>>>>>>>>>>>>

实例 007 自动保存文档

难度系数：★★★　适用版本：07/13/16/17

技巧介绍： 小白没有养成保存的习惯，这次系统又崩溃了，小白开始担心之前所做的工作全部白费。其实，Excel 还提供了自动保存，默认每隔 10 分钟就会对正在编辑的文档自动保存一次。

❶ 选择“文件”选项卡，选择“选项”命令，如图 1–15 所示，打开“Excel 选项”对话框。

❷ 选择“保存”选项，设置“保存自动恢复信息时间间隔”为 5 分钟，选择“如果我没保存就关闭，请保留上次自动保存的版本”复选框，单击“确定”按钮，如图 1–16 所示。设置完成后，Excel 便会按照设置的时间间隔将文件保存在指定目录中，可以从目录文件夹中寻找自动保存的文件。

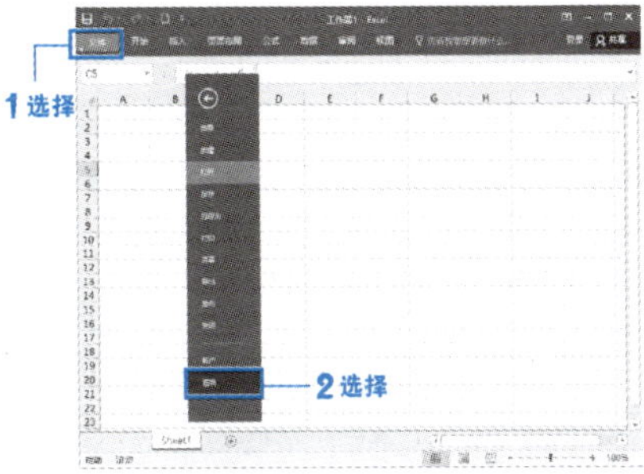

图 1–15　选择“选项”命令

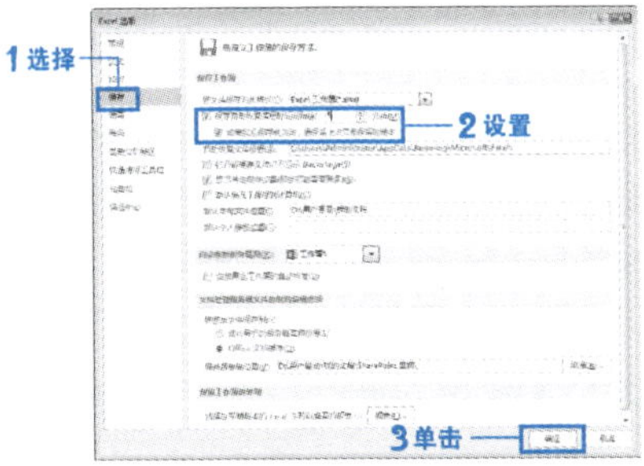

图 1–16　设置自动保存

技巧拓展

可以根据需要修改自动保存文件的位置，在“自动恢复文件位置”文本框中输入新的目录位置即可。

Extra tip >>>>>>>>>>>>

实例 008 恢复未保存的文档

难度系数：★★★　适用版本：07/13/16/17

技巧介绍： 其实 Excel 除了可以按照时间间隔自动保存文档这一功能外，Excel 还可恢复未保存的文档，即使在退出 Excel 之前未保存文档，也可以恢复到最近一次的自动备份。

❶ 选择“文件”选项卡，选择“打开”命令，单击“恢复未保存的工作簿”按钮，如图 1–17 所示。

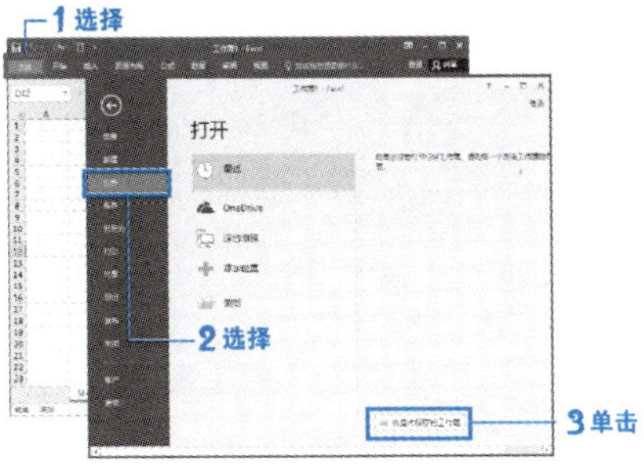

图 1–17　恢复未保存的工作簿

② 打开如图 1–18 所示的对话框，从该工作目录中选择需要恢复的文件，单击“打开”按钮，即可自动恢复未保存的文档。

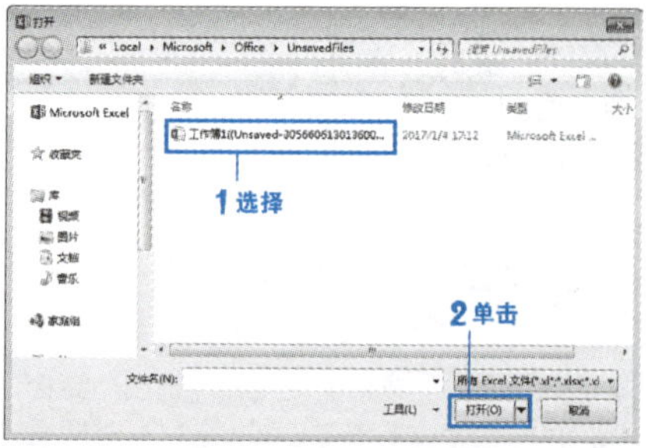

图 1–18 文档所在目录

技巧拓展

未保存的文档默认存储在 C:\Users\Administrator\AppData\Local\Microsoft\Office\UnsavedFiles 路径中，也可以直接从目录位置打开文件。

Extra tip

实例 009 合并与拆分单元格

难度系数：★★★　适用版本：全版本

技巧介绍： 在制作报表的过程中，为了工作表的美观，需要对某些单元格区域进行合并。其实只需单击一个简单的按钮即可，对于某些合并的单元格区域，也可进行拆分操作。

① 在 Excel 中打开“素材\第 01 章\实例 009\员工信息统计表.xlsx”文件，选择 A1:H1 单元格区域，选择“开始”选项卡，在“对齐方式”组中单击“合并后居中”按钮，如图 1–19 所示。

② 选择合并后的 A1 单元格，再次单击“合并后居中”按钮，或单击“合并后居中”下拉按钮，选择“取消单元格合并”选项，如图 1–20 所示，即可拆分合并的单元格。

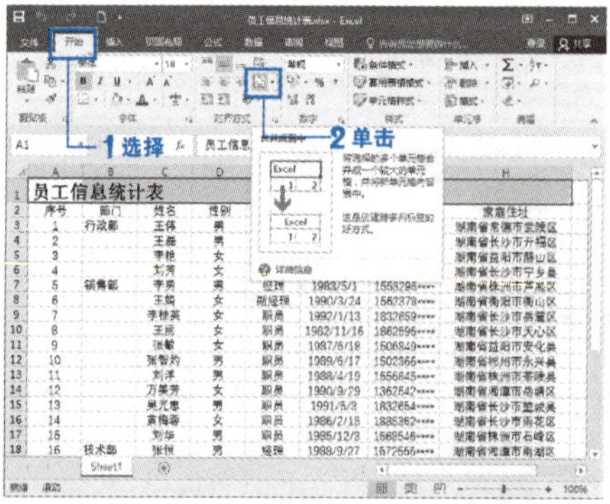

图 1–19 合并单元格 –1

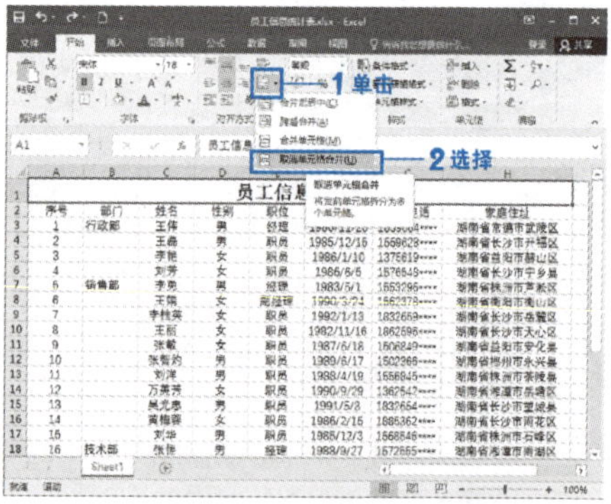

图 1–20 拆分单元格

技巧拓展

选择 A1:H1 单元格区域并右击，在弹出的快捷菜单中选择“设置单元格格式”命令，如图 1-21 所示，弹出“设置单元格格式”对话框，选择“对齐”选项卡，选择“合并单元格”复选框，如图 1-22 所示，也可对单元格区域进行合并。

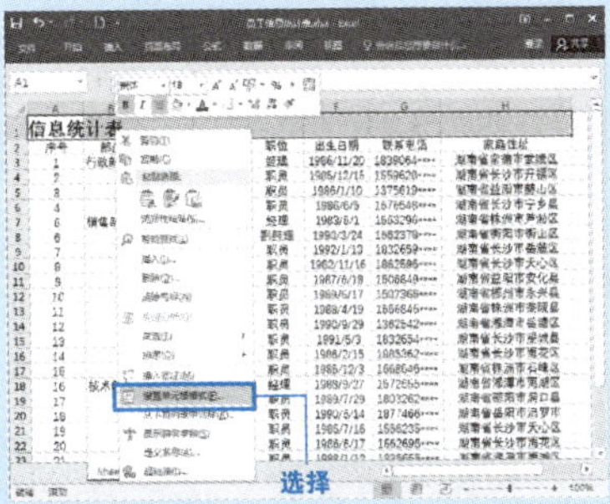

图 1-21　选择“设置单元格格式”命令

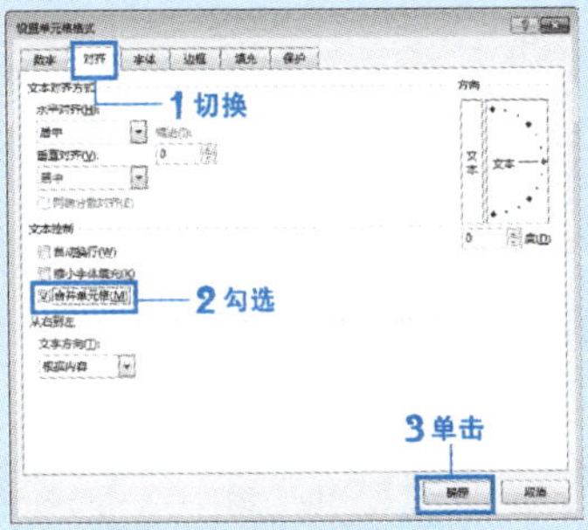

图 1-22　合并单元格 -2

Extra tip >>>>>>>>>>>>

实例 010　在指定位置插入行或列

难度系数：★★★　适用版本：全版本

技巧介绍： 这次公司来了一位新同事，需要增加新员工信息，小白犯难了，如何在写满了的工作表中继续增减行或列，对工作簿进行及时修改呢？

① 在 Excel 中打开“素材\第 01 章\实例 010\员工信息统计表 .xlsx”文件，选择 B 列单元格区域并右击，在弹出的快捷菜单中选择“插入”命令，如图 1-23 所示，即可在 B 列左侧插入新的一列，输入相关内容即可。

② 选择第 7 行单元格区域并右击，在弹出的快捷菜单中选择“插入”命令，如图 1-24 所示，即可在第 7 行上方插入新的一行，输入新员工的相关信息。

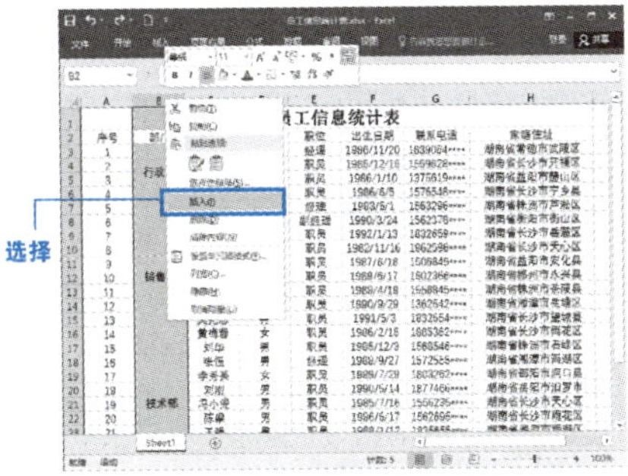

图 1-23　插入一列

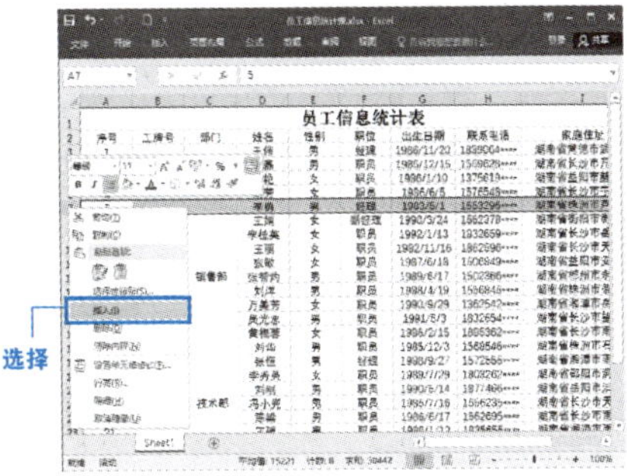

图 1-24　插入一行

技巧拓展

Excel 也可以一次插入多行或多列，选择第 9 ~ 11 行并右击，在弹出的快捷菜单中选择“插入”命令，结果如图 1-25 所示，即可一次插入 3 行。

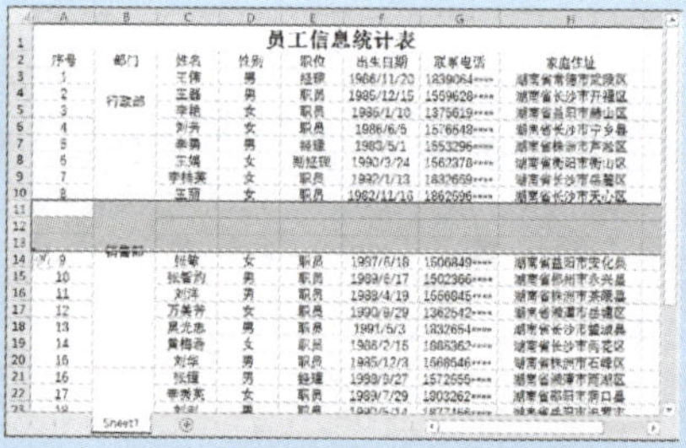

图 1-25　插入多行

Extra tip >>>>>>>>>>>>>

实例 011　删除多余的行或列

难度系数：★★★　适用版本：全版本

技巧介绍：　小白在工作表中插入了新的行与列，发现工作表中有些行与列的内容只起到辅助作用，里面还存在一些空行，需要删除这些多余的行或列，以保证工作表的有效性。

① 在 Excel 中打开“素材 \ 第 01 章 \ 实例 011\ 员工信息统计表 .xlsx”文件，选择“序号”列单元格区域并右击，在弹出的快捷菜单中选择“删除”命令，如图 1-26 所示，即可删除“序号”列。

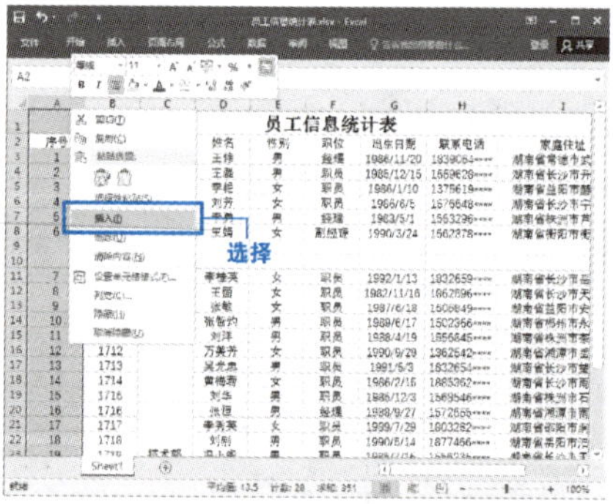

图 1-26　删除列

② 选择第 9 和第 10 行单元格区域并右击，在弹出快捷菜单中选择“删除”命令，删除工作表中的空行，如图 1-27 所示。

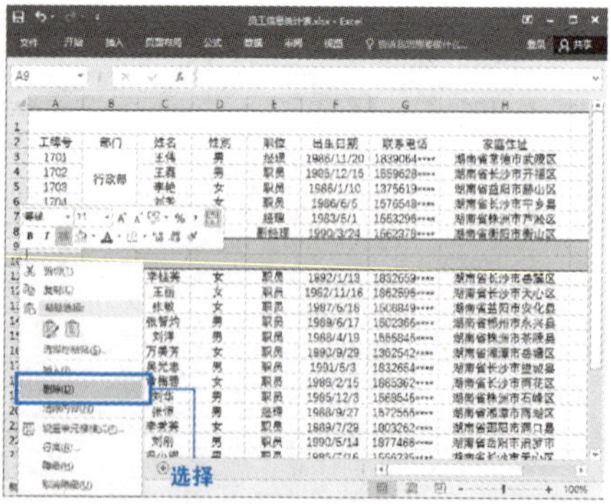

图 1-27　删除行

技巧拓展

若直接按【Delete】键，将删除单元格中的内容，变成空行或空列，而不能将行或列删除。

Extra tip >>>>>>>>>>>>>

第1章 第2章 第3章 第4章 第5章 第6章 第7章 第8章 第9章 第10章

实例 012 冻结表头

难度系数：★★★　适用版本：全版本

技巧介绍： 小白打开了一份很长的文档，因看不到表头，不停地在表头和行、列之间切换，看得头昏眼花。其实通过冻结窗格，可以将表头一直置于工作表顶端。

❶ 在 Excel 中打开“素材\第 01 章\实例 012\员工自评表 .xlsx”文件，选中合并后的 A6 单元格，选择“视图”选项卡，在“窗口”组中单击“冻结窗格”下拉按钮，选择“冻结拆分窗格”选项，如图 1–28 所示。

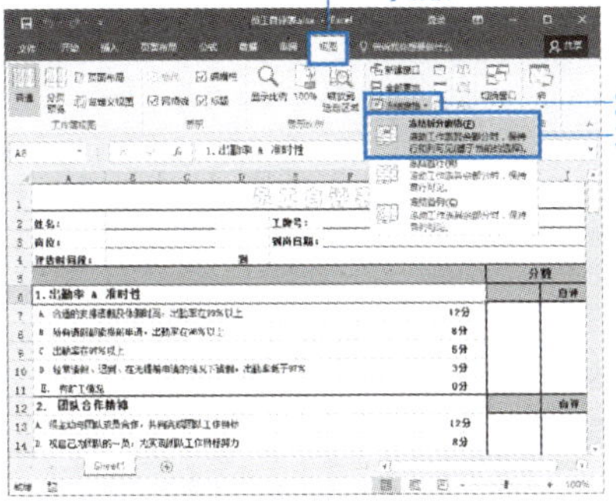

图 1–28　选择“冻结拆分窗格”选项

❷ 当向下或向右移动滚动条时，第 1 至 5 行单元格区域始终保持可见，方便对数据内容进行管理，如图 1–29 所示。

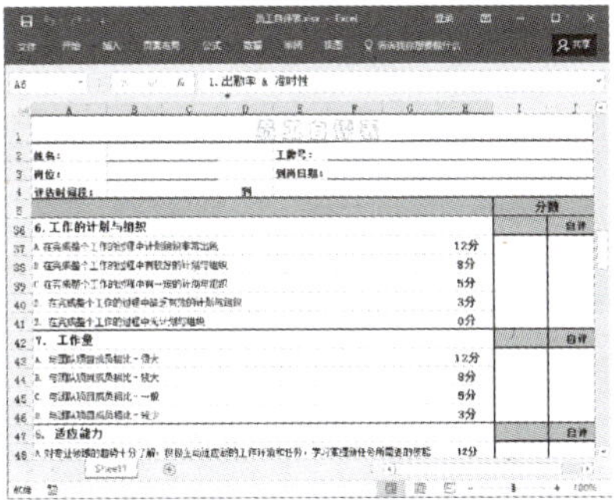

图 1–29　冻结效果

❸ 选择“视图”选项卡，在“窗口”组中单击“冻结窗格”下拉按钮，选择“取消冻结窗格”选项，即可解除对行和列的锁定，取消冻结窗格功能，如图 1–30 所示。

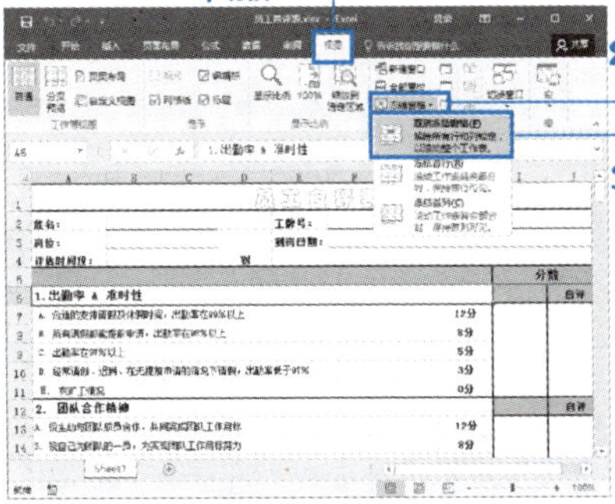

图 1–30　取消冻结窗格

技巧拓展

选择“视图”选项卡，在“窗口”组中单击“冻结窗格”下拉按钮，选择“冻结首行”或“冻结首列”选项，即可快速冻结第 1 行或 A 列单元格区域。

Extra tip

实例 013 在指定位置插入单元格

难度系数：★★★ 适用版本：全版本

技巧介绍： 小白在检查报表的过程中，发现出现了漏记数据的情况，可是又没有空白单元格可以输入新的数据。在 Excel 中可以插入行和列，也可以在指定位置快速插入单元格。

① 在 Excel 中打开“素材\第 01 章\实例 013\员工信息统计表.xlsx”文件，可以看到其“工牌号”一列中漏记了 1717 号，选择 A16 单元格并右击，在弹出的快捷菜单中选择“插入”命令，如图 1-31 所示，弹出“插入”对话框，选择“活动单元格下移”单选按钮，单击“确定”按钮，A16 单元格将向下移，在插入的单元格中可以输入需要添加的内容。

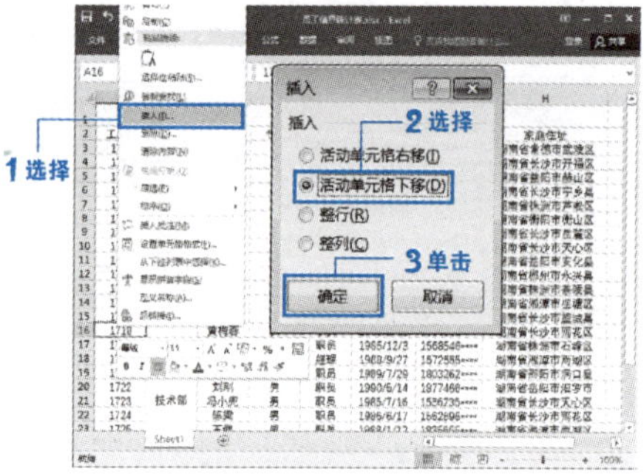

图 1-31 插入单元格

② 如果选择“活动单元格右移”单选按钮，A16 单元格将向右移，插入新的单元格，如图 1-32 所示。

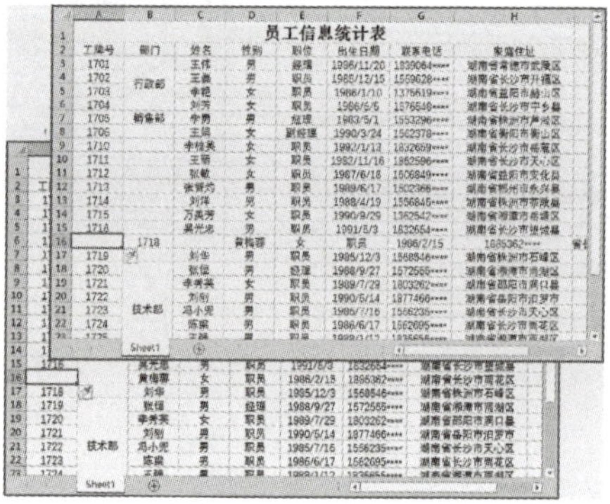

图 1-32 插入效果

技巧拓展

在打开的素材文件中，漏记了 1707 ~ 1709 号，难道需要连续 3 次执行“插入”操作吗？同插入行或列的功能一样，Excel 可以一次插入多个单元格，选择 A9:A11 单元格区域并右击，在弹出的快捷菜单中选择“插入”命令，在弹出的“插入”对话框中选择“活动单元格下移”单选按钮，单击“确定”按钮，即可一次插入 3 个单元格，结果如图 1-33 所示。

图 1-33 插入多个单元格

Extra tip

实例 014 删除多余的单元格

难度系数：★★★　适用版本：全版本

技巧介绍： 由于小白的大意和疲劳，发现工作表中有几处重复输入了相同的数据，对于重复输入和不需要的单元格，可以直接采取删除措施。

① 在 Excel 中打开“素材\第 01 章\实例 014\员工信息统计表 .xlsx”文件，可以看到其“工牌号”一列中录入了两个 1716 号，选择 A19 单元格并右击，在弹出快捷菜单中选择“删除”命令，如图 1-34 所示。

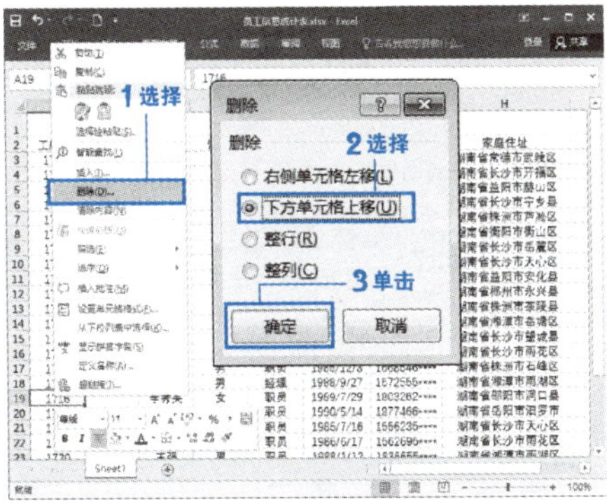

图 1-34　删除单元格

② 弹出“删除”对话框，选择“下方单元格上移”单选按钮，单击“确定”按钮，如图 1-34 所示，A19 单元格将向上移，如果选择“右侧单元格左移”单选按钮，A19 单元格将向左移。

技巧拓展

同删除行或列一样，按【Delete】键只能删除单元格中的内容。

Extra tip ＞＞＞＞＞＞＞＞＞＞＞＞

实例 015 快速设置单元格格式

难度系数：★★★　适用版本：全版本

技巧介绍： 小白发现工作表中还有许多货币符号，单元格中的字体不一致，有些单元格还有背景色，这些都是通过设置单元格格式完成的，掌握快速的设置方法，对提高制表速度有很重要的作用。

① 在 Excel 中打开“素材\第 01 章\实例 015\员工信息统计表 .xlsx”文件，选择“开始”选项卡，单击“字体”“对齐方式”或“数字”组中的“对话框启动器”，如图 1-35 所示，弹出“设置单元格格式”对话框，如图 1-36 所示。

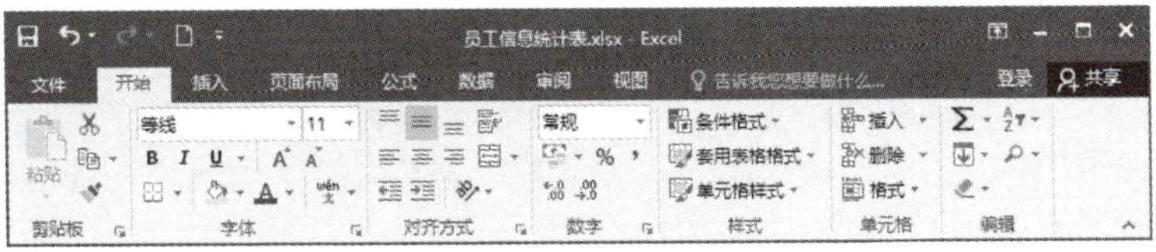

图 1-35　对话框启动器

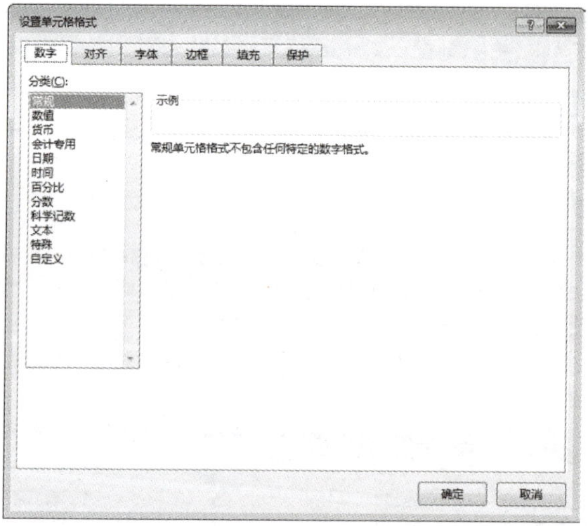

图 1-36 “设置单元格格式”对话框

❷ 以为表格区域设置边框格式为例，选择 A2:H28 单元格区域并右击，在弹出的快捷菜单中选择“设置单元格格式”命令，如图 1-37 所示，弹出“设置单元格格式”对话框。

❸ 选择“边框”选项卡，选择边框样式和预置位置，如图 1-38 所示，单击“确定”按钮，即可为表格区域设置边框。

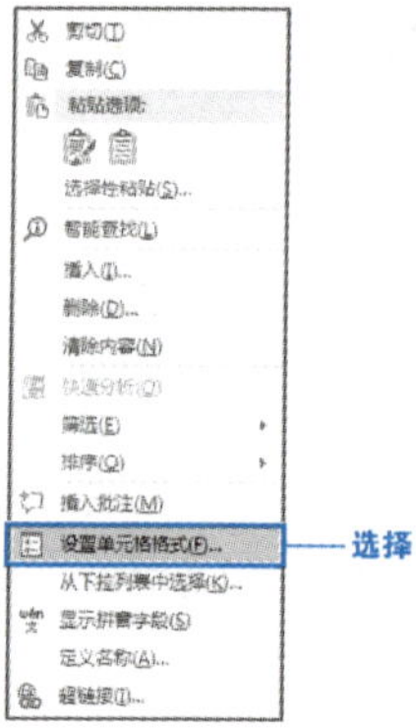

图 1-37 选择“设置单元格格式”命令

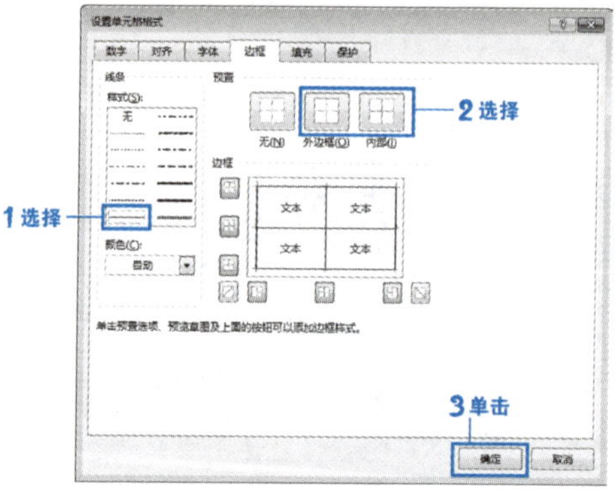

图 1-38 设置边框

技巧拓展

按【Ctrl+1】组合键，也可快速打开“设置单元格格式”对话框。

在“设置单元格格式”对话框中，可以设置单元格的数字格式、对齐方式、字体样式、边框样式、填充样式和保护模式等。

Extra tip >>>>>>>>>>>>

实例 016 隐藏和显示行或列

难度系数：★★★　适用版本：全版本

技巧介绍： 打开工作表后，小白发现公司明明有 40 位在职员工，这张表上却只记录了 35 位，这是由于隐藏了特定的单元格数据，以保护数据的隐私，防止他人修改报表数据。

❶ 在 Excel 中打开“素材\第 01 章\实例 016\员工信息统计表.xlsx”文件，隐藏第 3 行及“联系电话”一列数据内容。选择第 3 行单元格区域并右击，在弹出的快捷菜单中选择“隐藏”命令，如图 1-39 所示，第 3 行及行标一起被隐藏起来。

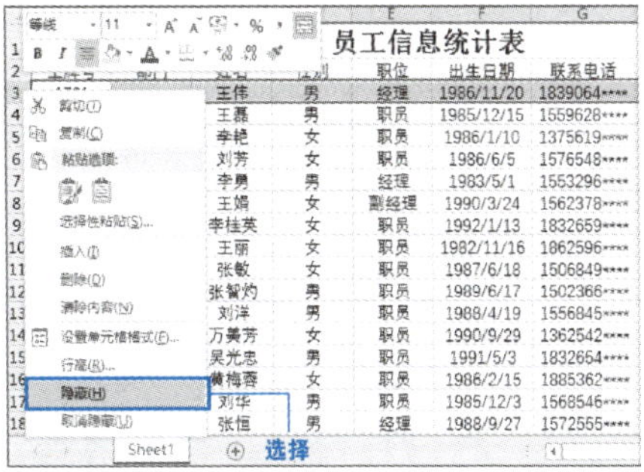

图 1-39　快捷菜单隐藏

❷ 选择 G 列单元格区域，选择“开始”选项卡，在“单元格”组中单击“格式”下拉按钮，选择“隐藏和取消隐藏”→“隐藏列”选项，如图 1-40 所示，G 列及列标一起被隐藏起来。

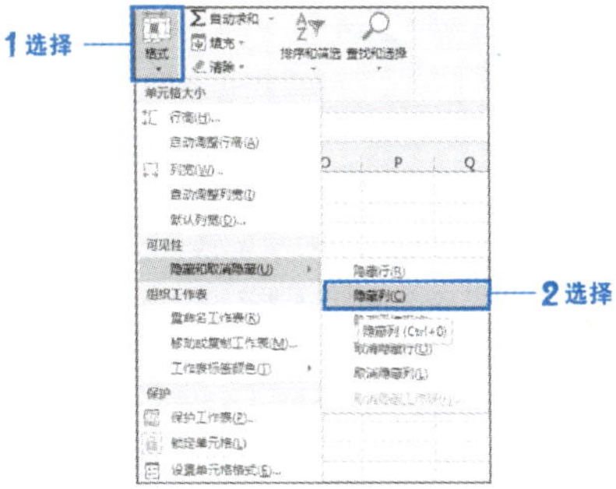

图 1-40　功能区隐藏

❸ 如果需要显示隐藏的行或列，先选中包括隐藏行或列在内的多行或多列。选择第 2 ~ 4 行单元格区域并右击，在弹出的快捷菜单中选择“取消隐藏”命令，如图 1-41 所示，将显示被隐藏的第三行。

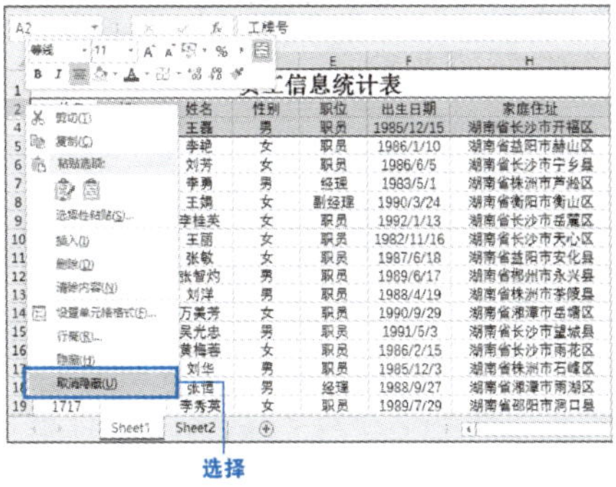

图 1-41　快捷菜单取消隐藏

❹ 选择第 F ~ H 列单元格区域，选择“开始”选项卡，在“单元格”组中单击“格式”下拉按钮，选项“隐藏和取消隐藏”→“取消隐藏列”选项，如图 1-42 所示，将显示被隐藏的 H 列。

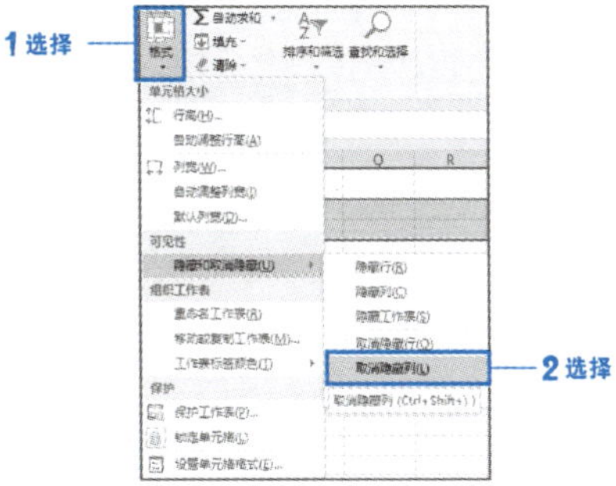

图 1-42　功能区取消隐藏

第1章 第2章 第3章 第4章 第5章 第6章 第7章 第8章 第9章 第10章

技巧拓展

隐藏行的快捷键为【Ctrl+9】；隐藏列的快捷键为【Ctrl+0】；取消隐藏行的快捷键为【Ctrl+Shift+(】；取消隐藏列的快捷键为【Ctrl+Shift+)】。

Extra tip >>>>>>>>>>>>

实例017 新建工作表

难度系数：★　适用版本：07/13/16/17

技巧介绍： 小白发现自己的数据都集中在一张工作表里，而同事的却按类别存放在不同的工作表里。这是 Excel 2016 的默认设置，也可以根据需要添加工作表，使 Excel 文档条理清晰。

在 Excel 中打开“素材\第 01 章\实例 017\员工信息统计表.xlsx”文件，工作表中只有“行政部”员工的相关信息，现在需要将其他部门的员工信息添加到新工作表中。右击 Sheet1 工作表标签，在弹出的快捷菜单中选择“插入”命令，在弹出的“插入”对话框中选择“工作表”选项，单击“确定”按钮，如图 1-43 所示，即可在 Sheet1 工作表左侧插入 Sheet2 工作表。

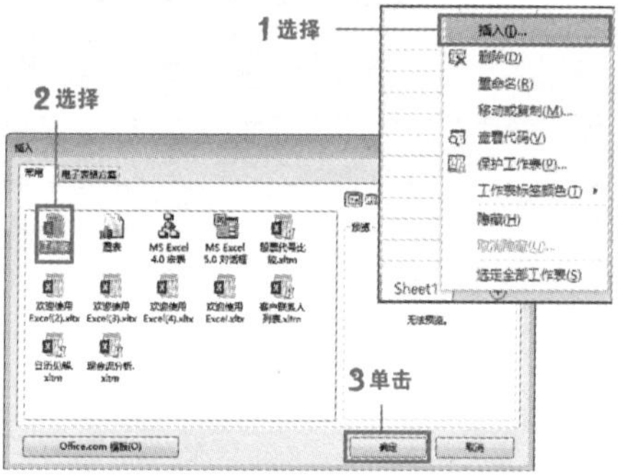

图 1-43　插入工作表

技巧拓展

单击工作表区底部工作表标签右侧的“新工作表”按钮，也可以在 Sheet1 右侧新建 Sheet3 工作表，如图 1-44 所示。

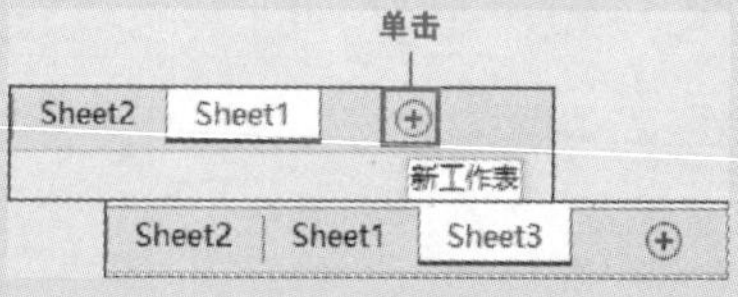

图 1-44　新建工作表

Extra tip >>>>>>>>>>>>

实例 018 删除和切换工作表

难度系数：★★★　适用版本：全版本

技巧介绍： 小白看到同事在多个工作表间切换自如，并快速地删除不需要的工作表，便向同事请教删除和切换的方法。

❶ 在 Excel 中打开“素材\第 01 章\实例 018\员工信息统计表.xlsx”文件，其中共有 5 个工作表，其中“统计总表”工作表包含全部员工信息，其余工作表则记录各部门员工信息，单击各工作表标签，即可切换至不同的工作表中，如图 1–45 所示。

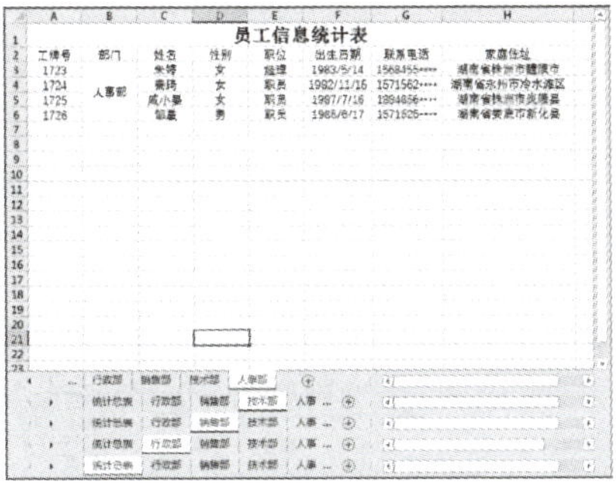

图 1–45　切换工作表

❷ 切换至“统计总表”工作表中，右击工作表标签，在弹出的快捷菜单中选择“删除”命令，在弹出的提示框中单击“删除”按钮，即可删除“统计总表”工作表，如图 1–46 所示。

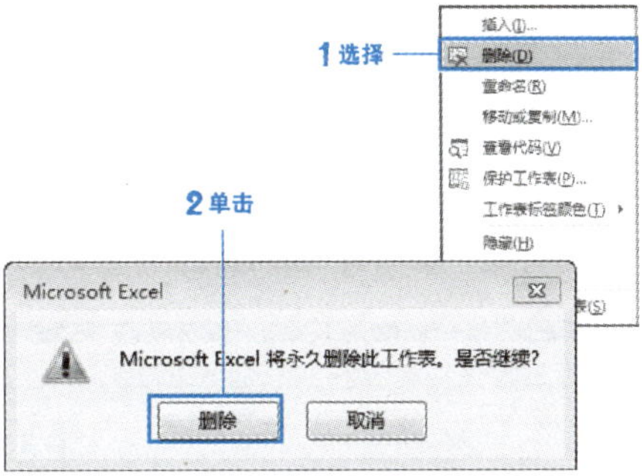

图 1–46　删除工作表

技巧拓展

通过按【Ctrl+PageUp】组合键可以切换至上一张工作表，通过按【Ctrl+PageDown】组合键可以切换至下一张工作表。

Extra tip ›››››››››››››

实例 019 隐藏和显示工作表

难度系数：★★★　适用版本：07/13/16/17

技巧介绍： 小白终于新建了多个工作表，却被要求将其中一个工作表隐藏起来，以保护工作表中的数据，防止他人查看和修改。该如何隐藏工作表呢？隐藏了后又如何显示呢？

第1章 第2章 第3章 第4章 第5章 第6章 第7章 第8章 第9章 第10章

① 右击要隐藏的工作表标签，在弹出的快捷菜单中选择“隐藏”命令，如图 1–47 所示。

② 切换至“销售部”工作表中，选择“开始”选项卡，在“单元格”组中单击“格式”下拉按钮，选择“隐藏和取消隐藏”→“隐藏工作表”选项，如图 1–48 所示，隐藏“销售部”工作表。

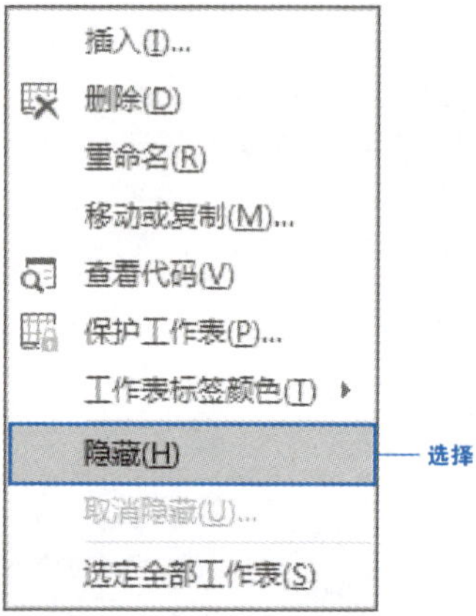

图 1–47　隐藏“行政部”工作表

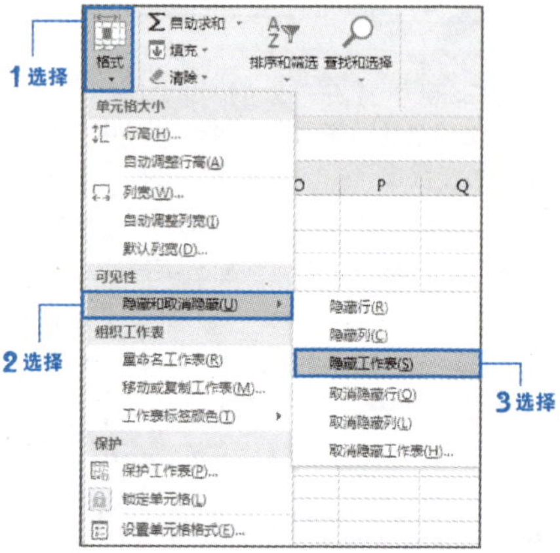

图 1–48　隐藏“销售部”工作表

技巧拓展

如果要显示被隐藏的工作表，也有两种方法。

① 右击任意工作表标签，在弹出的快捷菜单中选择“取消隐藏”命令，在弹出的“取消隐藏”对话框中选择需要取消隐藏的工作表，单击“确定”按钮，如图 1–49 所示。

② 选择“开始”选项卡，在“单元格”组中单击“格式”下拉按钮，选择“隐藏和取消隐藏”→“隐藏工作表”选项，在弹出的“取消隐藏”对话框中选择需要取消隐藏的工作表，单击“确定”按钮，如图 1–50 所示。

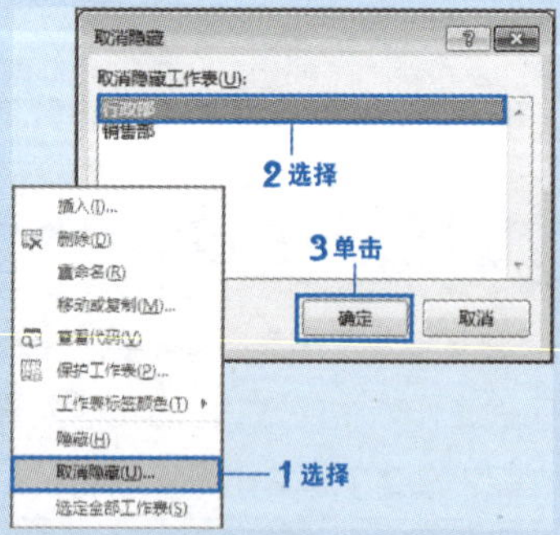

图 1–49　取消隐藏“行政部”工作表

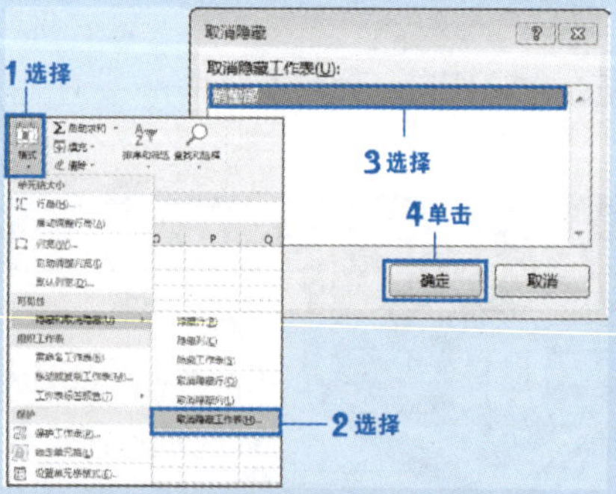

图 1–50　取消隐藏“销售部”工作表

实例 020　为工作表设置标签

难度系数：★★★　适用版本：全版本

技巧介绍： 工作表以 Sheet1、Sheet2…命名，只有切换到对应的工作表中才能看到内容。如何快速定位到所需的工作表，并将不同的工作表区别显示，以增强工作表的美观性和实用性呢？

① 在 Excel 中打开“素材\第 01 章\实例 020\员工信息统计表 .xlsx”文件，右击 Sheet1 工作表标签，在弹出的快捷菜单中选择“重命名”命令，如图 1–51 所示，将其重命名为“统计总表”。

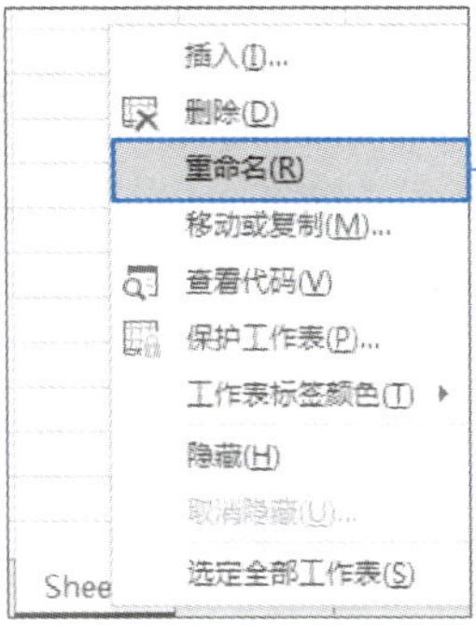

图 1–51　重命名工作表标签

② 继续右击“统计总表”工作表标签，在弹出的快捷菜单中选择“工作表标签颜色”命令，在打开的面板中选择“红色”，如图 1–52 所示，设置工作表标签颜色。

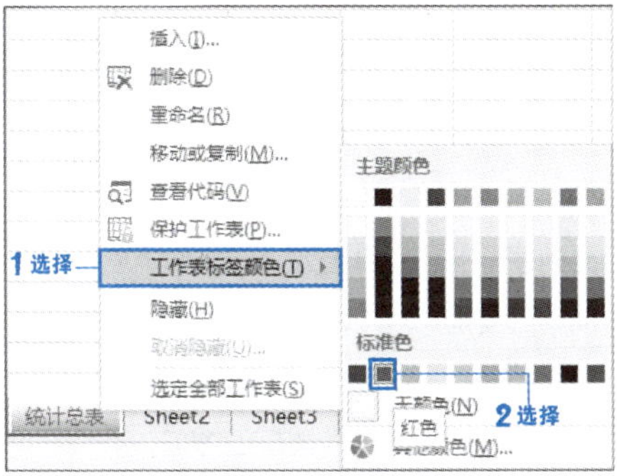

图 1–52　设置工作表标签颜色

技巧拓展

在快捷菜单中选择“工作表标签颜色”→“无颜色”命令，即可将标签颜色删除。

Extra tip ›››››››››››››

职场小知识

奥卡姆剃刀定律

简介：在工作中抓住重点，解决实质问题，追寻高效、简洁的方法，让事情保持简单化。

如果认为只有时刻绷紧神经、忙忙碌碌地工作才可能取得成功，那么就错了。事情如果总是朝着复杂的方向发展，那么这种复杂会造成浪费，更容易为自己制造的麻烦而烦恼，而很多时候，效能则来自于单纯。保持事物的简单化是对付复杂与烦琐最有效的方式，这就是奥卡姆剃刀定律。

奥卡姆剃刀定律又称 " 奥康的剃刀 "，是由 14 世纪逻辑学家、圣方济各会修士奥卡姆的威廉提出的，称为“如无必要，勿增实体”，即“切勿浪费较多东西去做，用较少的东西同样可以做好事情。”

哲学家们努力把世界上的各种现象减少到单一的基础概念上，亚里士多德在公元前 350 年就曾说过，自然以最短的路径运作，如果可能，则以较有限的方式去运作会更可取。哥白尼觉得“地心说”太复杂了，使用“奥卡姆剃刀定律”把那些多余的圆剃掉，假想出“哥白尼宇宙”，由此创造了“日心说”，一刀“剃”出了近代科学的开端。 牛顿被一个苹果砸醒，一刀剃掉了他原先思考的全部过程，只留下“一个苹果落到地上”这一最简单的事实。在爱因斯坦之前，没人敢对牛顿再使用一次“奥卡姆剃刀”，只有他勇敢地举了起来，开垦出现代物理学的“处女地”。

对于工作和生活来说，如果有两个类似的解决方案，简单的解释往往比较复杂的解释更正确，要驭繁于简。“奥卡姆剃刀”以结果为导向，始终追寻高效、简洁的方法，将烦琐和累赘一刀砍掉，让事情保持简单化。

日本某化妆品公司收到客户抱怨，买来的肥皂盒里面是空的。于是他们为了预防生产线再次发生这样的事情，工程师想尽办法发明了一台 X 光监视器去透视每一台出货的肥皂盒。同样的问题也发生在另一家小公司，他们的解决方法是买一台强力工业用电扇去吹每个肥皂盒，被吹走的便是没有放肥皂的空盒。

以 Excel 的操作为例，在打开文档时，可以一个一个地到文档目录里面寻找，也可以设置一键打开指定的文档；在插入单元格时，可以选择手动“挪”出空的单元格，也可以直接右击执行“插入”命令，两种方法都能达到想要的效果，但读者会选择哪种呢？在思考和处理问题时，要把握事情的主流，抓住根本，解决实质，不要人为地把事情复杂化，重在解决最根本的问题，这样才能高效地将事情处理好。

Part Two

第 2 章 简单数据的录入与优化

Excel 数据的录入都是在单元格中进行的，本章主要介绍数据录入时的一些方法和技巧。不同的数字类型录入工作表时有不同的录入方法，对单元格进行数据填充也能大大加快数据录入的速度。对工作表还可以执行调整行列大小、设置多表头等操作。

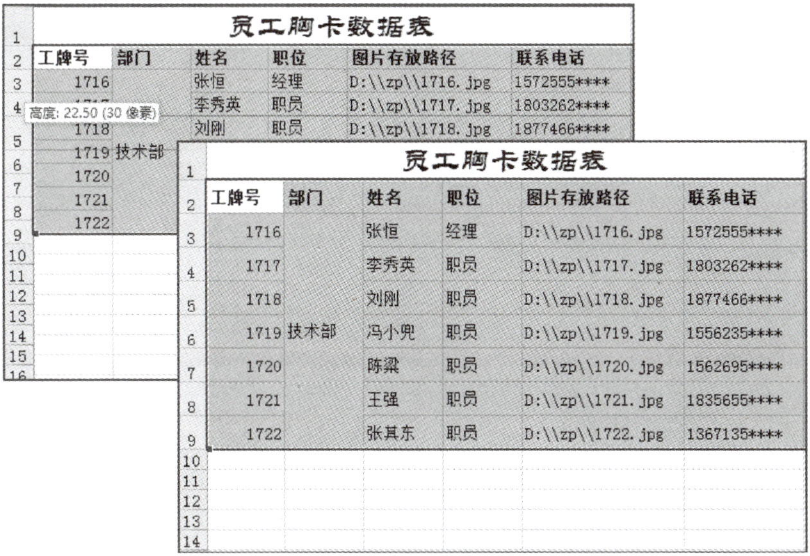

员工胸卡数据表

工牌号	部门	姓名	职位	图片存放路径	联系电话
1716	技术部	张恒	经理	D:\\zp\\1716.jpg	1572555****
1717		李秀英	职员	D:\\zp\\1717.jpg	1803262****
1718		刘刚	职员	D:\\zp\\1718.jpg	1877466****
1719		冯小兜	职员	D:\\zp\\1719.jpg	1556235****
1720		陈粱	职员	D:\\zp\\1720.jpg	1562695****
1721		王强	职员	D:\\zp\\1721.jpg	1835655****
1722		张其东	职员	D:\\zp\\1722.jpg	1367135****

实例 021 为工作表添加保护

难度系数：★★★　适用版本：全版本

技巧介绍： 小白需要更改工作表中的数据内容，却发现功能区中的命令都变成了灰色，这是 Excel 为了保护工作表数据，防止他人对数据进行改动而提供的保护工作表功能。

① 在 Excel 中打开“素材\第 02 章\实例 021\工资管理表.xlsx”文件，选择 L 列单元格区域，选择“审阅”选项卡，在“更改”组中单击“保护工作表”按钮，如图 2-1 所示。

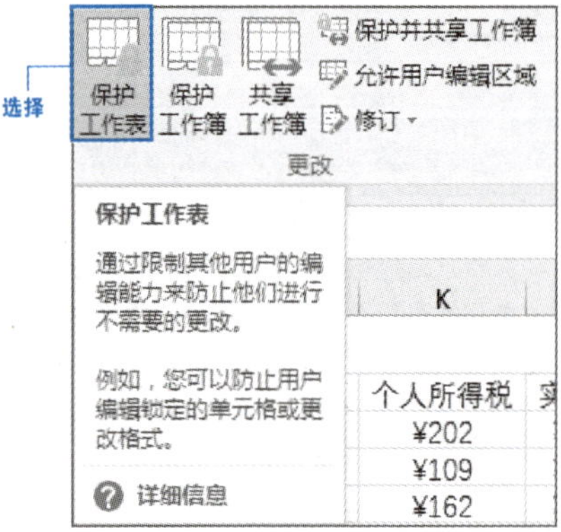

图 2-1　保护工作表 -1

② 在弹出的“保护工作表”对话框中，设置密码及可执行的操作，单击“确定”按钮，弹出“确认密码”对话框，输入设定的密码，单击“确定”按钮，保护工作表功能生效，如图 2-2 所示。

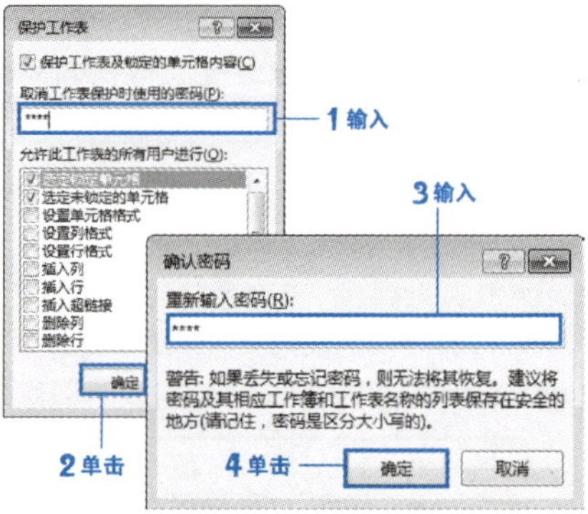

图 2-2　保护工作表 -2

③ 当对 L 列单元格区域内的单元格进行设置单元格格式、设置列格式或插入列等操作时，将弹出如图 2-3 所示的提示框，告诉用户不能对设置保护的单元格区域执行修改操作。

图 2-3　Microsoft Excel 提示框

技巧拓展

选择“审阅”选项卡，在“更改”组中单击“撤销工作表保护”按钮，在弹出的对话框中输入所设定的密码，单击“确定”按钮，即可撤销工作表保护，如图 2-4 所示。

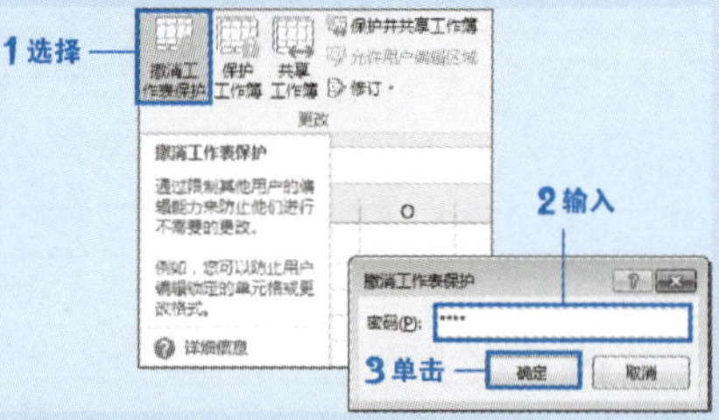

图 2-4　撤销工作表保护

Extra tip

实例 022 正常情况下的数据录入

难度系数：★★★　适用版本：全版本

技巧介绍： 面对不同的数字类型，采用不同的录入方法将减少数据录入的工作量。常见的数字类型有数值型、文本型、日期型和逻辑型 4 种。

1 启动 Excel 应用程序，单击任意单元格，即可在单元格中输入普通数值，输入数值型数据时，Excel 会自动将其沿单元格右侧对齐，如图 2–5 所示。

2 文本型数据通常指一些非数值型的文字、符号和数字等，如姓名、部门、职务和地址等。单击任意单元格，即可在单元格中输入文本型数据，如图 2–5 所示。

图 2–5　输入简单数据内容

技巧拓展

在 Excel 中，数值型数据是使用最多、最为复杂的数字格式。数值型数据由数字 0 ~ 9、正号、负号、小数点、分数号“/”、百分号“%”、指数负号“E”或“e”、货币符号“$”或“¥”和千位分隔符“，”等组成，关于其余数据的输入方法将在后续实例中进行介绍。

Extra tip >>>>>>>>>>>>

实例 023 使用自动更正功能录入数据

难度系数：★★★　适用版本：07/13/16/17

技巧介绍： 小白要制作一份新的报表，报表中需要重复输入许多长串的短语。利用 Excel 的自动更正功能，可以提高录入速度及效率。

1 在 Excel 中打开“素材\第 02 章\实例 023\籍贯统计表.xlsx”文件，选择“文件”选项卡，选择“选项”命令，如图 2–6 所示，弹出“Excel 选项”对话框。

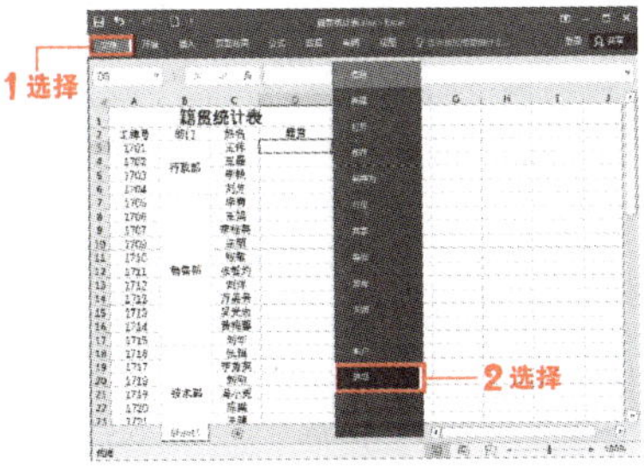

图 2–6　选择“选项”命令

2 选择“校对”选项，单击“自动更正选项”按钮，在弹出的“自动更正”对话框中，选择“自动更正”选项卡，在“替换”文本框中输入短语代码，在“为”文本框中输入需要替换为的短语，单击“添加”按钮，将其添加到项目列表中，如图 2–7 所示。

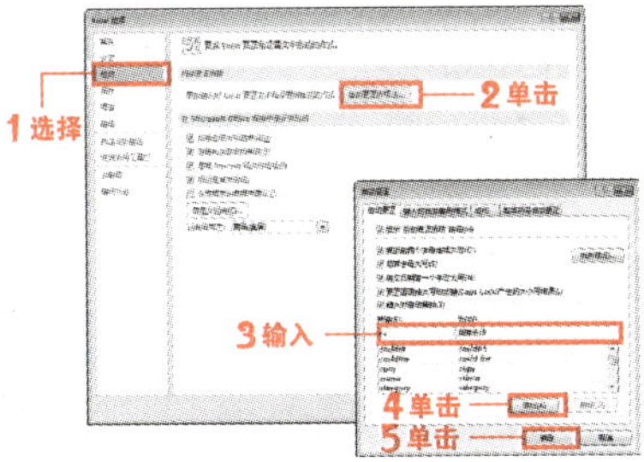

图 2–7　“自动更正”对话框

第1章 第2章 第3章 第4章 第5章 第6章 第7章 第8章 第9章 第10章

③ 继续添加其余短语代码，单击“确定”按钮，返回工作表中。在 D4 单元格中输入代码 cs，按【Enter】键，将自动更正为“湖南长沙”如图 2-8 所示。

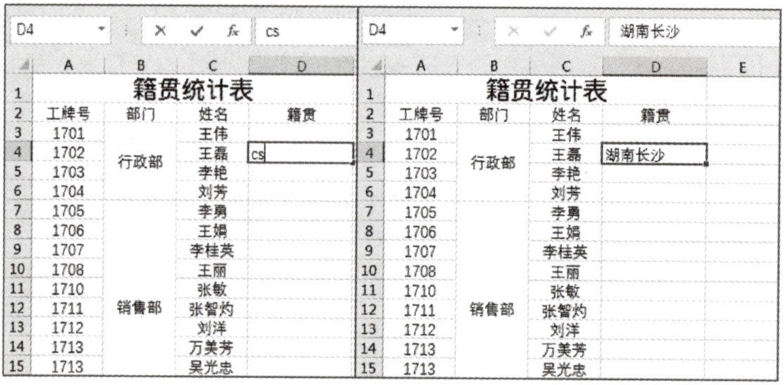

	A	B	C	D
1	籍贯统计表			
2	工牌号	部门	姓名	籍贯
3	1701		王伟	
4	1702	行政部	王磊	cs
5	1703		李艳	
6	1704		刘芳	
7	1705		李勇	
8	1706		王娟	
9	1707		李桂英	
10	1708		王丽	
11	1710		张敏	
12	1711	销售部	张智灼	
13	1712		刘洋	
14	1713		万美芳	
15	1713		吴光忠	

	A	B	C	D	E
1	籍贯统计表				
2	工牌号	部门	姓名	籍贯	
3	1701		王伟		
4	1702	行政部	王磊	湖南长沙	
5	1703		李艳		
6	1704		刘芳		
7	1705		李勇		
8	1706		王娟		
9	1707		李桂英		
10	1708		王丽		
11	1710		张敏		
12	1711	销售部	张智灼		
13	1712		刘洋		
14	1713		万美芳		
15	1713		吴光忠		

图 2-8　自动更正

技巧拓展

在“自动更正”选项卡中可以设置自动更正选项，当遇到前两个字母大写、其余字母小写的单词时，选择“更正前两个字母连续大写”复选框，即可更正为首字母大写；如果需要自动更正英文日期的第一个字母大写，则可选择“英文日期第一个字母大写”复选框。

Extra tip

实例 024　快速填充相同的行或列

难度系数：★★★　适用版本：全版本

技巧介绍： 在连续的行或列单元格区域中输入相同的数据，对于最终连续的情况，利用 Excel 的填充功能即可快速填充相同的行或列数据，填充数据有 3 种常用的方法。

① 在 Excel 中打开“素材\第 02 章\实例 024\员工信息统计表.xlsx”文件，选择 B3 单元格，将鼠标定位在 B3 单元格右下角，待鼠标变成黑色十字形（填充手柄），按住鼠标左键并向下拖动至 B6 单元格中，如图 2-9 所示，松开鼠标左键即可填充单元格区域。

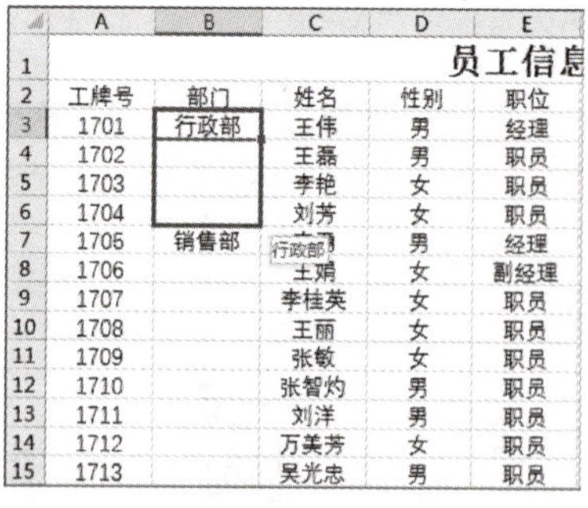

	A	B	C	D	E
1	员工信息				
2	工牌号	部门	姓名	性别	职位
3	1701	行政部	王伟	男	经理
4	1702		王磊	男	职员
5	1703		李艳	女	职员
6	1704		刘芳	女	职员
7	1705	销售部	行政部	男	经理
8	1706		王娟	女	副经理
9	1707		李桂英	女	职员
10	1708		王丽	女	职员
11	1709		张敏	女	职员
12	1710		张智灼	男	职员
13	1711		刘洋	男	职员
14	1712		万美芳	女	职员
15	1713		吴光忠	男	职员

图 2-9　拖曳填充手柄

2 双击填充手柄是一种更为快速的方法，将鼠标定位在 B7 单元格右下角，待鼠标变成黑色十字形，双击填充手柄，Excel 自动将数据内容填充至 B17 单元格，如图 2-10 所示。自动填充序列由 B7 向下，直到遇到已经输入内容的单元格 B18，或直到遇到 A 列中的空白单元格为止。

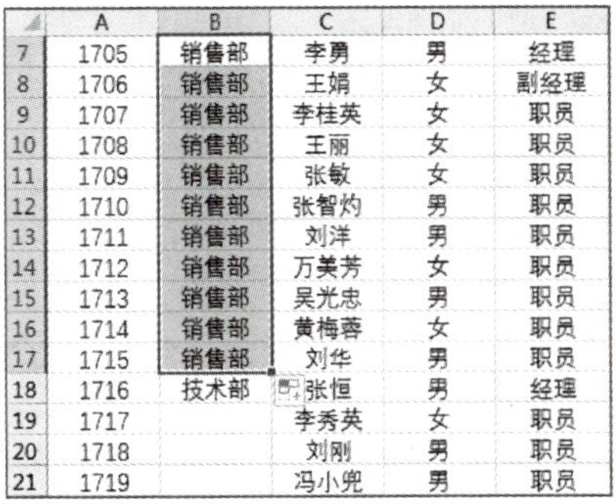

	A	B	C	D	E
7	1705	销售部	李勇	男	经理
8	1706	销售部	王娟	女	副经理
9	1707	销售部	李桂英	女	职员
10	1708	销售部	王丽	女	职员
11	1709	销售部	张敏	女	职员
12	1710	销售部	张智灼	男	职员
13	1711	销售部	刘洋	男	职员
14	1712	销售部	万美芳	女	职员
15	1713	销售部	吴光忠	男	职员
16	1714	销售部	黄梅蓉	女	职员
17	1715	销售部	刘华	男	职员
18	1716	技术部	张恒	男	经理
19	1717		李秀英	女	职员
20	1718		刘刚	男	职员
21	1719		冯小兜	男	职员

图 2-10　双击填充手柄

3 选择 B18:B24 单元格区域，选择“开始”选项卡，在“编辑”组中单击“填充”下拉按钮，选择“向下”选项，或按【Ctrl+D】组合键，如图 2-11 所示，即可向下填充数据内容。

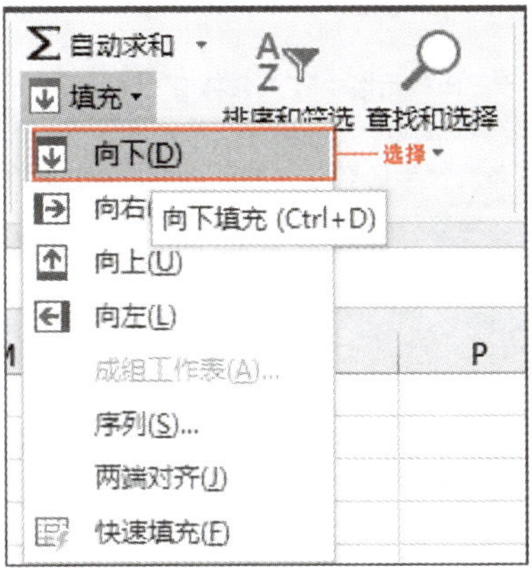

图 2-11　向下填充 -1

技巧拓展

填充功能不仅填充了数据内容，也填充了单元格格式，同时也可以对公式和函数等进行填充。打开本节素材文件“素材 \ 第 02 章 \ 实例 024\ 员工销售业绩表 .xlsx”，为 E3 单元格设置了特殊的单元格格式，并输入了计算公式。选择 E3 单元格右下角的填充手柄，向下填充至 E13 单元格中，如图 2-12 所示，单元格格式和计算公式均被填充至其他单元格区域。

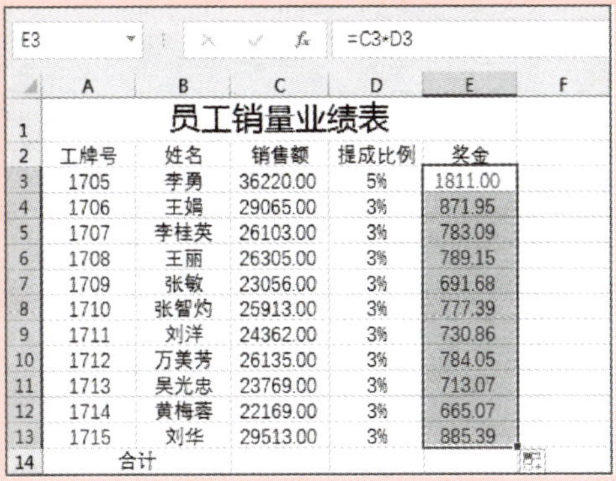

E3　=C3*D3

	A	B	C	D	E
1	员工销量业绩表				
2	工牌号	姓名	销售额	提成比例	奖金
3	1705	李勇	36220.00	5%	1811.00
4	1706	王娟	29065.00	3%	871.95
5	1707	李桂英	26103.00	3%	783.09
6	1708	王丽	26305.00	3%	789.15
7	1709	张敏	23056.00	3%	691.68
8	1710	张智灼	25913.00	3%	777.39
9	1711	刘洋	24362.00	3%	730.86
10	1712	万美芳	26135.00	3%	784.05
11	1713	吴光忠	23769.00	3%	713.07
12	1714	黄梅蓉	22169.00	3%	665.07
13	1715	刘华	29513.00	3%	885.39
14	合计				

图 2-12　向下填充 -2

Extra tip

实例 025 快速填充特殊格式的行或列

难度系数：★★★★　适用版本：07/10/13/16/17

技巧介绍： 当表格中的行或列的部分数据有相同的变化趋势时，如数字 2、4、6、8 或时间 1 月 1 日、2 月 1 日等，有没有填充办法呢，Excel 是不是也可以快速填充特殊格式的行或列呢？

① 在 B5 单元格中输入数值 2，在 B6 单元格中输入数值 5，选择 B5:B6 单元格区域，拖曳右下角填充手柄至 B15 单元格中，将自动以步长为 3 填充等差数列，如图 2–13 所示。

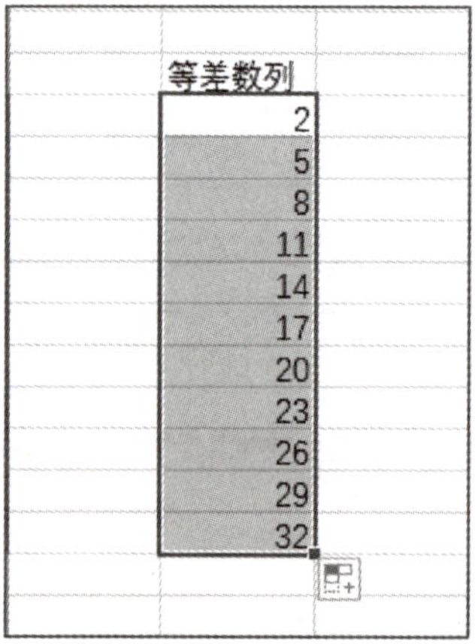

图 2–13　填充等差数列

② 在 D5 单元格中输入数值 1，用鼠标右键选择单元格右下角填充手柄，向下拖曳至 D15 单元格，松开填充手柄，在弹出的快捷菜单中选择“序列”命令，弹出“序列”对话框，在“类型”列表框中选择“等比数列”单选按钮，设置“步长值”为 3，单击“确定”按钮，以步长为 3 填充等比数列，如图 2–14 所示。

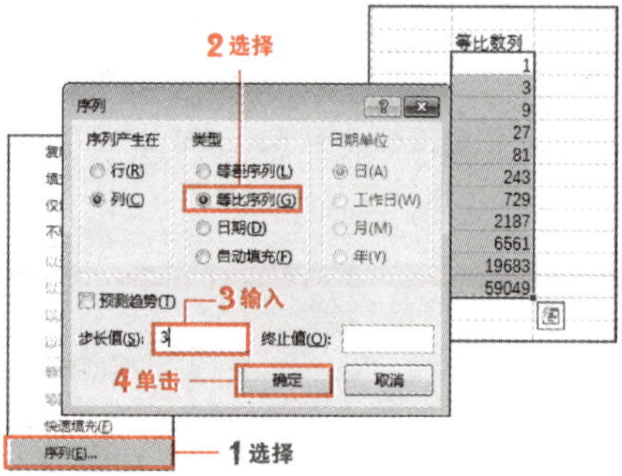

图 2–14　填充等比数列

③ 在 F5 单元格中输入 2016/12/25，用鼠标右键选择单元格右下角填充手柄，向下拖曳至 F15 单元格，松开填充手柄，在弹出的快捷菜单中选择“以天数填充”命令，如图 2–15 所示，将按照日历上的天数递增。

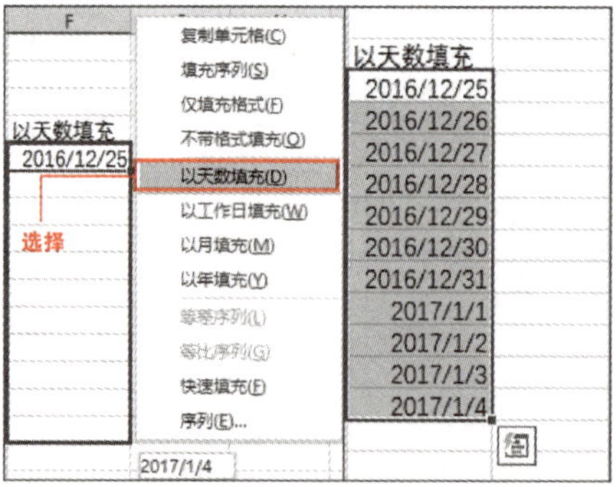

图 2–15　以天数填充

④ 在 H5 单元格中输入 2016/12/25，用鼠标右键选择单元格右下角填充手柄，向下拖曳至 H15 单元格，松开填充手柄，在弹出的快捷菜单中选择“以工作日填充”命令，如图 2–16 所示，将只填充工作日。

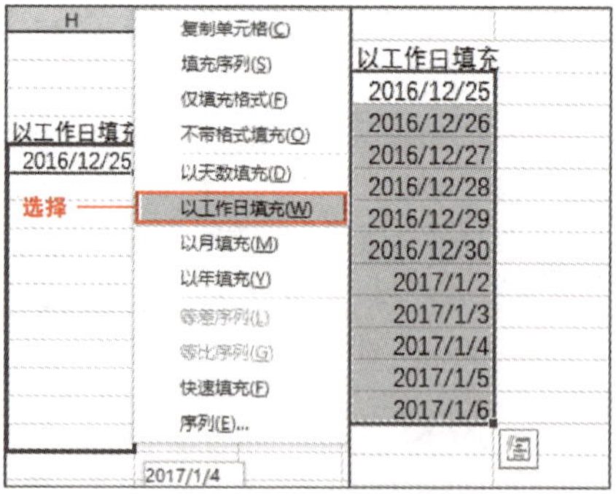

图 2–16　以工作日填充

⑤ 在 J5 单元格中输入 2016/12/25，用鼠标右键选择单元格右下角填充手柄，向下拖曳至 J15 单元格，松开填充手柄，在弹出的快捷菜单中选择“以月填充”命令，如图 2–17 所示，则号数不变，月份递增。

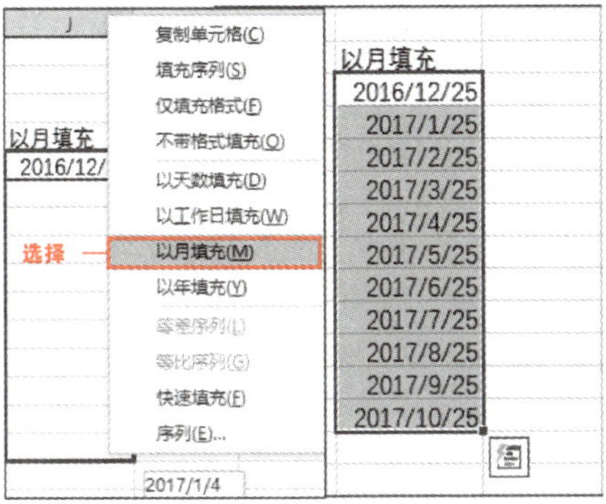

图 2–17　以月填充

⑥ 在 L5 单元格中输入 2016/12/25，用鼠标右键选择单元格右下角填充手柄，向下拖曳至 L15 单元格，松开填充手柄，在弹出的快捷菜单中选择“以年填充”命令，如图 2–18 所示，则月份和号数不变，年份递增。

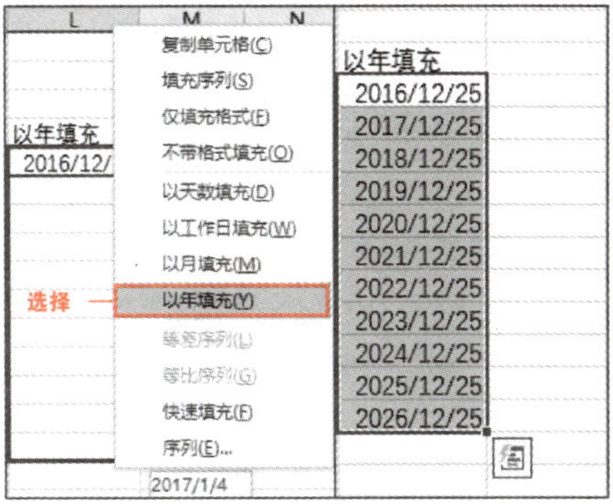

图 2–18　以年填充

技巧拓展

Excel 提供的“快速填充”功能十分强大，能基于示例填充数据。通常在识别数据中的某种模式后开始运行，当数据内容具有某种一致性时效果最佳。

① 打开本节素材文件“素材\第 02 章\实例 025\员工信息统计表.xlsx”，在 I3 单元格中输入“湖南省”，用鼠标右键选择单元格右下角填充手柄，向下拖曳至 I28 单元格，松开填充手柄，在弹出的快捷菜单中选择“快速填充”命令，如图 2–19 所示，即可从“家庭住址”一列中自动填充所在省。

图 2–19　快速填充 –1

② 在 J3 单元格中输入“常德市”，按照相同的方法快速填充至 J28 单元格中，即可从“家庭住址”一列中自动填充所在市，如图 2–20 所示。

③ 在 K3 单元格中输入“武陵区”，按【Ctrl+E】组合键，即可从“家庭住址”一列中自动填充所在区，如图 2–20 所示。

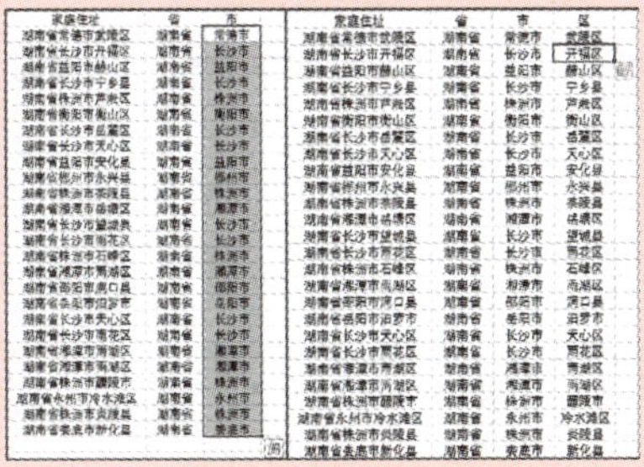

图 2–20　快速填充 –2

Extra tip >>>>>>>>>>>>>

实例 026 表单直接录入数据

难度系数：★★★ 适用版本：全版本

技巧介绍： 小白接到一个文本文档，需要将其中的数据录入到 Excel 中，小白觉得只能一个一个地输入到工作表中。其实 Excel 可以直接从 Access、网站和文本文件中获取数据并导入到工作表中。

① 打开 Excel，选择“数据”选项卡，在“获取外部数据”选项组中单击“自文本”按钮，在弹出的“导入文本文件”对话框中选择需要导入的文本文件，单击“导入”按钮，如图 2-21 所示。

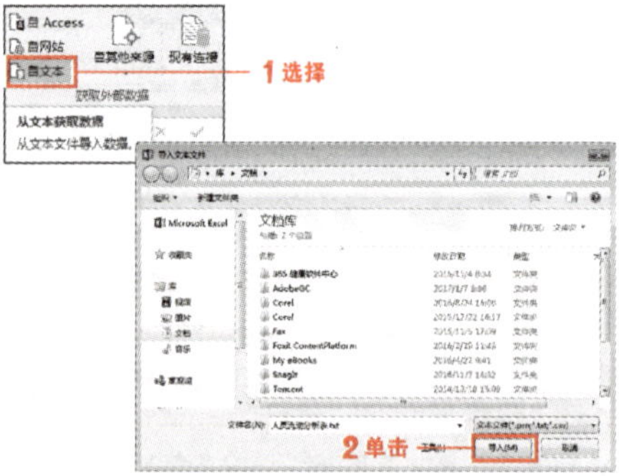

图 2-21 选择导入文件

② 弹出“文本导入向导”对话框，在“文件原始格式”下拉列表框中选择“54936：简体中文（GB18030）”选项，单击“下一步”按钮，如图 2-22 所示。

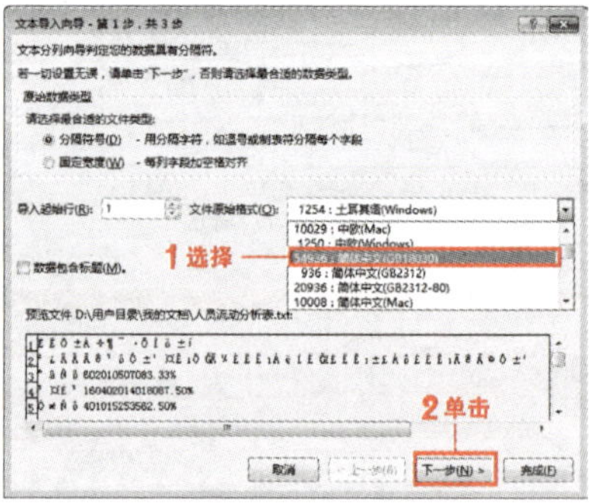

图 2-22 开始文件导入

③ 在第 2 步中可以设置文件的分隔符号，在这里保持默认，单击“下一步”按钮；在第 3 步中可以设置各列的数据格式，并且可以将不需要的列跳过，在这里保持默认，单击“完成”按钮，如图 2-23 所示。

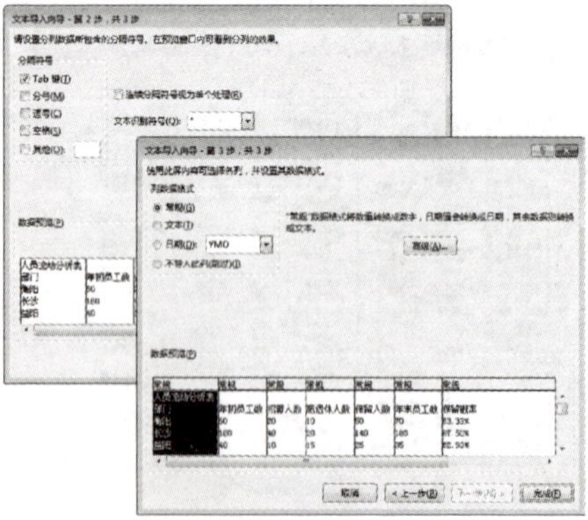

图 2-23 完成文件导入

④ 将弹出“导入数据”对话框，在“现有工作表”文本框中输入“=Sheet1!$A$1”，单击“确定”按钮，如图 2-24 所示，即可将文本文档中的数据导入到工作表中。

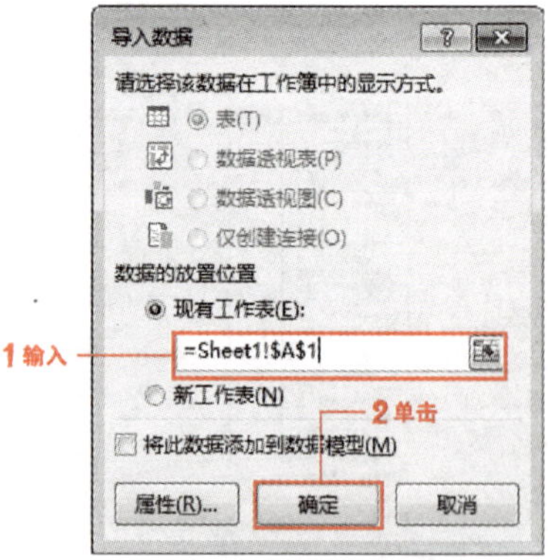

图 2-24 设置数据放置位置

技巧拓展

单击“现有工作表”文本框右侧的折叠按钮，选择 A1 单元格，即可快速在文本框中输入“=Sheet1!$A$1”。

Extra tip >>>>>>>>>>>>

实例 027 使用记录单修改数据

难度系数：★★★　适用版本：07/10/13/16/17

技巧介绍： 小白需要处理大型的工作表，对数据进行查询和修改，可是小白找遍功能区也没有找到记录单这一功能，又该怎么使用记录单呢？

① 在 Excel 中打开“素材\第 02 章\实例 027\人事信息统计表 .xlsx”文件，在功能区空白区域右击，在弹出的快捷菜单中选择“自定义功能区”命令，弹出“Excel 选项”对话框，单击“从下列位置选择命令”下拉按钮，选择“不在功能区中的命令”选项，如图 2–25 所示。

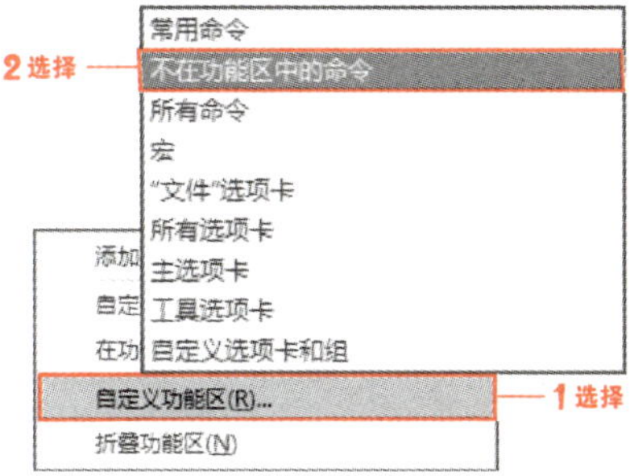

图 2–25　自定义功能区

② 在“主选项卡”列表框中激活“数据”选项，单击“新建组”按钮，右击“新建组(自定义)”，在弹出的快捷菜单中选择“重命名”命令，在弹出的对话框中将新建组重命名为“记录单”，如图 2–26 所示。

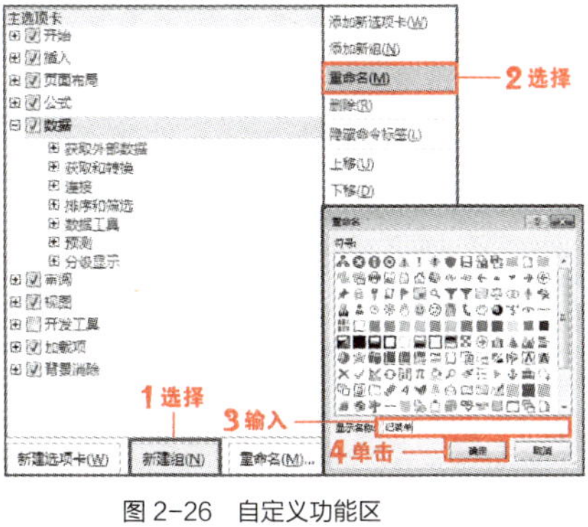

图 2–26　自定义功能区

③ 在列表框中选择“记录单”选项，单击“添加”按钮，添加至“记录单（自定义）”选项组中，单击“确定”按钮，如图 2–27 所示，即可在“数据”选项中添加“记录单”。

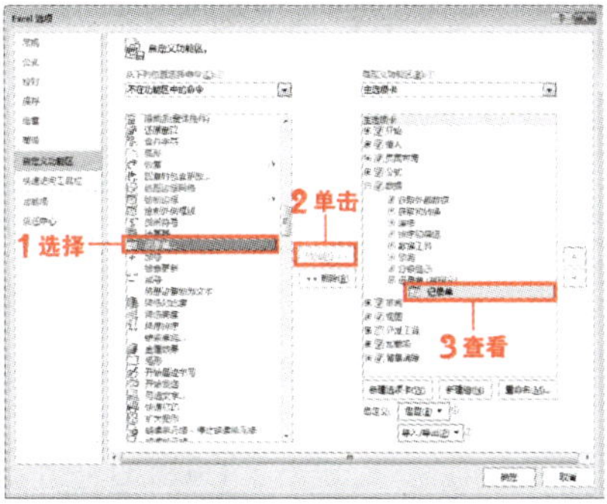

图 2–27　添加“记录单”

④ 单击数据区域任意单元格，选择“数据”选项卡，单击“记录单”按钮，弹出 Sheet1 对话框，输入数据即可快速查询到该条信息，如图 2-28 所示。

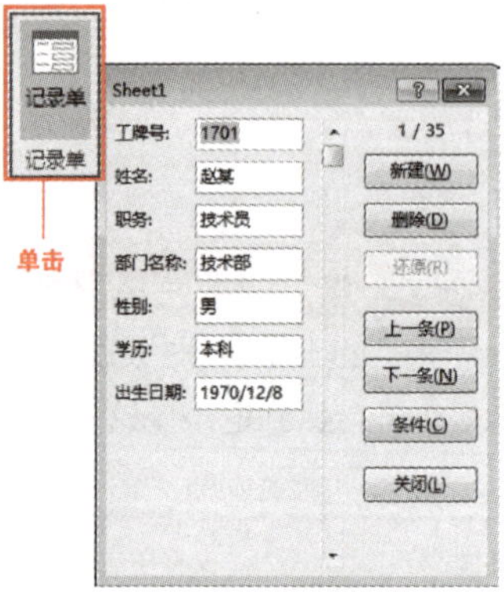

图 2-28　记录单界面

技巧拓展

在查看信息的同时也可以对信息进行修改、新建和删除等操作。比如，发现工牌号为 1705 的员工出生日期记录错误，在“出生日期”一栏输入正确的出生日期，按【Enter】键即可完成修改；单击“新建”按钮，即可添加新员工信息；对于离职或退休员工，单击“删除”按钮，即可删除员工信息。

Extra tip

实例 028 文字数据特殊符号的输入

难度系数：★★★　适用版本：全版本

技巧介绍： 小白还只会输入普通的数值和文本，遇到特殊的符号就犯难了，对于负数、百分数、分数和货币符号等数据，是不是有特定的输入方法呢？

① 输入负数。单击任意单元格，先在单元格中输入负号“–”，再输入普通数值，或在小括号中输入普通数值，如图 2-29 所示。

② 输入百分数。单击任意单元格，先输入普通数值，按【Shift+5】组合键即可输入百分号，如图 2-30 所示。

③ 输入分数。单击任意单元格，先输入“0”和一个空格，再输入分数值“1/10”，如图 2-31 所示。如不输入“0”和空格，Excel 会把该数据当成日期格式处理，存储为“1 月 10 日”。

图 2-29　输入负数

图 2-30　输入百分数

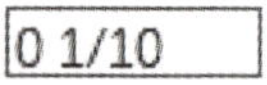

图 2-31　输入分数

④ 输入货币符号。单击任意单元格，按【Shift+4】组合键即可输入货币符号，在中文输入法状态下输出“¥”，在英文输入法状态下输出“$”，继续输入普通数值，如图 2-32 所示。在英文状态下输入货币符号时，Excel 会自动生成千位分隔符“,”，如图 2-32 所示。

图 2-32　输入货币符号

技巧拓展

除了在输入数据时可以输入特殊符号外，通过“设置单元格格式”对话框，将数据设置为所需的格式，也可添加各种符号。例如，将数据设置为“百分比”数字格式即可添加“%”符号；将数据设置为“货币”数字格式即可添加“￥”符号。

Extra tip >>>>>>>>>>>>>>

实例 029　数字输入特殊格式的设置

难度系数：★★★　适用版本：全版本

技巧介绍： 尽管了解了不同的输入方法，仍然没有解决小白的烦恼，他需要大量的特殊符号，难道只能一个一个地输入吗？其实，只要对 Excel 进行设置，就可以快速输入特殊格式。

① 打开本节素材文件“素材\第 02 章\实例 029\员工销售业绩表.xlsx”，按住【Ctrl】键的同时，选择 C3:C14、E3:E14 单元格区域，选择“开始”选项卡，在“数字”组中单击“数字格式”下拉按钮，选择“货币”选项，如图 2-33 所示，为单元格区域统一设置货币格式。

② 选择 D3:D13 单元格区域，按【Ctrl+1】组合键，弹出“设置单元格格式”对话框，在“数字”选项卡的“分类”列表框中选择“百分比”选项，在对话框右侧设置“小数位数”为 0，单击“确定”按钮，如图 2-34 所示。

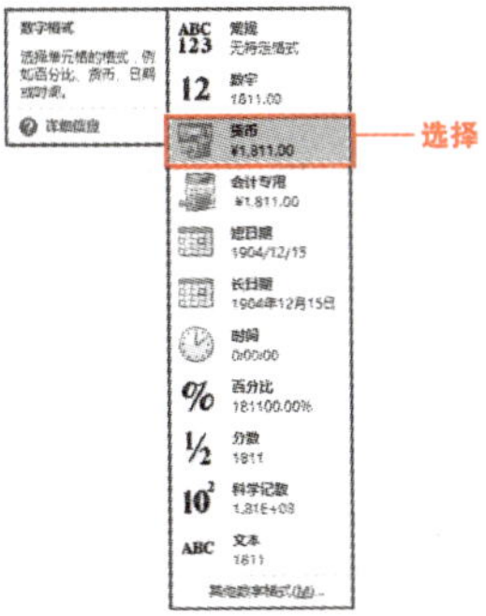

图 2-33　设置“货币”格式

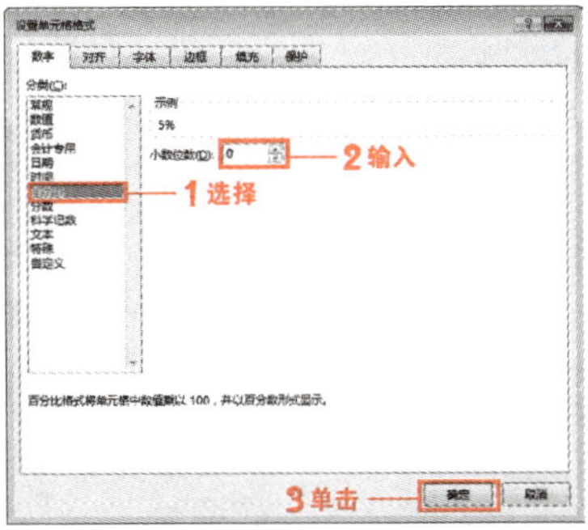

图 2-34　设置“百分比”格式

实例 030　输入长串数字的方法

难度系数：★★★　适用版本：全版本

技巧介绍： 无论小白怎么输入，身份证都会以科学计数法的形式表示出来。在输入身份证、银行卡号等长串数字时，该如何操作才能正确输入呢？

① 选择任意单元格，在单元格中输入12345678912，此时将正常显示出来，如图2–35所示。

图 2–35　输入 11 位

② 在单元格中输入123456789123，Excel将其表示为“1.234567E+11”，如图2–36所示。

图 2–36　输入 12 位

③ 双击该单元格，在数值最左侧输入英文输入法状态下的“'”，在单元格左上角将出现绿色小三角，此时单元格中的内容将转换为文本型，沿单元格左侧对齐，如图2–37所示。

图 2–37　显示 12 位

④ 也可以选择任意单元格，按【Ctrl+1】组合键，弹出“设置单元格格式”对话框，在“数字”选项卡中选择“文本”选项，单击“确定”按钮，如图2–38所示，然后在该单元格中输入超过11位的数值，即可正确输入长串数字。

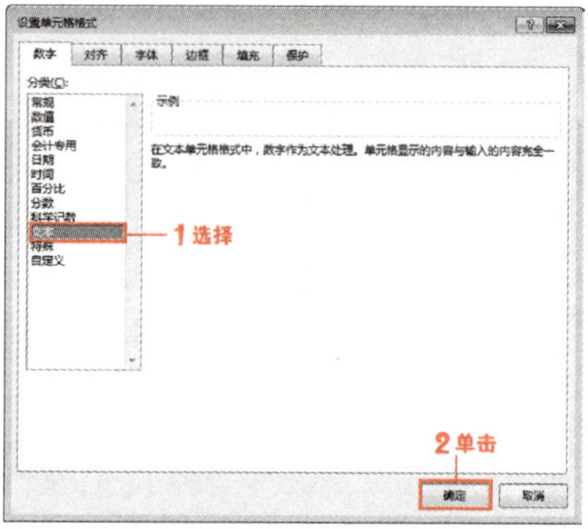

图 2–38　设置“文本”格式

技巧拓展

① 设置文本格式时一定要先设置单元格格式，然后输入数据内容，才能实现输入长串数字。

② 选择设置了文本格式的单元格，在单元格左侧将出现一个感叹号，单击其下拉按钮，选择“转换为数字”选项，可重新将其转换为数值格式，如图2–39所示。

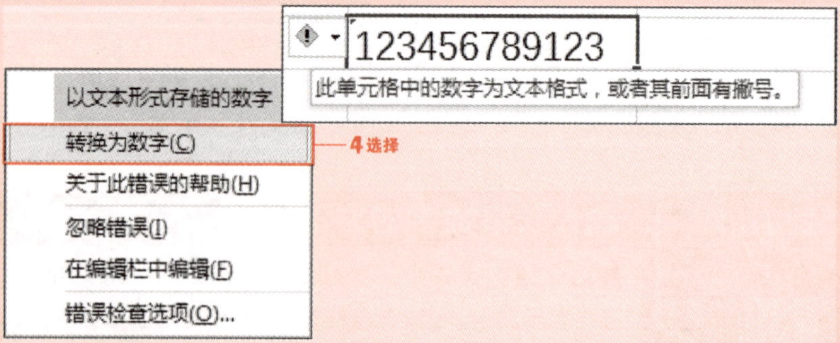

图 2–39　转换为数字

Extra tip＞＞＞＞＞＞＞＞＞＞＞＞＞

实例 031 添加与取消数据中的超链接

难度系数：★★★　适用版本：全版本

技巧介绍： 在各工作表的行或列间切换可使用超链接功能，从而快速跳转到当前工作表的某个位置或其他工作表。那什么是“超链接”呢？它有这么强大吗？又该怎么取消呢？

❶ 在 Excel 中打开“素材\第 02 章\实例 031\员工信息统计表 .xlsx”文件，选择“统计总表”，右击合并后的 B3 单元格，在弹出的快捷菜单中选择“超链接”命令，如图 2-40 所示。

❷ 弹出“插入超链接”对话框，在“链接到”列表框中选择“本文档中的位置”选项，在“或在此文档中选择一个位置”列表框中选择“行政部”选项，并设置键入的单元格引用，如图 2-40 所示，单击“确定”按钮。

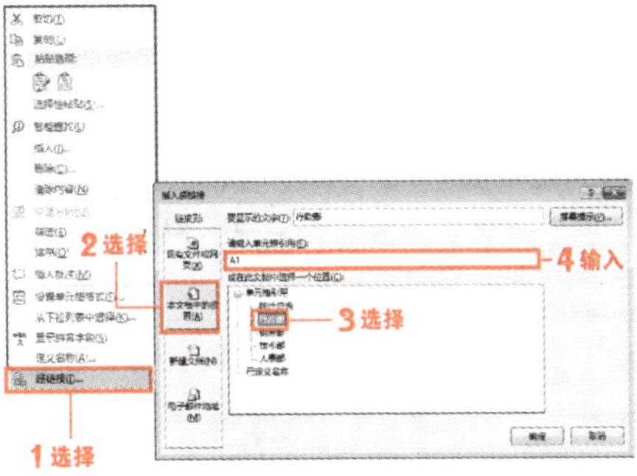

图 2-40　插入超链接

❸ 为 B3 单元格添加超链接，如图 2-41 所示，单击添加的超链接即可快速定位到“行政部”工作表中的 A1 单元格。

❹ 右击合并后的 B3 单元格，在弹出的快捷菜单中选择“删除超链接”命令，如图 2-41 所示，即可删除单元格中的超链接。

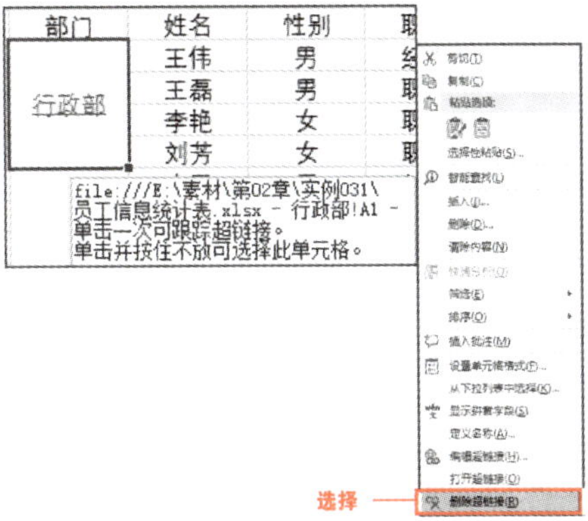

图 2-41　删除超链接

技巧拓展

在 Excel 中输入网址或邮件地址时，Excel 会自动将其转换为超链接，给操作带来不便。打开“Excel选项”对话框，选择“校对”选项卡，单击“自动更正选项”按钮，在弹出的“自动更正”对话框中选择“键入时自动套用格式”选项卡，取消选择“Internet及网络路径替换为超链接”复选框，即可完成设置，如图 2-42 所示。

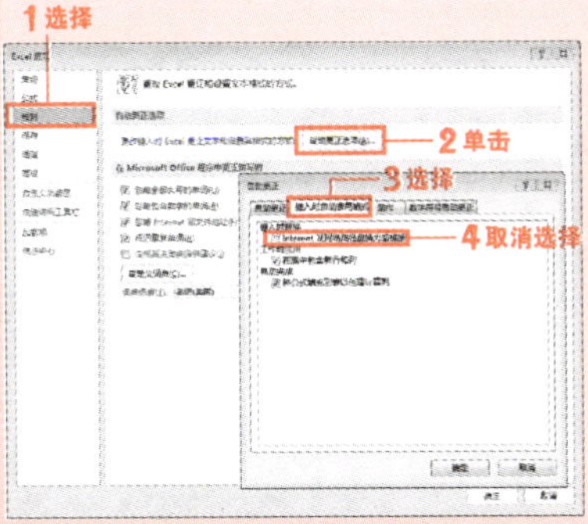

图 2-42　取消输入时的超链接

Extra tip

实例 032 设置固定的小数点位数

难度系数：★★★ 适用版本：全版本

技巧介绍： 小白在录入数据的过程中发现，需要在单元格中输入“12.30”，按【Enter】键以后却显示“12.3”，该如何设置固定的小数位数呢？通过设置单元格格式就可以解决这个问题。

1. 选择任意单元格，按【Ctrl+1】组合键，打开“设置单元格格式”对话框，在“分类”列表框中选择“数值”选项，在对话框右侧设置“小数位数”为 3，单击“确定”按钮。

2. 在设置好的单元格中输入数值 10，在 Excel 中将显示为 10.000，如图 2-43 所示。

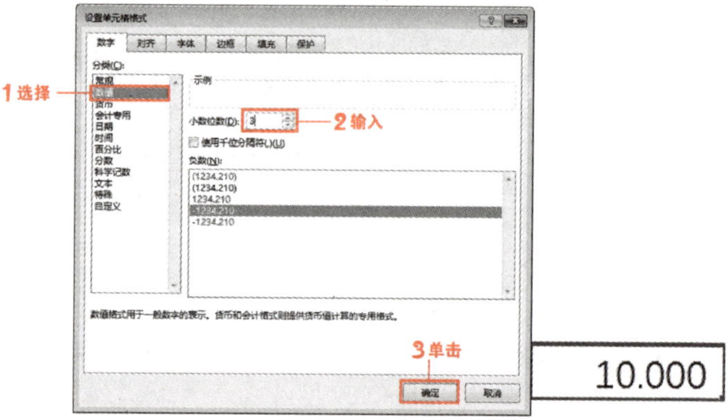

图 2-43　设置小数位数

技巧拓展

打开“Excel 选项”对话框，选择“高级”选项，在“编辑选项”下选择“自动插入小数点”复选框，并设置“小数位数”为 2，单击“确定”按钮，如图 2-44 所示。在单元格中输入数字以后，将自动转换为小数位数为 2 的数值。

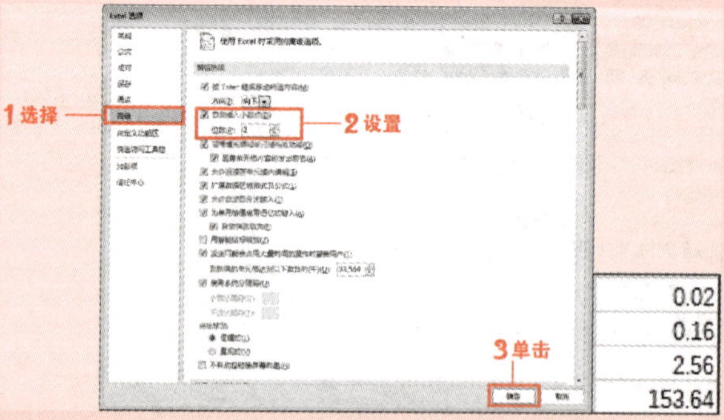

图 2-44　自动插入小数点

Extra tip

实例 033 为数据自动添加单位值

难度系数：★★★　适用版本：全版本

技巧介绍： 小白根据指示，需要为“销售额”一列的数据添加单位值，这可难为小白了，这份报表有近百个单位值，有没有快速添加单位值的办法呢？

① 打开本节素材文件“素材\第 02 章\实例 033\工资管理表 .xlsx”，选择 E3:L28 单元格区域，按【Ctrl+1】组合键，打开“设置单元格格式”对话框。

② 在“数字”选项卡的“分类”列表框中选择“自定义”选项，在“类型”文本框中输入自定义代码：#,###" 元 "，如图 2-45 所示，单击“确定”按钮，即可为数据内容设置单位值。

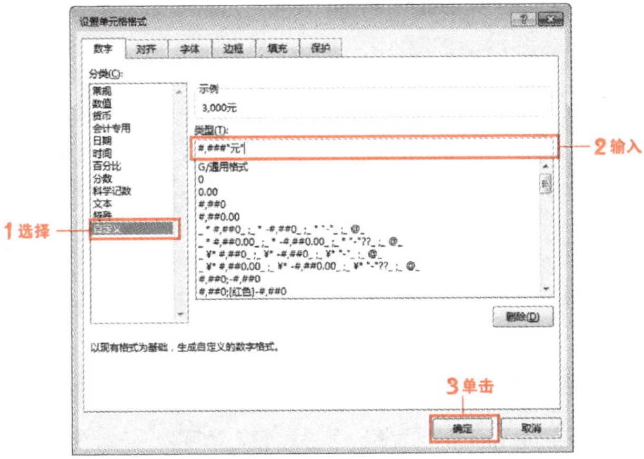

图 2-45　自定义数字格式

技巧拓展

① “#”：数字占位符，代码：###.##，“12.1”显示为“12.1”，“12.1263”显示为“12.13”。

② “0”：数字占位符，代码：00000，“1234567”显示为“1234567”，“123”显示为“00123”。

代码：00.000，“100.14”显示为“100.140”，“1.1”显示为“01.100”。

③ "@"：文本占位符，如果只使用单个 @，作用是引用原始文本，要在输入数字数据之后自动添加文本，使用自定义格式为：" 文本内容 "@；要在输入数字数据之前自动添加文本，使用自定义格式为：@" 文本内容 "。@ 符号的位置决定了 Excel 输入的数字数据相对于添加文本的位置。如果使用多个 @，则可以重复文本。代码 ;;;" 集团 "@" 部 "。“财务”显示为“集团财务部”。

代码 ;;;@@@。“财务”显示为“财务财务财务”。

④ ","：千位分隔符，代码 #,###。“12000”显示为“12,000”。

Extra tip

实例 034 统一调整行或列的大小

难度系数：★★★　适用版本：全版本

技巧介绍　小白看同事制作的报表的行和列看起来整洁美观，而自己报表的行和列大小却是一样的，数据挤在一起，该如何设置呢？在 Excel 中可以统一调整行或列的大小，以增强表格的美观性。

① 打开本节素材文件“素材\第 02 章\实例 034\员工胸卡数据表.xlsx”，可以看到工作表中由于 E 列和 F 列列宽不够，数据内容显示不完整，如图 2-46 所示。

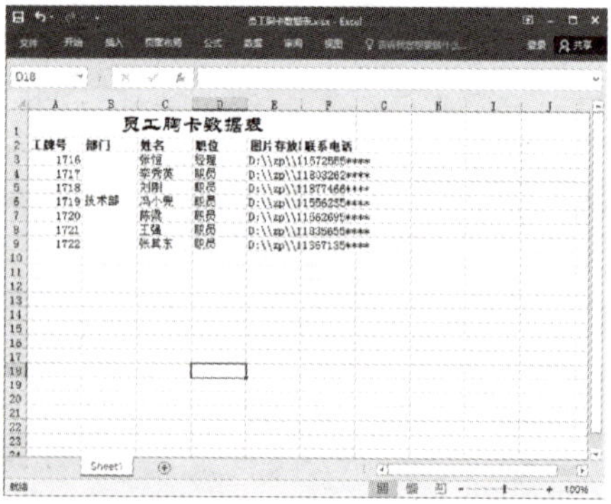

图 2-46　默认列宽

② 选择 E 列单元格区域并右击，在弹出的快捷菜单中选择“列宽”命令，在弹出的“列宽”对话框中设置“列宽”值为 18，单击“确定”按钮，如图 2-47 所示。

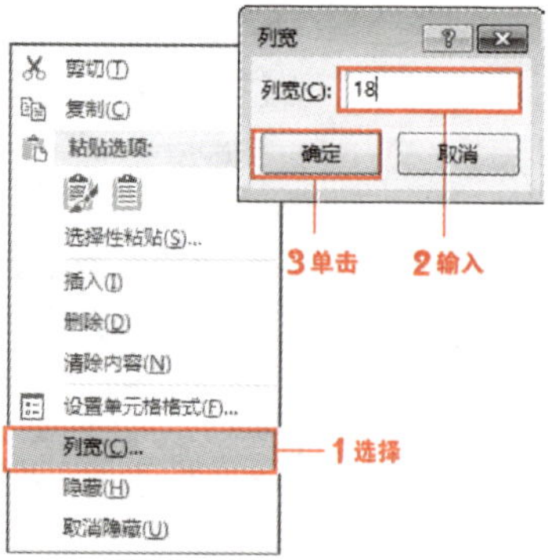

图 2-47　快捷菜单调整列宽

③ 选择 F 列中的任意单元格，在“单元格”组中单击“格式”下拉按钮，选择“列宽”选项，在弹出的“列宽”对话框中设置“列宽”值为 13，单击“确定”按钮，如图 2-48 所示。

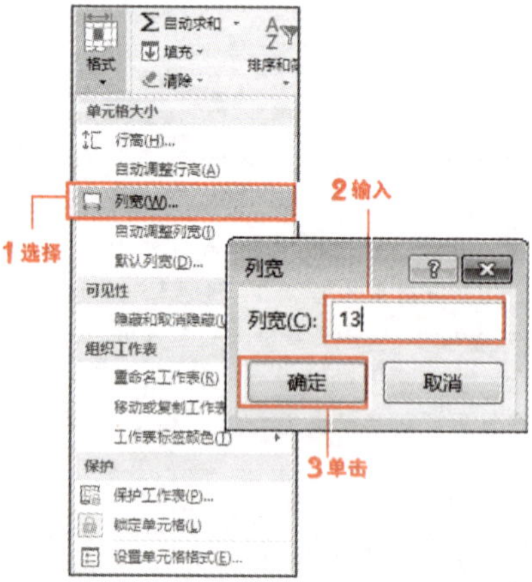

图 2-48　功能区调整列宽

④ 选择第 2 ~ 9 行单元格区域并右击，在弹出的快捷菜单中选择“行高”命令，在弹出的“行高”对话框中设置“行高”值为 16，单击“确定”按钮，如图 2-49 所示。

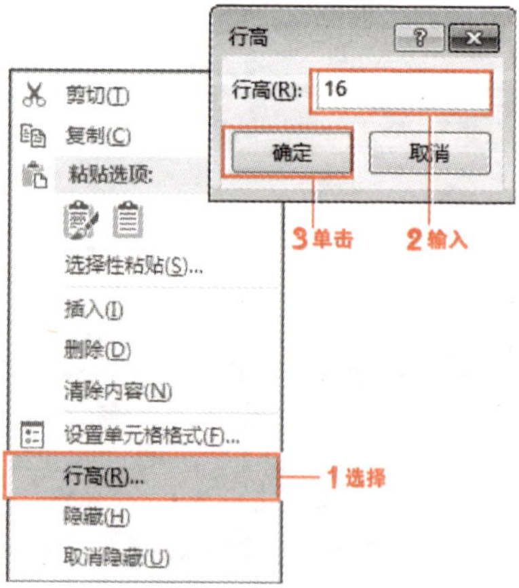

图 2-49　调整行高

5 对行和列的大小进行设置后的结果如图 2-50 所示。

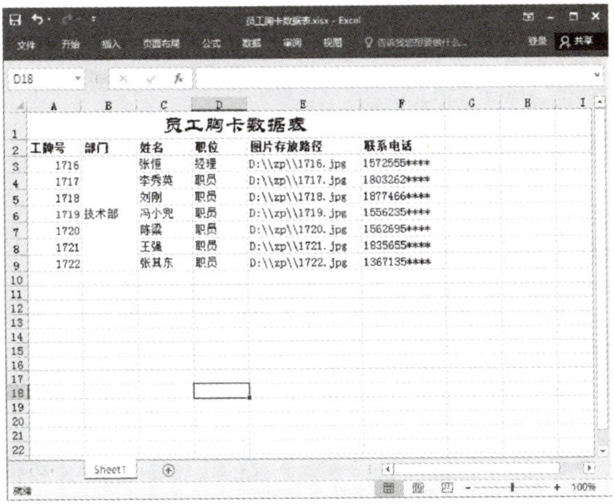

图 2-50　调整行和列大小后的效果

技巧拓展

① 将鼠标定位至第 2 行与第 3 行行标签交界处，按住鼠标左键的同时将显示行高值，上下拖动鼠标至所需的行高值即可，如图 2-51 所示。

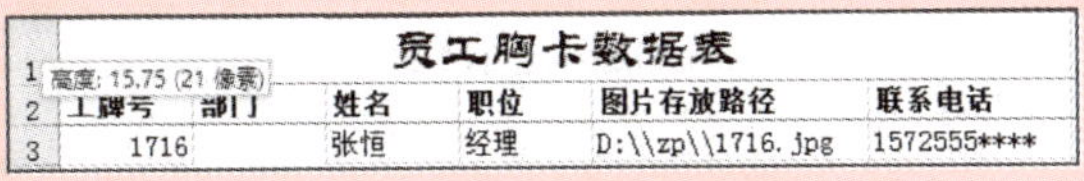

图 2-51　调整多行行高 1

② 选择第 2 ~ 9 行单元格区域，将鼠标定位至第 2 ~ 9 行任意行标签交界处，上下拖动鼠标至合适的位置所需的行高值，松开鼠标左键即可统一调整多行行高值，如图 2-52 所示。

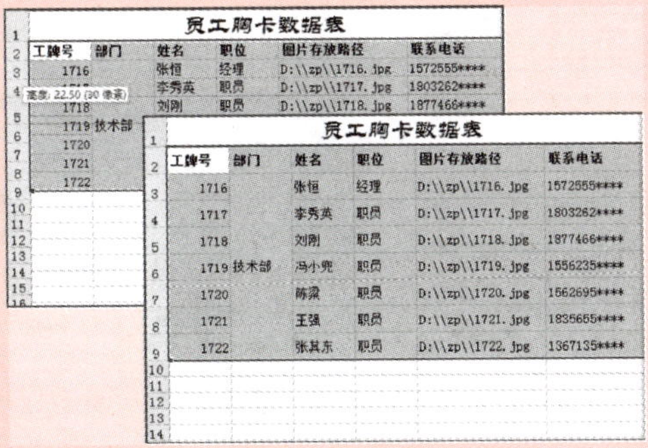

图 2-52　调整多行行高 2

Extra tip > > > > > > > > > > > >

实例 035 快速查找与替换数据

难度系数：★★★ 快速查找与替换数据

技巧介绍： 小白接到了新的任务，需要将工作表中的某个数据替换为新的数据内容，这样太费时了，其实有非常简单的方法可以实现快速查找并替换数据。

① 打开本节素材文件“素材\第 02 章\实例 035\工资条 .xlsx”，现需要将工作簿中的“请假扣款”替换为“迟到扣款”。

② 选择“行政部”工作表，在“编辑”组中单击“查找和选择”下拉按钮，选择“替换”选项，或按【Ctrl+H】组合键，如图 2-53 所示。

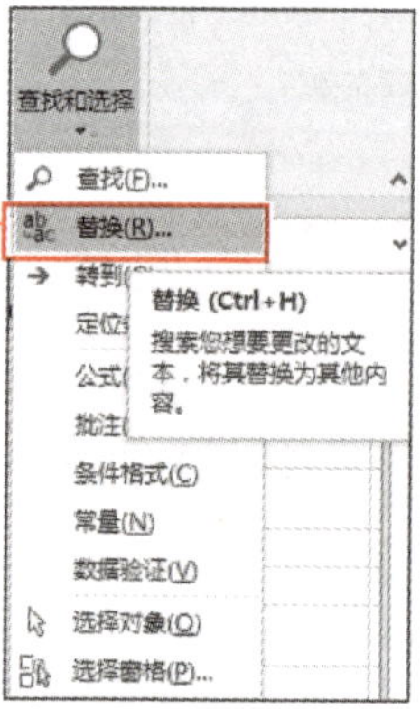

图 2-53 替换功能

③ 弹出“查找和替换”对话框，选择“替换”选项卡，在“查找内容”文本框中输入“请假扣款”，在“替换为”文本框中输入“迟到扣款”，单击“全部替换”按钮，如图 2-54 所示，在弹出的提示框中将显示替换结果。

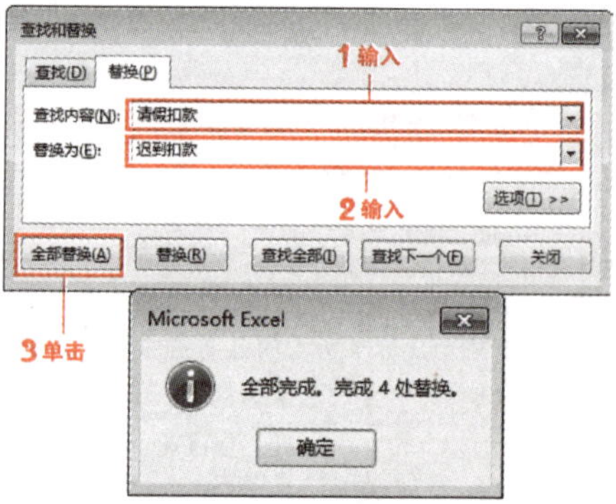

图 2-54 替换数据内容

技巧拓展

当需要对多个工作表中的数据内容进行替换时，不需要在各个工作表中一次次进行替换。在“查找和替换”对话框中单击“选项”按钮，在“范围”下拉列表中选择“工作簿”选项，如图 2-55 所示，单击“全部替换”按钮，即可一次替换整个工作簿中的内容。

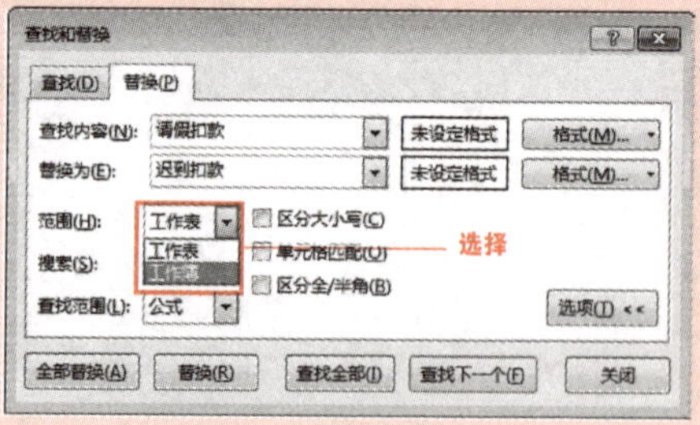

图 2-55 设置替换范围

Extra tip

实例 036 字体的设置与搭配

难度系数：★★★　适用版本：全版本

技巧介绍： 小白发现同事制作的表格都有很多“花样”，有不同的字体，有些字体还有不同的颜色，而自己的工作簿则比较单调，小白也想让自己的工作簿变得“活泼”一点。

1 打开本节素材文件“素材\第 02 章\实例 036\年度考核表.xlsx”，选择合并后的 A1 单元格，在“字体”组中单击“字体”下拉按钮，选择“楷体”选项，如图 2-56 所示。

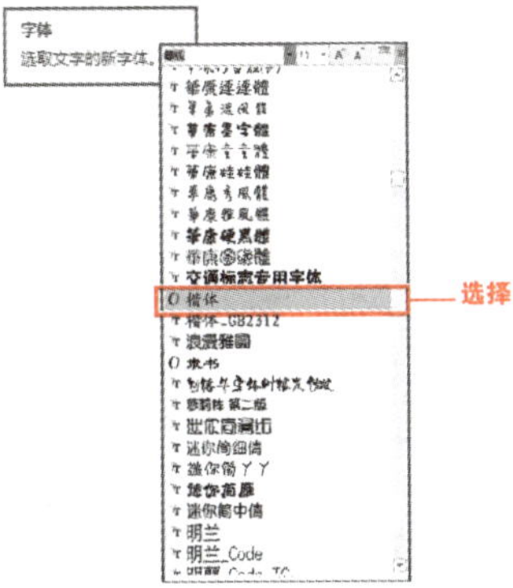

图 2-56　设置字体

2 在“字体”组中单击“字号”下拉按钮，选择 20 选项，如图 2-57 所示。

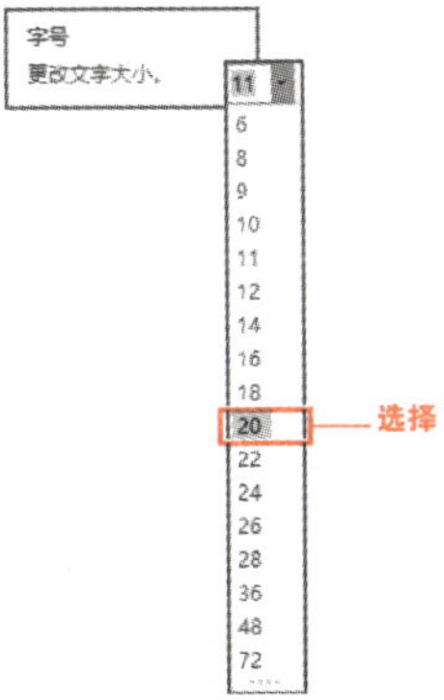

图 2-57　设置字号

3 在“字体”组中单击“字体颜色”下拉按钮，选择“蓝色，个性色 1，深色 25%”选项，在工作表区可以看到预览效果，如图 2-58 所示。

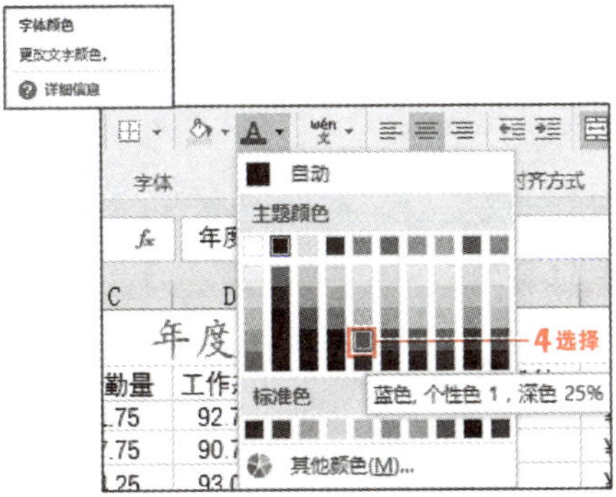

图 2-58　设置字体颜色

技巧拓展

选择需要设置字体格式的单元格，按【Ctrl+1】组合键，打开“设置单元格格式”对话框，在“字体”选项卡中同样可以设置字体、字形、字号、下画线和颜色等选项，如图 2-59 所示。

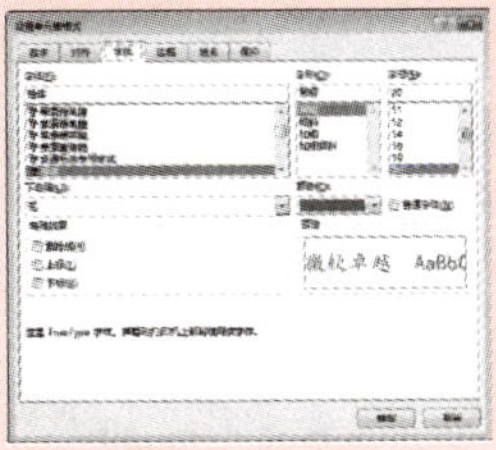

图 2-59　“设置字体格式”对话框

Extra tip＞＞＞＞＞＞＞＞＞＞＞＞＞

实例 037 更改表格默认格式

难度系数：★★★　适用版本：全版本

技巧介绍： 对 Excel 进行设置，更改电子表格的默认格式，这样每次打开 Excel 软件时，就不需要花费太多时间设置单元格格式了。

① 打开“Excel选项”对话框，选择“常规”选项，单击“使用此字体作为默认字体”文本框右侧的下拉按钮，选择“楷体”选项，如图 2-60 所示。

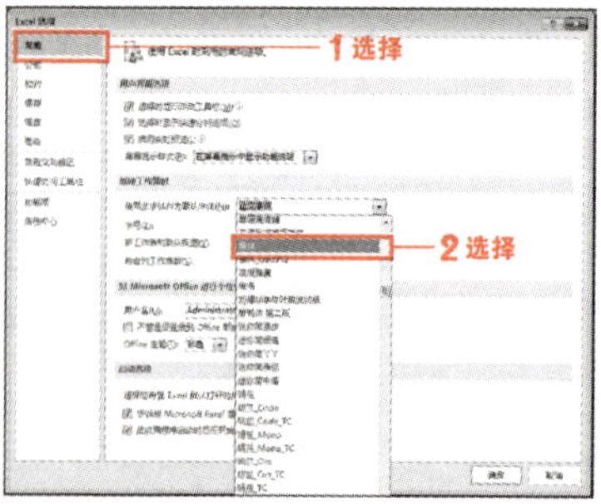

图 2-60　设置默认字体

② 单击“字号”下拉按钮，选择 12 选项，如图 2-61 所示。

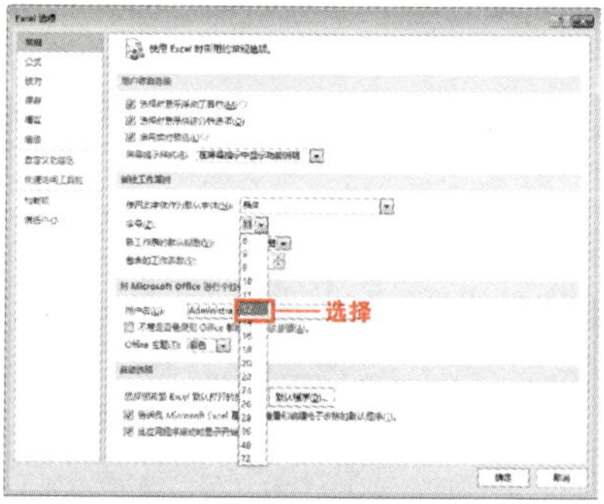

图 2-61　设置默认字号

③ 单击“新工作表的默认视图”下拉按钮，选择“页面视图”选项，如图 2-62 所示，修改视图类型；通过在“包含的工作表数”文本框中输入数值 3，修改默认的工作表数量。

图 2-62　设置视图类型

④ 单击“确定”按钮，将弹出字体修改提示框，关闭应用程序，再次打开 Excel 软件时，将按照设置新建工作簿，如图 2-63 所示。

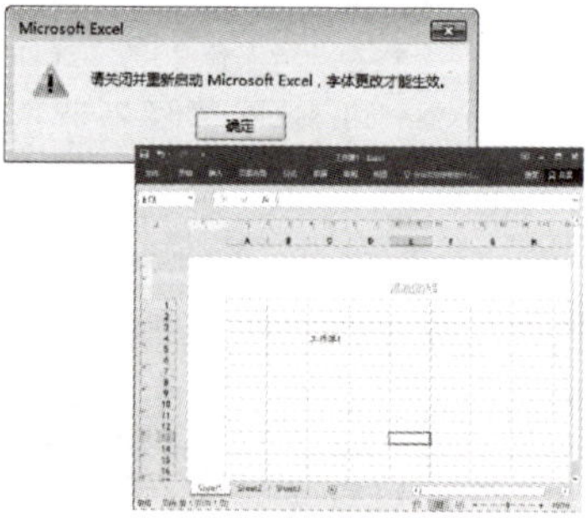

图 2-63　修改结果

技巧拓展

当需要还原 Excel 默认设置时，只需将字体、字号、视图和工作表数修改回来即可。

Extra tip＞＞＞＞＞＞＞＞＞＞＞＞＞

实例 038 对话框和工具栏的操作

难度系数：★★★　适用版本：全版本

技巧介绍： 小白在同事的计算机中录入数据的过程中发现了一个规律，在单元格中输入数据并按【Enter】键后，都会自动选中右侧单元格，这些跟自己使用的 Excel 不相同，是如何设置的呢？

① 启动 Excel 应用程序，打开“Excel 选项”对话框，选择“高级”选项，选择“按 Enter 键后移动所选内容”复选框，并设置“方向”为“向右”，如图 2-64 所示，单击“确定”按钮，即可设置活动单元格的移动方向。

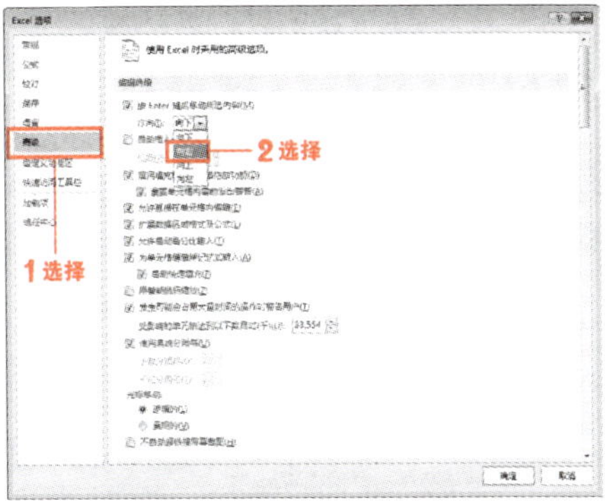

图 2-64　设置活动单元格的移动方向

② 打开“Excel 选项”对话框，选择“快速访问工具栏”选项，在“从下列位置选择命令”下拉列表框中选择“所有命令”选项，在下方的列表框中选择需要添加的功能按钮，如“插入饼图或圆环图”，单击“添加”按钮，即可将功能按钮添加至快速访问工具栏中，如图 2-65 所示。

③ 对于已经添加的按钮，可以通过单击“删除”按钮，将其从工具栏中移除，也可以通过单击“上移”和“下移”按钮，调整功能按钮的位置，如图 2-65 所示。

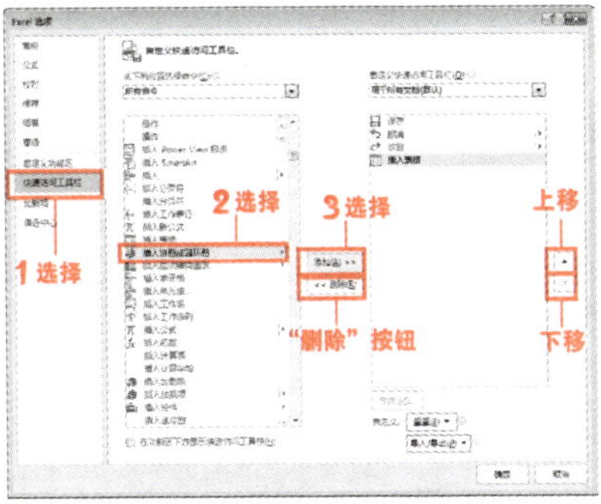

图 2-65　自定义快速访问工具栏

技巧拓展

① 在单元格中输入数据内容后，通过按【←】【↑】【↓】和【→】4 个方向键也可以调整活动单元格位置。

② 选择“插入”选项卡，在“表格”组中右击“表格”按钮，在弹出的快捷菜单中选择“添加到快速访问工具栏”命令，也可将功能按钮添加至工具栏中，如图 2-66 所示。

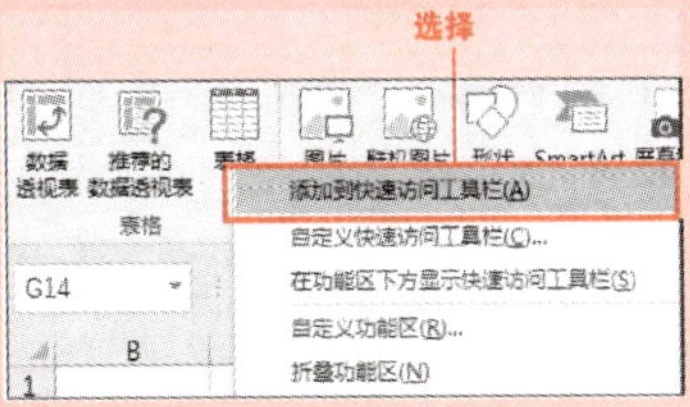

图 2-66　选择“添加到快速访问工具栏”命令

Extra tip

实例 039

难度系数：★★★ 适用版本：全版本

数据的旋转与对齐

技巧介绍： 有时需要在单元格中输入长串数据内容，虽然可以调整列宽，但破坏了工作表的美观性，而且有时还需要对输入的文本进行旋转，小白就遇到了这样的问题，该如何操作呢？

① 打开本节素材文件“素材\第 02 章\实例 039\基本医疗保险基金退款表 .xlsx”，表格中已设置好了行高及列宽。

② 选择合并后的 E4 单元格，在“对齐方式”组中单击“自动换行”按钮，如图 2–67 所示，将文本内容全部显示在单元格中。

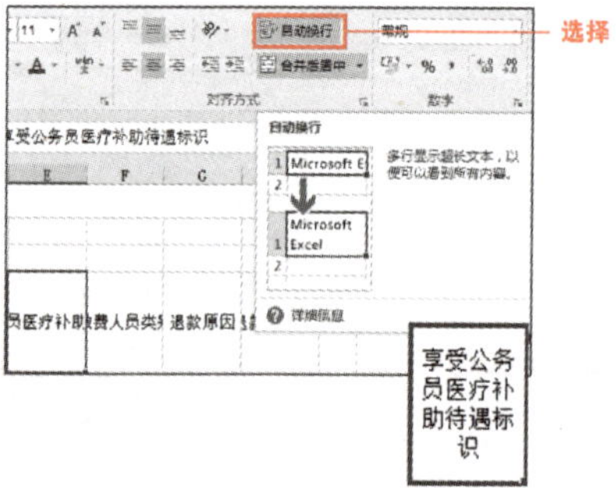

图 2–67 自动换行

③ 选择合并后的 A2:A3 单元格区域，在“对齐方式”组中单击“左对齐”按钮，如图 2–68 所示。

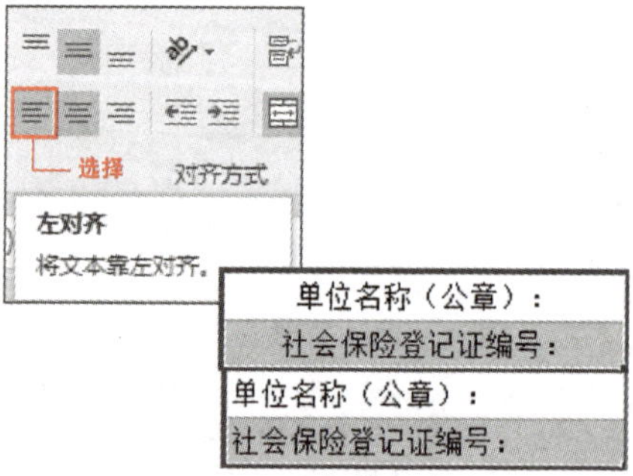

图 2–68 左对齐

④ 选择合并后的 A4 单元格，在“对齐方式”组中单击“方向”下拉按钮，选择“竖排文字”选项，如图 2–69 所示。在“方向”下拉列表框中还可设置文字其余的旋转方向。

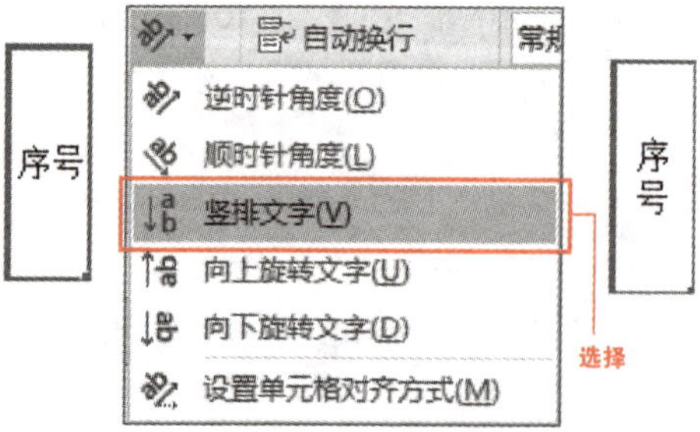

图 2–69 设置竖排文字

技巧拓展

① 按【Alt+Enter】组合键，可以实现自动换行。

② 打开“设置单元格格式”对话框，在“对齐”选项卡中同样可以设置单元格的对齐方式，如图 2–70 所示。

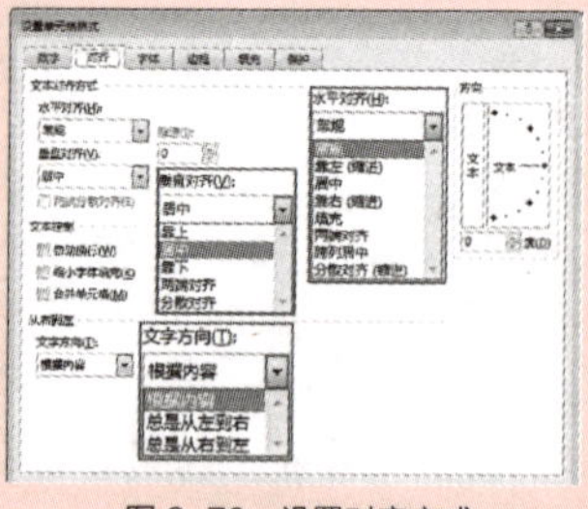

图 2–70 设置对齐方式

Extra tip

实例 040 多个表头的设置方法

难度系数：★★★　适用版本：全版本

技巧介绍： 小白正在发愁如何制作多表头，不用担心，利用 Excel 的边框和插入形状功能，可以快速地解决这个问题。

① 打开本节素材文件“素材\第 02 章\实例 040\人力资源决策权一览表.xlsx”，选择 A2 单元格，按【Ctrl+I】组合键，打开“设置单元格格式”对话框，选择“边框”选项卡，选择边框线条样式，单击斜线边框按钮，如图 2-71 所示。

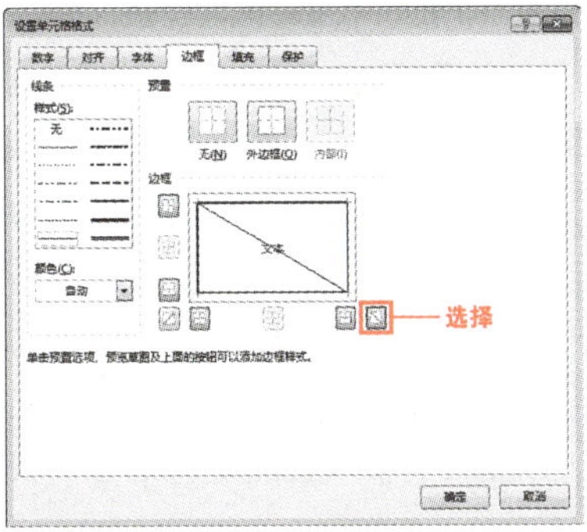

图 2-71　选择斜线边框

② 在 A2 单元格中输入“权限”文本内容，按【Alt+Enter】组合键，实现自动换行，继续输入“决策事项”文本内容，如图 2-72 所示。

③ 选择 A2 单元格，在“对齐方式”组中单击“顶端对齐”按钮，将鼠标定位至“权限”文本左侧，通过输入空格，调整文本至合适的位置，完成斜线表头的制作，如图 2-72 所示。

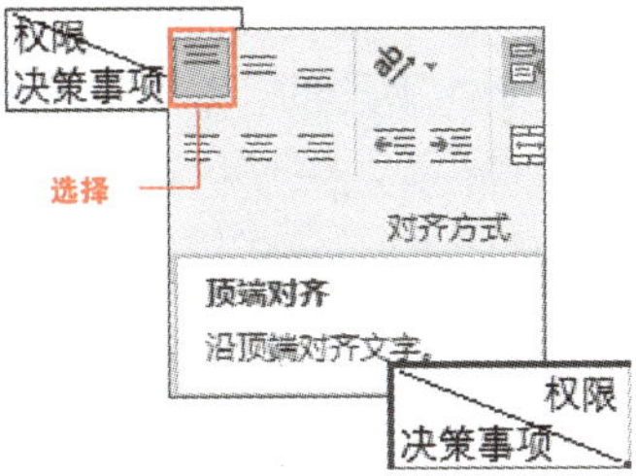

图 2-72　输入表头文本 -1

技巧拓展

利用插入形状功能，可以在工作表中绘制斜线表头。

① 打开本节素材文件“素材\第 02 章\实例 040\人事专员日绩效报表.xlsx”，选择“插入”选项卡，在“插图”组中单击“形状”下拉按钮，选择“直线”形状，在 A3 单元格中绘制直线，如图 2-73 所示。

② 选择绘制的直线，选择“格式”选项卡，在“形状样式”下拉列表框中单击“形状轮廓”下拉按钮，设置直线颜色为“黑色，文字 1”，如图 2-74 所示。

③ 在 A3 单元格中输入表头文本内容，并调整文本位置，制作的斜线表头效果如图 2-74 所示。

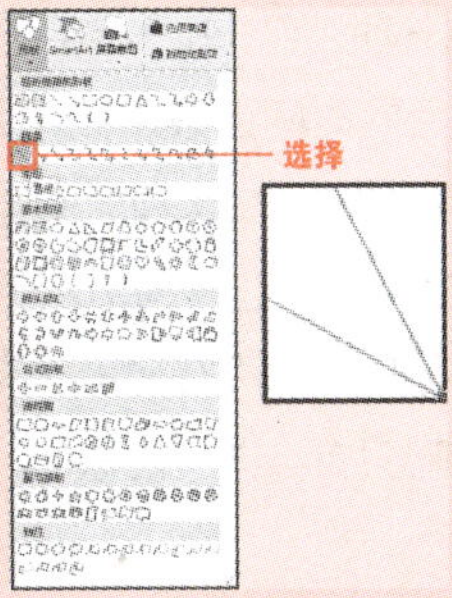

图 2-73　绘制斜线表头

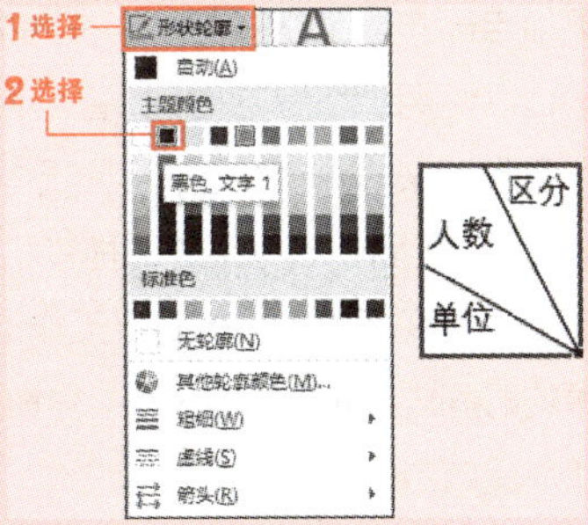

图 2-74　绘制斜线表头

Extra tip

职场小知识

帕金森定律

简介： 指定工作完成的最后期限，不要给自己拖延的余地，集中精力完成手头的工作，享受自由时间的幸福。

诺斯古德·帕金森，英国历史学博士，他曾在哈佛大学担任教授，于 1958 年出版了《帕金森定律》一书。帕金森在书中阐述了机构人员膨胀的原因及后果：一个不称职的官员，可能有 3 条出路，第一是申请退职，把位子让给能干的人；第二是让一位能干的人来协助自己工作；第三是任用两个水平比自己更低的人当助手。

对于一个不称职官员来说，第一条路是万万走不得的，因为那样会丧失许多权利；第二条路也不能走，因为那个能干的人会成为自己的对手；看来只有第三条路最适宜。于是，两个平庸的助手分担了他的工作，他自己则高高在上发号施令，助手们不会对自己的权利构成威胁。两个助手既然无能，他们就上行下效，再为自己找两个更加无能的助手。以此类推，就形成了一个机构臃肿、人浮于事、相互扯皮、效率低下的领导体系。

于是，帕金森得出一个结论：在行政管理中，行政机构会像金字塔一样不断增多，行政人员会不断膨胀，每个人都很忙，但组织效率越来越低下。这条定律又被称为“金字塔上升”现象。帕金森定律深刻地揭示了行政权力扩张引发的人浮于事、效率低下的“官场传染病”，许多人把它当作官僚主义的代名词。

《帕金森定律》一书中有一个老太太寄明信片的故事。帕金森发现，人做一件事所耗费的时间差别很大：一位老太太要给侄女寄明信片，她用了 1 个小时找明信片，1 个小时选择明信片，找侄女的地址又用了 30 分钟，1 个多小时用来写祝词，去寄明信片时决定是否带雨伞，又用去 20 分钟。做完这一切，老太太劳累不堪。同样的事，一个工作特别忙的人可能花费 5 分钟在上班的途中就顺手做了。这就是帕金森定律引申的意义：人做一件事情，耗费的时间越长，就会感觉越累。工作会自动占满一个人所有可用的时间。如果给自己安排了充裕的时间去完成一项工作，就一定会不自觉地放慢节奏或者增加其他项目以便用掉所有的时间，直至最后的时间期限来到，才集中精力去完成这项工作，工作膨胀出来的复杂性会使工作显得很重要，在这种时间弹性很大的环境中工作并不会感到轻松，反而会因为工作的拖沓和最后的紧迫感而感到劳累，以至于精疲力竭。

为了避免无事忙，在制订工作计划时，必须指定工作完成的最后期限，强迫自己在最短的时间内完成某项工作，不得拖延，只有给自己紧迫感，在最短的时间内把事情做好，才能享受自由时间所带来的幸福。

Part Three

第3章 表格的优化与图形插入

除了对字体的字形、字号和颜色进行设置外，对 Excel 单元格的美化也能为工作簿增添不少光彩，使数据内容更清晰地表示出来，而且不易产生视觉疲劳。表格的优化与图形的插入主要包括设置单元格填充颜色、添加边框、插入艺术字和插入图形等内容。

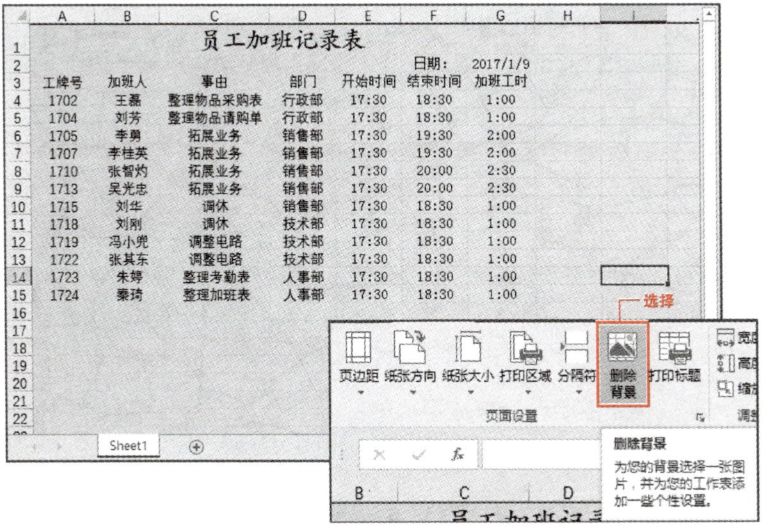

实例041 文本框自动适应内容大小

难度系数：★★★　适用版本：全版本

技巧介绍： 由于不能一开始就确定文本框的大小，因此，输入文本以后经常需要对文本框进行调整，其实可以将文本框设置成适应文本来解决这一问题。

① 打开本节素材文件“素材\第03章\实例041\培训流程图.xlsx”，选择“插入”选项卡，在“文本”组中单击“文本框”下拉按钮，选择“横排文本框”选项，如图3-1所示。在工作表中绘制文本框并输入文本内容，可以看到文本内容超过文本框大小，有部分内容不显示。

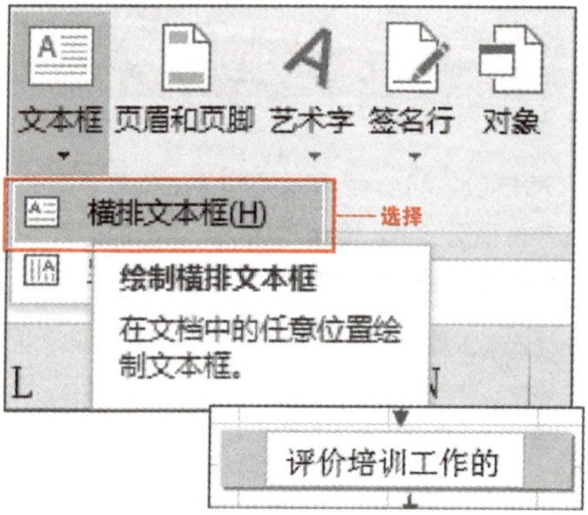

图3-1　绘制横排文本框

② 右击插入的文本框，在弹出的快捷菜单中选择“设置形状格式”命令，打开“设置形状格式”窗格，选择“大小属性”选项卡，激活“文本框”选项组，选择“根据文字调整形状大小”并取消选择“形状中的文字自动换行”复选框，如图3-2所示。

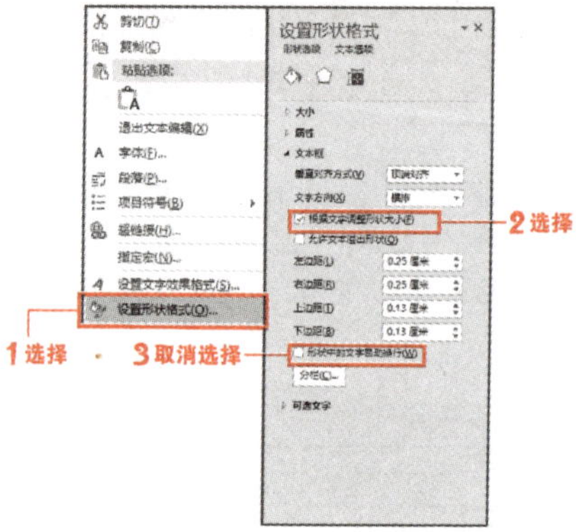

图3-2　设置文本框形状格式

技巧拓展

当利用Excel绘制流程图时，经常需要在流程图形状中插入文本框，除了横排文本框外，还可在工作表中绘制竖排文本框，如图3-3所示，在文本框中输入的文字方向为竖排文字。

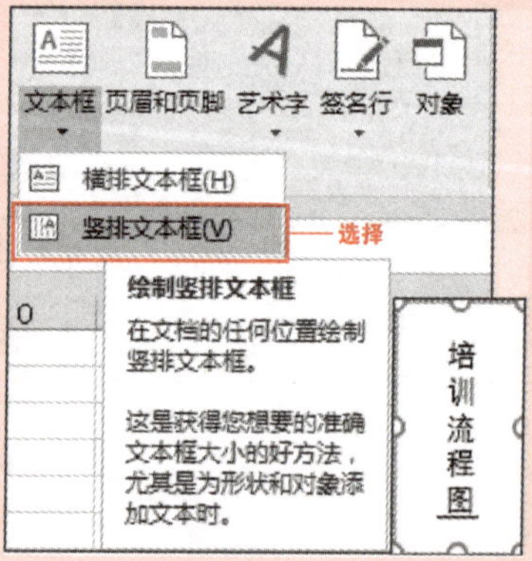

图3-3　竖排文本框

Extra tip

实例 042　设置单元格的填充色

难度系数：★★★　适用版本：全版本

技巧介绍： 小白看到有许多赏心悦目的工作簿，除了对字体设置了不同的颜色外，单元格也设置了不同的填充色，如何才能为单元格添加颜色呢？

① 打开本节素材文件“素材\第 03 章\实例 042\工资管理表 .xlsx”，选择 A2:L2 单元格区域，按【Ctrl+I】组合键，打开“设置单元格格式”对话框，选择“填充”选项卡，在“背景色”列表框中选择合适的颜色，如图 3-4 所示。

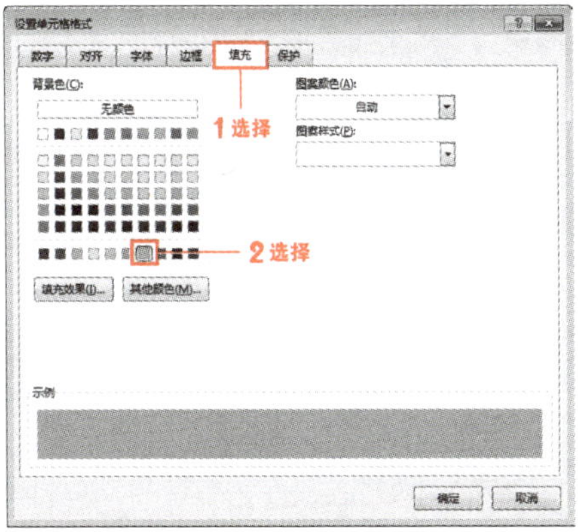

图 3-4　设置颜色及样式

② 在“图案样式”下拉列表框中还可以选择不同的图案样式，如图 3-5 所示。

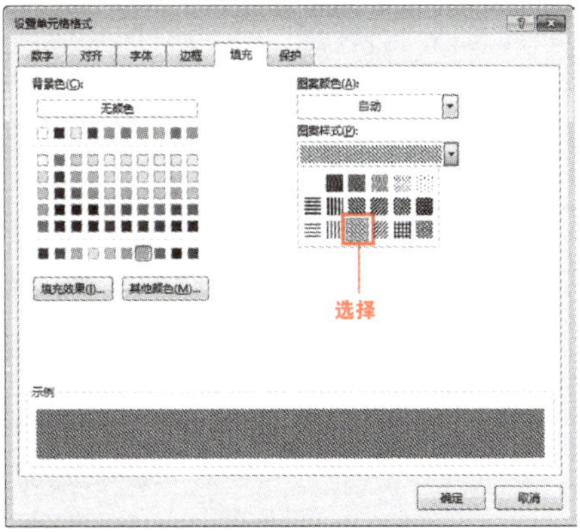

图 3-5　选择图案样式

技巧拓展

在“字体”组中，单击“填充颜色”下拉按钮，选择“浅绿”颜色，在工作表区可以看到预览效果，如图 3-6 所示，即可设置单元格填充颜色。

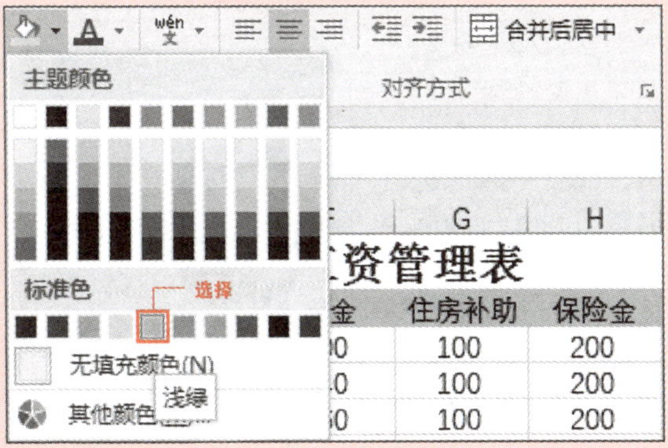

图 3-6　设置填充颜色

Extra tip＞＞＞＞＞＞＞＞＞＞＞＞＞

实例 043 单元格多色填充

难度系数：★★★ 适用版本：全版本

技巧介绍： 了解了如何填充单元格颜色后，小白的疑问还没有解除：这样填充下来，单元格都是一种颜色，有没有办法在单元格中填充多种颜色，让单元格呈现出一种渐变样式呢？

① 打开本节素材文件“素材\第 03 章\实例 043\工资管理表.xlsx”，选择 E3:E28 单元格区域，按【Ctrl+I】组合键，打开“设置单元格格式”对话框，选择“填充”选项卡，单击“填充效果”按钮，打开“填充效果”对话框。

② 在“颜色 1”下拉列表中选择“蓝色，个性色 1，淡色 60%”选项，在“颜色 2”下拉列表中选择“浅蓝”选项，并设置底纹样式为“角部辐射”，在“变形”列表框中选择合适的类型，单击“确定”按钮，如图 3-7 所示，即可在单元格中填充多种颜色。

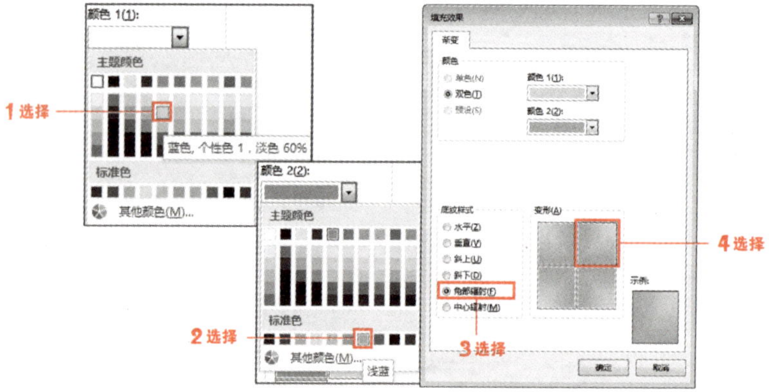

图 3-7 设置渐变填充

技巧拓展

在“颜色”下拉列表中选择“其他颜色”选项，弹出“颜色”对话框，可设置更多的颜色，选择“自定义”选项卡，如图 3-8 所示，通过设置 RGB 三原色的强度值，也可设置单元格填充颜色。

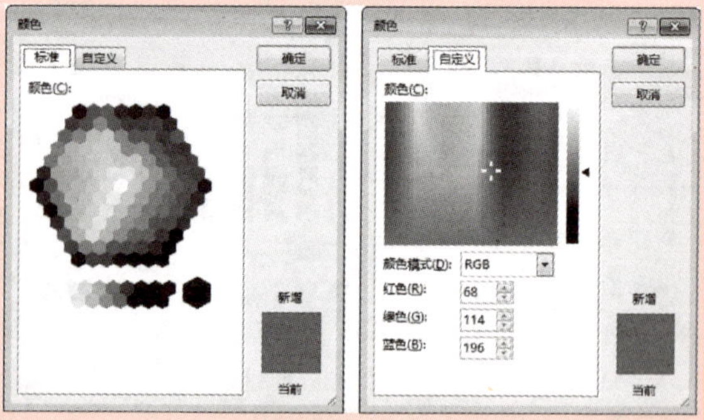

图 3-8 “颜色”对话框

Extra tip

实例 044 为指定范围添加边框

难度系数：★★★　适用版本：全版本

技巧介绍： 小白在与同事的讨论学习中发现，在表格的优化过程中，还可以为指定的单元格区域添加边框，并且可以为边框设置不同的样式及颜色。

① 打开本节素材文件“素材\第 03 章\实例 044\员工出入厂登记表.xlsx”，选择 A2:H12 单元格区域，按【Ctrl+I】组合键，打开“设置单元格格式”对话框，选择“边框”选项卡，在“样式”列表框中选择合适的线条样式，在“预置”列表框中选择“内部”选项，在“颜色”下拉列表框中选择“浅蓝”选项，如图 3-9 所示。

② 选择不同的线条样式，在“预置”列表框中选择“外边框”，在“颜色”下拉列表中选择“蓝色”，如图 3-10 所示。单击“确定”按钮，为单元格区域添加边框。

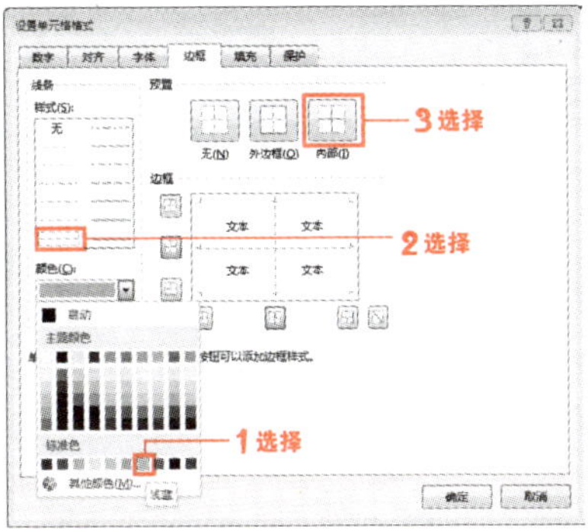

图 3-9　设置内边框

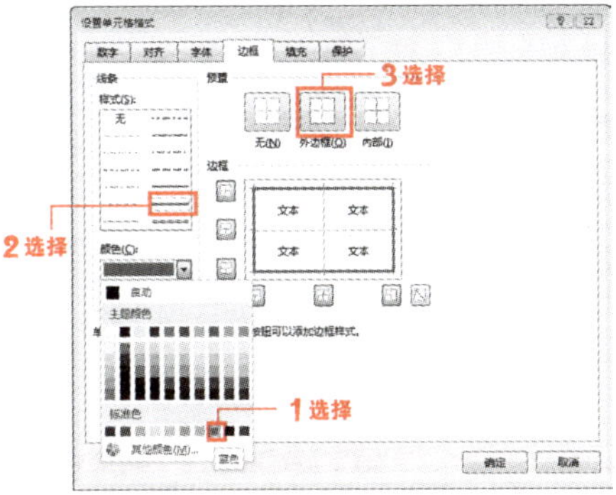

图 3-10　设置外边框

技巧拓展

a. 通过“边框”选项组中的各个按钮，可以具体设置边框线位置，如“上边框”、“下边框”、“左边框”、“右边框”、“内部边框”、和“斜线边框”、等。

选择“开始”选项卡，在“字体”组中单击“下框线”下拉按钮，从下拉列表框中可直接选择边框样式，如图 3-11 所示。

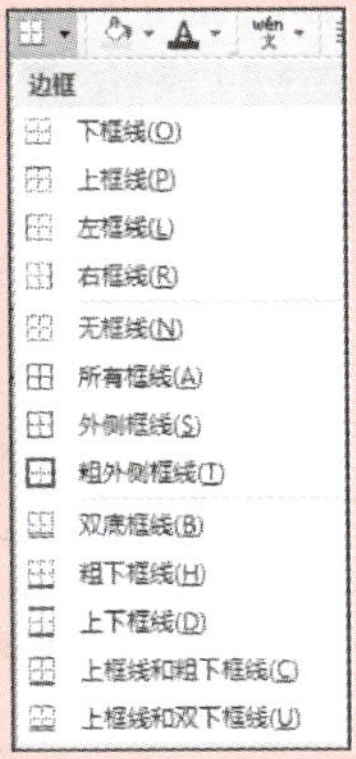

图 3-11　“边框”下拉列表框

Extra tip

实例 045 手动绘制边框

难度系数：★★★ 适用版本：全版本

技巧介绍： 其实除了实例 044 中介绍的添加边框的方法，还可以手动绘制边框。

① 打开本节素材文件“素材\第 03 章\实例 045\员工出入厂登记表.xlsx”，选择“开始”选项卡，在“字体”组中单击“下框线”下拉按钮，选择“绘制边框”选项，鼠标变成铅笔形，即可为需要的单元格区域绘制外侧边框，如图 3–12 所示。

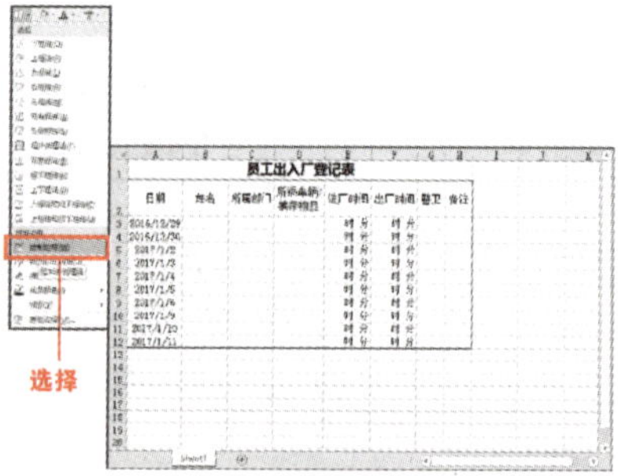

图 3–12　绘制边框

② 当在下拉列表中选择“绘图边框网格”选项时，鼠标变成铅笔状，并附带 4 个网格，这时将绘制包含内边框的网格线，如图 3–13 所示。

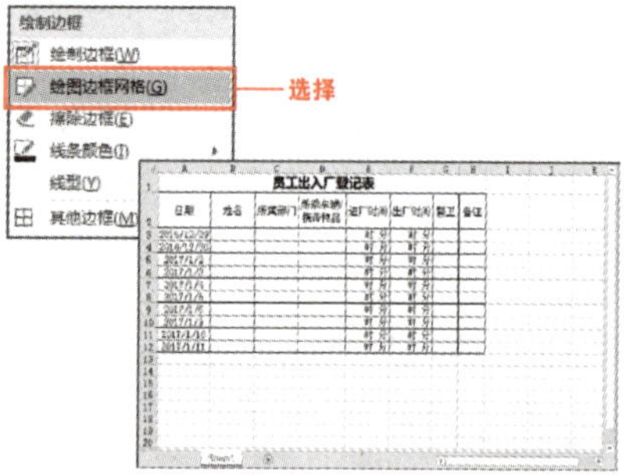

图 3–13　绘制边框网格

技巧拓展

① 从下拉列表框中选择“擦除边框”选项，即可擦除绘制的边框。

② 从下拉列表框中选择“线条颜色”选项，在打开的颜色面板中可以设置绘制边框的线条颜色，如图 3–14 所示。

③ 从下拉列表中选择“线型”选项，在打开的列表中可以设置绘制边框的线型，如图 3–15 所示。

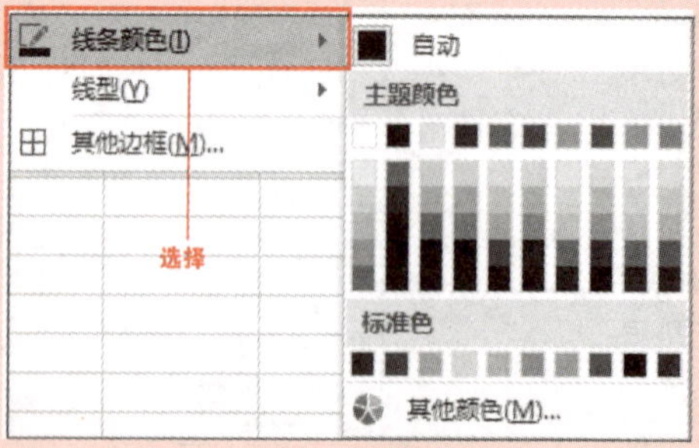

图 3–14　设置线条颜色

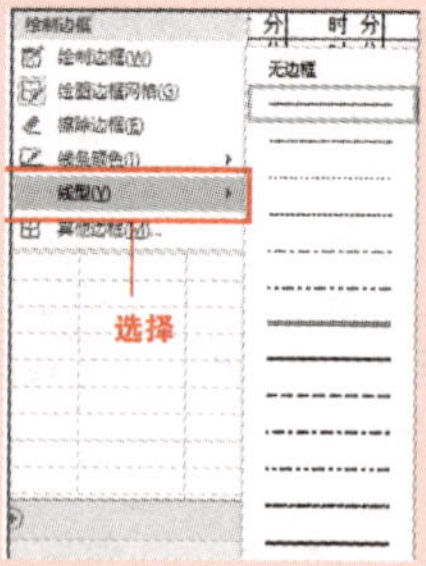

图 3–15　设置线型

Extra tip

实例 046 隐藏多余的默认边框

难度系数：★★★　适用版本：全版本

技巧介绍： 小白为制作的工作表添加了边框后，却发现 Excel 默认的灰白边框不是很美观，有没有办法隐藏默认边框呢？

打开本节素材文件“素材\第 03 章\实例 046\员工出入厂登记表.xlsx”，选择“视图”选项卡，在“显示”组中取消选择“网格线”复选框，如图 3-16 所示，即可隐藏工作表中的网格线。

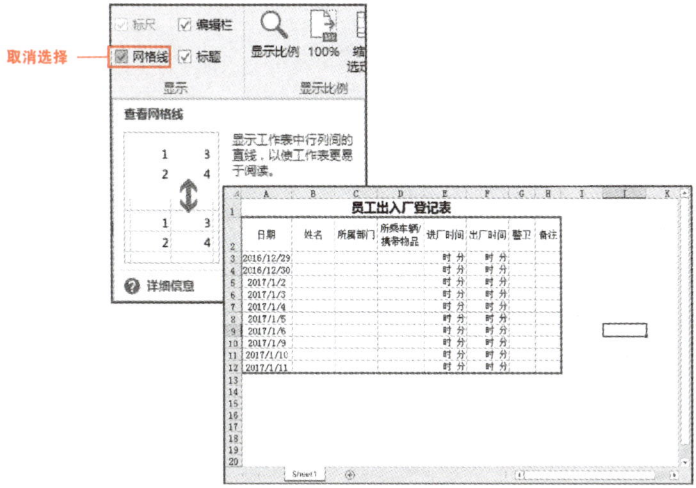

图 3-16　隐藏网格线

技巧拓展

单击行列交界处，或按【Ctrl+A】组合键，全选整个工作表，按【Ctrl+1】组合键打开“设置单元格格式”对话框，选择“填充”选项卡，在“图案样式”下拉列表框中选择“实心”选项，单击“确定”按钮，如图 3-17 所示，或将单元格填充颜色设置为“白色，背景 1”，也可隐藏默认边框。

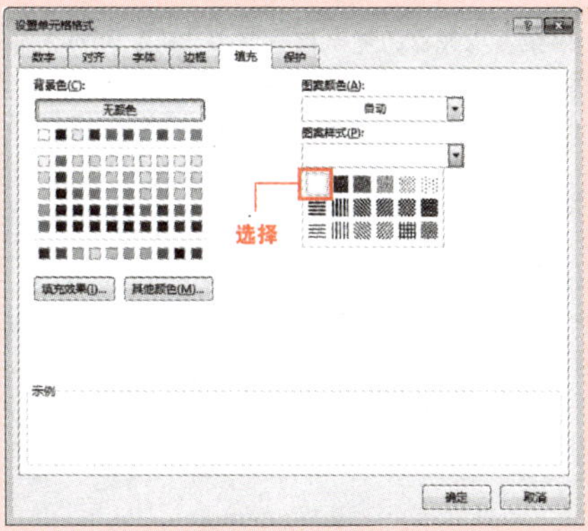

图 3-17　设置图案样式

Extra tip

实例 047 表格样式的更换

难度系数：★★★ 适用版本：全版本

技巧介绍： 小白一步步为单元格设置边框及填充色，然而同事几秒内就把工作表变得十分鲜艳了。其实 Excel 为了方便用户，早已设置了许多不同的表格样式，只需套用即可。

① 打开本节素材文件“素材\第 03 章\实例 047\员工加班记录表 .xlsx”，选择 A3:G15 单元格区域，在“样式”组中单击“套用表格格式”下拉按钮，选择“表样式中等深浅 6”选项，如图 3–18 所示。

② 在弹出的“套用表格格式”对话框中单击“确定”按钮，快速为单元格区域设置表格格式，如图 3–19 所示。

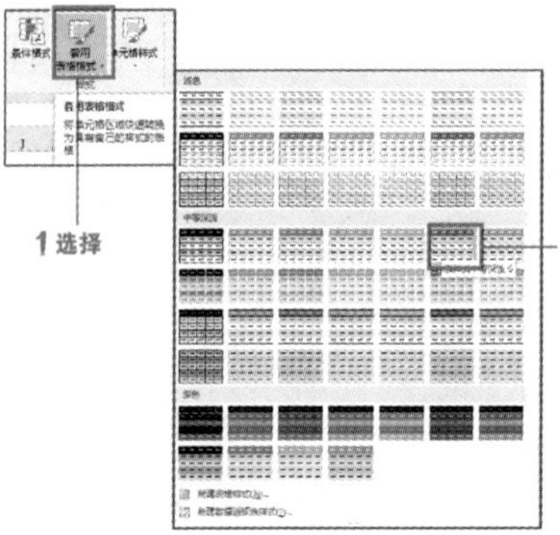

图 3–18 套用表格格式

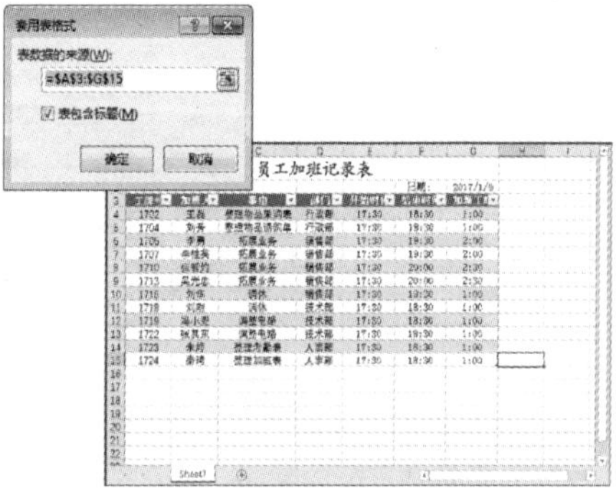

图 3–19 设置表格格式

技巧拓展

选择表格中的任意单元格，选择“设计”选项卡，在“工具”组中单击“转换为区域”按钮，在弹出的提示框中单击“是”按钮，将表格转换为区域，如图 3–20 所示。

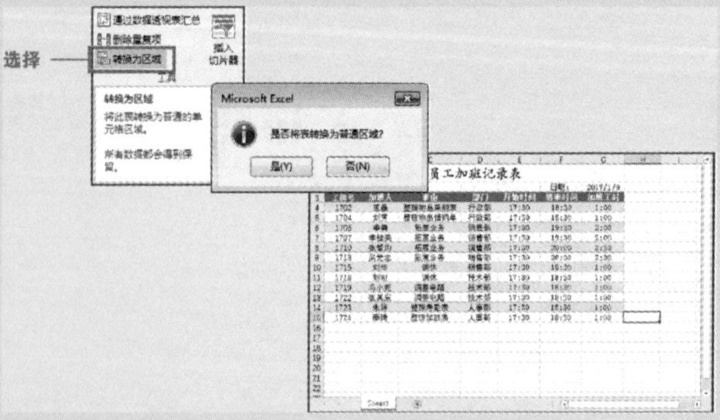

图 3–20 转换为区域

Extra tip

实例 048 快速套用自定义格式

难度系数：★★★　适用版本：全版本

技巧介绍： 除了 Excel 提供的表格格式外，还可以自定义表格格式，使其符合自身要求。

① 打开本节素材文件“素材\第 03 章\实例 048\员工加班记录表 .xlsx”，选择 A3:G15 单元格区域，在“样式”组中单击“套用表格格式”下拉按钮，选择“新建表格样式”选项，如图 3-21 所示。

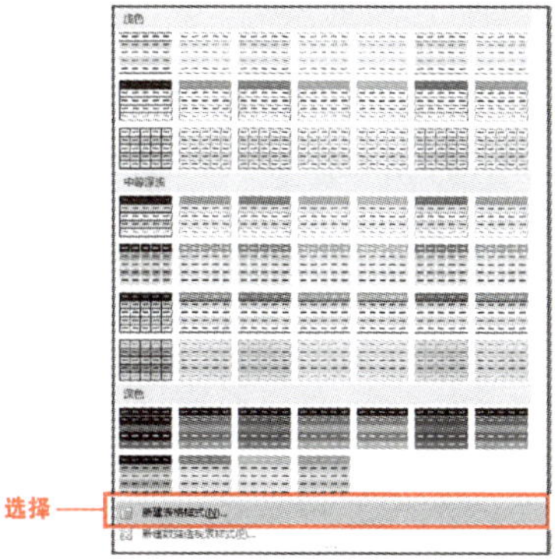

图 3-21　新建表格样式

② 弹出“新建表样式”对话框，在“名称”文本框中输入自定义表样式名称，在“表元素”列表框中选择“整个表”选项，单击“格式”按钮，弹出“设置单元格格式”对话框，选择“边框”选项卡，设置整个表格区域的边框样式，如图 3-22 所示，单击“确定”按钮。

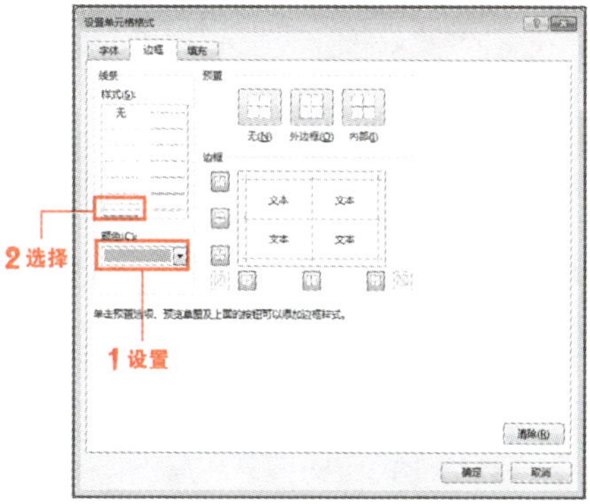

图 3-22　设置整个表格边框样式

③ 返回“新建表样式”对话框，选择“第一列条纹”选项，设置“条纹尺寸”为 1。单击“格式”按钮，如图 3-23 所示，弹出“设置单元格格式”对话框，选择“填充”选项卡，设置第一列单元格区域的填充颜色。

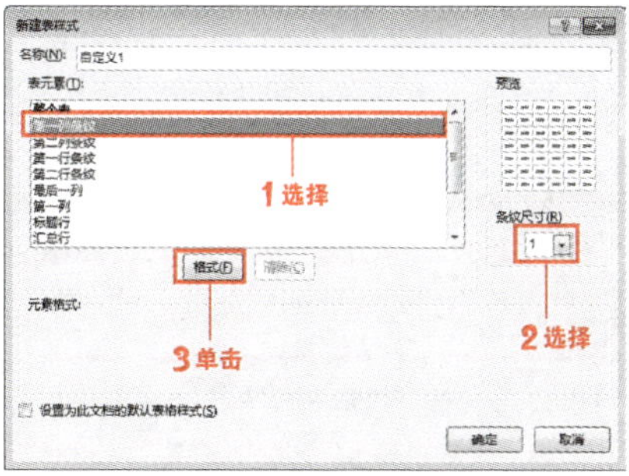

图 3-23　设置第一列条纹格式

④ 按照相同的方法，设置各行列单元格区域的单元格格式，如图 3-24 所示，单击“确定”按钮，自定义的表格样式将出现在“套用表格格式”下拉列表框中，选择需要的表格样式即可实现套用。

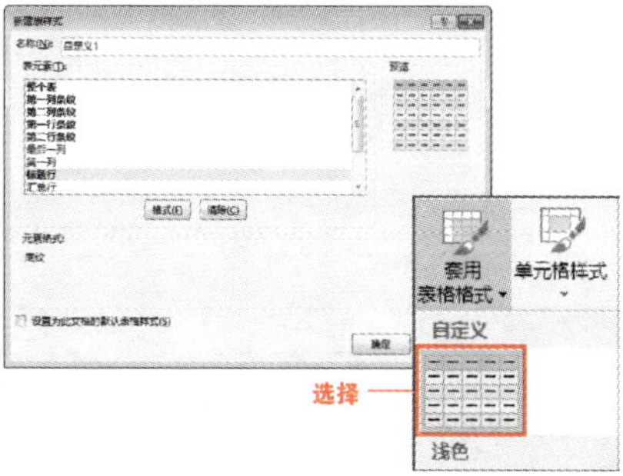

图 3-24　设置自定义表格格式

技巧拓展

自定义的表格格式只对本文档有效，当重新启动 Excel 应用程序，建立新工作簿时，在“套用表格格式”下拉列表框中已不存在自定义的表格格式。

Extra tip >>>>>>>>>>>>

实例 049 插入艺术字

难度系数：★★★ 适用版本：全版本

技巧介绍： 小白在学习的过程中，发现表格中有些字体美观有趣，醒目张扬，在“字体”中却找不到。这些都是艺术字，用艺术字来制作表格标题，可以直观地美化工作表。

① 打开本节素材文件“素材\第 03 章\实例 049\月份福利统计表 .xlsx”，选择“插入”选项卡，在“文本”组中单击“艺术字”下拉按钮，从下拉列表框中选择合适的艺术字，如图 3-25 所示。

② 在工作表中插入艺术字并输入文本内容“月份福利统计表”。对于插入的艺术字，同样可以设置字体、字形、字号。这里选择插入的艺术字，在“字体”选项组中将字体设置为“幼圆”，将字号设置为“30”，如图 3-26 所示。

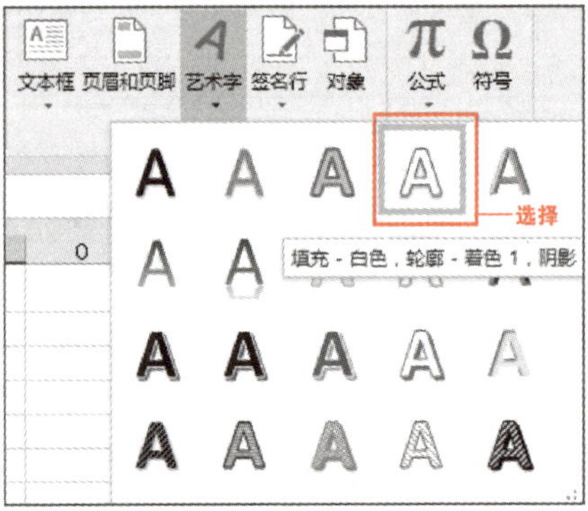

图 3-25 插入艺术字

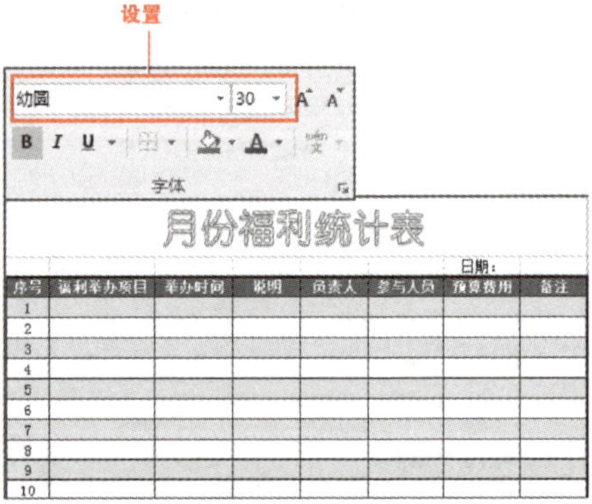

图 3-26 调整艺术字

技巧拓展

选择插入的艺术字，将鼠标定位至艺术字周围的虚线框，按住鼠标左键并拖动，即可将艺术字拖曳至合适的位置。

Extra tip >>>>>>>>>>>>

实例 050　更换艺术字样式

难度系数：★★★　适用版本：全版本

技巧介绍： 插入艺术字后，如果对艺术字的样式不满意，还可以更换样式。

打开本节素材文件“素材\第 03 章\实例 050\月份福利统计表 .xlsx”，选择艺术字标题，选择“格式”选项卡，在“艺术字样式”组中单击“其他”按钮，选择其他艺术字样式，即可快速更换艺术字样式，如图 3–27 所示。

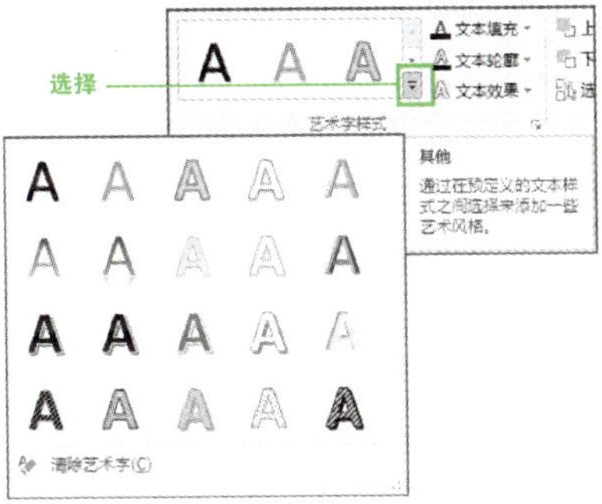

图 3–27　更换艺术字样式

技巧拓展

当不需要设置艺术字样式时，在“其他”下拉列表框中选择“清除艺术字”选项，即可清除艺术字样式，但并不会删除艺术字文本内容。

Extra tip

实例 051　自定义艺术字

难度系数：★★★　适用版本：全版本

技巧介绍： 小白仍然很纳闷，即使插入的是用一种艺术字样式，为什么同事工作表里的艺术字跟自己插入的艺术字不一样呢？因为插入艺术字以后，还可以对艺术字样式进行设置。

① 打开本节素材文件“素材\第 03 章\实例 051\月份福利统计表 .xlsx”，选择艺术字文本内容，在“艺术字样式”组中单击“文本填充”下拉按钮，将主题颜色设置为“金色，个性色 4”，如图 3–28 所示。

② 在“艺术字样式”组中单击“文本轮廓”下拉按钮，将主题颜色设置为“黄色”，如图 3–29 所示。

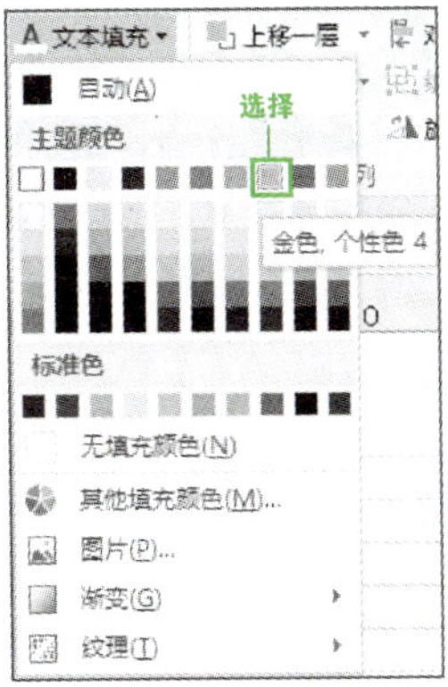

图 3–28　设置文本填充

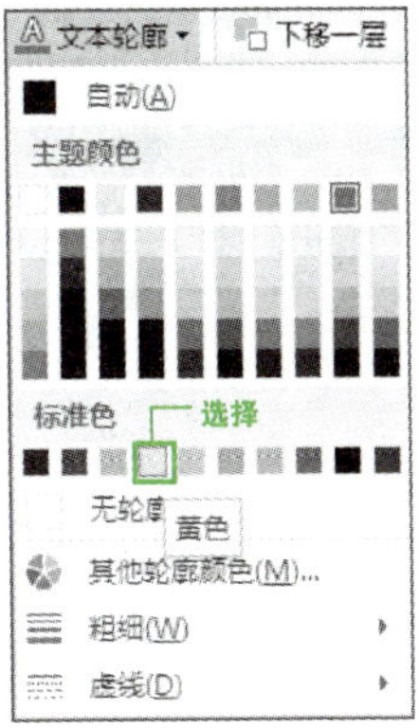

图 3–29　设置文本轮廓

③ 在“艺术字样式”组中单击“文本效果”下拉按钮，选择“发光”选项，在打开的列表中选择合适的发光变体，如图 3-30 所示。

④ 在“文本效果”下拉列表框中选择“转换”选项，在打开的列表中选择“波形 1”，如图 3-31 所示。

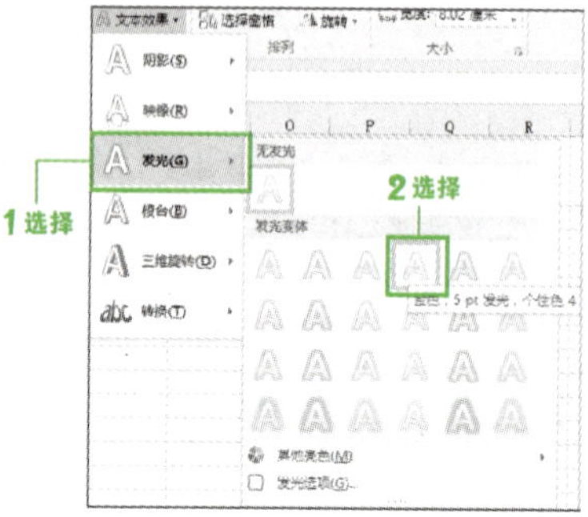

图 3-30　设置发光效果

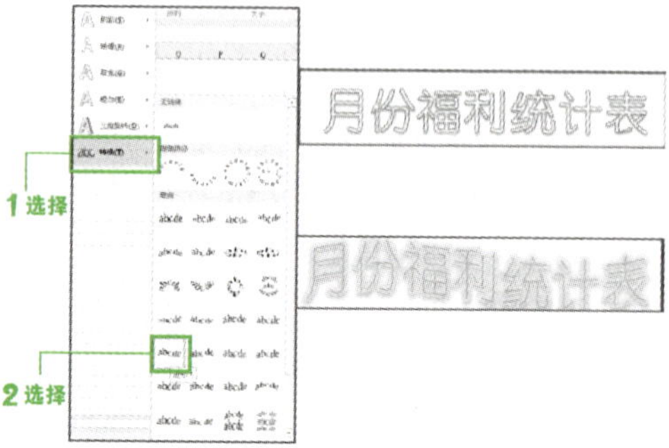

图 3-31　设置发光效果

技巧拓展

组合“艺术字样式”组中的各填充、轮廓及效果，配合“形状样式”组中的各种设置，可自定义多种艺术字格式，如图 3-32 所示。

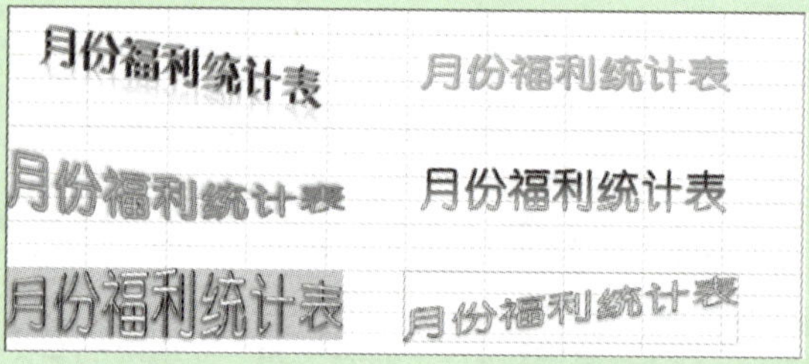

图 3-32　自定义艺术字

Extra tip

实例 052　快速套用自定义艺术字

难度系数：★★★　适用版本：全版本

技巧介绍： 小白需要添加新工作表，并且要求新工作表中标题的艺术字样式与之前设置的艺术字相同，能否将自定义的艺术字设置为默认，从而实现快速套用呢？

① 打开本节素材文件“素材\第 03 章\实例 052\月份福利统计表 .xlsx”，将鼠标定位于艺术字标题边缘，当鼠标变成四向箭头时右击，在弹出的快捷菜单中选择“设置为默认形状”命令。切换至“1 月”工作表，选择“插入”选项卡，在“插图”组中单击“形状”下拉按钮，选择“矩形”形状，如图 3-33 所示，在工作表中绘制矩形。

② 右击绘制的矩形形状，在弹出的快捷菜单中选择“编辑文字”命令，输入相关文本时，将自动套用设置的艺术字格式，如图 3–34 所示，移动艺术字标题至合适的位置。

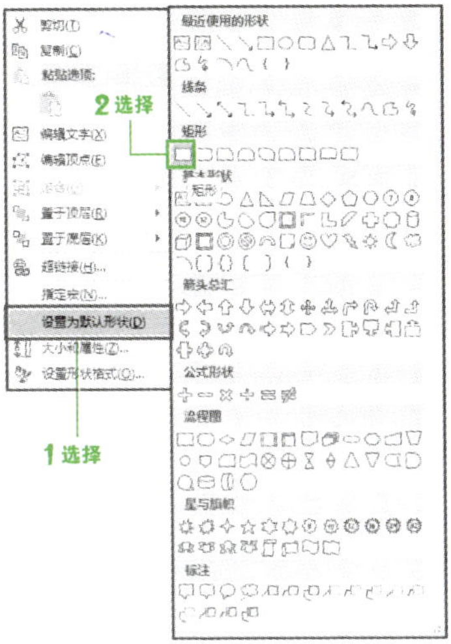

图 3–33　设置为默认形状

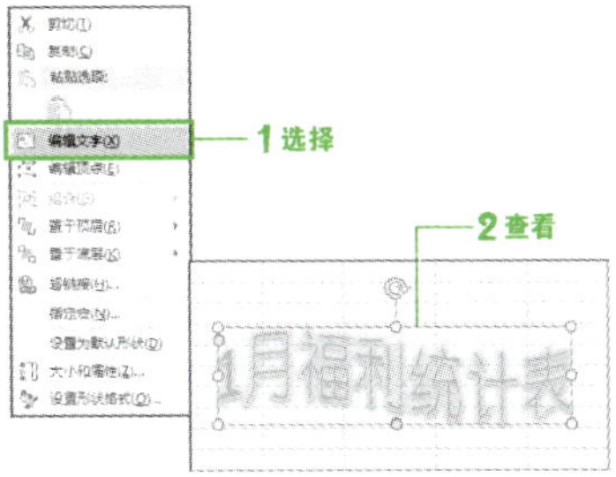

图 3–34　编辑文字

技巧拓展

同套用自定义表格格式一样，自定义的艺术字格式只对本文档有效。

Extra tip

实例 053 图形的插入

难度系数：★★★　适用版本：全版本

技巧介绍： 小白需要制作流程图，流程图中的各个流程均是用形状表示出来的，在 Excel 中该如何插入形状呢？

① 启动 Excel，选择“插入”选项卡，在“插图”组中单击“形状”下拉按钮，选择“圆角矩形”形状，如图 3–35 所示。按住鼠标左键并拖动，在工作表中绘制圆角矩形，绘制完成后松开鼠标左键。

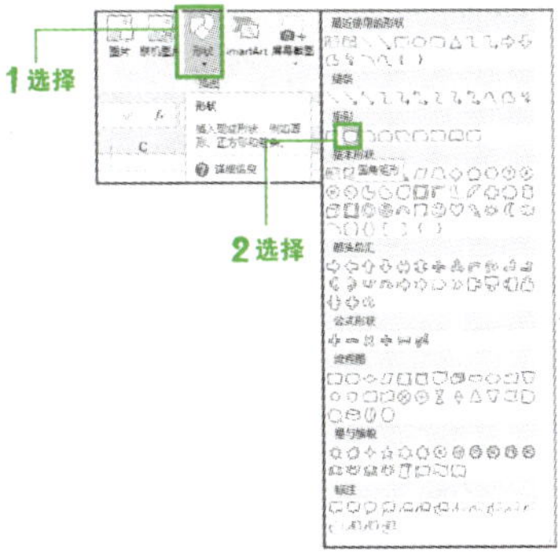

图 3–35　插入圆角矩形

② 有时对插入的图形形状大小及位置不满意，选择插入的形状，当鼠标变成四向箭头时可以移动形状位置；将鼠标定位于形状四周的控制点上，当鼠标变成双向箭头时，可以调整其大小；将鼠标定位于形状正上方的旋转符号，当鼠标变成旋转箭头时，可以对插入的形状进行旋转，如图 3–36 所示。

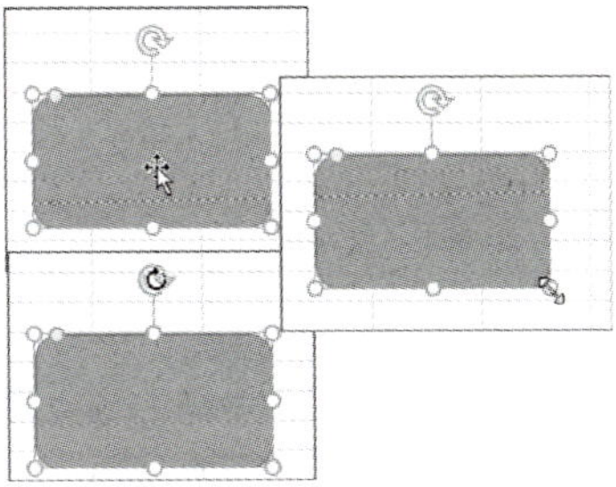

图 3–36　调整位置及大小

技巧拓展

① 选择需要调整大小的形状并右击，在弹出的快捷菜单中选择“大小和属性”命令，打开“设置形状格式”窗格，在“大小”选项组中设置形状的高度、宽度及旋转角度，如图 3–37 所示。

② 选中需要确定位置的形状，按住键盘上的方向键，也可移动形状至合适的位置。

③ 按【Shift】键或【Alt】键的同时拖动四角控制点，形状将按原纵横比例进行缩放；按住【Ctrl】键的同时拖动形状控制点，将以形状的中心向外垂直、水平或沿对角线缩放。

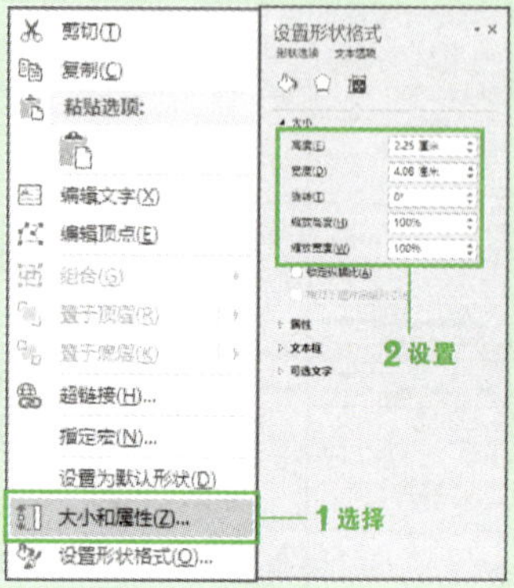

图 3–37 调整形状大小

Extra tip

实例 054 图形顶点形状调整

难度系数：★★★ 适用版本：全版本

技巧介绍： 在“形状”下拉列表框中只能绘制有一定规则的形状，如果需要绘制不规则的形状该怎么办呢？可以通过调整图形顶点将规则的形状修改为所需的形状。

① 启动 Excel，选择“插入”选项卡，在“插图”组中单击“形状”下拉按钮，从选择“七角星”形状，如图 3–38 所示，在工作表中绘制七角星。

② 选择“格式”选项卡，在“插入形状”组中单击“编辑形状”下拉按钮，选择“编辑顶点”选项，如图 3–39 所示。

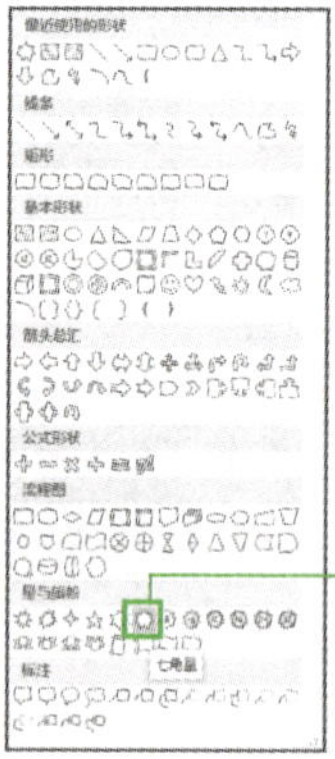

图 3–38 插入七角星

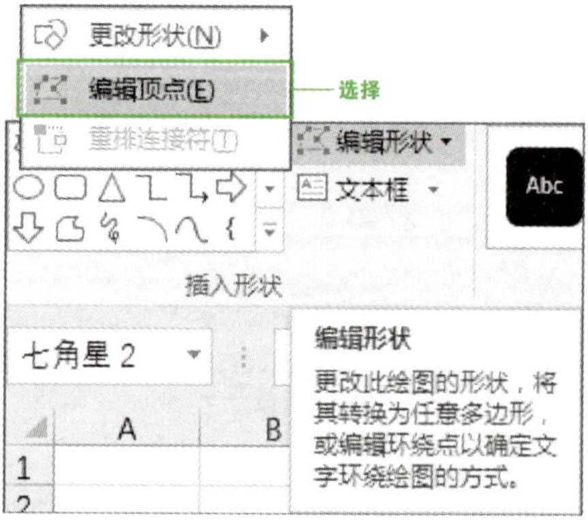

图 3–39 选择“编辑顶点”选项

③ 七角星形状周围将出现多个编辑点，将鼠标定为在某个顶点处并右击，在弹出的快捷菜单中选择“平滑顶点”命令，如图 3-40 所示。用鼠标拖动编辑点，即可对其进行编辑，编辑完成后，在图形区域外面单击，退出编辑顶点状态，绘制不规则形状。

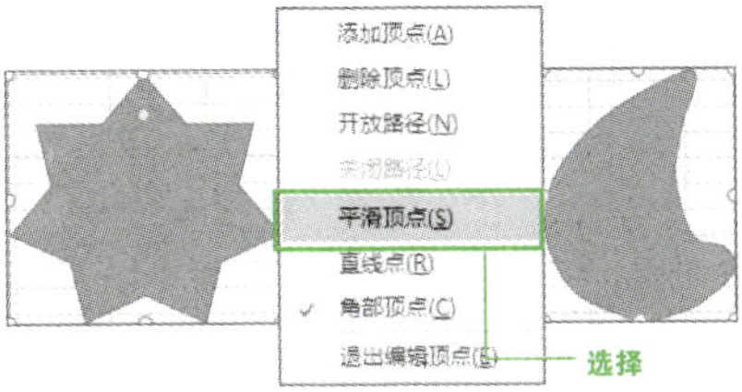

图 3-40　选择“平滑顶点”命令

技巧拓展

选择插入的七角星，选择“格式”选项卡，在“插入形状”组中单击“更改形状”下拉按钮，从下拉列表框中选择所需的图形形状，即可更改绘制的图形。

Extra tip＞＞＞＞＞＞＞＞＞＞＞＞＞

实例 055　在形状上添加文本

难度系数：★★★　适用版本：全版本

技巧介绍： 小白已插入了所有的形状，可是流程图还需要文字对具体的流程进行说明，用什么方法添加文本呢？

① 打开本节素材文件“素材\第 03 章\实例 055\培训流程图.xlsx”，右击插入的矩形形状，在弹出的快捷菜单中选择“编辑文字”命令，即可在形状上直接输入文本内容，如图 3-41 所示。

② 选择输入的文本，在“对齐方式”组中单击“垂直居中”和“居中”按钮，在活动工具栏中单击“字体颜色”下拉按钮，设置字体颜色为“绿色”，如图 3-41 所示。

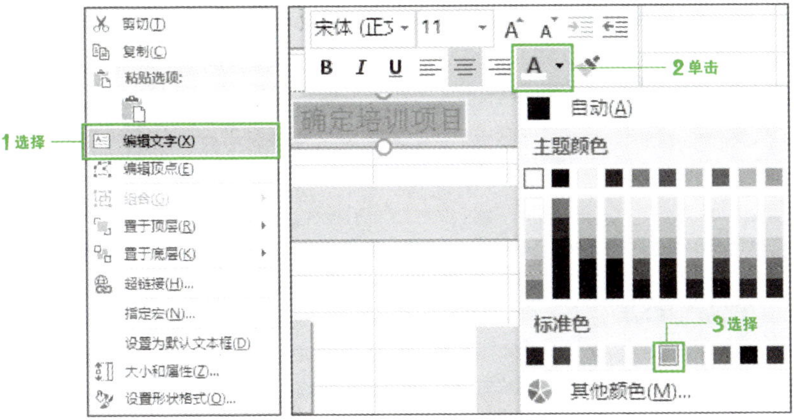

图 3-41　添加文本

技巧拓展

除了直接利用形状编辑文字外，也可以通过插入文本框来添加说明文本。

① 选择“插入”选项卡，在“文本”组中单击“文本框”下拉按钮，选择“横排文本框”选项，在工作表中绘制文本框并输入文本内容。选择“格式”选项卡，在“形状样式”组中单击“形状填充”下拉按钮，选择“无填充颜色”选项；继续单击“形状轮廓”下拉按钮，选择“无轮廓”选项，如图 3-42 所示。

② 选择输入的文本，在活动工具栏中单击“字体颜色”下拉按钮，设置字体颜色为“绿色”，如图 3-43 所示。

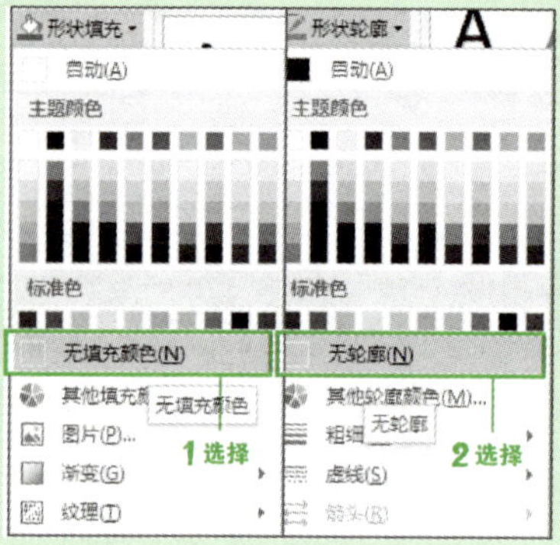

图 3-42　设置文本框格式

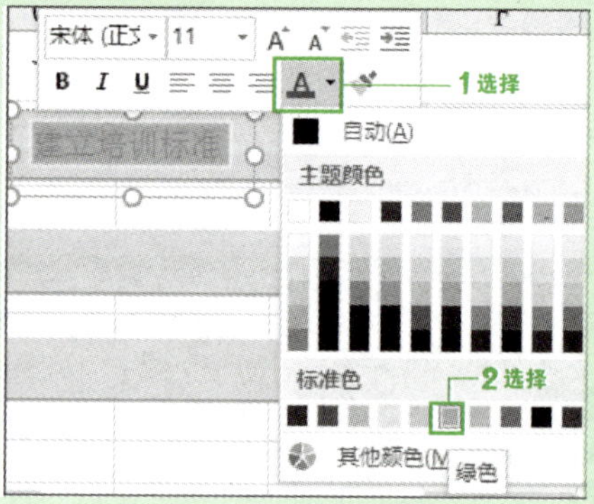

图 3-43　设置字体格式

Extra tip >>>>>>>>>>>>>

实例 056 自由变换图形样式

难度系数：★★★　适用版本：全版本

技巧介绍： 小白发现默认插入的形状均为蓝色，有没有办法修改形状的颜色并设置形状效果，使工作表更美观呢？Excel 在“形状样式”组中提供了变换图形样式的各种功能。

① 打开本节素材文件“素材\第 03 章\实例 056\实施模型图.xlsx”，选择需要变换样式的形状，选择“格式”选项卡，在“形状样式”组中单击“其他”下拉按钮，从下拉列表框中选择“彩色填充 – 金色，强调颜色 4”样式，如图 3-44 所示，即可快速设置图形样式。

② 也可自定义所需的图形样式，在“形状样式”组中单击“形状填充”下拉按钮，在下拉列表中设置主题颜色为“金色，个性色 4”，在“形状样式”组中单击“形状轮廓”下拉按钮，在下拉列表中设置主题颜色为“金色，个性色 4，深色 25%”，如图 3-45 所示，即可达到与主题样式“彩色填充 – 金色，强调颜色 4”同样的效果。

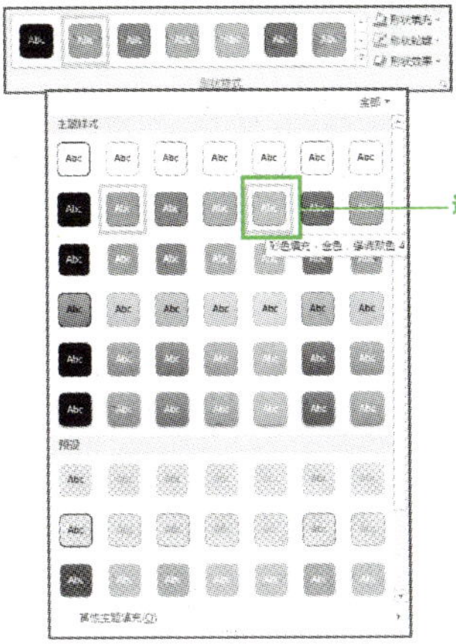

图 3-44　设置主题样式

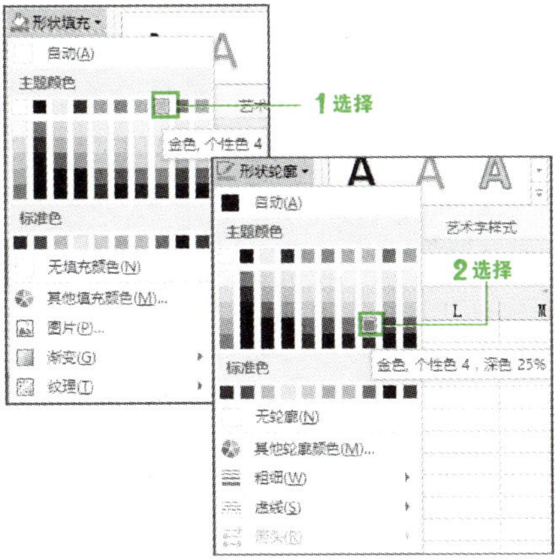

图 3-45　设置形状填充及轮廓

③ 在“形状样式”组中单击“形状效果”下拉按钮，选择“预设”选项，在打开的列表中选择“预设 6”选项，设置形状的预设效果，如图 3-46 所示。也可以选择其余效果，如“阴影”“映像”“发光”“柔化边缘”“棱台”和“三维旋转”等。

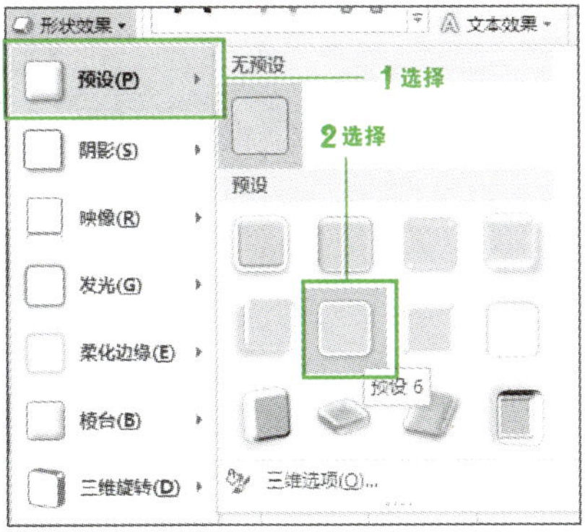

图 3-46　设置形状效果

技巧拓展

右击需要设置的图形形状，在弹出的快捷菜单中选择“设置形状格式”命令，打开“设置形状格式”窗格，在其中可设置形状的填充与线条、形状效果、大小与属性、文本填充与轮廓、文字效果，以及文本框等，如图 3-47 所示。

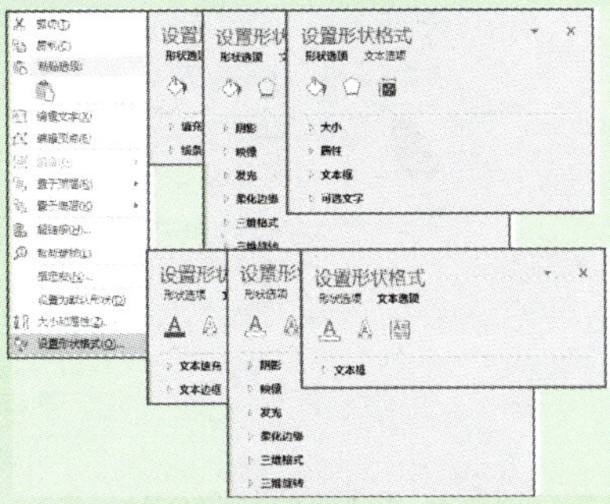

图 3-47　“设置形状格式”窗格

Extra tip >>>>>>>>>>>>>

实例 057 使用 SmartArt 美化表格

难度系数：★★★　适用版本：全版本

技巧介绍： 除了基本的形状图形外，还有 SmartArt 图层，而且只需几步即可得到完善的图形，十分便利。

① 启动 Excel 应用程序，选择“插入”选项卡，在“插图”组中单击 SmartArt 按钮，弹出“选择 SmartArt 图形”对话框，选择“循环”选项，在右边列表框中选择“齿轮”模块，如图 3-48 所示，单击“确定”按钮，即可在表格中插入 SmartArt 图形。

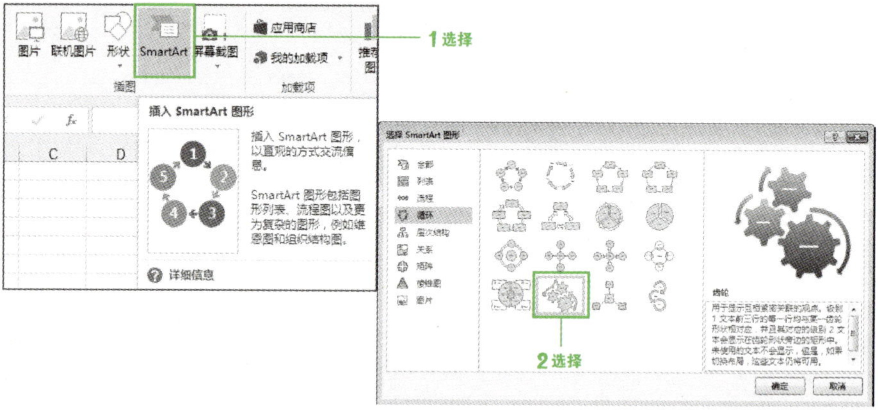

图 3-48　插入 SmartArt 图形

② 在左侧的方框中输入文字信息，选择“设计”选项卡，在“SmartArt样式”组中单击“更改颜色”下拉按钮，选择“彩色范围 – 个性色 4 至 5”样式，如图 3-49 所示。

③ 在“SmartArt 样式”组中单击“其他”下拉按钮，选择“砖块场景”样式，如图 3-50 所示。

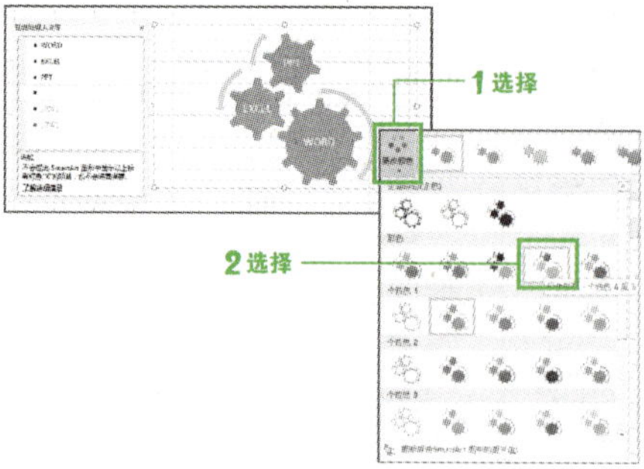

图 3-49　更改图形颜色

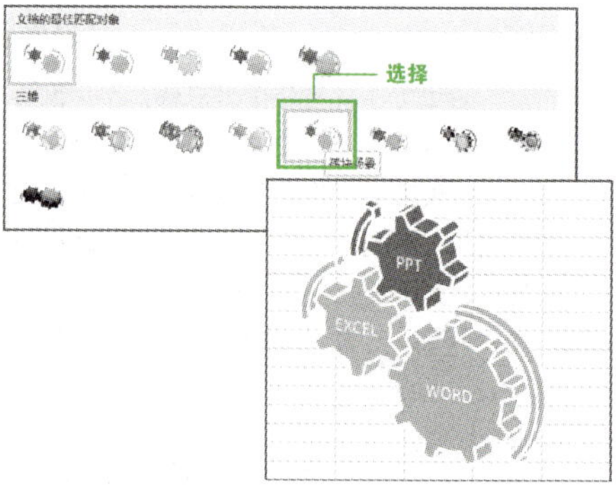

图 3-50　更改图形样式

技巧拓展

在 SmartArt 图形中的单个图形上单击，即可进入文字输入状态，此时也可直接在图形上输入文字。

Extra tip ›››››››››››››

实例 058 插入本地图片填充表格

难度系数：★★★　适用版本：全版本

技巧介绍： 小白制作了一份电子表格，同事说看起来太单调了，可以通过插入图片来美化表格。小白在操作过程中曾经看到过“图片”选项，但是到底该如何插入图片呢？

① 启动 Excel 应用程序，选中 A1 单元格，选择“插入”选项卡，在“插图”组中单击“图片”按钮，弹出“插入图片”对话框，选择需要插入的图片，单击“插入”按钮，即可将图片插入到 A1 单元格中，如图 3-51 所示。

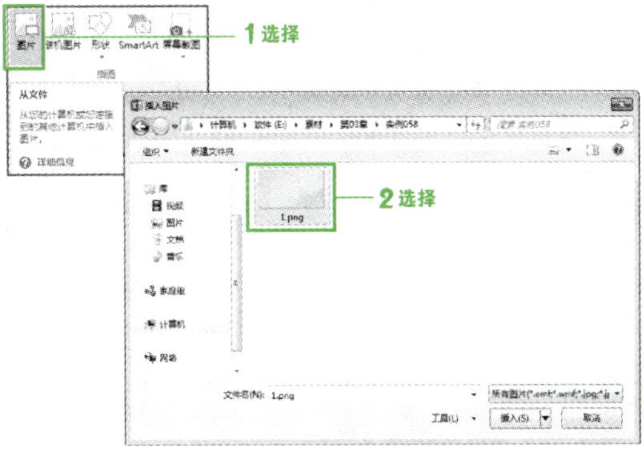

图 3-51　插入图片

② 将鼠标定位于图片周围的控制点，按住鼠标左键，拖动并调整图片大小，如图 3-52 所示。

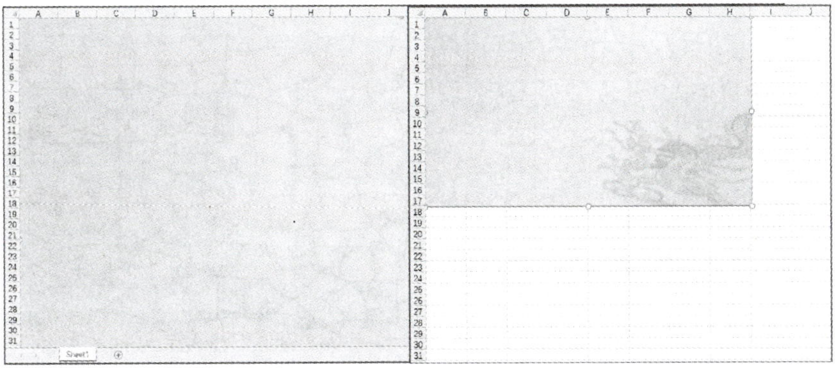

图 3-52　调整图片大小

第1章 第2章 第3章 第4章 第5章 第6章 第7章 第8章 第9章 第10章

技巧拓展

在Excel中可将图片设置为背景。

① 打开本节素材文件“素材\第 03 章\实例 058\员工加班记录表.xlsx”，选择“页面布局”选项卡，在“页面设置”组中单击“背景”按钮，在弹出的“插入图片”对话框中选择“来自文件”选项，在弹出的“工作表背景”对话框中选择所需的图片，单击“插入”按钮，如图 3-53 所示。

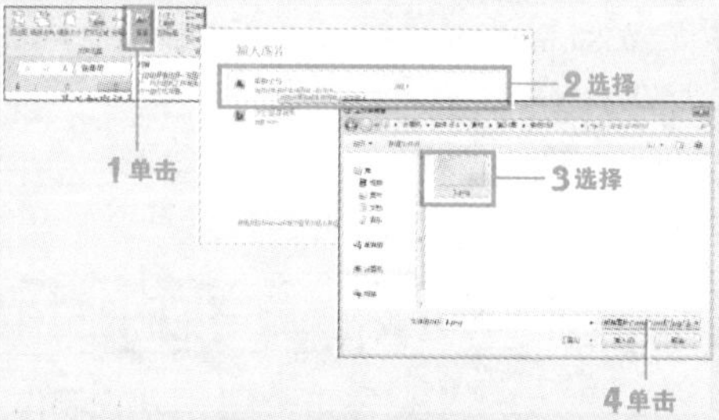

图 3-53 插入背景图

② 即可将图片作为背景插入工作表中，调整图片至合适的大小，如图 3-54 所示。

③ 如果需要取消插入的背景图片，选择“页面布局”选项卡，在“页面设置”组中单击“删除背景”按钮即可，如图 3-54 所示。

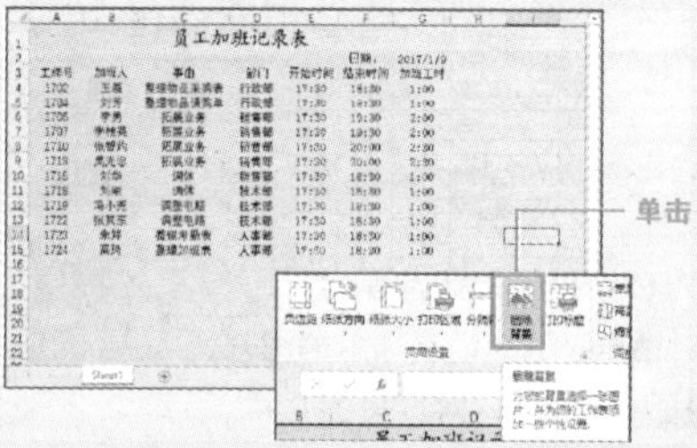

图 3-54 删除背景

Extra tip

实例 059 图片的裁剪

难度系数：★★★ 适用版本：全版本

技巧介绍： 在插入图片的过程中，小白只需要该图片的一部分，如何裁剪出这一部分呢？

打开本节素材文件“素材\第 03 章\实例 059\图片裁剪.xlsx”，选中工作表中的图片，选择“格式”选项卡，在“大小”组中单击“裁剪”按钮，或右击图片，在活动工具栏中单击“裁剪”按钮，此时图片四周将出现裁剪控制点，将鼠标定位于控制点上向内拖动，裁剪所需的区域，如图 3-55 所示。

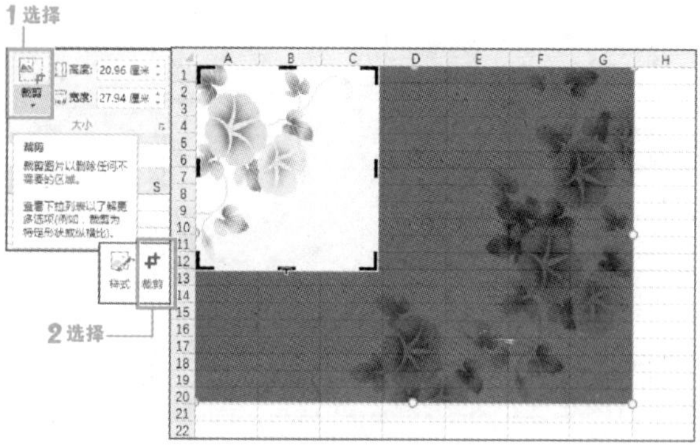

图 3-55 普通裁剪

技巧拓展

在“裁剪”下拉列表框中可以将图片裁剪为特定形状，或按纵横比裁剪图片。

① 单击“裁剪”下拉按钮，在下拉列表框中选择“裁剪为形状”选择，在打开的列表中选择“云形”选项，如图 3–56 所示。

② 单击“裁剪”下拉按钮，在下拉列表框中选择“纵横比”，在打开的列表中选择“纵向“下的 2 ∶ 3”选项，如图 3–57 所示，将鼠标放置在裁剪区边缘，拖动裁剪区至合适的位置，完成图片裁剪。

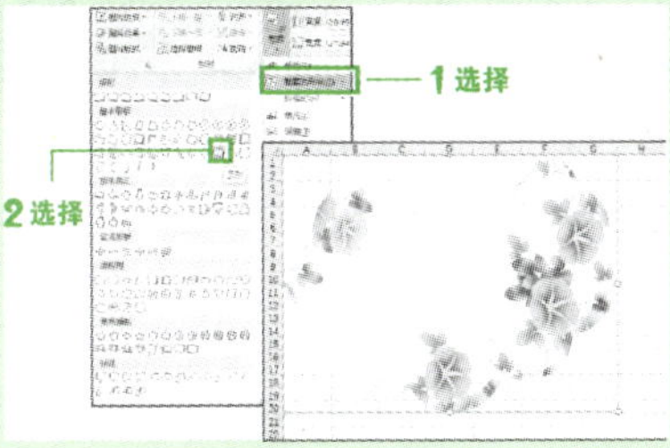

图 3–56　裁剪为形状

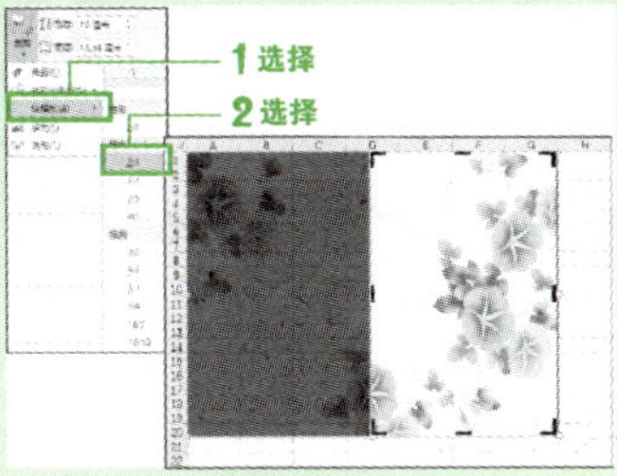

图 3–57　按纵横比裁剪

Extra tip ›››››››››››››

实例 060　设置图片适应表格大小

难度系数：★★★　适用版本：全版本

技巧介绍： 小白为报表插入了图片后，发现既要对单元格的大小进行调整，又要对插入的图片进行调整，当需要调整的图片数量较多时会很麻烦，有没有办法让图片适应表格大小呢？

① 打开本节素材文件“素材\第 03 章\实例 060\员工信息统计表 .xlsx”，在 E3 单元格插入素材图片“1701.jpg”，右击插入的图片，在弹出的快捷菜单中选择“大小和属性”命令，打开“设置图片格式”窗格，激活“属性”选项组，选择“大小和位置随单元格而变”单选按钮，如图 3–58 所示。

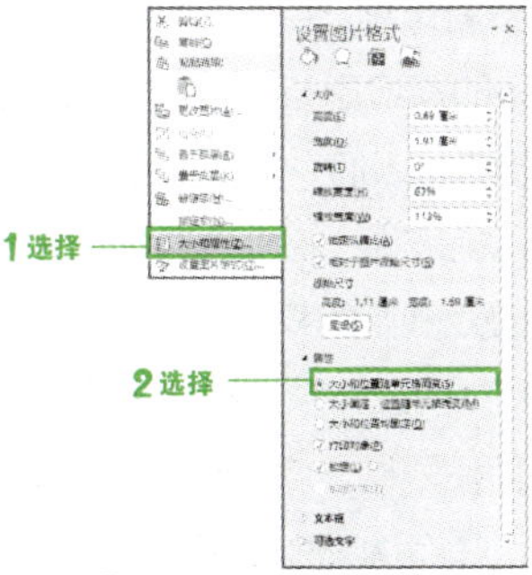

图 3–58　设置图片属性

② 选择“页面布局”选项卡，在“排列”组中单击“对齐”下拉按钮，选择“对齐网格”选项，拖曳插入的图片至单元格边缘，自动对齐到网格线，将鼠标定位于第 3、4 行行标签交界处，按住鼠标左键，调整第 3 行行高，图片将自动适应单元格大小，如图 3–59 所示。

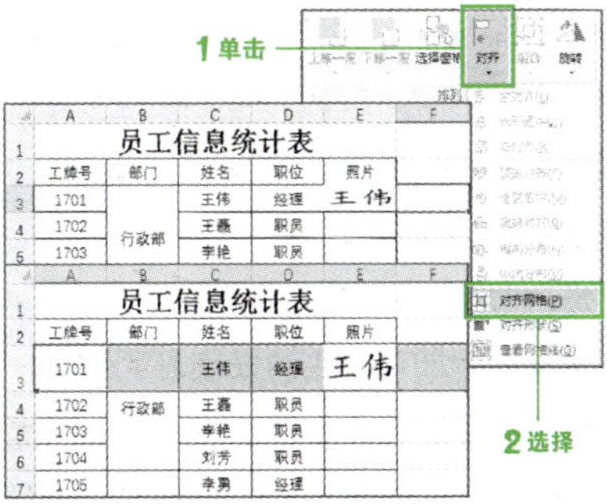

图 3–59　调整单元格大小

技巧拓展

在登记员工信息时，经常需要在单元格中插入图片，利用此方法调整图片大小和位置，将大大减少工作量，提高工作效率。

Extra tip >>>>>>>>>>>>>

职场小知识

达维多定律

简介："先入为主"是一条绝对的真理，创造一条属于自己的路，及时把握创新的机会，是成功的必备条件之一。

达维多定律是由曾任职于英特尔公司高级行销主管和副总裁的威廉·H·达维多（William H Davidow）提出并以其名字命名的。他认为，任何企业在本产业中都必须不断更新自己的产品。一家企业如果要在市场上占据主导地位，就必须第一个开发出新一代产品。

竞争就是要创造或抢占先机，"先入为主"是一条绝对的真理，要保持第一，就必须时刻否定并超越自己。如果被动地以第二或者第三家企业将新产品推进市场，那么获得的利益远不如第一家企业作为冒险者获得的利益数量，因为市场的第一代产品能够自动获得 50% 的市场份额，尽管当时的产品可能还不尽完善。

例如，英特尔公司的微处理器并不总是性能最好、速度最快的，但是英特尔公司始终是新一代产品的开发者和倡导者。英特尔公司在 1995 年为了避开 IBM 公司的 Power PCRISC 系列产品的挑战，不惜淘汰自己哪怕是市场上热销的产品，故意缩短了当时极其成功的 486 处理器的技术生命，由奔腾处理器取而代之。运用达维多定律的方法，比竞争对手抢先一步生产出速度更快、体积更小的微处理器，把竞争对手甩在背后的同时，还把供货商和消费者吸引在周围，既引导着市场，也掌握着市场。

综上所述，具有一种强烈的忧患意识和时不我待的紧迫感与危机感，及时把握创新的机会，是一个成功职场人士必备的条件。达维多定律告诉人们：要保持领先，就必须时刻否定并超越自己。只有不断创造新产品，并及时淘汰老产品，使成功的新产品尽快进入市场，才能形成新的市场和产品标准，从而掌握制定游戏规则的权利。人们只有依靠创新所带来的短期优势来获得高额的"创新"利润，而不是试图维持原有的技术或产品优势，这样才能获得更大发展。如果只懂得沿着别人的路走，即使取得一点进步，也不易超越他人；只有做别人没有做过的事情，创造一条属于自己的路，才有可能把他人甩在身后。

Part Four

第 4 章 人力规划与招聘表格

在人力资源规划过程中，有许多情况需要利用 Excel 中的公式及函数计算相关数据，本章主要介绍部分常用的 Excel 函数，以及人力规划与招聘的相关表格。

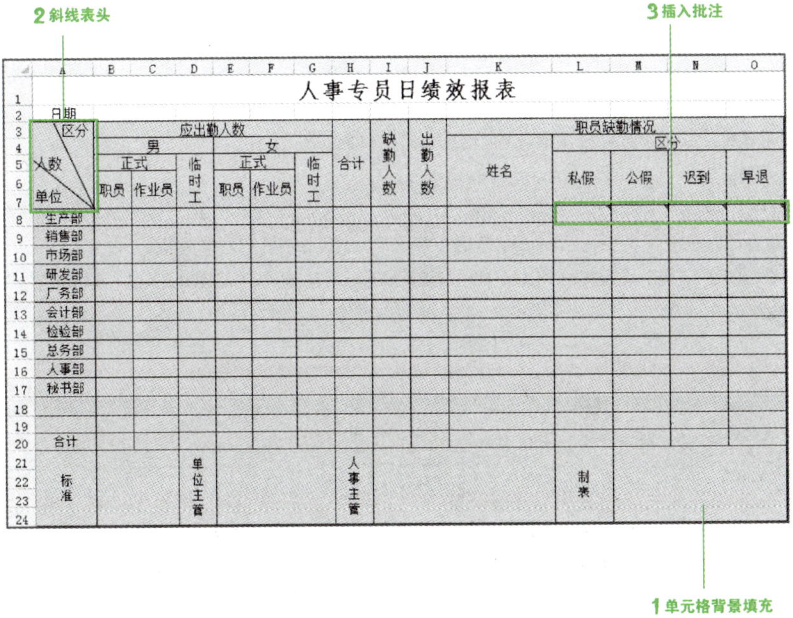

实例 061 COUNTA 函数：统计面试人数

难度系数：★★✱　适用版本：全版本

技巧介绍： 公司近期正在进行人员招聘，需要小白快速统计出参加面试的人数，怎样才能高效地完成这项任务呢？在 Excel 中有一个 COUNTA 函数，可以统计非空值单元格的数量。

打开本节素材文件“素材 \ 第 04 章 \ 实例 061\ 应聘人员登记表 .xlsx”，选择 B18 单元格，单击编辑栏，输入计算公式：=COUNTA(B3:B17)，按【Enter】键，返回计算结果，如图 4-1 所示。

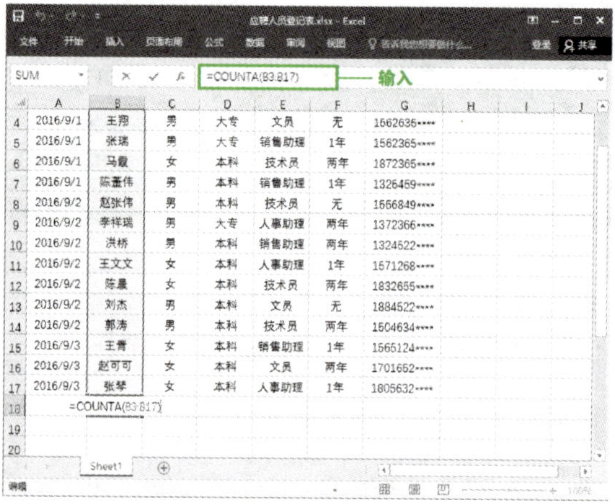

图 4-1　统计面试人数

COUNTA 函数用于统计指定区域内非空值单元格的数量。

- 语法格式为：COUNTA(value1,value2,⋯)
- 其中：value1, value2,⋯参数为所要计算的值，参数个数为 1 ～ 30 个。在这种情况下，参数值可以是任何类型，它们可以包括空字符 ("")，但不包括空白单元格。

示例：假设 A1:A4 单元格分别为：10、李四、15、（ 空值 ），=COUNTA(A1:A4, 效率 , "",)，计算结果为 6。

技巧拓展

COUNTBLANK 函数用于统计指定区域内空值单元格的数量。

语法格式为：COUNTBLANK(range)。

实例：假设 A1:A4 单元格中分别为：（ 空值 ）、0、（ 空值 ）、王五，=COUNTBLANK(A1:A4)，计算结果为 2。

Extra tip ›››››››››››››

实例 062 RANDBETWEEN 函数：安排面试顺序

难度系数：★★★　适用版本：全版本

技巧介绍： 为了避免受主观意识影响，在面试时，公司领导决定采取随机的方法安排面试顺序，在 Excel 中如何实现随机安排呢？

① 打开本节素材文件“素材 \ 第 04 章 \ 实例 062\ 应聘人员登记表 .xlsx”，选择 H3 单元格，在编辑栏中输入计算公式：=RANDBETWEEN(1,15)，返回 1 ~ 15 中的一个随机值，如图 4-2 所示。

② 双击 H3 单元格右下角的填充手柄，向下填充计算公式，如图 4-3 所示，确定面试顺序。

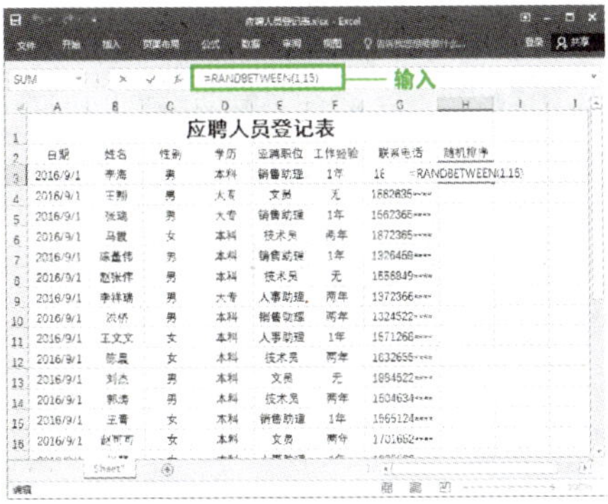

图 4-2　输入计算公式

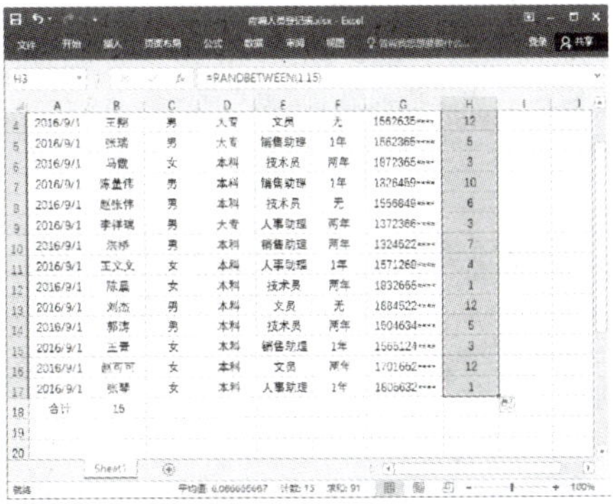

图 4-3　向下填充公式

RANDBETWEEN 函数用于返回大于等于指定的最小值、小于等于指定最大值之间的一个随机整数。

- 语法格式为：RANDBETWEEN(bottom,top)
- 其中：bottom 参数为 RANDBETWEEN 将返回的最小整数；top 参数为 RANDBETWEEN 将返回的最大整数。

技巧拓展

当再次打开此工作簿时，发现“随机排序”一列的数值发生了变化，这是因为 RANDBETWEEN 函数每次计算工作表时都会返回一个新的数值。如果需要使结果不随单元格计算而改变，可以在编辑栏中输入计算公式，保持编辑状态，按【F9】键，可将公式永久性地改为随机数。

Extra tip

实例 063 RAND 函数：在人事安排中的应用

难度系数：★★★　适用版本：全版本

技巧介绍： 在上一个实例中介绍的 RANDBETWEEN 函数是一种随机函数，除此之外，RAND 随机函数在人事安排中也有较为广泛的应用，如安排员工住宿、单位抽奖活动等。

RAND 函数用于返回大于等于 0、小于 1 的均匀分布随机数。同 RANDBETWEEN 函数一样，每次计算工作表时都将返回一个新的数值。

●语法格式为：RAND()，RAND 函数没有参数。

① 打开本节素材文件“素材\第 04 章\实例 063\员工住宿安排表.xlsx”，选择“男”工作表，选中 C3 单元格，在编辑栏中输入计算公式：=INT(RAND()*(10-6)+6)，按【Enter】键，可返回 6 ~ 10 之间的随机整数，如图 4-4 所示。保持编辑状态，按【F9】键，固定计算所得值。

② 网上制作的抽奖系统都比较复杂，利用 RAND 函数可以简单地实现抽奖功能。打开本节素材文件“素材\第 04 章\实例 063\活动抽奖.xlsx”，选择合并后的 B2 单元格，在编辑栏中输入计算公式：=INT(RAND()*(1727-1701)+1701)，返回 1701 ~ 1726 之间的随机整数，如图 4-5 所示。按【F9】键强制函数重新计算，实现滚动的视觉效果。

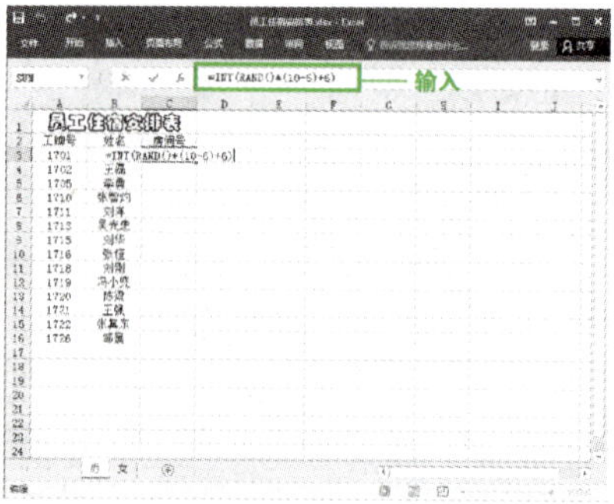

图 4-4　随机分配房间号

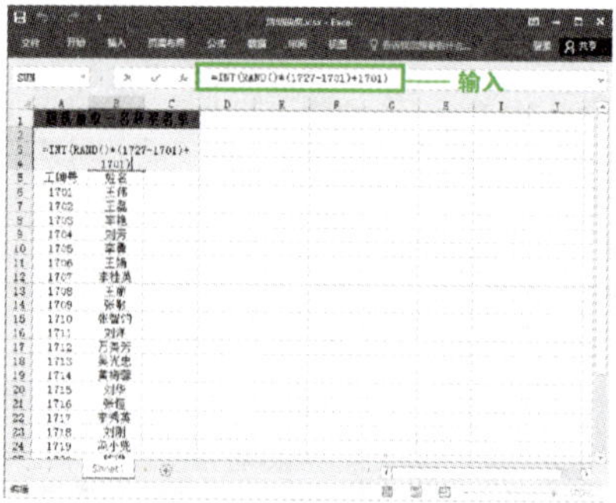

图 4-5　输入计算公式

技巧拓展

① 如果需要得到 0 ~ 1 之间的随机数，输入 =rand() 即可。

如果需要得到 0 ~ 10 之间的随机数，输入 =rand()×10 即可；

如果需要得到 a 和 b 之间的随机数，输入 =rand()×(b−a)+a 即可。

② INT 函数用于将数字向下舍入到最接近的整数。

语法格式为：INT(number)

其中：Number 参数为需要进行向下舍入取整的实数。

示例：=INT(8.9)，将 8.9 向下舍入到最接近的整数（8）；=INT(−8.9)，将 −8.9 向下舍入到最接近的整数（−9）。

Extra tip

实例 064 IF 函数：对面试成绩进行评定

难度系数：★★★ 适用版本：全版本

技巧介绍： 面试环节结束后，小白需要对应聘人员的资质进行评定，如果满足某些条件即可进行下一轮面试。如何在 Excel 中实现判断功能呢？

① 打开本节素材文件“素材\第 04 章\实例 064\面试成绩统计表.xlsx”，选择 F3 单元格，在编辑栏中输入计算公式：=IF(D3*0.3+E3*0.7>80,"合格","不符合要求")，按【Enter】键，返回计算结果，如图 4-6 所示。

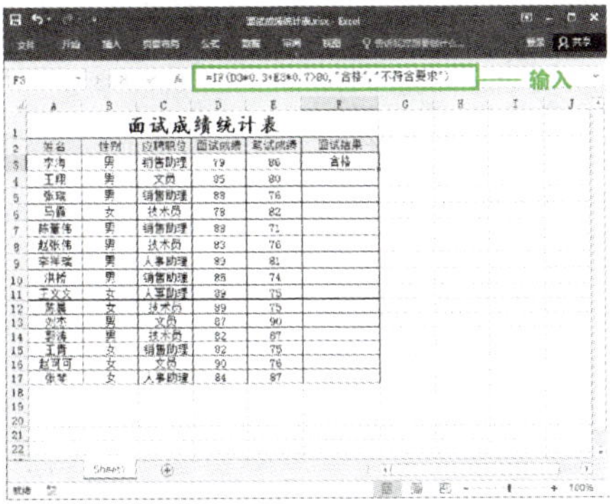

图 4-6 输入计算公式

② 双击 F3 单元格右下角的填充手柄，向下填充计算公式，如图 4-7 所示，返回面试结果。

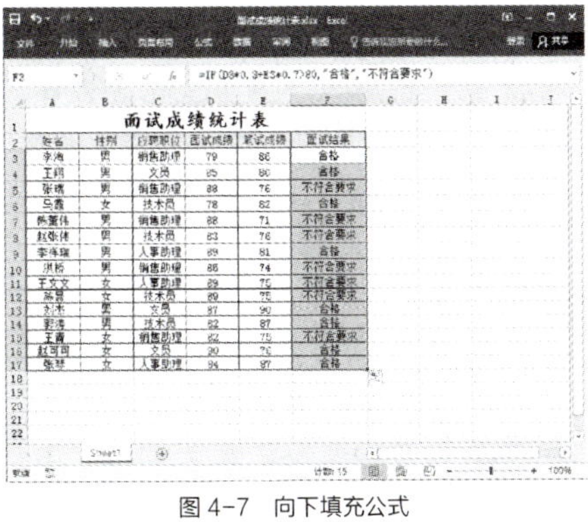

图 4-7 向下填充公式

IF 函数根据指定的条件来判断其“真(TRUE)”或“假"(FALSE)”，根据逻辑计算的真假值，从而返回相应的内容。

- 语法格式为：IF(logical_test，value_if_true，value_if_false)
- 其中：logical_test 参数表示计算结果为 TRUE 或 FALSE 的任意值或表达式；value_if_true 参数为 TRUE 时返回的值；value_if_false 参数为 FALSE 时返回的值。

本实例中的计算公式解释为：当面试成绩的 30% 加上笔试成绩的 70% 大于 80 时，此应聘人员“合格”；当小于 80 时，此应聘人员“不符合要求”。

技巧拓展

利用 IF 函数也可以将面试结果划分为 3 个等级。选择 F3 单元格，在编辑栏中输入计算公式：=IF(D3*0.3+E3*0.7>85,"优 秀",IF(D3*0.3 +E3*0.7>=80,"合格","不合格"))，按【Enter】键，返回计算结果，如图 4-8 所示。

此计算公式解释为：当总成绩大于 85 时，评定为“优秀”；当总成绩为 80 ~ 85 之间时，评定为“合格”，总成绩低于 80 为“不合格”。

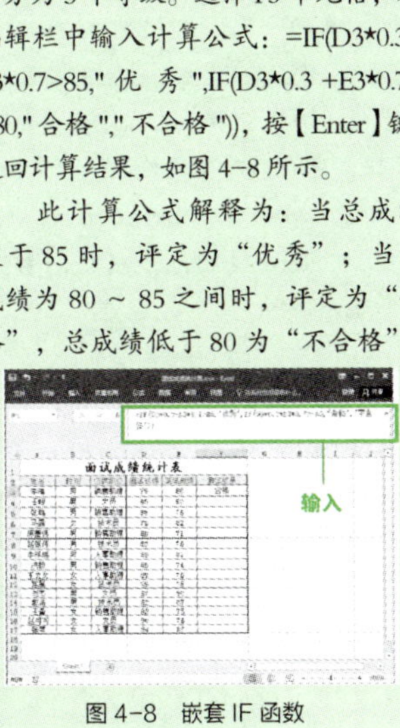

图 4-8 嵌套 IF 函数

Extra tip

实例 065 SUM 函数：人事计算与统计

难度系数：★★★　适用版本：全版本

技巧介绍： 在统计公司人事数据时，小白只能使用计算器一个一个地进行加法计算。Excel 强大的数据处理功能是其显著特点之一，是否可以利用 Excel 实现快速求和计算呢？

① 打开本节素材文件“素材\第 04 章\实例 065\员工人数月报表.xlsx”，选择 B11 单元格，在编辑栏中输入计算公式：=SUM(B5:B10)，按【Enter】键，计算编制人数的合计值，如图 4-9 所示。

② 双击 B11 单元格右下角的填充手柄，并向右拖曳至 M11 单元格中，如图 4-10 所示，计算其余合计值。

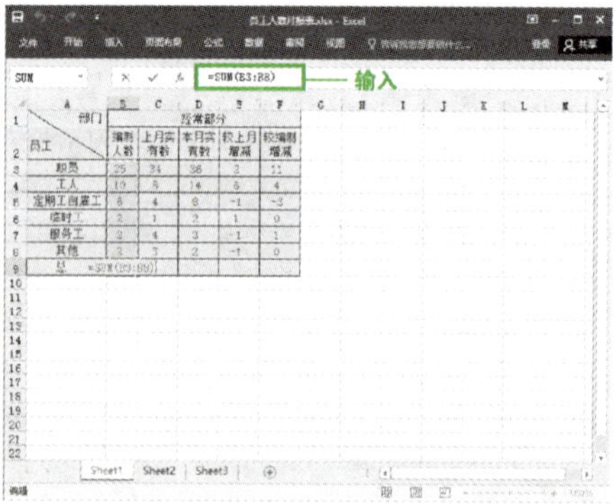

图 4-9　输入计算公式

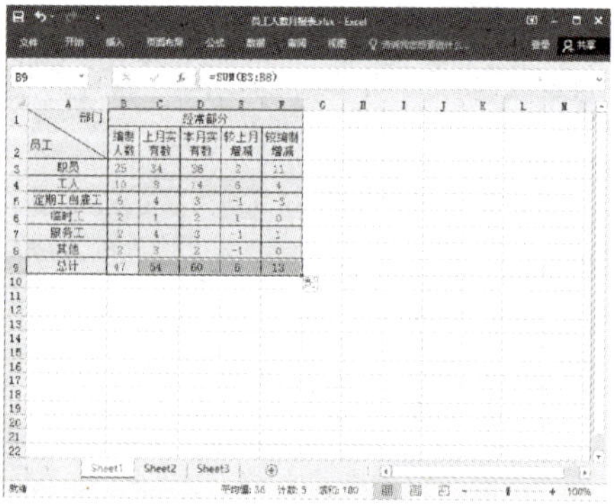

图 4-10　复制计算公式

技巧拓展

① 切换至 Sheet2 工作表中，选择 B3:F9 单元格区域，在“编辑”组中单击“自动求和”按钮，可自动对单元格区域求和，如图 4-11 所示。

② 切换至 Sheet3 工作表中，选择 B3 单元格，在编辑栏中输入计算公式：=SUM(Sheet1:Sheet2!D3)，按【Enter】键，快速对多个工作表的同一单元格求和，如图 4-12 所示。

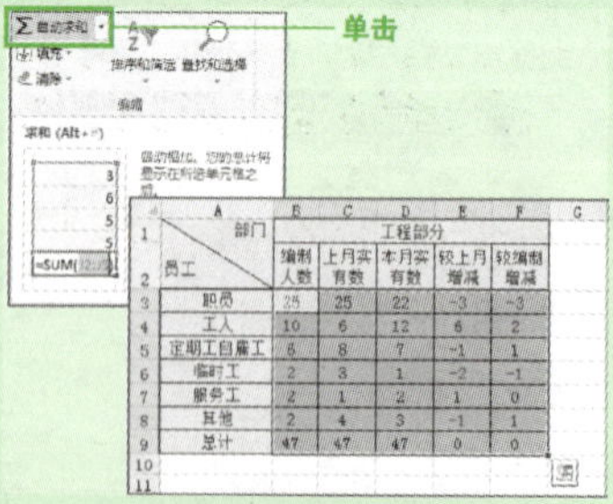

图 4-11　自动求和

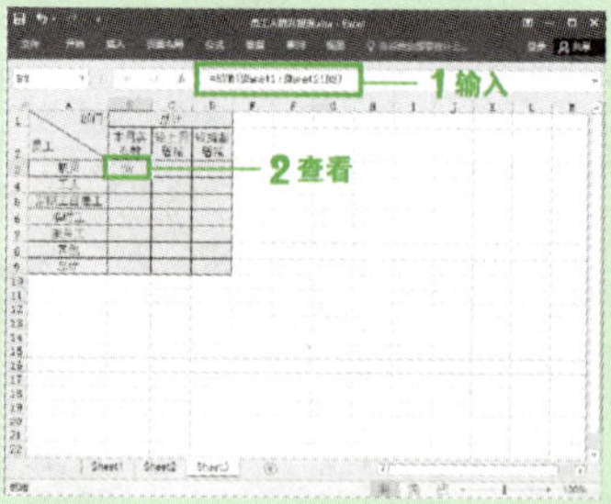

图 4-12　对不同工作表中的同一单元格求和

Extra tip

实例 066 部门每月工作计划表

难度系数：★★★　适用版本：全版本

技巧介绍： 部门每月工作计划表主要记录上月遗留的工作和本月将要开展的工作，包括具体的工作项目、计划完成时间、项目摘要、实施进度及项目的完成情况等内容，如图 4-13 所示。

图 4-13　部门每月工作计划表

制作部门每月工作计划表主要包括制作艺术字标题、输入表格基本内容、设置对齐方式、设置单元格填充颜色和设置边框格式等操作。

① 关于艺术字标题的制作，按照如图 4-14 所示选择艺术字样式，将“字号”设置为 32，将形状样式的阴影设置为“向上偏移”，设置艺术字的文本转换效果为“倒 V 型”。

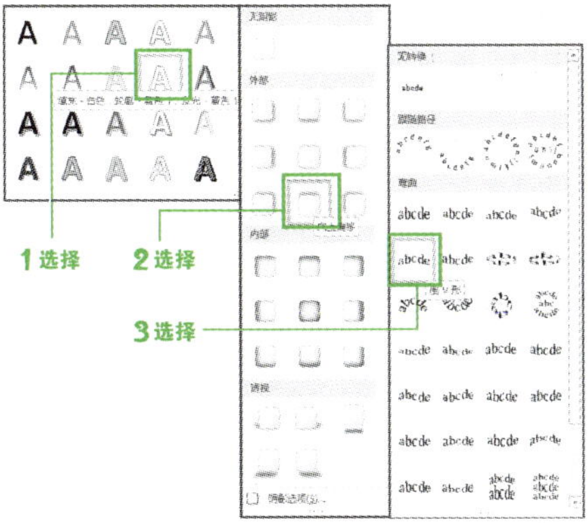

图 4-14　制作艺术字标题

② 在表格中输入基础内容，将表格字体设置为“红色”，将单元格填充颜色设置为“金色，个性色 4，淡色 80%”，如图 4-15 所示。

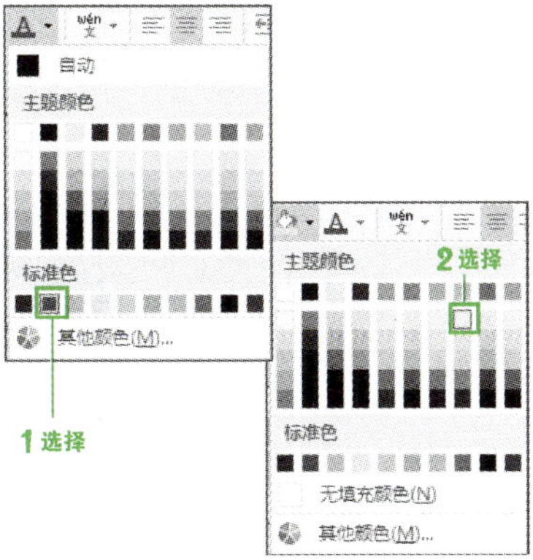

图 4-15　设置单元格样式

③ 选择 A3:J27 单元格区域，按【Ctrl+1】组合键，打开“设置单元格格式”对话框，选择“边框”选项卡，设置表格边框格式，如图 4-16 所示。

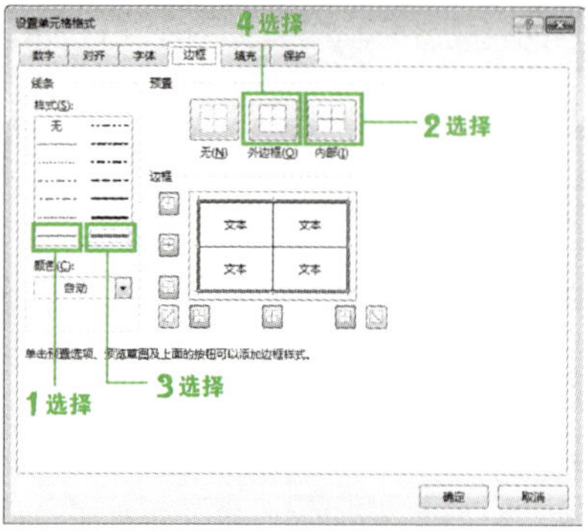

图 4-16　设置表格边框

④ 根据需要合并单元格区域，并对相关单元格区域设置“自动换行”功能。

⑤ 在 J2 单元格中输入计算公式 :=MONTH(TODAY())，按【Enter】键，返回当前月份，并设置自定义数字格式：#" 月 "，如图 4-17 所示。

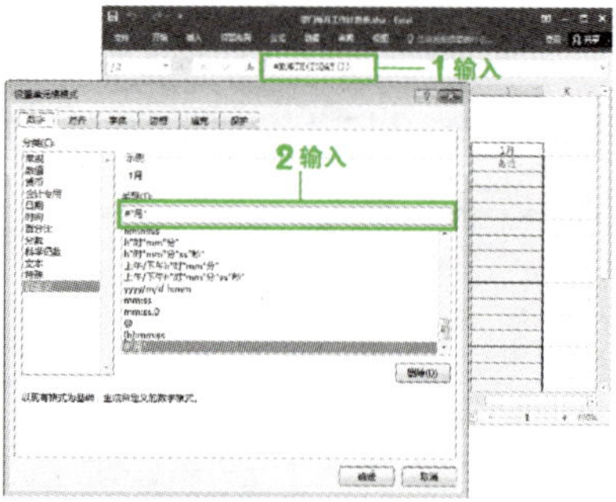

图 4-17　设置 J2 单元格

技巧拓展

当需要对许多单元格区域设置对齐方式时，可以在按住【Ctrl】键的同时选取多个单元格区域，在“对齐方式”组中单击“合并后居中”和“自动换行”按钮。

Extra tip >>>>>>>>>>>>

实例 067 公司人才需求预测表

难度系数：★★★　适用版本：全版本

技巧介绍： 公司人才需求预测表是人力资源规划的重要内容之一，包括现有人员数量、计划人员数量和控制人工成本等，确保人力资源招聘工作满足企业发展的需要，如图 4-18 所示。

公司人才需求预测表

单位：人

人员类别	现有人员	计划人员	余缺	预期人员的损失							本年度预计人员需求总数
				调职	升迁	辞职	退休	辞退	其他	合计	
高层管理者										0	0
中层管理者										0	0
低层管理者										0	0
一般员工										0	0
…										0	0
合计	0	0	0	0	0	0	0	0	0	0	0

图 4-18　公司人才需求预测表

制作公司人才需求预测表主要包括输入表格基本内容、设置单元格背景填充、调整表格的行高及列宽、设置边框格式和计算需求总数等操作。

1 将标题文本的“字体”设置为“方正姚体”，将“字号”设置为 20，将单元格填充颜色设置为“蓝色，个性色 1，淡色 60%”，如图 4-19 所示。

2 将第 3、4 行行高设置为 16，将第 5 ~ 10 行行高设置为 30，将第 D ~ K 列列宽设置为 6，将 L 列列宽设置为 13。

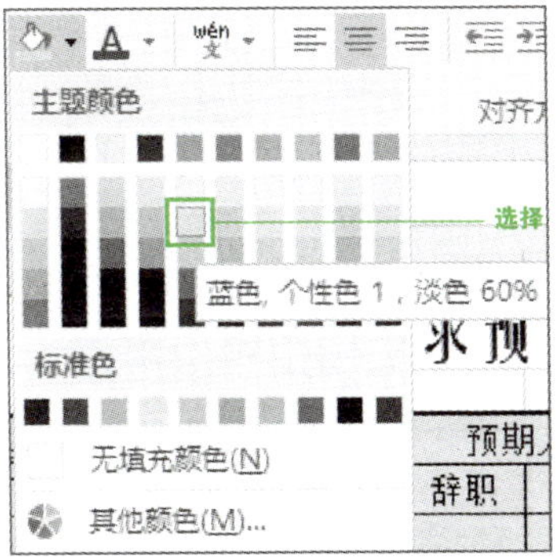

图 4-19　设置单元格背景色

3 A 列单元格区域的列宽是自动调整而成的，选择 A 列单元格区域，在“单元格”组中单击“格式”下拉按钮，选择“自动调整列宽”选项，如图 4-20 所示，即可设置最佳列宽。

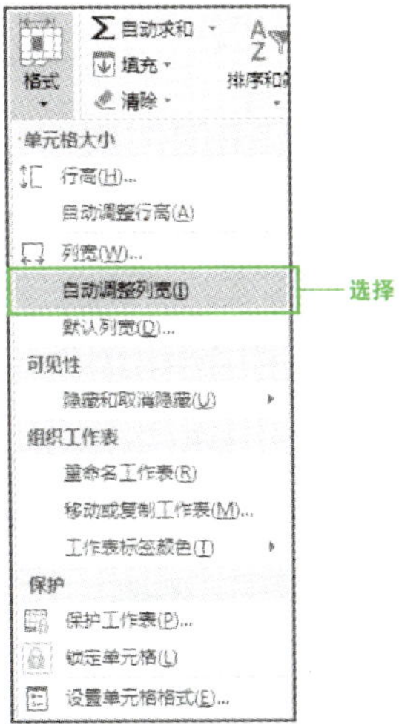

图 4-20　自动调整列宽

4 选择 B3:L10 单元格区域，单击“下框线”下拉按钮，分别选择“所有框线”和“粗外侧框线”选项，如图 4-21 所示，设置表格边框格式。

5 B10:J10 单元格中的合计值是选择 B5:J10 单元格区域，自动求和所得。

6 K5:K10 单元格中的合计值是利用 SUM 函数 (=SUM(E5:J5)) 求和所得。L5:L10 单元格中的合计值是利用 SUM 函数 (=SUM(B5:C5)) 求和所得，如图 4-22 所示。

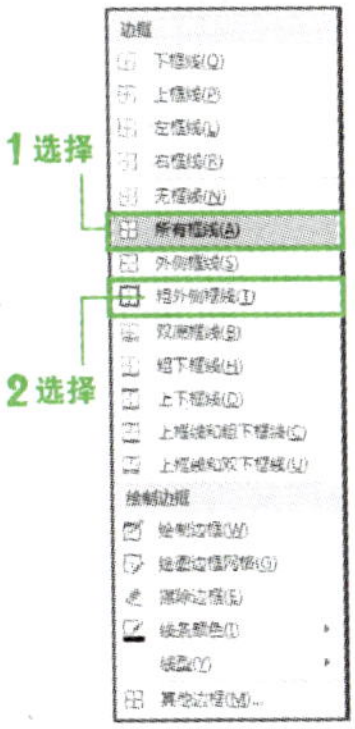

图 4-21　设置边框格式

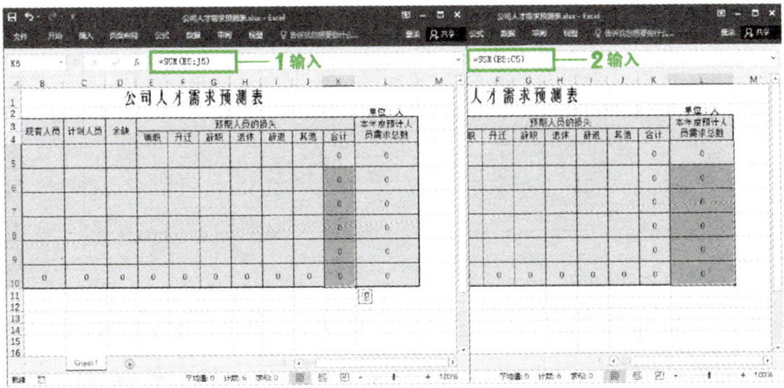

图 4-22　计算合计值

技巧拓展

因为本实例中并没有具体的人员数量，所以计算所得为 0。可以对 Excel 进行设置，隐藏工作表中的零值。打开“Excel 选项”对话框，选择“高级”选项，取消选择“在具有零值的单元格中显示零”复选框，如图 4-23 所示，单击“确定”按钮，即可隐藏零值。

图 4-23　隐藏零值

Extra tip >>>>>>>>>>>>>

实例 068　部门人力需求规划表

难度系数：★★★　适用版本：07/13/16/17

技巧介绍： 公司档案中的部门人力需求规划表主要面向各个部门，统计各部门的人员需求，主要记录需求职位、需求人数、任职要求、增补原因及期望到岗日期等，如图 4-24 所示。

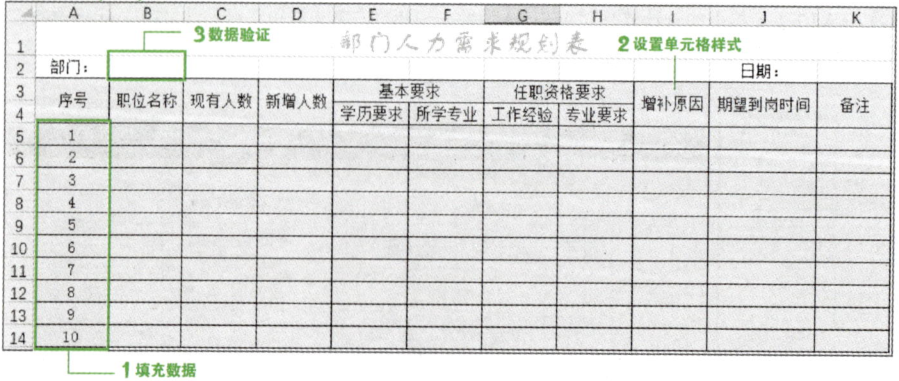

	A	B	C	D	E	F	G	H	I	J	K
1					部门人力需求规划表						
2	部门：									日期：	
3	序号	职位名称	现有人数	新增人数	基本要求		任职资格要求		增补原因	期望到岗时间	备注
4					学历要求	所学专业	工作经验	专业要求			
5	1										
6	2										
7	3										
8	4										
9	5										
10	6										
11	7										
12	8										
13	9										
14	10										

图 4-24　部门人力需求规划表

制作部门人力需求规划表主要包括输入表格基本内容，填充数据、设置单元格样式和添加数据验证等操作。

❶ 将表格标题的“字体”设置为“方正舒体”，将“字号”设置为 20，将字体颜色设置为“橙色，个性色 2，淡色 40%”，如图 4-25 所示。

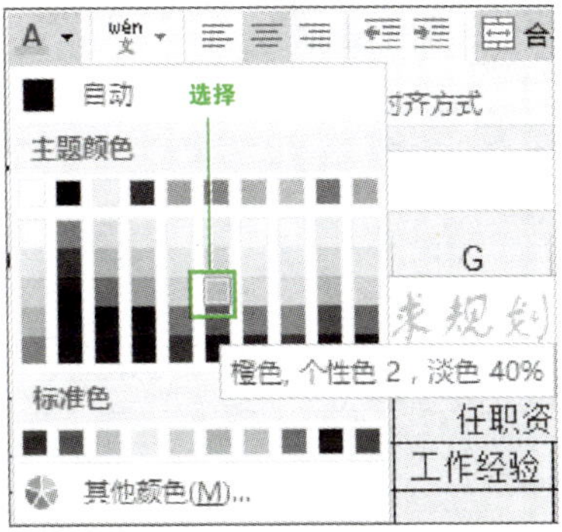

图 4-25　设置标题颜色

❷ 在 A5 单元格中输入数值 1，选择 A5 单元格右下角的填充手柄，按住【Ctrl】键的同时向下拖曳至 A14 单元格中，可快速填充步数为 1 的等差数列。

❸ 选择 A3:K14 单元格区域，在“样式”组中单击“单元格样式”下拉按钮，从下拉列表框中选择“好”选项，一键设置单元格样式，如图 4-26 所示。

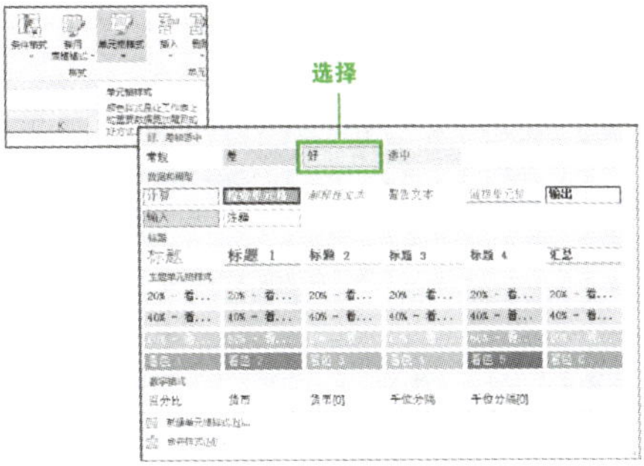

图 4-26　设置单元格样式

技巧拓展

此表可以通过数字验证功能提供给多个部门使用。选择 B2 单元格，选择“数据”选项卡，在“数据工具”组中单击“数据验证”按钮，弹出“数据验证”对话框，在“允许”下拉列表框中选择“序列”选项，在“来源”文本框中输入文本内容，其中各部门间用英文逗号“,”隔开，单击“确定”按钮，B2 单元格右侧将出现下拉按钮，从其下拉列表框中可以选择相关部门输入工作表中，如图 4-27 所示。

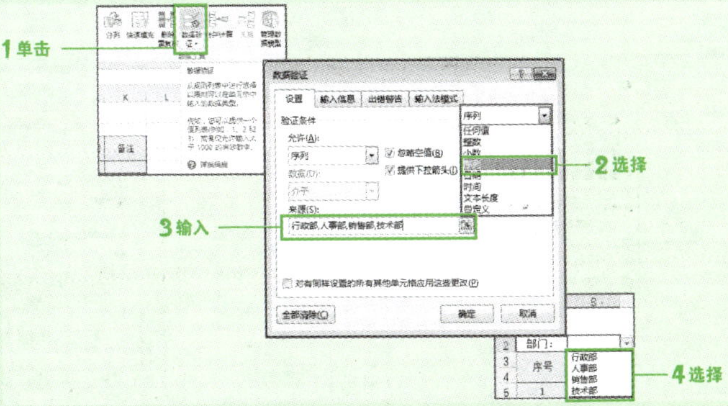

图 4-27　添加下拉列表框

Extra tip ›››››››››››››

实例069 人力资源工作分析表

难度系数：★★★ 适用版本：全版本

技巧介绍： 人力资源工作分析表主要详细记录各岗位的相关信息，包括任职资格要求、具体工作内容及工作占用时间等，如图4-28所示。

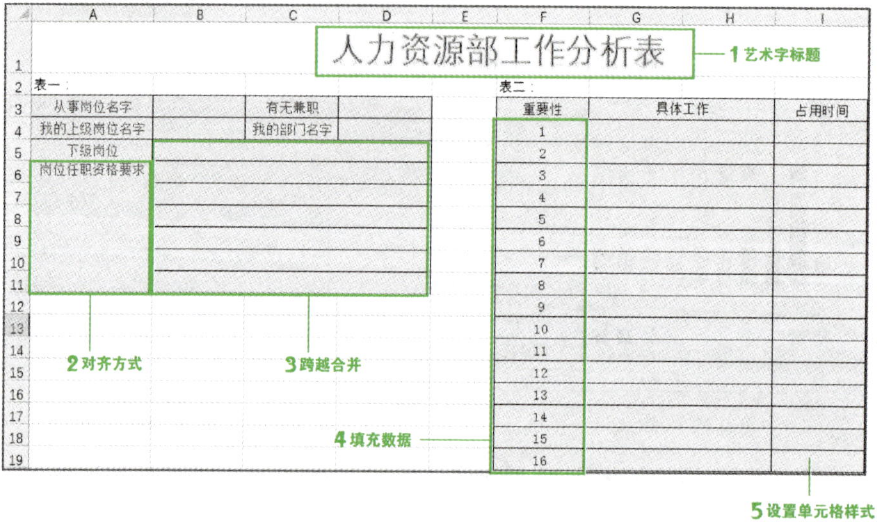

图4-28 人力资源工作分析表

制作人力资源工作分析表主要包括设置艺术字标题、设置对齐方式、填充数据和设置单元格样式等操作。

① 关于艺术字标题的制作，按照如图4-29所示选择艺术字样式，将“字号”设置为28，在“艺术字样式”组中，将文本填充颜色设置为“浅蓝”，并设置艺术字的“发光”效果和“棱台”效果，如图4-29所示。

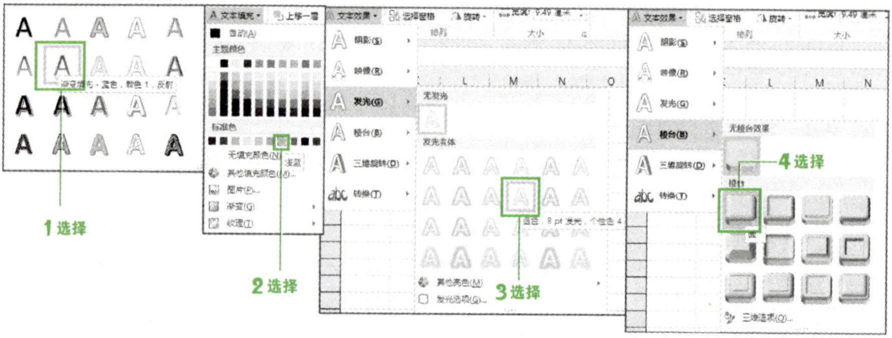

图4-29 制作艺术字标题

❷ 设置 A6 单元格的对齐方式为“顶端对齐”和“居中”，如图 4-30 所示。

❸ 选择 B5:D11 单元格区域，在“对齐方式”组中单击“合并后居中”下拉按钮，选择“跨越合并”选项，即可一次合并相同行中的所选单元格，如图 4-30 所示。

❹ 将 A3:D11 单元格区域的单元格样式设置为“适中”，将 F3:I19 单元格区域的单元格样式设置为“好”。

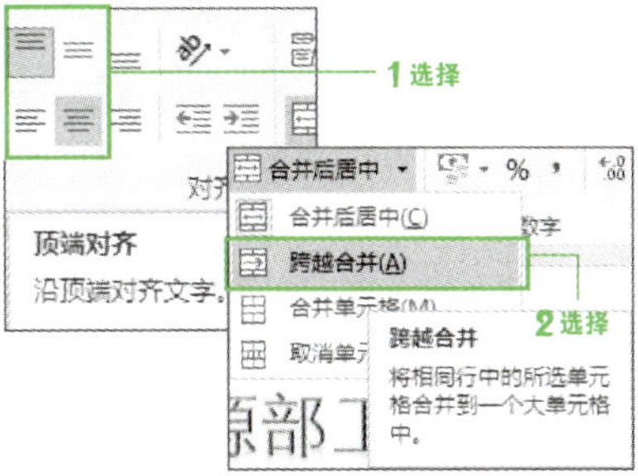

图 4-30 设置对齐方式

技巧拓展

与“跨越合并”功能容易混淆的一个功能是“跨列居中”。选择对应单元格区域，打开“设置单元格格式”对话框，选择“对齐”选项卡，在“水平对齐”下拉列表框中选择“跨列居中”选项，得到的效果如图 4-31 所示。在显示上与“合并后居中”没有什么区别，但“跨列居中”没有执行合并单元格，参加对齐操作的单元格依然独立存在。

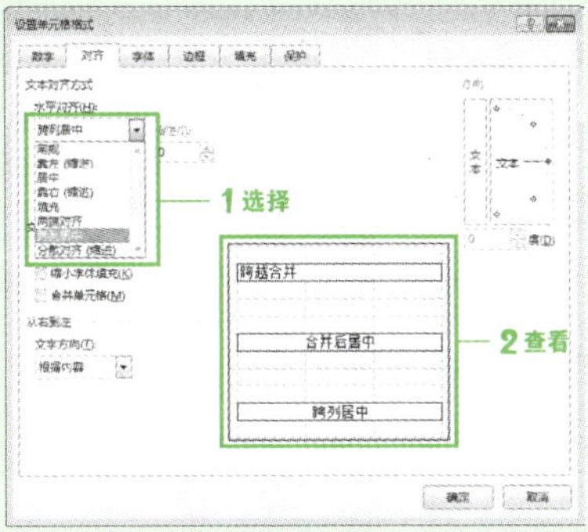

图 4-31 跨列居中

Extra tip >>>>>>>>>>>>>

实例 070 人事专员日绩效报表

难度系数：★★★ 适用版本：07/10/13/16/17

技巧介绍： 人事专员日绩效报表主要记录各部门员工每日的出勤情况，包括应出勤人数、缺勤人数和职员缺勤情况等内容，如图 4-32 所示。

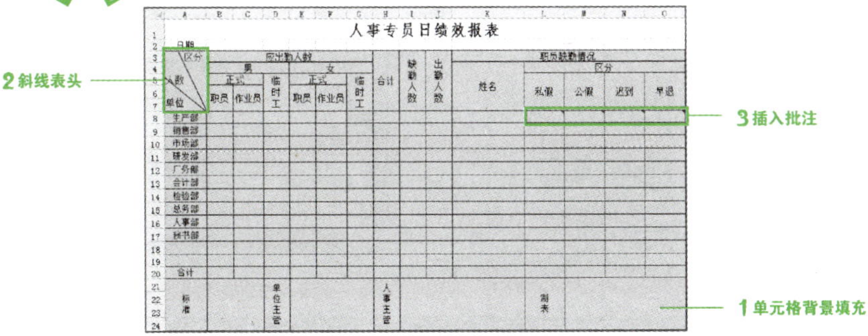

图 4-32 人事专员日绩效报表

第1章 第2章 第3章 第4章 第5章 第6章 第7章 第8章 第9章 第10章

制作人事专员日绩效报表主要包括输入表格内容、制作斜线表头、设置单元格填充颜色和插入批注等操作。

❶ 将表格标题的“字体”设置为“仿宋”，将“字号”设置为 20，并加粗，将单元格填充颜色设置为“橙色，个性色 2，淡色 60%”，如图 4–33 所示。

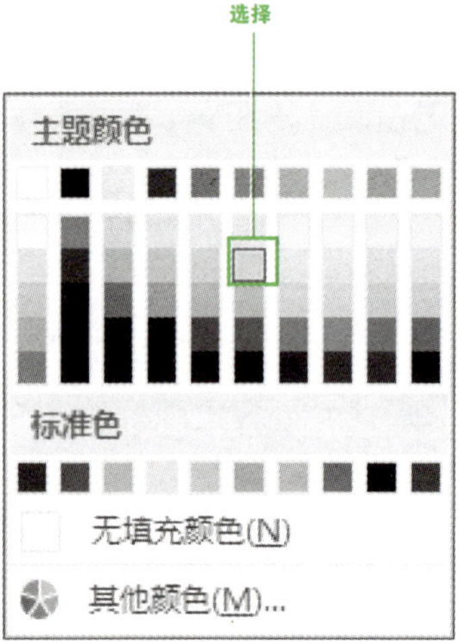

图 4–33　设置单元格填充颜色

❷ 在合并后的 A3 单元格中绘制直线形状，并在“形状样式”下拉列表框中单击“形状轮廓”下拉按钮，设置直线颜色为“黑色，文字 1”，利用【Alt+Enter】组合键输入表头文字。

❸ 选择 L8 单元格并右击，在弹出的快捷菜单中选择“插入批注”命令，L3 单元格的右上角将出现一个红色小三角，在文本框中输入批注内容，如图 4–34 所示。

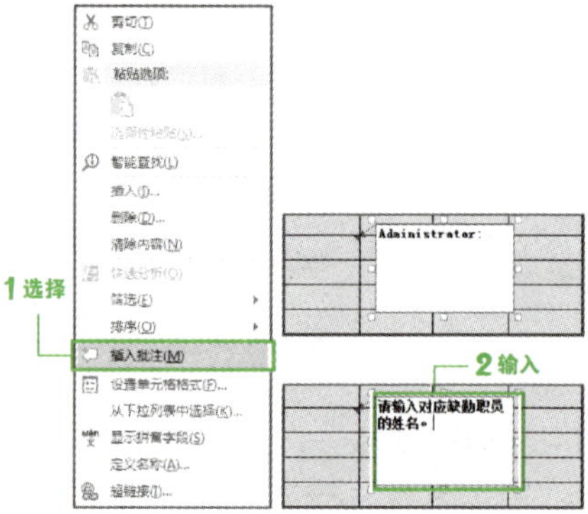

图 4–34　插入批注

❹ 选择 L8 单元格，按【Ctrl+C】组合键进行复制。选择 M8 单元格并右击，在弹出的快捷菜单中选择“选择性粘贴”命令，或按【Ctrl+Alt+V】组合键，如图 4–35 所示。

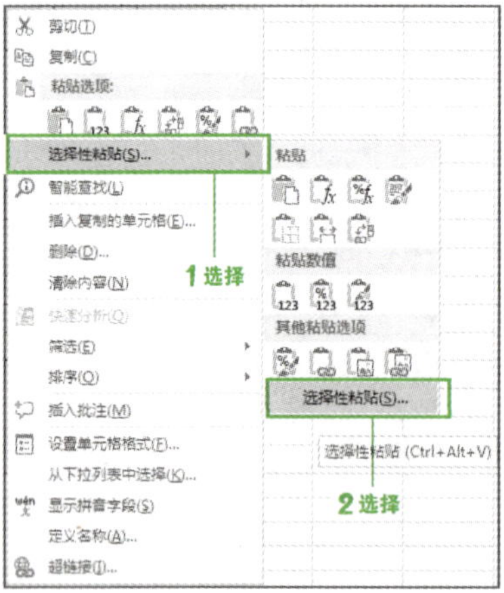

图 4–35　选择性粘贴

❺ 弹出“选择性粘贴”对话框，选择“批注”单选按钮，单击“确定”按钮，如图 4–36 所示，即可将批注复制到 M8 单元格中。

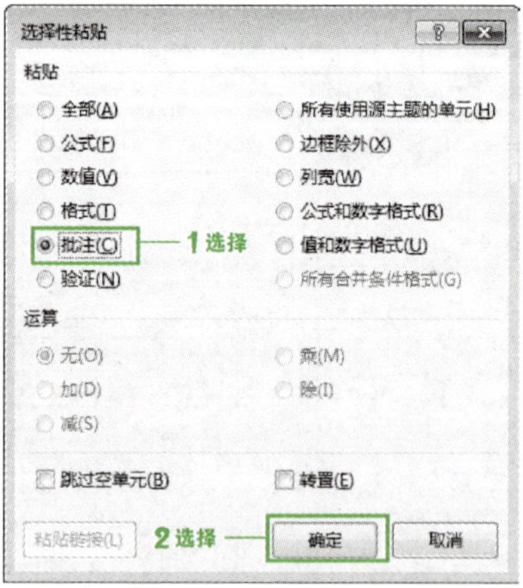

图 4–36　粘贴批注

技巧拓展

选择性粘贴是一个很强大的工具，并且从 Excel 2010 版本开始提供了预览功能，能够实现仅粘贴公式、仅粘贴数值、仅粘贴源单元格格式及粘贴数据验证功能，还可以对源区域和新区域的值进行加、减、乘、除运算，在特殊处理设置区域还可以执行跳过空白单元格和转置等操作。

Extra tip›››››››››››››

实例 071 人事部门月绩效报表

难度系数：★★★　适用版本：全版本

技巧介绍： 人事部门月绩效报表主要记录过去一个月中的人员招聘工作进行情况、人员流动情况、出勤状况，以及其他本月经办事项，如图 4-37 所示。

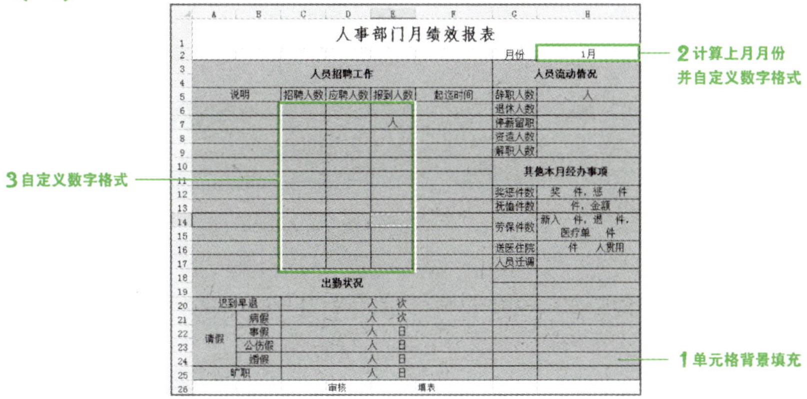

图 4-37　人事部门月绩效报表

制作人事部门月绩效报表主要包括输入表格基本内容、设置单元格背景填充和自定义数字格式等操作。

① 将标题“字体”设置为“仿宋”，将“字号”设置为“20”，并加粗；将单元格背景填充颜色设置为“橙色，个性色 2，淡色 40%”，如图 4-38 所示。

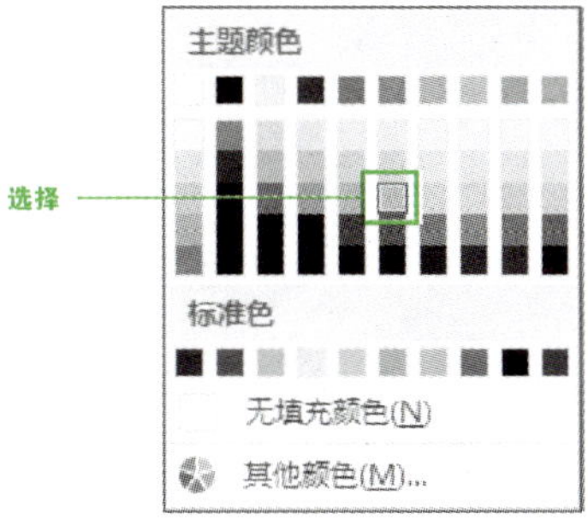

图 4-38　设置单元格填充颜色

② 在 H2 单元格中输入返回上月月份的计算公式：=MONTH(TODAY())-1；并在“设置单元格格式”对话框中自定义数字格式：#" 月 "，如图 4-39 所示。

③ 选择 C5:E17 单元格区域，在“设置单元格格式”对话框中，设置自定义数字格式：####" 人 "。

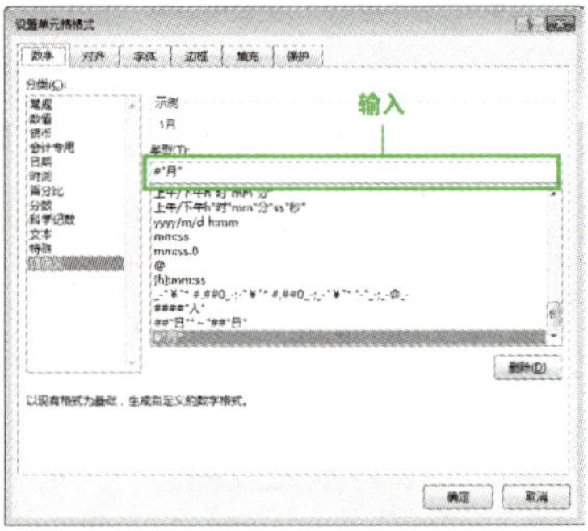

图 4-39　设置 H2 单元格数字格式

技巧拓展

除了用自定义数字格式为 H2 单元格添加单位外，还可直接在编辑栏中输入计算公式：=MONTH(TODAY())-1&" 月 "，可直接返回上月月份及单位。

Extra tip

实例 072　公司岗位职能说明表

难度系数：★★★　适用版本：全版本

技巧介绍： 公司岗位职能说明表主要说明各岗位的名称、所属部门、岗位概要、工作内容及职责、岗位任职资格及工作条件等信息，明确各岗位的工作职责，如图 4-40 所示。

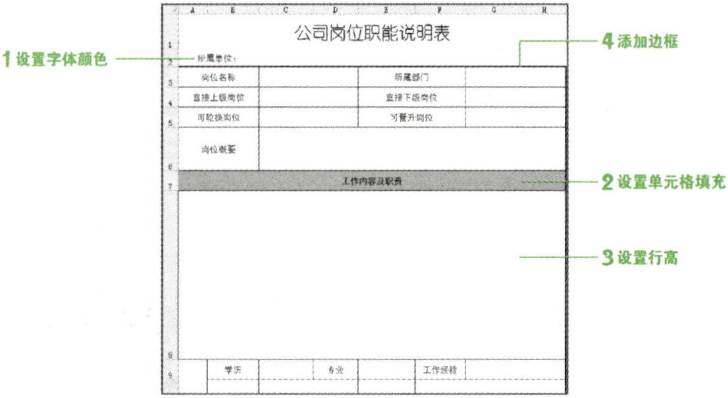

图 4-40　公司岗位职能说明表

制作公司岗位职能说明表时主要包括输入表格基本内容、设置单元格填充、设置行高和为表格添加边框等基础操作。

❶ 将表格标题的“字体”设置为“幼圆”，将“字号”设置为 24。选择整个表格区域，单击“字体颜色”下拉按钮，选择“其他颜色”选项，弹出“颜色”对话框，选择如图 4-41 所示的字体颜色，单击“确定”按钮，将表格字体颜色设置为“靛蓝”，设置的颜色将出现在“最近使用的颜色”列表框中，将合并后的 A7 单元格填充颜色设置为“灰色 -50%，个性色 3”，如图 4-41 所示。

❷ 将该表格的基础行高（即大部分行的行高，如第 2 ~ 5 行）设置为 27.5，其余行行高根据需要自行调整。

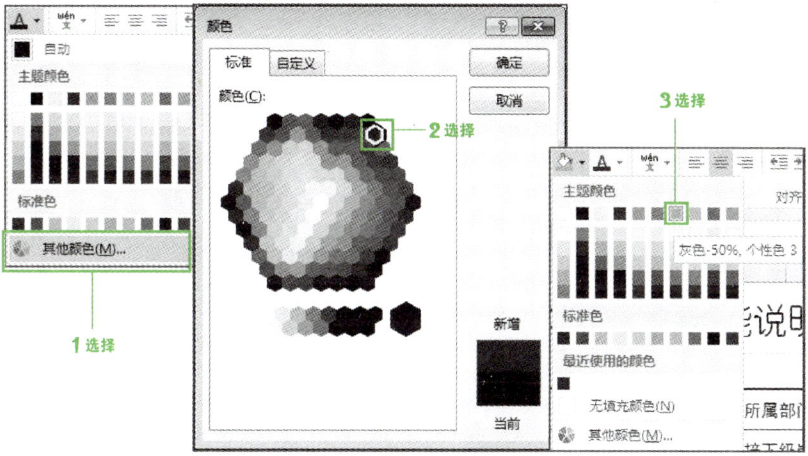

图 4-41　设置单元格格式

技巧拓展

在设置字体颜色或背景颜色时，打开“颜色”对话框，选择“自定义”选项卡，选择颜色模式并输入相应的颜色代码，如白色：255、255、255；黑色：0、0、0；红色：255、0、0；绿色：0、255、0；蓝色：0、0、255；也可自行设置所需颜色，如图 4-42 所示。

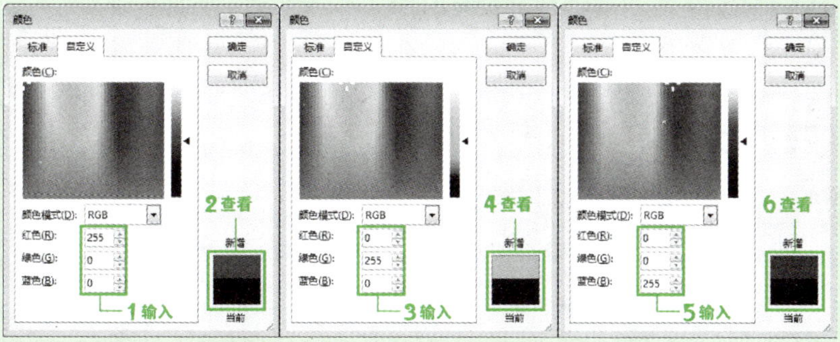

图 4-42　自定义颜色代码

Extra tip >>>>>>>>>>>>

实例 073 各岗位分析调查问卷

难度系数：★★★★ 适用版本：全版本

技巧介绍： 各岗位分析调查问卷主要是调查公司员工所在岗位的有关信息，包括基本信息、岗位目的和岗位职责等项目，如图 4-43 所示，以方便完善岗位说明书，规范公司岗位管理。

图 4-43　各岗位分析调查问卷

制作各岗位分析调查问卷主要包括输入表格基本内容、设置单元格填充、填充序列和隐藏网格线等操作。

① 将标题文本的“字体”设置为“方正兰亭超细黑简体”，将“字号”设置为 16，选择各项目标题所在单元格，将背景颜色设置为“绿色，个性色 6，淡色 40%”，如图 4-44 所示。

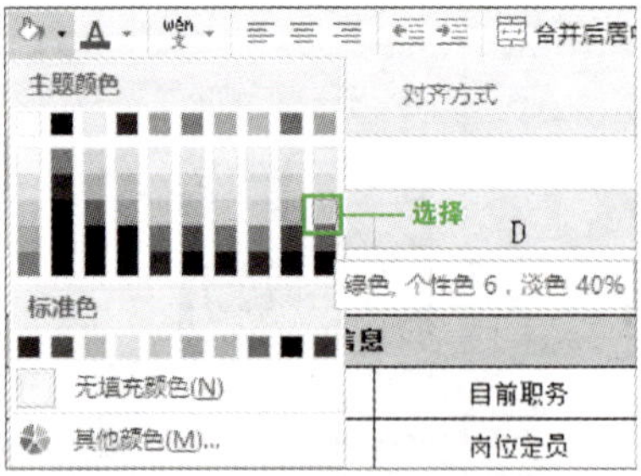

图 4-44　设置单元格填充

② 在合并后的 A14 单元格中输入“1、”，按住鼠标右键，拖曳 A14 单元格右下角填充手柄至 A33 单元格中，此时松开鼠标右键，从弹出的快捷菜单中选择“填充序列”命令，如图 4-45 所示。

图 4-45　填充序列

③ 选择“视图”选项卡，在“显示”组中取消选择“网格线”复选框，隐藏工作表中的网格线。

技巧拓展

① 填充相同数据：对于时间、日期或字符串型数据，按住【Ctrl】键并拖动填充手柄；对于数值型数据，直接拖动填充手柄。

② 递增方式填充数据：对于时间、日期或字符串型数据，直接拖动填充手柄；对于数值型数据，按住【Ctrl】键并拖动填充手柄。

Extra tip >>>>>>>>>>>>>

实例 074　部门员工招聘申请单

难度系数：★★★　适用版本：全版本

技巧介绍： 招聘新员工，需要向人事部提交招聘申请单，申请单中需填充招聘岗位、岗位职责等内容，如图 4-46 所示。当审批通过后，人事部便可根据申请单组织人员招聘。

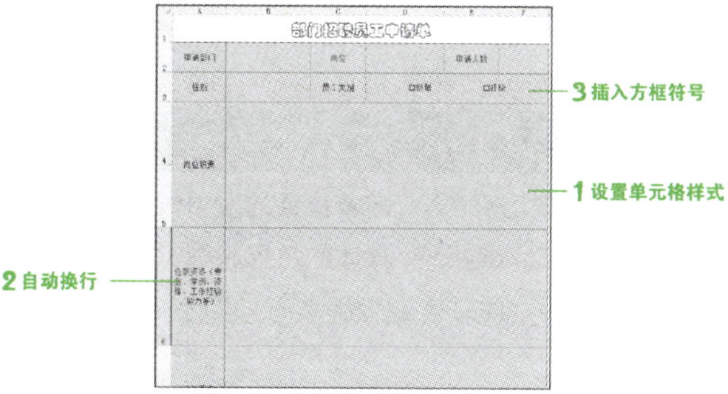

图 4-46　部门员工招聘申请单

制作部门员工招聘申请单主要包括输入表格基本内容、设置单元格样式、设置自动换行和插入方框符号等操作。

1 将表格标题的“字体”设置为“华文彩云”，将“字号”设置为 22，将工作表的单元格样式设置为“输入”，如图 4-47 所示。

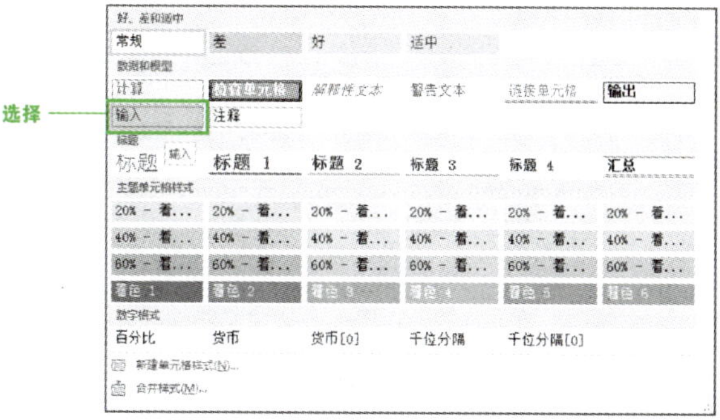

图 4-47　设置单元格样式

② 选择 A6 单元格，在“对齐方式”组中设置“自动换行”。

③ 在制作申请单时，需要注意申请单中方框符号的插入。选择合并后的 E3 单元格，将鼠标定位于“新增”文本前方，选择“插入”选项卡，在“符号”组中单击“符号”按钮，弹出“符号”对话框，在“字体”下拉列表框中选择 Windings 选项，在符号框中选择方框符号，如图 4-48 所示，单击“插入”按钮，即可在“新增”文本左侧插入方框符号。

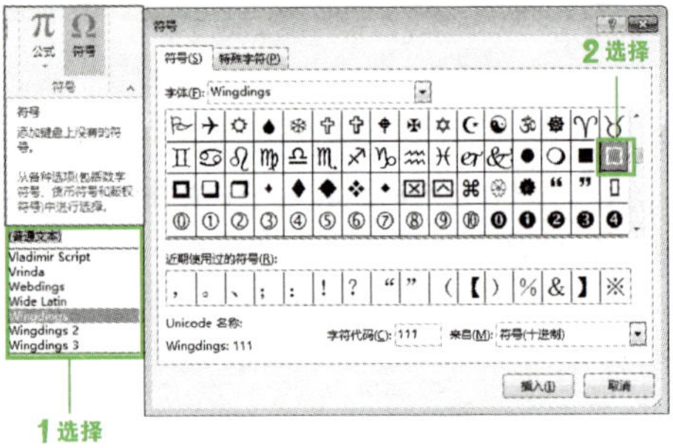

图 4-48　插入方框符号

技巧拓展

当在单元格中输入文本“o”，并将字体设置为 Windings 时，也可在单元格中插入方框符号。

Extra tip

实例 075　各种招聘方式比较表

难度系数：★★★　适用版本：全版本

技巧介绍： 随着社会的发展，出现了多种招聘方式及渠道，如网络招聘、媒体广告招聘等。各招聘方式都有优缺点，招聘方式比较表就是用来记录并比较差异的，如图 4-49 所示。

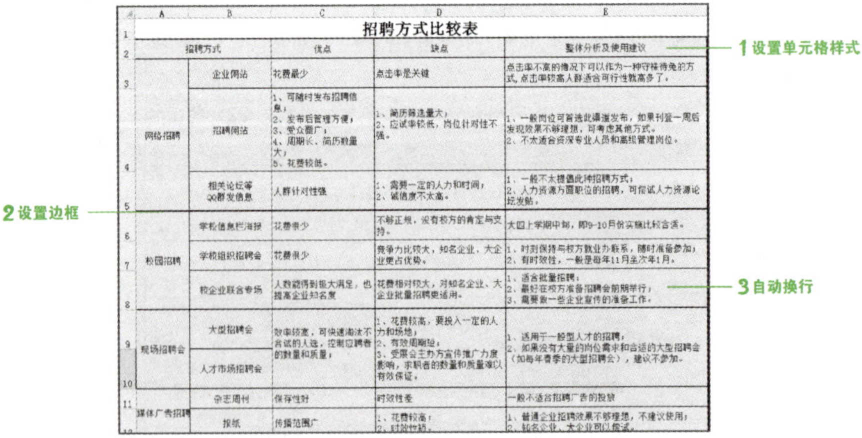

招聘方式比较表				
招聘方式		优点	缺点	整体分析及使用建议
网络招聘	企业网站	花费最少	点击率是关键	点击率不高的情况下可以作为一种守株待兔的方式，点击率较高人群适合可行性就高多了。
	招聘网站	1、可随时发布招聘信息； 2、发布后管理方便； 3、受众面广； 4、周期长、简历数量大； 5、花费较低。	1、简历筛选量大； 2、应试率较低，岗位针对性不强。	1、一般岗位可首选此渠道发布，如果刊登一周后发现效果不够理想，可考虑其他方式。 2、不太适合资深专业人员和高级管理岗位。
	相关论坛等QQ群发信息	人群针对性强	1、需费一定的人力和时间； 2、诚信度不太高。	1、一般不太提倡此种招聘方式； 2、人力资源方面职位的招聘，可尝试人力资源论坛发贴。
校园招聘	学校信息栏海报	花费很少	不够正规，没有校方的肯定与支持。	大四上学期中旬，即9-10月份实施比较合适。
	学校组织招聘会	花费很少	竞争力比较大，知名企业、大企业更占优势。	1、时刻保持与校方就业办联系，随时准备参加； 2、有时效性，一般是每年11月至次年1月。
	校企业联合专场	人数能得到极大满足，也提高企业知名度	花费相对较大，对知名企业、大企业批量招聘更适用。	1、适合批量招聘； 2、最好在校方准备招聘会前期举行； 3、需要做一些企业宣传的准备工作。
现场招聘会	大型招聘会	效率较高，可快速淘汰不合适的人选，控制应聘者的数量和质量；	1、花费较高，要投入一定的人力和场地； 2、有效周期短； 3、受限会主办方宣传推广力度影响，求职者的数量和质量难以有效保证。	1、适用于一般型人才的招聘； 2、如果没有大量的岗位需求和合适的大型招聘会（如每年春季的大型招聘会），建议不参加。
	人才市场招聘会			
媒体广告招聘	杂志周刊	保存性好	时效性差	一般不适合招聘广告的投放
	报纸	传播范围广	1、花费较高； 2、时效性短。	1、普通企业招聘效果不够理想，不建议使用； 2、知名企业、大企业可以尝试。

图 4-49　各种招聘方式比较表

制作招聘方式比较表主要包括输入基本内容、设置单元格样式和设置自动换行等内容。

❶ 将表格标题文本的“字体”设置为“宋体”，将“字号”设置为 20，并将单元格样式设置为“好”。

❷ 为不同招聘方式所在的单元格区域，如“网络招聘”所在的 A3:E5 单元格区域，设置“粗外侧框线”。

❸ 当在单元格中输入长串文字后，按【Alt+Enter】组合键，实现自动换行。

技巧拓展

由于该表格所含内容较多，可冻结列标题所在行，以方便对工作表进行查看，选择合并后的 A3 单元格，选择“视图”选项卡，在“窗口”组中单击“冻结窗格”下拉按钮，选择“冻结拆分窗格”选项，冻结工作表列标题所在行，如图 4-50 所示。

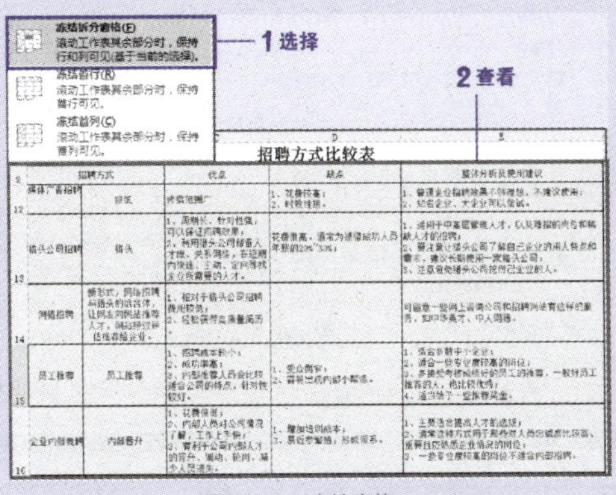

图 4-50　冻结窗格

Extra tip

实例 076 招聘岗位详细信息表

难度系数：★★　适用版本：全版本

技巧介绍： 在对外发布招聘信息时，需要详细说明招聘的岗位、招聘人数及所需资格条件，这就需要用到招聘岗位详细信息表，如图 4-51 所示。

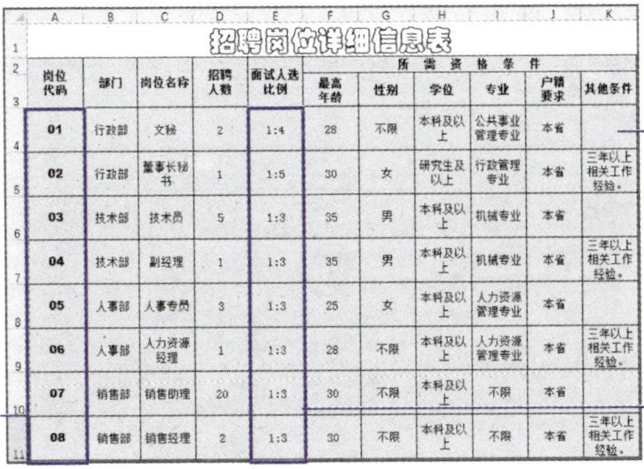

招聘岗位详细信息表

岗位代码	部门	岗位名称	招聘人数	面试人选比例	所需资格条件					
					最高年龄	性别	学位	专业	户籍要求	其他条件
01	行政部	文秘	2	1:4	28	不限	本科及以上	公共事业管理专业	本省	
02	行政部	董事长秘书	1	1:5	30	女	研究生及以上	行政管理专业	本省	三年以上相关工作经验。
03	技术部	技术员	5	1:3	35	男	本科及以上	机械专业	本省	
04	技术部	副经理	1	1:3	35	男	本科及以上	机械专业	本省	三年以上相关工作经验。
05	人事部	人事专员	3	1:3	25	女	本科及以上	人力资源管理专业	本省	
06	人事部	人力资源经理	1	1:3	28	不限	本科及以上	人力资源管理专业	本省	三年以上相关工作经验。
07	销售部	销售助理	20	1:3	30	不限	本科及以上	不限	本省	
08	销售部	销售经理	2	1:3	30	不限	本科及以上	不限	本省	三年以上相关工作经验。

图 4-51　招聘岗位详细信息表

制作招聘岗位详细信息表主要包括输入表格基本内容、设置自定义数字格式和设置单元格背景填充等操作。

① 将标题文本的“字体”设置为“华文彩云”，将“字号”设置为 26，设置单元格背景填充颜色为“金色，个性色 4，淡色 60%”，如图 4-52 所示。

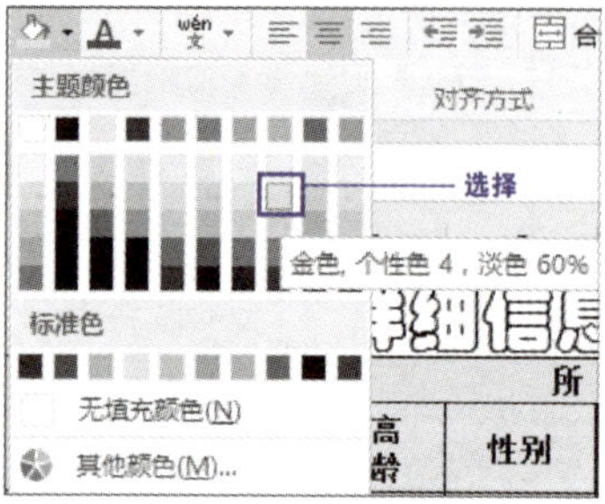

图 4-52　设置单元格背景填充

② 若在单元格中输入 01、2.00 之类数字后，Excel 会默认存储为 1、2，选择 A4:A11 单元格区域，打开“设置单元格格式”对话框，设置自定义数字格式：0#，即可完成 01 数值的输入，如图 4-53 所示。

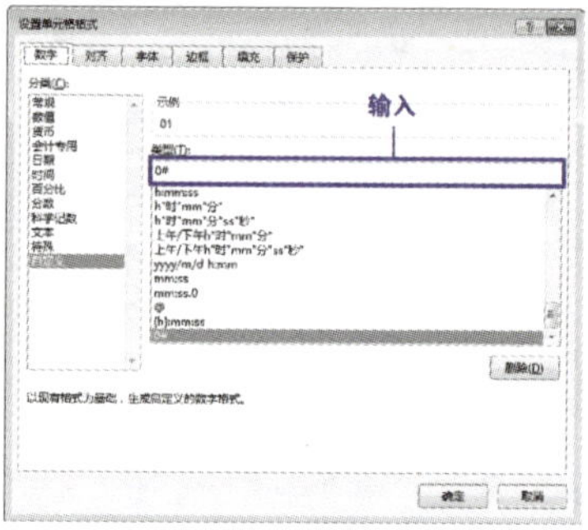

图 4-53　自定义数字格式

技巧拓展

在“面试人选比例”一列中，先输入英文状态下的“'”，然后输入数据内容，则返回文本型数据；若直接输入“1:5”，会返回时间型数据“1:05:00”。

Extra tip >>>>>>>>>>>>

实例 077　企业招聘流程引导图

难度系数：★★★　适用版本：全版本

技巧介绍： 在什么情况下企业会进行招聘呢？到底是一个怎样的流程呢？企业招聘流程引导图清晰地显示了招聘流程，如图 4-54 所示。

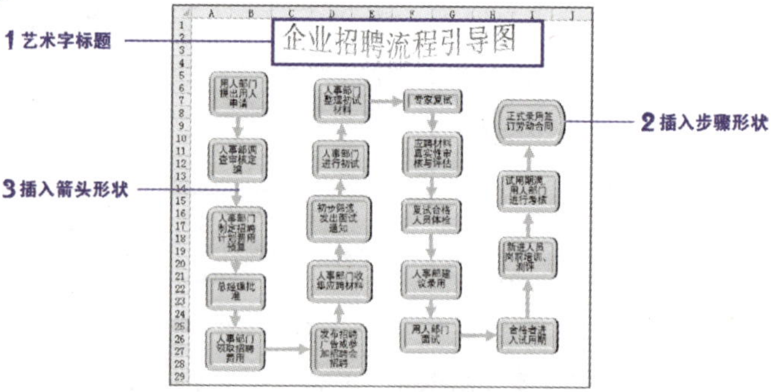

图 4-54　企业招聘流程引导图

制作企业招聘流程引导图主要包括制作艺术字标题、插入步骤形状、添加文本说明和插入箭头形状等操作。

❶ 按照如图 4-55 所示选择艺术字样式，输入标题文本内容，将“字号”设置为 28，在“艺术字样式”组中设置文本的转换效果为“正 V 形”，如图 4-55 所示。

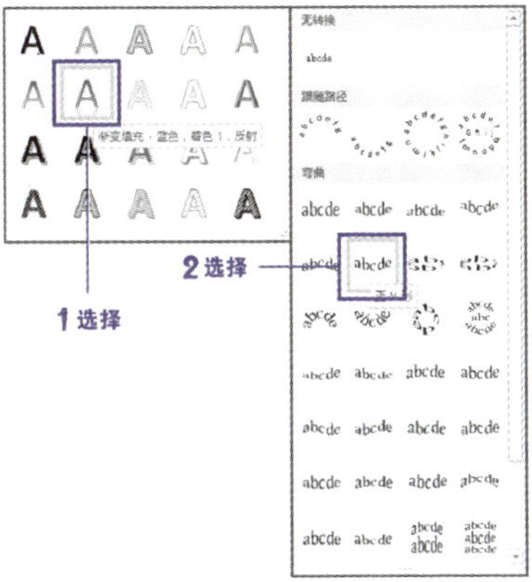

图 4-55　设置艺术字标题

❷ 单击“形状”下拉按钮，选择“圆角矩形”形状，在工作表中绘制圆角矩形，并在“形状样式”组中设置“形状填充”为“蓝色，个性色 1，淡色 40%”，将形状棱台效果设置为“硬边缘”，如图 4-56 所示。

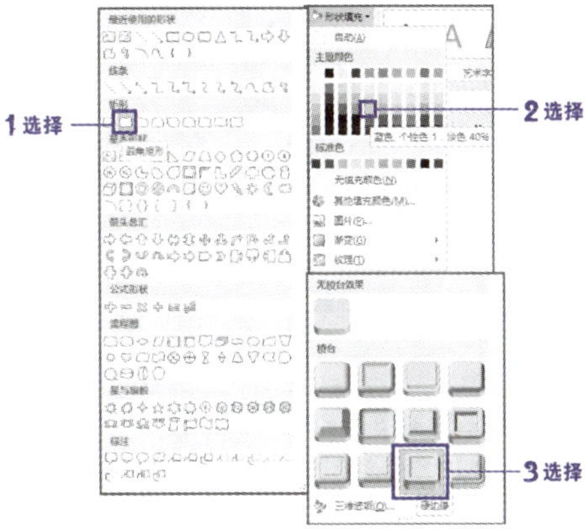

图 4-56　设置步骤形状

❸ 右击绘制的圆角矩形，在弹出的快捷菜单中选择“编辑文字”命令，并设置文字颜色为“黑色，文字 1”。

❹ 在“形状样式”组中设置好一个步骤形状后，可以选中该形状，选择“开始”选项卡，在“剪贴板”组中双击“格式刷”按钮，如图 4-57 所示，然后逐一单击其余需要设置的形状，即可快速将已设置好的形状格式复制给其余形状。再次单击“格式刷”按钮，或按【Esc】键，即可停止使用格式刷。

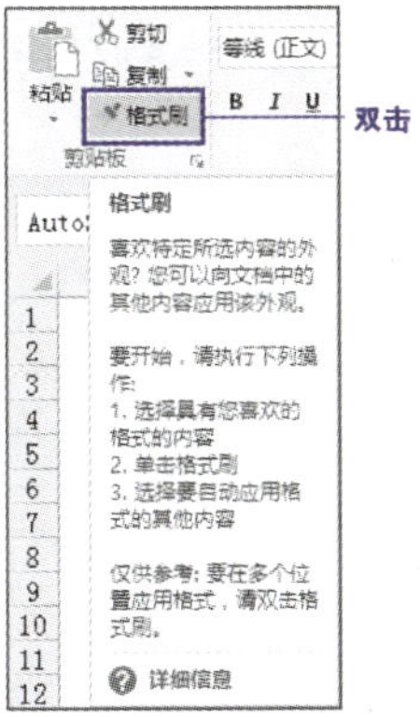

图 4-57　格式刷命令

❺ 选择“插入”选项卡，在“插图”组中单击“形状”下拉按钮，选择“箭头”形状，如图 4-58 所示，在工作表中绘制箭头形状，在“形状样式”组中设置其形状轮廓为“金色，个性色 4”，设置其粗细为“4.5 磅”，如图 4-58 所示。

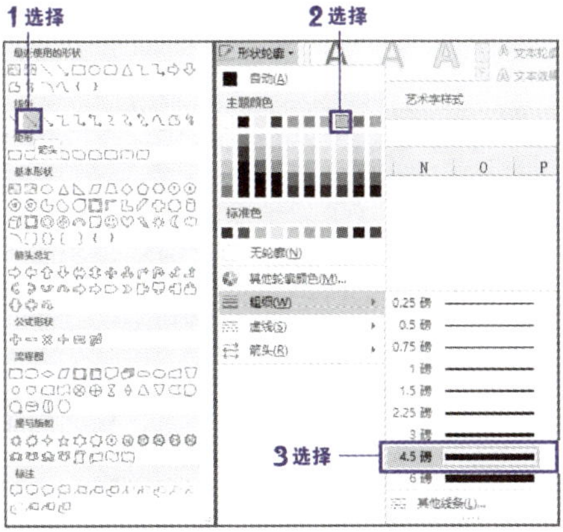

图 4-58　插入箭头形状

⑥ 设置完一个箭头形状后，右击该形状，在弹出的快捷菜单中选择“设置为默认线条”选项，如图 4-59 所示。再次绘制箭头形状时，即可直接套用设置的形状样式。

⑦ 在工作表中绘制箭头形状时，各步骤形状周围会出现 4 个控制点，利用箭头形状连接步骤形状上的控制点，当步骤形状发生大小调整或移动时，箭头形状始终定位于控制点上，以方便箭头形状的绘制，如图 4-59 所示。

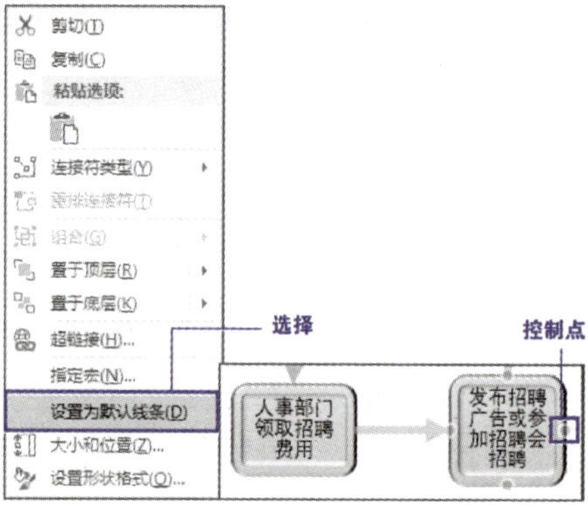

图 4-59　绘制箭头形状

技巧拓展

若单击“格式刷”按钮，格式刷功能被应用一次后便会自动停止；若双击“格式刷”按钮，则格式刷功能可以被无限次应用。

Extra tip >>>>>>>>>>>>>>

实例 078　公司内部竞聘报名表

难度系数：★★★　适用版本：全版本

技巧介绍：当公司员工想要竞聘公司其他岗位时，需要填写公司内部竞聘报名表，记录员工个人信息及竞聘志愿等，如图 4-60 所示。

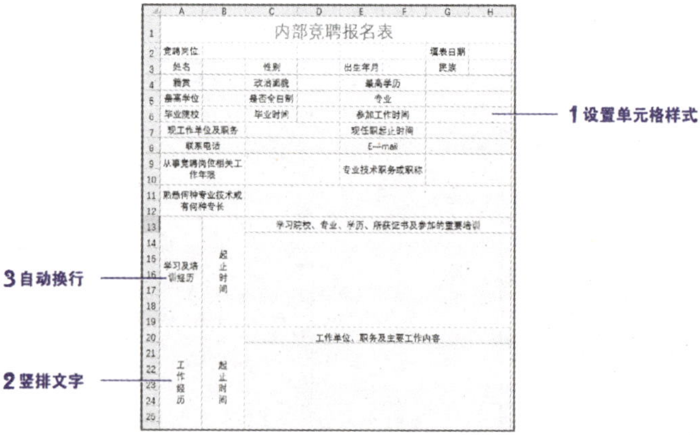

图 4-60　公司内部竞聘报名表

制作公司内部竞聘报名表主要包括输入表格基本内容、设置单元格样式和设置文字方向等操作。

❶ 将表格标题的“字体”设置为“华文细黑”，将“字号”设置为 22，并设置字体颜色为“蓝色”，设置表格单元格样式为“注释”，如图 4-61 所示。

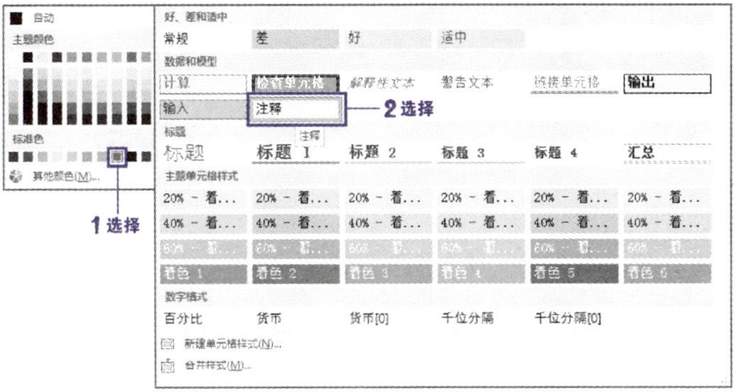

图 4-61　设置单元格格式

❷ 选择合并后的 A20 单元格，在“对齐方式”组中单击“方向”下拉按钮，从下拉列表框中选择“竖排文字”选项，如图 4-62 所示。

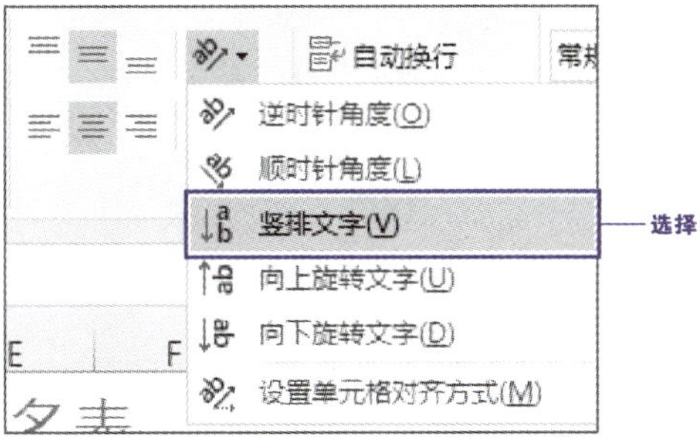

图 4-62　设置文字方向 -1

技巧拓展

在“方向”下拉列表框中，还可以设置文字的其余方向，如图 4-63 所示。

图 4-63　其他文字方向

Extra tip >>>>>>>>>>>>>

实例 079 部门人员增补申请表

难度系数：★★☆　适用版本：全版本

技巧介绍： 当需要对部门人员进行增补时，需要填写部门人员增补申请表，说明增补人员的任职资格、工作经验、工作内容和工作环境等，如图 4-64 所示。

图 4-64　部门人员增补申请表

制作部门人员增补申请表主要包括输入表格基本内容、设置单元格样式、设置表格边框格式和插入方框符号等操作。

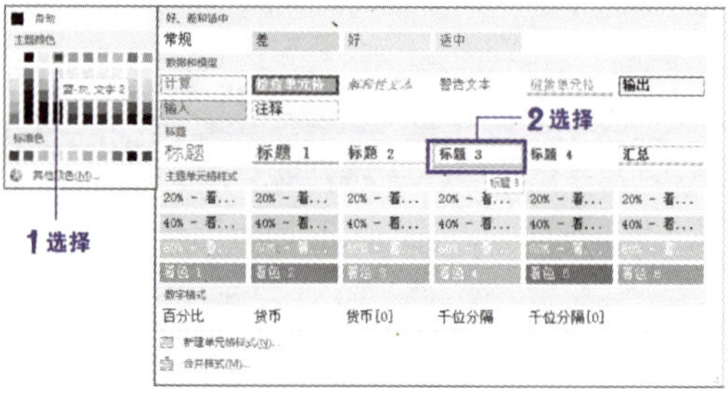

图 4-65　设置单元格格式

❶ 将表格标题的“字体”设置为“等线 Light”，将“字号”设置为 18，并设置字体颜色为“蓝－灰，文字 2”，设置表格单元格样式为“标题 3”，如图 4-65 所示。

❷ 选择 A2:F15 单元格区域，打开“设置单元格格式”对话框，选择“边框”选项卡，设置表格边框颜色为“蓝色，个性色 1，淡色 40%”，为表格添加边框，如图 4-66 所示。

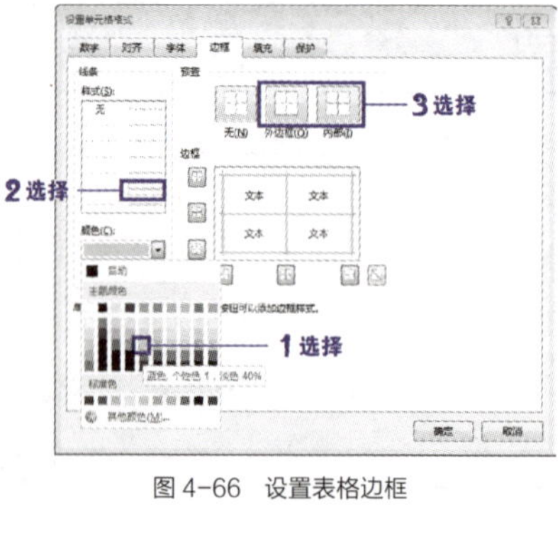

图 4-66　设置表格边框

❸ 在“申请增补原因”一栏相关文本的左侧添加文本“o”，并将字体设置为 Windings，插入方框符号。

技巧拓展

“标题 3”单元格样式中设置的字体为“宋体”，若先插入方框符号后再设置单元格样式，则方框符号又会变回文本“o”，在制作表格时需要注意各操作的先后顺序，以减少重复操作。

Extra tip

实例 080 应聘人员信息登记表

难度系数：★★☆　适用版本：全版本

技巧介绍： 为了快速了解应聘者的基本情况，如个人信息、工作经历等，在面试开始之前，应聘人员通常需要填写信息登记表，相当于一份简单的简历，如图 4-67 所示。

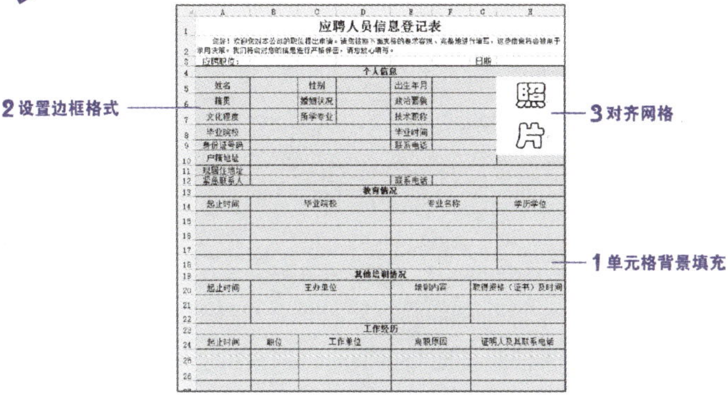

图 4-67　应聘人员信息登记表

制作应聘人员信息登记表通常包括输入表格基本内容、设置单元格背景填充和插入图片等基础操作。

① 将标题“字号”设置为 18 号并加粗。

② 将单元格填充颜色设置为“蓝色，个性色 5，淡色 60%”，如图 4-68 所示。

③ 选择“插入”选项卡，在“插图”组中单击“图片”按钮，在弹出的对话框中选择合适的图片插入到工作表中。

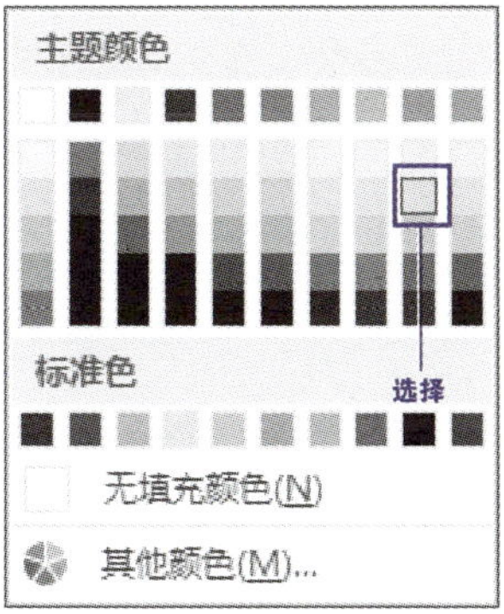

图 4-68　设置单元格填充颜色

技巧拓展

当在合并后的 H5 单元格中插入图片时，选择“格式”选项卡，在“排列”组中单击“对齐”下拉按钮，选择“对齐网格”选项，即可轻松对齐至网格线，如图 4-69 所示。

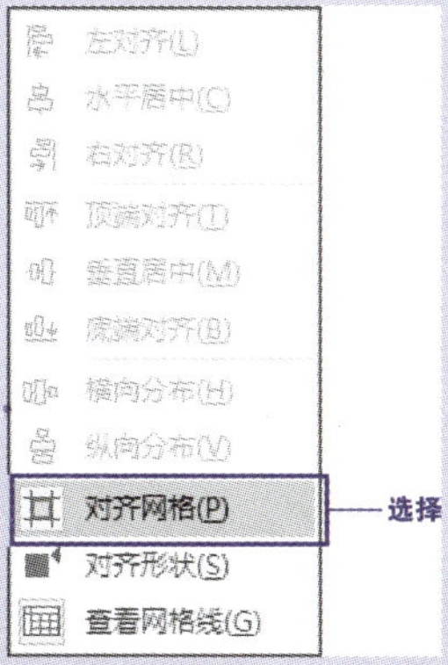

图 4-69　选择 " 对齐网格 " 选项

Extra tip

职场小知识

路径依赖

简介：选择职业很重要，人们会逐渐依赖自己的工作，重视首份工作，选择真正适合自己的职业路径。

所谓“路径依赖”理论，是由美国经济学家道格拉斯·诺思提出的，他认为“路径依赖”类似于物理学中的“惯性”，一旦进入某一路径（无论是“好”的还是“坏”的），就可能对这种路径产生依赖。好的路径会起到正反馈的作用，通过惯性和冲力，产生飞轮效应而进入良性循环；不好的路径会起到负反馈的作用，就如恶性循环，可能会被锁定在某种低层次状态下。

职场中的“路径依赖”是指职场人士在为自己选择了某个职业后，就会对这个职业产生依赖，无论是好还是坏，都会对自己将来的职业发展产生影响。

“路径依赖”让职场人在想要重新择业时，往往面对诸多困难：已经习惯了某种工作状态和职业环境，并且产生了某种依赖性。想改变需要付出很多努力，面对复杂的市场环境，自己缺乏自信；重新做出选择，会丧失许多既得利益，前期的巨大投入可能会因为重新选择而变得不值一文，甚至大伤元气，从此一蹶不振；对外面的环境缺乏了解，对重新选择过程中所存在的不确定性因素感到恐惧。

要想正确对待路径依赖，首先需要重视首份工作，越到后面，要想摆脱原本熟悉的职业路径就越困难，成本越高，风险越大。建议从选择自己感兴趣的、同时也是较为符合自己个性和能力的专业学习做起，为自己量身定制一个既具挑战性，又不失客观、实际的职业生涯规划，按照规划一步步走下去，有利于职业发展的良性循环。

如果能够比较早地认识到自己真正的兴趣和能力所在，并明确适合自己的职业路径，而现实的发展又和这条路径相一致，在这种情况下，如果自己有强烈的意愿想回归真正适合自己的那条职业路径，就应当及早做好两手准备。一方面等待合适的时机准备投入到自己喜爱的工作中去；一方面如果客观条件不允许或不成熟，那么，选择继续留守等待时机则是相对保险的选择。

Part Five

第 5 章 人员管理与试用表格

在应聘人员通过面试后，需要经过一段时间的试用期，根据试用期间的表现判断是否可以转正。本章主要介绍在试用期间所用到的人员管理表格及所需的 Excel 函数。

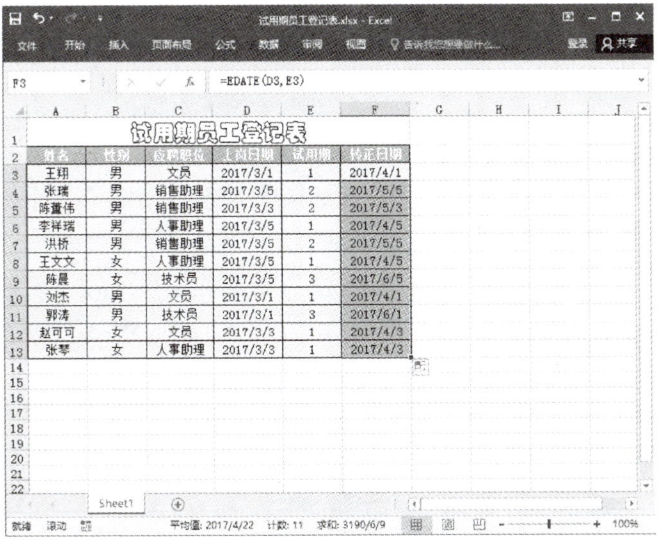

试用期员工登记表

姓名	性别	应聘职位	上岗日期	试用期	转正日期
王翔	男	文员	2017/3/1	1	2017/4/1
张瑞	男	销售助理	2017/3/5	2	2017/5/5
陈董伟	男	销售助理	2017/3/3	2	2017/5/3
李祥瑞	男	人事助理	2017/3/5	1	2017/4/5
洪桥	男	销售助理	2017/3/5	2	2017/5/5
王文文	女	人事助理	2017/3/5	1	2017/4/5
陈晨	女	技术员	2017/3/5	3	2017/6/5
刘杰	男	文员	2017/3/1	1	2017/4/1
郭涛	男	技术员	2017/3/1	3	2017/6/1
赵可可	女	文员	2017/3/3	1	2017/4/3
张琴	女	人事助理	2017/3/3	1	2017/4/3

实例 081 AND 函数：综合判断是否录用

难度系数：★★★　适用版本：全版本

技巧介绍： 编辑好应聘人员的成绩后，需要综合判断是否录用该人员，IF 函数并不能完全满足需求。当需对多个条件进行判断时，需将 IF 和 AND 函数结合使用才能进行多条件判断。

❶ 在 Excel 中打开本节素材文件“素材\第 05 章\实例 081\招聘信息统计表 .xlsx”，选择 F3 单元格，在编辑栏中输入计算公式：=IF(AND(D3>=80,E3>=75,F3>=87),"录用","不符合要求")，按【Enter】键，返回计算结果，利用不同于实例 064 的评定标准判断应聘人员的录用情况，如图 5-1 所示。

❷ 双击 F3 单元格右下角的填充手柄，将计算公式填充至 F17 单元格中，如图 5-2 所示。

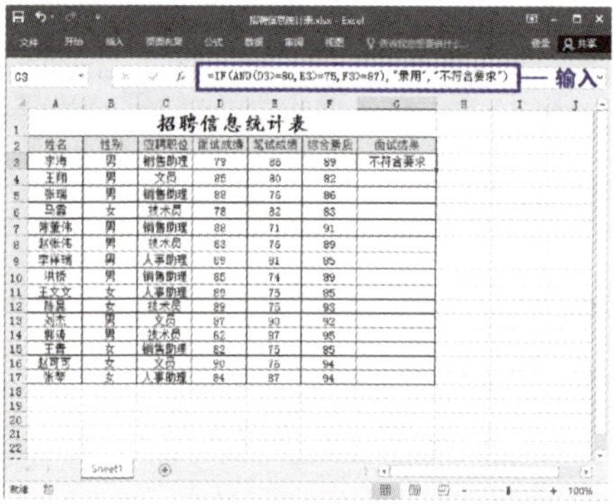

招聘信息统计表

姓名	性别	应聘职位	面试成绩	笔试成绩	综合素质	面试结果
李海	男	销售助理	79	86	89	不符合要求
王翔	男	文员	85	80	82	
张瑞	男	销售助理	88	76	86	
马露	女	技术员	78	82	83	
陈董伟	男	销售助理	88	71	91	
赵张伟	男	技术员	83	76	89	
李祥瑞	男	人事助理	69	81	95	
洪桥	男	销售助理	85	74	89	
王文文	女	人事助理	89	75	85	
陈晨	女	技术员	89	75	93	
刘杰	男	文员	87	90	92	
郭涛	男	技术员	62	87	95	
王青	女	销售助理	82	75	85	
赵可可	女	文员	90	76	94	
张琴	女	人事助理	84	87	94	

图 5-1　计算面试结果

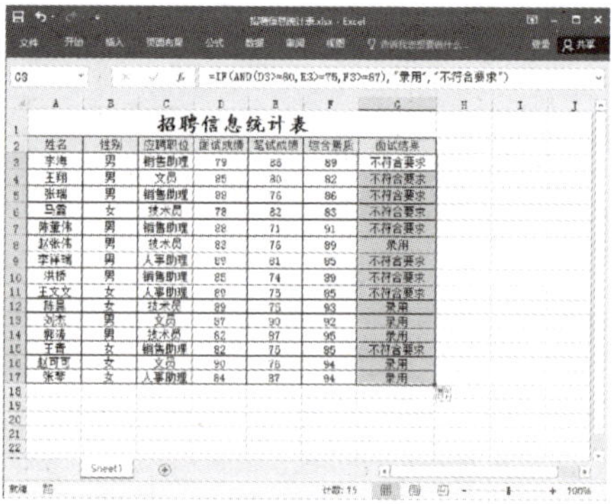

招聘信息统计表

姓名	性别	应聘职位	面试成绩	笔试成绩	综合素质	面试结果
李海	男	销售助理	79	86	89	不符合要求
王翔	男	文员	85	80	82	不符合要求
张瑞	男	销售助理	88	76	86	不符合要求
马露	女	技术员	78	82	83	不符合要求
陈董伟	男	销售助理	88	71	91	不符合要求
赵张伟	男	技术员	83	76	89	录用
李祥瑞	男	人事助理	69	81	95	不符合要求
洪桥	男	销售助理	85	74	89	不符合要求
王文文	女	人事助理	89	75	85	不符合要求
陈晨	女	技术员	89	75	93	录用
刘杰	男	文员	87	90	92	录用
郭涛	男	技术员	62	87	95	录用
王青	女	销售助理	82	75	85	不符合要求
赵可可	女	文员	90	76	94	录用
张琴	女	人事助理	84	87	94	录用

图 5-2　填充计算公式

关于 AND 函数，当所有参数的逻辑值为真时，返回 TRUE；只要有一个参数的逻辑值为假，则返回 FALSE。

● 语法格式为：AND(logical1,logical2, …)

● 其中：logical1, logical2, …表示待检测的条件值，各条件值可为 TRUE 或 FALSE。

本实例中的计算公式解释为：只有面试成绩大于等于 80，笔试成绩大于等于 75，综合素质大于等于 87 的人员才会被录用，只要有任何一个条件不满足，均不符合要求。

技巧拓展

如果数组或引用参数中包含文本或空白单元格，则这些值将被忽略。如果指定的单元格区域内包括非逻辑值，则 AND 函数将返回错误 #VALUE!。

Extra tip >>>>>>>>>>>>>

实例 082 OR 函数：登记员工录用情况

难度系数：★★★　适用版本：全版本

技巧介绍： 既然提到了 AND 函数，就不得不提及 OR 函数，AND 函数相当于“只有……才”，OR 函数则相当于“只要……就”，只要多个条件中满足一个条件，即可判断为真。

❶ 打开本节素材文件“素材\第 05 章\实例 082\招聘信息统计表.xlsx”，选择 F3 单元格，在编辑栏中输入计算公式：=IF(OR(D3>=85,E3>=87,F3>=90),"录用","不符合要求")，按【Enter】键，返回计算结果，利用不同于实例 082 的评定标准登记应聘人员的录用情况，如图 5-3 所示。

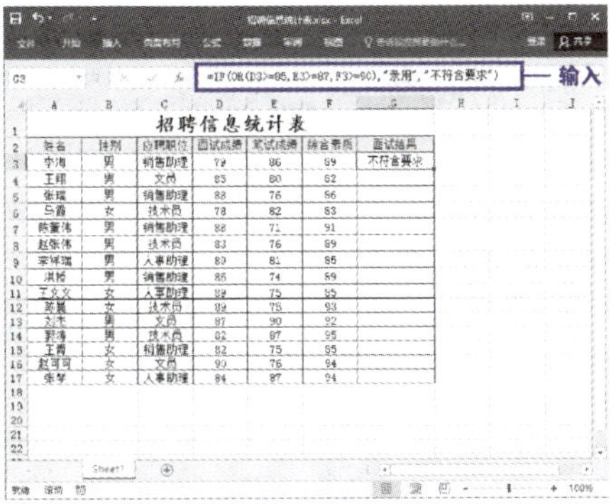

图 5-3　计算面试结果

❷ 双击 F3 单元格右下角的填充手柄，将计算公式填充至 F17 单元格中，如图 5-4 所示。

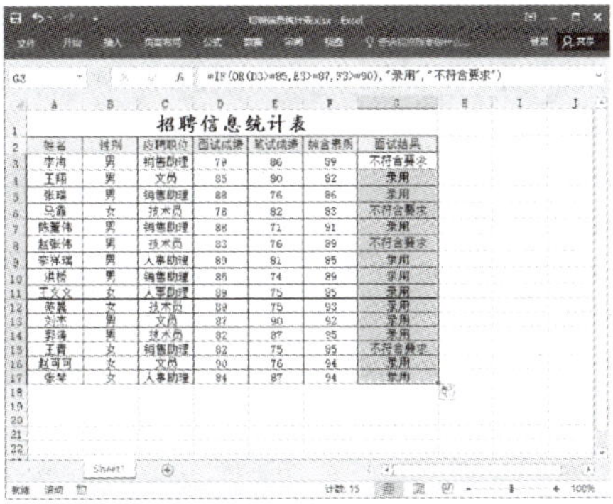

图 5-4　填充计算公式

关于 OR 函数，任何一个参数逻辑值为 TRUE，即返回 TRUE；所有参数的逻辑值为 FALSE，才返回 FALSE。

●语法格式为：OR(logical1,logical2, …)

●其中：

logical1, logical2, …表示待检测的条件值，各条件值可为 TRUE 或 FALSE。

如果数组或引用参数中包含文本或空白单元格，则这些值将被忽略；如果指定的单元格区域内包括非逻辑值，则 OR 函数将返回错误 #VALUE!。

本实例中的计算公式解释为：只要面试成绩大于等于 85，笔试成绩大于等于 87，综合素质大于等于 90 这 3 个条件中满足一个条件，即可录用该人员；若 3 个条件均不满足，则不符合要求。

技巧拓展

与 AND、OR 函数相似的逻辑函数还有 NOT 函数，用于对参数值求反。当参数值为 TRUE 时，NOT 函数返回的结果恰好与之相反，结果为 FALSE。

示　例：=NOT(2+2=4)，由于 2+2 的结果为 4，该参数结果为 TRUE，由于是 NOT 函数，因此返回函数结果为 FALSE。

Extra tip

实例 083 COUNTIF 函数：统计符合分数要求的人数

难度系数：★★☆ 适用版本：全版本

技巧介绍： 小白现需统计一定分数以上的应聘人员数量，以分析本次招聘人员的能力水平，进而确定招聘人数。在 Excel 中有没有函数可以计算满足条件的单元格数量呢？

❶ 打开本节素材文件“素材\第 05 章\实例 083\招聘信息统计表.xlsx”，选择 D18 单元格，在编辑栏中输入计算公式：=COUNTIF(D3:D17,">=85")，按【Enter】键，返回计算结果，统计面试成绩大于等于 85 的人员数量，如图 5-5 所示。

❷ 选择 E18 单元格，在编辑栏中输入计算公式：=COUNTIF(E3:E17,">=85")，按【Enter】键，返回计算结果，统计笔试成绩大于等于 85 的人员数量，如图 5-6 所示。

❸ 同样，选择 F18 单元格，在编辑栏中输入计算公式：=COUNTIF(F3:F17,">=90")，按【Enter】键，返回计算结果，统计综合成绩大于等于 90 的人员数量。

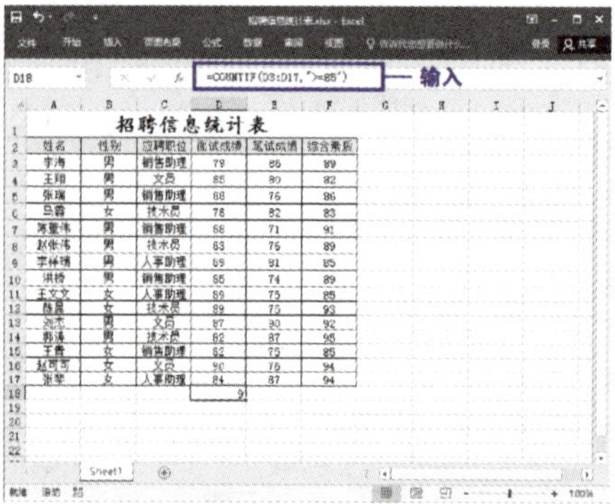

图 5-5 计算面试成绩大于等于 85 的人员数量

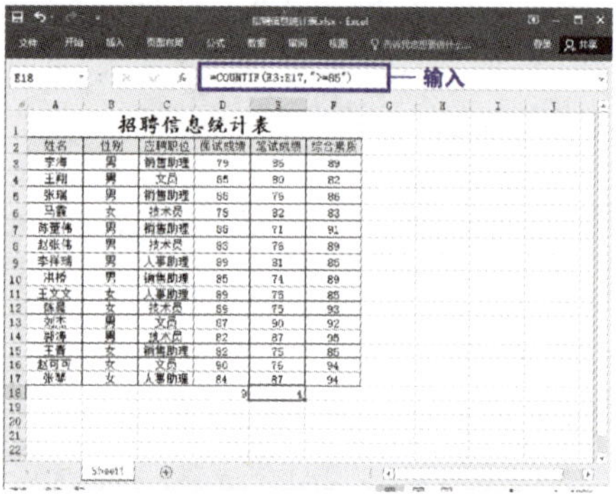

图 5-6 计算笔试成绩大于等于 85 的人员数量

COUNTIF 函数用于计算单元格区域中满足给定条件的单元格数量。

- 语法格式为：COUNTIF(range,criteria)
- 其中：range 参数为需要计算其中满足条件的单元格数目的单元格区域，即范围；criteria 参数为确定哪些单元格将被计算在内的条件，其形式可以为数字、表达式或文本，即条件，如 85、"85"、">85" 或 "apples"。

技巧拓展

返回等于单元格 A1 中内容的单元格数量：=COUNTIF(DATA,A1)。

返回大于单元格 A1 中内容的单元格数量：=COUNTIF(DATA,">"&A1)。

返回包含文本内容的单元格数量：=COUNTIF(DATA,"*")。

返回包含 3 个字符内容的单元格数量：=COUNTIF(DATA,"???")。

Extra tip >>>>>>>>>>>>>

实例 084　ISBLANK 函数：判断员工是否缺考

难度系数：★★★　适用版本：全版本

技巧介绍： 在笔试过程中，会出现缺考现象，小白需要判断应聘人员是否缺考。在 Excel 中有函数可以判断指定单元格是否为空吗？

① 打开本节素材文件“素材\第 05 章\实例 084\笔试成绩统计表.xlsx”，选择 E3 单元格，在编辑栏中输入计算公式：=ISBLANK(D3)，按【Enter】键，返回判断结果，如图 5-7 所示。

② 双击 E3 单元格右下角的填充手柄，填充计算公式至 E22 单元格中，如图 5-8 所示。

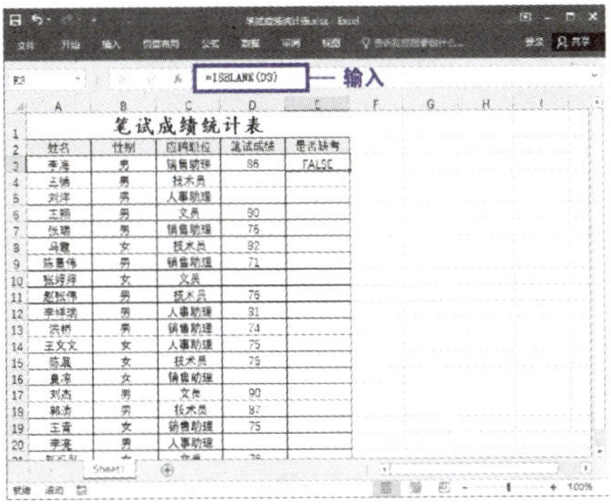

图 5-7　判断是否缺考

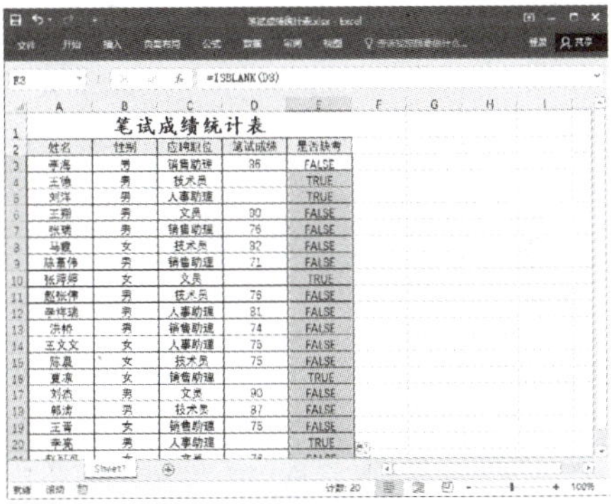

图 5-8　填充计算公式

ISBLANK 函数用于判断指定单元格是否为空。

● 语法格式为：ISBLANK(value)

● 其中：value 参数可以是空白（空白单元格）、错误值、逻辑值、文本、数字或引用值，或者引用要检验的以上任意值的名称。

技巧拓展

① 如果单元格中包含了空格或换行符，ISBLANK 函数也会返回 FALSE。

② ISBLANK 函数可配合 IF 函数使用，如图 5-9 所示，选择 E3 单元格，在编辑栏中输入计算公式：=IF(ISBLANK(D3),"缺考","准时参加")，按【Enter】键，返回判断结果，并向下填充中 E22 单元格中。

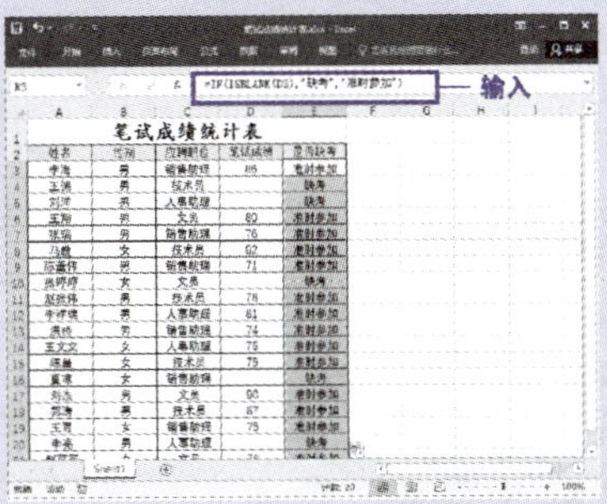

图 5-9　配合 IF 函数使用

Extra tip >>>>>>>>>>>>>

第1章 第2章 第3章 第4章 第5章 第6章 第7章 第8章 第9章 第10章

第1章 第2章 第3章 第4章 第5章 第6章 第7章 第8章 第9章 第10章

实例 085 DATE 函数：计算员工转正时间

难度系数：★★★ 适用版本：全版本

技巧介绍： 应聘人员通过面试后要经过一个试用期，人事部小白需要事先计算员工的转正时间，为签署协议、制作胸卡等做准备，可是如何进行日期型数据之间的计算呢？

打开本节素材文件“素材\第 05 章\实例 085\试用期员工登记表 .xlsx”，选择 F3 单元格，在编辑栏中输入计算公式：=DATE(YEAR(D3),MONTH(D3)+E3,DAY(D3))，按【Enter】键，返回计算结果，并向下填充至 F13 单元格中，如图 5-10 所示。

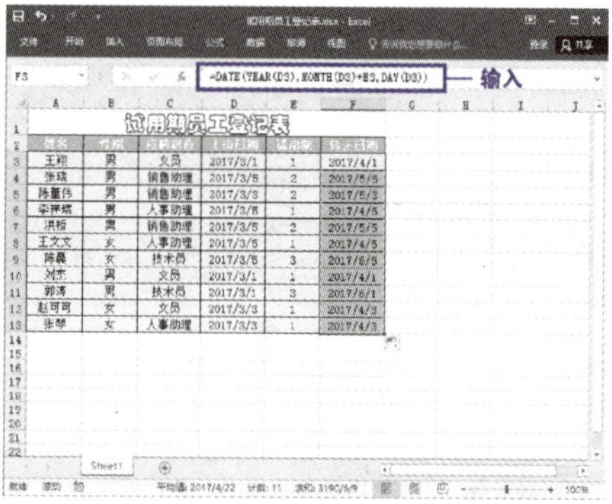

图 5-10 计算转正日期

DATE 函数返回代表特定日期的序列号。如果在输入函数前单元格格式为“常规”，则结果将自动设为日期格式。

- 语法格式为：DATE(year,month,day)
- 其中：year 参数为代表年份的 1 ~ 4 位数字；month 参数代表每年中月份的数字；day 参数代表在该月份中第几天的数字。

本实例中的计算公式解释为：在 F3 单元格中将返回由 D3 单元格中的年份、D3 单元格中的月份加上试用期的月份、D3 单元格的日期组成的日期序列。

技巧拓展

如果所输入的月份大于 12，将从指定年份的 1 月份开始往上加算。例如：DATE(2016,14,2) 返回代表 2017 年 2 月 2 日的序列号。如果 day 大于该月份的最大天数，则将从指定月份的第一天开始往上累加。例如：DATE(2017,1,35) 返回代表 2017 年 2 月 4 日的序列号。

Extra tip >>>>>>>>>>>>

实例 086 EDATE 函数：计算员工转正时间

难度系数：★★★ 适用版本：全版本

技巧介绍： 除了 DATE 函数外，EDATE 函数也可以计算指定日期之前或之后几个月的具体日期，而且比 DATE 函数更简便。

打开本节素材文件“素材\第 05 章\实例 086\试用期员工登记表 .xlsx”，选择 F3 单元格，在编辑栏中输入计算公式：=EDATE (D3,E3)，按【Enter】键，返回计算结果，并向下填充至 F13 单元格中，如图 5-11 所示。

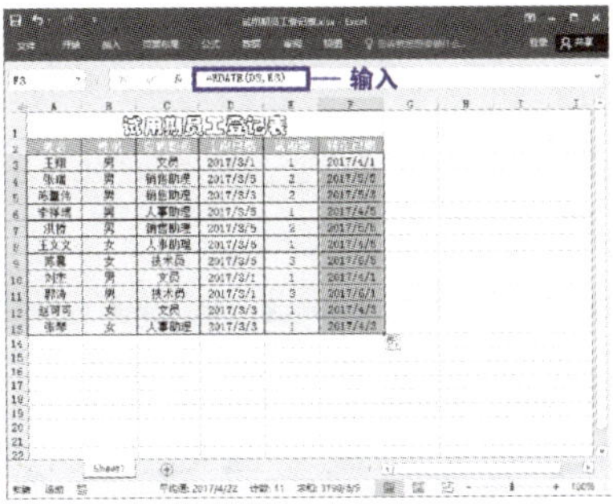

图 5-11　计算转正日期

EDATE 函数用于返回指定日期之前或之后指定月份的日期序列号。如果在输入函数前单元格格式为“常规”，则结果将自动设为日期格式。

- 语法格式为：EDATE(start_date, months)
- 其中：start_date 参数代表开始日期；months 参数为在 start_date 之前或之后的月份数，未来日期用正数表示，过去日期用负数表示。

示例：=EDATE("2017/3/5",2) 返回 2017 年 5 月 5 日，=EDATE("2017/3/5", -2) 返回 2017 年 1 月 5 日。

技巧拓展

当“月份”为小数时，小数位将被忽略，只保留整数部分进行计算。

Extra tip >>>>>>>>>>>>>

实例 087　难度系数：★★★　适用版本：全版本

AVERAGE 函数：计算员工平均成绩

技巧介绍： 小白要统计笔试平均成绩，以确定招聘标准，利用基本的算术运算可以求出平均成绩，但效率特别低，有快捷计算平均数的方法吗？

① 打开本节素材文件“素材\第 05 章\实例 087\招聘信息统计表 .xlsx”，选择 D18 单元格，在编辑栏中输入计算公式：=AVERAGE (D3:D17)，按【Enter】键，计算此批人员面试的平均成绩，如图 5-12 所示。

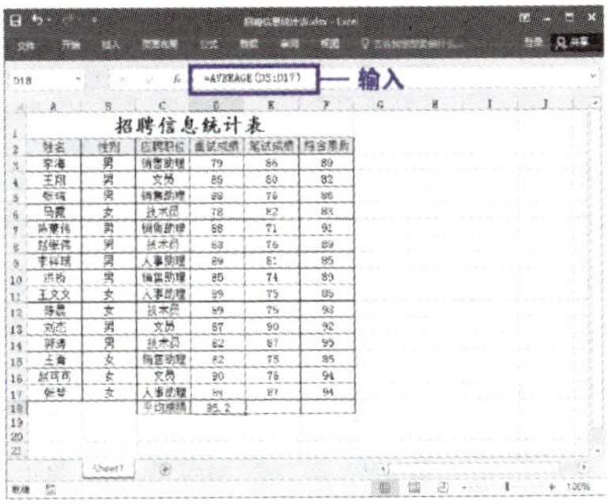

图 5-12　计算面试平均成绩

② 选择 D18 单元格右下角的填充手柄，向右拖曳至 F18 单元格中，计算其余项目的平均成绩，如图 5-13 所示。

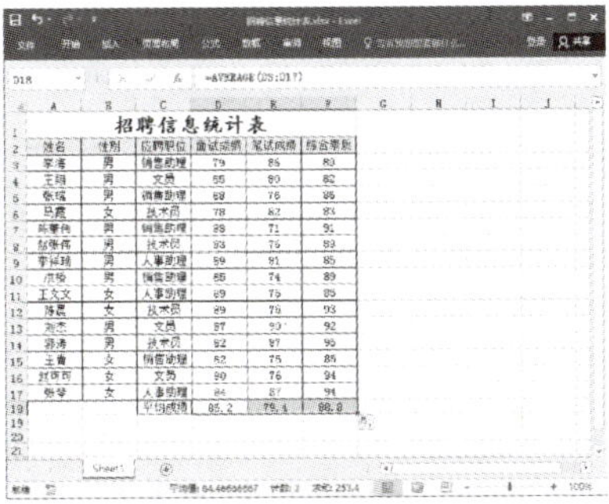

图 5-13　向右填充计算公式

AVERAGE 函数用于计算参数的平均值。

- 语法格式为：AVERAGE(number1,number2…)
- 其中：number1，number2，…为需要计算平均值的 1 ~ 30 个参数，如果需要计算的单元格区域中包含文字、逻辑值或空单元格，则忽略其值。但是，如果单元格包含零值，则计算在内。

技巧拓展

选择 D3:D17 单元格区域，在状态栏中已经显示了包含该单元格区域所有参数的平均值、单元格数量，以及合计值的快速统计结果，如图 5-14 所示。

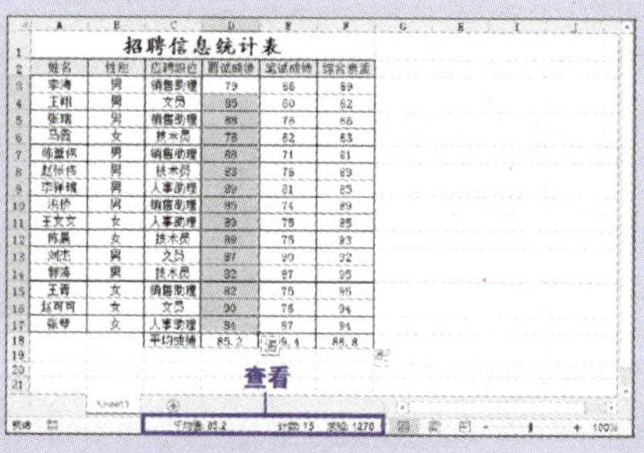

图 5-14　快速统计结果

Extra tip

实例 088　新员工招聘面试比较表

难度系数：★★　适用版本：全版本

技巧介绍： 在面试结束后，面试人员需要对各个应聘人员的结果进行比较，甄选合适的人员，这就需要用到新员工招聘面试比较表，如图 5-15 所示。

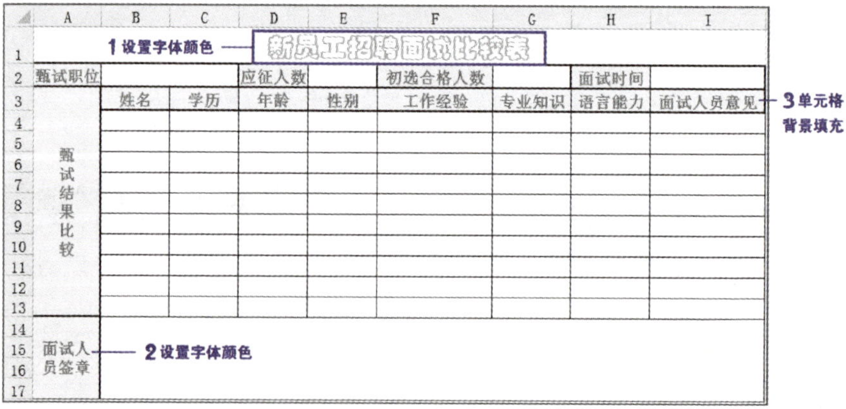

图 5-15　新员工招聘面试比较表

制作新员工招聘面试比较表主要包括输入基本内容、设置字体颜色、设置单元格填充颜色和设置对齐方式等操作。

1 将表格标题的“字体”设置为“华文彩云”，将“字号”设置为 20 并加粗，将字体颜色设置为“绿色”，如图 5-16 所示。

2 将表格主体部分字体颜色设置为“蓝色”，并加粗，如图 5-17 所示。

3 设置表格部分单元格区域背景颜色为“蓝色，个性色 5，淡色 80%”，如图 5-18 所示。

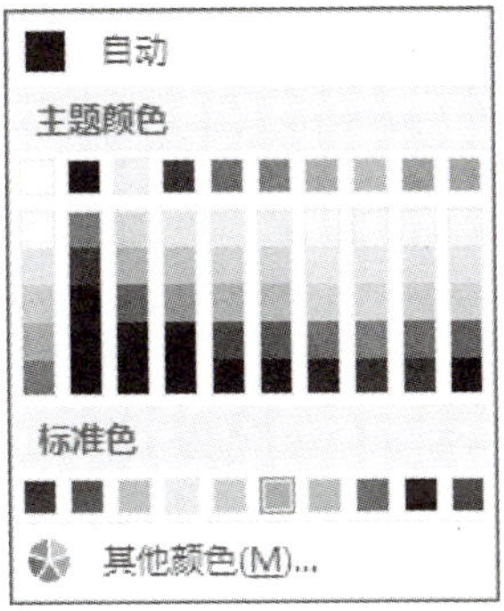

图 5-16　设置标题文本颜色

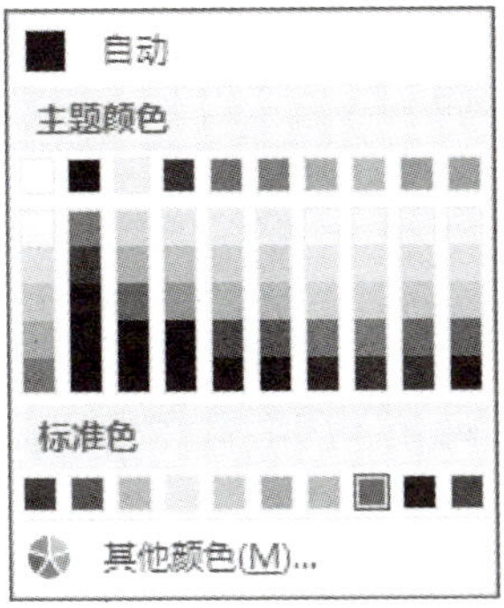

图 5-17　设置表格字体颜色

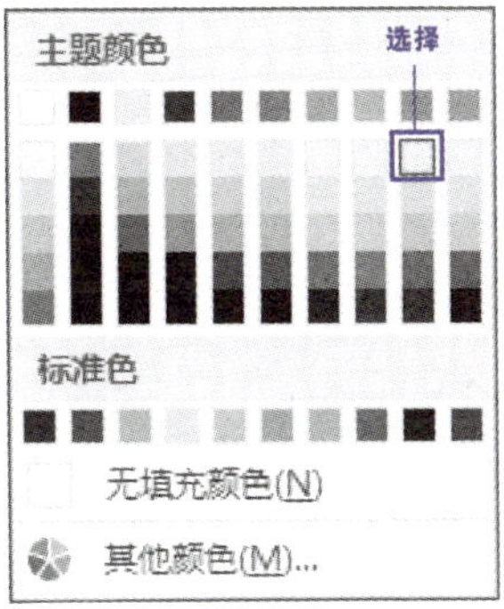

图 5-18　设置单元格背景颜色

技巧拓展

将合并后的 A3 单元格的文字方向设置为“竖排文字”，为合并后的 A14 单元格设置自动换行功能。

Extra tip ＞＞＞＞＞＞＞＞＞＞＞＞＞

实例 089　聘约人员任用核定表

难度系数：★★★　适用版本：全版本

技巧介绍： 确定录用应聘人员以后，双方需要填写聘约人员任用核定表，核定员工信息及岗位信息，包括员工姓名、性别、所在部门、职位、工作职责和拟支薪资等，如图 5-19 所示。

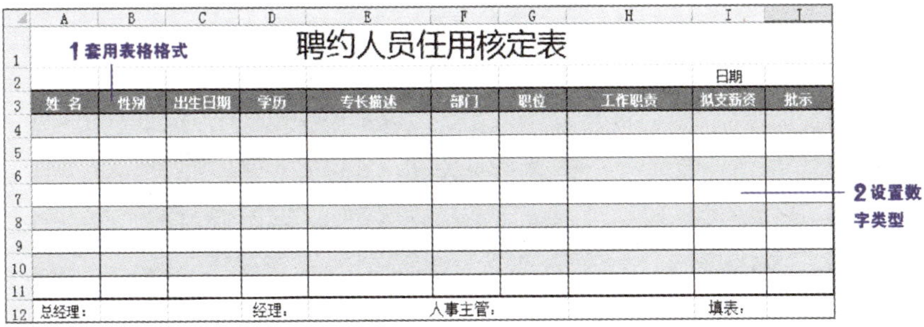

	A	B	C	D	E	F	G	H	I	J
1					聘约人员任用核定表					
2									日期	
3	姓 名	性别	出生日期	学历	专长描述	部门	职位	工作职责	拟支薪资	批示
4										
5										
6										
7										
8										
9										
10										
11										
12	总经理：			经理：		人事主管：			填表：	

图 5-19　聘约人员任用核定表

制作聘约人员任用核定表主要包括输入基本内容、设置行高、套用表格格式和设置数字格式等操作。

❶ 将表格标题的“字体”设置为“微软雅黑”，将“字号”设置为 24，并将表格行高设置为 18。

❷ 选择 A3:J11 单元格区域，在“样式”组中单击“套用单元格格式”下拉按钮，选择“表样式中等深浅 17”样式，在弹出的“套用表格式”对话框中选择“表包含标题”复选框，如图 5-20 所示，并单击“确定”按钮。

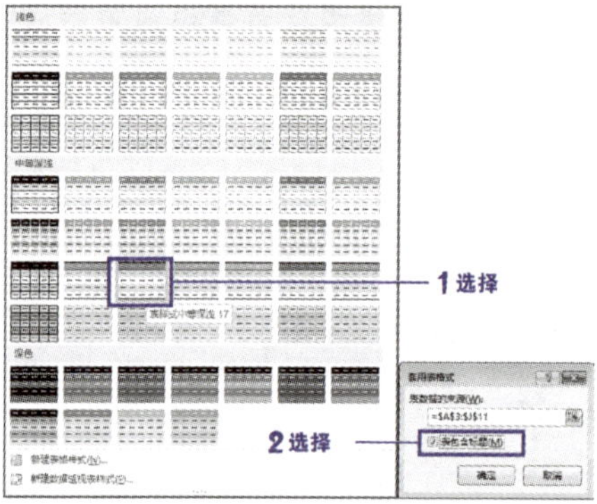

图 5-20　套用表格格式

❸ 选择 I4:I11 单元格区域，在“数字”组中单击“数字格式”下拉按钮，选择“货币”选项，如图 5-21 所示。

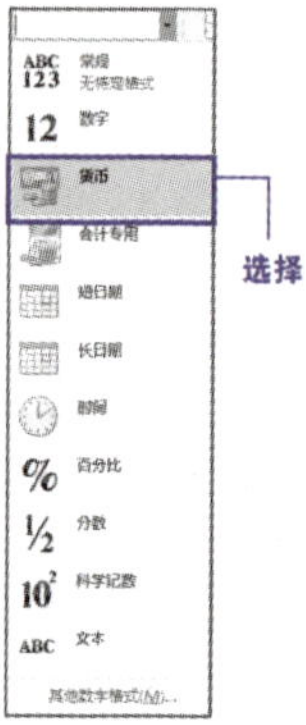

图 5-21　设置数字格式

技巧拓展

打开“设置单元格格式”对话框，在“数字”选项卡的“分类”列表框中同样能设置“货币”数字格式。

Extra tip

实例 090　面谈记录表

难度系数：★★★　适用版本：全版本

技巧介绍： 在与应聘人员的面谈过程中，面谈记录是得出面试成绩的重要依据，主要记录应聘者的仪容仪表、对工作的了解程度等内容，根据表现在相应的评分下画“√”，如图 5-22 所示。

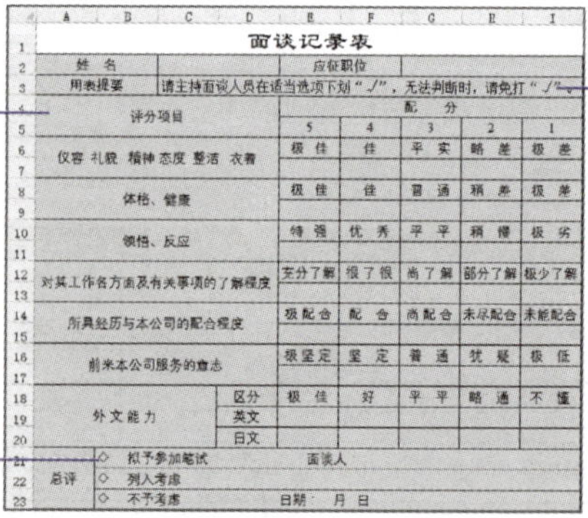

面谈记录表						
姓 名		应征职位				
用表提要	请主持面谈人员在适当选项下划“√”，无法判断时，请免打“√”					
评分项目		配 分				
		5	4	3	2	1
仪容 礼貌 精神 态度 整洁 衣着		极 佳	佳	平 实	略 差	极 差
体格、健康		极 佳	佳	普 通	稍 差	极 差
领悟、反应		特 强	优 秀	平 平	稍 慢	极 劣
对其工作各方面及有关事项的了解程度		充分了解	很了解	尚了解	部分了解	极少了解
所具经历与本公司的配合程度		极配合	配 合	尚配合	未尽配合	未能配合
前来本公司服务的意志		极坚定	坚 定	普 通	犹 疑	极 低
外文能力	区分	极 佳	好	平 平	略 通	不 懂
	英文					
	日文					
总评	◇ 拟予参加笔试　　面谈人					
	◇ 列入考虑					
	◇ 不予考虑　　日期　月　日					

图 5-22　面谈记录表

制作面谈记录表主要包括输入基本内容、设置单元格背景填充和插入相关符号等操作。

❶ 将表格标题的“字体”设置为“隶书”，将“字号”设置为 22，设置表格单元格填充颜色为“蓝色，个性色 1，淡色 60%”，如图 5-23 所示。

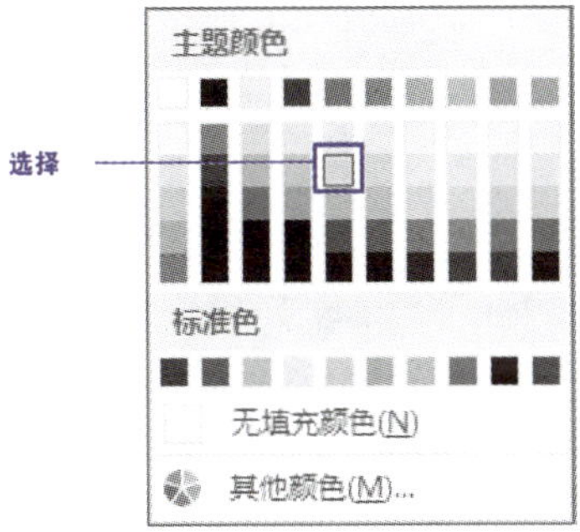

图 5-23　设置单元格背景颜色

❷ 将鼠标定位至：请主持面谈人员在适当选项下划“√”的双引号中，打开“符号”对话框，在符号列表中选择“√”符号，将其插入到文本中，如图 5-24 所示。

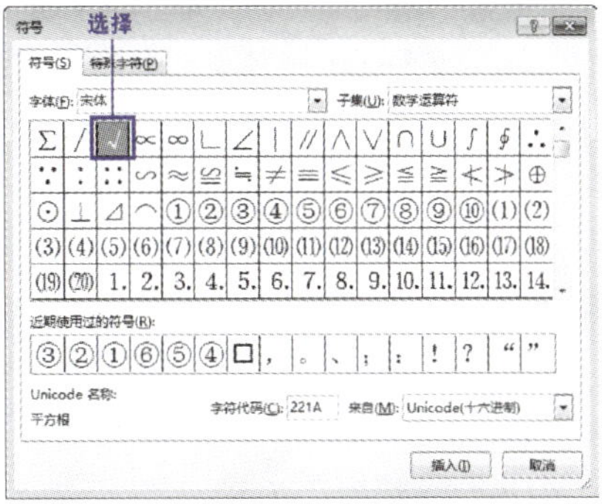

图 5-24　插入符号 -1

❸ 将鼠标定位至 B21 单元格“拟予参加笔试”文本前方，打开“符号”对话框，在符号列表框中选择“◇”符号，将其插入到文本中，如图 5-25 所示。

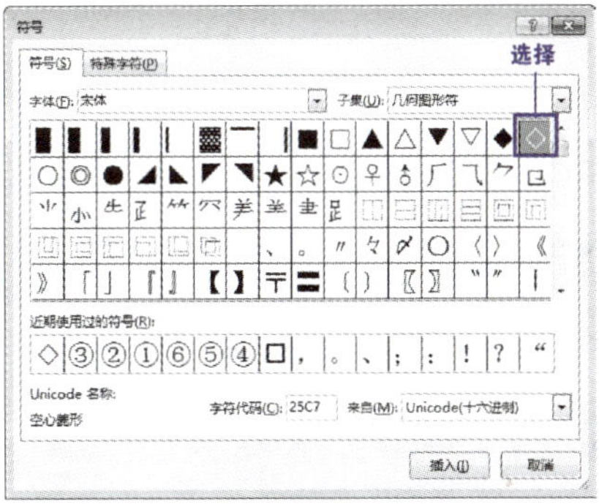

图 5-25　插入符号 -2

技巧拓展

当前输入法为搜狗输入法时，在单元格中输入 dg 时，从显示框中可以找到“√”符号；当在单元格中输入“lx”时，从显示框中可以找到“◇”符号，如图 5-26 所示。

图 5-26　直接输入相关符号

Extra tip

实例 091 面试结果推荐表

难度系数：★★★　适用版本：全版本

技巧介绍： 面试小组成员需要填写面试结果推荐表反馈给上级，面试结果推荐表记录着应聘人员的综合能力，以及对该应聘人员的录用情况，如图 5-27 所示。

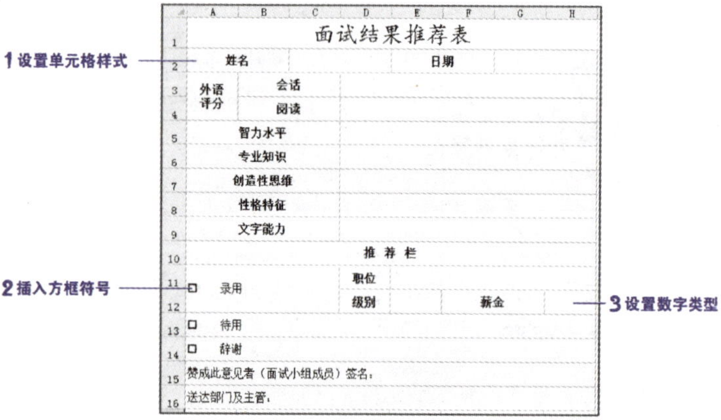

图 5-27　面试结果推荐表

制作面试结果推荐表主要包括输入表格基本内容、设置单元格样式和插入方框符号等操作。

1. 将表格标题的“字体”设置为“楷体”，将“字号”设置为 24，将单元格样式设置为“注释”。
2. 将鼠标定位至“录用”文本左侧，输入文本“o”，并将“字体”设置为 Wingdings，插入方框符号。
3. 将 H12 单元格的数字格式设置为“货币”。

技巧拓展

选择 D3:H9 单元格区域，在“对齐方式”组中单击“合并后居中”下拉按钮，从下拉列表框中选择“跨越合并”选项，快速合并单元格区域。

Extra tip >>>>>>>>>>>>>

实例 092 新员工报到手续表

难度系数：★★★　适用版本：全版本

技巧介绍： 新员工入职前，需要填写新员工报到手续表，记录入职相关情况、入职资料准备情况、办公室审核完成情况和任职部门手续办理情况等，如图 5-28 所示。

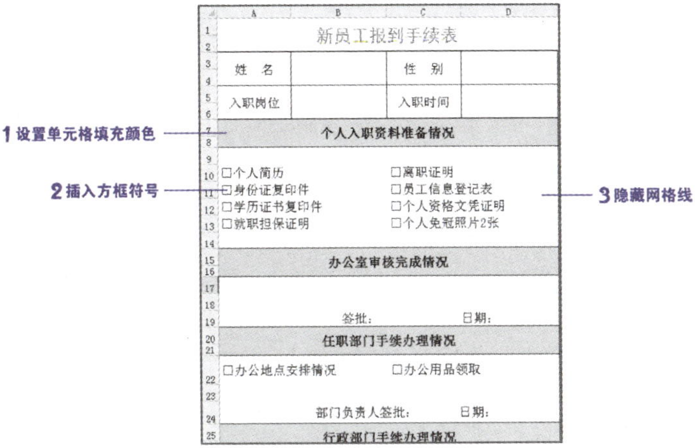

图 5-28　新员工报到手续表

制作新员工报到手续表主要包括输入表格基本内容、设置单元格背景填充、插入方框符号和隐藏网格线等操作。

❶ 将标题文本的“字体”设置为“华文细黑”，将“字号”设置为 22，将字体颜色设置为“蓝色”，将表格第二标题所在单元格填充为“金色，个性色 4，淡色 40%”，如图 5-29 所示。

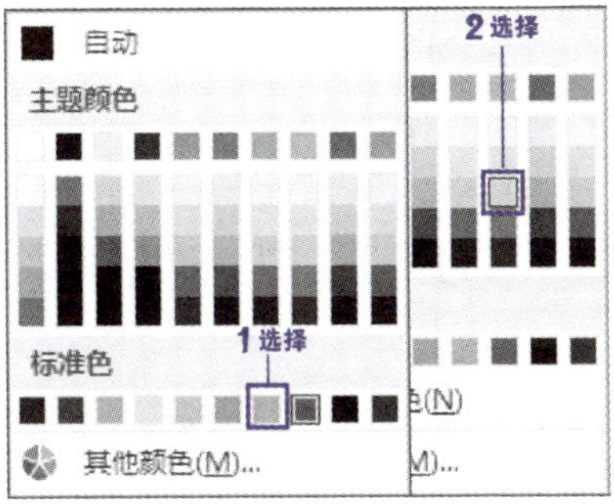

图 5-29　设置单元格格式

❷ 将鼠标定位至 A10 单元格“个人简历”文本前方，打开“符号”对话框，在符号框中选择空心方框符号，如图 5-30 所示，将其插入到表格中。按照相同的方法插入其余方框符号，并隐藏工作表中的网格线。

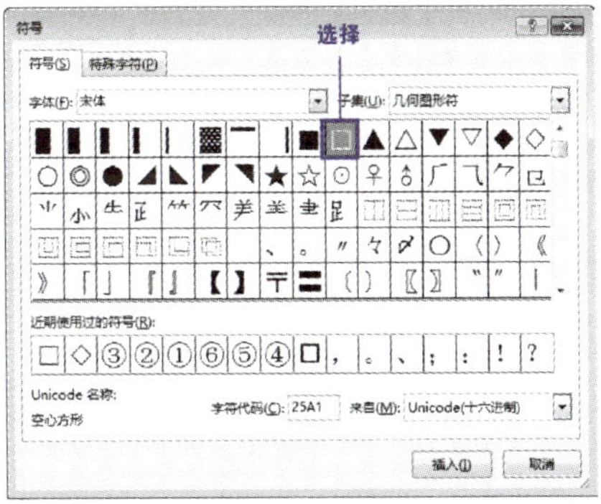

图 5-30　插入方框符号

技巧拓展

在插入空心方框符号时，也可复制已经插入符号的文本至新的单元格中，然后替换单元格中的文本即可。

Extra tip ›››››››››››››

实例 093 应聘人员复试名单

难度系数：★★★ 适用版本：全版本

技巧介绍： 初试结束后，人事部需要制作应聘人员复试名单，包括复试者姓名，应聘岗位、初试评价及联系方式等内容，如图 5-31 所示。

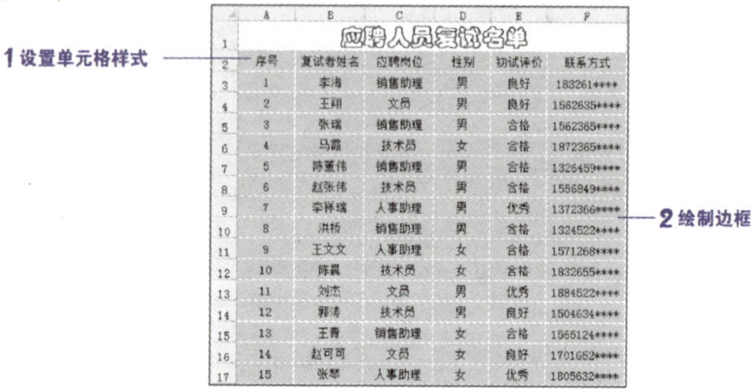

应聘人员复试名单

序号	复试者姓名	应聘岗位	性别	初试评价	联系方式
1	李海	销售助理	男	良好	183261****
2	王翔	文员	男	良好	1562635****
3	张瑞	销售助理	男	合格	1562365****
4	马霞	技术员	女	合格	1872365****
5	陈董伟	销售助理	男	合格	1326459****
6	赵张伟	技术员	男	合格	1556849****
7	李祥瑞	人事助理	男	优秀	1372366****
8	洪杨	销售助理	男	合格	1324522****
9	王文文	人事助理	女	合格	1571268****
10	陈晨	技术员	女	合格	1832655****
11	刘杰	文员	男	优秀	1884522****
12	郭涛	技术员	男	良好	1504634****
13	王青	销售助理	女	合格	1565124****
14	赵可可	文员	女	良好	1701652****
15	张琴	人事助理	女	优秀	1805632****

图 5-31　应聘人员复试名单

制作应聘人员复试名单主要包括输入基本内容、设置单元格背景填充，以及为表格添加边框等操作。

❶ 将表格标题的“字体”设置为“华文彩云”，将“字号”设置为 22 并加粗，将字体颜色设置为“蓝 – 灰，文字 2”，如图 5-32 所示。

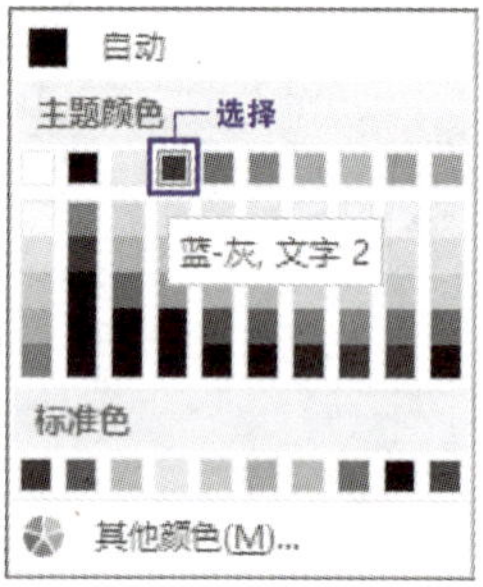

图 5-32　设置标题颜色

❷ 将表格区域的单元格样式设置为“浅蓝，60%– 着色 5”，如图 5-33 所示。

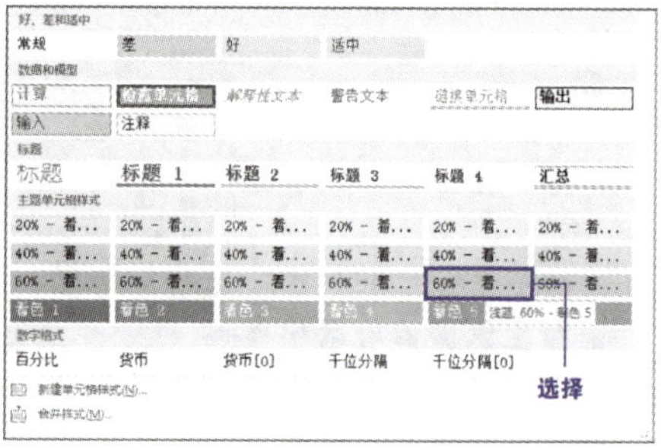

图 5-33　设置单元格样式

❸ 设置边框线条颜色为“白色，背景 1”，并在表格区域绘制边框网格，如图 5-34 所示。

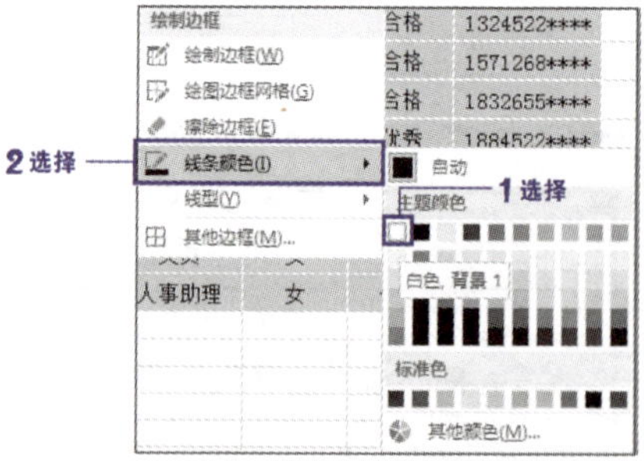

图 5-34　绘制边框网格

技巧拓展

为表格添加边框有多种方法，包括从功能区添加、从“设置单元格格式”对话框添加和绘制边框等，读者可以根据自身的操作习惯选择添加方式。

Extra tip >>>>>>>>>>>>>

实例 094 应聘人员笔试成绩表

难度系数：★★★　适用版本：全版本

技巧介绍： 应聘人员笔试成绩表主要统计应聘人员的笔试成绩，包括考试成绩、操作成绩及平均成绩，从理论和实践两个方面对应聘人员进行考核，如图 5-35 所示。

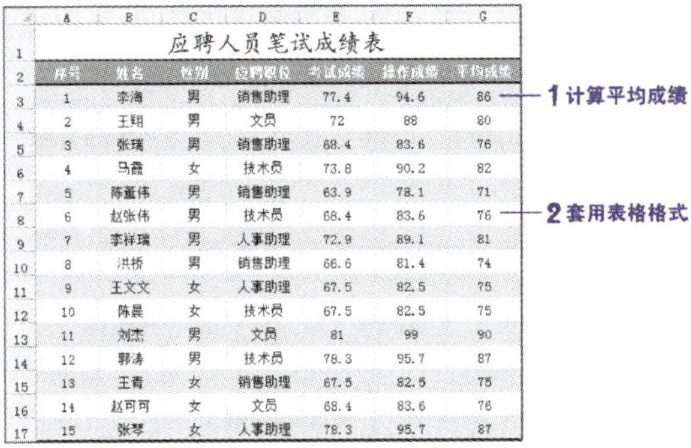

应聘人员笔试成绩表

序号	姓名	性别	应聘职位	考试成绩	操作成绩	平均成绩
1	李海	男	销售助理	77.4	94.6	86
2	王翔	男	文员	72	88	80
3	张瑞	男	销售助理	68.4	83.6	76
4	马霞	女	技术员	73.8	90.2	82
5	陈董伟	男	销售助理	63.9	78.1	71
6	赵张伟	男	技术员	68.4	83.6	76
7	李祥瑞	男	人事助理	72.9	89.1	81
8	洪桥	男	销售助理	66.6	81.4	74
9	王文文	女	人事助理	67.5	82.5	75
10	陈晨	女	技术员	67.5	82.5	75
11	刘杰	男	文员	81	99	90
12	郭涛	男	技术员	78.3	95.7	87
13	王青	女	销售助理	67.5	82.5	75
14	赵可可	女	文员	68.4	83.6	76
15	张琴	女	人事助理	78.3	95.7	87

图 5-35　应聘人员笔试成绩表

制作应聘人员笔试成绩表主要包括输入表格基本内容、计算平均成绩和套用表格格式等操作。

1. 将标题文本的“字体”设置为“华文楷体”，将“字号”设置为 20。

2. 在 G3 单元格中输入计算公式：=(E3+F3)/2 或 = AVERAGE(E3:F3)，并填充至 G17 单元格中，如图 5-36 所示。

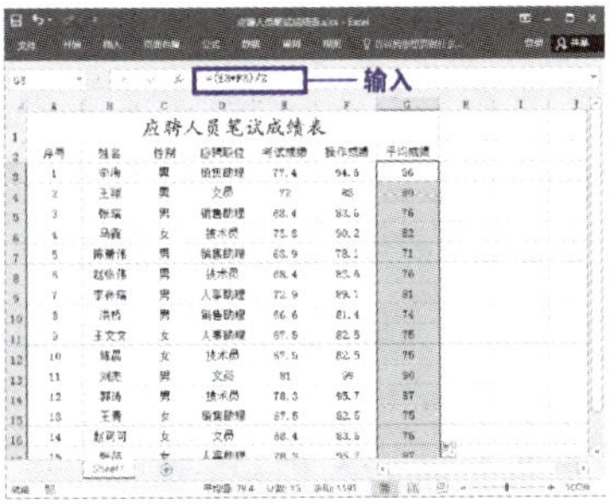

图 5-36　计算平均成绩

3. 选择 A2:G17 单元格区域，套用“蓝色，表样式中等深浅 20”表格格式，如图 5-37 所示，并将表格转换为区域。

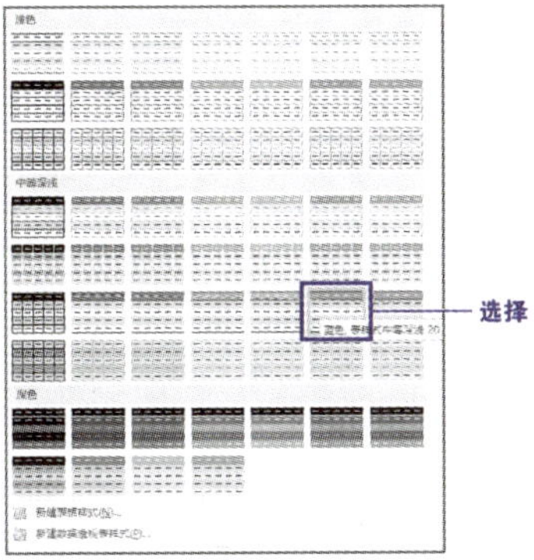

图 5-37　套用表格格式

技巧拓展

向下填充公式时也复制了单元格格式，而该实例中套用的表格格式奇数行与偶数行的格式是不相同的，若先套用表格格式后再填充公式，则还需要对个别单元格的格式进行调整。

Extra tip >>>>>>>>>>>>>

实例 095 新员工试用表

难度系数：★★★　适用版本：全版本

技巧介绍： 员工进入试用期后人事部需要对其进行记录，试用期结束后也将统计考察结果，最终决定该员工是否转正，这些内容都可以在新员工试用表中表示出来，如图5-38所示。

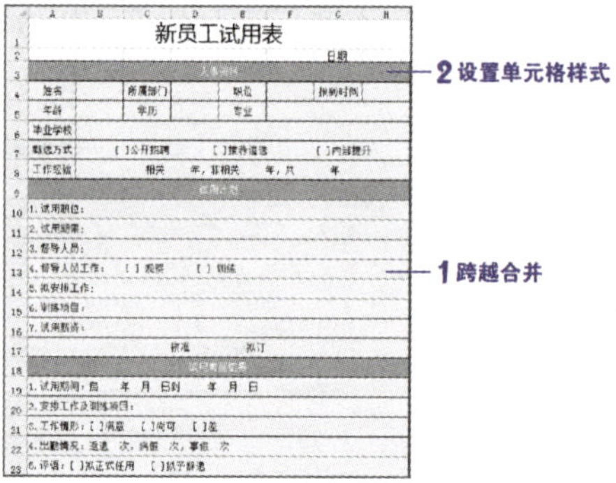

图5-38　新员工试用表

制作新员工试用表主要包括输入基本内容、设置单元格样式等操作。

❶ 将标题文本的“字体”设置为“微软雅黑”，将“字号”设置为24。

❷ 将表格主体单元格样式设置为“浅蓝，20%－着色5”，将表格第二标题所在单元格区域的单元格样式设置为“蓝色，着色5”，如图5-39所示。

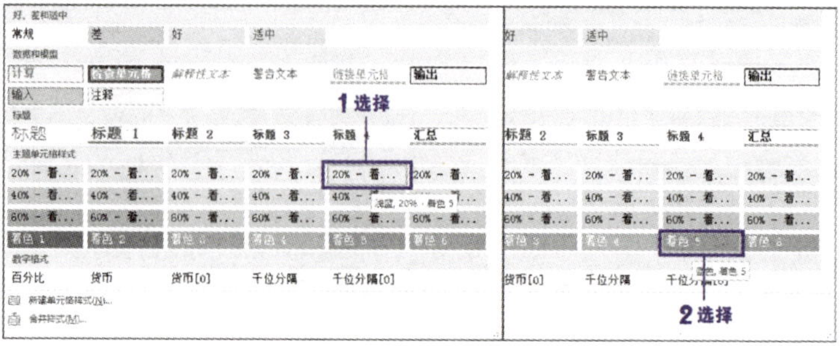

图5-39　设置单元格样式

技巧拓展

套用表格格式时，一旦将表格转换为区域，再套用新的表格格式并不能实现覆盖，只能叠加。图 5-40 所示为“浅橙色，表样式浅色 3”与“浅黄，表样式中等深浅 26”的叠加效果。

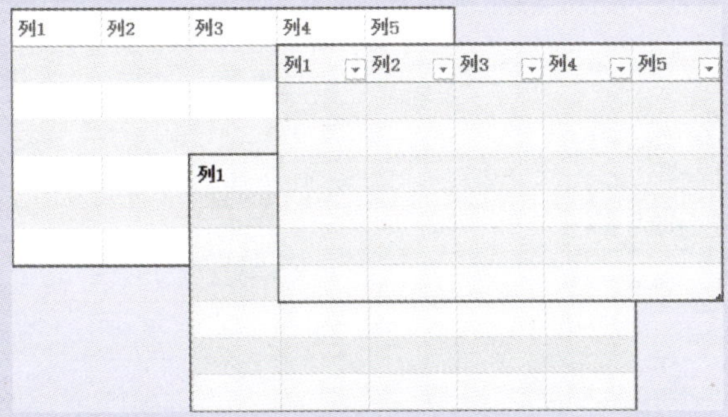

图 5-40　表格样式的叠加

Extra tip

实例 096 员工试用标准

难度系数：★★　适用版本：全版本

技巧介绍： 由于新员工应聘的职位及工作经验不相同，不同员工试用期的标准也大不相同。员工试用标准就是用来规定不同职别、不同经验新员工的试用期相关事项的，如图 5-41 所示。

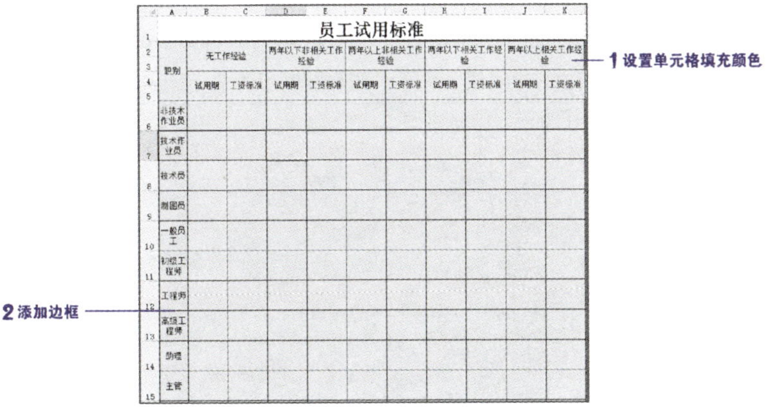

员工试用标准

职别	无工作经验		两年以下非相关工作经验		两年以上非相关工作经验		两年以下相关工作经验		两年以上相关工作经验	
	试用期	工资标准	试用期	工资标准	试用期	工资标准	试用期	工资标准	试用期	工资标准
非技术作业员										
技术作业员										
技术员										
制图员										
一般员工										
初级工程师										
工程师										
高级工程师										
助理										
主管										

图 5-41　员工试用标准

制作员工试用标准主要包括输入基本内容、设置单元格背景颜色和添加边框等操作。

❶ 将表格标题的“字体”设置为“华文中宋”，将“字号”设置为 24，设置单元格填充颜色为“金色，个性色 4，淡色 60%”，如图 5-42 所示。

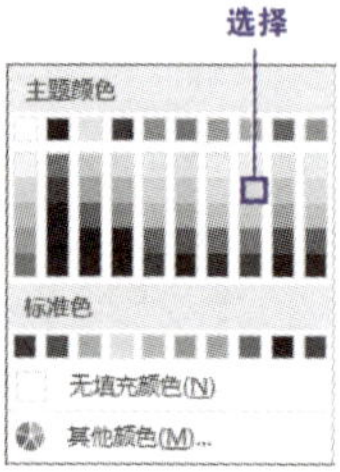

图 5-42　设置单元格填充颜色

❷ 打开“设置单元格格式”对话框，选择“边框”选项卡，按照如图 5-43 所示为表格添加边框。

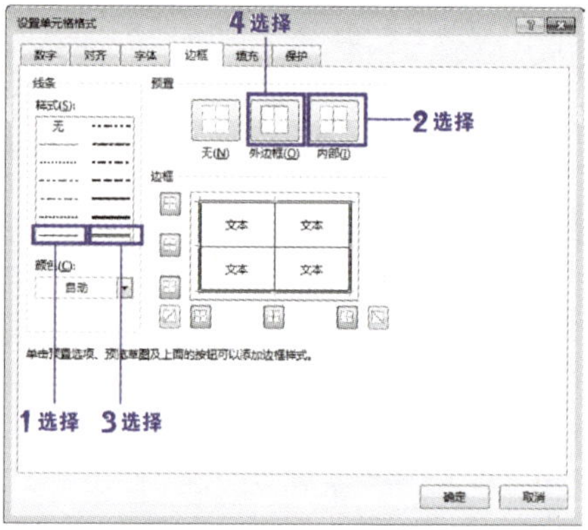

图 5-43　添加边框格式

技巧拓展

由于本实例中需要合并的单元格数量较多，在合并单元格时，可以利用“格式刷”功能快速复制已经合并的单元格格式。

Extra tip

实例 097　录用通知书

难度系数：★★★　适用版本：全版本

技巧介绍： 公司决定录用某位人员时，会发出录用通知，明确写出部门岗位、合同类别、合同期限、岗位工资和试用时长等内容，并注明办理入职手续时需要携带的个人资料，如图 5-44 所示。

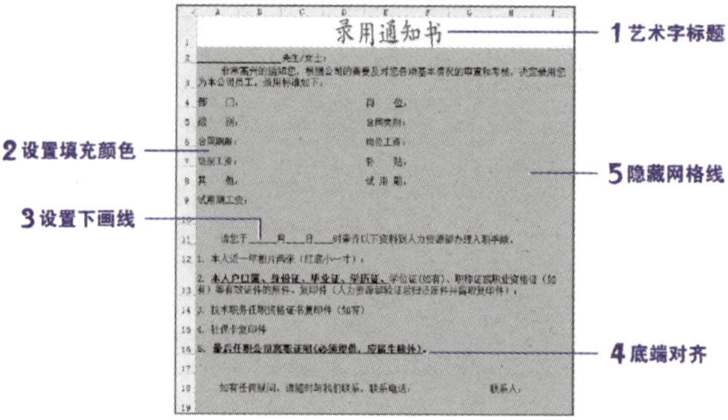

图 5-44　录用通知书

制作录用通知书主要包括输入基本内容、制作艺术字标题、设置单元格背景颜色、设置对齐方式和添加下画线等操作。

❶ 按照如图 5-45 所示选择艺术字样式，将艺术字字体设置为“楷体”，将“字号”设置为 24，将字体颜色设置为“红色”，在“艺术字样式”组中设置艺术字的转换效果为“双波形 1”，如图 5-45 所示。

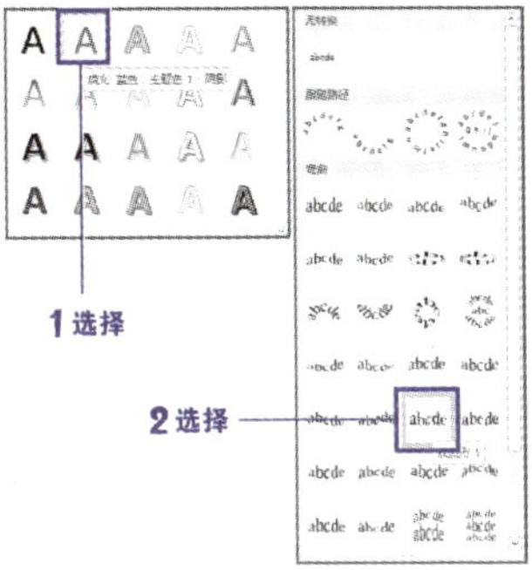

图 5-45 设置艺术字样式

❷ 将表格区域的背景颜色设置为“橙色，个性色 2，淡色 40%”，如图 5-46 所示。

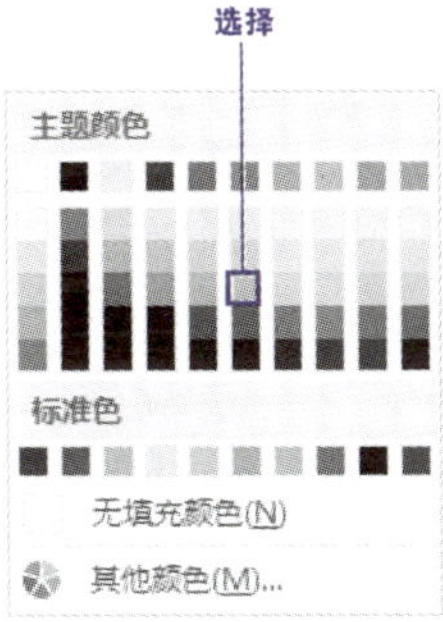

图 5-46 设置表格背景颜色

❸ 将工作表中所有单元格的垂直对齐方式设置为“底端对齐”，如图 5-47 所示。

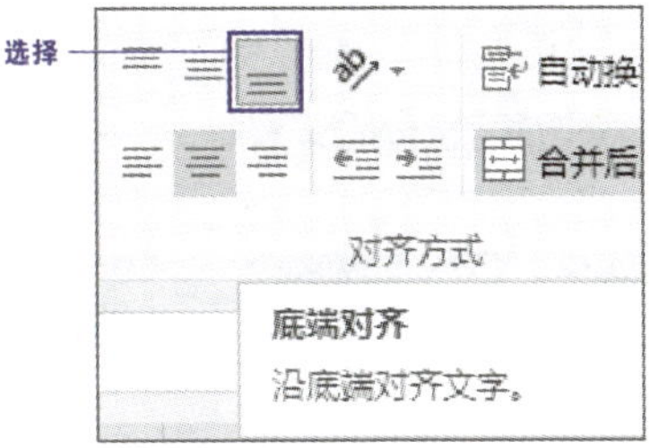

图 5-47 设置底端对齐方式

❹ 表格中的 A2 单元格中的“下画线”为设置的边框格式“下框线”，选择“请您于　月　日　时”中的空格区域，在“字体”组中单击“下画线”按钮，或按【Ctrl+U】组合键，为空格区域添加下画线，如图 5-48 所示。

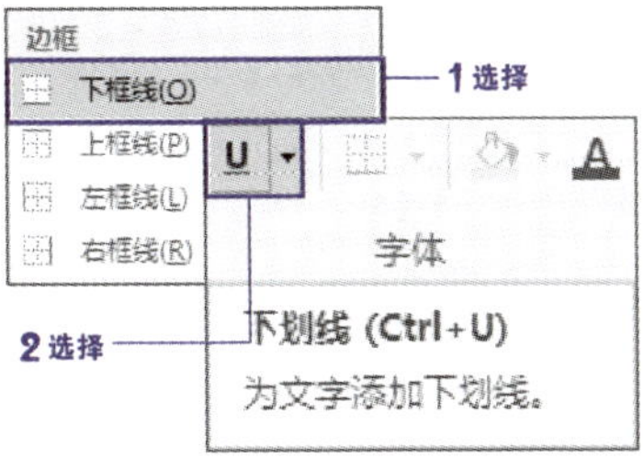

图 5-48 添加下画线

技巧拓展

通常情况下，录用通知书是用 Word 制作的，如图 5-49 所示。此外，使用 Excel 也可以做出相同的效果。

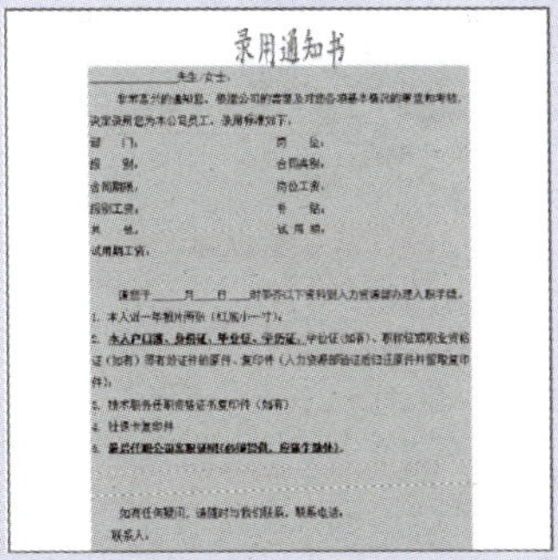

图 5-49 录用通知书 .docx

Extra tip ››››››››››››

实例 098 员工履历表

难度系数：★★★ 适用版本：全版本

技巧介绍： 履历表用来总结个人工作经历。不同岗位中，员工履历表的内容各不相同，主要记录学习培训经历、工作经验等内容，如图 5-50 所示。版式清晰才具有可信性和严肃性。

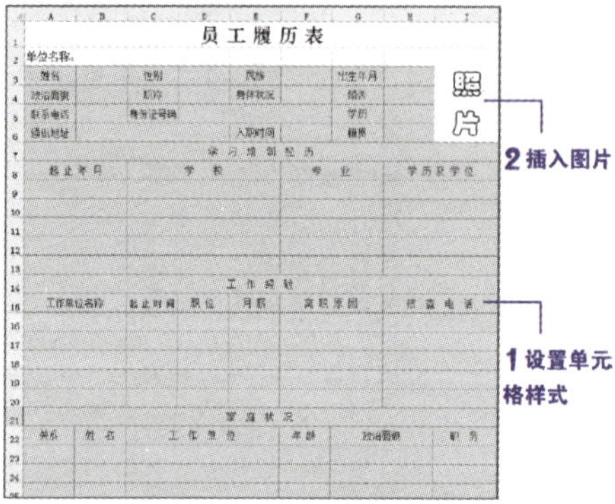

图 5-50 员工履历表

制作员工履历表主要包括输入基本内容、插入图片和设置单元格样式等操作。

❶ 将表格标题的“字体”设置为“华文中宋”，将“字号”设置为“26”，设置单元格样式为“输入”。

❷ 选择“插入”选项卡，在“插图”组中单击“图片”按钮，在弹出的对话框中选择合适的图片插入到工作表中。

❸ 选中插入的图片，选择“格式”选项卡，在“排列”组中单击“对齐”下拉按钮，选择“对齐网格”选项，轻松将图片对齐至网格线。

技巧拓展

将插入的图片对齐至网格，会使工作表显得比较整洁，但是也会改变图片的纵横比，在实际操作时应根据需要选择调整方法。

Extra tip >>>>>>>>>>>>>

实例 099 试用期员工转正申请表

难度系数：★★★ 适用版本：全版本

技巧介绍： 新进员工试用期结束后，可根据试用期的表现判断是否转正，需要填写试用期员工转正申请表，申请表中记录了申请理由及各部门关于转正的意见，如图 5-51 所示。

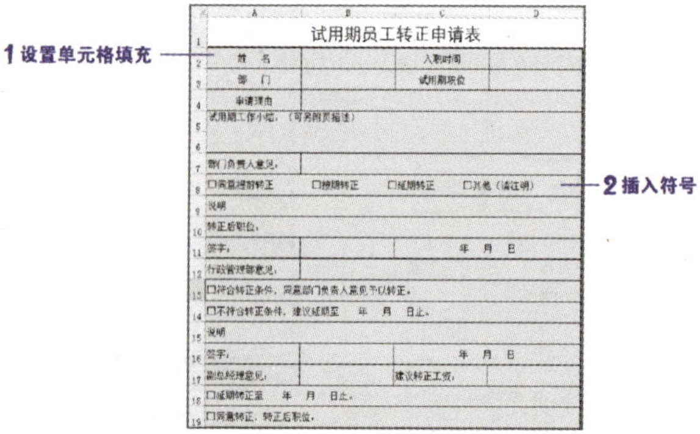

图 5-51 试用期员工转正申请表

制作试用期员工转正申请表主要包括输入表格基本内容、设置单元格背景颜色和为表格添加边框等操作。

❶ 将表格标题的“字体”设置为“华文细黑”，将“字号”设置为 22，将单元格填充颜色设置为“绿色，个性色 6，淡色 60%”，如图 5-52 所示。

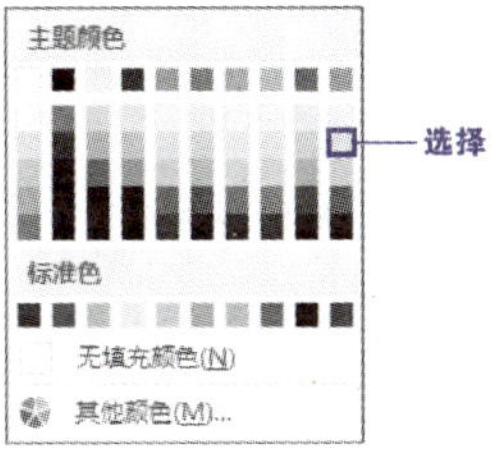

图 5-52　设置单元格填充颜色

❷ 设置表格边框格式为“所有框线”，并选择各个“意见”单元格区域，如 A6:D11 单元格区域，设置“粗外侧框线”。

❸ 将鼠标定位至“同意提前转正”文本前方，打开“符号”对话框，插入空心方框符号。

技巧拓展

对于单元格填充颜色及边框的设置，可以根据个人的审美需求，设置合适的单元格及边框样式。

Extra tip > > > > > > > > > > > >

实例 100　试用期员工转正考评表

难度系数：★★★　适用版本：全版本

技巧介绍： 新员工是否能转正，需要进行考评，包括工作适应性、专业能力、责任心等一些考评方向，依据表现给予评分，总分达到合格分数线即考评合格，予以转正，如图 5-53 所示。

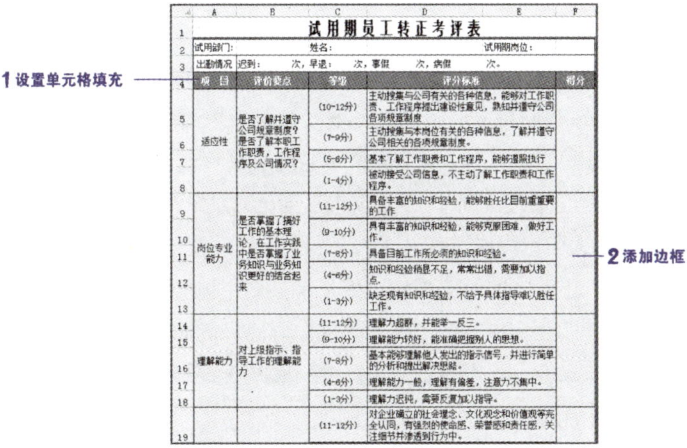

	A	B	C	D	E	F
1	试用期员工转正考评表					
2	试用部门:		姓名:		试用期岗位:	
3	出勤情况	迟到:　次，早退:　次，事假　次，病假　次。				
4	项　目	评价要点	等级	评分标准		得分
5	适应性	是否了解并遵守公司规章制度？是否了解本职工作职责，工作程序及公司情况？	(10-12分)	主动搜集与公司有关的各种信息，能够对工作职责、工作程序提出建设性意见，熟知并遵守公司各项规章制度		
6			(7-9分)	主动搜集与本岗位有关的各种信息，了解并遵守公司相关的各项规章制度。		
7			(5-6分)	基本了解工作职责和工作程序，能够遵照执行		
8			(1-4分)	被动接受公司信息，不主动了解工作职责和工作程序。		
9	岗位专业能力	是否掌握了搞好工作的基本理论，在工作实践中是否掌握了业务知识与业务知识更好的结合起来	(11-12分)	具备丰富的知识和经验，能够胜任比目前重重要的工作		
10			(9-10分)	具有丰富的知识和经验，能够克服困难，做好工作。		
11			(7-8分)	具备目前工作所必须的知识和经验。		
12			(4-6分)	知识和经验稍显不足，常常出错，需要加以指点。		
13			(1-3分)	缺乏现有知识和经验，不给予具体指导难以胜任工作。		
14	理解能力	对上级指示、指导工作的理解能力	(11-12分)	理解力超群，并能举一反三。		
15			(9-10分)	理解能力较好，能准确把握别人的思想。		
16			(7-8分)	基本能够理解他人发出的指示信号，并进行简单的分析和提出解决思路。		
17			(4-6分)	理解能力一般，理解有偏差，注意力不集中。		
18			(1-3分)	理解力迟钝，需要反复加以指导。		
19			(11-12分)	对企业确立的社会理念、文化观念和价值观等完全认同，有强烈的使命感、荣誉感和责任感，关注细节并渗透到行为中。		

图 5-53　试用期员工转正考评表

制作试用期员工转正考评表主要包括输入基本内容、设置单元格背景填充、为表格添加边框和计算总计得分等操作。

❶ 将标题文本的“字体”设置为“方正姚体”，将“字号”设置为“20”，将列标题行（A4:F4 单元格区域）填充颜色设置为“橙色，个性色 2”，将表格主体部分填充颜色设置为“橙色，个性色 2，淡色 80%”，如图 5-54 所示。

❷ 打开“设置单元格格式”对话框，按照如图 5-55 所示设置表格边框格式。

❸ 选择 F53 单元格，在编辑栏中输入计算公式：=SUM(F5:F53)，统计所有项目的总得分。

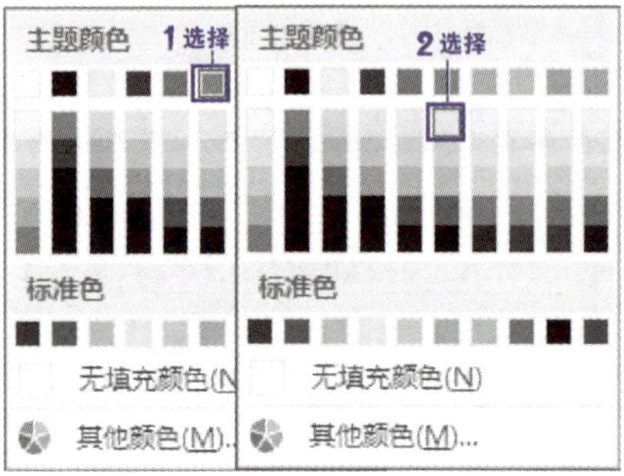

图 5-54　设置单元格填充颜色

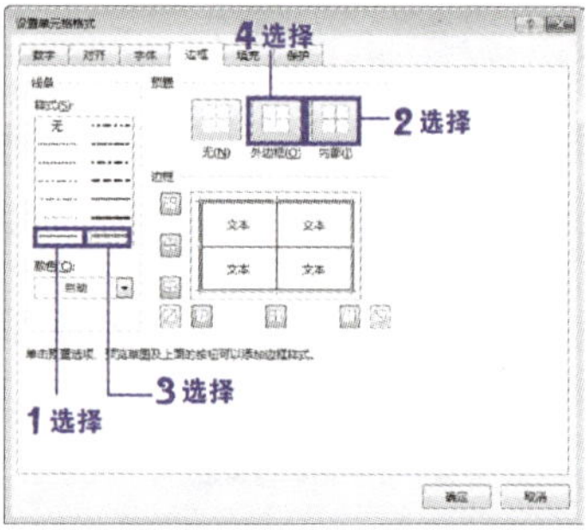

图 5-55　设置边框格式

职场小知识

跳蚤效应

简介：不要成为瓶中的“跳蚤”，不要因为碰壁而害怕追求成功，始终保持奋发向上的热情，勇敢地做梦！

在职业发展中，由于受自己的经验、思想和环境等所限，使可能会有更大发展的自己，在一定高度上就停止不前了，于是就产生了“跳蚤效应”。

“跳蚤效应”来源于一个有趣的实验，生物学家往玻璃杯中放入一只跳蚤，跳蚤轻易地就跳出来了。再把这只跳蚤放入加盖的玻璃杯中，跳蚤一跳起来就会撞到盖子。一段时间后拿掉盖子，人们会发现虽然跳蚤继续在跳，但已经不能跳到杯盖的高度了。换到一个更矮的盒子里重复试验，发现跳蚤跳的高度又降低了，一周之后取下盖子，但跳蚤却再也跳不出来了。道理很简单，跳蚤调节了自己的跳跃高度并不再改变。

现实生活中，人们也同样过着这样的“跳蚤人生”，屡屡去尝试成功，却因为遭受外界的批评和打击，便自我封杀了奋发向上的热情，开始抱怨这个世界的不公平，怀疑自己的能力，不是不惜一切代价去追求成功，而是一再地降低成功的标准——即使原有的一切限制已取消。“玻璃盖”虽然已经被取掉，但人们早已经被撞怕了，不敢再跳，人们往往因为害怕去追求成功，而甘愿忍受失败者的生活。

在职场上，有很多人都给自己设了限，陷入“跳蚤效应”中。也许曾经意气风发，但在几次失败后，便不再愿意尝试、不敢再做梦。生命很长，人生还可以更辉煌，但若因几次碰壁便失去理想、颓废消沉，人生注定会一事无成。

Part Six

第 6 章

档案管理与培训表格

人力资源部需要管理公司内部员工档案并适时组织员工培训，以提高员工素质。本章主要介绍在档案管理及培训过程中用到的表格及所需的 Excel 函数。

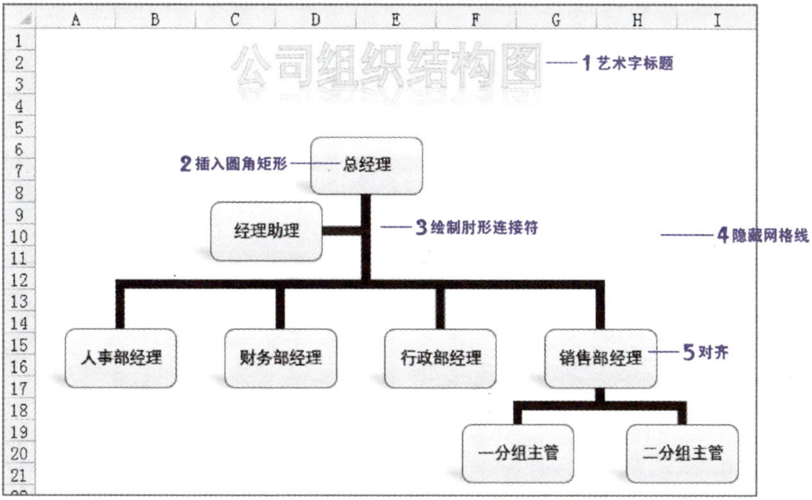

实例 101 COUNTA 函数：自动生成员工编号

难度系数：★★★　适用版本：全版本

技巧介绍： 由于员工招聘或离职，发生了人事变动，人事档案中的员工编号就需要增减，这样遇到一次就修改一次太烦琐了，有没有轻松简便的办法可以自动生成员工编号呢？

① 打开本节素材文件“素材\第 06 章\实例 101\人事档案.xlsx”，选择 A4 单元格，在编辑栏中输入计算公式：=COUNTA($B$2:B3)，按住【Enter】键返回员工编号，并向下填充至 A29 单元格中，如图 6–1 所示。

② 当发生人事变动，如“李桂英”“刘洋”离职等情况，需要将其从工作表中删除，可以看到员工编号将自动进行调整，如图 6–2 所示。

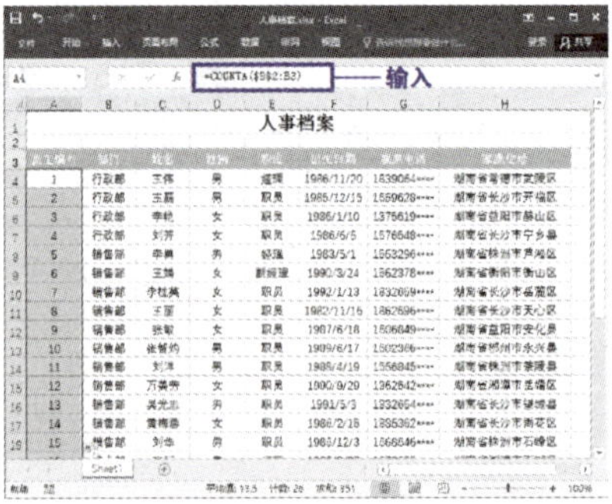

图 6–1　生成员工编号

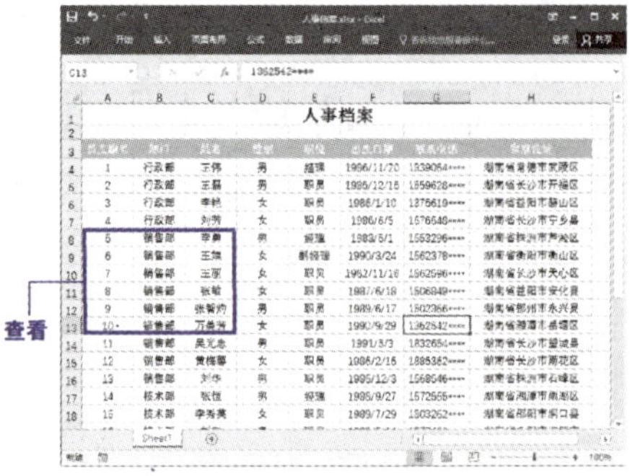

图 6–2　自动调整编号

正如实例 061 中介绍所说，COUNTA 函数用于统计单元格区域中非空单元格的数量，在本实例中的公式解释为：B2:B3 单元格区域内非单元格的数量将作为员工编号返回 A4 单元格中，当向下填充时，公式中的单元格区域就会填充成：B2:B4、B2:B5…单元格区域。

技巧拓展

$B$2 在本公式中是绝对引用，不管公式复制到哪一个位置，引用位置始终不变，所以本实例中的单元格区域均是从 B2 单元格开始的。绝对引用列采用 $A1 的形式，即始终固定在 A 列的单元格区域内，绝对引用行采用 A$1 的形式，即始终固定在第一行的单元格区域内。

在 Excel 中输入公式时，只要正确使用【F4】键，就能简单地对单元格的相对引用和绝对引用进行切换。对于某单元格所输入的公式 =B4，选中整个公式，按【F4】键，该公式内容将变为 =$B$4，表示对横、纵行单元格均进行绝对引用。

第二次按【F4】键时，公式内容又变为 =B$4，表示对横行进行绝对引用，对纵行进行相对引用。

第三次按【F4】键时，公式则变为 =$B4，表示对横行进行相对引用，对纵行进行绝对引用。

第四次按【F4】键时，公式变回到初始状态 =B4，即对横行和纵行的单元格均进行相对引用。

Extra tip

实例 102 LEN 函数：判断员工身份证号是否正确

难度系数：★★★ 适用版本：全版本

技巧介绍： 因为身份证号码位数很多，稍不留神就会输入错误，一个个地检查身份证号又比较费时，在 Excel 中有没有函数能判断身份证号码的输入是否正确呢？

打开本节素材文件“素材\第 06 章\实例 102\人事档案（销售部）.xlsx”，选择 E4 单元格，在编辑栏中输入计算公式：=LEN(D4)，按【Enter】键，计算身份证位数，并向下填充至 E14 单元格中，如图 6-3 所示。

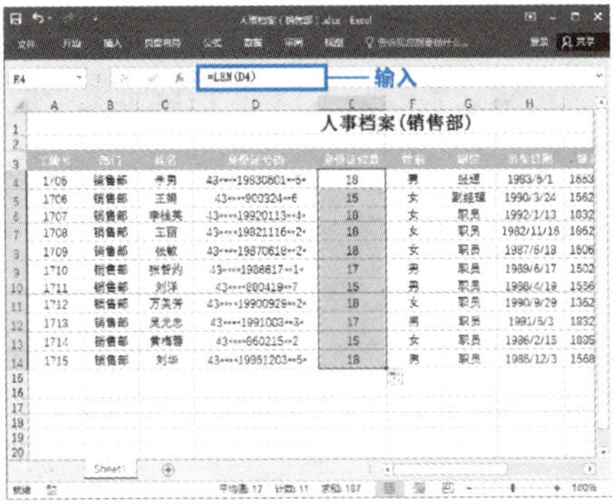

图 6-3 计算身份证位数

LEN 函数用于计算文本的字符数。

●语法格式为：LEN(text)

●其中：text 是要查找其长度的文本，空格作为字符进行计数。

本实例中的计算公式解释为：返回 D4 单元格中的字符数。身份证为 15 或 18 位，若返回的计算结果不等于 15 或 18，则输入有误。

技巧拓展

与 LEN 函数相似的还有 LENB 函数，不过 LENB 函数统计的是字节的数量，汉字长度为 2 字节，数字为 1 字节，示例：若在 A1 单元格中输入“人事档案 2017”，则公式 =LEN(A1) 的返回结果为 8，=LENB(A1) 的返回结果为 12。

Extra tip

实例 103 REPLACE 函数：将 15 位身份证号升级到 18 位

难度系数：★★★★ 适用版本：全版本

技巧介绍： 因为 15 位与 18 位身份证号码不同位置的数字代表的含义有差别，给后续计算带来麻烦，可以利用 REPLACE 函数将 15 位身份证号码替换为 18 位。

打开本节素材文件“素材\第 06 章\实例103\人事档案(销售部).xlsx”，选择 F5 单元格，在编辑栏中输入计算公式：=IF(E4=15,REPLACE(D4,7,,"19")&"*",D4)，按【Enter】键，替换身份证位数，并向下填充至 F14 单元格中，如图 6-4 所示。

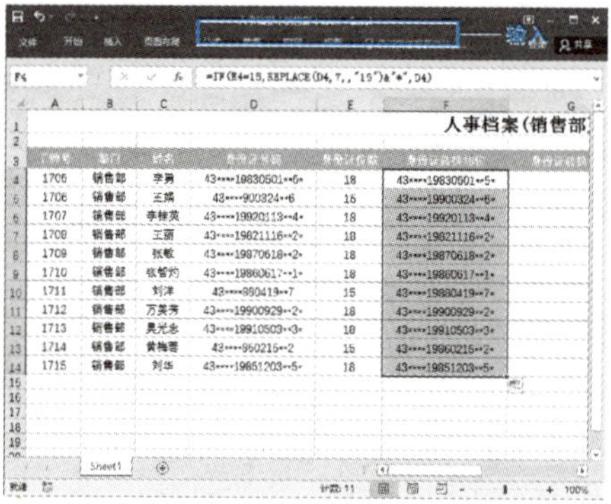

图 6-4　替换身份证号为 18 位

REPLACE 函数用于用新字符串替换旧字符串，而且替换的位置和数量都是指定的。

- 语法格式为：REPLACE(old_text,start_num,num_chars,new_text)
- 其中：old_text 参数为需要替换的字符串；start_num 参数为开始替换的位置；num_chars 参数为替换的字符串个数；new_text 参数为新的字符串，在输入时需要加上英文状态下的双引号。

示例：当为了保护个人隐私，需要把手机号码后 4 位屏蔽掉时，若在 A2 单元格中输入手机号码，在 B2 单元格中输入计算公式：=REPLACE(A2,8,4,"****")，如图 6-5 所示，则最后 4 位将用“*”代替。

	A	B
1	手机号码	屏蔽结果
2	18229932047	1822993****
3		

图 6-5　屏蔽手机尾号

本实例中的计算公式解释为：若身份证号码为 15 位，则在身份证号码第 7 位之前添加 19，并在身份证号码末尾添加“*”，若身份证号码不为 15 位，则返回原来的身份证号码，不进行替换。

技巧拓展

也可将 18 位身份证号码转换为 15 位，选择 G4 单元格，在编辑栏中输入计算公式：=IF(E4=15,D4,LEFT(REPLACE(D4,7,2,),15))，即可替换成功，如图 6-6 所示。

其中，LEFT 函数用于从第一个字符开始返回指定个数的字符。

语法格式为：LEFT(text, num_chars)

其中：text 参数表示需要截取的字符串；num_chars 参数表示要截取的字符数量。如果省略 num_chars，num_chars 的值就默认为 1。如果 num_chars 大于文本长度，则返回所有文本。

本实例中的计算公式解释为：若身份证号码为 15 位，则返回原身份证号码，若不为 15，先将原身份证号码的第 7 位开始往后两位的字符替换为空（即删除，此时身份证号码还有 16 位），再从第一位开始返回 15 个字符。

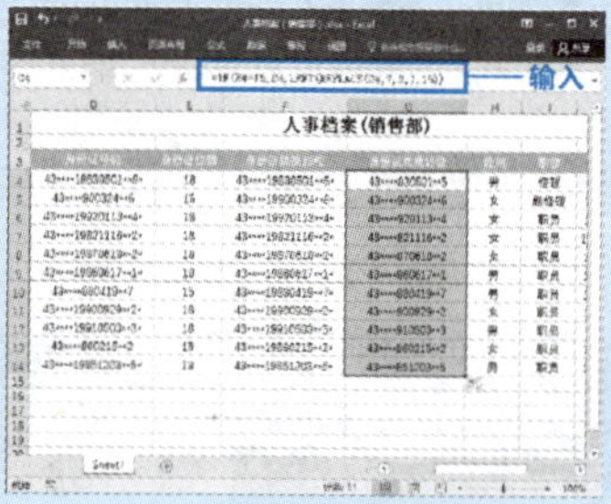

图 6-6　替换身份证号为 15 位

Extra tip >>>>>>>>>>>>>>

实例 104 TEXT 函数：提取身份证号中的性别

难度系数：★★★★ 适用版本：全版本

技巧介绍： 小白了解到 18 位身份证号码的倒数第二位表示的是性别信息，男性为单数，女性为双数，那有没有办法直接从身份证中提取性别信息呢？

打开本节素材文件“素材\第 06 章\实例 104\人事档案(销售部).xlsx”，选择 G5 单元格，在编辑栏中输入计算公式：=TEXT(MOD(LEFT(RIGHT(F4,2)),2),"[=0] 女 ;[=1] 男 ")，按【Enter】键，返回性别信息，并向下填充至 G14 单元格中，如图 6–7 所示。

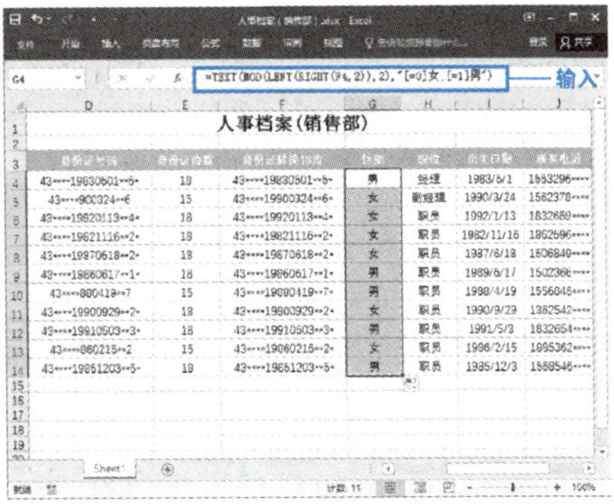

图 6–7 提取性别信息

TEXT 函数用于将数值转化为需要的文本格式。

- 语法格式为：=TEXT(value,format_text)
- 其中：value 参数为数值、计算结果为数字值的公式，或对包含数字值的单元格的引用；format_text 参数为“单元格格式”对话框的“数字”选项卡的“分类”列表框中的文本形式的数字格式。在 Excel 函数中如果是文本，需要添加英文状态下的双引号来变成字符。

本实例中的计算公式解释为：首先截取身份证号码的倒数两位数，然后截取这两位数的第一位数（也就是 18 位身份证的第 17 位），将所得的数除以 2，若所得余数为 0，则返回“女”，若所得余数为 1，则返回“男”。

技巧拓展

MOD 函数用于返回两数相除的余数，结果的符号与除数相同。

语法格式为：MOD(number,divisor)

其中：number 参数为被除数；divisor 参数为除数。如果 divisor 为零，MOD 函数返回错误值 #DIV/0!。

RIGHT 函数为从一个文本字符串的最后一个字符开始，截取指定数目的字符。

语法格式为：RIGHT(text,num_chars)，其参数含义与 LEFT 函数相同。

Extra tip >>>>>>>>>>>>>>

实例 105 CONCATENATE 函数：提取身份证号中的生日

难度系数：★★★ 适用版本：全版本

技巧介绍： 既然可以提取性别信息，那包含在身份证中的出生日期信息是不是也可以被提取出来呢？如果可以的话，又该如何提取呢？

① 打开本节素材文件“素材\第 06 章\实例 105\人事档案（销售部）.xlsx”，选择 I5 单元格，在编辑栏中输入计算公式：=CONCATENATE(MID(F4,11,2),"/",MID(F4,13,2))，按【Enter】键，计算员工生日，并向下填充至 I14 单元格中，如图 6-8 所示。

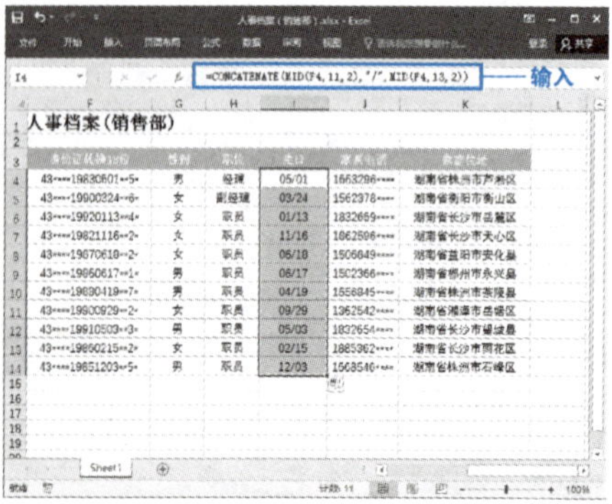

图 6-8 提取生日信息 -1

② 在编辑栏中输入计算公式：=CONCATENATE(MID(F4,11,2)," 月 ",MID(F4,13,2)," 日 ")，按【Enter】键，返回结果，如图 6-9 所示。

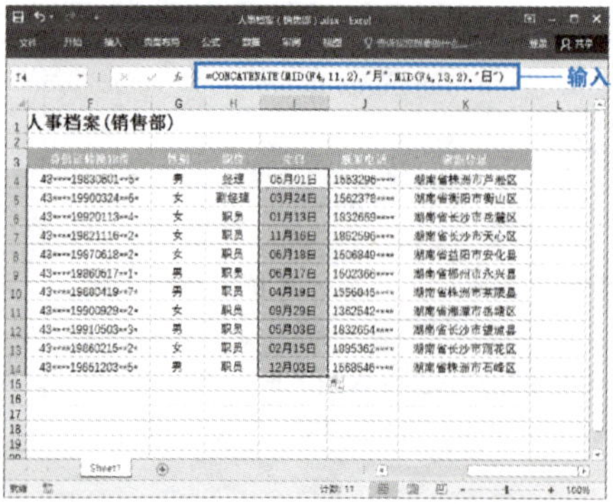

图 6-9 提取生日信息 -2

CONCATENATE 函数是一个文本连接函数。

- 语法格式为：CONCATENATE(text1, text2,text3…)
- 其中：text1 参数为要连接的第一个文本项；text2,…参数为其他文本项，最多为 255 项，项与项之间用逗号隔开。

CONCATENATE 函数相当于使用连接符号“&”来连接文本项。示例：=CONCATENATE (A1,B1) 相当于 =A1&B1。

MID 函数用于从任意位置截取字符串。

- 语法格式为：MID(text,start_num, num_chars)，其中的各参数与 LEFT、RIGHT 函数相同。在本实例中，MID(F4,11,2) 的解释为从身份证号码的 11 位开始截取两位。

技巧拓展

CONCATENATE 函数只起连接作用，日期之间的“\”符号需要在公式中输入，利用之前讲过的 DATE 函数即可快速提取生日信息，并且不需要输入连接符号“\”。

在编辑栏中输入计算公式：=DATE(MID(F4,7,4),MID(F4,11,2), MID(F4,13,2))，如图 6-10 所示，即可返回日期型的出生日期。

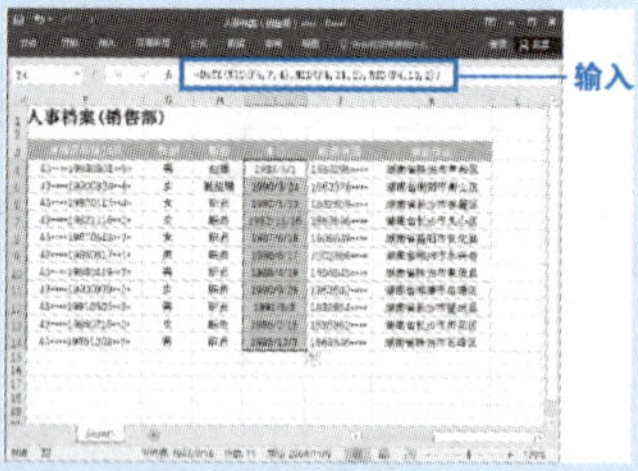

图 6-10 提取生日

Extra tip

实例 106　月度任务计划表

难度系数：★★★　适用版本：全版本

技巧介绍： 月度任务计划表是员工在月初时对这个月的任务进行计划的表格，以督促自身提高工作质量及效率，并及时分析未完成原因，为下个月的工作提供参考，如图 6-11 所示。

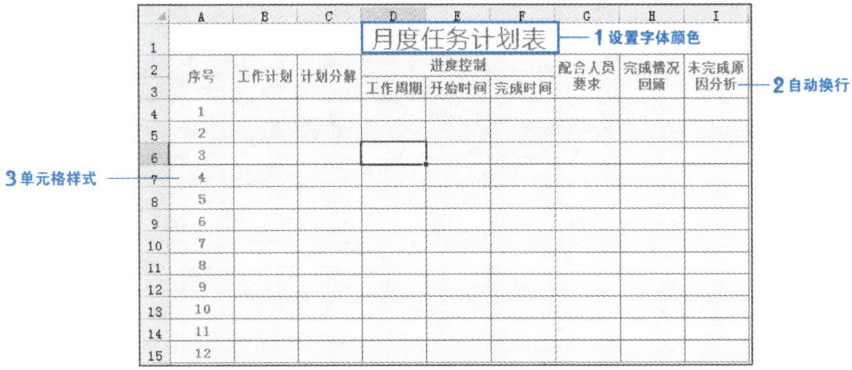

图 6-11　月度任务计划表

制作月度任务计划表主要包括输入基本内容、设置对齐方式、填充数据和设置单元格样式等内容。

❶ 将表格标题的“字体”设置为“方正兰亭超细黑简体”，将“字号”设置为 20，并加粗，设置标题字体颜色为“蓝色”，如图 6-12 所示。

❷ 对 G2:I3 单元格区域执行“自动换行”操作。

❸ 将表格单元格样式设置为“计算”，如图 6-13 所示。

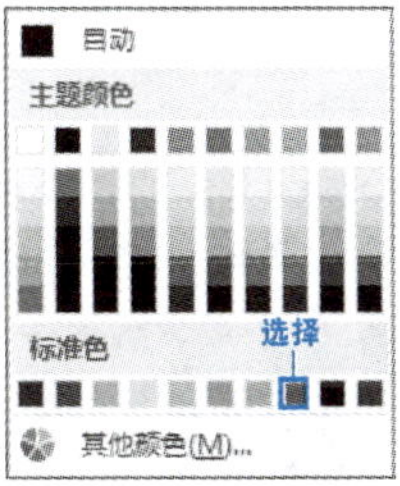

图 6-12　设置字体颜色

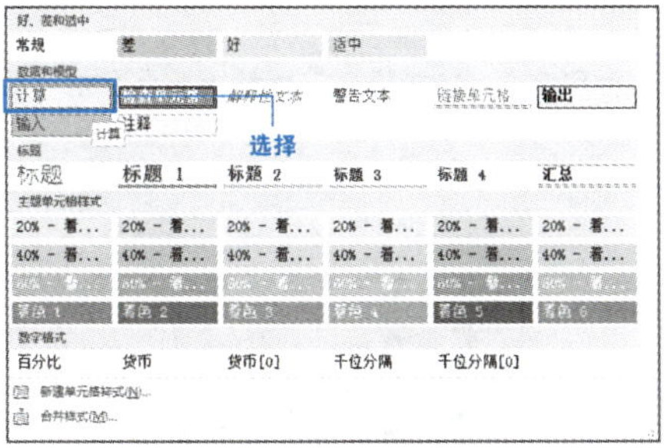

图 6-13　设置单元格样式

技巧拓展

在输入具体的任务计划时，因为文本长度不一，可以设置“自动调整列宽”和“自动换行”功能，使输入的文本内容全部显示在单元格中。

Extra tip＞＞＞＞＞＞＞＞＞＞＞＞＞

实例 107 人事变动通知书

难度系数：★★★ 适用版本：全版本

技巧介绍： 当由于调职、升职、辞职等原因发生人事变动时，需要填写人事变动通知书，记录变动前和变动后的相关事项，并提交至相关部门进行审批，如图 6-14 所示。

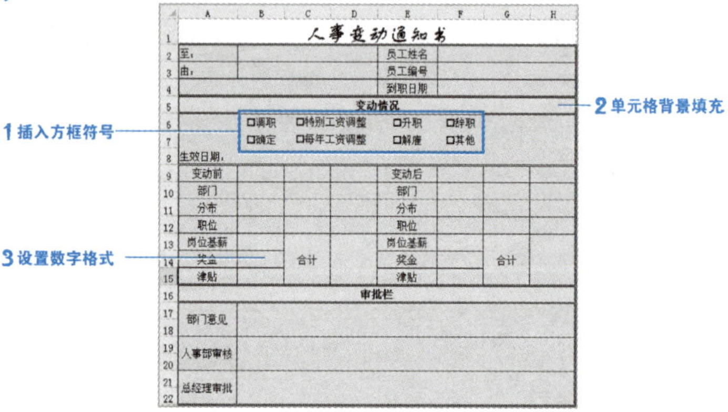

图 6-14　人事变动通知书

制作人事变动通知书主要包括输入基本内容、插入方框符号、设置单元格填充颜色和设置数字格式等操作。

❶ 将表格标题的“字体”设置为“方正舒体”，将“字号”设置为 24。

❷ 将鼠标定位至 B6 单元格“调职”文本前方，输入“o”，将字体设置为 Wingdings，插入方框符号。

❸ 选择 A2:H22 单元格区域，将表格主体部分单元格区域填充颜色设置为“金色，个性色 4，淡色 60%”，将表格第二标题所在单元格区域填充颜色设置为“黄色”，如图 6-15 和图 6-16 所示。

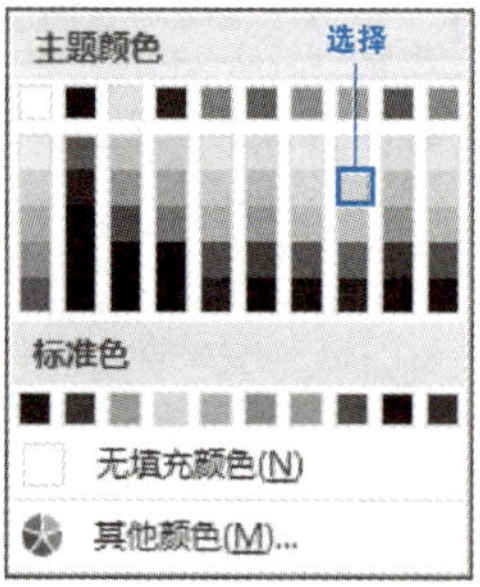

图 6-15　金色，个性色 4，淡色 60%

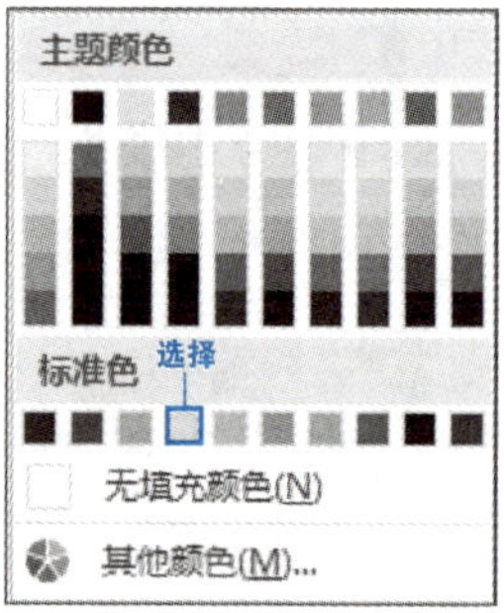

图 6-16　黄色

❹ 将表格中的 B13:B15、D13、F13:F15 及 H13 单元格区域的数字格式设置为“货币”。

技巧拓展

当需要插入方框符号时，可以先在 B5:B7 单元格区域插入符号，然后再复制到其余单元格中，以缩短插入符号所需的时间。同样，由于 A9:E15 单元格区域的与 E9:H15 单元格区域的格式是相同的，可以先设置好 A9:E15 单元格格式后，再复制到 E9:H15 单元格区域中。

Extra tip >>>>>>>>>>>>>

实例 108 人才储备登记表

难度系数：★★★ 适用版本：全版本

技巧介绍： 人才储备分为内部和外部。根据公司年度生产经营发展需要，对本公司所有的人才状况进行盘点，将盘点情况记录在人才储备登记表中，如图 6-17 所示。

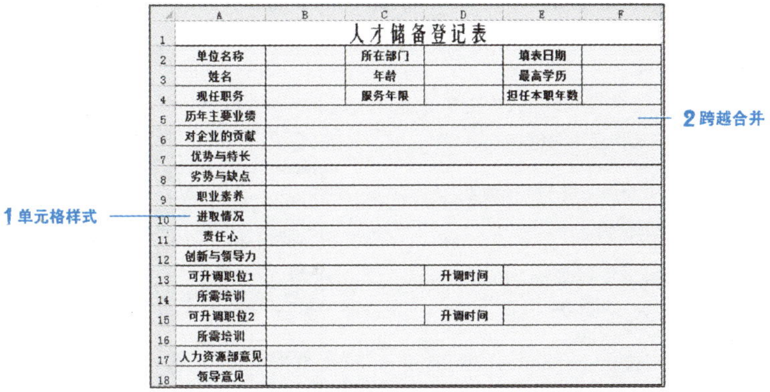

图 6-17 人才储备登记表

制作人才储备登记表主要包括输入表格基本内容、合并单元格和设置单元格样式等操作。

1. 将表格标题的“字体”设置为“方正姚体”，将“字号”设置为 20。
2. 将表格单元格样式设置为“输出”，如图 6-18 所示。

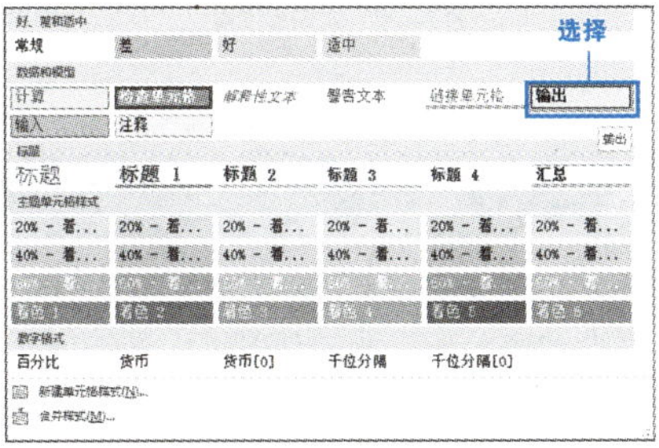

图 6-18 设置单元格样式

技巧拓展

表格中合并的单元格区域由执行“跨越合并”操作而来。

Extra tip >>>>>>>>>>>>>

实例 109 档案借阅、查阅登记表

难度系数：★★★ 适用版本：全版本

技巧介绍： 公司保管着许多档案，包括人事、工程等，当对档案进行借阅或查阅时，需要登记在档案借阅、查阅登记表上，对公司档案进行有效管理，如图 6-19 所示。

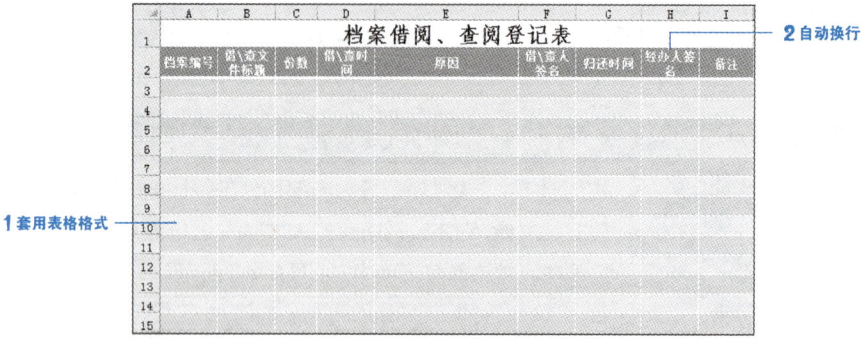

图 6-19　档案借阅、查阅登记表

制作档案借阅、查阅登记表主要包括输入基本内容、设置对齐方式和套用表格格式等操作。

1. 将标题文本的“字体”设置为“仿宋”，将“字号”设置为 20，并加粗。
2. 为表格套用“表样式中等深浅 14”表格样式，并将表格转换为区域，如图 6-20 所示。

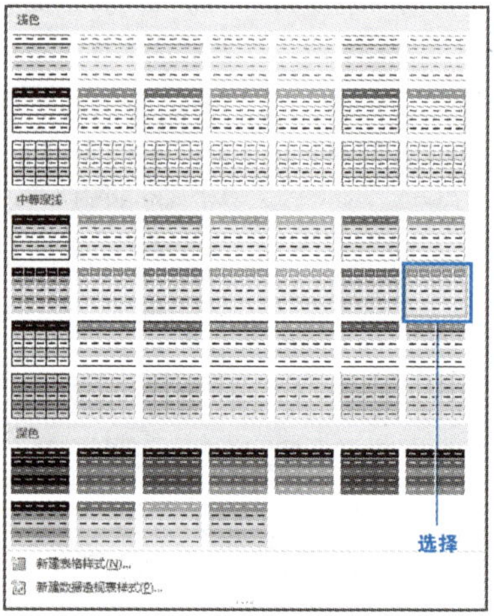

图 6-20　套用表格格式

实例 110 公司组织结构图

难度系数：★★★★ 适用版本：全版本

技巧介绍： Excel 中的形状图形在制作流程图时应用广泛，公司组织结构图能够清晰地表示出公司内部各组织间的架构，如图 6-21 所示。

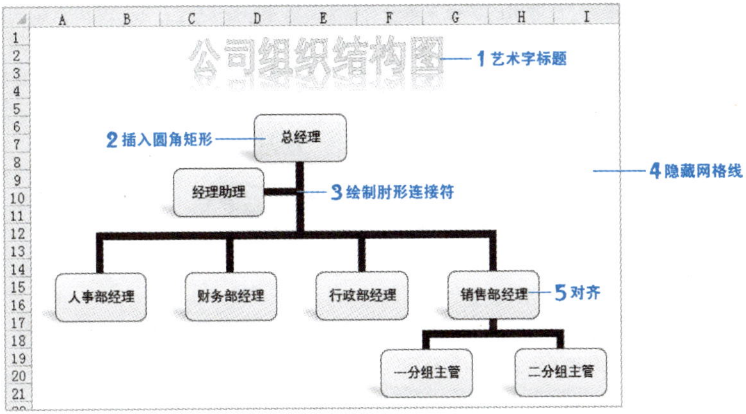

图 6-21　公司组织结构图

制作公司组织结构图主要包括设置艺术字标题、插入形状图形、连接图形和隐藏网格线等操作。

1 按照如图 6-22 所示选择艺术字样式，将艺术字“字号”设置为“32”，在“艺术字样式”组中将文本填充颜色设置为“黄色”，将文本轮廓颜色设置为“金色，个性色 4”，在“文本效果”下拉列表框中设置艺术字的映像效果，如图 6-22 所示。

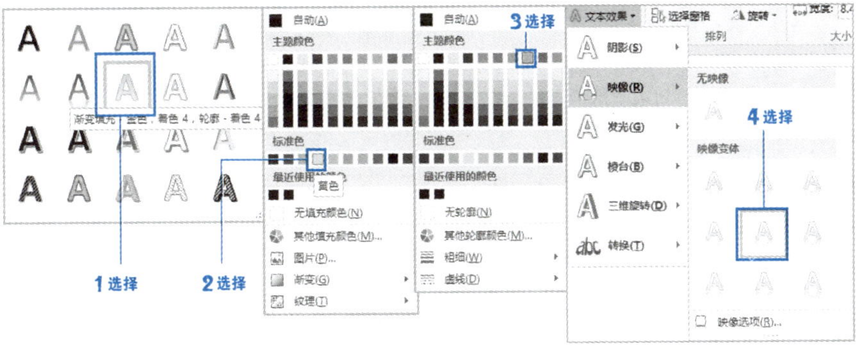

图 6-22　设置艺术字标题

2 在“形状”下拉列表框中选择“圆角矩形”形状插入到工作表中，在“形状样式”组中设置圆角矩形的形状填充颜色为“金色，个性色 4，淡色 40%”，并单击“渐变”下拉按钮，设置渐变样式为“浅性变体”组中的“线性向上”；设置形状轮廓为“红色”，在“形状效果”下拉列表框中设置阴影效果为“左上对角透视”，如图 6-23 所示。

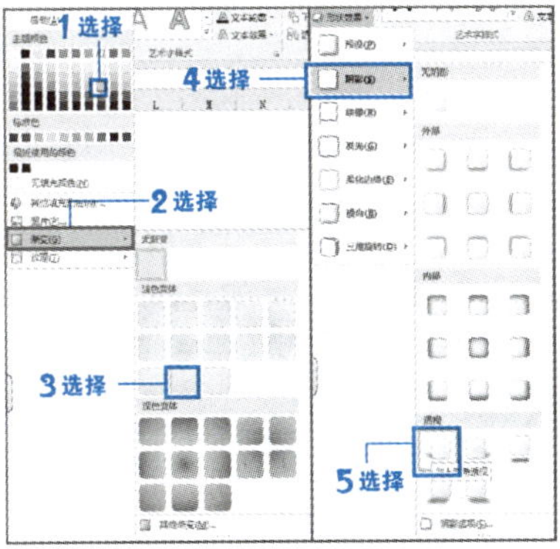

图 6-23　设置圆角矩形形状样式

③ 右击绘制的圆角矩形，在弹出的快捷菜单中选择“编辑文字”命令，在形状中输入相关文本内容，设置字体颜色为“黑色，文字 1”并加粗，并设置文字的对齐方式为“垂直居中”和“居中”方式。

④ 按住【Ctrl】键的同时拖动绘制的圆角矩形至合适的位置，并编辑矩形中的文本。

⑤ 在“形状”下拉列表框中选择“肘形连接符”形状插入到工作表中，在“形状样式”组中单击“形状轮廓”下拉按钮，选择“其他轮廓颜色”选项，在弹出的“颜色”对话框中按照如图 6-24 所示选择轮廓颜色，并将线条粗细设置为“6”磅。右击绘制的肘形连接符，将其设置为默认线条，连接其余圆角矩形，并隐藏工作表中的网格线。

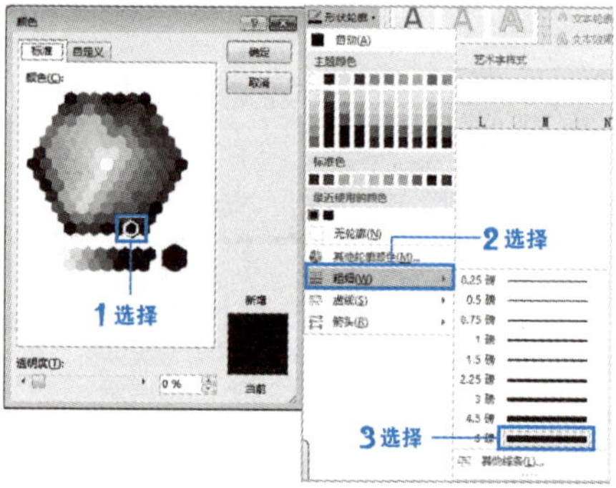

图 6-24　设置肘形连接符

技巧拓展

① 选择“人事部经理”“财务部经理”“行政部经理”和“销售部经理”4 个圆角矩形，选择“格式”选项卡，在“排列”组中单击“对齐”下拉按钮，选择“底端对齐”选项，即可将 4 个矩形形状底端对齐。

② 从下拉列表中选择“横向分布”选项，即可将 4 个矩形形状横向等分排列，如图 6-25 所示。

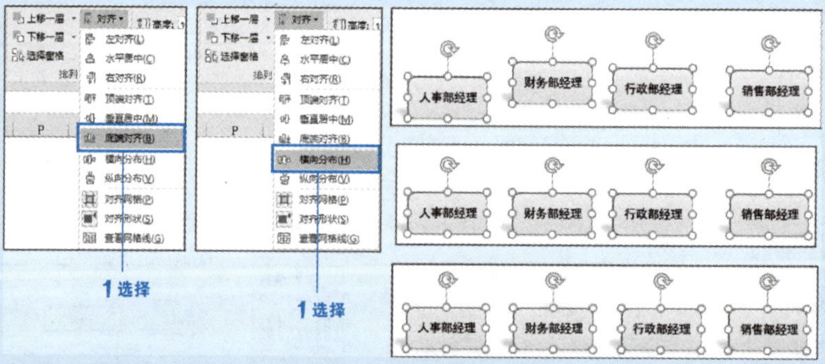

图 6-25　对齐绘制的形状

Extra tip

实例 111　员工通讯录

难度系数：★★★★　适用版本：全版本

技巧介绍： 员工通讯录主要记录员工的通讯方式，如座机号码、手机号码和 QQ 邮箱等，以方便公司内部员工之间的相互联系，如图 6-26 所示。

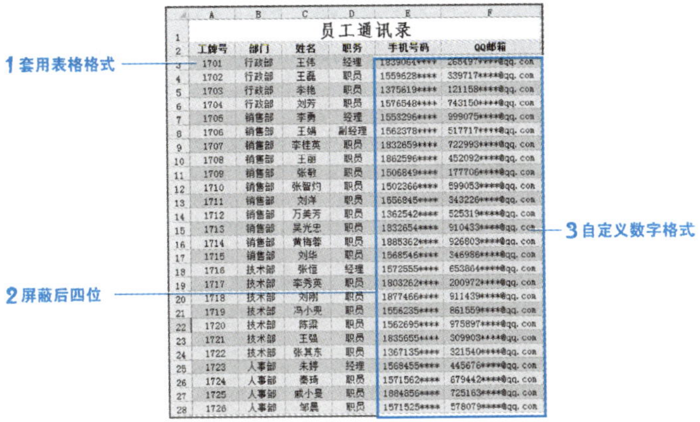

	A	B	C	D	E	F
1	员工通讯录					
2	工牌号	部门	姓名	职务	手机号码	QQ邮箱
3	1701	行政部	王伟	经理	1839064****	265497****@qq.com
4	1702	行政部	王磊	职员	1559628****	339717****@qq.com
5	1703	行政部	李艳	职员	1375619****	121158****@qq.com
6	1704	行政部	刘芳	职员	1576548****	743150****@qq.com
7	1705	销售部	李勇	经理	1553296****	999075****@qq.com
8	1706	销售部	王娟	副经理	1562378****	517717****@qq.com
9	1707	销售部	李桂英	职员	1832659****	722993****@qq.com
10	1708	销售部	王丽	职员	1862596****	452092****@qq.com
11	1709	销售部	张敏	职员	1506849****	177706****@qq.com
12	1710	销售部	张智灼	职员	1502366****	599053****@qq.com
13	1711	销售部	刘洋	职员	1556845****	343226****@qq.com
14	1712	销售部	万美芳	职员	1362542****	525319****@qq.com
15	1713	销售部	吴光忠	职员	1832654****	910433****@qq.com
16	1714	销售部	黄梅蓉	职员	1885362****	926803****@qq.com
17	1715	销售部	刘华	职员	1568546****	346986****@qq.com
18	1716	技术部	张恒	经理	1572555****	653864****@qq.com
19	1717	技术部	李秀英	职员	1803262****	200972****@qq.com
20	1718	技术部	刘刚	职员	1877466****	911439****@qq.com
21	1719	技术部	冯小果	职员	1556235****	861559****@qq.com
22	1720	技术部	陈梁	职员	1562695****	975897****@qq.com
23	1721	技术部	王强	职员	1835655****	309903****@qq.com
24	1722	技术部	张其东	职员	1367135****	321540****@qq.com
25	1723	人事部	朱婷	经理	1568455****	445676****@qq.com
26	1724	人事部	秦琦	职员	1571562****	679442****@qq.com
27	1725	人事部	戚小曼	职员	1884856****	725163****@qq.com
28	1726	人事部	邹晨	职员	1571525****	578079****@qq.com

图 6-26　员工通讯录

制作员工通讯录主要包括输入基本内容、套用表格格式等操作。

❶ 在输入手机号和 QQ 邮箱时，利用 REPLACE 函数屏蔽了后 4 位。

❷ 在输入 QQ 邮箱时，将 F3:F28 单元格区域的数字格式自定义为: @"@qq.com"，如图 6-27 所示。

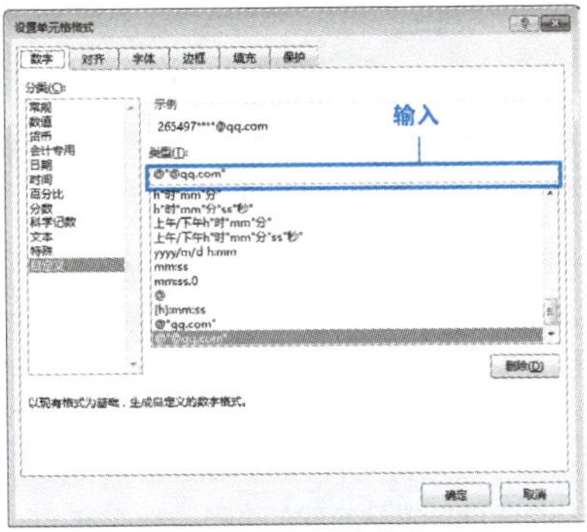

图 6-27　自定义数字格式

❸ 套用“表样式中等深浅 24”表格样式，并转换为区域，如图 6-28 所示。

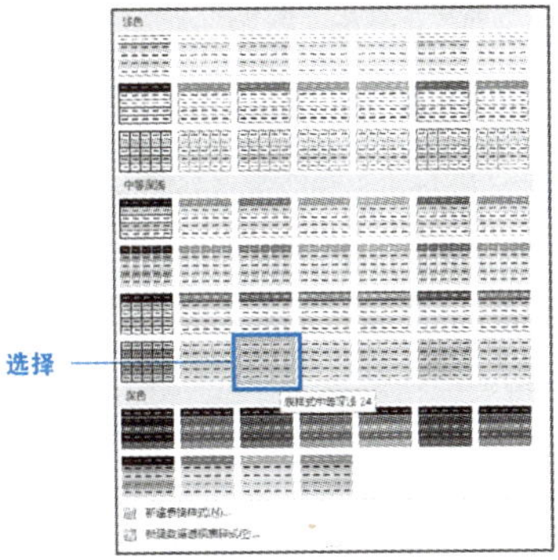

图 6-28　套用表格格式

技巧拓展

利用 CONCATENATE 函数同样可以快速输入 QQ 邮箱，如图 6-29 所示，在编辑栏中输入计算公式：

=CONCATENATE(F3,"@qq.com")。

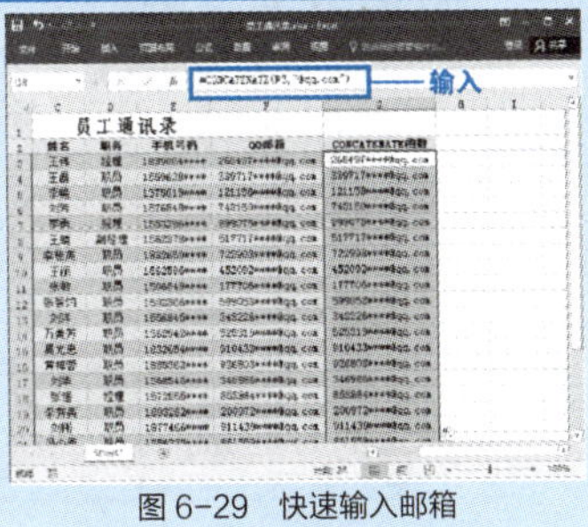

图 6-29　快速输入邮箱

Extra tip >>>>>>>>>>>>>

实例 112 员工档案资料汇总表

难度系数：★★★★ 适用版本：全版本

技巧介绍： 员工档案资料汇总表主要记载了员工档案（如学历证、学位证、身份证及离职证明等）的汇总情况，方便人事部职员对员工档案进行管理，如图 6-30 所示。

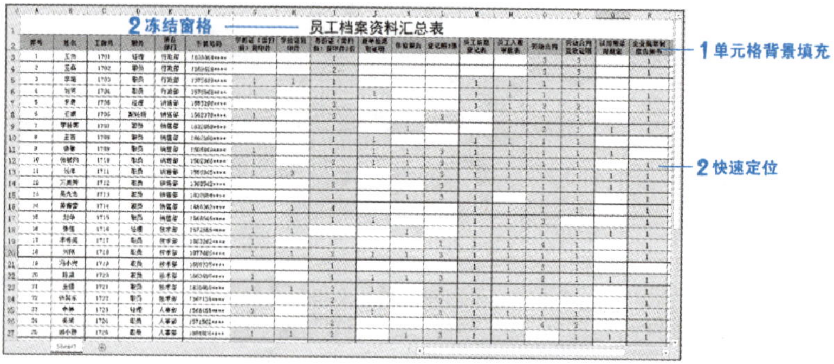

图 6-30　员工档案资料汇总表

制作员工档案资料汇总表主要包括输入基本内容、设置单元格填充颜色和冻结窗格等操作。

❶ 将标题文本的“字体”设置为“黑体”，将“字号”设置为 24。

❷ 选择列标题单元格区域，在“字体”组中单击“填充”下拉按钮，选择“其他颜色”选项，弹出“颜色”对话框按照如图 6-31 所示选择填充颜色，并将列标题文本加粗。

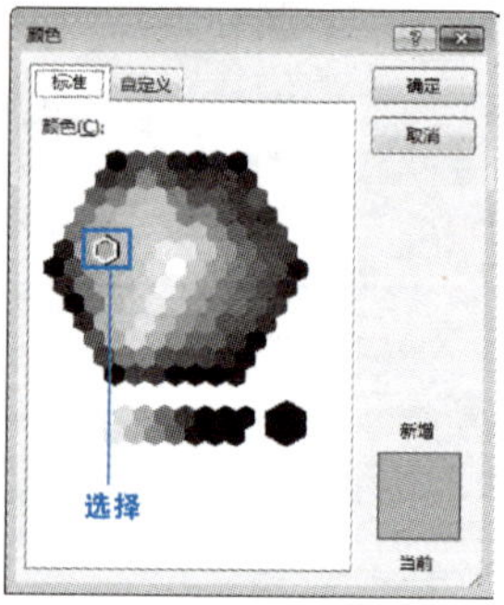

图 6-31　设置填充颜色

❸ 选择 G3 单元格，在“视图”组中单击“冻结窗格”按钮，冻结第 A ~ F 列，以及第 1、2 行单元格区域，如图 6-32 所示。

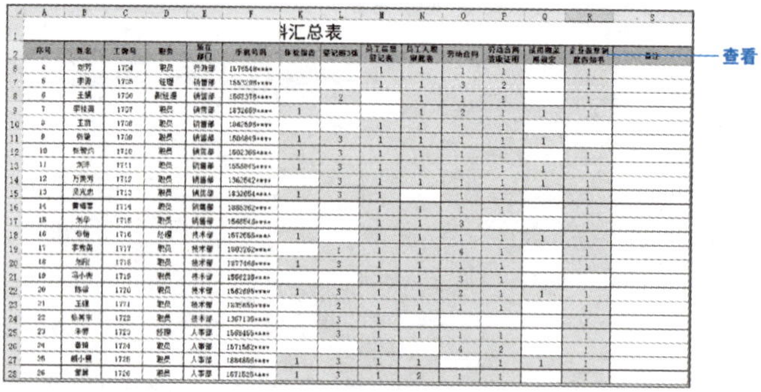

图 6-32　冻结窗格

技巧拓展

选择 G3:R28 单元格区域，按【Ctrl+G】组合键，弹出“定位”对话框，单击“定位条件”按钮，在弹出的“定位条件”对话框中选择“常量”单选按钮，单击“确定”按钮，一次选中单元格区域中包含数值常量的单元格，并设置单元格填充颜色为“黄色”，如图 6-33 所示。

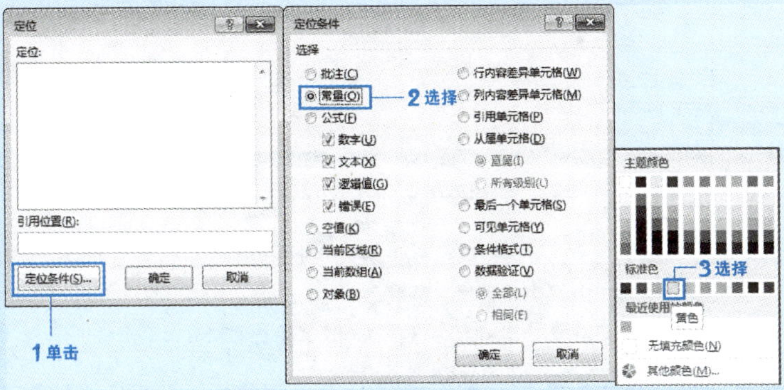

图 6-33　快速填充单元格背景颜色

Extra tip

实例 113　内部调动申请表

难度系数：★★　适用版本：全版本

技巧介绍： 当公司员工由于某些原因需要进行岗位调动时，需要填写内部调动申请表，申请表中需要说明申请调动原因，也需要征得各部门意见，如图 6-34 所示。

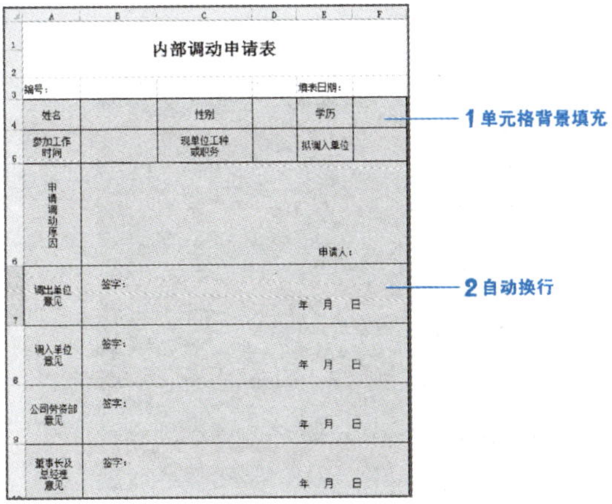

图 6-34　内部调动申请表

制作内部调动申请表主要包括输入基本内容、设置单元格填充颜色和设置对齐方式等操作。

1. 将表格标题“字号”设置为 22，并加粗。
2. 将单元格填充颜色设置为“绿色，个性色 6，淡色 60%”，如图 6-35 所示。
3. 为表格中的 A6:A10 单元格区域设置“自动换行”功能。

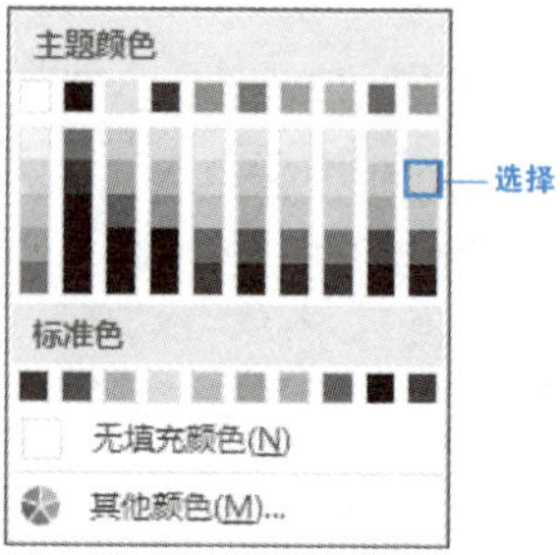

图 6-35　设置单元格填充颜色

技巧拓展

表格中的 B6:F10 单元格区域在输入文本时是利用【Alt+Enter】组合键实现自动换行的，在输入完 B7 单元格中的文本内容后，可直接复制到其余单元格中。

Extra tip

实例 114　离职人员申请单

难度系数：★★　适用版本：全版本

技巧介绍： 当公司员工由于某些原因从公司离职时，一般需要提前一个月提交离职申请单，说明离职原因、做好交接和物品移交工作，并确定离职工资的发放方式，如图 6-36 所示。

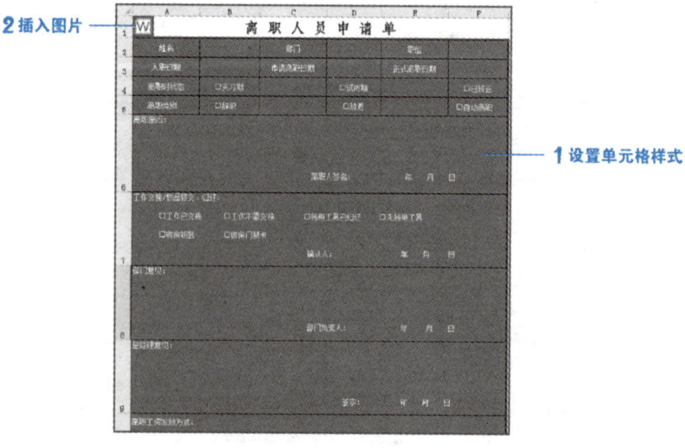

图 6-36　离职人员申请单

制作离职人员申请单主要包括输入基本内容、设置单元格样式和插入图片等操作。

① 将标题文本的“字体”设置为“华文仿宋”，将“字号”设置为 20，并加粗。

② 设置表格单元格样式为“着色 5”，如图 6-37 所示。

③ 选择“插入”选项卡，在“插图”组中单击“图片”按钮，在弹出的对话框中选择所需的图片插入到工作表中，并调整图片大小和位置。

④ 选择 B4 单元格，将鼠标定位至“实习期”文本前方，打开“符号”对话框，插入空心方框符号，如图 6-38 所示。

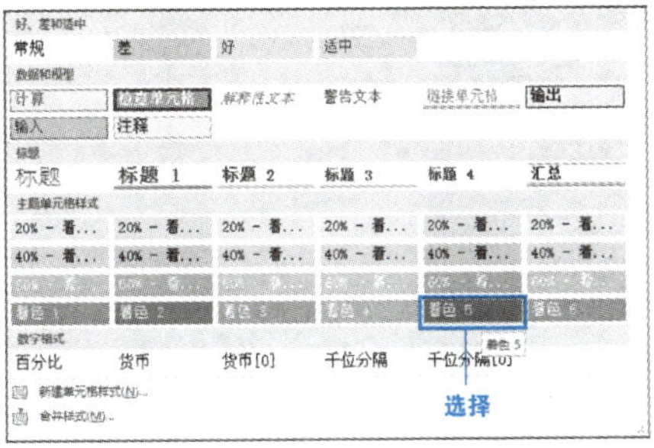

图 6-37　设置单元格样式

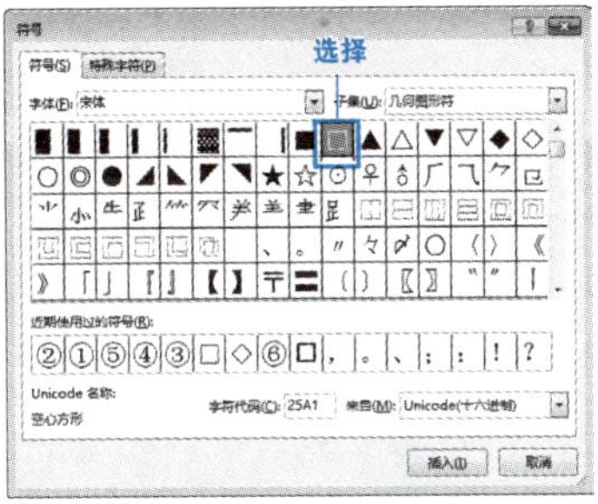

图 6-38　插入方框符号

技巧拓展

右击工作表中的图片，在弹出的快捷菜单中选择“大小和属性”命令，打开“设置图片格式”窗格，选择“锁定纵横比”复选框，也可设置图片的高度和宽度，如图 6-39 所示。

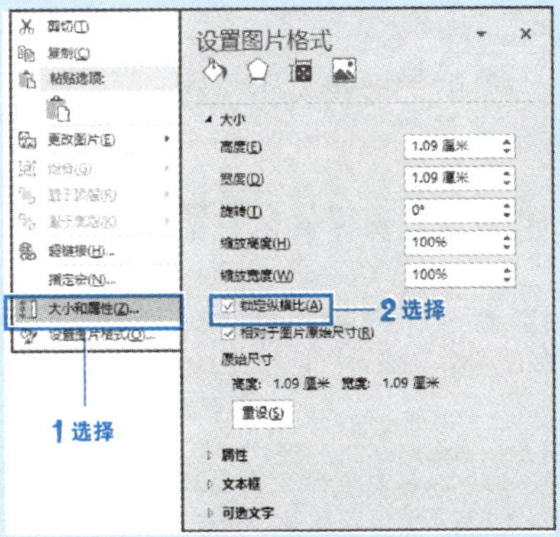

图 6-39　设置图片大小

Extra tip

实例 115　培训需求调查表

难度系数：★★★　适用版本：全版本

技巧介绍： 为了更好地组织员工培训并达到一定的成效，在开展培训之前，需要对培训需求进行调查，制作需求调查表，集思广益，为制订培训计划提供重要依据，如图 6-40 所示。

图 6-40　培训需求调查表

制作培训需求调查表主要包括输入表格基本内容、设置单元格背景填充、添加边框和插入符号等操作。

① 将标题文本的“字体”设置为“华文彩云”，将“字号”设置为 24，并设置标题颜色为“蓝色”，如图 6-41 所示。

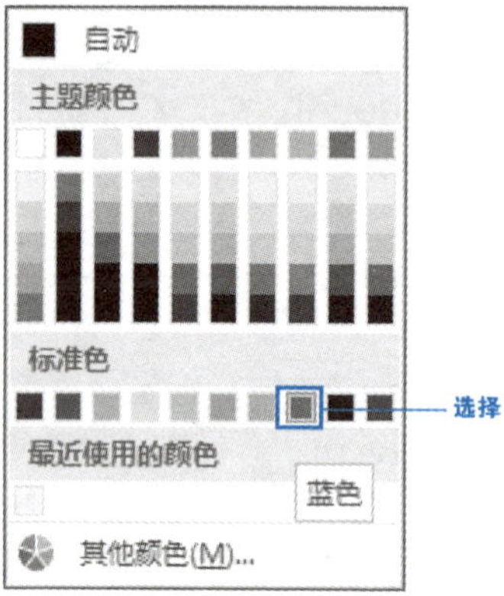

图 6-41　设置标题颜色

② 选择 A3:K26 单元格区域，打开“设置单元格格式”对话框，选择“填充”选项卡，单击“填充效果”按钮，弹出“填充效果”对话框，按照如图 6-42 所示设置渐变颜色，并设置底纹样式为“水平”，单击“确定”按钮，为表格区域设置渐变的填充效果。

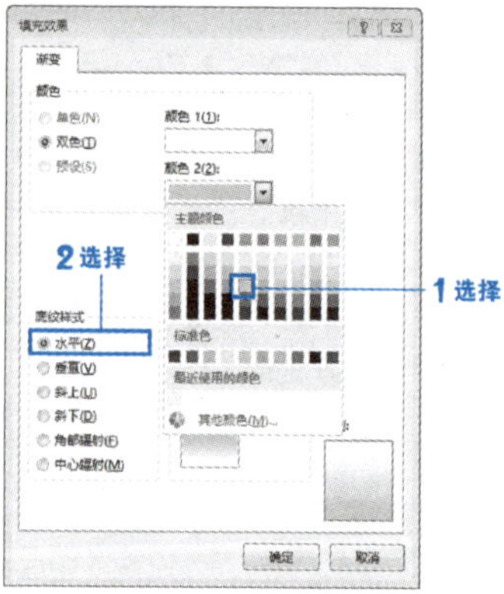

图 6-42　设置渐变填充

③ 选择“边框”选项卡，按照如图 6-43 所示设置边框格式。

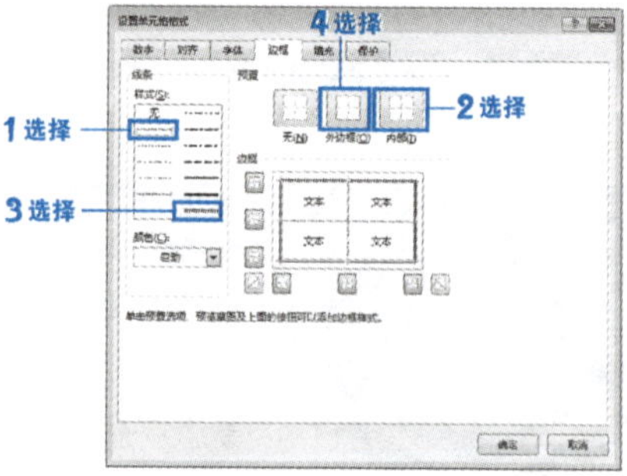

图 6-43　设置表格边框

实例 116

难度系数：★★★　适用版本：全版本

员工培训计划表

技巧介绍： 一个合理的培训计划是组织成功培训的前提。培训计划具体包括培训课程、培训目标、培训方式和考核方式等内容，如图 6-44 所示。

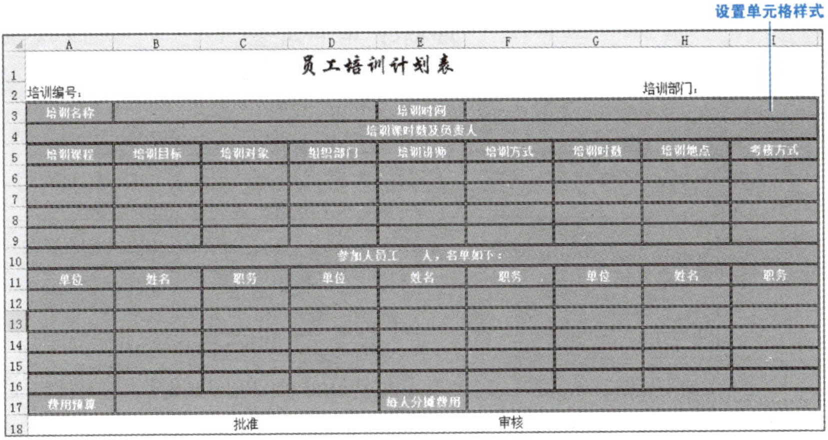

图 6-44　员工培训计划表

制作员工培训计划表主要包括输入基本内容、设置单元格样式和隐藏网格线等操作。

1. 将表格标题的“字体”设置为“华文行楷”，将“字号”设置为 22。
2. 设置单元格样式为“检查单元格”，如图 6-45 所示。

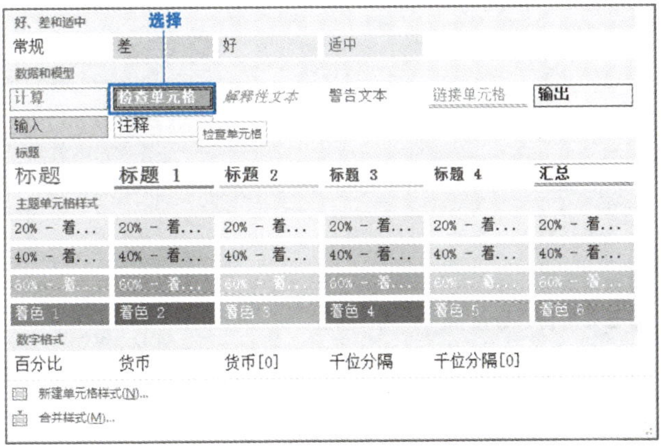

图 6-45　设置单元格样式

实例 117 培训预算申请表

难度系数：★★★　适用版本：全版本

技巧介绍： 为了使培训顺利进行，不至于因为资金原因而暂停或终止，人力资源部职员需要提前就培训预算进行申请，包括培训课程的次数、学时和费用等，如图 6-46 所示。

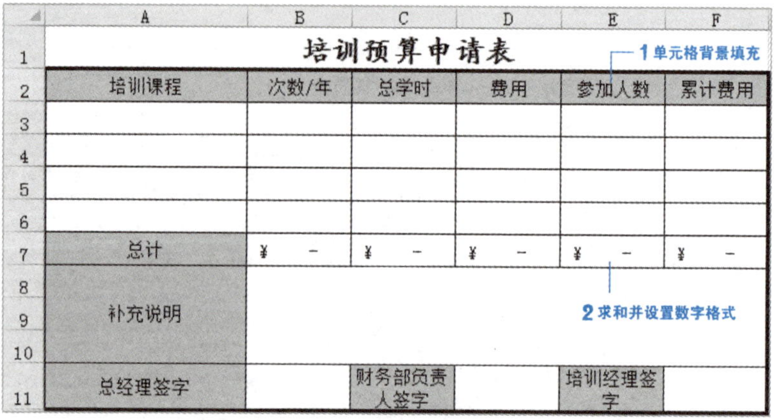

图 6-46　培训预算申请表

制作培训预算申请表主要包括输入基本内容、设置单元格背景颜色、计算总计值和设置数字格式等操作。

❶ 将表格标题的“字体”设置为“华文楷体”，将“字号”设置为 18，将所需单元格区域背景填充颜色设置为“浅绿”，如图 6-47 所示。

❷ 在 B7 单元格中输入了计算公式：=SUM(B3:B6)，并向右填充至 F7 单元格中。

❸ 选择 B7:F7 单元格区域，在“数字”组中单击“数字格式”下拉按钮，选择“会计专用”选项，如图 6-48 所示。

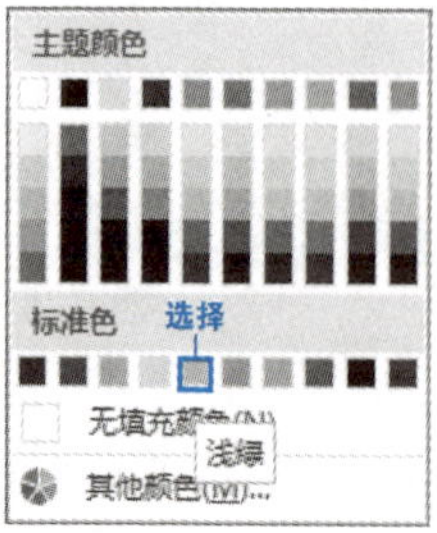

图 6-47　设置填充颜色

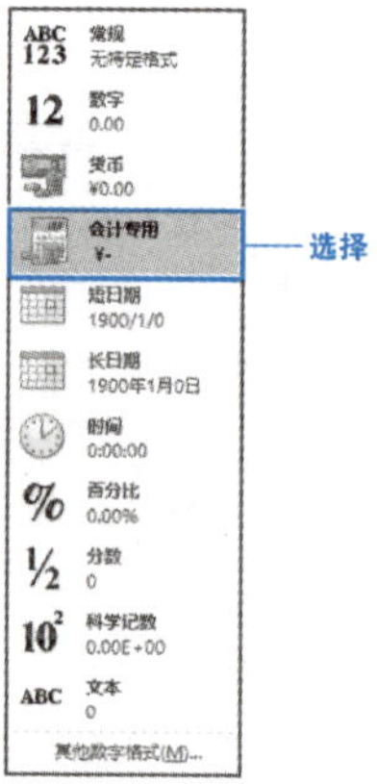

图 6-48　设置数字格式

实例 118　培训成绩统计表

难度系数：★★★　适用版本：全版本

技巧介绍： 员工培训课程结束后，公司会组织考试对培训结果进行考核，统计员工各科培训成绩，并计算其平均成绩，如图 6-49 所示。

1 设置单元格样式　2 计算平均成绩　3 设置数字格式

	A	B	C	D	E	F	G	H	I	J
1	培训成绩统计表									
2	编号	姓名	培训课程							平均成绩
3			企业概况	规章制度	法律知识	财务知识	电脑操作	商务礼仪	质量管理	
4	1702	王磊	85	80	83	87	79	88	90	84.57
5	1703	李艳	69	75	84	86	76	80	78	78.29
6	1704	刘芳	81	89	80	78	83	79	81	81.57
7	1707	李桂英	72	80	74	92	90	84	80	81.71
8	1708	王丽	82	89	79	76	85	89	83	83.29
9	1709	张毅	83	79	82	88	82	90	87	84.43
10	1710	张耀灼	77	71	80	87	85	91	89	82.86
11	1711	刘洋	83	80	76	85	88	86	92	84.29
12	1712	万美芳	89	85	80	75	69	82	76	79.43
13	1713	吴光忠	80	84	68	79	88	80	72	78.43
14	1714	黄梅蕾	80	77	84	90	87	84	80	83.14
15	1715	刘华	90	89	83	84	75	79	85	83.57
16	1717	李秀英	88	78	90	69	80	83	90	82.57
17	1718	刘刚	80	86	81	92	91	84	80	84.86
18	1719	冯小阳	79	82	85	76	78	86	84	81.43
19	1720	陈梁	80	76	83	85	81	67	92	80.57
20	1721	王强	92	90	89	80	78	83	85	85.29
21	1722	张其东	87	83	85	81	65	85	80	80.86
22	1724	袁琦	83	81	79	79	81	69	85	79.57
23	1725	戚小鹏	84	89	85	82	81	76	76	81.86
24	1726	邹晨	89	76	82	80	75	89	86	82.43

图 6-49　培训成绩统计表

制作培训成绩统计表主要包括输入基本内容、计算平均成绩和设置单元格样式等操作。

1. 将表格标题的“字体”设置为“华文隶书”，将“字号”设置为 20，并设置字体颜色为“红色”。
2. 将 A3:J3 单元格区域和 A4:A24 单元格区域的单元格样式设置为“好”，将 B4:J24 单元格区域的单元格样式设置为“适中”。
3. 在 J4 单元格中输入计算公式 :=AVERAGE(C4:I4)，并填充至 J24 单元格中，计算员工平均成绩。
4. 由公式计算而得的平均值属于“常规”数字类型，打开“设置单元格格式”对话框，将 J4:J24 单元格区域的数字格式设置为“数值”型，设置“小数位数”为 2，如图 6-50 所示。

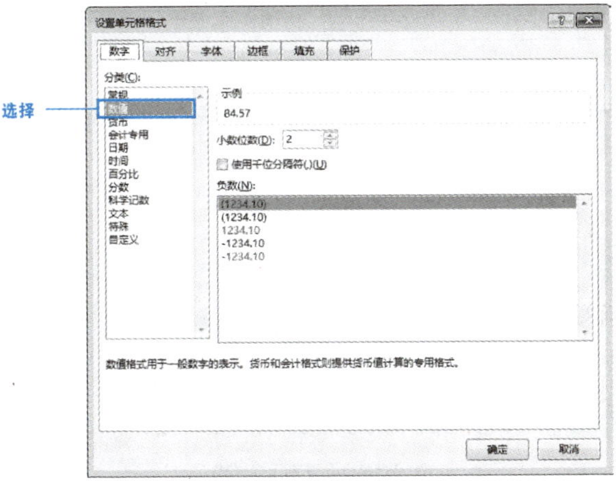

图 6-50　设置数字格式

第1章 第2章 第3章 第4章 第5章 第6章 第7章 第8章 第9章 第10章

实例 119 员工培训反馈表

难度系数：★★★　适用版本：全版本

技巧介绍： 培训结束后，可由参加培训的学员填写反馈表，对培训课程、讲师及培训内容提供反馈和建议，合理分析本次培训的优势与不足，有助于培训工作的展开，如图 6-51 所示。

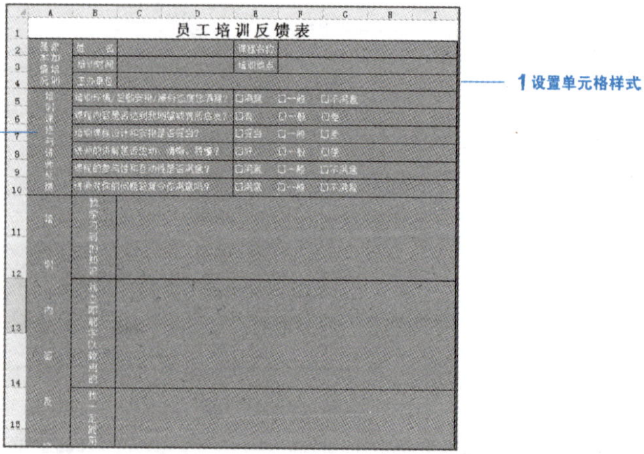

图 6-51　员工培训反馈表

制作员工培训反馈表主要包括输入基本内容、设置文字方向和设置单元格样式等操作。

1. 将表格标题的“字体”设置为“华文宋体”，将“字号”设置为 18，并加粗。
2. 将表格单元格样式设置为“着色 6”，如图 6-52 所示。
3. 将所需单元格区域（如 A2:A16 单元格区域）的文字方向设置为“竖排文字”。

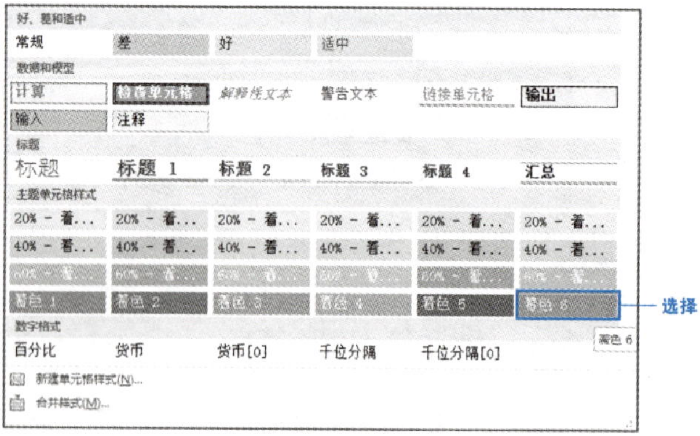

图 6-52　设置单元格样式

实例 120　员工奖惩审批表

难度系数：★★★　适用版本：全版本

技巧介绍： 当员工表现优秀或犯错时，公司可根据具体事件给予员工奖励或惩戒，这就需要填写员工奖惩审批表，如图 6-53 所示。

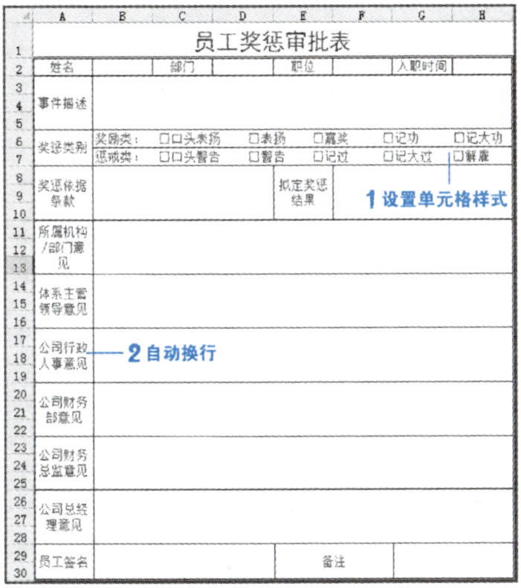

图 6-53　员工奖惩审批表

制作员工奖惩审批表主要包括输入基本内容、设置自动换行、设置单元格样式等操作。

❶ 将表格标题的“字体”设置为“华文细黑”，将“字号”设置为 20，并设置字体颜色为“深红”，如图 6-54 所示。

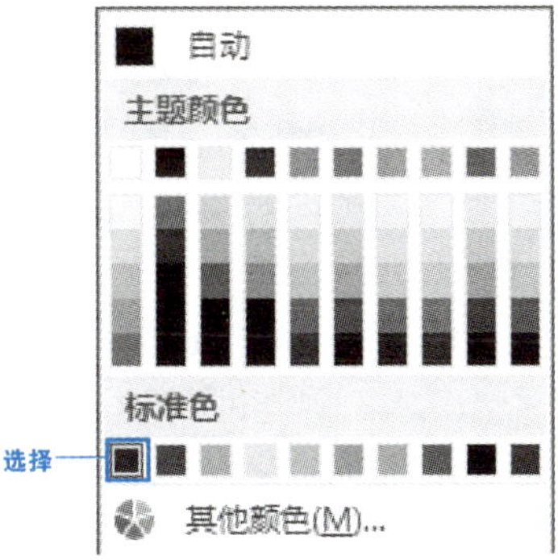

图 6-54　设置字体颜色

❷ 为所需单元格区域（如 A8:A28 单元格区域）设置“自动换行”功能。

❸ 将表格区域的单元格样式设置为“警告文本”，如图 6-55 所示。

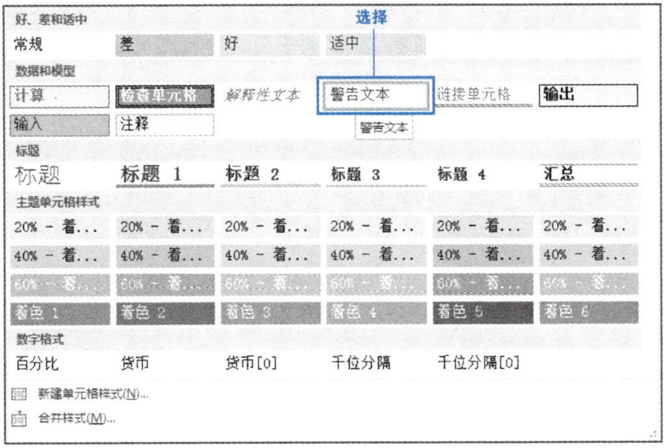

图 6-55　设置单元格样式

职场小知识

比伦定律

简介：成功只代表努力的1%，它只能是另外99%的被称为“失败”的东西的结晶，失败也是一个学习并进步的机会。

职场中有一个“比伦定律”，意思是“若是你在一年中不曾有过失败的记载，你就未曾勇于尝试各种应该把握的机会。”它由美国考皮尔公司前总裁 F·比伦提出。

比伦定律告诉人们，在工作中若遭遇了一些失败与错误，虽然是痛苦的，但在挫折中付出的血汗越多，成功也越殷实，收获也会越饱满。只要最后走出困顿，闯出一片新天地，那些挫折都是值得记录和总结的。

马云曾经说过，要学习失败学，不要学习成功。万象世界，成败相依。比伦定律把失败看作是成功的前奏。怎样对待失败是人们成长过程中回避不了的问题。面对失败和挫折，关键是能否从失败中汲取经验和智慧，是置若罔闻，还是表示感激、认真对待，这对一个人而言十分重要。

美国管理学家彼得·德鲁克认为，无论是谁，做什么工作，都是在尝试错误中学会的，经历的错误越多，越能进步，这是因为他能从中学到许多经验。德鲁克甚至认为，没有犯过错误的人，绝不能将他升为主管。日本企业家本田先生也说：只有经过反复的失败和反思，才会达到成功。实际上，成功只代表努力的 1%，它只能是另外 99% 的被称为失败的东西的结晶。太过一帆风顺、从不犯错的人，很难相信他会取得多么了不起的成绩。

人的成长是需要一个过程的。在这个过程中，不论工作还是生活，都会遇到这样或那样的挫折，即便是再有阅历的人，也会有不尽如人意之处，受到批评在所难免。所以，当在工作中出现了错误，遇到了挫折，遭到批评，甚至严厉批评时，应该抱着客观理性的态度来面对，这正是成长、成功的前奏，不要由于害怕失败而犹豫不决，由于害怕犯错而缩手缩脚，失败也是一个机会，是一个可以比从成功中学到更多东西的机会。

Part Seven

第 7 章

绩效统计与工资表格

对公司员工绩效进行管理是人力资源的重要工作之一，统计员工考勤、加班情况和计算员工个人所得税等，最后对员工工资进行发放，这些都是绩效管理的常见形式。在进行绩效管理时，如果熟练运用 Excel 公式及函数，许多计算工作可以在几秒钟之内结束，并且可以从其余表格直接引用所需数据，从而大大提高工作效率。本章主要介绍 Excel 函数在绩效统计中的作用，并介绍一些常用的工资表格。

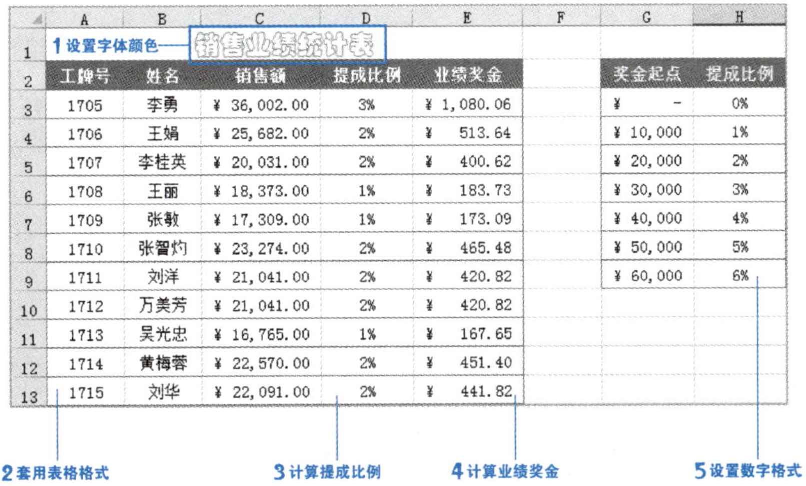

	A	B	C	D	E	F	G	H
1		销售业绩统计表						
2	工牌号	姓名	销售额	提成比例	业绩奖金		奖金起点	提成比例
3	1705	李勇	¥ 36,002.00	3%	¥ 1,080.06		¥ -	0%
4	1706	王娟	¥ 25,682.00	2%	¥ 513.64		¥ 10,000	1%
5	1707	李桂英	¥ 20,031.00	2%	¥ 400.62		¥ 20,000	2%
6	1708	王丽	¥ 18,373.00	1%	¥ 183.73		¥ 30,000	3%
7	1709	张敏	¥ 17,309.00	1%	¥ 173.09		¥ 40,000	4%
8	1710	张智灼	¥ 23,274.00	2%	¥ 465.48		¥ 50,000	5%
9	1711	刘洋	¥ 21,041.00	2%	¥ 420.82		¥ 60,000	6%
10	1712	万美芳	¥ 21,041.00	2%	¥ 420.82			
11	1713	吴光忠	¥ 16,765.00	1%	¥ 167.65			
12	1714	黄梅蓉	¥ 22,570.00	2%	¥ 451.40			
13	1715	刘华	¥ 22,091.00	2%	¥ 441.82			

实例 121 TEXT 函数：提取出生日期

难度系数：★★★　适用版本：全版本

技巧介绍： 在上一章中提到了利用 CONCATENATE 函数或 DATE 函数可以从身份证中提取生日信息。除了这两个函数外，利用 TEXT 函数也可以提取出生日期。

打开本节素材文件“素材\第 07 章\实例 121\人事档案（销售部）.xlsx”，选择 I5 单元格，在编辑栏中输入计算公式：=TEXT(MID(F4,7,8),"#-00-00")，按【Enter】键，提取员工出入日期信息，并向下填充至 I14 单元格中，如图 7-1 所示。

本实例中的计算公式解释为：从身份证号码（18 位）第 7 位开始截取 8 个字符，并将所得结果自定义数字格式为“#-00-00”。

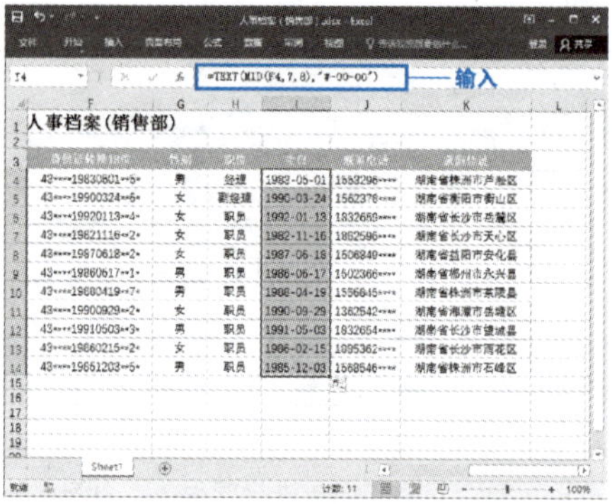

图 7-1　计算出生日期

技巧拓展

图 7-2 所示为 TEXT 函数用法举例，除了计算出生日期外，还可以进行保留小数位数、显示正负数及显示星期数等操作。

	A	B	C	D	E
1	数字 (value)	单元格格式 (format-text)	公式	计算结果	说明
2	20.23	000.0	TEXT(A2,"000.0")	020.2	小数点前面不足3位用0补齐，保留1位小数
3	-10	正数;负数;零	TEXT(A3,"正数;负数;零")	负数	大于0，显示“正数”，等于0，显示“零”，小于0，显示“负数”
4	20170119	0000年00月00日	TEXT（A4,"0000年00月00日"）	2017年01月19日	按所示形式显示
5	2017/1/19	aaaa	TEXT(A5,"aaaa")	星期四	显示中文星期几
6	20.000	####	TEXT(A6,"####")	20	没用的0不显示
7	20170119	0000-00-00	TEXT(A7,"0000-00-00")	2017-01-19	按所示形式显示

图 7-2　TEXT 函数用法举例

Extra tip ›››››››››››››

实例 122 VLOOKUP 函数：根据编号查找信息

难度系数：★★★　适用版本：全版本

技巧介绍： 小白手上有某个员工的工牌号，他现在需要根据工牌号查找员工的相关信息，有没有办法从数据量繁多的人事档案中快速查询到所需的信息呢？利用 VLOOKUP 函数就能实现。

① 打开本节素材文件“素材\第 07 章\实例 122\员工信息统计表 .xlsx”，选择“员工信息查询表”。在 A3 单元格中输入员工工牌号，选择 B3 单元格，在编辑栏中输入计算公式：=VLOOKUP(A3, 统计总表 !A3:H28,2,0)，按【Enter】键返回员工部门信息，如图 7–3 所示。

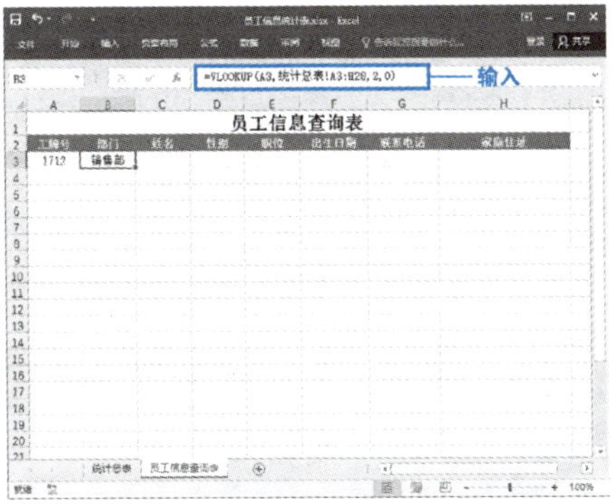

图 7–3　查找部门信息

② 选择 C3 单元格，在编辑栏中输入计算公式：=VLOOKUP(A3, 统计总表 !A3:H28,3,0)，按【Enter】键，返回员工姓名信息，如图 7–4 所示，由此可见，VLOOKUP 函数可以根据提供的工牌号，从统计总表中查找员工的相关信息。

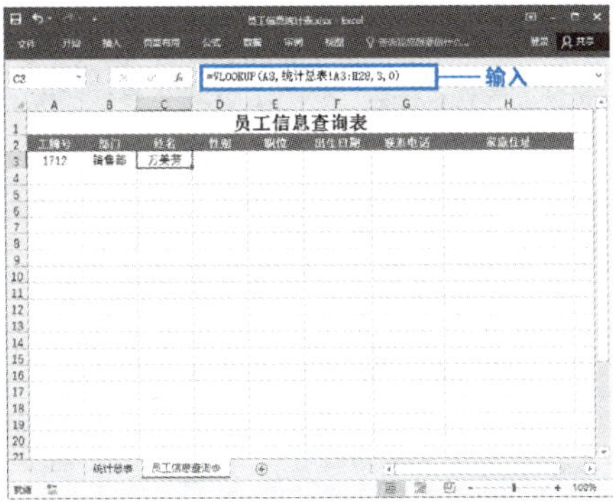

图 7–4　查找姓名信息

VLOOKUP 函数用于在工作表中按列查找所需的数据，最终返回该列所需查询序列所对应的值。

- 语法格式为：VLOOKUP(lookup_value, table_array,col_index_num,range_lookup)
- 其中：lookup_value 参数表示要查找的值，可以是数值、引用或文本字符串；table_array 参数表示要查找的区域，可以使用单元格区域或区域名称；col_index_num 参数表示返回数据在查找区域的第几列数，col_index_num 为 1 时，返回 table_array 第 1 列中的数值；col_index_num 为 2 时，返回 table_array 第 2 列中的数值，以此类推；range_lookup 参数为一个逻辑值，指明函数 VLOOKUP 返回时是精确匹配还是近似匹配。如果为 TRUE 或省略，则返回近似匹配值，即如果找不到精确匹配值，则返回小于 lookup_value 的最大数值；如果 range_value 为 FALSE，将返回精确匹配值，如果找不到，则返回错误值 #N/A。

本实例中的计算公式解释为：在统计总表的 A3:H28 单元格区域中，查找工牌号为 1712 的员工第 2 列的信息，即“部门”信息（在统计总表中，“部门”列为第 2 列）。

技巧拓展

提到 VLOOKUP 函数，就不得不说一下有一个双胞胎兄 HLOOKUP 函数，两个函数不仅外表看起来十分相像，从语法格式上看，两个函数的参数也大致相同，其语法格式为：HLOOKUP(lookup_value,table_array,row_index_num,range_lookup)，这两个函数就像工作表中行和列的关系一样。VLOOKUP 是按列查找的，而 HLOOKUP 是按行查找的，即返回查找区域中第几行的信息。

Extra tip

实例 123 LOOKUP 函数：根据编号查找信息

难度系数：★★★★ 适用版本：全版本

技巧介绍： 利用 LOOKUP 函数也可以进行查找工作，而且 LOOKUP 函数既可以对行进行查找，也可以对列进行查找，可以说集 VLOOKUP 和 HLOOKUP 函数于一体。

① 打开本节素材文件“素材\第 07 章\实例 123\员工信息统计表.xlsx”，在工作表标签中选择“员工信息查询表”，选择 C3 单元格，在编辑栏中输入计算公式：=LOOKUP(A3, 统计总表 !A3:C28)，按【Enter】键，返回员工姓名信息，如图 7-5 所示。

② 选择 C4 单元格，在编辑栏中输入计算公式：=LOOKUP(A3, 统计总表 !A3:A28, 统计总表 !C3:C28)，按【Enter】键，返回员工姓名信息，如图 7-6 所示。

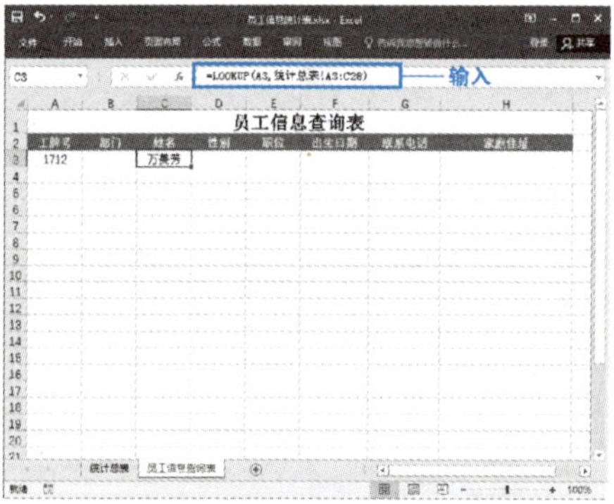

图 7-5　LOOKUP 查询 -1

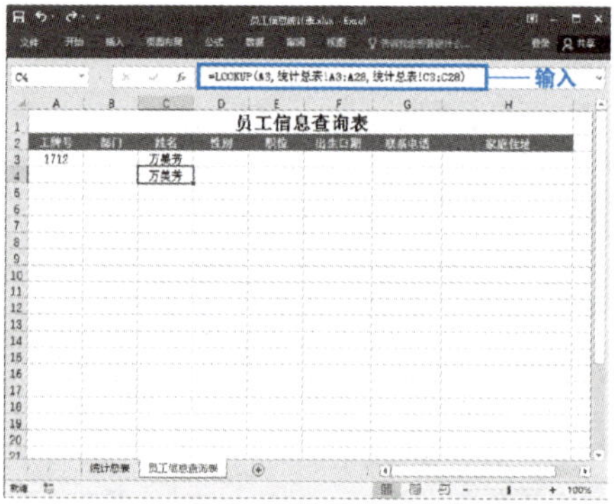

图 7-6　LOOKUP 查询 -2

LOOKUP 函数有两种语法形式：向量和数组。LOOKUP 函数的向量形式是在单行区域或单列区域（向量）中查找数值，然后返回第二个单行区域或单列区域中相同位置的数值；LOOKUP 函数的数组形式是在数组的第一行或第一列查找指定的数值，然后返回数组的最后一行或最后一列中相同位置的数值。

LOOKUP 函数的向量形式

- 语法格式为：LOOKUP(lookup_value,lookup_vector,result_vector)
- 其中：lookup_value 参数是需要查找的值，是 LOOKUP 函数在第一个向量中搜索到的值，可以是数字、文本和逻辑值，也可以是代表某个值的名称或引用；lookup_vector 参数是一个仅包含一行或一列的区域，可以是文本、数字或逻辑值；result_vector 参数是一个仅包含一行或一列的区域，它的大小必须与 lookup_vector 相同。

LOOKUP 函数的数组形式

- 语法格式为：LOOKUP(lookup_value,array)
- 其中：array 参数是包含文本、数字或逻辑值的单元格区域或数组，它的值用于与 lookup_value 进行比较。

如果 LOOKUP 函数找不到 lookup_value，则查找 lookup_vector 中小于或等于 lookup_value 的最大数值。如果 lookup_value 小于 lookup_vector 中的最小值，则返回错误值 #N/A。

技巧拓展

lookup_vector 中的值必须按升序排列，例如，-2、-1、0、1、2 或 A ~ Z，或 FALSE、TRUE（大写和小写文本是等效的）。否则，LOOKUP 返回的值可能不正确。如图 7-7 和图 7-8 所示，将统计总表中的“姓名”列升序排序后（工牌号一列顺序被打乱），所得的查询结果已经发生了错误。

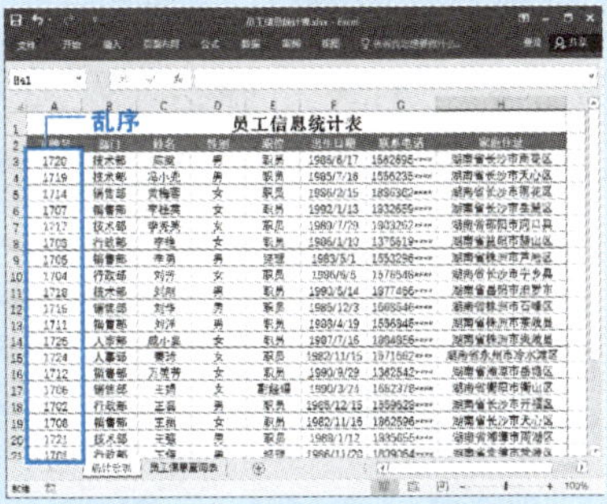

图 7-7　将“姓名”列按升序排序

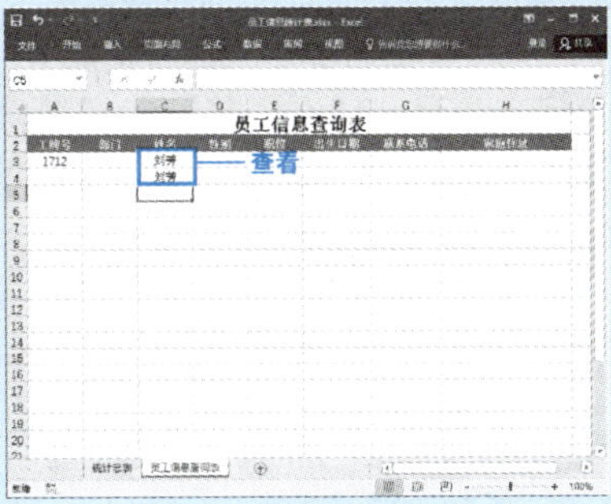

图 7-8　查询结果出错

Extra tip ＞＞＞＞＞＞＞＞＞＞＞＞＞

实例 124　SUM 与 COUNTIF 综合应用：统计部门人数

难度系数：★★★　适用版本：全版本

技巧介绍： 小白需要对公司某几个部门的总人数进行统计，虽然可以分别计算各部门员工数然后再进行求和，但有没有更快捷的办法，只用一个计算公式就可以求得结果呢？

打开本节素材文件“素材\第 07 章\实例 124\员工信息统计表 .xlsx”，选择“统计总表”，选择 J3 单元格，在编辑栏中输入计算公式：=SUM(COUNTIF(B3:B28,{" 行政部 "," 销售部 "})), 按【Enter】键，计算部门人数，如图 7-9 所示。

本实例中的计算公式解释为：先计算行政部和销售部的人员数量，然后计算人数之和。

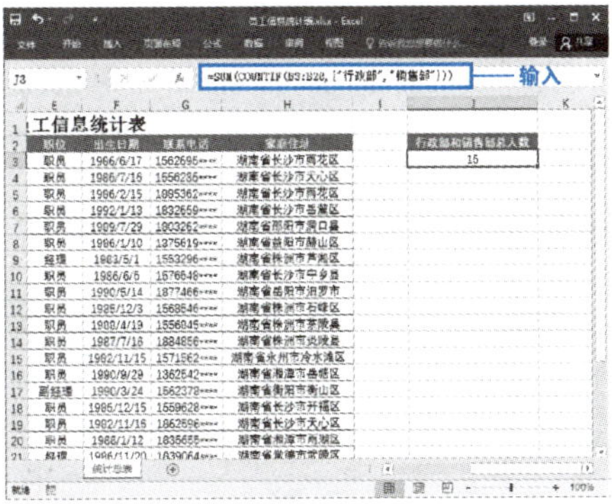

图 7-9　综合应用

实例 125 TRIMMEAN 函数：去除最值求平均工资

难度系数：★★★　适用版本：全版本

技巧介绍： 在计算平均成绩或平均工资时，容易受到异常值的影响。为了尽可能客观地反映员工的工资水平，小白需要去掉最值来计算平均工资，如何去掉最值并求得平均工资呢？

打开本节素材文件“素材\第 07 章\实例 125\员工薪酬表 .xlsx”，选择“员工薪酬表”，选择 M14 单元格，在编辑栏中输入计算公式：=TRIMMEAN(M3:M13,2/11)，按【Enter】键，去除最值计算平均工资，如图 7-10 所示。

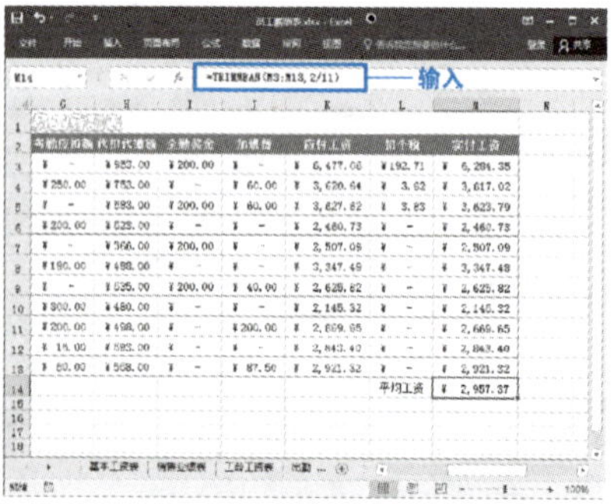

图 7-10　去除最值计算平均工资

TRIMMEAN 函数用于返回数据集的内部平均值，先从数据集的头部和尾部除去一定百分比的数据点，然后再求平均值。

- 语法格式为：TRIMMEAN(array, percent)
- 其中：array 参数为需要进行筛选并求平均值的数组或数据区域；percent 参数为计算时所要除去的数据点的比例。如果 percent=0.2，则在 20 个数据中除去 4 个，即头部除去 2 个，尾部除去 2 个。如果 percent=0.1，30 个数据点的 10% 等于 3 个数据点，TRIMMEAN 函数将除去的数据点数目向下舍入为最接近 2 的倍数，将对称地在数据集的头部和尾部各除去一个数据。

本实例中的计算公式解释为：从 11 个数据中去除头部和尾部各一个数据（最大值与最小值），计算剩余 9 个数据的平均值。

实例 126 AVERAGEIFS 函数：计算满足条件的平均工资

难度系数：★★★★　适用版本：全版本

技巧介绍： 上述实例中的 TRIMMEAN 函数只可从头部和尾部去除数据来计算平均值，如果需要计算满足一定条件（如大于 3000、小于 5000 等）的数据的平均值，又该怎么办呢？

打开本节素材文件“素材\第 07 章\实例 126\员工薪酬表 .xlsx”，选择“员工薪酬表”，选择 M14 单元格，在编辑栏中输入计算公式：=AVERAGEIFS(M3:M13,M3:M13,">2500",M3:M13,"<5000")，按【Enter】键，计算实付工资大于 2500、小于 5000 的平均工资，如图 7-11 所示。

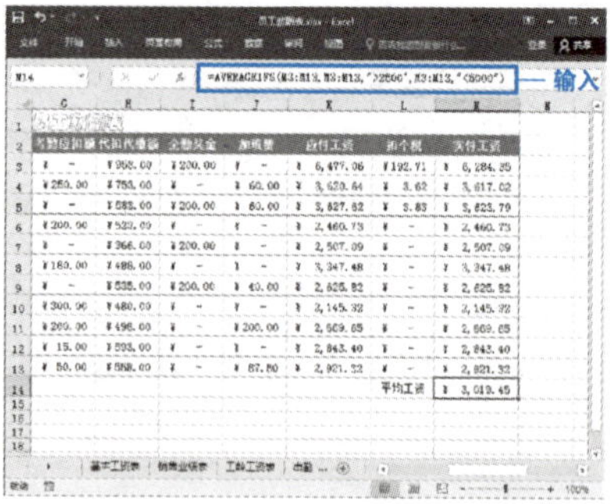

图 7-11　计算满足条件的平均工资

AVERAGEIFS 函数用于返回满足多重条件的所有单元格的平均值。

- 语法格式为：AVERAGEIFS (average_range,criteria_range1,criteria1,crileria_range2,criteria2,···)
- 其中：average_range 参数表示求平均值区域；criteria1_range,criteria_range2，···参数表示条件所在的范围；criteria1,criteria2，···参数表示用来定义计算平均值的单元格。可以是数字 10、表达式 ">12"、文本 " 经理 " 或单元格 C2。

技巧拓展

除了 AVERAGEIFS 及之前提到的 AVERAGE 函数外，Excel 还有另外两个求平均值的函数，如图 7-12 所示，这四个函数有什么区别呢？

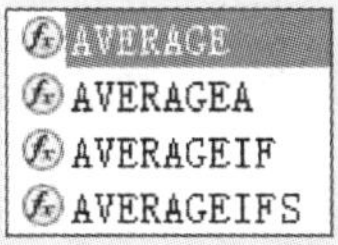

图 7-12　计算平均值的函数

① AVERAGE 函数，返回参数的平均值（算术平均值）。

举例：=AVERAGE(1,5,7,8)=5.25；=AVERAGE (1,5,7,TRUE) =3.5

如果，A1:A4 单元格区域里分别是：1、5、7、TRUE，那么，=AVERAGE(A1:A4) =4.33。

AVERAGE 函数对于直接输入到参数列表中的逻辑值是参与计算的，TRUE 当作 1 计算，FALSE 当作 0 计算。

但是，如果是用单元格区域引用来作为 AVERAGE 函数，则相当于 =（1+5+7）/3=4.33。

② AVERAGEA 函数，返回参数的平均值（算术平均值）。

举例：=AVERAGEA(A1:A4)=3.25

无论 A4 单元格是文本，是文本格式的数字，还是逻辑值，结果值都为 3.25。相当于 =（1+5+7+0）/4=3.25。

③ AVERAGEIF 函数，返回某个区域内满足给定条件的所有单元格的平均值（算术平均值），如图 7-13 所示。

=AVERAGEIF(B2:B5,"<23000") 表示求所有佣金小于 23000 的平均值。

=AVERAGEIF(A2:A5,"<95000") 表示求所有财产值小于 95000 的平均值。

=AVERAGEIF(A2:A5,">250000",B2:B5) 表示求所有财产值大于 250000 的佣金的平均值。

④ AVERAGEIFS 函数，返回满足多重条件的所有单元格的平均值（算术平均值）。

	A	B	C
1	财产值A列	佣金B列	
2	100000	7000	
3	200000	14000	
4	300000	21000	
5	400000	28000	
6			

图 7-13　计算数据

Extra tip ››››››››››››››

实例 127 ROUND 函数：保留计算数据的小数位数

难度系数：★★★ 适用版本：全版本

技巧介绍： 利用公式计算所得的结果为常规型数据，通过设置数字格式可以控制结果的小数位数，若不借助于数字格式，可不可以直接利用函数来设置小数位数呢？

打开本节素材文件“素材\第 07 章\实例 127\员工薪酬表.xlsx”，选择“员工薪酬表”，选择 M14 单元格，在编辑栏中输入计算公式：=ROUND(AVERAGE(M3:M13),2)，按【Enter】键，将计算所得平均工资保留两位小数，如图 7-14 所示。

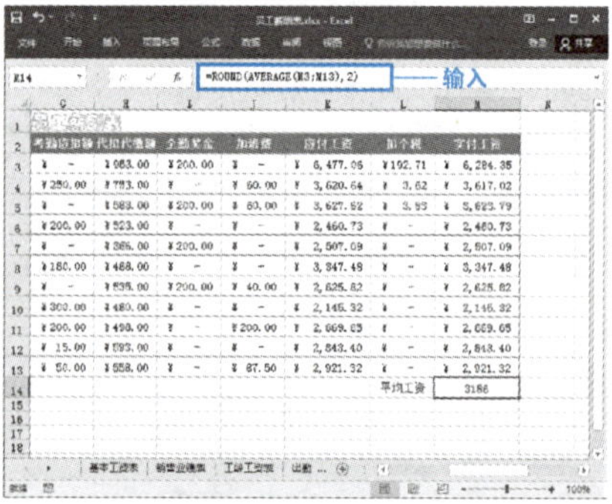

图 7-14 保留两位小数

ROUND 函数用于按指定位数将数值四舍五入。

- 语法格式为：ROUND(number, num_digits)
- 其中：number 参数为要四舍五入的数字；num_digits 参数为位数，按此位数对 number 参数进行四舍五入。如果 num_digits 大于 0（零），则将数字四舍五入到指定的小数位，如果 num_digits 等于 0，则将数字四舍五入到最接近的整数，如果 num_digits 小于 0，则在小数点左侧前几位进行四舍五入。

示例：=ROUND(2.15, 1) 结果为 2.2；=ROUND(2.149, 1) 结果为 2.1；=ROUND(–1.475, 2) 结果为 –1.48；=ROUND(21.5,0) 结果为 22；=ROUND(21.5, –1) 结果为 20。

技巧拓展

在本实例中，若计算所得结果小数位数全部为 0，则不保留小数；若要进行向上舍入（远离 0），使用 ROUNDUP 函数；若要进行向下舍入（朝向 0），使用 ROUNDDOWN 函数；若要将某个数字四舍五入为指定的倍数（例如，四舍五入为最接近的 0.5 倍），使用 MROUND 函数，这些函数的语法及参数与 ROUND 函数一样。

Extra tip

实例 128 RANK 函数：对业绩进行排名

难度系数：★★★ 适用版本：全版本

技巧介绍： 为了更好地分析员工的面试成绩，激励员工努力上进，需要对员工的销售业绩进行排名。小白知道在“数据”选项卡中可以对数据进行排序有没有更直接的办法进行排名呢？

打开本节素材文件“素材 \ 第 07 章 \ 实例 128\ 员工薪酬表 .xlsx”，选择“销售业绩表”，选择 F3 单元格，在编辑栏中输入计算公式：=RANK(E3,$E$3:$E$13)，并向下填充至 F13 单元格中，如图 7–15 所示。

RANK 函数用于求某一个数值在某一区域内的排名。

- 语法格式为：RANK(number,ref,[order])
- 其中：number 参数为要查找排名的数字；ref 参数为要在其中查找排名的数字列表；order 参数用于指定排名方式为 0 或 1，当 order 为 0 或省略时，为降序排序（即数值最大的单元格排名为 1），当 order 为 1 时，为升序排序（即数值最小的单元格排名为 1），如图 7–16 所示。

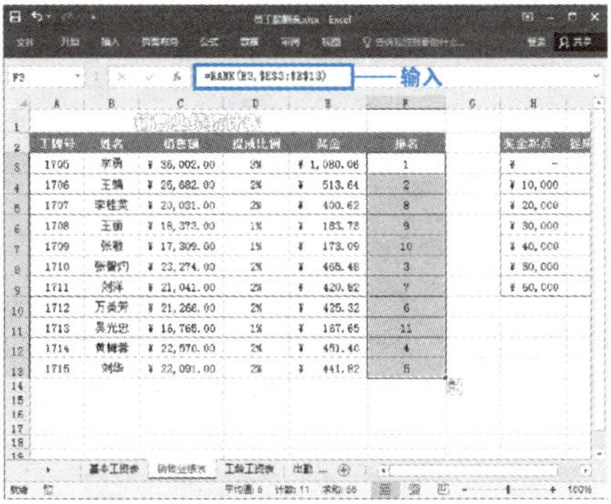

图 7–15　计算销售业绩排名（降序）

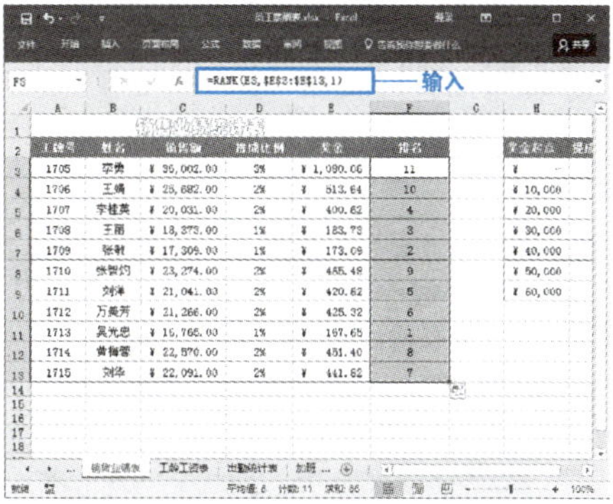

图 7–16　计算销售业绩排名（升序）

技巧拓展

在输入计算公式时需要注意“$E$3:$E$13”为绝对引用，这样才能在向下填充计算公式时保证排名区域固定不变。

Extra tip >>>>>>>>>>>>>

实例 129　RANK 与 COUNTIF 函数：不重复排名

难度系数：★★★★　适用版本：全版本

技巧介绍： RANK 函数有一个缺点，即在排名时对于数值相等的数据排名是一样的，如图 7–17 所示（存在两个第 6 名，并且没有第 7 名），有没有办法实现不重复排名呢？

第1章 第2章 第3章 第4章 第5章 第6章 第7章 第8章 第9章 第10章

打开本节素材文件“素材\第 07 章\实例 129\员工薪酬表.xlsx”，选择“销售业绩表”，选择 H3 单元格，在编辑栏中输入计算公式：=RANK(E3,$E$3:$E$13)+COUNTIF($E$3:$E3,E3)-1，并向下填充至 H13 单元格中，如图 7-17 所示。

本实例中的 COUNTIF($E$3:$E3,E3) 解释为：统计 E3 单元格在第 E 列出现的次数。

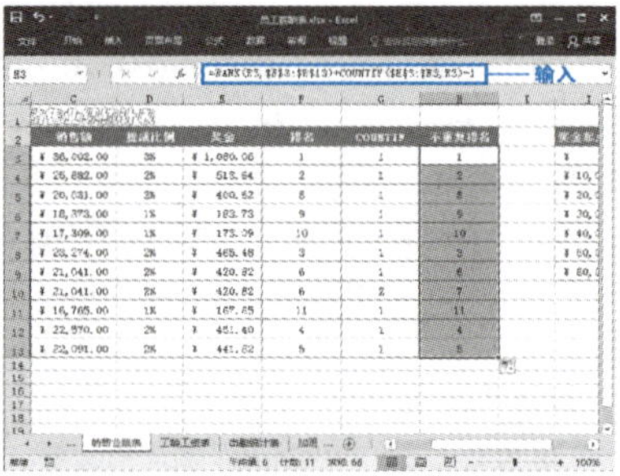

图 7-17　不重复排名

实例 130　RANK.AVG 函数：返回平均排名

难度系数：★★★　适用版本：07/10/13/16/17

技巧介绍： 除了 RANK 函数，还有另外两个统计函数 RANK.EQ 与 RANK.AVG 函数。这 3 个函数有什么联系与区别呢？

① 打开本节素材文件“素材\第 07 章\实例 130\员工薪酬表.xlsx”，选择“销售业绩表”，选择 G3 单元格，在编辑栏中输入计算公式：=RANK.EQ(E3,$E$3:$E$13)，并向下填充至 G13 单元格中，如图 7-18 所示。

② 选择 H3 单元格，在编辑栏中输入计算公式：=RANK.AVG(E3,$E$3:$E$13)，并向下填充至 H13 单元格中，如图 7-19 所示。

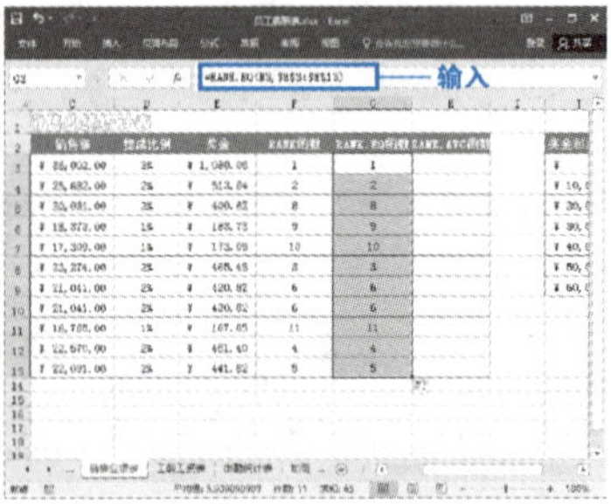

图 7-18　RANK.EQ 函数

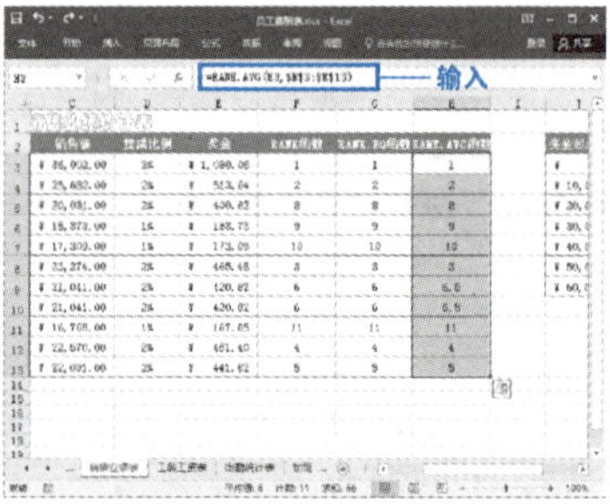

图 7-19　RANK.AVG 函数

从计算公式及图片中可以看到，RANK.EQ 与 RANK.AVG 函数的语法及参数与 RANK 函数是相同的。其中，RANK 是 Excel 早期版本中就有的函数，而 RANK.EQ 是在 Excel 2010 中才开始出现的，同时增加了 RANK.AVG 函数。RANK.EQ 与 RANK 函数，如果多个值都具有相同的排位，则返回该组数值的最高排位；而 RANK.AVG 函数则返回平均排位（在本实例中为第 6 位与第 7 位的平均值）。

实例 131　员工销售业绩表

难度系数：★★★　适用版本：全版本

技巧介绍： 工资由基本工资、提成、工龄工资、考勤和加班费等多个部分构成。员工销售业绩表主要记录公司员工上月的销售额，计算提成比例及业绩奖金，如图 7-20 所示。

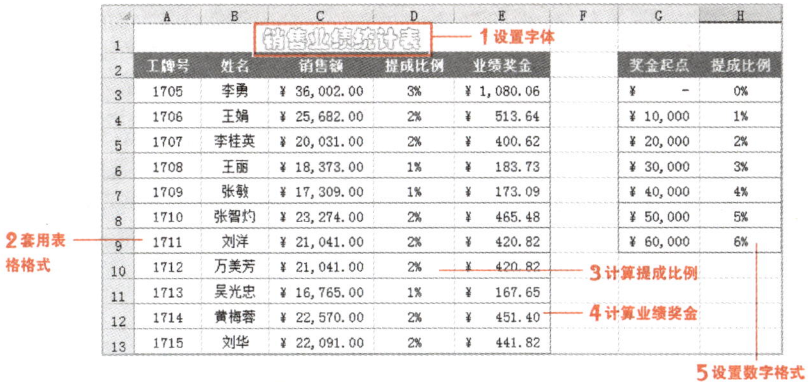

	A	B	C	D	E	F	G	H
1			销售业绩统计表					
2	工牌号	姓名	销售额	提成比例	业绩奖金		奖金起点	提成比例
3	1705	李勇	¥ 36,002.00	3%	¥ 1,080.06		¥ -	0%
4	1706	王娟	¥ 25,682.00	2%	¥ 513.64		¥ 10,000	1%
5	1707	李桂英	¥ 20,031.00	2%	¥ 400.62		¥ 20,000	2%
6	1708	王丽	¥ 18,373.00	1%	¥ 183.73		¥ 30,000	3%
7	1709	张敏	¥ 17,309.00	1%	¥ 173.09		¥ 40,000	4%
8	1710	张智灼	¥ 23,274.00	2%	¥ 465.48		¥ 50,000	5%
9	1711	刘洋	¥ 21,041.00	2%	¥ 420.82		¥ 60,000	6%
10	1712	万美芳	¥ 21,041.00	2%	¥ 420.82			
11	1713	吴光忠	¥ 16,765.00	1%	¥ 167.65			
12	1714	黄梅蓉	¥ 22,570.00	2%	¥ 451.40			
13	1715	刘华	¥ 22,091.00	2%	¥ 441.82			

图 7-20　员工销售业绩表

制作员工销售业绩表主要包括设置数字格式、计算提成比例、计算业绩奖金和套用表格格式等操作。

❶ 将表格标题的“字体”设置为“华文彩云”，将“字号”设置为 18，并设置字体颜色为“绿色”，设置第 2 ~ 13 行行高为 20。

❷ 选择 D3 单元格，在编辑栏中输入计算公式：=VLOOKUP(C3,$G$3:$H$9,2)，并向下填充至 D13 单元格中，如图 7-21 所示。

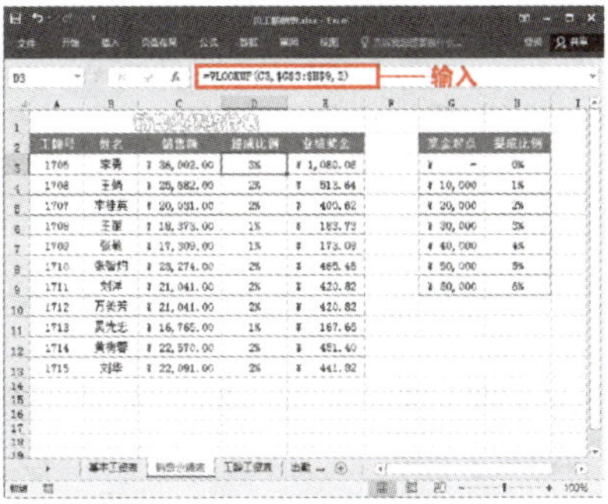

图 7-21　计算提成比例

❸ 选择 E3 单元格，在编辑栏中输入计算公式：=C3*D3，并向下填充至 E13 单元格中，如图 7-22 所示。

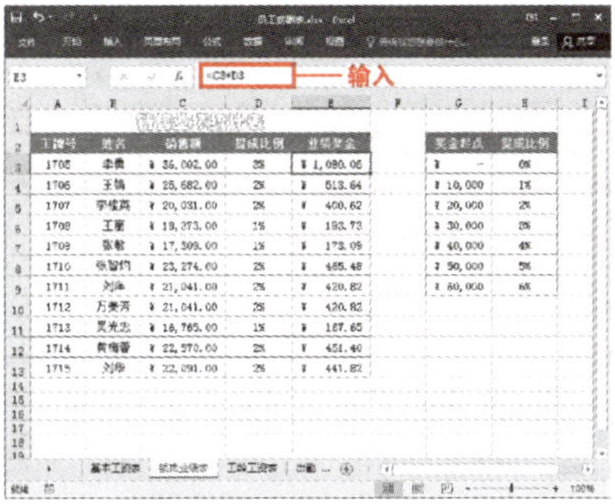

图 7-22　计算业绩奖金

❹ 套用“表样式浅色 10”表格样式，并将表格转换为区域，如图 7-23 所示。

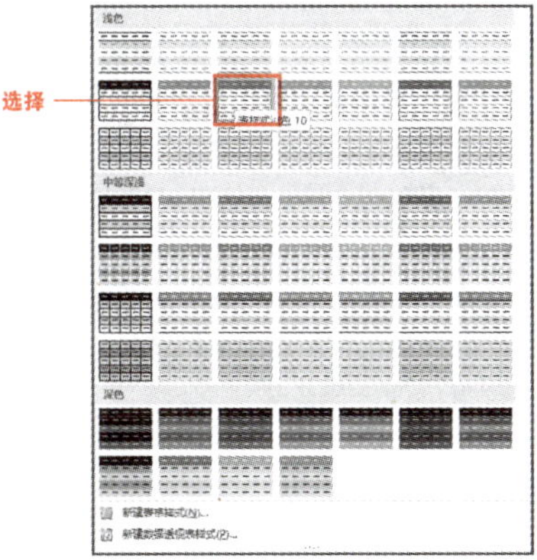

图 7-23　套用表格格式

技巧拓展

设置 C3:C13、E3:E13 单元格区域的数字类型为“会计专用”，设置 G3:G9 单元格区域的数字类型为“会计专用”，并且设置“小数位数”为 0，如图 7-24 所示。设置 D3:D13、H3:H9 单元格区域数字类型为“百分比”，并且设置“小数位数”为 0，如图 7-25 所示。

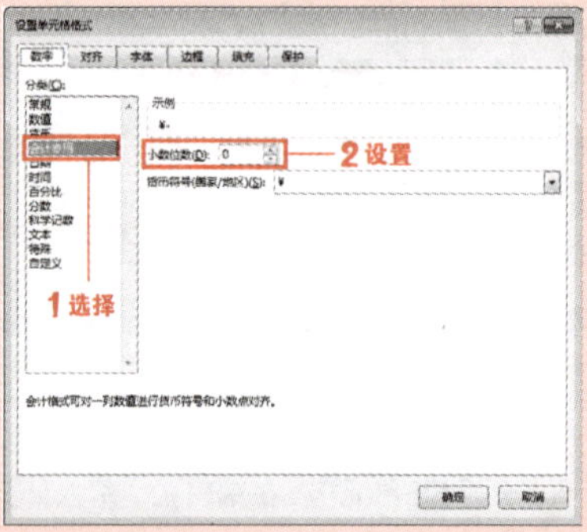

图 7-24 “会计专用”数字格式

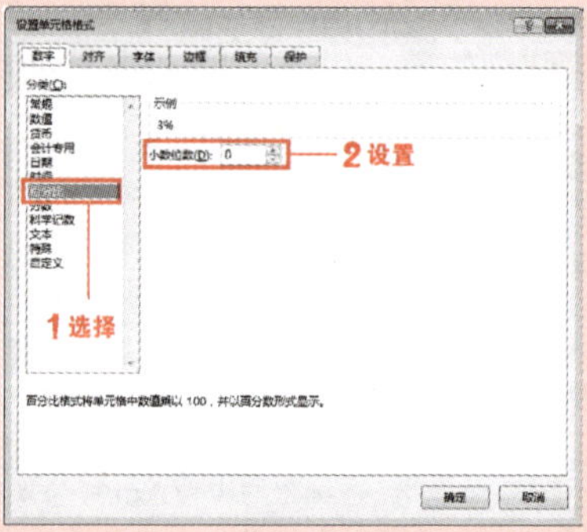

图 7-25 “百分比”数字格式

Extra tip >>>>>>>>>>>>

实例 132 员工工龄工资表

难度系数：★★★ 适用版本：全版本

技巧介绍： 员工工龄工资表主要记录员工的入职时间，利用 Excel 函数及工龄工资标准计算员工工龄和相应的工龄工资，如图 7-26 所示。

员工工龄工资表

工牌号	姓名	职位	入职时间	工龄	工龄工资			工龄	工龄工资标准
1705	李勇	经理	2013/6/1	3	¥ 150.00			0	0
1706	王娟	副经理	2015/3/1	1	¥ 50.00	1 计算工龄		1	50
1707	李桂英	职员	2015/6/1	1	¥ 50.00			2	100
1708	王丽	职员	2016/3/1	0	¥ -			3	150
1709	张敏	职员	2016/6/1	0	¥ -			4	180
1710	张智灼	职员	2015/6/1	1	¥ 50.00	2 计算工龄工资			
1711	刘洋	职员	2016/6/1	0	¥ -				
1712	万美芳	职员	2016/6/1	0	¥ -				
1713	吴光忠	职员	2016/3/1	0	¥ -				
1714	黄梅蓉	职员	2016/3/1	0	¥ -				
1715	刘华	职员	2016/3/1	0	¥ -				

图 7-26 员工工龄工资表

制作员工工龄工资表主要包括计算工龄、计算工龄工资等操作。

① 选择 E3 单元格，在编辑栏中输入计算公式：=DATEDIF(D3,TODAY(),"Y")，选择 F3 单元格，在编辑栏中输入计算公式：=VLOOKUP(E3,$I$3:$J$7,2)，如图 7-27 所示。

② 选择 E3:F13 单元格区域，在“编辑”组中单击“填充”下拉按钮，选择“向下”选项，或按【Ctrl+D】组合键，如图 7-28 所示，快速填充计算公式。

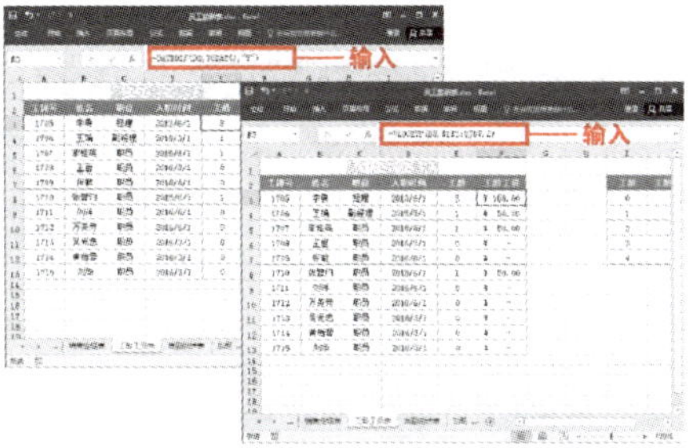

图 7-27　计算工龄及工龄工资

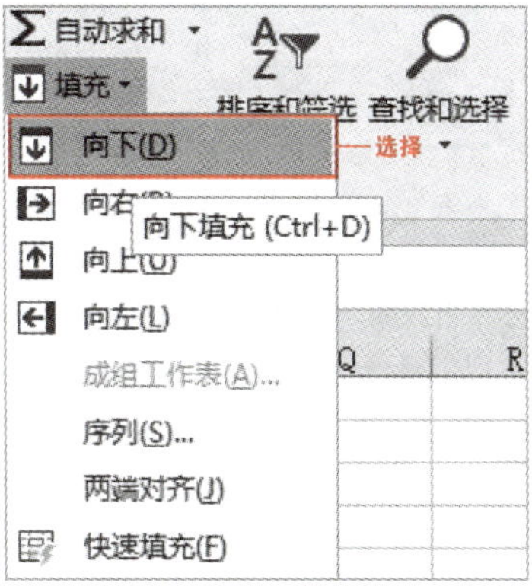

图 7-28　向下填充

技巧拓展

① 当工作表的格式相同而内容不同时，可以复制制作好的工作表，从而省去设置表格格式的步骤。

右击“销售业绩表”工作表标签，在弹出的快捷菜单中选择“移动或复制”命令，在弹出的“移动或复制工作表”对话框中将复制的工作表移至最后，并选择“建立副本”复选框，如图 7-29 所示，即可得到“销售业绩表”，重命名工作表标签并输入工作表内容即可。

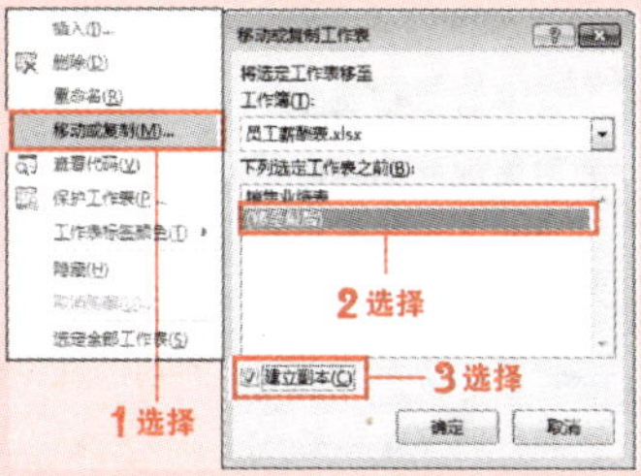

图 7-29　复制工作表

② DATEDIF 函数用于返回两个日期之间的年\月\日间隔数，具体的用法将在以后的章节中详细讲解。

Extra tip >>>>>>>>>>>>>

实例 133　员工出勤统计表

难度系数：★★★　适用版本：全版本

技巧介绍： 员工出勤统计表主要记录上月员工请假及迟到情况，若缺勤则会扣除相应的金额，未缺勤则会发放全勤奖，如图 7-30 所示。

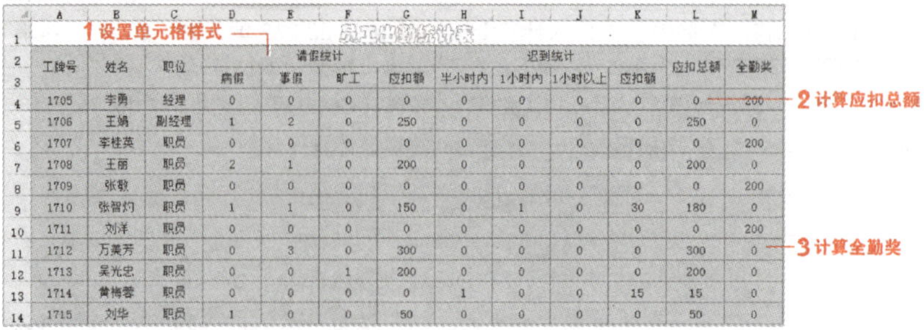

员工出勤统计表

工牌号	姓名	职位	请假统计				迟到统计				应扣总额	全勤奖
			病假	事假	旷工	应扣额	半小时内	1小时内	1小时以上	应扣额		
1705	李勇	经理	0	0	0	0	0	0	0	0	0	200
1706	王娟	副经理	1	2	0	250	0	0	0	0	250	0
1707	李桂英	职员	0	0	0	0	0	0	0	0	0	200
1708	王丽	职员	2	1	0	200	0	0	0	0	200	0
1709	张敏	职员	0	0	0	0	0	0	0	0	0	200
1710	张智灼	职员	1	1	0	150	0	1	0	30	180	0
1711	刘洋	职员	0	0	0	0	0	0	0	0	0	200
1712	万美芳	职员	0	3	0	300	0	0	0	0	300	0
1713	吴光宏	职员	0	0	1	200	0	0	0	0	200	0
1714	黄梅蓉	职员	0	0	0	0	1	0	0	15	15	0
1715	刘华	职员	1	0	0	50	0	0	0	0	50	0

图 7-30 员工出勤统计表

制作员工出勤统计表主要包括设置单元格样式、计算应扣总额等操作。

1. 合并相应的单元格区域，将表格单元格样式设置为“输入”，将“行高”设置为 20。
2. 应扣总额等于请假应扣额和迟到应扣额的总计，在 L4 单元格中输入计算公式：=G4+K4。
3. 若员工从未缺勤，则发放全勤奖，在 M4 单元格中输入计算公式：=IF(L4=0,200,0)，如图 7-31 所示。
4. 选择 L4:M14 单元格区域，按【Ctrl+D】组合键，填充计算公式。

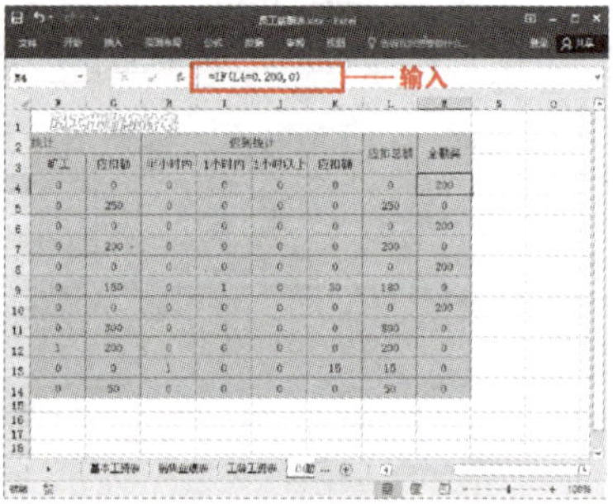

图 7-31 计算全勤奖

技巧拓展

为什么要为出勤统计表和工资查询表设置不同的单元格样式？因为执行“套用表格格式”操作时，会拆分已经合并了的单元格，而且 Excel 所提供的表格样式中第一行与第二行的单元格格式不同，所以当表格中有合并的单元格时，不宜直接套用表格格式，如图 7-32 所示。

图 7-32 套用表格格式结果

Extra tip

实例 134 员工加班统计表

难度系数：★★★★ 适用版本：全版本

技巧介绍： 员工加班统计表主要记录员工加班的原因，以及加班的开始和结束时间，并由此计算加班时间及加班费，如图 7-33 所示。

	A	B	C	D	E	F	G	H	I	J
1	员工加班统计表									
2	工牌号	姓名	职位	加班原因	加班日期	开始时间	结束时间	实际加班时间	计算加班时间	加班费
3	1705	李勇	经理							¥ -
4	1706	王娟	副经理	应酬客户	2017/1/4	17:30:00	20:30:00	3:00:00	3	¥ 60.00
5	1707	李桂英	职员	开发客户	2017/1/6	17:30:00	20:30:00	3:00:00	3	¥ 60.00
6	1708	王丽	职员							¥ -
7	1709	张敏	职员							¥ -
8	1710	张智灼	职员							¥ -
9	1711	刘洋	职员	开发客户	2017/1/6	17:30:00	19:15:00	1:45:00	2	¥ 40.00
10	1712	万美芳	职员							¥ -
11	1713	吴光忠	职员	开发客户	2017/1/15	8:30:00	12:00	3:30:00	3.5	¥ 87.50
12	1714	黄梅蓉	职员							¥ -
13	1715	刘华	职员	开发客户	2017/1/17	14:00:00	17:30:00	3:30:00	3.5	¥ 87.50

1 计算加班时间
2 计算加班费
3 隐藏零值

图 7-33　员工加班统计表

制作员工加班统计表主要包括计算加班时间、计算加班费和隐藏零值等操作。

1 选择 H3 单元格，在编辑栏中输入计算公式：=G3–F3。

2 选择 I3 单元格，在编辑栏中输入计算公式：=CEILING(H3*24,0.5)，如图 7–34 所示。

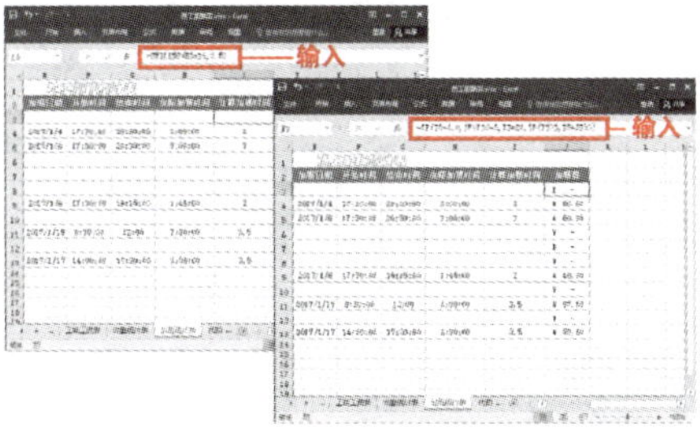

图 7–34　计算加班费

技巧拓展

① 因为 1705 号员工没有加班，所以加班时间及加班费为 0，但工作表中却看不到单元格中的 0，打开“Excel 选项”对话框，选择“高级”选项，取消选择“ 在具有零值的单元格中显示零”复选框，单击“确定”按钮，如图 7–35 所示，即可隐藏工作表中的零值。

② CEILING 函数用于将参数向上舍入。

语法格式为：CEILING(number,significance)

其中：number 参数为待舍入的数值；significance 参数为基数。如果参数为非数值型，CEILING 返回错误值 #VALUE!。如果 number 和 significance 符号相同，则对值按远离 0 的方向进行舍入。如果 number 为负，significance 为正，则对值按朝向 0 的方向进行向上舍入。如果 numbe 为正，significance 为负，CEILING 返回错误值 #NUM!。

③ 以 I4 单元格为例，计算公式解释为：将 H4 单元格中的时间型数据乘以 24，转换为“3”小时，注意 I4 单元格的数字格式为“常规”，再将“3”小时向上舍入为最接近 0.5 的倍数，如图 7–36 所示。

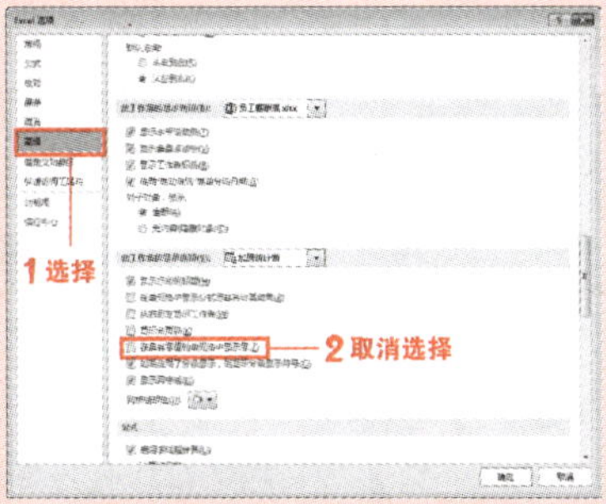

图 7–35　隐藏零值

H3*24	CEILING
3	3
3	3
1.75	2
3.5	3.5
3.5	3.5

图 7–36　详解计算公式

Extra tip

实例 135 代扣代缴统计表

难度系数：★★★　适用版本：全版本

技巧介绍： 代扣代缴统计表主要记录需要从工资中扣除的养老保险、医疗保险、实业保险和住房公积金明细，并计算扣除合计值，如图 7-37 所示。

代扣代缴统计表

工牌号	姓名	职位	养老保险	医疗保险	失业保险	住房公积金	合计
1705	李勇	经理	¥400.00	¥103.00	¥50.00	¥400.00	¥953.00
1706	王娟	副经理	¥300.00	¥103.00	¥50.00	¥300.00	¥753.00
1707	李桂英	职员	¥250.00	¥ 63.00	¥30.00	¥240.00	¥583.00
1708	王丽	职员	¥200.00	¥ 63.00	¥30.00	¥230.00	¥523.00
1709	张敏	职员	¥160.00	¥ 16.00	¥20.00	¥170.00	¥366.00
1710	张智灼	职员	¥200.00	¥ 53.00	¥35.00	¥200.00	¥488.00
1711	刘洋	职员	¥200.00	¥ 65.00	¥40.00	¥230.00	¥535.00
1712	万美芳	职员	¥200.00	¥ 55.00	¥25.00	¥200.00	¥480.00
1713	吴光忠	职员	¥160.00	¥ 53.00	¥35.00	¥250.00	¥498.00
1714	黄梅蓉	职员	¥250.00	¥ 63.00	¥30.00	¥250.00	¥593.00
1715	刘华	职员	¥250.00	¥ 73.00	¥35.00	¥200.00	¥558.00

求和

图 7-37　代扣代缴统计表

制作代扣代缴统计表主要包括计算扣除金额合计值这一操作。选择 D3:H13 单元格区域，在“编辑”组中单击“自动求和”按钮，即可快速求得合计值。

实例 136 员工薪酬表

难度系数：★★★★★　适用版本：全版本

技巧介绍： 各分支金额计算完毕后，便可从各个工作表中引用工资明细数据，制作员工薪酬表，如图 7-38 所示。

1 引用基本工资　3 引用工龄工资　4 引用考勤应扣额

员工薪酬表

工牌号	姓名	职位	基本工资	业绩提成	工龄工资	考勤应扣额	代扣代缴额	全勤奖金	加班费	应付工资	扣个税	实付工资
1705	李勇	经理	¥ 6,000.00	¥ 1,080.06	¥ 150.00	¥ -	¥953.00	¥200.00	¥ -	¥ 6,477.06	¥192.71	¥ 6,284.35
1706	王娟	副经理	¥ 4,000.00	¥ 513.64	¥ 50.00	¥250.00	¥753.00	¥ -	¥ 60.00	¥ 3,620.64	¥ 3.62	¥ 3,617.02
1707	李桂英	职员	¥ 3,500.00	¥ 400.62	¥ 50.00	¥ -	¥583.00	¥200.00	¥ 60.00	¥ 3,627.62	¥ 3.83	¥ 3,623.79
1708	王丽	职员	¥ 3,000.00	¥ 183.73	¥ -	¥200.00	¥523.00	¥ -	¥ -	¥ 2,460.73	¥ -	¥ 2,460.73
1709	张敏	职员	¥ 2,500.00	¥ 173.09	¥ -	¥ -	¥366.00	¥200.00	¥ -	¥ 2,507.09	¥ -	¥ 2,507.09
1710	张智灼	职员	¥ 3,500.00	¥ 465.48	¥ 50.00	¥180.00	¥488.00	¥ -	¥ -	¥ 3,347.48	¥ -	¥ 3,347.48
1711	刘洋	职员	¥ 2,500.00	¥ 420.82	¥ -	¥ -	¥535.00	¥200.00	¥ 40.00	¥ 2,625.82	¥ -	¥ 2,625.82
1712	万美芳	职员	¥ 2,500.00	¥ 420.82	¥ -	¥300.00	¥480.00	¥ -	¥ -	¥ 2,140.82	¥ -	¥ 2,140.82
1713	吴光忠	职员	¥ 3,000.00	¥ 167.65	¥ -	¥200.00	¥498.00	¥ -	¥ 87.50	¥ 2,557.15	¥ -	¥ 2,557.15
1714	黄梅蓉	职员	¥ 3,000.00	¥ 451.40	¥ -	¥ 15.00	¥593.00	¥ -	¥ -	¥ 2,843.40	¥ -	¥ 2,843.40
1715	刘华	职员	¥ 3,000.00	¥ 441.82	¥ -	¥ 50.00	¥558.00	¥ -	¥ 87.50	¥ 2,921.32	¥ -	¥ 2,921.32

2 引用业绩提成

图 7-38　员工薪酬表

制作员工薪酬表主要包括引用工资明细、计算扣个税等操作。

1 选择 D3 单元格，在编辑栏中输入计算公式：=VLOOKUP(A3, 基本工资表 !A3:D13,4,0)，从“基本工资表”中引用基本工资。

2 选择 E3 单元格，在编辑栏中输入计算公式：=VLOOKUP(A3, 销售业绩表 !A3:E13,5,0)，从“销售业绩表”中引用业绩提成，如图 7–39 所示。

3 选择 F3 单元格，在编辑栏中输入计算公式：=VLOOKUP(A3, 工龄工资表 !A3:F13,6,0)，从“工龄工资表”中引用工龄工资。

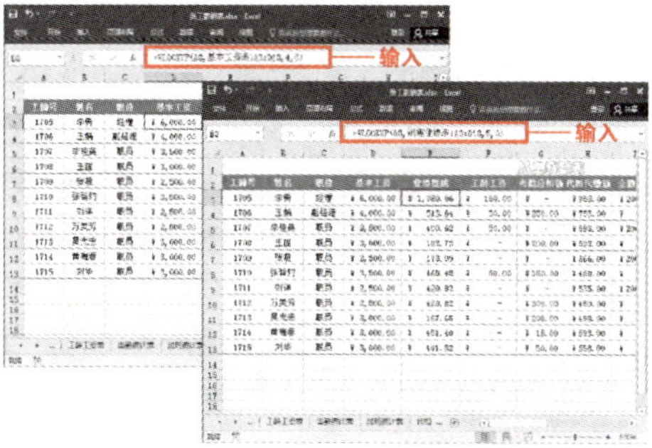

图 7–39　引用工资明细 –1

4 选择 G3 单元格，在编辑栏中输入计算公式：= VLOOKUP(A3, 出勤统计表 !A4:L14,12,0)，从“出勤统计表”中引用考勤应扣额，如图 7–40 所示。

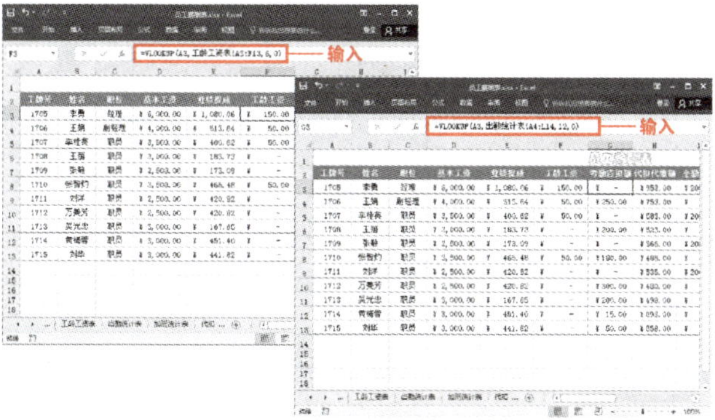

图 7–40　引用工资明细 –2

5 按照相同的方法，在相应单元格中输入计算公式，引用对应数据。

H3 单元格：=VLOOKUP(A3, 代扣代缴统计表 !A3:H13,8,0)。

I3 单元格：=VLOOKUP(A3, 出勤统计表 !A4:M14,13,0)。

J3 单元格：=VLOOKUP(A3, 加班统计表 !A3:J13,10,0)。

6 选择 K3 单元格，在编辑栏中输入计算公式：=D3+F3+E3–G3–H3+I3+J3，计算应付工资。

7 选择 L3 单元格，在编辑栏中输入计算公式：=IF(K3>3500,VLOOKUP((K3–3500),$P$3:$S$10,3)*(K3–3500),0)–IF(K3>3500, VLOOKUP((K3–3500),$P$3:$S$10,4))，根据个税标准计算扣个税，如图 7–41 所示。此计算公式解释为：当应付工资大于 3500 时，将应付工资减去 3500 然后乘以个税标准中对应的税率，并减去对应的速算扣除数；当工资小于 3500 时，则返回 0。

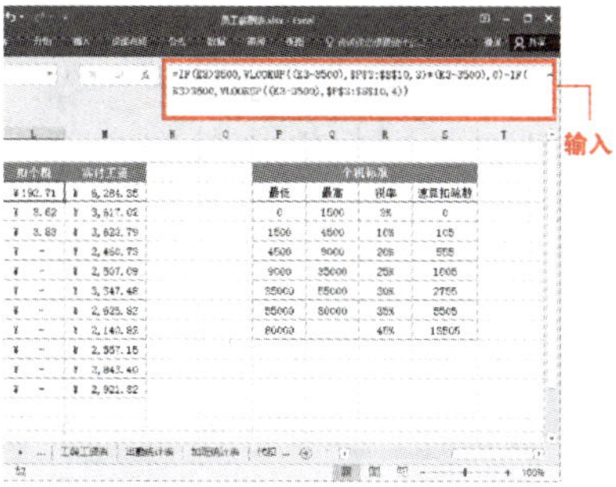

图 7–41　计算扣个税

第1章 第2章 第3章 第4章 第5章 第6章 第7章 第8章 第9章 第10章

⑧ 选择 M3 单元格，在编辑栏中输入计算公式：=K3−L3，计算实付工资；选择 D3:M13 单元格区域，按【Ctrl+D】组合键，填充计算公式。

实例 137 员工工资查询表

难度系数：★★★　适用版本：全版本

技巧介绍： 根据制作的员工薪酬表，可以制作工资查询表，当输入不同的工牌号时，可以查询到该员工对应的工资明细，如图 7-42 所示。

1 输入工牌号　2 自动查询相关信息

工资查询表

工牌号	姓名	职位	基本工资	业绩提成	工龄工资	考勤应扣额	代扣代缴额	全勤奖金	加班费	应付工资	扣个税	实付工资
1712	万美芳	职员	¥ 2,500.00	¥ 420.82	¥ -	¥300.00	¥480.00	¥ -	¥ -	¥ 2,140.82	¥ -	¥ 2,140.82

图 7-42　工资查询表

制作工资查询表主要包括引用工资明细这一操作。

① 选择 B3 单元格，在编辑栏中输入计算公式：=VLOOKUP($A$3, 员工薪酬表 !$A$3:$M$13,2,0)，从“员工薪酬表”中引用员工姓名。

② 选择 C3 单元格，在编辑栏中输入计算公式：=VLOOKUP($A$3, 员工薪酬表 !$A$3:$M$13,3,0)，从“员工薪酬表”中引用员工职位。

③ 按照相同的方法，在相应单元格中输入计算公式，引用对应数据。

D3 单元格，=VLOOKUP($A$3, 员工薪酬表 !$A$3:$M$13,4,0)。

E3 单元格，=VLOOKUP($A$3, 员工薪酬表 !$A$3:$M$13,5,0)。

F3 单元格：=VLOOKUP($A$3, 员工薪酬表 !$A$3:$M$13,6,0)。

G3 单元格：=VLOOKUP($A$3, 员工薪酬表 !$A$3:$M$13,7,0)。

H3 单元格：=VLOOKUP($A$3, 员工薪酬表 !$A$3:$M$13,8,0)。

I3 单元格：=VLOOKUP($A$3, 员工薪酬表 !$A$3:$M$13,9,0)。

J3 单元格：=VLOOKUP($A$3, 员工薪酬表 !$A$3:$M$13,10,0)。

K3 单元格：=VLOOKUP($A$3, 员工薪酬表 !$A$3:$M$13,11,0)。

L3 单元格：=VLOOKUP($A$3, 员工薪酬表 !$A$3:$M$13,12,0)。

M3 单元格：=VLOOKUP($A$3, 员工薪酬表 !$A$3:$M$13,13,0)。

④ 当工牌号发生改变时，查询表中的信息也会自动发生变化，如图 7-43 所示。

工资查询表												
工牌号	姓名	职位	基本工资	业绩提成	工龄工资	考勤应扣额	代扣代缴额	全勤奖金	加班费	应付工资	扣个税	实付工资
1706	王娲	副经理	¥ 4,000.00	¥ 513.64	¥ 50.00	¥250.00	¥753.00	¥ -	¥ 60.00	¥ 3,620.64	¥ 3.62	¥ 3,617.02

图 7-43　查询其余工牌号信息

实例 138　员工请假申请表

难度系数：★★★　适用版本：全版本

技巧介绍： 当公司员工由于身体不适等原因请假时，需要填写员工请假申请表，其中记录了请假类别、请假时间和请假原因等信息，是员工出勤统计表的数据来源，如图 7-44 所示。

员工请假申请表					
员工姓名：				员工编号：	
所在部门：				岗位：	
请假类别：					
A□事假		F□流产假		K□工伤假	
B□病假		G□产前检查假		L□加班补休，加班日期：	
C□产前假		H□婚假		M□其他，注明：	
D□产后假		I□丧假			
E□陪产假		J□年假，年假归属年度：			
起止日期：	自　年　月　日至　年　月　日，共　天。				
请假原因：					
联系方式：					
备　注：					
员工签名		直属主管领导审批		行政部负责人审批	
日期：		日期：		日期：	
注：病假须出具医院证明，本表交由办公室处存档（请假员工必须同意并遵守公司请假条款）					

2 设置单元格样式

1 跨越合并

图 7-44　员工请假申请表

制作员工请假申请表主要包括输入基本内容、合并单元格区域和设置单元格样式等操作。

1 将表格标题的“字体”设置为“幼圆”，将“字号”设置为 18 并加粗。

2 在合并单元格时，可选择所需的单元格区域（如 A5:B9 单元格区域），执行“跨越合并”操作。

3 将表格单元格样式设置为“20%－着色 2”，如图 7-45 所示。

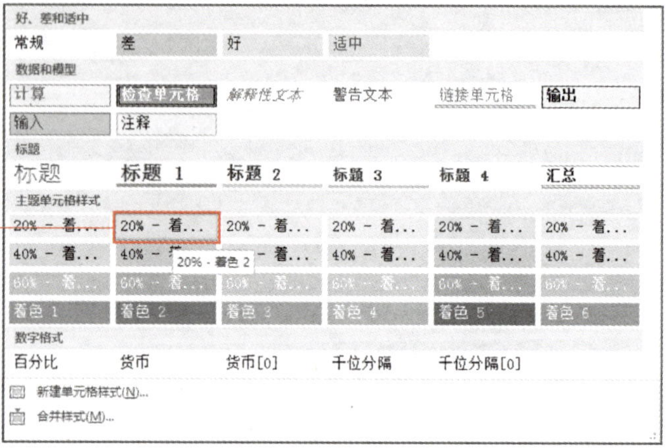

图 7-45　设置单元格样式

实例 139 员工调休申请表

难度系数：★★★　适用版本：全版本

技巧介绍： 当员工申请调休时，需要提交员工调休申请表，主要记录调休日期、调休事由和对应的补班日期等信息，如图 7-46 所示。

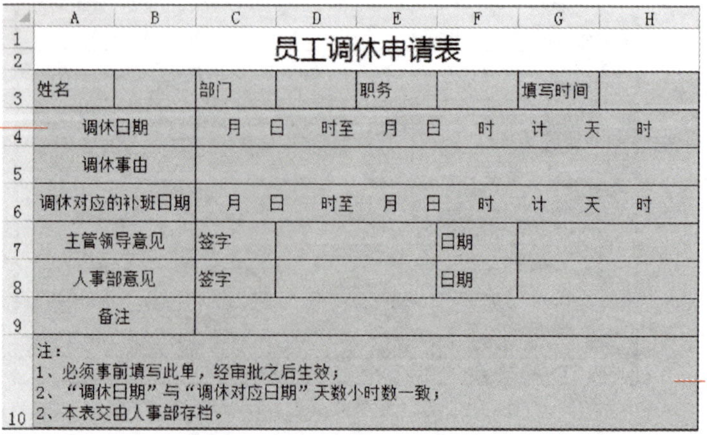

	A	B	C	D	E	F	G	H
1–2	员工调休申请表							
3	姓名		部门		职务		填写时间	
4	调休日期		月　日	时至	月　日	时	计　天	时
5	调休事由							
6	调休对应的补班日期		月　日	时至	月　日	时	计　天	时
7	主管领导意见		签字			日期		
8	人事部意见		签字			日期		
9	备注							
10	注： 1、必须事前填写此单，经审批之后生效； 2、“调休日期”与“调休对应日期”天数小时数一致； 2、本表交由人事部存档。							

图 7-46　员工调休申请表

制作员工调休申请表主要包括输入基本内容、设置单元格填充颜色等操作。

1 将表格标题的“字体”设置为“微软雅黑”，将“字号”设置为 18。

2 将单元格填充颜色设置为“绿色，个性色 6，淡色 40%”，如图 7-47 所示。

3 合并后的 A10 单元格中的文本是通过按【Alt+Enter】组合键实现自动换行的。

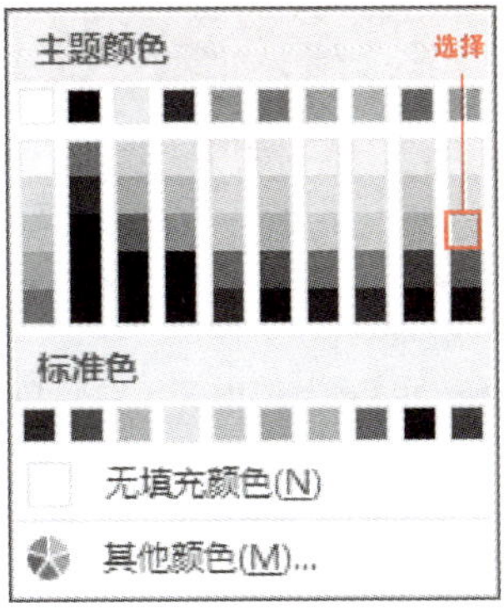

图 7-47　设置单元格填充颜色

实例 140　员工绩效考核表

难度系数：★★★　适用版本：全版本

技巧介绍： 员工绩效考核表主要记录员工的考核指标、考核项目和考核得分等信息，是公司员工评奖、评优的信息来源之一，如图 7-48 所示。

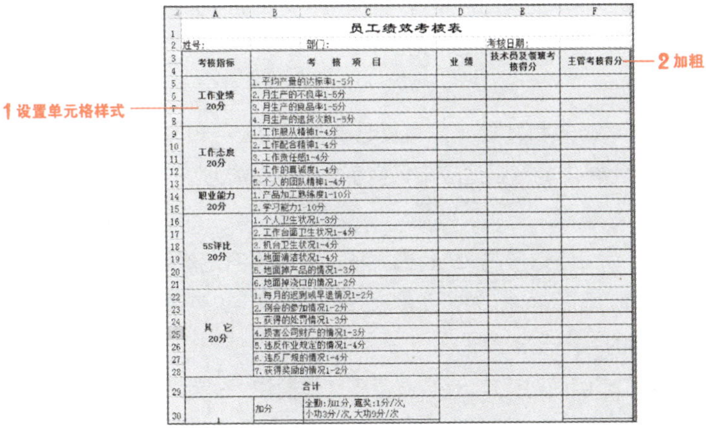

图 7-48　员工绩效考核表

制作员工绩效考核表主要包括输入基本内容、设置单元格样式等操作。

1 将标题文本的“字体”设置为“隶书”，将“字号”设置为 20。

2 设置单元格样式为“好”，并加粗相关文本内容。

第1章 第2章 第3章 第4章 第5章 第6章 第7章 第8章 第9章 第10章

职场小知识

犬獒效应

简介：让幼犬自相撕咬，胜者为獒。竞争是一种激励，只有竞争才会成为富有活力的“流水”。

当年幼的藏犬长出牙齿并能撕咬时，主人就把它们放到一个没有食物和水的封闭环境里，让这些幼犬自相撕咬，最后剩下一只活着的犬，这只犬称为獒。据说，10 只犬才能产生 1 只獒。这种现象被称为犬獒效应。

人们生活在一个变革的时代，挑战和机遇并存，竞争是其最显著的特征。竞争是一种刺激，一种激励，也意味着新的选择和新的机遇。没有竞争就像是一潭死水，竞争出生产力，竞争出战斗力。只有主动迎接竞争的挑战，才能成为强者。

在华为集团，为了防止人才的沉淀和老化，公司管理人员每年都要进行严格的年度述职考核，通过年度考核，对排名靠后的人员实行强制竞争淘汰，淘汰率为 5% ~ 10%，被淘汰的人员将接受一段时间的培训后重新分配。

在深圳三九集团，更是实行一种非升即走的制度：不同管理职务的任职都有一定的期限，工作人员超过其任职期限仍未晋升高一级职务者，就要按规定离开本企业。这就从制度上保证了人才流动的经常化与正常化，能够不断腾出空缺职位，使企业的人才成了富有活力的“流水”，从而不断补充新人，保持长久的竞争力。

可以从以下几方面提升自身竞争力。

1. 动态学习

“工欲善其事，必先利其器”，只有及时掌握新的业务知识，提高专业技能，不断地提高自己的综合素质，才能增强适应市场竞争力的应变能力。

2. 提高工作效率

在企业中，一个工作效率高、执行力强的员工非常容易赢得领导及同事的信任。需要最大限度地发挥自己的潜能，为企业带来效益和成果，这就是最具竞争力的员工。

3. 树立正确的工作态度

以积极的工作态度面对工作，使自己每天工作愉悦、充实。无论在哪一个岗位上，都能够积极主动地接受任务，兢兢业业、任劳任怨地发挥自己的智慧和才干，做到干一行，干好一行，成为单位不可缺的优秀人才。

4. 具有创新意识

创新是解决工作困境、解决前进中的困难的最有力的武器。要不断地从学习中汲取新思想，在工作中要有主动求变、主动创新、主动进取的意识和能力，不断提升自己的思考能力，才能够在工作中脱颖而出。

Part Eight

第 8 章 员工福利与活动表格

员工愿意为公司工作，社会人士愿意来公司面试，除了可观的薪资这一因素外，公司能为员工提供怎样的福利待遇，也是公司员工所关心的问题。所谓员工福利，直白地讲，主要是指公司为员工缴纳的五险一金、年终奖和带薪年假等内容。公司活动则涉及聚餐、旅游等多种娱乐活动。本章将详细介绍 Excel 函数在员工福利管理上的应用，并介绍常用福利与活动表格的制作方法，以及制作过程中需要注意的问题。

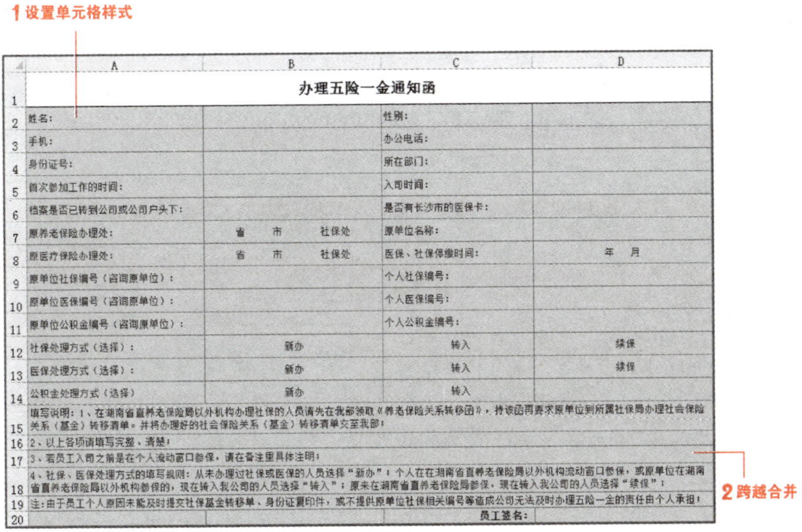

	A	B	C	D
1	办理五险一金通知函			
2	姓名:		性别:	
3	手机:		办公电话:	
4	身份证号:		所在部门:	
5	首次参加工作的时间:		入司时间:	
6	档案是否已转到公司或公司户头下:		是否有长沙市的医保卡:	
7	原养老保险办理处:	省　市　社保处	原单位名称:	
8	原医疗保险办理处:	省　市　社保处	医保、社保停缴时间:	年　月
9	原单位社保编号（咨询原单位）:		个人社保编号:	
10	原单位医保编号（咨询原单位）:		个人医保编号:	
11	原单位公积金编号（咨询原单位）:		个人公积金编号:	
12	社保处理方式（选择）:	新办	转入	续保
13	医保处理方式（选择）:	新办	转入	续保
14	公积金处理方式（选择）	新办	转入	
15	填写说明：1、在湖南省直养老保险局以外机构办理社保的人员请先在我部领取《养老保险关系转移函》，持该函再要求原单位到所属社保局办理社会保险关系（基金）转移清单。并将办理好的社会保险关系（基金）转移清单交至我部；			
16	2、以上各项请填写完整、清楚；			
17	3、若员工入司之前是在个人流动窗口参保，请在备注里具体注明；			
18	4、社保、医保处理方式的填写规则：从未办理过社保或医保的人员选择“新办”；个人在在湖南省直养老保险局以外机构流动窗口参保，或原单位在湖南省直养老保险局以外机构参保的，现在转入我公司的人员选择“转入”；原来在湖南省直养老保险局参保，现在转入我公司的人员选择“续保”；			
19	注：由于员工个人原因未能及时提交社保基金转移单、身份证复印件，或不提供原单位社保相关编号等造成公司无法及时办理五险一金的责任由个人承担；			
20			员工签名:	

实例 141 DATEDIF 函数：计算员工带薪休假天数

难度系数：★★★　适用版本：全版本

技巧介绍： 在计算员工工龄时，用到过 DATEDIF 函数，该函数主要用来计算日期之间的年 \ 月 \ 日间隔数。在本实例中，将具体介绍 DATEDIF 函数的用法。

打开本节素材文件“素材 \ 第 08 章 \ 实例 141\ 年假天数统计表 .xlsx”，选择 E3 单元格，在编辑栏中输入计算公式：=DATEDIF(D3,TODAY(),"Y")，选择 F3 单元格，在编辑栏中输入计算公式：=HLOOKUP(E3,$J$6:$M$7,2)，选择 E3:F13 单元格区域，双击右下角的填充手柄，复制计算公式，如图 8-1 所示。

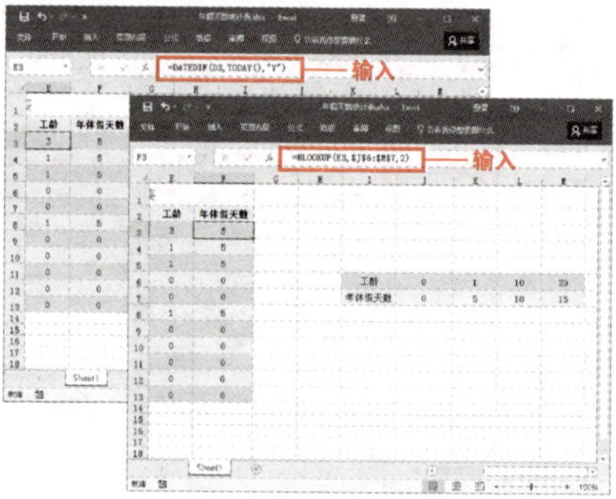

图 8-1　计算年休假天数

DATEDIF 函数用于计算两个日期之差。

语法格式为：DATEDIF(start_date,end_date,unit)

其中：start_date 参数为一个日期，它代表时间段内的第一个日期或起始日期；end_date 参数代表时间段内的最后一个日期或结束日期；unit 参数为所需信息的返回类型。结束日期必须大于起始日期。

示例：A1 单元格中为一个日期值，=DATEDIF(A1,TODAY(),"Y") 计算年数差；=DATEDIF(A1,TODAY(),"M") 计算月数差；=DATEDIF(A1,TODAY(),"D") 计算天数差。

"MD" 起始日期与结束日期的同月间隔天数。忽略日期中的月份和年份。

"YD" 起始日期与结束日期的同年间隔天数。忽略日期中的年份。

"YM" 起始日期与结束日期的间隔月数。忽略日期中的年份。

技巧拓展

① =TODAY()，将返回当前日期；当按【Ctrl+;】组合键时，也可快速输入当前日期；当按【Ctrl+Shift+;】组合键时，可以快速输入当前时间；=NOW()，将返回当前的日期和时间，如图 8-2 所示。

② HLOOKUP 函数在之前的实例中已提到过，用于按行查找所需的数据。

输入“=TODAY()”	2017/1/19
Ctrl+;	2017/1/19
输入“=NOW()”	2017/1/19 11:25
Ctrl+Shift+;	11:25

图 8-2　快捷输入方法

Extra tip

实例 142　YEAR 函数：计算员工带薪病假天数

难度系数：★★★　适用版本：全版本

技巧介绍： 小白公司规定员工一年内享有 6 天病假，但如果员工新入职，需按比例计算天数。小白头大了，一个一个地去计算实在太麻烦，可不可以借助 Excel 来计算病假天数呢？

打开本节素材文件“素材\第 08 章\实例 142\病假天数计算表.xlsx”，选择 E3 单元格，在编辑栏中输入计算公式：=IF(YEAR(D3)<2016,6,ROUND ((13-MONTH(D3)-(DAY(D3)>15))/2,))，并向下填充计算公式，如图 8-3 所示。

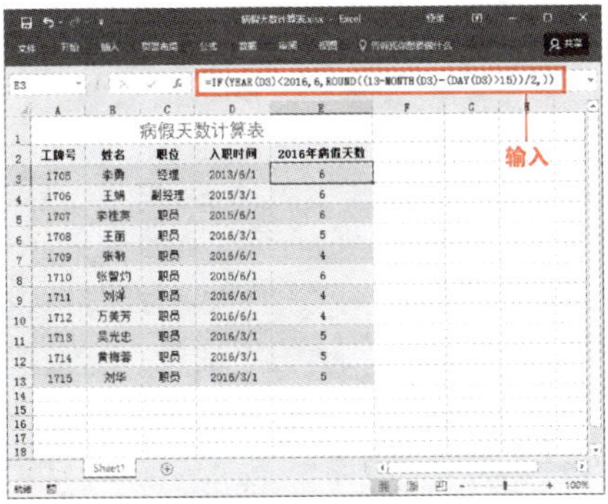

工牌号	姓名	职位	入职时间	2016年病假天数
1705	李勇	经理	2013/6/1	6
1706	王娟	副经理	2015/3/1	6
1707	李桂英	职员	2015/6/1	6
1708	王丽	职员	2016/3/1	5
1709	张勒	职员	2016/6/1	4
1710	张智灼	职员	2015/6/1	6
1711	刘洋	职员	2016/6/1	4
1712	万美芳	职员	2016/6/1	4
1713	吴光忠	职员	2016/3/1	5
1714	黄梅蓉	职员	2016/3/1	5
1715	刘华	职员	2016/3/1	5

图 8-3　计算带薪病假天数

本实例中的计算公式解释为：当入职时间早于 2016 年，则 2016 年享有 6 天带薪病假；否则，首先判断入职日期是否大于 15，若超过 15 则算作 1(TRUE)，未超过 15 则算作 0(FALSE)；对“13-MONTH(D3)-(DAY(D3)>15)”的计算结果除以 2 并进行四舍五入，求得带薪病假天数。

技巧拓展

当 Excel 公式很长时，往往很难弄懂公式的含义，此时可以将公式分解，从里到外，从小括号开始分析起。

Extra tip＞＞＞＞＞＞＞＞＞＞＞＞

实例 143　REPT 函数：评定员工考核等级

难度系数：★★★　适用版本：全版本

技巧介绍： 在年度考核中，小白知道可以利用 IF 函数评定“优”“良”等级，可是现在需要用“★”评定员工考核等级，只用 IF 函数并不能实现这个功能，该怎么办呢？

打开本节素材文件“素材\第 08 章\实例 143\年终奖统计表.xlsx”，选择 I3 单元格，在编辑栏中输入计算公式：=IF(G3>102,REPT(" ★ ",5),IF(G3>100,REPT(" ★ ",3)*REPT(" ★ ",1)))，并向下填充至 I13 单元格中，如图 8-4 所示。

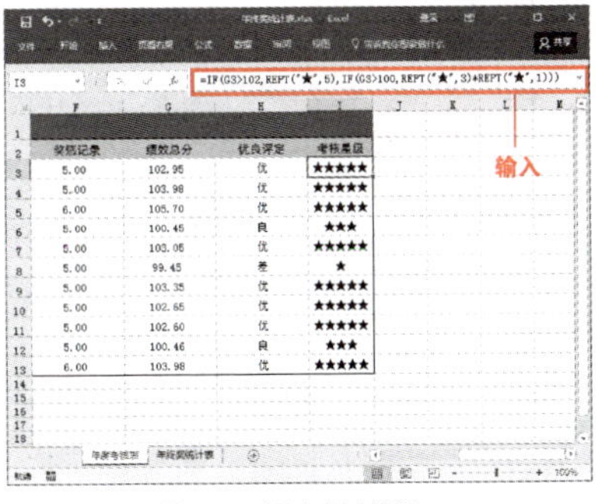

奖惩记录	绩效总分	优良评定	考核星级
5.00	102.95	优	★★★★★
5.00	103.98	优	★★★★★
6.00	105.70	优	★★★★★
5.00	100.45	良	★★★
5.00	103.05	优	★★★★★
5.00	99.45	差	★
5.00	103.35	优	★★★★★
5.00	102.65	优	★★★★★
5.00	102.60	优	★★★★★
5.00	100.46	良	★★★
6.00	103.98	优	★★★★★

图 8-4　评定考核等级

REPT 函数可以按照定义的次数重复显示文本，相当于复制文本。

语法格式为：REPT(text，number_times)

其中：text 参数表示需要重复显示的文本；number_times 参数表示指定文本重复显示的次数。

示例：=REPT("*–", 3) 将字符串显示 3 次，结果为 “*–*–*–” 。=REPT("–",10) 将短画线显示 10 次，结果为 “––––––––––” 。

技巧拓展

一般情况下，可以在“符号”对话框中找到“★”符号，如图 8-5 所示。但是在编辑公式时，“符号”功能是不可用的，利用相关输入法（此处以搜狗输入法示例），输入 wjx，即可在列表框中找到“★”符合，如图 8-6 所示。

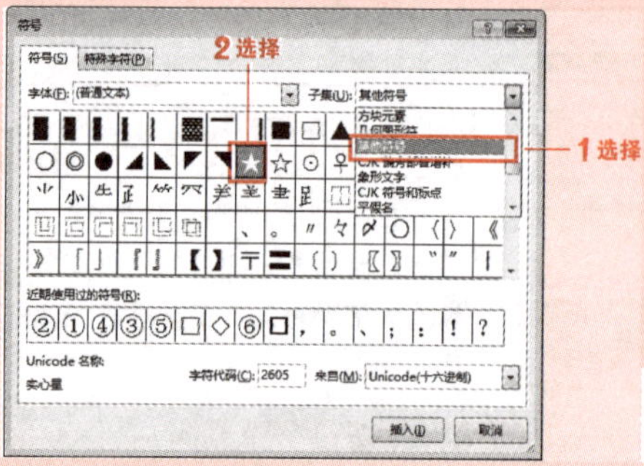

图 8-5 “符号”对话框

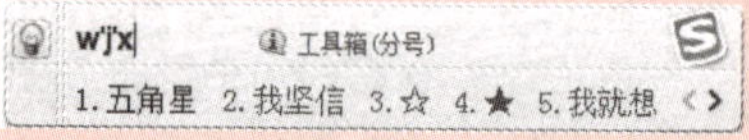

图 8-6 输入“★”符号

Extra tip

实例 144 INDEX 函数：查询员工实发年终奖

难度系数：★★★ 适用版本：全版本

技巧介绍： 小白发现，查找和引用类函数有很多，除了 VLOOKUP、HLOOKUP 和 LOOKUP 函数外，利用 INDEX 函数也可以查找相关单元格的信息，具体如何操作呢？

① 打开本节素材文件“素材\第 08 章\实例 144\年终奖统计表 .xlsx”，选择 I12 单元格，在编辑栏中输入计算公式：=INDEX(A3:F13,3,4)，按【Enter】键，即可返回员工应发年终奖，如图 8-7 所示。

② 选择 I13 单元格，在编辑栏中输入计算公式：=INDEX(A5:F5,5)，按【Enter】键，即可返回员工扣个税，如图 8-8 所示。

③ 选择 I14 单元格，在编辑栏中输入计算公式：=INDEX(F3:F13,3)，按【Enter】键，即可返回员工实发年终奖。

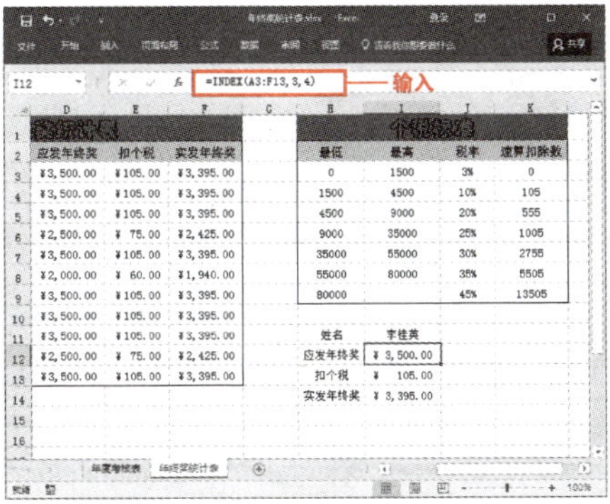

图 8-7　查询应发年终奖

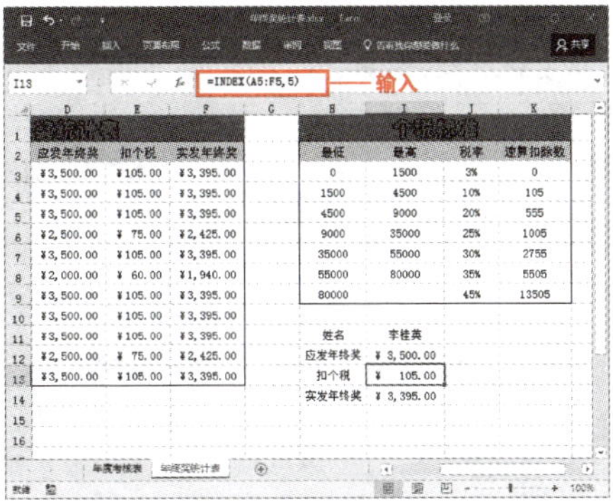

图 8-8　查询扣个税

INDEX 函数根据指定的表格区域及二维坐标，返回相关值的引用。

语法格式为：INDEX(array,row_num,column_num)

其中：array 参数为单元格区域或数组常数；row_num 参数为数组中某行的行序号，函数从该行返回数值；column_num 参数为数组中某列的列序号，函数从该列返回数值。如果省略 row_num，则必须有 column_num；如果省略 column_num，则必须有 row_num。

技巧拓展

INDEX 函数还有另外一种引用形式，其语法格式为：INDEX(reference, row_num, [column_num], [area_num])

其中：reference 参数为对一个或多个单元格区域的引用。如果引用一个不连续的区域，必须将其用括号括起来。row_num 参数与 column_num 参数的含义与数组形式中的含义是一样的。area_num 参数为选择引用中的一个区域，选中或输入的第一个区域序号为 1，第二个为 2，以此类推。如果省略 area_num，则 INDEX 使用区域 1。

示例：=INDEX((A1:C6, A8:C11),2,2,2) 解释为：返回第二个单元格区域 A8:C11 中第二行和第二列的交叉处，即 B9 单元格的内容。

Extra tip

实例 145 MATCH 函数：返回单元格所在位置

难度系数：★★★　适用版本：全版本

技巧介绍： INDEX 函数是根据位置查找单元格内容的，与之相对的 MATCH 函数则可以根据单元格内容返回对应的顺序号。

打开本节素材文件“素材\第 08 章\ 实例145\ 年终奖统计表 .xlsx”，选择 J12 单元格，在编辑栏中输入计算公式：=MATCH(H12,B3:B13,0)，按【Enter】键，即可返回“王娟”文本在 B3:B13 单元格区域中的位置，如图 8–9 所示。

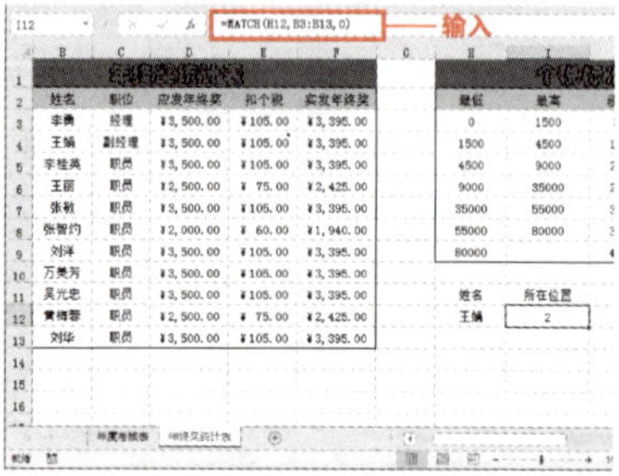

图 8–9　计算单元格位置

MATCH 函数用于返回指定数值在指定区域中的位置。

语法格式为：MATCH(lookup_value, lookup_array, match_type)

其中：lookup_value 参数为需要在单元格区域中查找的值。lookup_array 参数为可能包含有所要查找数值的连续的单元格区域。match_type 参数为 1 时，查找小于或等于 lookup_value 的最大数值，lookup_array 必须按升序排列；为 0 时，查找等于 lookup_value 的第一个数值；为 –1 时，查找大于或等于 lookup_value 的最小数值，lookup_array 必须按降序排列。

技巧拓展

MATCH 函数只能返回一个顺序号（而不是二维坐标），所以数据所在的区域只能是连续的单行或连续的单列。

Extra tip ›››››››››››››

实例 146　INDEX 函数与 MATCH 函数综合应用：查询实发年终奖

难度系数：★★★★　适用版本：全版本

技巧介绍： 小白发现，在使用 INDEX 函数时，还需要自己确定所需单元格位置，而 MATCH 函数恰好提供了单元格位置，如果将两个函数组合在一起会怎么样呢？

打开本节素材文件“素材\第 08 章\实例 146\ 年终奖统计表 .xlsx”，选择 I12 单元格，在编辑栏中输入计算公式：=INDEX(F3:F13, MATCH(B4,B3:B13))，按【Enter】键，即可返回员工实发年终奖，如图 8–10 所示。

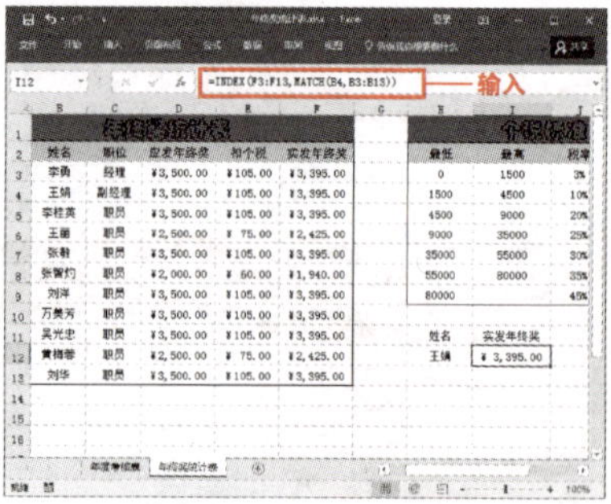

图 8–10　计算实发年终奖

在本实例中，先利用 MATCH(B4,B3:B13) 部分，第三参数省略，表示使用 0，即用精确匹配方式查询“王娟”文本在 B3:B13 单元格区域中的位置为“2”，然后利用 INDEX 函数返回 F3:F13 单元格区域第二行的值。

技巧拓展

已知利用 LOOKUP 函数可以实现快速查询，但 lookup_vector 的数值必须按升序排列，使用 INDEX 函数与 MATCH 函数组合，能够完成类似 VLOOKUP 函数和 HLOOKUP 函数的查找功能，并且不受排列顺序的限制。

Extra tip

实例 147　OFFSET 函数：计算部分员工的平均年终奖

难度系数：★★★★　适用版本：全版本

技巧介绍： 介绍了这么多查找和引用函数，还有一个最重要的 OFFSET 函数，可以追踪以某单元格为起点，向上（下）左（右）移动任意单元格后对应的单元格区域的信息。

打开本节素材文件“素材\第 08 章\实例 147\年终奖统计表.xlsx”，选择 I12 单元格，在编辑栏中输入计算公式：=AVERAGE(OFFSET(A3,2,5,9,1))，按【Enter】键，即可返回部分员工的平均年终奖，如图 8-11 所示。

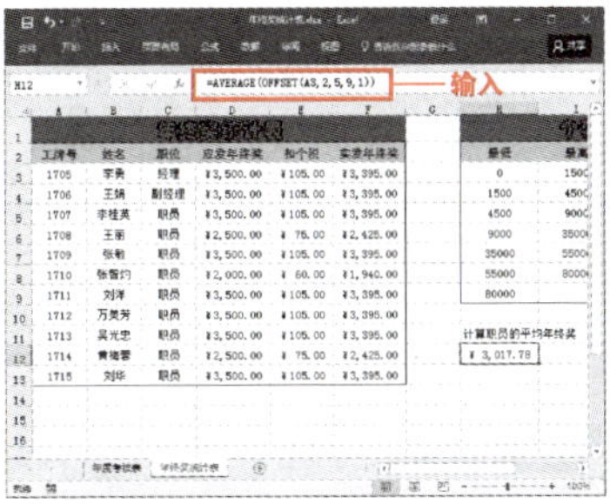

图 8-11　计算职员平均年终奖

OFFSET 函数以指定的引用为参照系，通过给定偏移量得到新的引用。返回的引用可以为一个单元格或单元格区域，并可以指定返回的行数或列数。

语法格式为：OFFSET(reference,rows,cols,height,width)

其中：reference 参数是偏移量参照系的引用区域；rows 参数是相对于偏移量参照系的左上角单元格，上（下）偏移的行数。行数可为正数（代表在起始引用的下方）或负数（代表在起始引用的上方）；cols 参数是相对于偏移量参照系的左上角单元格，左（右）偏移的列数。列数可为正数（代表在起始引用的右边）或负数（代表在起始引用的左边）；height 为高度，即所要返回的引用区域的行数，必须为正数；width 为宽度，即所要返回的引用区域的列数，必须为正数。

本实例中的 OFFSET(A3,2,5,9,1) 公式解释为：以 A3 单元格为起点，向下 2 行，向右 5 列，到达 F5 单元格，引用以 F5 单元格为起点的 9 行 1 列的单元格区域，即 F5:F13 单元格区域。

第1章 第2章 第3章 第4章 第5章 第6章 第7章 第8章 第9章 第10章

技巧拓展

OFFSET 函数是一个“半成品”函数，仅仅引用单元格区域并不能完成什么计算，需要与其余函数组合运用才能发挥其强大的作用。

Extra tip

实例 148 员工行为评价表

难度系数：★★★ 适用版本：全版本

技巧介绍： 员工行为评价表主要用于经理对员工的工作态度和工作业绩在内的各行为进行评价，并计算合计得分，最终确定考核评价等级，如图 8-12 所示。

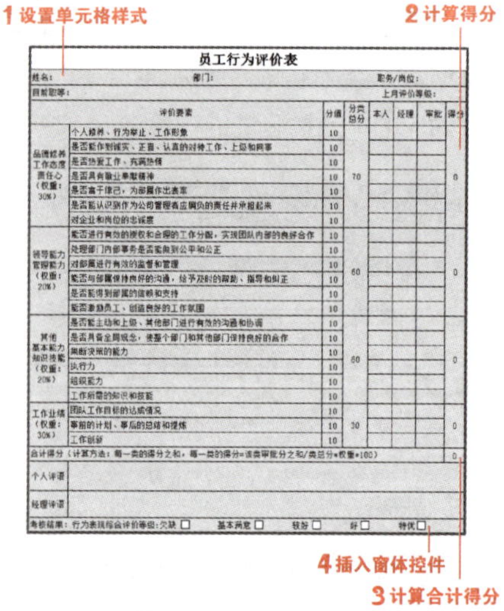

图 8-12 员工行为评价表

制作员工行为评价表主要包括输入基本内容、设置单元格样式、计算合计得分和插入窗体控件等操作。

1. 将表格标题 的“字体”设置为“宋体”，将“字号”设置为 16 并加粗。
2. 设置表格单元格样式为“好”，并设置表格文本字体“字号”为“10”。
3. 选择合并后的 H5 单元格，根据每一类的得分 = 该类审批分之和 / 类总分 × 权重 ×100，在编辑栏中输入计算公式：=SUM(G5:G11)/D5*30%*100，按照相同的计算方法，输入其余计算公式，如图 8-13 所示。
4. 在 H27 单元格中输入求和公式：=SUM(H5:H26)，计算合计得分。

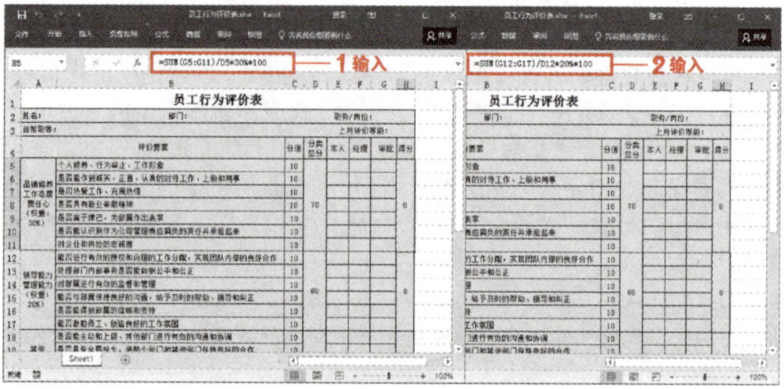

图 8-13 计算每一类的得分

技巧拓展

在合并后的 A30 单元格中插入的不是方框符号，而是窗体控件。

① 在功能区右击，在弹出的快捷菜单中选择“自定义功能区”命令，弹出“Excel 选项”对话框，在“主选项卡”列表框中选择“开发工具”复选框，单击“确定”按钮，如图 8-14 所示。

② 选择“开发工具”选项卡，在“控件”组中单击“插入”下拉按钮，选择“复选框（窗体控件）”选项，在 A30 单元格中的文本“欠缺”右侧单击，将插入“复选框 1”，如图 8-14 所示，删除复选框中的文本，并适当调整控件位置。按照同样的方法，插入并编辑其余控件。

③ 按住【Ctrl】键并选择插入的复选框，选择“格式”选项卡，在“排列”组中单击“对齐”下拉按钮，选择“顶端对齐”选项，将插入的窗体控件顶端对齐。

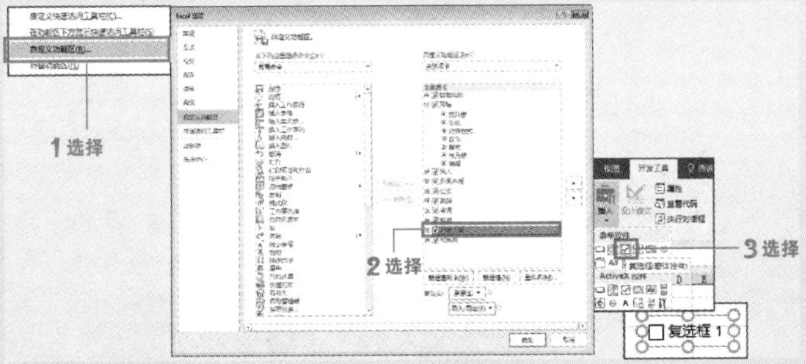

图 8-14　插入复选框

Extra tip

实例 149　办理五险一金通知函

难度系数：★★☆　适用版本：全版本

技巧介绍： 新进员工入职后需要办理或转入五险一金。若从未办理过则需要选择新办，若在原单位已经办理过相关业务，则需要转入现在的公司，如图 8-15 所示。

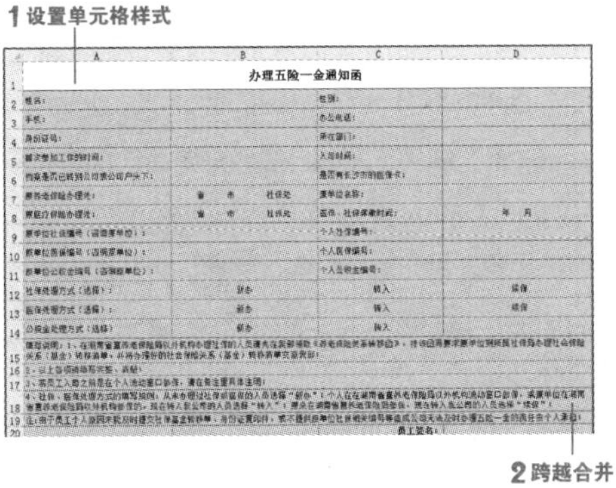

图 8-15　办理五险一金通知函

制作办理五险一金通知函主要包括输入基本内容、设置单元格样式等操作。

❶ 在输入表格基本内容时需要执行跨越合并单元格、自动换行等操作。

❷ 将表格标题的“字号”设置为 14 并加粗，并将表格主体部分的“字号”设置为 10。

❸ 将单元格样式设置为“输入”。

实例 150 五险一金申请表

难度系数：★★★ 适用版本：全版本

技巧介绍： 当员工办理五险一金时，首先需要提交五险一金申请表，申请表中除记录了员工的相关信息外，还记录了个人和公司的缴费比例、参保项目等内容，如图 8-16 所示。

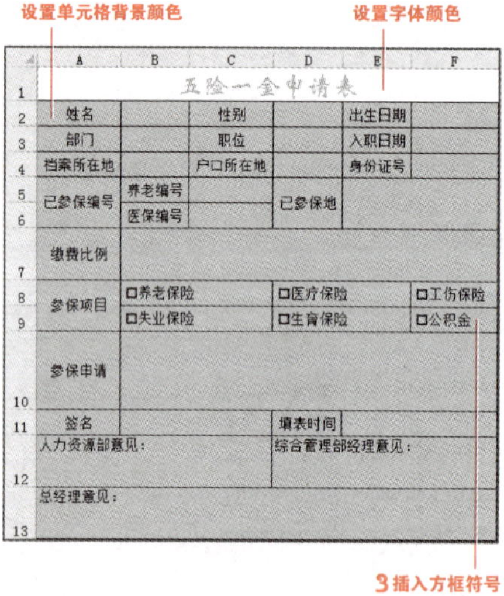

	A	B	C	D	E	F
1	五险一金申请表					
2	姓名		性别		出生日期	
3	部门		职位		入职日期	
4	档案所在地		户口所在地		身份证号	
5	已参保编号	养老编号		已参保地		
6		医保编号				
7	缴费比例					
8	参保项目	□养老保险		□医疗保险		□工伤保险
9		□失业保险		□生育保险		□公积金
10	参保申请					
11	签名			填表时间		
12	人力资源部意见：			综合管理部经理意见：		
13	总经理意见：					

图 8-16 五险一金申请表

制作五险一金申请主要包括输入基本内容、设置单元格填充颜色等操作。

1. 将表格标题的“字体”设置为“华文新魏”，将“字号”设置为 20，设置标题颜色为“橙色”。
2. 设置单元格背景颜色为“浅绿”。

技巧拓展

在插入方框符号时，先在所需单元格中输入“o”和相关文本内容，然后选择 B8:F9 单元格区域，将字体设置为 Wingdings，即可快速插入方框符号。

Extra tip >>>>>>>>>>>>>

实例 151 带薪年休假申请单

难度系数：★★★ 适用版本：全版本

技巧介绍： 累计工作已满 1 年不满 10 年的，年休假 5 天；已满 10 年不满 20 年的，年休假 10 天；以此类推。员工申请休假时需向公司提交带薪年休假申请单，如图 8-17 所示。

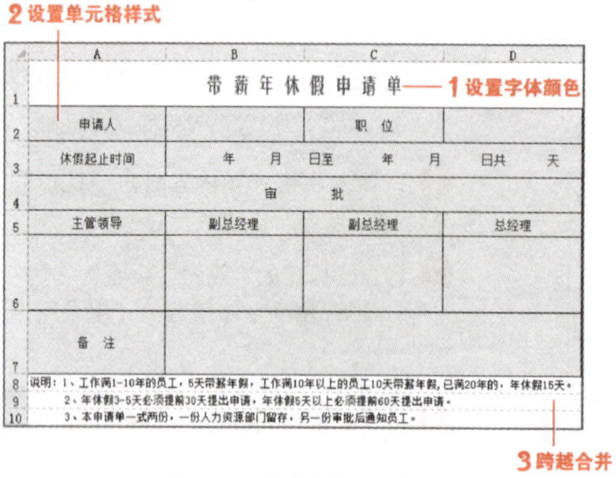

	A	B	C	D
1	带薪年休假申请单			
2	申请人		职位	
3	休假起止时间	年 月 日至	年 月	日共 天
4	审批			
5	主管领导	副总经理	副总经理	总经理
6				
7	备注			
8	说明：1、工作满1-10年的员工，5天带薪年假，工作满10年以上的员工10天带薪年假，已满20年的，年休假15天。			
9	2、年休假3-5天必须提前30天提出申请，年休假5天以上必须提前60天提出申请。			
10	3、本申请单一式两份，一份人力资源部门留存，另一份审批后通知员工。			

图 8-17 带薪年休假申请单

制作带薪年休假申请单主要包括输入基本内容、设置单元格样式和跨越合并等操作。

1. 在输入基础内容时需要执行跨越合并操作。
2. 将表格标题的“字体”设置为“方正姚体”，将“字号”设置为 18，并设置字体颜色为“红色”。
3. 将表格单元格样式设置为“好”。

实例 152 员工旅游意向调查表

难度系数：★★★　适用版本：全版本

技巧介绍：公司组织旅游活动时，为满足大部分员工的需求，可以通过填写员工旅游意向调查表，征集员工意见，如图 8-18 所示，并积极采纳提出的意见或建议，组织一次令人满意的旅游活动。

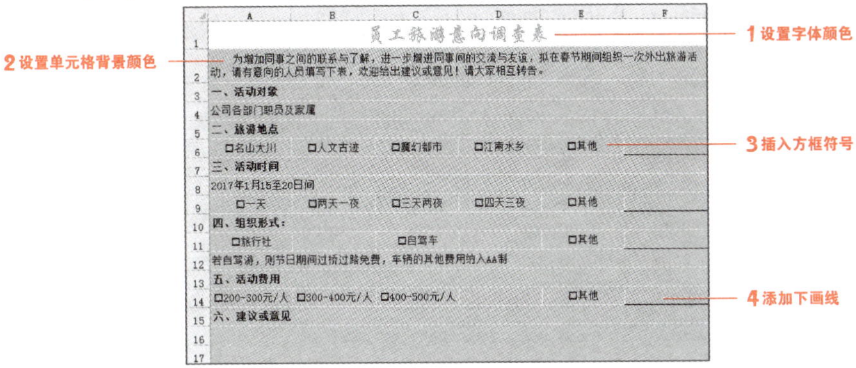

图 8-18　员工旅游意向调查表

制作员工旅游意向调查表主要包括输入基本内容、插入方框符号和设置单元格填充颜色等操作。

① 将表格标题的“字体”设置为“华文行楷”，将“字号”设置为 22，并设置字体颜色为“浅蓝”。

② 根据需要，利用“跨越合并”功能快速合并单元格区域，将表格基本内容的字体颜色设置为“绿色，个性色 6，深色 50%”，如图 8-19 所示。

③ 设置单元格填充颜色为“浅绿”，并为表格添加浅灰色边框，如图 8-20 所示。

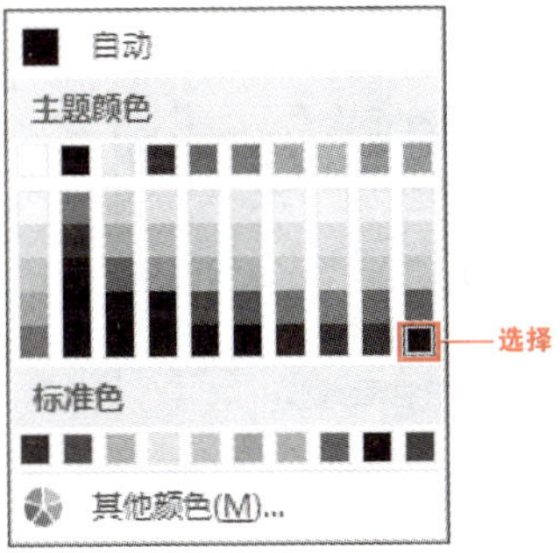

图 8-19　设置字体颜色

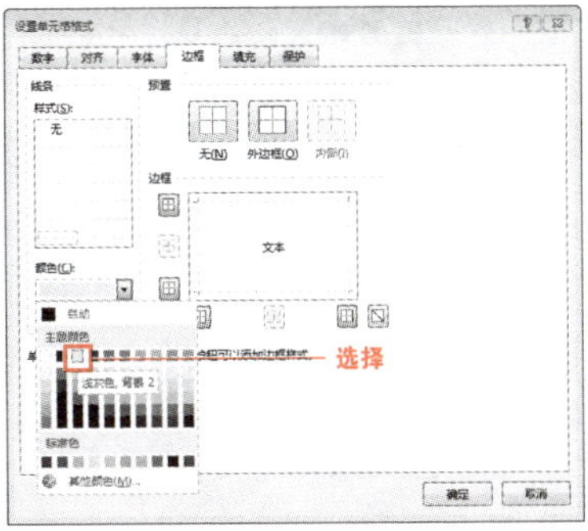

图 8-19　添加边框

技巧拓展

A14:C14 单元格区域中的方框符号需要单独为文本“o”设置字体格式；按住【Ctrl】键，选择 F6、F9、F11、F14 单元格区域，在“字体”组中单击“下框线”按钮，即可添加下画线。

Extra tip

实例 153 旅游报名表

难度系数：★★★ 适用版本：全版本

技巧介绍： 当公司组织旅游活动时，需要填写旅游报名表，统计报名人数及身份证号码等信息，一次购买往返车票并安排员工食宿，以方便对旅游花费进行预算，如图 8-21 所示。

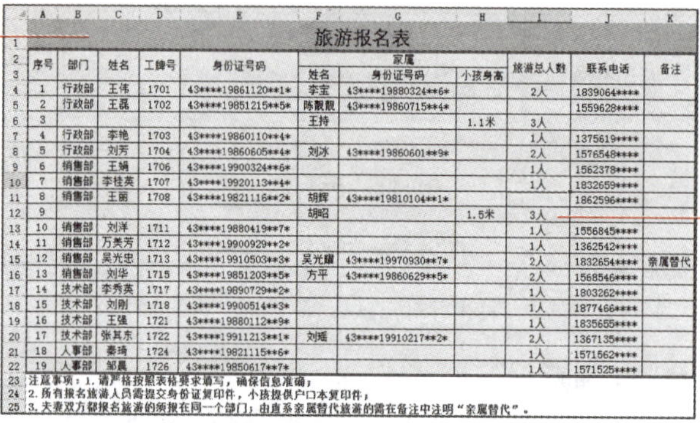

旅游报名表										
序号	部门	姓名	工牌号	身份证号码	家属			旅游总人数	联系电话	备注
					姓名	身份证号码	小孩身高			
1	行政部	王伟	1701	43****19861120**1*	李宝	43****19880324**6*		2人	1839064****	
2	行政部	王磊	1702	43****19851215**5*	陈靓靓	43****19860715**4*			1559628****	
3					王持		1.1米	3人		
4	行政部	李艳	1703	43****19860110**4*				1人	1375619****	
5	行政部	刘芳	1704	43****19860605**4*	刘冰	43****19860601**9*		2人	1576548****	
6	销售部	王娟	1706	43****19900324**6*				1人	1562378****	
7	销售部	李桂英	1707	43****19920113**4*				1人	1832659****	
8	销售部	王丽	1708	43****19821116**2*	胡辉	43****19810104**1*			1862596****	
9					胡昭		1.5米	3人		
10	销售部	刘洋	1711	43****19880419**7*				1人	1556845****	
11	销售部	万美芳	1712	43****19900929**2*				1人	1362542****	
12	销售部	吴光忠	1713	43****19910503**3*	吴光耀	43****19970930**7*		2人	1832654****	亲属替代
13	销售部	刘华	1715	43****19851203**5*	方平	43****19860629**5*		2人	1568546****	
14	技术部	李秀英	1717	43****19890729**2*				1人	1803262****	
15	技术部	刘刚	1718	43****19900514**3*				1人	1877466****	
16	技术部	王强	1721	43****19880112**9*				1人	1835655****	
17	技术部	张其东	1722	43****19911213**1*	刘瑶	43****19910217**2*		2人	1367135****	
18	人事部	秦琦	1724	43****19821115**6*				1人	1571562****	
19	人事部	邹晨	1726	43****19850617**7*				1人	1571525****	

注意事项：1. 请严格按照表格要求填写，确保信息准确；
2. 所有报名旅游人员需提交身份证复印件，小孩提供户口本复印件；
3. 夫妻双方都报名旅游的须报在同一个部门；由直系亲属替代旅游的需在备注中注明“亲属替代”。

图 8-21 旅游报名表

制作旅游报名表主要包括输入基本内容、设置单元格填充颜色、自定义数字格式和设置字体颜色等操作。

① 将表格标题的“字体”设置为“华文细黑”，将“字号”设置为 20，并设置标题单元格背景颜色为“金色，个性色 4”，如图 8-22 所示。

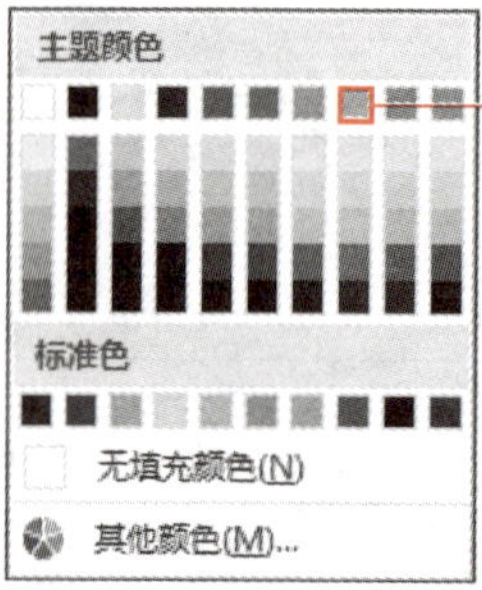

图 8-22 设置单元格填充颜色 -1

② 将 A2:K22 单元格区域的背景颜色设置为“蓝色，个性色 5，淡色 80%”，如图 8-23 所示。

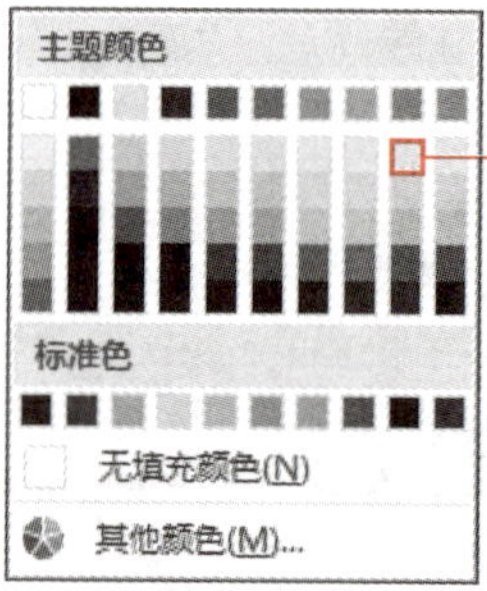

图 8-23 设置单元格填充颜色 -2

③ 在“设置单元格格式”对话框中，将 H4:H22 单元格区域的数字格式自定义为：#.#" 米 "，将 I4:I22 单元格区域的数字格式自定义为：#" 人 "。

技巧拓展

在输入身份证号码时，注意在身份证号码之前输入英文状态下的单引号，将输入的数据内容转化为文本。

Extra tip >>>>>>>>>>>>>

实例 154 旅游出行确认表

难度系数：★★★　适用版本：全版本

技巧介绍： 在组织活动的过程中，经常遇到员工因有急事而不能参与其中的情况，当不能参加时也可说明原因并放弃参加机会或让他人代替参加，如图 8-24 所示。

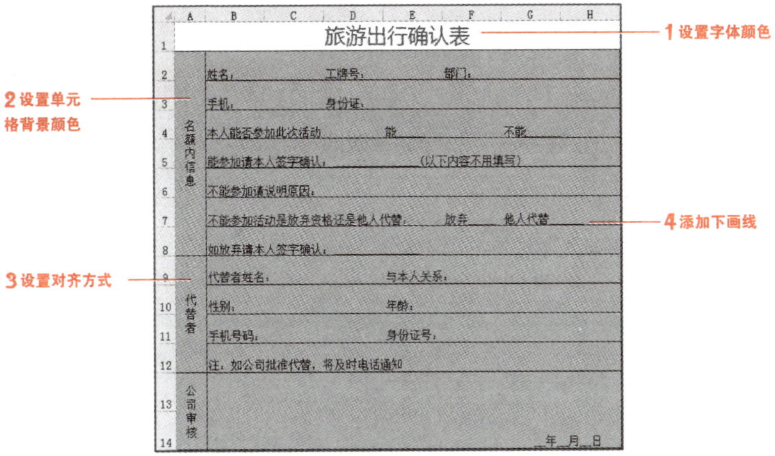

图 8-24　旅游出行确认表

制作旅游出行确认表主要包括输入基本内容、设置单元格填充颜色、设置对齐方式和添加下画线等操作。

① 将表格标题的“字体”设置为“微软雅黑”，将“字号”设置为 22，并设置字体颜色为“橙色，个性色 2，深色 25%”，如图 8-25 所示。

② 设置表格单元格填充颜色为“橙色，个性色 2，淡色 40%”，如图 8-26 所示。

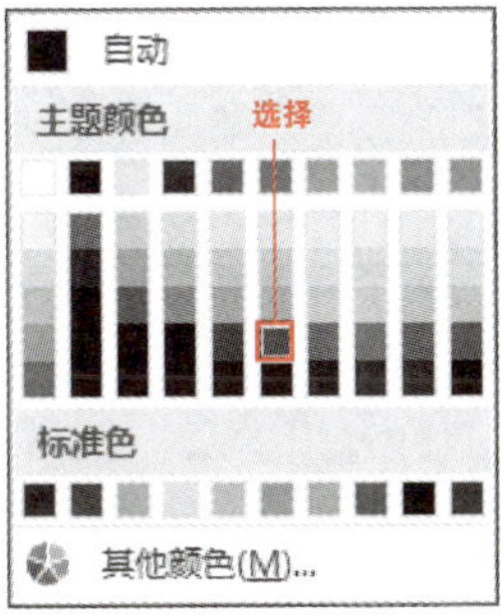

图 8-25　设置字体颜色

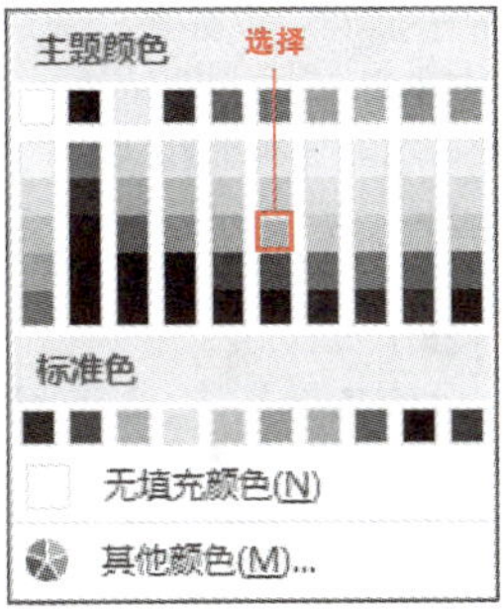

图 8-26　设置单元格填充颜色

③ 将 A 列单元格的文字方式设置为“竖排文字”，将 B2:H15 单元格区域设置为“底端对齐”。

④ 将鼠标定位至 E4 单元格中的“能”字右侧，输入一定数量的空格，选择输入的空格，按【Ctrl+U】组合键，添加下画线。

技巧拓展

直接单击“下框线”按钮，可以为单元格添加边框；直接单击“下画线”按钮，可以为文字添加边框。

Extra tip>>>>>>>>>>>>>

实例 155 旅游费用统计表

难度系数：★★★ 适用版本：全版本

技巧介绍： 为了提供更好的旅游体验，人事部职员可以预收旅游费用，统计旅游途中的实际费用，并退还或补缴费用差额，这就需要制作旅游费用统计表，如图 8-27 所示。

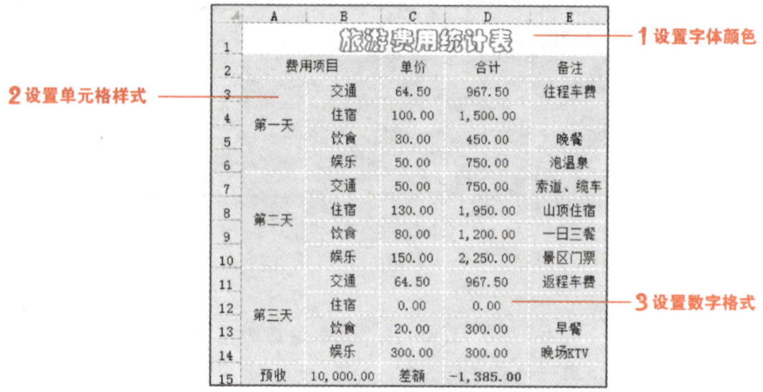

	A	B	C	D	E
1	旅游费用统计表				
2	费用项目		单价	合计	备注
3	第一天	交通	64.50	967.50	往程车费
4		住宿	100.00	1,500.00	
5		饮食	30.00	450.00	晚餐
6		娱乐	50.00	750.00	泡温泉
7	第二天	交通	50.00	750.00	索道、缆车
8		住宿	130.00	1,950.00	山顶住宿
9		饮食	80.00	1,200.00	一日三餐
10		娱乐	150.00	2,250.00	景区门票
11	第三天	交通	64.50	967.50	返程车费
12		住宿	0.00	0.00	
13		饮食	20.00	300.00	早餐
14		娱乐	300.00	300.00	晚场KTV
15	预收	10,000.00	差额	-1,385.00	

图 8-27 旅游费用统计表

制作旅游费用统计表主要包括输入基本内容、设置单元格样式和设置数字格式等操作。

1. 将标题文本的“字体”设置为“华文彩云”，将“字号”设置为20并加粗，设置字体颜色为“橙色，个性色 2”，如图 8-28 所示。

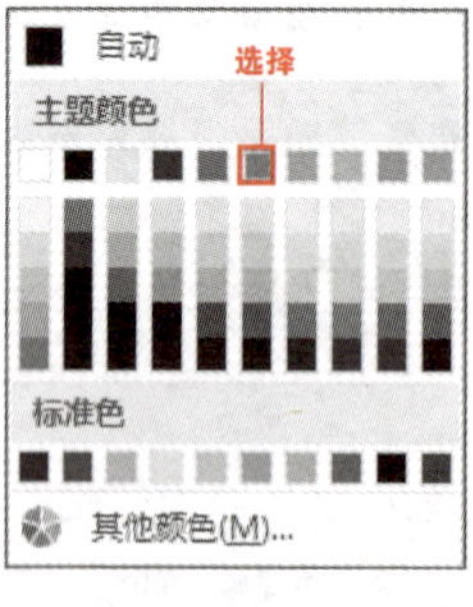

图 8-28 设置字体颜色

2. 将单元格样式设置为“好”，并添加白色边框，如图 8-29 所示。

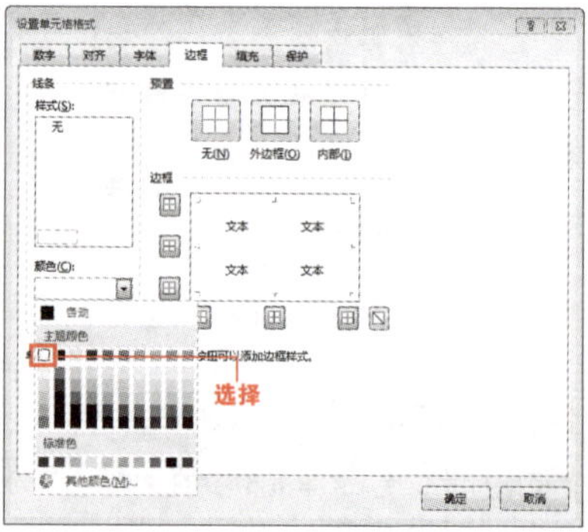

图 8-29 设置边框线条颜色

③ 选择 C3:D14、B15、D15 单元格区域，设置数字格式为“货币”，设置货币符号为“无”，并设置负数格式，如图 8-30 所示。

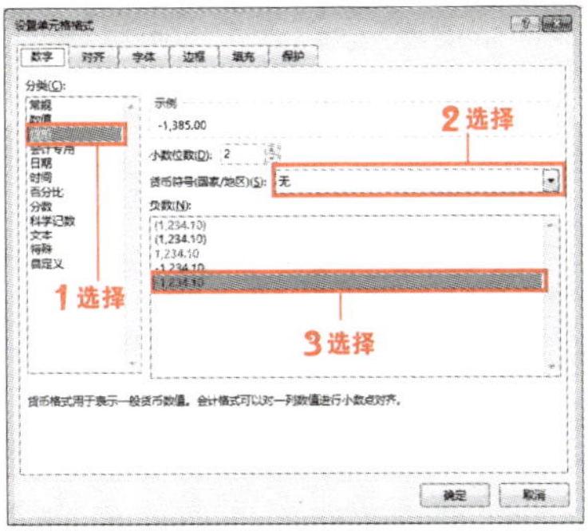

图 8-30　设置数字格式

技巧拓展

本实例中添加的边框是白色的，仅仅通过“边框”选项组中的预览窗口并不能判断是否添加了边框，但在设置了边框的状态下，预览窗口四周的边框按钮呈激活状态，由此判断表格边框的设置情况。

Extra tip >>>>>>>>>>>>>

实例 156 员工个人健康档案

难度系数：★★★　适用版本：全版本

技巧介绍： 员工入职时会组织员工进行体检，每隔一段时间也会对员工的身体健康进行检查，员工个人健康档案则记录了各检查的日期、项目、检查结果及采取措施，如图 8-31 所示。

图 8-31　员工个人健康档案

制作员工个人健康档案主要包括输入基本内容、设置单元格样式和自定义数字格式等操作。

① 设置表格标题文本的“字体”为“方正姚体”，设置“字号”为 20，设置字体颜色为“深蓝”。

② 将表格区域的单元格样式设置为“输入”。

③ 自定义 A5:A30 单元格区域数字格式为：“00#”。

技巧拓展

若将 A5:A30 单元格区域的数字格式设置为“文本”，则可直接在单元格中输入 001。

Extra tip >>>>>>>>>>>>>

实例 157 医疗费用报销申请表

难度系数：★★★ 适用版本：全版本

技巧介绍： 当由于工伤或其他原因需要向公司报销医疗费用时，需要提交医疗费用报销申请表，经过各部门审核后，即可为员工报销部分医疗费用，减轻医疗负担，如图 8-32 所示。

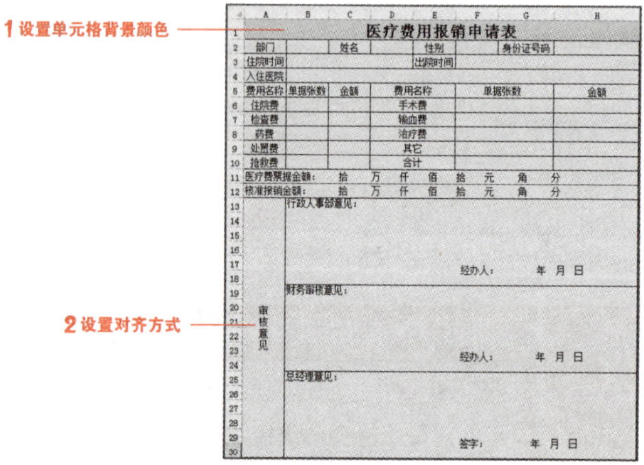

图 8-32 医疗费用报销申请表

制作医疗费用报销申请表主要包括输入基本内容、设置单元格填充颜色和设置对齐方式等操作。

① 将表格标题的"字体"设置为"仿宋_GB2312"，将"字号"设置为 20 并加粗，设置标题单元格填充颜色为"绿色，个性色 6，淡色 40%"，如图 8-33 所示。

② 将 A2:H30 单元格区域的填充颜色设置为"金色，个性色 4，淡色 60%"，如图 8-34 所示。

③ 将合并后的 A13 单元格的文字方向设置为"竖排文字"，并利用【Alt+Enter】组合键输入 B13 单元格中的文本内容。

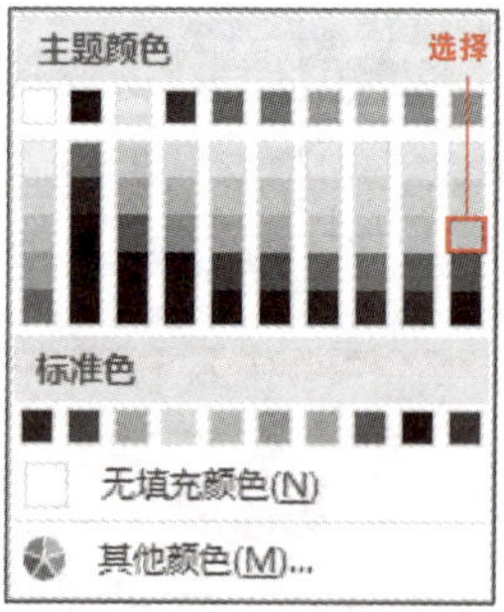

图 8-33 设置单元格填充颜色 -1

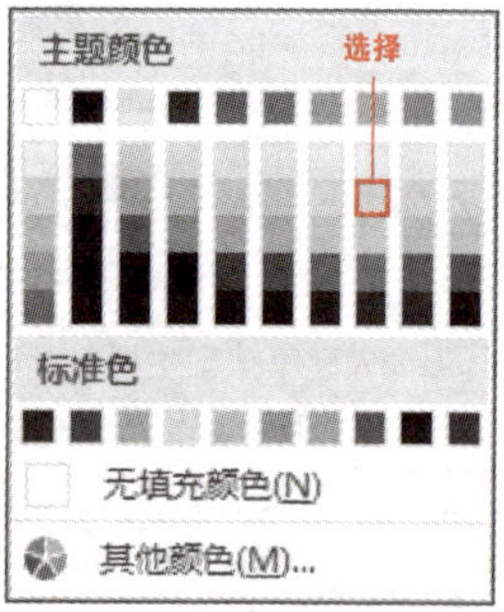

图 8-34 设置单元格填充颜色 -2

技巧拓展

当需要在工作表中输入大写金额时，有两种常用方法。

① 打开“设置单元格格式”对话框，选择“特殊”选项，在“类型”列表框中选择“中文大写数字”选项，如图 8-35 所示。

② 选择搜狗输入法，先输入“v”，继续输入数字，输入完毕后可从输入法的列表框中选择所需的文本内容，如图 8-36 所示。

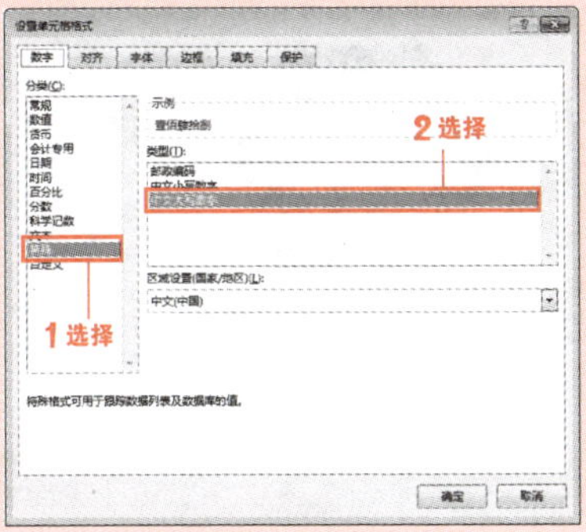

图 8-35　设置数字格式

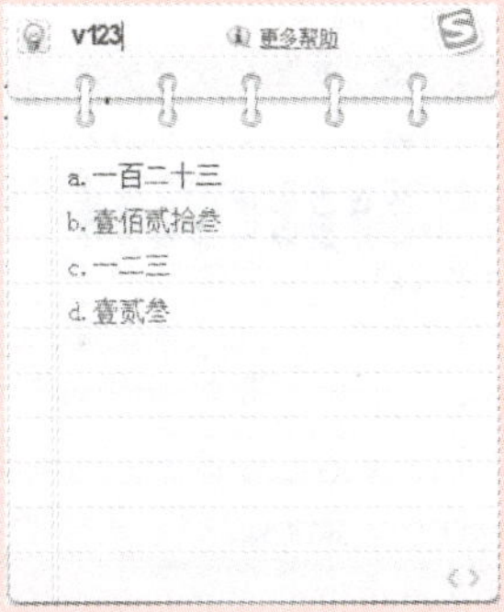

图 8-36　用输入法输入大写数字

Extra tip

实例 158

难度系数：★★★★

适用版本：全版本

员工医疗费用统计表

技巧介绍： 员工医疗费用统计表主要记录员工报销医疗费用种类、医疗费用及报销金额，如图 8-37 所示，可以利用“数据验证”功能制作下拉列表。

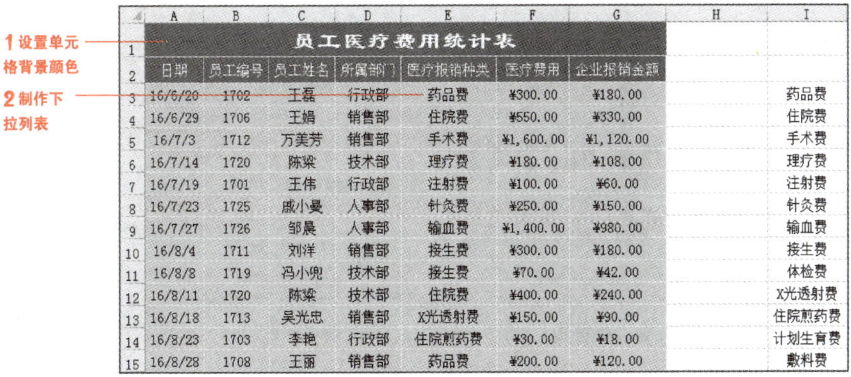

	A	B	C	D	E	F	G	H	I
1	员工医疗费用统计表								
2	日期	员工编号	员工姓名	所属部门	医疗报销种类	医疗费用	企业报销金额		
3	16/6/20	1702	王磊	行政部	药品费	¥300.00	¥180.00		药品费
4	16/6/29	1706	王娟	销售部	住院费	¥550.00	¥330.00		住院费
5	16/7/3	1712	万美芳	销售部	手术费	¥1,600.00	¥1,120.00		手术费
6	16/7/14	1720	陈粱	技术部	理疗费	¥180.00	¥108.00		理疗费
7	16/7/19	1701	王伟	行政部	注射费	¥100.00	¥60.00		注射费
8	16/7/23	1725	戚小曼	人事部	针灸费	¥250.00	¥150.00		针灸费
9	16/7/27	1726	邹晨	人事部	输血费	¥1,400.00	¥980.00		输血费
10	16/8/4	1711	刘洋	销售部	接生费	¥300.00	¥180.00		接生费
11	16/8/8	1719	冯小兜	技术部	接生费	¥70.00	¥42.00		体检费
12	16/8/11	1720	陈粱	技术部	住院费	¥400.00	¥240.00		X光透射费
13	16/8/18	1713	吴光忠	销售部	X光透射费	¥150.00	¥90.00		住院煎药费
14	16/8/23	1703	李艳	行政部	住院煎药费	¥30.00	¥18.00		计划生育费
15	16/8/28	1708	王丽	销售部	药品费	¥200.00	¥120.00		敷料费

图 8-37　员工医疗费用统计表

制作员工医疗费用统计表主要包括输入基本内容、设置单元格填充颜色、设置表格边框和添加数据验证功能等操作。

① 将表格标题的“字体”设置为“隶书”，将“字号”设置为 20 并加粗，设置标题及列标题的单元格填充颜色为“蓝色，个性色 1”，如图 8-38 所示。

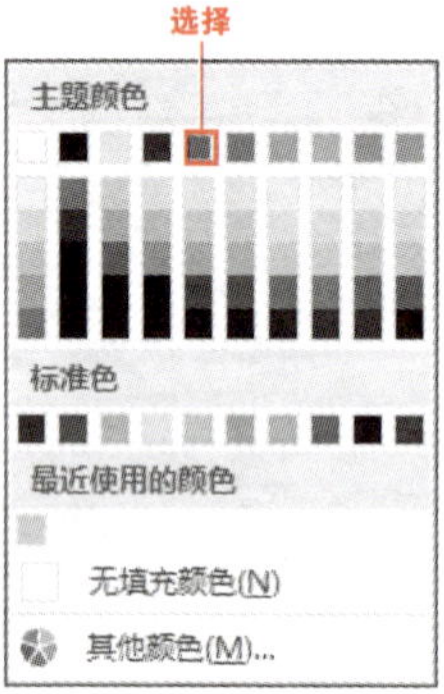

图 8-38　设置单元格填充颜色 -1

② 选择 A3:G15 单元格区域，单击“填充颜色”下拉按钮，选择“其他颜色”选项，弹出“颜色”对话框，按照如图 8-39 所示设置单元格的背景颜色。

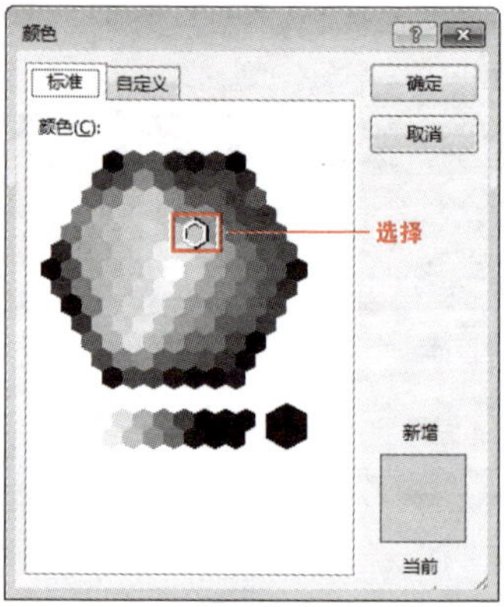

图 8-39　设置单元格填充颜色 -2

③ 单击“下框线”下拉按钮，设置线条颜色为“浅灰色，背景 2”，如图 8-40 所示。选择“绘制边框网格”选项，在 A2:G15 单元格区域绘制浅灰色的边框网格。

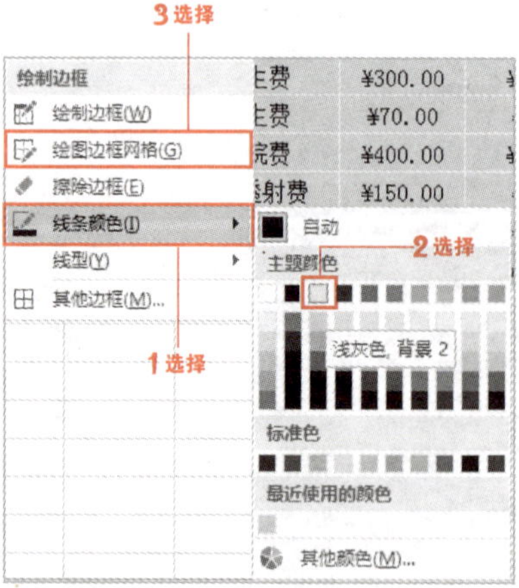

图 8-40　绘制浅灰色边框网格

④ 选择 D3:D15 单元格区域，选择“数据”选项卡，单击“数据验证”按钮，弹出“数据验证”对话框，选择“设置”选项卡，设置“允许”选项为“序列”，在“来源”文本框中输入文本内容，如图 8-41 所示，单击“确定”按钮，即可为单元格区域添加下拉列表。

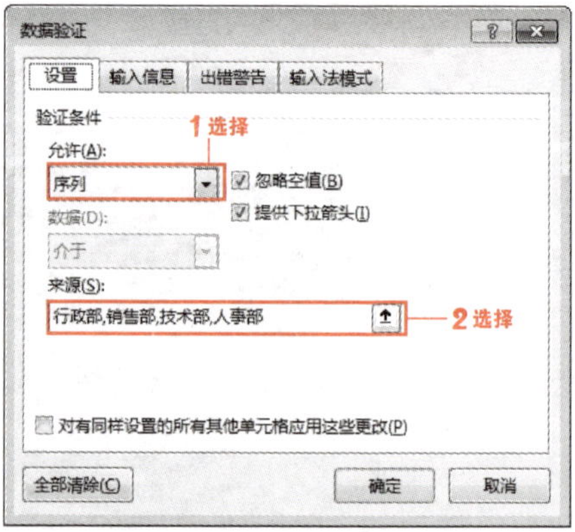

图 8-41　添加下拉列表

⑤ 选择 G3 单元格，在编辑栏中输入计算公式：=IF(F3>=1200,F3*0.7,F3*0.6)，当医疗费用不同时，计算企业报销金额的方法也不同。

技巧拓展

当需要输入的文本内容较多时，可以采取引用单元格区域的方法快速输入，选择 E3:E15 单元格区域，打开“数据验证”对话框，选择“设置”选项卡，设置“允许”为“序列”，单击“来源”文本框右侧的折叠按钮，选取数据来源区域，如图 8-42 所示。

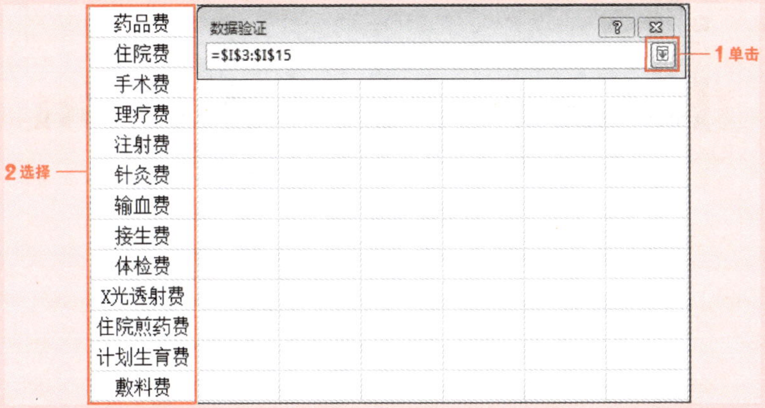

图 8-42　引用数据区域

Extra tip >>>>>>>>>>>>>

实例 159　年度考核表

技巧介绍： 为了更好地评价一年来员工为公司所做的贡献，可以组织年度考核，从假勤考评、工作表现和奖惩记录等方面评定员工绩效总分，并由此发放年终奖金，如图 8-43 所示。

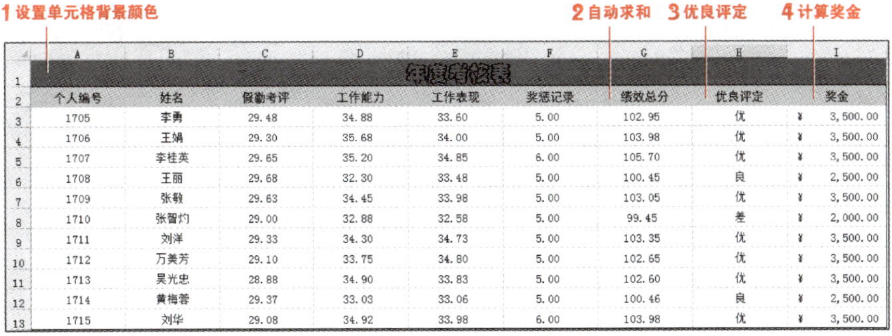

个人编号	姓名	假勤考评	工作能力	工作表现	奖惩记录	绩效总分	优良评定	奖金
1705	李勇	29.48	34.88	33.60	5.00	102.95	优	¥ 3,500.00
1706	王娟	29.30	35.68	34.00	5.00	103.98	优	¥ 3,500.00
1707	李桂英	29.65	35.20	34.85	6.00	105.70	优	¥ 3,500.00
1708	王丽	29.68	32.30	33.48	5.00	100.45	良	¥ 2,500.00
1709	张毅	29.63	34.45	33.98	5.00	103.05	优	¥ 3,500.00
1710	张智灼	29.00	32.88	32.58	5.00	99.45	差	¥ 2,000.00
1711	刘洋	29.33	34.30	34.73	5.00	103.35	优	¥ 3,500.00
1712	万美芳	29.10	33.75	34.80	5.00	102.65	优	¥ 3,500.00
1713	吴光忠	28.88	34.90	33.83	5.00	102.60	优	¥ 3,500.00
1714	黄梅蓉	29.37	33.03	33.06	5.00	100.46	良	¥ 2,500.00
1715	刘华	29.08	34.92	33.98	6.00	103.98	优	¥ 3,500.00

图 8-43　年度考核表

制作年度考核表主要包括输入基本内容、设置单元格填充颜色、进行优良评定和计算发放奖金等操作。

1 将表格标题的“字体”设置为“华文彩云”，将“字号”设置为20并加粗，设置合并后的A1单元格填充颜色为“橙色，个性色2，深色25%”，如图8-44所示。

2 设置表格列标题文本的“字体”为“华文细黑”，并设置单元格填充颜色为“浅绿”，如图8-45所示。

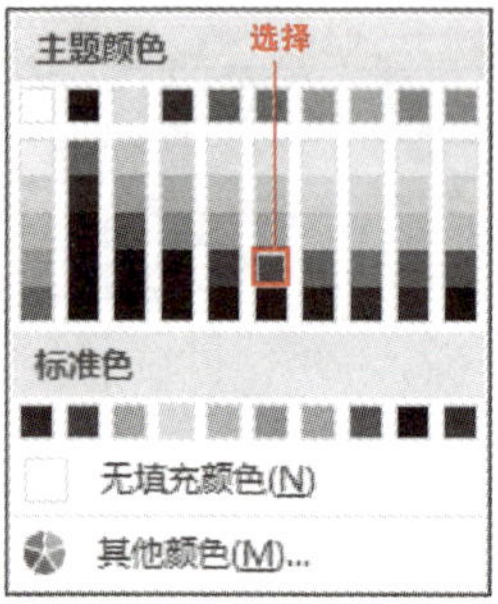

图8-44 设置单元格填充颜色-1

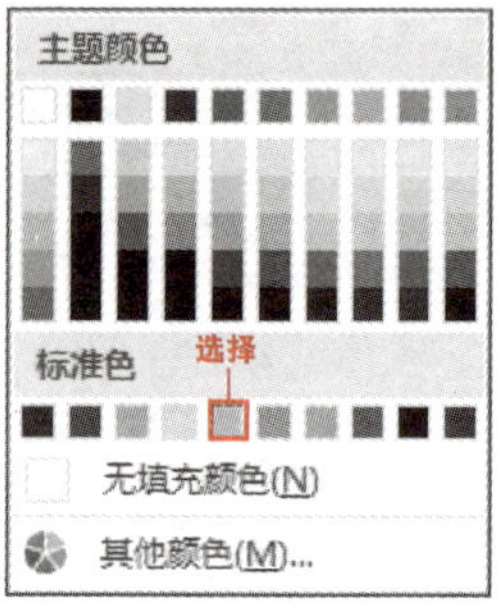

图8-45 设置单元格填充颜色-2

3 选择C3:F13单元格区域，在“编辑”组中单击“自动求和”按钮，求得“绩效总分”。

4 选择H3单元格，在编辑栏中输入计算公式：=IF(G3>=102,"优",IF(G3>=100,"良","差"))。

5 选择I3单元格，在编辑栏中输入计算公式：=IF(H3="优",3500,IF(H3="良",2500,2000))，选择H3:I13单元格区域，双击右下角的填充手柄，复制计算公式。

6 将C3:G13单元格区域的数字格式设置为“数值”，将I3:I13单元格区域的数字格式设置为“会计专用”。

实例160 年终奖统计表

难度系数：★★★ 适用版本：全版本

技巧介绍： 发放年终奖与发放月工资一样，根据绩效考核所得的应发年终奖扣除个人所得税，则为实发年终奖数额，年终奖统计表即用来计算员工的实发年终奖，如图8-46所示。

	A	B	C	D	E	F
1	年终奖统计表					
2	工牌号	姓名	职位	应发年终奖	扣个税	实发年终奖
3	1705	李勇	经理	¥3,500.00	¥105.00	¥3,395.00
4	1706	王娟	副经理	¥3,500.00	¥105.00	¥3,395.00
5	1707	李桂英	职员	¥3,500.00	¥105.00	¥3,395.00
6	1708	王丽	职员	¥2,500.00	¥75.00	¥2,425.00
7	1709	张敏	职员	¥3,500.00	¥105.00	¥3,395.00
8	1710	张智灼	职员	¥2,000.00	¥60.00	¥1,940.00
9	1711	刘洋	职员	¥3,500.00	¥105.00	¥3,395.00
10	1712	万美芳	职员	¥3,500.00	¥105.00	¥3,395.00
11	1713	吴光忠	职员	¥3,500.00	¥105.00	¥3,395.00
12	1714	黄梅蓉	职员	¥2,500.00	¥75.00	¥2,425.00
13	1715	刘华	职员	¥3,500.00	¥105.00	¥3,395.00

	H	I	J	K
1	个税标准			
2	最低	最高	税率	速算扣除数
3	0	1500	3%	0
4	1500	4500	10%	105
5	4500	9000	20%	555
6	9000	35000	25%	1005
7	35000	55000	30%	2755
8	55000	80000	35%	5505
9	80000		45%	13505

1 计算应发数额
2 计算扣个税
3 计算实发数额

图8-46 年终奖统计表

因为年终奖统计表与年度考核表同属于一个工作簿，所以其单元格设置与年度考核表相同，这里不再赘述，制作年终奖统计表主要包括引用应发年终奖、计算扣个税等操作。

1 选择 D3 单元格，在编辑栏中输入计算公式：=LOOKUP(A3, 年度考核表 !$A$3:$I$13)，引用应发年终奖金。

2 选择 E3 单元格，在编辑栏中输入计算公式：=VLOOKUP(D3/12,$H$3:$K$9,3)*(D3)–IF(D3/12>1500,VLOOKUP(D3/12,$H$3:$K$9,4))，计算个人所得税，如图 8–47 所示。

3 选择 F3 单元格，在编辑栏中输入计算公式：=D3–E3，计算实发年终奖金。

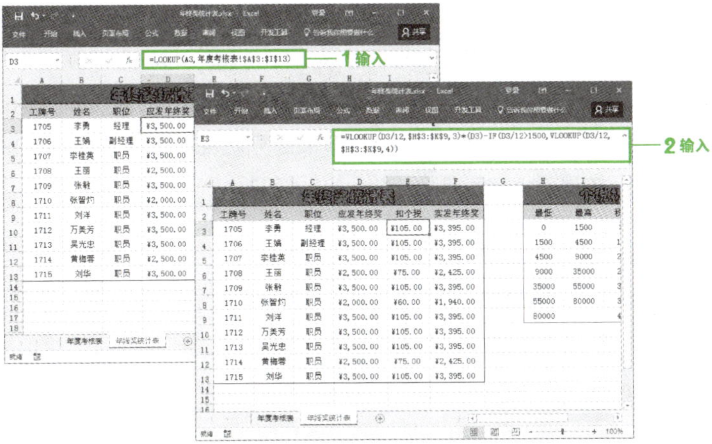

图 8–47　计算实发年终奖金

技巧拓展

选择 D3 单元格，当在编辑栏中输入：=INDEX(年度考核表 !$I$3:$I$13,MATCH(A3, $A$3:$A$13)) 时，也可从“年度考核表”中引用应发数额。

Extra tip >>>>>>>>>>>>>

职场小知识

零和游戏原理

简介：从零和走向双赢，通过相互合作、相互竞争，实现双方利益兼顾。

当看到两位对弈者时，就可以说他们正在玩“零和游戏”。因为在大多数情况下，总会有一个赢，一个输，如果把获胜计算为得 1 分，而输棋计算为得 –1 分，那么，这两人得分之和就是：1 +(–1)=0。一个游戏无论几个人来玩，总有输家和赢家，赢家所赢的都是输家所输的，所以无论输赢多少，正负相抵，最后游戏的总和都为零，这就是零和游戏。

零和游戏之所以为人所关注，是因为人们在社会生活中处处都能找到与零和游戏雷同或类似的局面。从个人到国家，从政治到经济，似乎无不验证了世界正是一个巨大的“零和游戏”场。人们大肆开发利用煤炭石油资源，留给后人的便越来越少；人们研究生产了大量的转基因产品，一些新的病毒也跟着冒了出来；人们修筑了葛洲坝水利工程，白鳍豚就再也不能洄游到金沙江产卵……胜利者的光荣背后往往隐藏着失败者的辛酸和苦涩。

发展是硬道理，人类在经历了经济高速增长、科技进步、全球一体化及日益严重的生态破坏、环境污染之后，可持续发展理论才逐渐冒出水面。零和游戏原理正在逐渐被双赢观念所取代，但从零和游戏走向双赢，要求各方面要有真诚合作的精神和勇气，在合作中不要小聪明，不要总想占别人的小便宜，要遵守游戏规则，否则双赢的局面就不可能出现，最终吃亏的还是合作者自己。

对于客户与企业来说，应是客户先赢企业后赢；对于员工与企业之间来说，应是员工先赢企业后赢。双赢强调的是双方的利益兼顾，即所谓的“赢者不全赢，输者不全输”。

具体说到企业高层，领导者要善于跳出零和的圈子，寻找能够实现双赢的机遇和突破口，防止负面影响抵消正面成绩。批评下属时如何让人接受而不抵触、发展经济时如何做到不损害环境，以及展开竞争时如何使自己胜出而不让对方受到伤害等，这些都是每一个领导者值得思考的问题。

简单地理解双赢，就是人与人之间需要相互的帮助和支持，需要相互的宽容和理解，就是人与企业之间需要共存亡、共发展，就是国家与国家之间需要相互合作、相互竞争。通过有效合作，实现皆大欢喜的结局是可能的。

Part Nine

第 9 章 添加数据辅助图表

图表是 Excel 中一个十分强大的数据分析工具，可以将工作表中的数据直观地用图形表示出来，人们往往很难记住一长串的数字和它们之间的关系趋势，却很容易记住一幅图画或折线图。本章主要介绍 Excel 中图表的插入及编辑操作，用户利用图表可以提高工作效率，成为 Excel 图表高手。

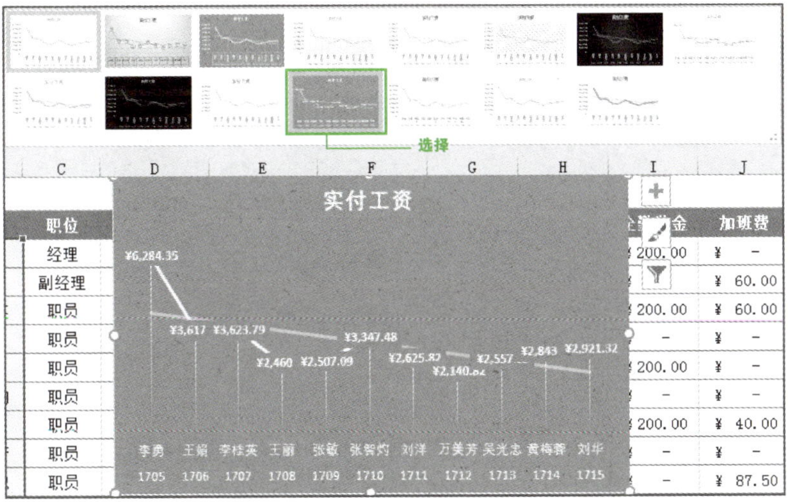

实例 161 插入折线图

难度系数：★★★ 适用版本：全版本

技巧介绍： 小白正在琢磨如何在工作表中插入图表，此次领导下达任务要插入折线图、柱状图和饼图，小白头大了：如何插入这么多图表？其实在 Excel 中插入图表的操作还是很简单的。

① 在 Excel 中打开本节素材文件“素材 \ 第 09 章 \ 实例 161\ 员工薪酬表 .xlsx”，选择“员工薪酬表”，选择“插入”选项卡，在“图表”组中单击“插入折线图或面积图”下拉按钮，选择“折线图”选项，如图 9-1 所示，即可在工作表区添加空白的图表。

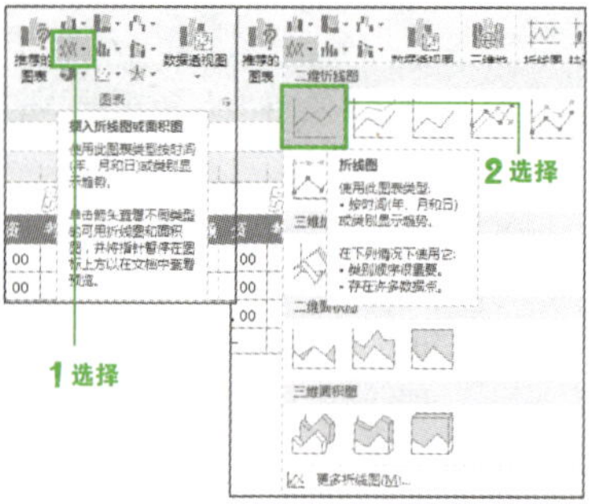

图 9-1　插入折线图

② 下面为空白的图表添加数据。添加图表后会自动切换至“设计”选项卡，在“数据”组中单击“选择数据”按钮，如图 9-2 所示，弹出“选择数据源”对话框，单击“图例项 (系列)”列表框中的“添加”按钮。

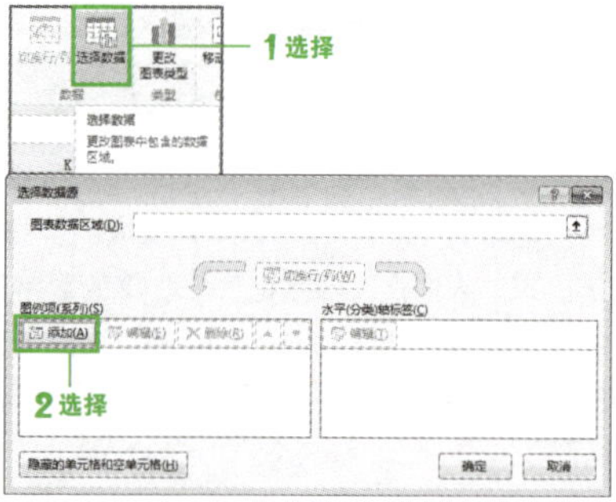

图 9-2　添加数据源

③ 弹出“编辑数据系列”对话框，在“系列名称”文本框中输入“= 员工薪酬表 !$M$2”，单击“系列值”文本框右侧的折叠按钮，选择 M3:M13 单元格区域，如图 9-3 所示，此时空白的图表中将出现折线图。

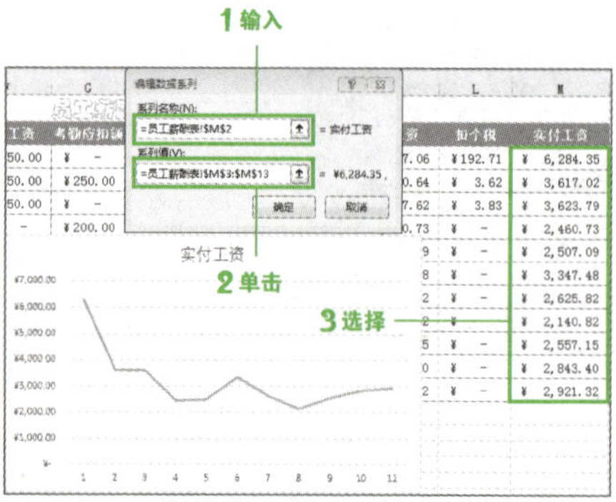

图 9-3　添加图例项

④ 单击“确定”按钮，返回“选择数据源”对话框。继续单击“水平 (分类) 轴标签”列表框中的“编辑”按钮，在弹出的“轴标签”对话框中单击“轴标签区域”文本框右侧的折叠按钮，选择 A3:B13 单元格区域，如图 9-4 所示，此时折线图中的水平轴标签发生改变，单击“确定”按钮，返回“选择数据源”对话框，继续单击“确定”按钮，完成折线图的插入操作。

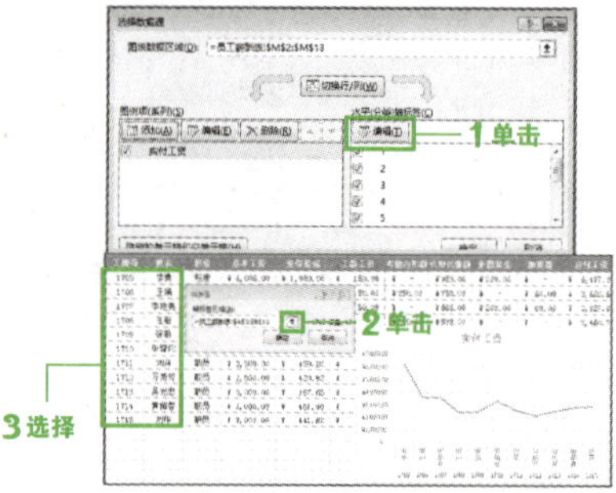

图 9-4　添加水平轴标签

技巧拓展

① 当需要插入其余图表时，只需在“图表”组中单击相应的下拉按钮，选择图表类型即可。

② 右击插入的空白图表，在弹出快捷菜单中选择“选择数据”命令，如图 9-5 所示。同样可以打开“选择数据源”对话框，即可设置图表的数据源区域。

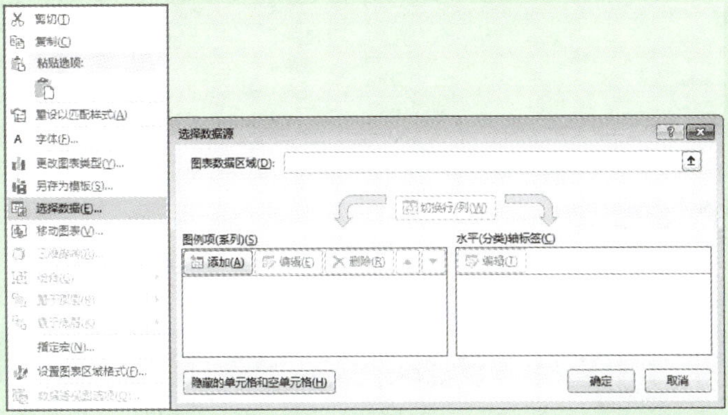

图 9-5　快捷菜单操作

Extra tip >>>>>>>>>>>>>

实例 162　隐藏图表中的网格线

难度系数：★★★　适用版本：全版本

技巧介绍： 小白发现插入的图表中带有横竖的网格线，看起来并不美观，有没有办法隐藏这些网格线呢？

打开本节素材文件“素材\第 09 章\实例 162\员工薪酬表 .xlsx”，选择插入的图表，在图表右上角将出现“图表元素”、“图表样式”和“图表筛选器”3 个图标，单击“图表元素”图标，在列表框中取消选择“网格线”复选框，如图 9-6 所示，即可隐藏图表中的网格线。

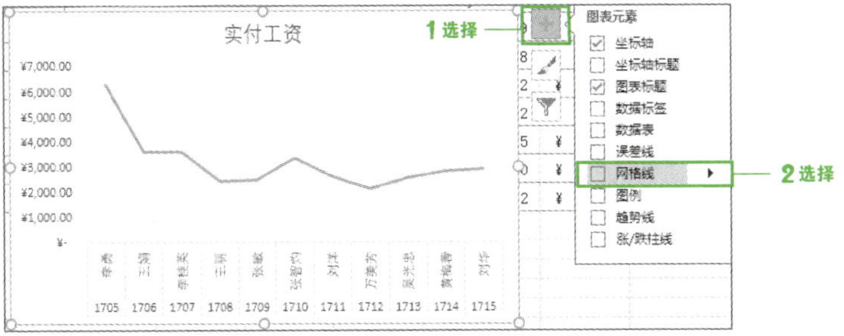

图 9-6　隐藏网格线

技巧拓展

单击“网格线”下拉三角形，可以设置图表的水平及垂直网格线，如图9-7所示。

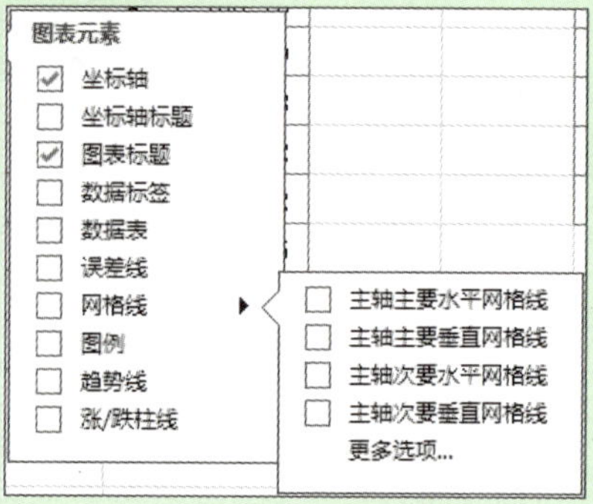

图9-7 设置网格线

Extra tip>>>>>>>>>>>>>>

实例163 为图表添加趋势线

难度系数：★★★ 适用版本：全版本

技巧介绍： 小白从“图表元素”列表框中可以看到“坐标轴”“坐标轴标题”和“图表标题”等选项，然后被“趋势线”吸引了，趋势线是干什么的呢？有什么用途呢？

打开本节素材文件“素材\第09章\实例163\员工薪酬表.xlsx”，选择插入的图表，单击“图表元素”图标，从列表框中选择“趋势线”复选框，在图表中将出现一条虚线，如图9-8所示，而且这条虚线还与员工实付工资的变化趋势相近，这条虚线就是趋势线，用于反映数据之间的关系及变化趋势。

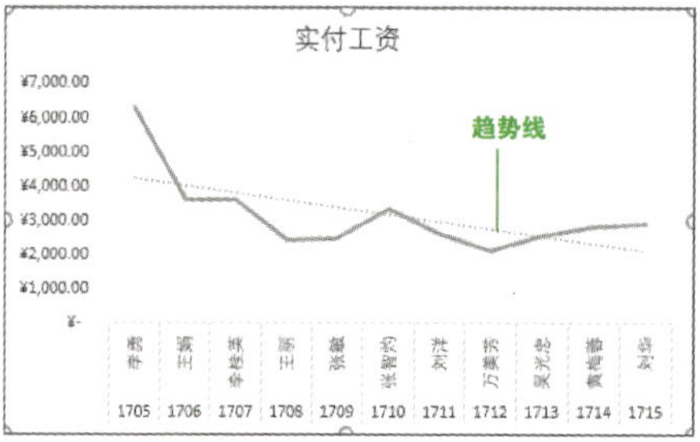

图9-8 添加趋势线

技巧拓展

单击“趋势线”下拉按钮，从下拉列表框中选择需要的选项，或双击添加的趋势线，打开“设置趋势线格式”窗格，可以对趋势线选项进行设置，如图9-9所示。

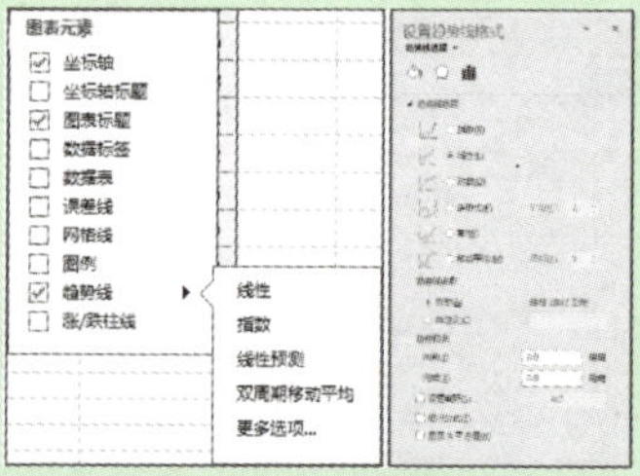

图9-9 设置趋势线格式

Extra tip>>>>>>>>>>>>>

实例 164 保护图表不被更改

难度系数：★★★　适用版本：全版本

技巧介绍： 小白为数据添加了图表，并且不希望他人随意对图表进行更改，在实例 021 中提到可以为工作表添加保护，这一“保护”措施是不是同样可以保护 Excel 中插入的图表呢？

① 打开本节素材文件“素材\第 09 章\实例 164\员工薪酬表.xlsx”，选择“审阅”选项卡，在“更改”组中单击“保护工作表”按钮，如图 9-10 所示。

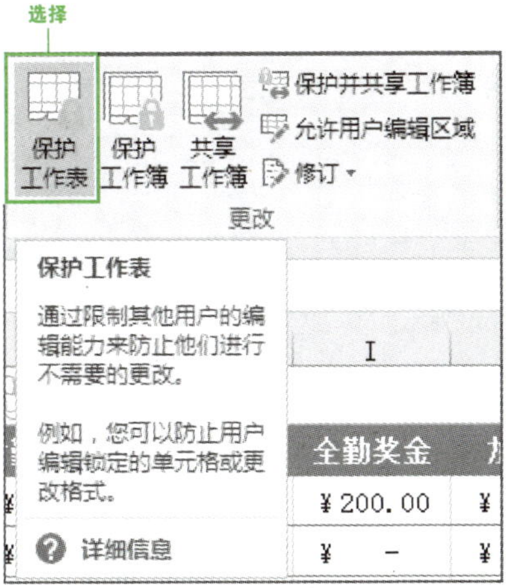

图 9-10　单击“保护工作表”按钮

② 在弹出的“保护工作表”对话框中，设置密码及可执行的操作，单击“确定”按钮，继续弹出“确认密码”对话框，输入设定的密码，单击“确定”按钮，保护功能即生效，如图 9-11 所示。此时连选择插入的图表这一操作都不能进行，更别提对图表进行编辑了。

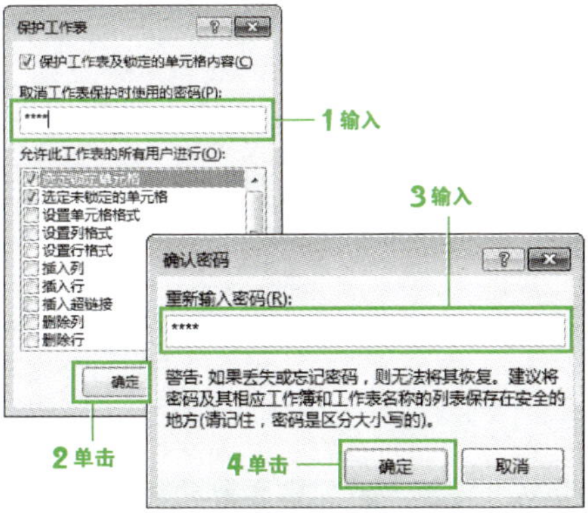

图 9-11　设置密码及可执行的操作

技巧拓展

在“允许此工作表的所有用户进行”列表框中，可以设置可执行的操作，包括选择单元格、设置单元格格式，以及插入行与列等。

Extra tip

实例 165 向图表追加数据列

难度系数：★★★　适用版本：全版本

技巧介绍： 小白插入完图表后发现有一列数据并没有被添加到图表中，只能重新设置数据源区域吗？有没有快捷方法为图表追加数据呢？

① 打开本节素材文件“素材\第09章\实例165\员工薪酬表.xlsx”，现将“应付工资”一列数据追加至图表中，选择K3:K13单元格区域，按【Ctrl+C】组合键，复制单元格区域。

② 选择插入的图表，按【Ctrl+V】组合键，粘贴单元格区域，即可为图表追加新的数据列，如图9-12所示。

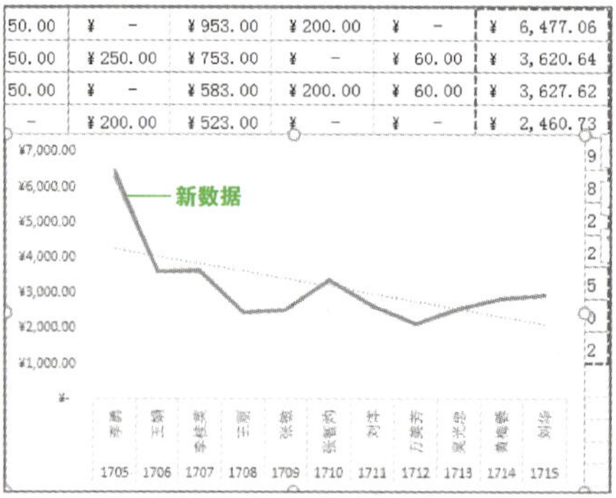

图9-12 追加新的数据列-1

技巧拓展

打开“选择数据源”对话框，单击“图例项(系列)”列表框中的“添加”按钮，弹出“编辑数据系列”对话框，在“系列名称”文本框中输入“=员工薪酬表!$M$2”，单击“系列值”文本框右侧的折叠按钮，选择K3:K13单元格区域，同样可以为图表追加新的数据列，如图9-13所示。

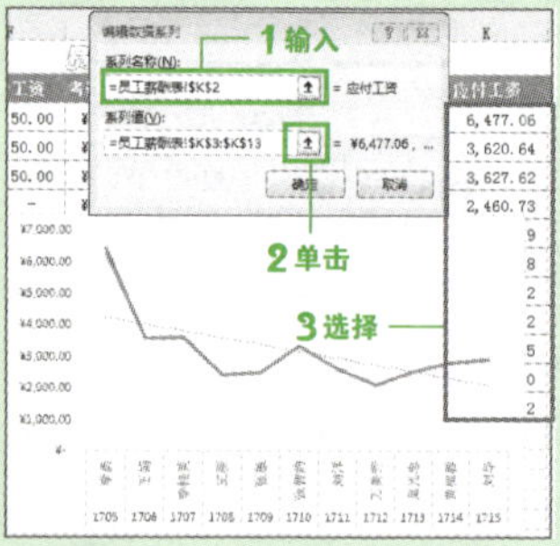

图9-13 追加新的数据列-2

Extra tip

实例166 快速设置图表样式

难度系数：★★★ 适用版本：全版本

技巧介绍： 小白发现自己插入的图表比较单调，而同事却可以快速地将图表设置得很美观，这是如何做到的呢？有快速设置图表样式的方法吗？

就像Excel提供了许多单元格样式一样，Excel也提供了许多美观实用的图表样式。打开本节素材文件“素材\第09章\实例166\员工薪酬表.xlsx”，选中插入的图表，选择“设计”选项卡，在“图表样式”组中单击“其他”按钮，从下拉列表框中选择“样式12”选项，如图9-14所示，即可快速套用图表样式。

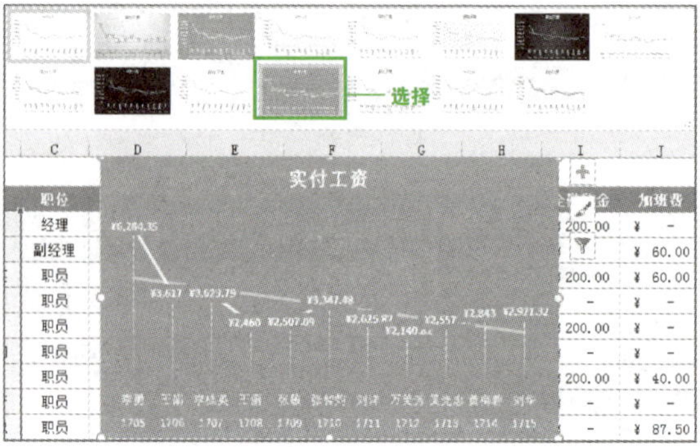

图9-14 设置图表样式-1

技巧拓展

选择创建的图表，单击图表右侧的“图表样式”按钮，从下拉列表框中选择合适的图表样式，同样可以快速设置图表样式，如图 9-15 所示。

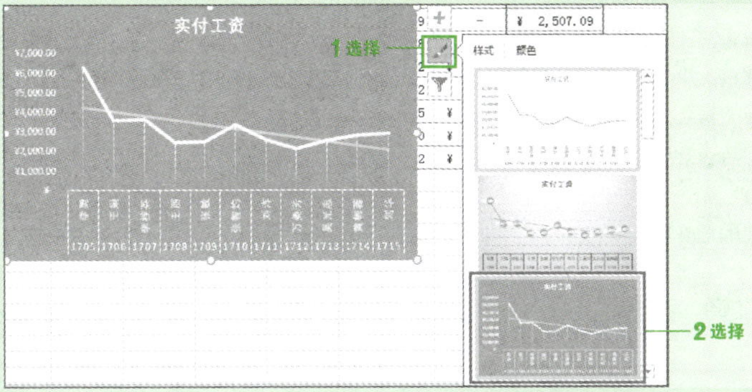

图 9-15 设置图表样式 -2

Extra tip >>>>>>>>>>>>>

实例 167 对图表进行纹理填充

难度系数：★★★ 适用版本：全版本

技巧介绍： 在对比了同事的图表后，小白觉得自己还真是图表界的“小白”，同事的图表设置了纹理填充效果，而小白还处于摸索状态，甚至不清楚在哪里设置填充效果。

打开本节素材文件“素材\第09章\实例167\员工薪酬表.xlsx”，双击图表区，打开“设置图表区格式”窗格，激活“填充”选项卡，选择“图片或纹理填充”单选按钮，单击“纹理”下拉按钮，从下拉列表框中选择“纸莎草纸”纹理效果即可，如图 9-16 所示。

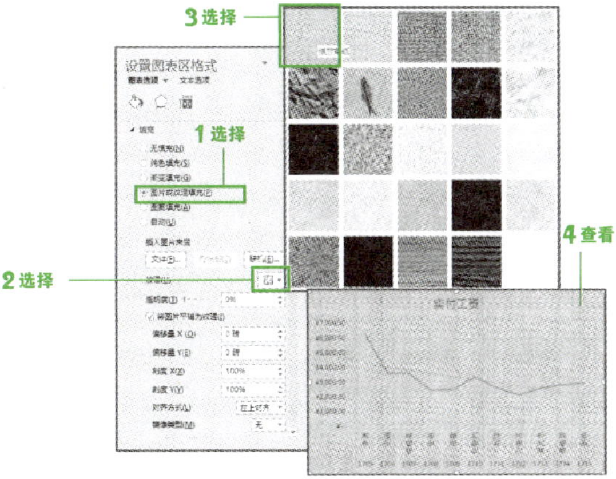

图 9-16 设置纹理填充

技巧拓展

在“激活”选项卡中，选择的是“图片或纹理填充”单选按钮，也就是说除了填充纹理，还可以填充图片。在“插入图片来自”选项组中单击“文件”按钮，弹出“插入图片”对话框，选择所需的背景图片，单击“插入”按钮，如图 9-17 所示，即可为图表填充图片。

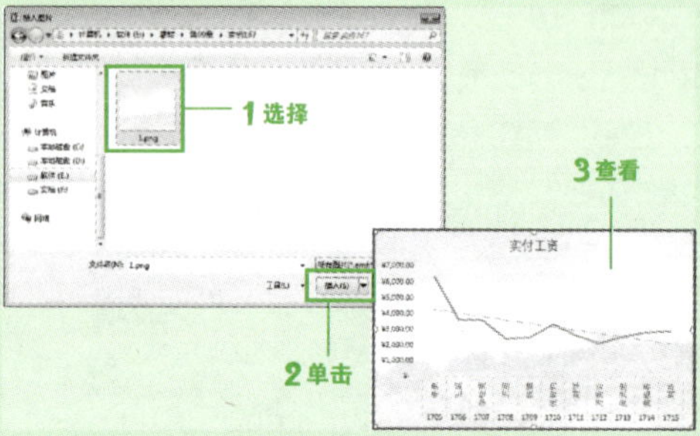

图 9-17　填充图片

Extra tip >>>>>>>>>>>>>

实例 168　在图表中插入图形

难度系数：★★★　适用版本：全版本

技巧介绍： 小白不想用趋势线表达图表的变化趋势，而是想在图表中插入图形来达到表达数据变化趋势的目的，该如何在图表中插入图形呢？

① 打开本节素材文件“素材\第 09 章\实例 168\员工薪酬表 .xlsx”，选中创建的图表，选择“格式”选项卡，在“插入形状”组中单击“其他”按钮，从下拉列表框中选择“箭头：右”形状，在图表中绘制箭头形状，拖动至合适的大小即可，如图 9-18 所示。

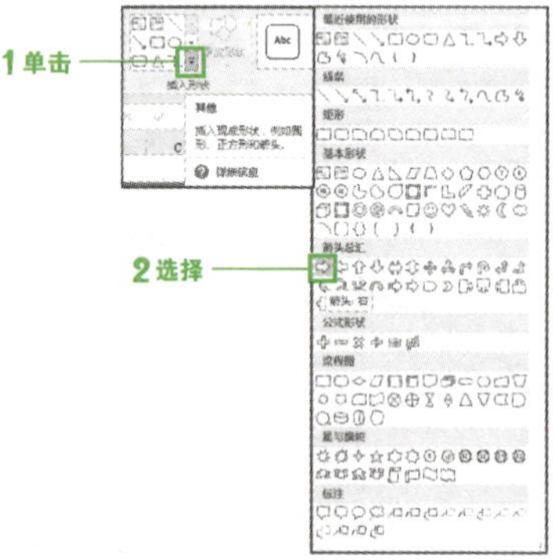

图 9-18　插入图形

② 选择插入的形状，将鼠标定位至形状上方处，鼠标指针变成状，按住鼠标左键旋转并调整插入的形状至合适的位置，如图 9-19 所示。

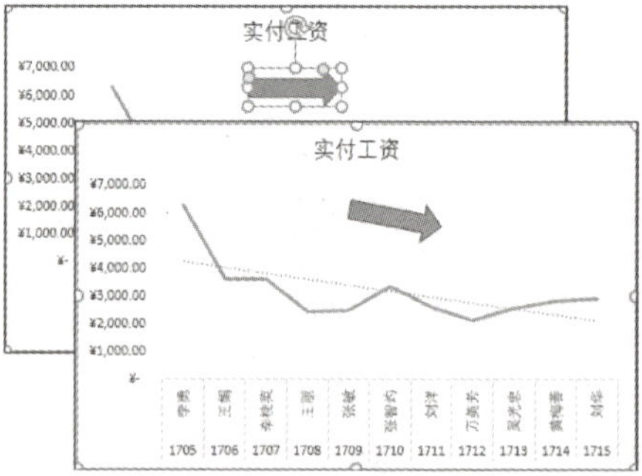

图 9-19　调整形状位置

技巧拓展

直接从“插入”选项卡的“插图”组中选择所需形状，也可在图表中插入图形，若将形状绘制在图表中，则插入的图形只能在图表中进行移动。

Extra tip >>>>>>>>>>>>>

实例 169 快速设置时间刻度单位

难度系数：★★★　适用版本：全版本

技巧介绍： 小白发现，在创建图表时 Excel 会自动根据数据的最大值和最小值设置坐标轴刻度，这个功能很实用，但当坐标轴为时间时却不尽如人意，该如何设置时间刻度单位呢？

打开本节素材文件“素材\第 09 章\实例 169\培训时间安排表 .xlsx”，可以看到创建的图表中是以 2 小时 24 分为单位设置的刻度，现在将以 1 小时为单位设置坐标轴刻度。双击水平（值）轴，打开“设置坐标轴格式”窗格，将“边界”的“最小值”设置为 0.35417，将“最大值”设置为 0.7292，设置“主要”单位为 0.04167，如图 9-20 所示。

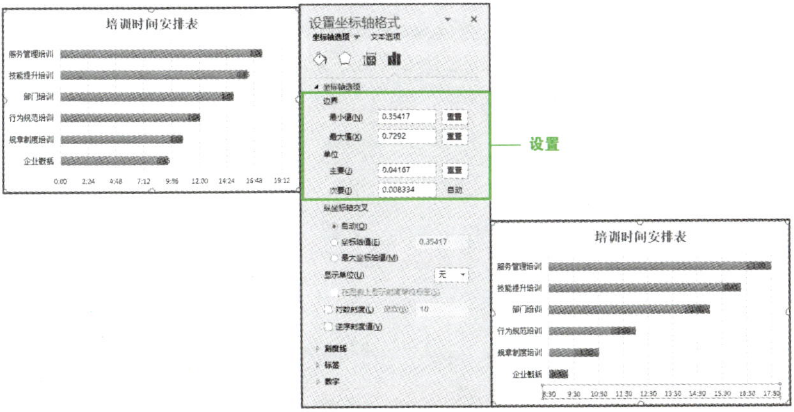

图 9-20　设置时间刻度单位

技巧拓展

在 Excel 中 24 小时对应于 1，1 小时等于 1/24，即设置的主要刻度单位为 0.04167；培训开始时间为 8:30，所以边界的最小值为 8.5/24，即 0.35417；培训最终结束时间为 17:30，所以边界的最大值为 17.5/24，即 0.7292。

Extra tip >>>>>>>>>>>>>

实例 170 反转条形图的次序

难度系数：★★★　适用版本：全版本

技巧介绍： 小白在创建图表的过程中发现，垂直轴标签顺序与数据源中的顺序是颠倒的，有没有办法可以设置轴标签顺序，反转图表的分类次序呢？

打开本节素材文件“素材\第 09 章\实例 170\培训时间安排表 .xlsx”，双击垂直（类别）轴，打开“设置坐标轴格式”窗格，在“坐标轴选项”选项组中选择“逆序类别”复选框，即可反转类别轴的顺序，如图 9-21 所示。

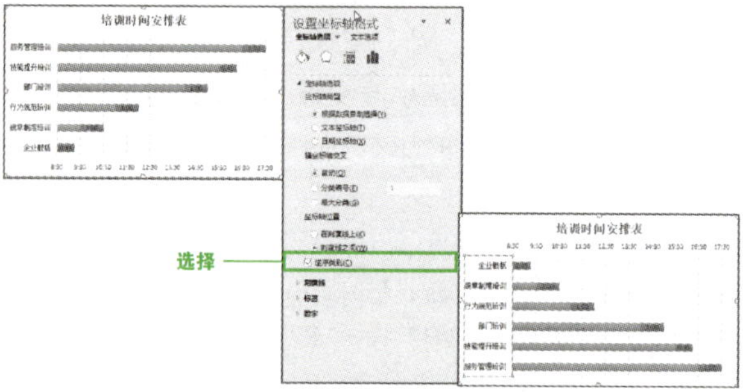

图 9-21　逆序坐标轴类别

技巧拓展

右击垂直（类别）轴，在弹出的快捷菜单中选择“设置坐标轴格式”命令，也可以打开“设置坐标轴格式”窗格，如图 9-22 所示。

图 9-22　选择“设置坐标轴格式”命令

Extra tip

实例 171 快速切换行与列

难度系数：★★★　适用版本：全版本

技巧介绍： 小白在制作销售业绩统计表时，需要比较同一位员工在不同月份的销售额之间的差异，可是插入的图表却比较的是同一月份中的，该如何解决这个问题呢？

打开本节素材文件“素材\第 09 章\实例 171\销售业绩统计表.xlsx”，选择绘制的图表，选择“设计”选项卡，在“数据”组中单击“切换行 / 列”按钮，如图 9-23 所示。

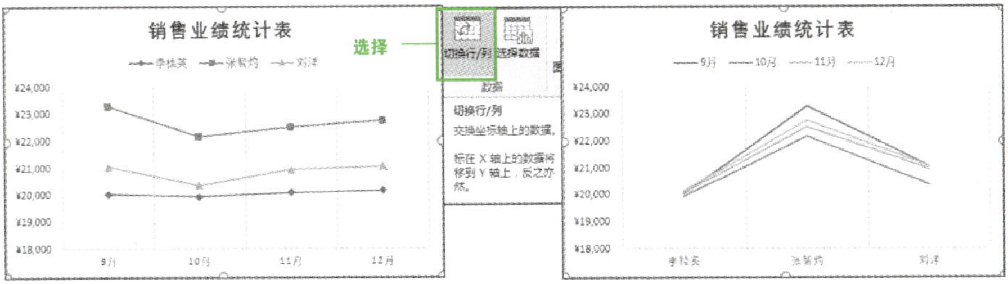

图 9-23 切换行与列

技巧拓展

选择 B4:F6 单元格区域，选择“插入”选项卡，单击“图表”组中的对话框启动器，弹出“插入图表”对话框，选择“所有图表”选项卡，可以看到 Excel 给出的两个创建方案，如图 9-24 和图 9-25 所示。

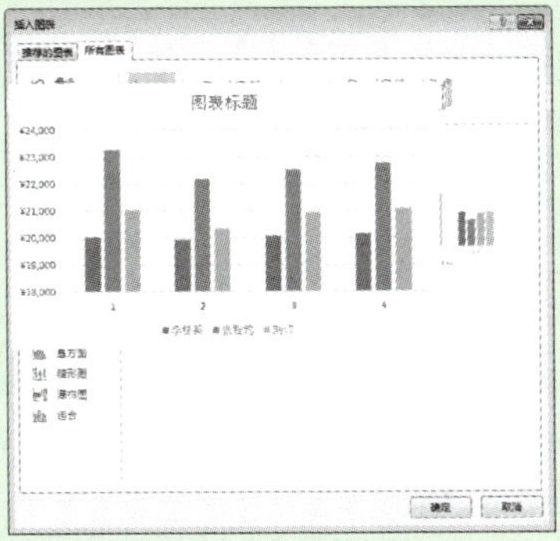

图 9-24 创建方案 -1

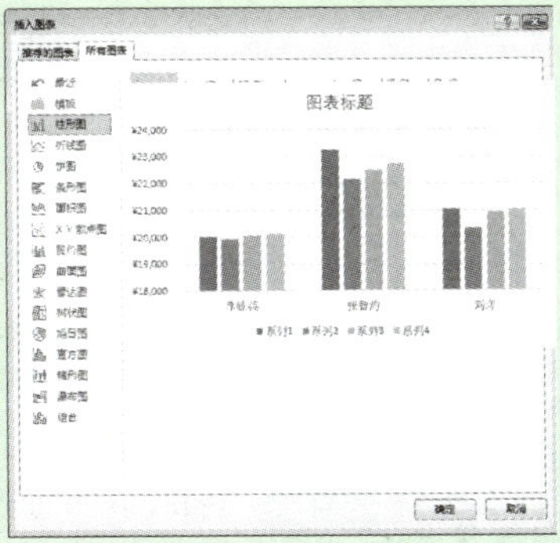

图 9-25 创建方案 -2

Extra tip > > > > > > > > > > > > >

实例 172 自动绘制参考线

难度系数：★★★ 适用版本：全版本

技巧介绍： 小白在创建图表时需要添加平均薪资的参考线，从图表上反映员工实付工资与平均工资之间的差距，该如何在图表中绘制参考线呢？

① 要绘制参考线，只需将参考的数据追加至图表中即可。打开本节素材文件“素材\第 09 章\实例 172\员工薪酬表.xlsx”，在 N 列中建立辅助列“平均工资”，并利用计算公式：=AVERAGE($M$5:$M$13)，计算普通职员实付工资的平均值，如图 9-26 所示。

② 选择“设计”选项卡，在“数据”组中单击“选择数据”按钮，弹出“选择数据源”对话框，单击“图例项(系列)”列表框中的“添加”按钮，弹出“编辑数据系列”对话框，在“系列名称”文本框中输入“= 员工薪酬表 !$N$2”，单击“系列值”文本框右侧的折叠按钮，选择 N3:N13 单元格区域，为图表添加平均工资参考线，如图 9-27 所示。

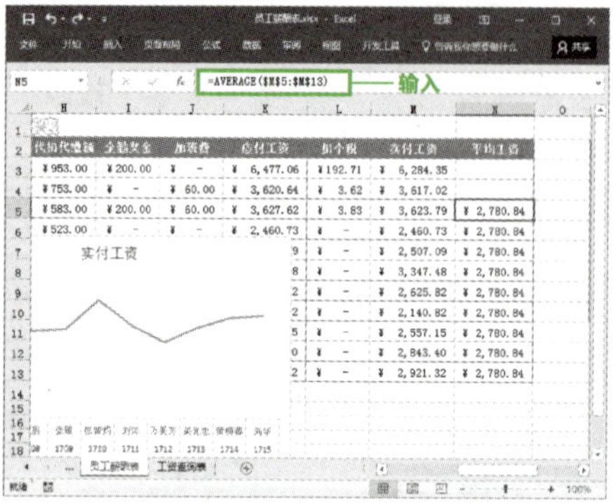

图 9-26 计算平均工资

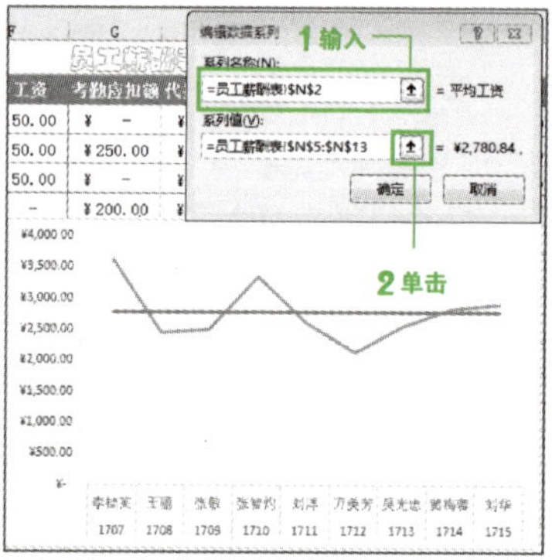

图 9-27 追加数据

技巧拓展

添加参考线时，一般将系列的图表类型设置为“折线图”。

Extra tip >>>>>>>>>>>>

实例 173 将饼状图中的扇面分离

难度系数：★★★ 适用版本：全版本

技巧介绍： 小白在插入饼图时，需要突出显示饼图中特定的扇面，该如何做到扇面分离效果呢？

打开本节素材文件“素材\第 09 章\实例 173\员工信息统计表 .xlsx”，选择需要分离的扇面，拖动鼠标左键，扇面四周将出现虚线，松开鼠标即可实现分离，如图 9-28 所示。

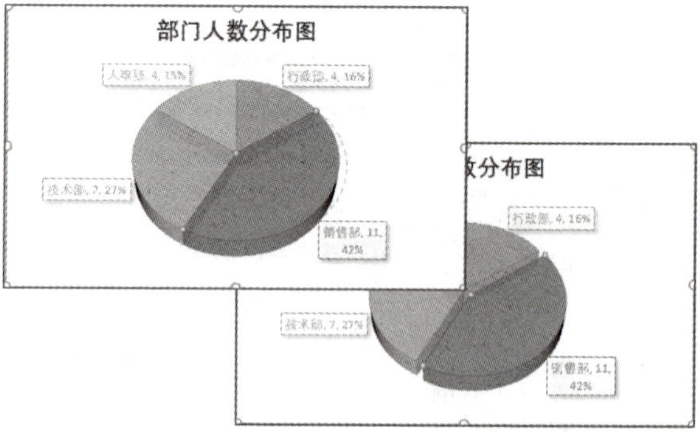

图 9-28 分离扇面

技巧拓展

利用鼠标拖动的方法，是凭感觉移动扇面，其分离程度未知。也可以设置具体的分离值，双击需要分离的扇面，在打开的“设置数据点格式”窗格中可以设置第一扇区的起始角度及分离程度，如图 9-29 所示。

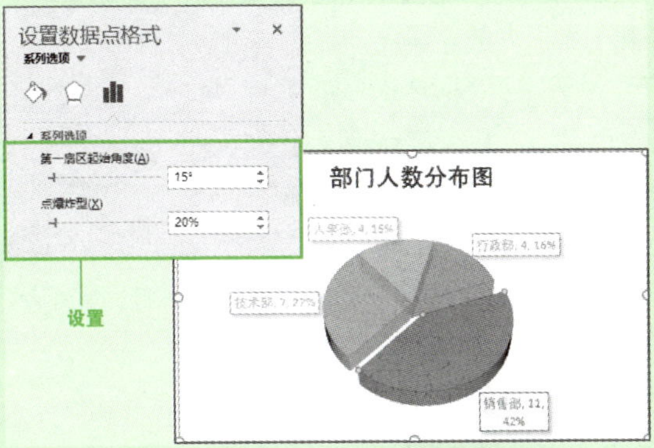

图 9-29　设置分离选项

Extra tip ›››››››››››››

实例 174　隔行进行填色

难度系数：★★★★　适用版本：全版本

技巧介绍： 小白看到同事的图表中的网格线是交替填充的，这是如何设置的呢？

① 打开本节素材文件“素材\第 09 章\实例 174\员工薪酬表 .xlsx”，在“辅助列”中，以 0、1 交替输入文本内容，如图 9-30 所示，按【Ctrl+C】组合键，复制 N5:N13 单元格区域，选择创建的图表，按【Ctrl+V】组合键，粘贴单元格区域。

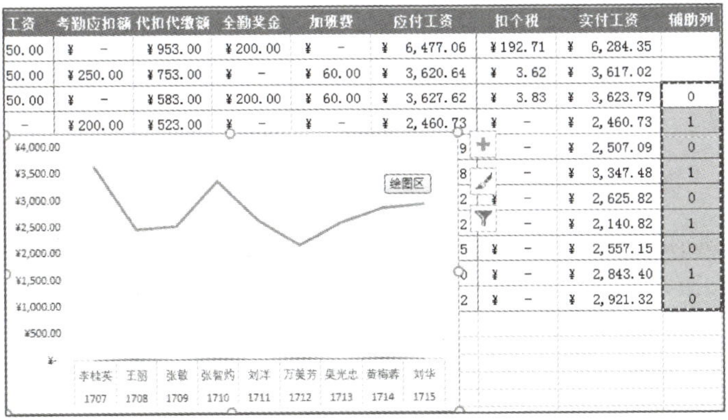

图 9-30　追加数据

② 右击插入的图表，在弹出的快捷菜单中选择“更改图表类型”命令，在弹出的“更改图表类型”对话框中选择“组合”选项，单击“实付工资”图表类型下拉按钮，选择“折线图”选项，如图 9-31 所示。

③ 单击“系列 2”图表类型下拉按钮，选择“簇状条形图”选项，如图 9-32 所示，单击“确定”按钮。

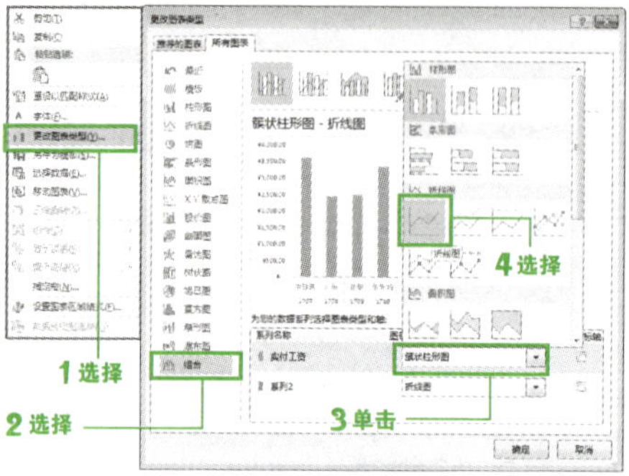

图 9-31 设置图表类型 -1

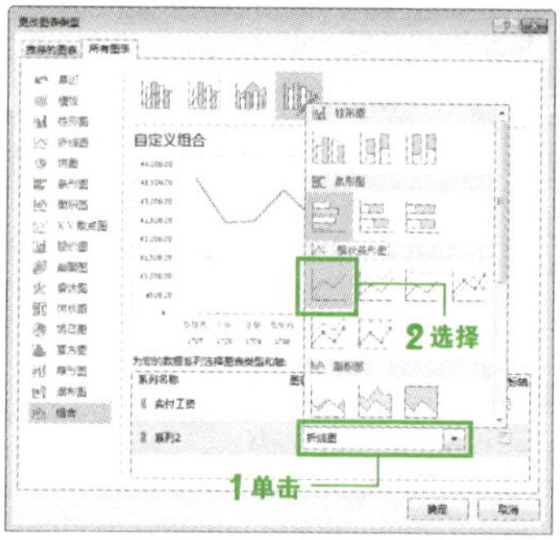

图 9-32 设置图表类型 -2

④ 双击次坐标轴水平（值）轴，打开“设置坐标轴格式”窗格，设置坐标轴边界的“最小值”为 0，“最大值”为 1，并选择“最大坐标轴值”单选按钮，双击追加的“系列 2”，打开“设置数据系列格式”窗格，将“分类间距”设置为 0，如图 9-33 所示。

⑤ 单击图表区，选择“格式”选项卡，在“形状样式”组中单击“形状填充”下拉按钮，选择“金色，个性色 4，淡色 80%”，如图 9-34 所示，即可实现隔行填充。

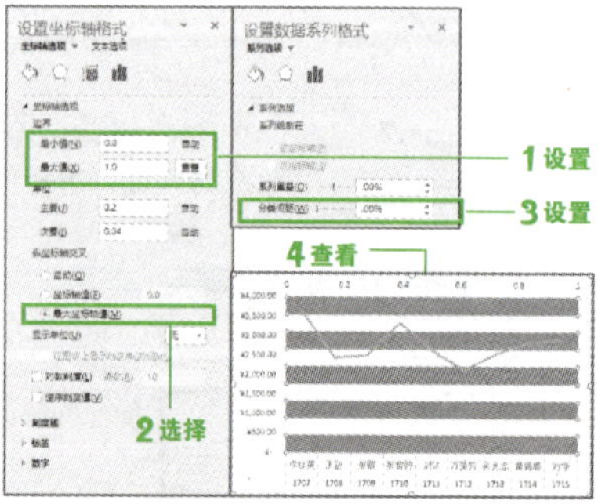

图 9-33 设置追加的数据

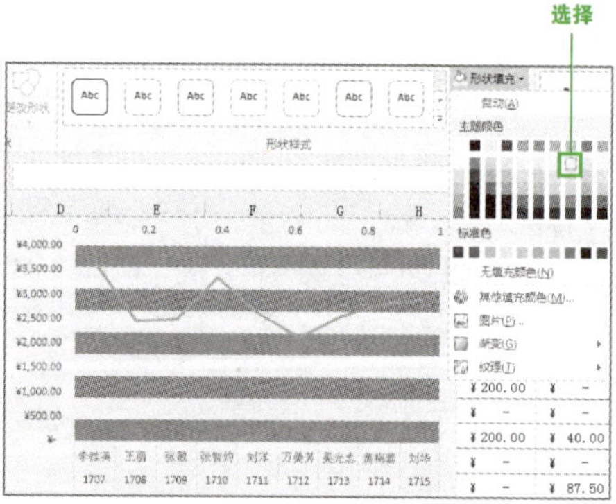

图 9-34 设置填充颜色

技巧拓展

通过调整分类间距，可以调整条形图的显示宽度。

Extra tip >>>>>>>>>>>>>>

实例 175

难度系数：★★★ 适用版本：全版本

处理图表中的超大值

技巧介绍： 小白在创建图表时偶尔会遇到超大值的情况，对图表的美观造成很大影响，遇到这种情况该怎么处理呢？

① 打开本节素材文件“素材\第 09 章\实例 175\员工薪酬表.xlsx”，可以看到 1705 号员工的实付工资数额较大。选择“插入”选项卡，在“插图”组中单击“形状”下拉按钮，选择“矩形”形状，在 1705 号员工柱形图上绘制矩形形状，如图 9-35 所示。

② 选择“格式”选项卡，在“形状样式”组中单击“形状填充”下拉按钮，选择“白色，背景 1”颜色，继续在“形状样式”组中单击“形状轮廓”下拉按钮，从选择“无轮廓”选项，如图 9-36 所示。

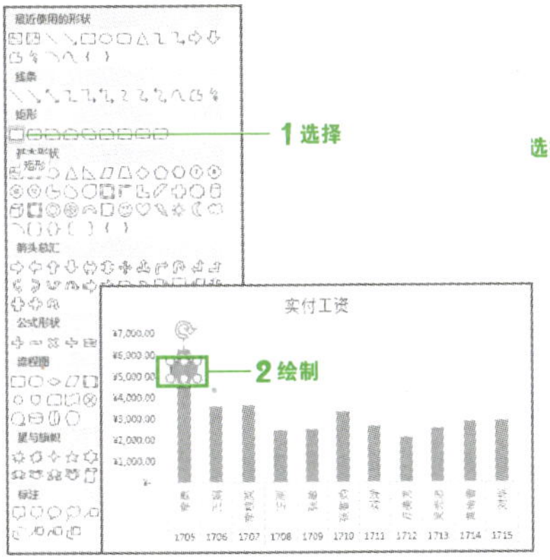

图 9-35 绘制矩形形状

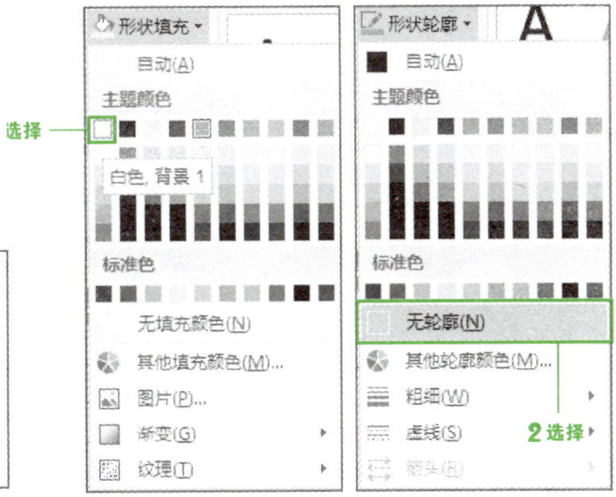

图 9-36 设置形状样式

③ 旋转绘制的矩形至合适的位置，可以看到图表省略了一段数据，如图 9-37 所示，这样看起来就不会显得太突兀了。

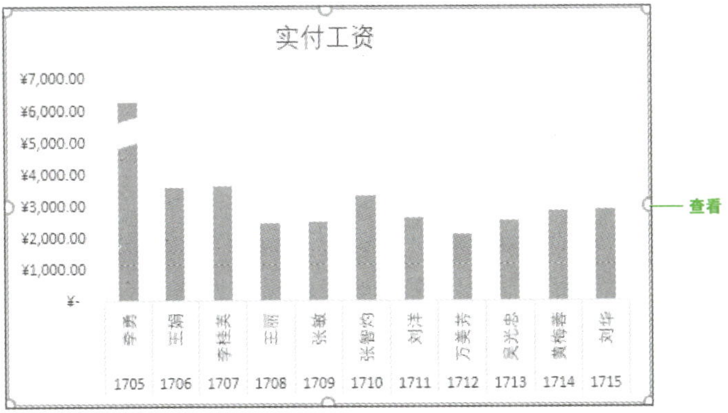

图 9-37 处理结果

技巧拓展

根据需要，有时需要保留超大值，以直观地表现出数据的差异。

Extra tip

实例 176 不同数量级的分类比较

难度系数：★★★ 适用版本：全版本

技巧介绍： 小白在创建图表时遇到了麻烦，数据系列值的跨度比较大，较小的数值在图表中不能明确显示，该如何解决这一问题呢？

打开本节素材文件“素材 \ 第 09 章 \ 实例 176\ 销售业绩明细表 .xlsx”，可以看到由于数据之间差距过大，“单价（元）”系列的数据只能看到一点点，“销售量（瓶）”的数据也没有显示完全，双击垂直（值）轴，打开“设置坐标轴格式”窗格，选择“对数刻度”复选框，并设置“底数”为 10，如图 9-38 所示，可以看到数值小的数据系列也可以清晰显示。

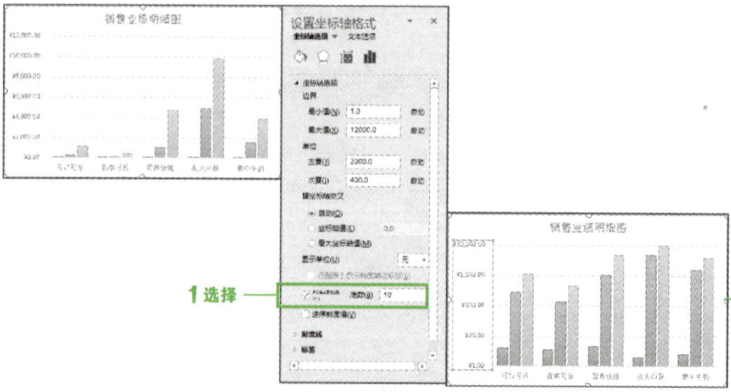

图 9-38 设置对数刻度

技巧拓展

“基准”值很重要，如果设置的基准值为 10，则以最小刻度的 10 倍进行递增；如果设置的基准值为 5，则以最小刻度的 5 倍进行递增，如图 9-39 所示。

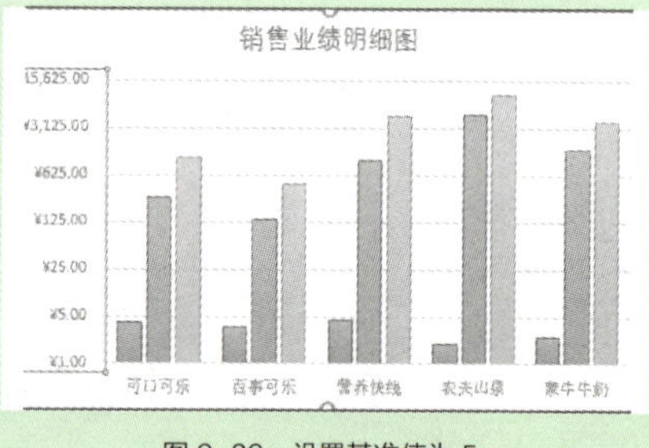

图 9-39 设置基准值为 5

Extra tip

实例 177

难度系数：★★★　适用版本：全版本

设置双坐标

技巧介绍： 小白发现，添加的图表中数据系列的单位是不同的，而垂直坐标轴上只能显示一个单位，出现这种情况该怎么办好呢？

① 打开本节素材文件“素材\第 09 章\实例 177\销售业绩明细表.xlsx”，选择图表中的“销售量（瓶）”系列并右击，在弹出的快捷菜单中选择“更改系列图表类型”命令，弹出“更改图表类型”对话框，单击“销售量（瓶）”图表类型下拉按钮，选择“折线图”，如图 9-40 所示，单击“确定”按钮。

② 双击“销售量（瓶）”系列，打开“设置数据系列格式”窗格，选择“次坐标轴”单选按钮，将系列绘制在次坐标轴，如图 9-41 所示。

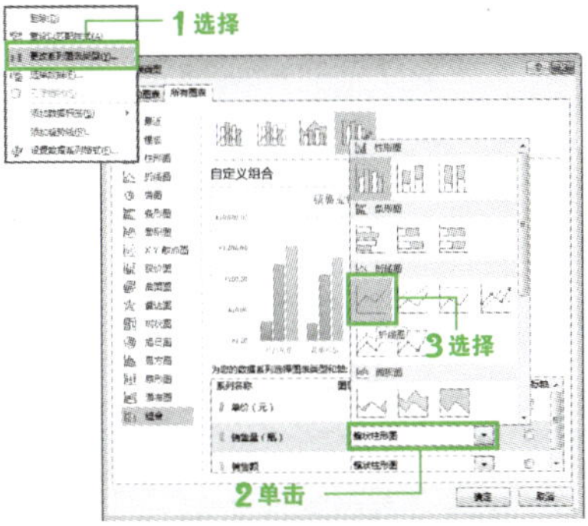

图 9-40　更改图表类型

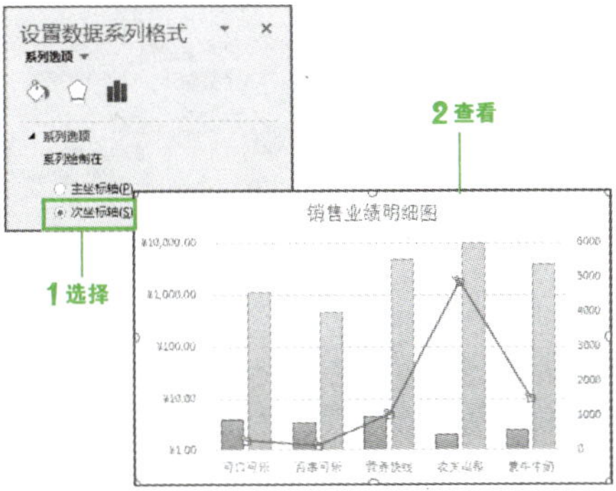

图 9-41　设置次坐标轴

技巧拓展

之所以要将“销售量（瓶）”系列的图表类型设置为“折线图”，是因为当将其设置为“簇状柱形图”时，会发生数据重叠的情况，如图 9-42 所示。

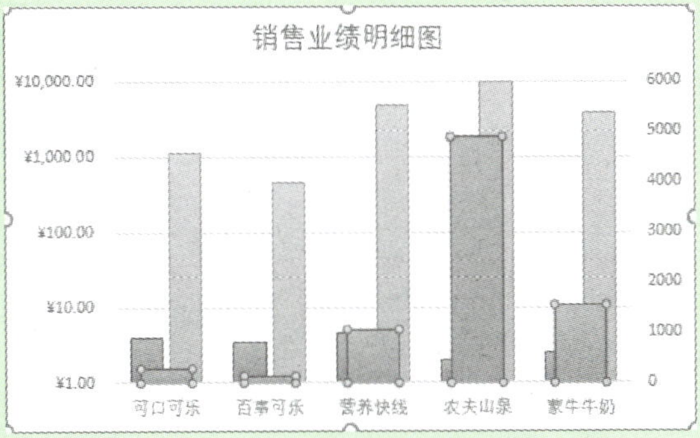

图 9-42　数据重叠

Extra tip

实例 178 居于条形图之间的轴标签

难度系数：★★★★　适用版本：全版本

技巧介绍： 在创建图表时，如果轴标签很长，就会使图表显得不协调，有没有办法将轴标签文字放置在条形图之间呢？

① 打开本节素材文件“素材\第 09 章\实例 178\员工薪酬表 .xlsx”，选择 M3:M13 单元格区域，按【Ctrl+C】组合键进行复制，选择创建的图表，按【Ctrl+V】组合键追加数据，并在“图表元素”中取消选择“坐标轴”复选框，如图 9–43 所示。

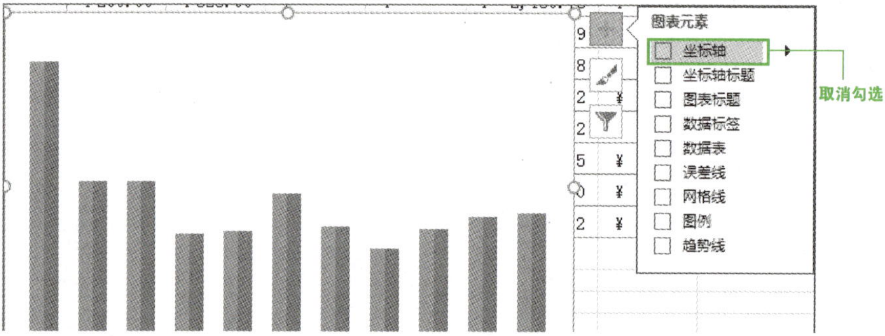

图 9–43　追加数据

② 选择添加的数据系列，单击“图表元素”按钮，选择“数据标签”下拉三角形，从下拉列表框中选择“更多选项”选项，打开“设置数据标签格式”窗格，在“标签选项”列表框中选择“类别名称”复选框，并取消选择“值”和“显示引导线”复选框，设置数据标签位置为“轴内侧”，如图 9–44 所示。

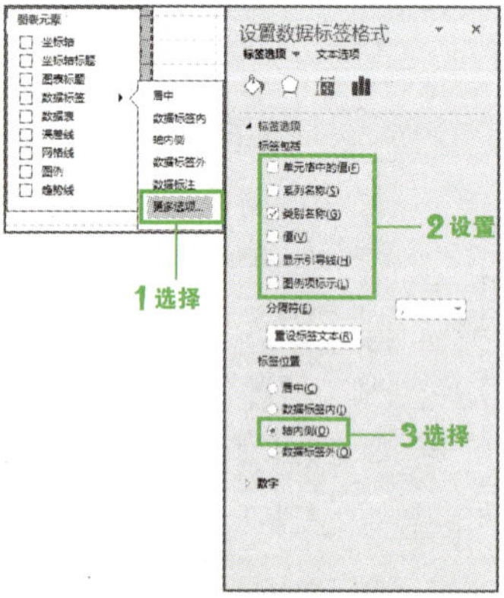

图 9–44　设置数据标签

③ 选择“大小与属性”选项卡，将“文字方向”设置为“竖排”，如图 9–45 所示。

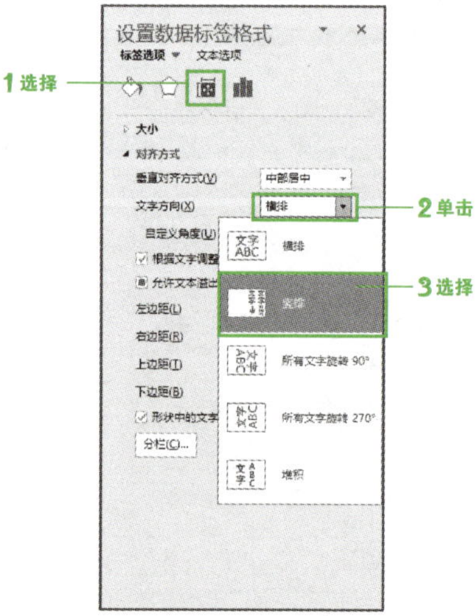

图 9–45　设置文字方向

④ 选择添加的数据系列，选择“格式”选项卡，在“形状样式”组中单击“形状填充”下拉按钮，选择“无填充颜色”选项，如图 9-46 所示。

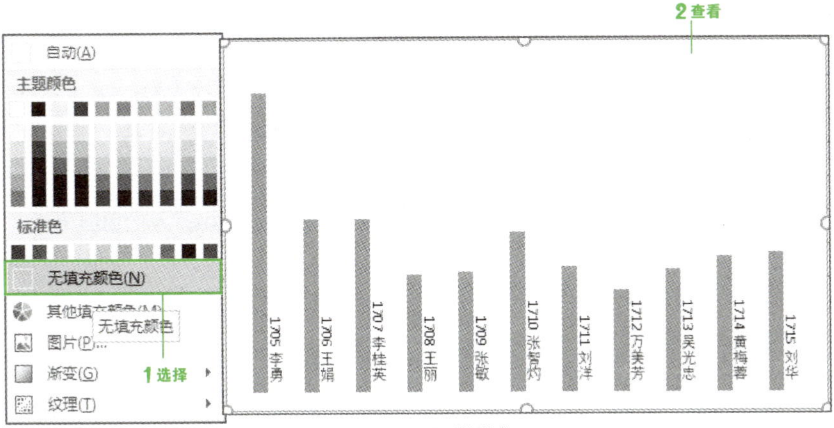

图 9-46　设置形状样式

技巧拓展

选择“大小与属性”选项卡，在“文字方向”下拉列表框中还可以设置旋转、堆积等文字方向。

Extra tip ››››››››››››

实例 179　设置迷你图

难度系数：★★★　适用版本：07/10/13/16/17

技巧介绍： 小白听说利用迷你图可以绘制简单明了的小图表，从而展现数据的变化情况，那么如何创建迷你图呢？

① 打开本节素材文件“素材\第 09 章\实例 179\销售业绩统计表 .xlsx”，选择 G4 单元格。选择“插入”选项卡，在“迷你图”组中单击“折线图”按钮，弹出“创建迷你图”对话框，单击“数据范围”文本框右侧的折叠按钮，选择 C4:F4 单元格区域，单击“确定”按钮，即可插入迷你图，如图 9-47 所示。

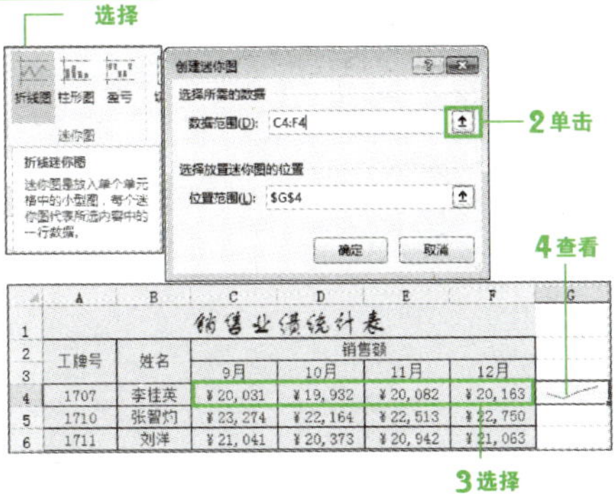

图 9-47　插入迷你图

② 选择“设计”选项卡，在“显示”组中选择“高点”和“低点”复选框，在迷你图中标记最高值和最低值，如图 9-48 所示。

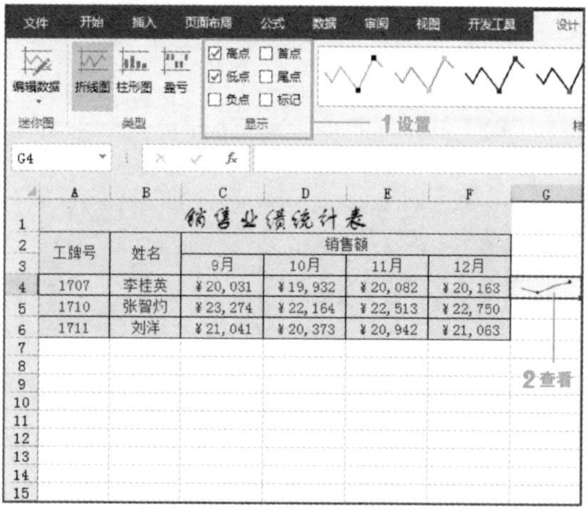

图 9-48 显示迷你图最值

技巧拓展

① 选择迷你图所在单元格右下角的填充手柄，向下填充至 G6 单元格中，可得到批量迷你图，如图 9-49 所示。

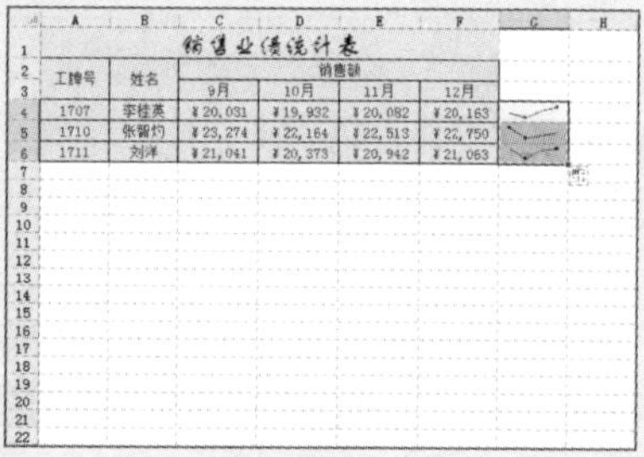

图 9-49 批量插入迷你图

② 在“设计”选项卡的“样式”组中，单击“其他”按钮，可设置合适的迷你图样式，如图 9-50 所示。

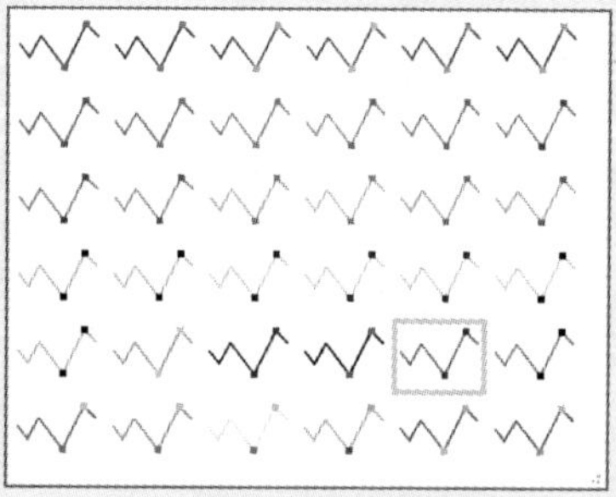

图 9-50 设置迷你图样式

Extra tip

实例 180 清除迷你图

难度系数：★★★　适用版本：07/10/13/16/17

技巧介绍： 对于之前插入的迷你图，小白现在想将其删除，该怎样清除迷你图呢？

打开本节素材文件"素材\第 09 章\实例 180\销售业绩统计表.xlsx"，选中 G4 单元格。选择"设计"选项卡，在"分组"组中单击"清除"下拉按钮，选择"清除所选的迷你图"选项，如图 9-51 所示，即可清除单元格中的迷你图。

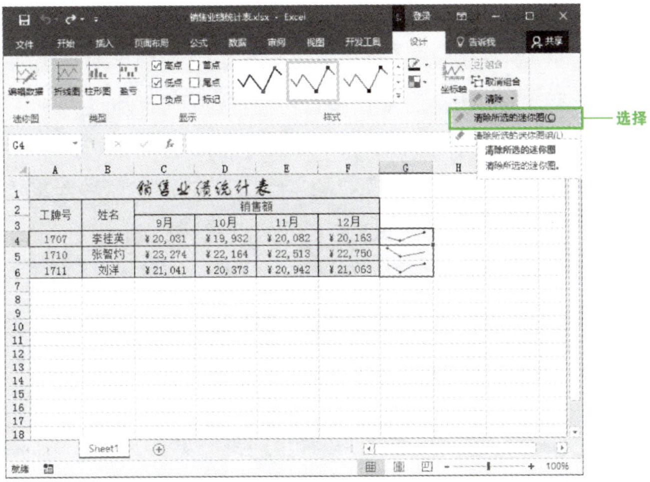

图 9-51　选择"清除所选的迷你图"选项

技巧拓展

当在下拉列表框中选择"清除所选的迷你图组"选项时，即可删除 G4:G6 单元格区域所有的迷你图。

Extra tip

职场小知识

手表定律

简介：只需要一块走得准的手表，只需要一个坚定的目标，只需要沿着唯一的方向前进。

森林里生活着一群猴子，它们每天在太阳升起的时候外出觅食，又在太阳落山的时候回去休息。有一天，猴子猛可捡到了一块手表，并且很快搞清了手表的用途。于是，每只猴子都渐渐习惯向猛可请教时间，整个猴群的作息时间也由猛可来规定。猛可逐渐建立起威望，最后当上了猴王。

猛可认识到手表给自己带来了机遇与好处，因此每天努力在森林里寻找手表，后来相继捡到了第二块、第三块手表。但麻烦也随之而来，因为每块手表显示的时间不同，猛可不能确定哪块手表上的时间是正确的。每当有猴子向猛可询问时间时，它总是支支吾吾。没过多久，猛可的威望大降，整个猴群的作息时间也变得一塌糊涂。

只带一块手表可以很容易地知道现在的时间，那是不是带两块手表就可以精准地确定刚才看到的时间是正确的呢？答案是否定的，拥有两块或者两块以上的手表并不能告诉你更准确的时间，它只会让你失去准确时间的信息。“手表定律”带给人们一种直观的启发：对于一件事，不能同时设置两个目标，否则将使这件事无法完成；对于一个人，不能同时选择两种不同的价值观，否则，他的行为将陷于混乱；对于一个企业，更是不能同时采用两种不同的管理方法，否则将使这个企业无所适从。

手表定律的意义在于，只需要一块值得信赖的手表，以它为标准行事，想要干什么，就跟着自己设定的手表走，贪婪地添加附加的手表只会让你增加压力、失去方向。

在这方面，美国在线与时代华纳的合并就是一个典型的失败案例。美国在线是一个年轻的互联网公司，企业文化强调操作灵活、决策迅速，要求一切为快速抢占市场的目标而服务。时代华纳在长期的发展过程中建立起强调诚信之道和创新精神的企业文化。两家企业合并后，企业高级管理层并没有很好地解决两种价值标准的冲突，导致员工完全搞不清企业未来的发展方向。最终，时代华纳与美国在线的世纪联姻以失败告终。这也充分说明，要搞清楚时间，一块走得准确的表就足够了。

手表定律告诉人们：更多选择、更多标准反而会让人们无所适从，只有坚定一个目标，建立一个标准，才能成功。

Part Ten

第 10 章 其他人力资源常用的图表及注意事项

本章主要介绍在人力资源管理工作中的其余 120 例常用表格，并说明在表格制作过程中的注意事项，使人力资源相关工作者在制作电子表格的过程中遇到问题时，有参考的文件及得到解决问题的办法。

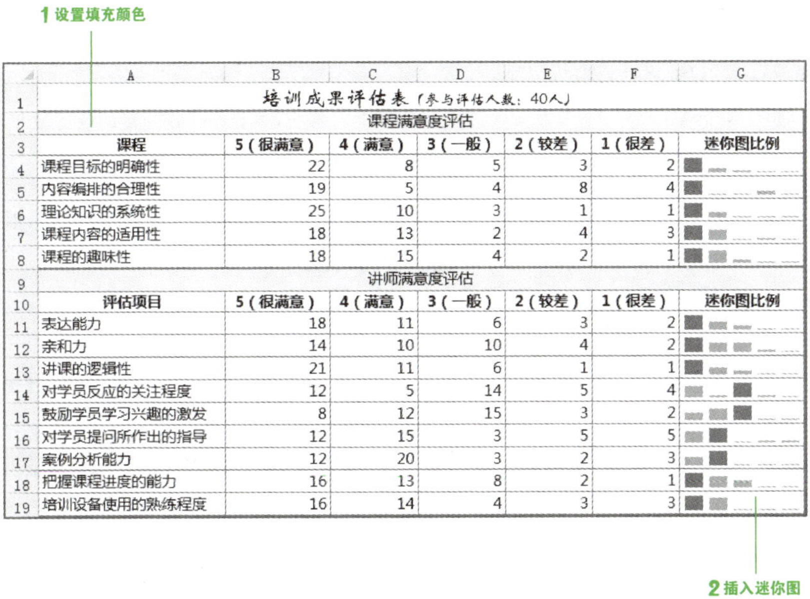

	A	B	C	D	E	F	G
1	培训成果评估表（参与评估人数：40人）						
2	课程满意度评估						
3	课程	5（很满意）	4（满意）	3（一般）	2（较差）	1（很差）	迷你图比例
4	课程目标的明确性	22	8	5	3	2	
5	内容编排的合理性	19	5	4	8	4	
6	理论知识的系统性	25	10	3	1	1	
7	课程内容的适用性	18	13	2	4	3	
8	课程的趣味性	18	15	4	2	1	
9	讲师满意度评估						
10	评估项目	5（很满意）	4（满意）	3（一般）	2（较差）	1（很差）	迷你图比例
11	表达能力	18	11	6	3	2	
12	亲和力	14	10	10	4	2	
13	讲课的逻辑性	21	11	6	1	1	
14	对学员反应的关注程度	12	5	14	5	4	
15	鼓励学员学习兴趣的激发	8	12	15	3	2	
16	对学员提问所作出的指导	12	15	3	5	5	
17	案例分析能力	12	20	3	2	3	
18	把握课程进度的能力	16	13	8	2	1	
19	培训设备使用的熟练程度	16	14	4	3	3	

实例 181 人事通报表

难度系数：★★★　适用版本：07/10/13/16/17

技巧介绍： 根据公司发展需要，可对职员进行新的人事任命，具体的任命情况将以人事通报表的形式通知职员。人事通报表主要记录了姓名、职务等信息，如图 10-1 所示。

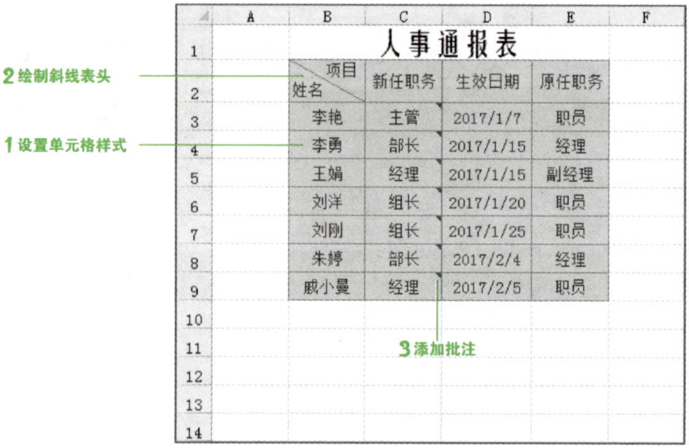

图 10-1　人事通报表

制作人事通报表主要包括输入基本内容、设置单元格样式、制作斜线表头和插入批注等操作。

① 将表格标题文字的“字体”设置为“方正姚体”，将“字号”设置为 20，将 B2:E9 单元格区域的单元格样式设置为“输入”。

② 选择 B2 单元格，打开“设置单元格格式”对话框，选择“边框”选项卡，为表格添加斜线表头，如图 10-2 所示。

③ 右击 C3 单元格，在弹出的快捷菜单中选择“插入批注”命令，在文本框中输入批注内容，并在“字体”组中取消“加粗”显示，如图 10-3 所示。按照相同的方法插入其余批注。

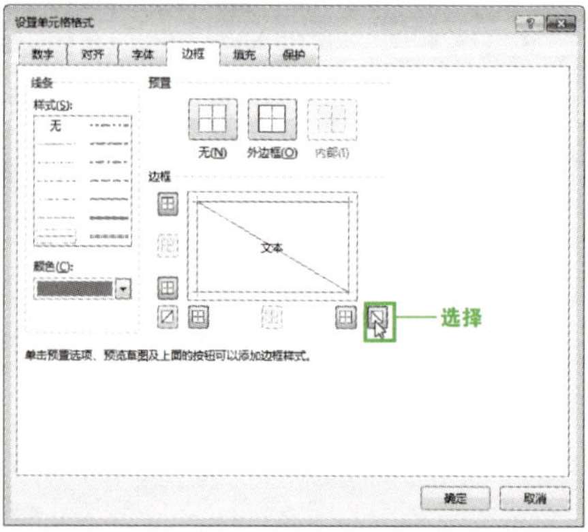

图 10-2　制作斜线边框

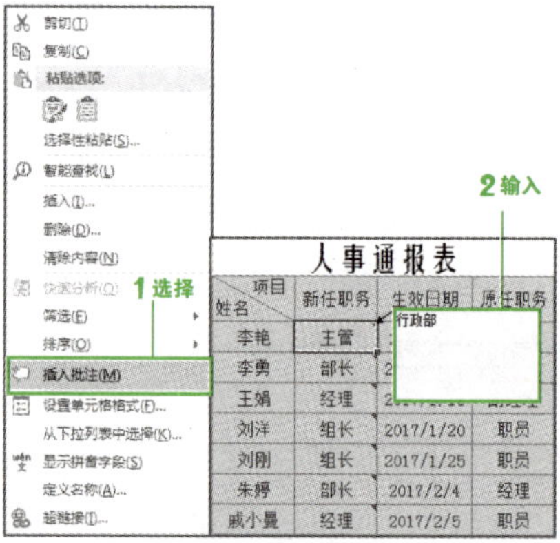

图 10-3　插入批注

技巧拓展

当批注内容相同时，如 C5、C6 单元格，可复制粘贴其批注内容，选择 C5 单元格，按【Ctrl+C】组合键复制单元格内容，右击 C6 单元格，在弹出的快捷菜单中选择“选择性粘贴”→“选择性粘贴”命令，或按【Ctrl+Alt+V】组合键，弹出“选择性粘贴”对话框，选择“批注”单选按钮，如图 10-4 所示，单击“确定”按钮，将批注粘贴至 C6 单元格中。

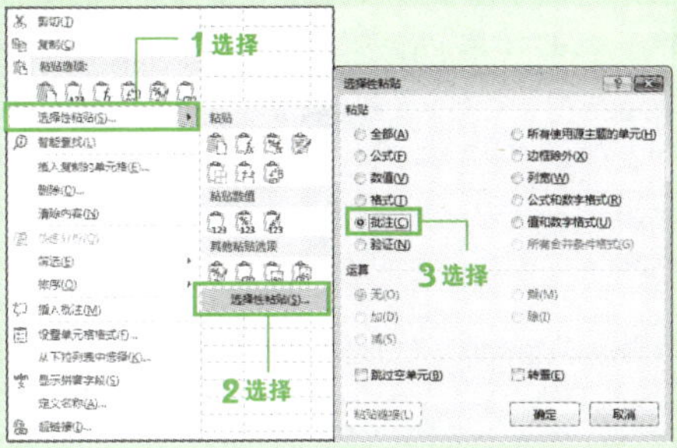

图 10-4 选择性粘贴

Extra tip >>>>>>>>>>>>>

实例 182 员工工作证

难度系数：★★★ 适用版本：全版本

技巧介绍： 员工佩戴工作证可以树立良好的企业形象，强化企业规范化管理。利用 Excel 中的填充单元格颜色功能，可以快速制作员工工作证，如图 10-5 所示。

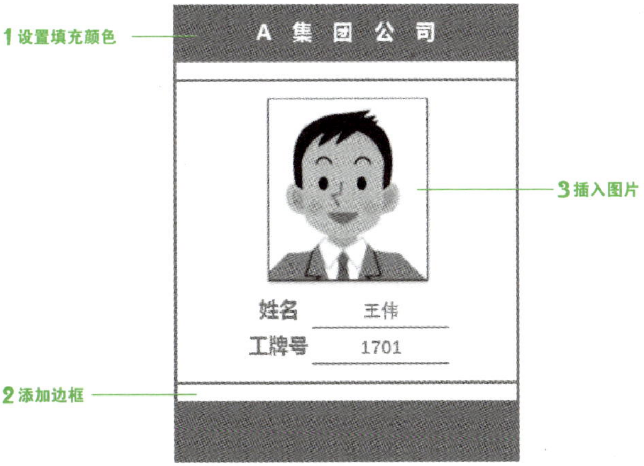

图 10-5 员工工作证

制作员工工作证主要包括设置填充颜色、添加边框和插入图片等内容。

① 合并 B2:F4 单元格区域，输入企业名称，并设置“字体”为“微软雅黑”，“字号”为 16 并加粗，设置字体颜色为“白色，背景 1”。设置合并后的 B2:B24 单元格区域的填充颜色为“蓝色，个性色 5，深色 25%”，如图 10-6 所示。

2 在“字体”组中单击“下框线”下拉按钮，设置“线条颜色”为“蓝色，个性色 5，深色 25%”，并设置边框线型，如图 10-7 所示。为 B2:F25、B5:F5 及 B23:F23 单元格区域绘制边框。

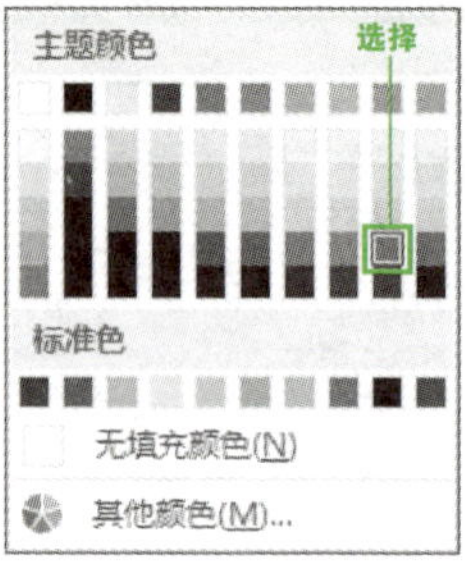

图 10-6 设置填充颜色

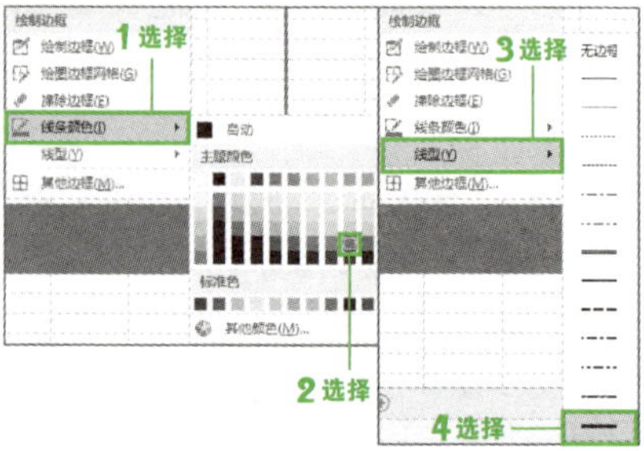

图 10-7 绘制边框

3 为合并后的 D18 和 D20 单元格添加如图 10-8 所示的边框。

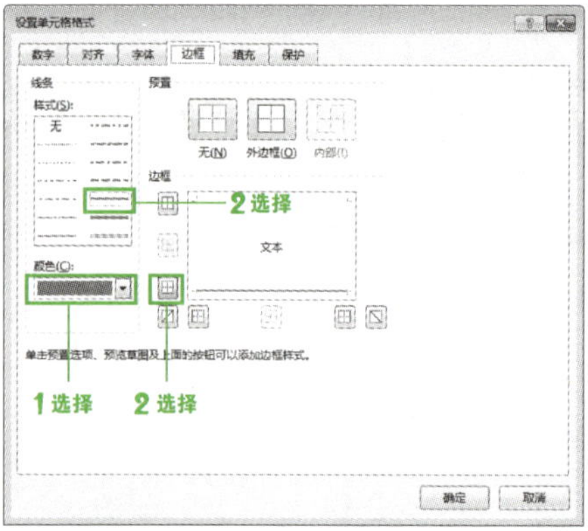

图 10-8 添加边框

4 选择“插入”选项卡，在“插图”组中单击“图片”按钮，在弹出的对话框中选择员工照片，并调整图片大小和位置。选择插入的图片，选择“格式”选项卡，在“图片样式”组中单击“图片边框”下拉按钮，设置边框颜色及线条粗细，如图 10-9 所示。

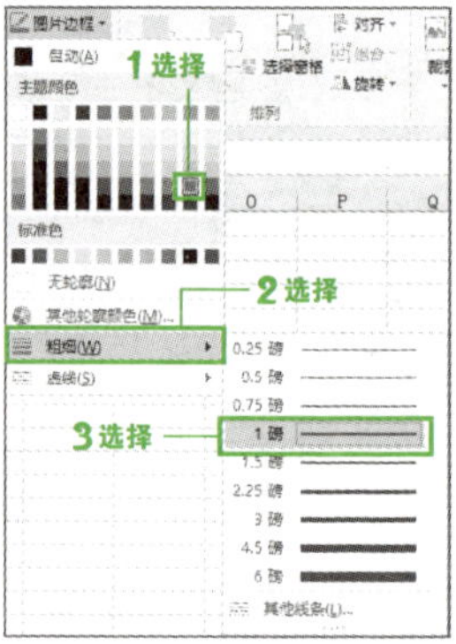

图 10-9 添加图片边框

技巧拓展

在“图片样式”组中单击“其他”下拉按钮，选择“圆形对角，白色”选项，可以设置图片样式，如图 10-10 所示。

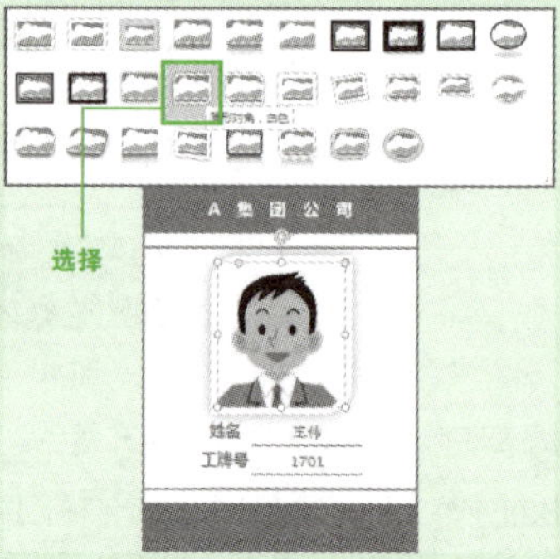

图 10-10 设置图片样式

Extra tip

实例 183
难度系数：★★★　适用版本：全版本

干部一览表

技巧介绍： 干部一览表主要记录公司各干部的所任职务、姓名及相应的照片，如图 10-11 所示。

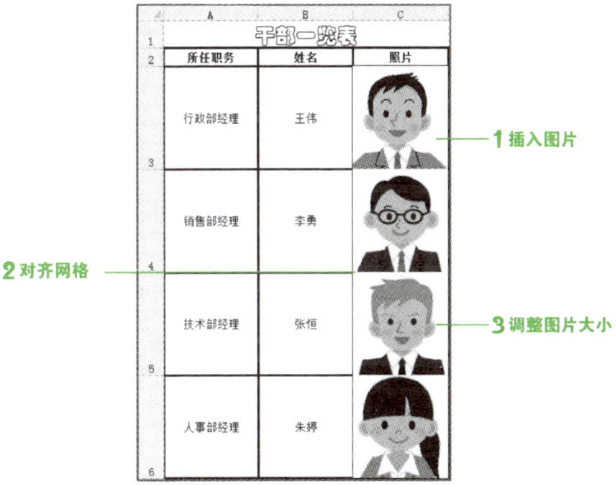

图 10-11　干部一览表

制作干部一览表主要包括插入图片、设置图片大小和属性，以及对齐网格等操作。

① 设置标题文本的“字体”为“华文彩云”，“字号”为 20。

② 分别选中 C3、C4、C5、C6 单元格，选择“插入”选项卡，在“插图”组中单击“图片”按钮，在弹出的对话框中选择对应的干部照片插入到单元格中。选择插入的全部图片并右击，在弹出的快捷菜单中选择“大小和属性”命令，打开“设置图片格式”窗格，在“大小与属性”选项卡中取消选择“锁定纵横比”复选框，并设置图片属性为“大小和位置随单元格而变”，如图 10-12 所示。

③ 选择“格式”选项卡，在“排列”组中单击“对齐”下拉按钮，选择“对齐网格”选项，如图 10-12 所示，调整图片大小时即可快速对齐到网格。

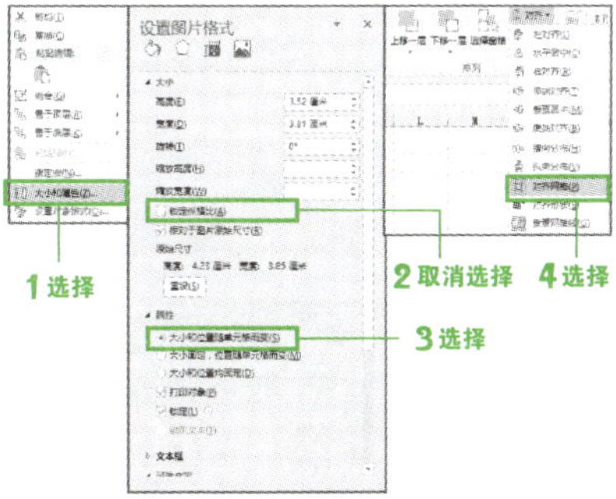

图 10-12　设置图片大小和属性

实例 184
难度系数：★★★　适用版本：全版本

公司各部门权限结构图

技巧介绍： 公司各部门权限结构图主要记录公司各部门的工作权限及工作内容，将各部门权限以 SmartArt 图形的形式表示出来，使得结构清晰、美观，如图 10-13 所示。

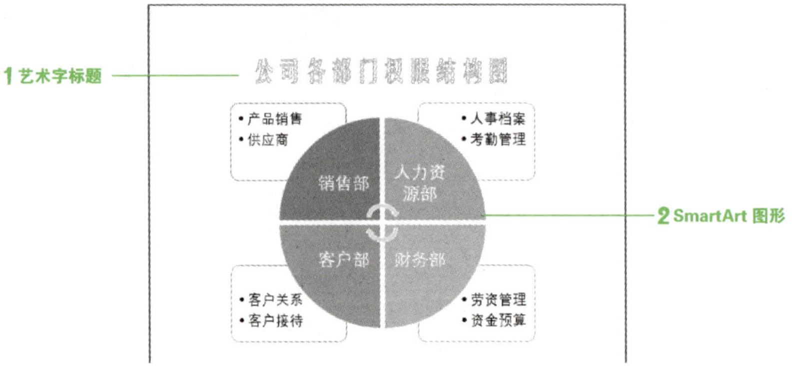

图 10-13　公司各部门权限结构

制作公司各部门权限结构主要包括制作艺术字标题、插入 SmartArt 图形、输入文本内容和设置图形样式等操作。

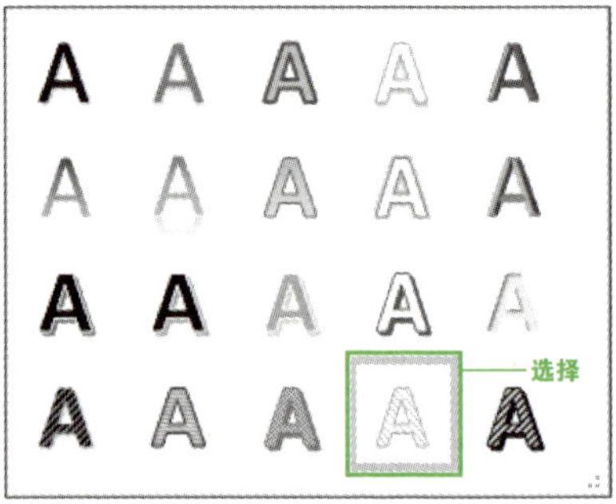

图 10-14　插入艺术字

❶ 按照如图 10-14 所示选择艺术字样式，将艺术字“字体”设置为“方正姚体”，将“字号”设置为 24。

❷ 选择“插入”选项卡，在“插图”组中单击 SmartArt 按钮，弹出“选择 SmartArt 图形”对话框，在左侧列表框中选择“循环”选项，从中部列表框中选择“循环矩阵”图形，如图 10-15 所示。

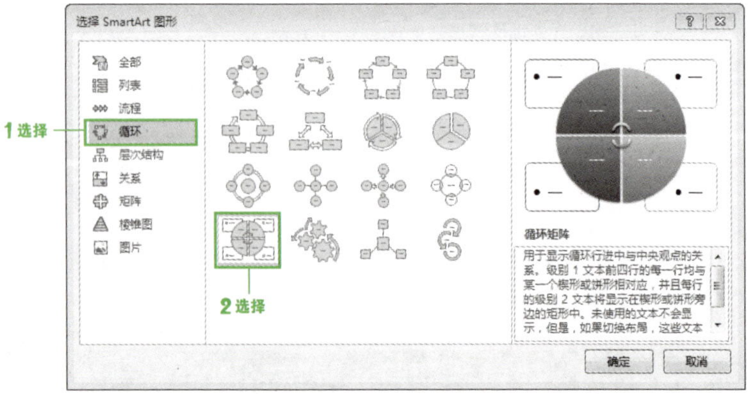

图 10-15　插入 SmartArt 图形

❸ 单击“确定”按钮，自动切换至“设计”选项卡，在“SmartArt 样式”组中单击“更改颜色”下拉按钮，选择“彩色 - 个性色”颜色，如图 10-16 所示，在 SmartArt 图形中输入相关文本并隐藏网格线即可。

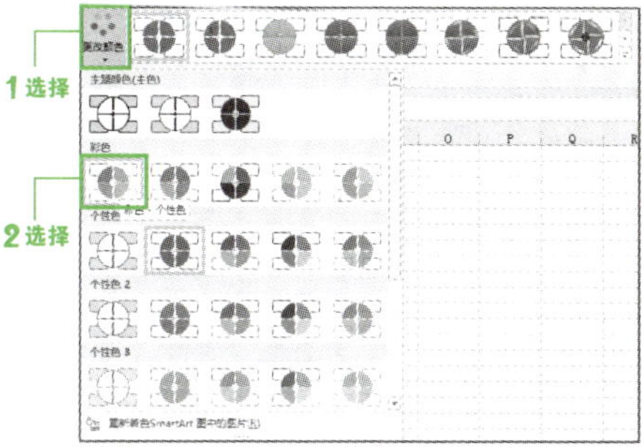

图 10-16　设置 SmartArt 图形样式

技巧拓展

当对 Excel 提供的样式不满意时，可根据自身需要单独设置图形样式。选择需要设置的图形形状，选择“格式”选项卡，在“形状样式”组中可设置形状的填充、轮廓及效果。

Extra tip

实例 185　员工总人数变化图

难度系数：★★★　适用版本：全版本

技巧介绍： 员工总人数变化图主要将员工人数的统计数据以折线图的形式表示出来，分析员工人数的变化趋势，为人员需求预测提供数据依据，如图 10-17 所示。

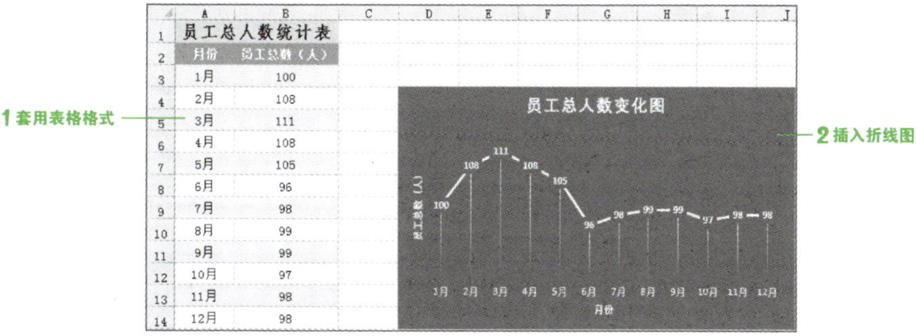

图 10-17　员工总人数变化图

制作员工总人数变化图主要包括套用表格格式、插入折线图等操作。

① 将“员工总人数统计表”表格标题文本的“字体”设置为“仿宋”，将“字号”设置为 16 并加粗，设置单元格填充颜色为“蓝色，个性色 5，淡色 60%”，如图 10-18 所示。

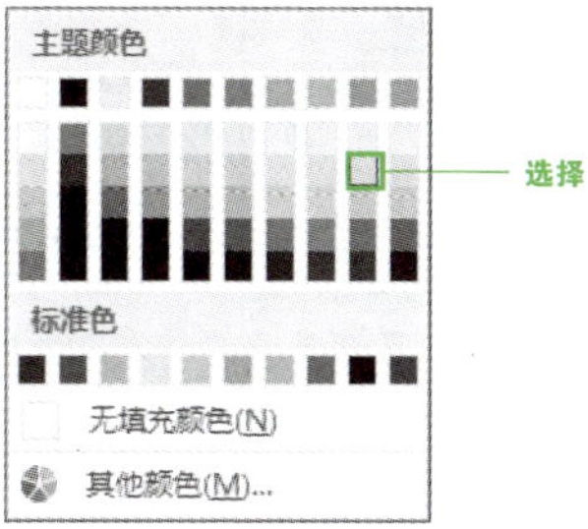

图 10-18　设置单元格填充颜色

② 选择 B3:C15 单元格区域，套用“蓝色，表样式中等深浅 6”表格样式，如图 10–19 所示，并将表格转换为区域。

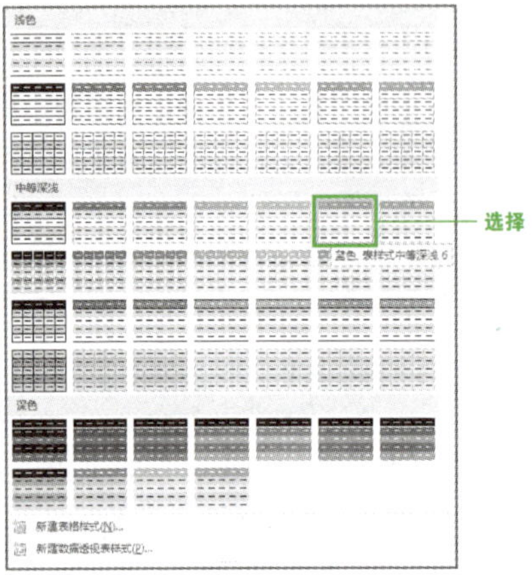

图 10–19　套用表格格式

③ 选择 B4:C15 单元格区域，选择“插入”选项卡，在“图表”组中单击“插入折线图或面积图”下拉按钮，选择“带数据标记的折线图”选项，如图 10–20 所示。

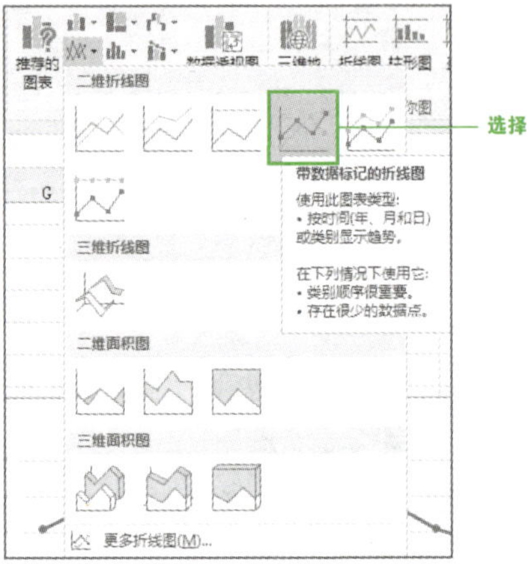

图 10–20　插入折线图

④ 将图表标题重命名为“员工总人数变化图”，单击“图表元素”按钮，选择“坐标轴标题”和“数据标签”复选框，取消选择“网格线”复选框，如图 10–21 所示，并重命名坐标轴标题。

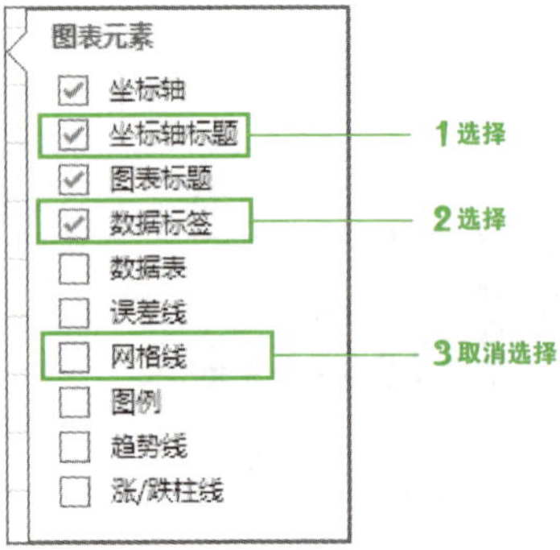

图 10–21　设置图表元素

⑤ 单击“图表样式”按钮，从下拉列表框中选择“样式 12”，如图 10–22 所示，调整图表至合适的位置即可。

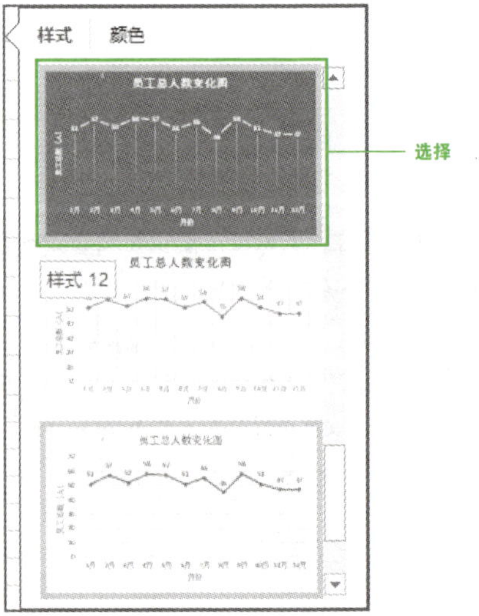

图 10–22　设置图表样式

实例 186

难度系数：★★★ 适用版本：全版本

宝塔式企业管理结构图

技巧介绍： 在企业刚起步时，集权会帮助企业更加快速、稳定地发展，集权即宝塔式的企业管理，如图 10-23 所示，能让管理者从繁杂琐碎的管理中抽身出来。

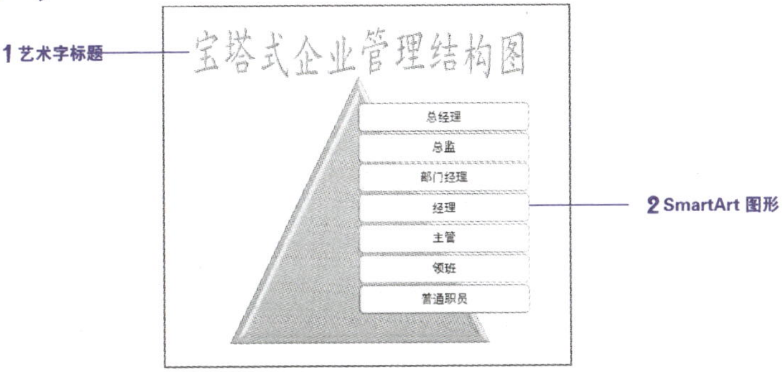

图 10-23 宝塔式企业管理结构图

制作宝塔式企业管理结构图主要包括制作艺术字标题、插入 SmartArt 图形等操作。

❶ 按照如图 10-24 所示选择艺术字样式，将艺术字“字体”设置为“楷体”，将“字号”设置为 32。选择“格式”选项卡，在“艺术字样式”组中单击“文本效果”下拉按钮，选择“转换”→“双波形：上下”效果，如图 10-24 所示。

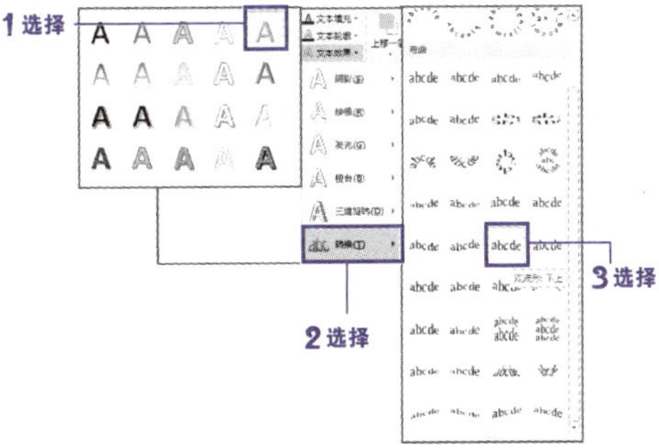

图 10-24 插入艺术字

❷ 选择“插入”选项卡，在“插图”组中单击 SmartArt 按钮，弹出“选择 SmartArt 图形”对话框，在左侧的列表框中选择“棱锥图”选项，从中部列表框中选择“棱锥型列表”图形，如图 10-25 所示。

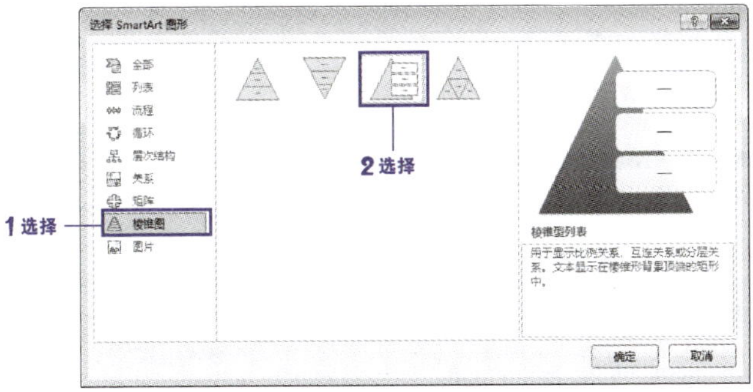

图 10-25 插入 SmartArt 图形

❸ 插入的 SmartArt 图形只有 3 个圆角矩形形状，右击任意圆角矩形，在弹出的快捷菜单中选择“添加形状”命令，选择在后面或前面添加形状，如图 10-26 所示，并输入相关文本内容。

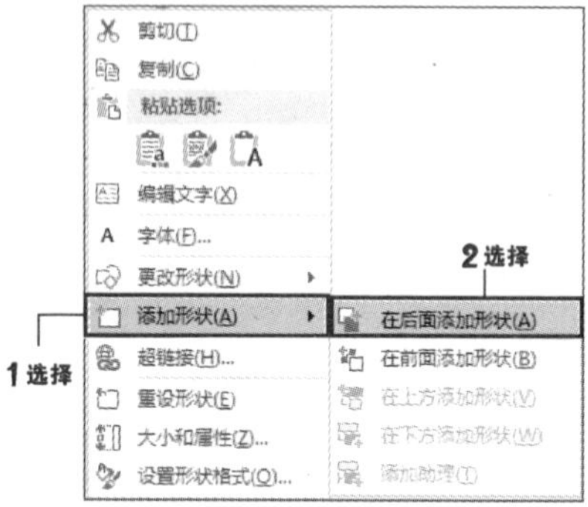

图 10-26　添加形状

❹ 右击插入的 SmartArt 图形，在弹出的快捷菜单中选择“大小和属性”命令，打开“设置形状格式”窗格，选择“锁定纵横比”复选框，设置图形“高度”为 8.5，如图 10-27 所示。

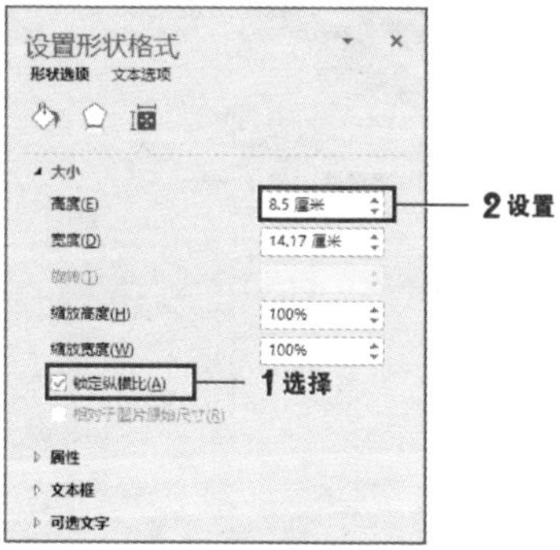

图 10-27　设置形状大小

❺ 选择“设计”选项卡，在“SmartArt 样式”组中单击“更改颜色”下拉按钮，选择“彩色范围 – 个性色 4 至 5”颜色，如图 10-28 所示。

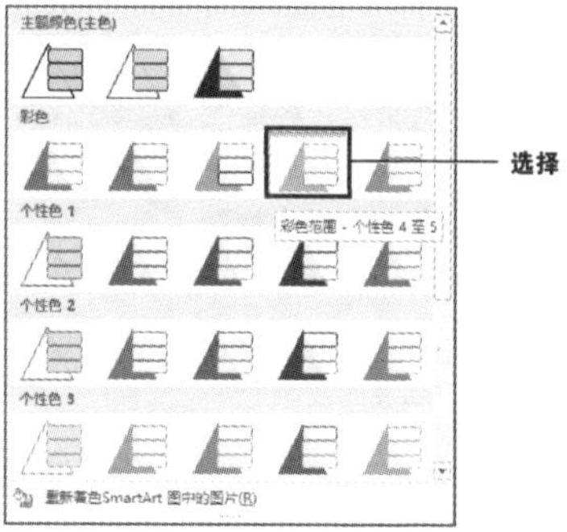

图 10-28　设置 SmartArt 图形样式 -1

❻ 在“SmartArt 样式”组中单击“其他”按钮，选择“嵌入”选项，如图 10-29 所示，并隐藏网格线即可。

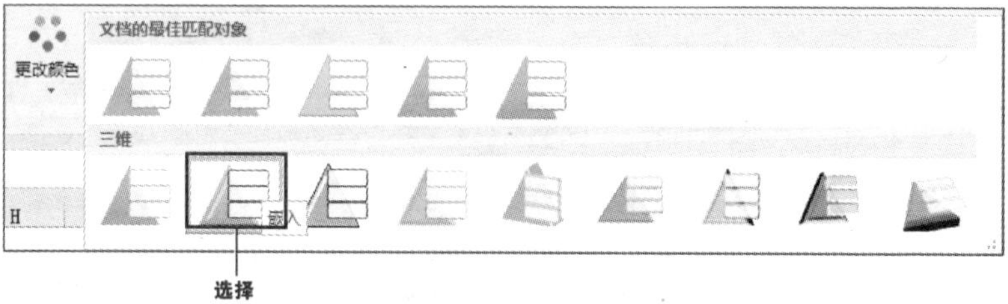

图 10-29　设置 SmartArt 图形样式 -2

技巧拓展

在调整形状大小时，需要在 SmartArt 图形空白范围内单击，选择整个 SmartArt 图形，若直接单击最大的三角形，则修改的是三角形形状的大小及属性。

Extra tip

实例 187 员工性格调查分布图

难度系数：★★★　适用版本：全版本

技巧介绍： 雷达图一般用于成绩展示、效果对比量化及多维数据对比等。员工性格调查分布图主要依据性格调查结果制作雷达图，以反映公司员工的性格分布结果，如图 10-30 所示。

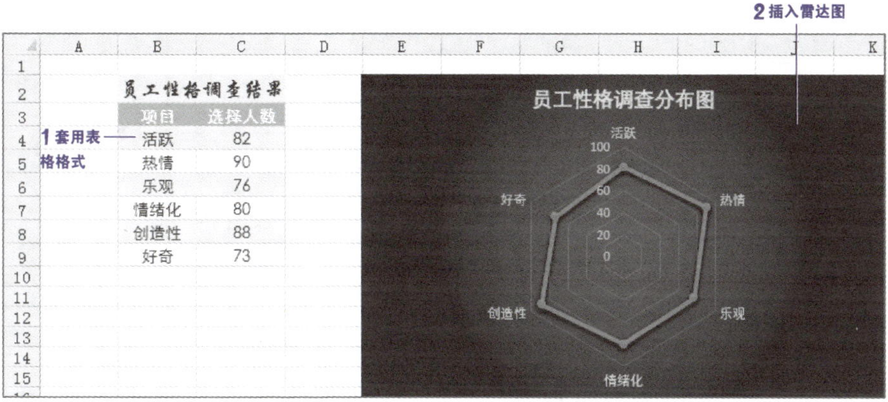

图 10-30　员工性格调查分布图

制作员工性格调查分布图主要包括套用表格格式、插入雷达图等操作。

① 将“员工性格调查结果”表格标题文本的“字体”设置为“华文行楷”，将“字号”设置为 14，设置单元格填充颜色为“绿色，个性色 6，淡色 80%”，如图 10-31 所示。

② 选择 B3:C9 单元格区域，套用“绿色，表样式中等深浅 7”表格样式，如图 10-32 所示，并将表格转换为区域。

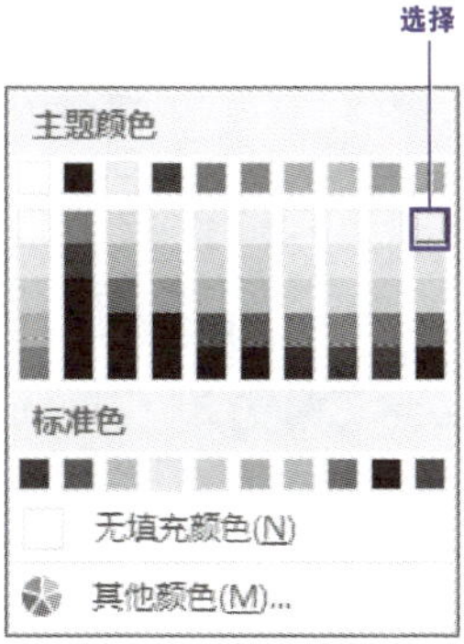

图 10-31　设置单元格填充颜色

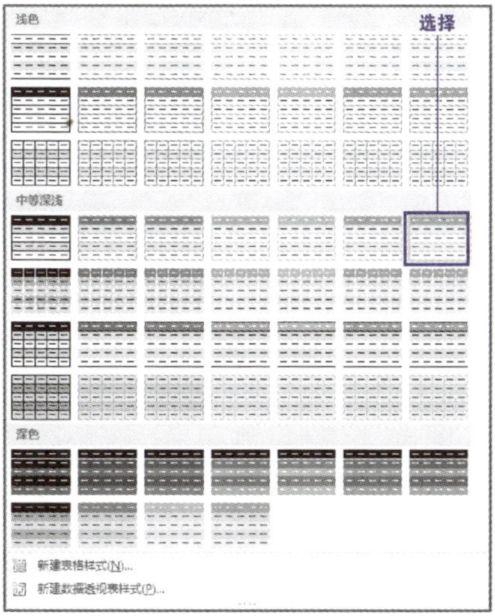

图 10-32　套用表格格式

❸ 选择 B4:C9 单元格区域，选择“插入”选项卡，在“图表”组中单击“插入曲面图或雷达图”下拉按钮，选择“带数据标记的雷达图”选项，如图 10-33 所示，并重命名图表标题为“员工性格调查分布图”。

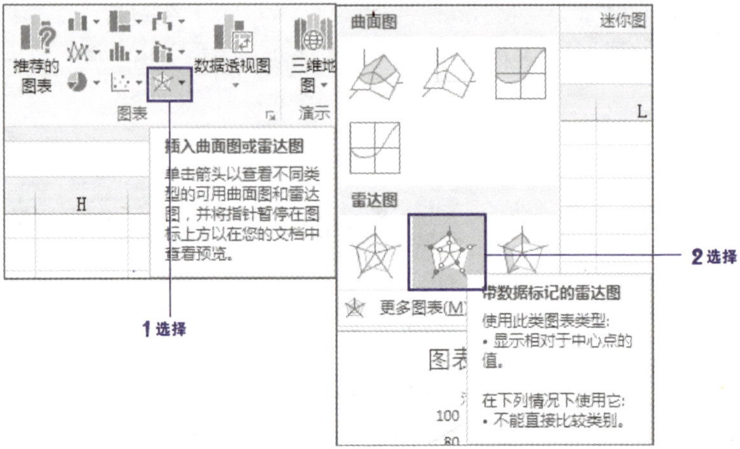

图 10-33　插入雷达图

❹ 选择“设计”选项卡，在“图表样式”组中选择“样式 7”选项，如图 10-34 所示。

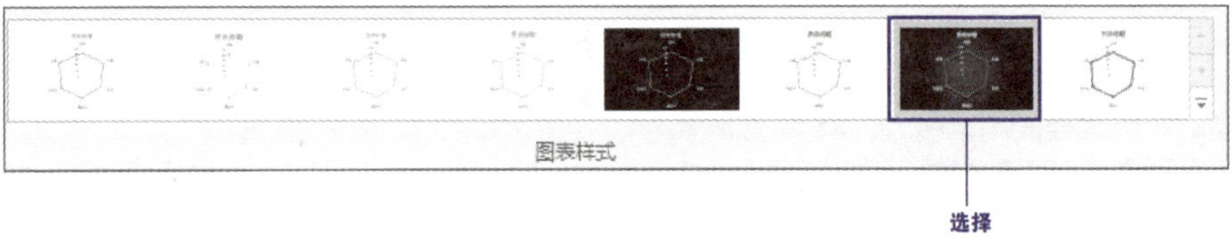

图 10-34　设置图表样式

技巧拓展

雷达图的类型有雷达图、带数据标记的雷达图和记忆填充雷达图 3 种，如图 10-35 所示。

图 10-35　其余雷达图

Extra tip

实例 188

难度系数：★★★　适用版本：全版本

企业年度培训费用预算表

技巧介绍： 企业年度培训费用预算表主要记录各月份培训费用预算情况，包括住宿、餐饮等一般培训费用，以及场地、器材等其他费用，并需要对培训费用进行求和，如图 10-36 所示。

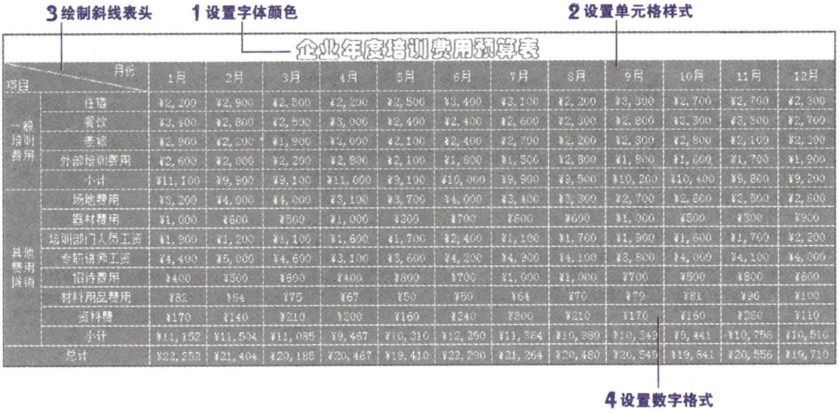

企业年度培训费用预算表

项目	月份	1月	2月	3月	4月	5月	6月	7月	8月	9月	10月	11月	12月
一般培训费用	住宿	¥2,200	¥2,900	¥2,500	¥2,200	¥2,500	¥3,400	¥3,100	¥2,200	¥3,300	¥2,700	¥2,700	¥2,300
	餐饮	¥3,400	¥2,800	¥2,500	¥3,000	¥2,400	¥2,400	¥2,600	¥2,300	¥2,800	¥3,300	¥3,300	¥2,700
	差旅	¥2,900	¥2,200	¥1,900	¥3,000	¥2,100	¥2,400	¥2,700	¥2,200	¥2,300	¥2,800	¥2,100	¥2,300
	外部培训费用	¥2,600	¥2,000	¥2,200	¥2,800	¥2,100	¥1,800	¥1,500	¥2,800	¥1,800	¥1,600	¥1,700	¥1,900
	小计	¥11,100	¥9,900	¥9,100	¥11,000	¥9,100	¥10,000	¥9,900	¥9,500	¥10,200	¥10,400	¥9,800	¥9,200
其他费用摊销	场地费用	¥3,200	¥4,000	¥4,000	¥3,100	¥3,700	¥4,000	¥3,400	¥3,300	¥2,700	¥2,600	¥3,500	¥2,600
	器材费用	¥1,000	¥600	¥500	¥1,000	¥300	¥700	¥600	¥600	¥1,000	¥500	¥300	¥900
	培训部门人员工资	¥1,900	¥1,200	¥1,100	¥1,600	¥1,700	¥2,400	¥1,100	¥1,700	¥1,900	¥1,600	¥1,700	¥2,200
	专职讲师工资	¥4,400	¥5,000	¥4,600	¥3,100	¥3,600	¥4,200	¥4,900	¥4,100	¥3,800	¥4,000	¥4,100	¥4,000
	招待费用	¥400	¥500	¥600	¥400	¥800	¥700	¥1,000	¥1,000	¥700	¥500	¥800	¥600
	材料用品费用	¥82	¥64	¥75	¥67	¥50	¥50	¥64	¥70	¥79	¥81	¥96	¥100
	资料费	¥170	¥140	¥210	¥200	¥160	¥240	¥300	¥210	¥170	¥160	¥260	¥110
	小计	¥11,152	¥11,504	¥11,085	¥9,467	¥10,310	¥12,290	¥11,364	¥10,980	¥10,349	¥9,441	¥10,756	¥10,510
总计		¥22,252	¥21,404	¥20,185	¥20,467	¥19,410	¥22,290	¥21,264	¥20,480	¥20,549	¥19,841	¥20,556	¥19,710

图 10-36　企业年度培训费用预算表

制作企业年度培训费用预算表主要包括设置单元格样式、设置数字格式和添加边框等操作。

❶ 将表格标题文本的“字体”设置为“华文彩云”，将“字号”设置为 20 并加粗，设置字体颜色为“绿色，个性色 6，深色 25%”，如图 10-37 所示。

❷ 将单元格样式设置为“橙色，着色 2”，如图 10-38 所示，并为表格添加白色边框及斜线表头。

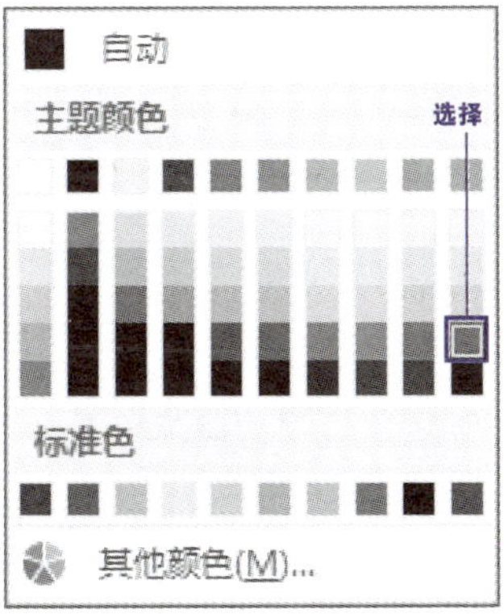

图 10-37　设置字体颜色

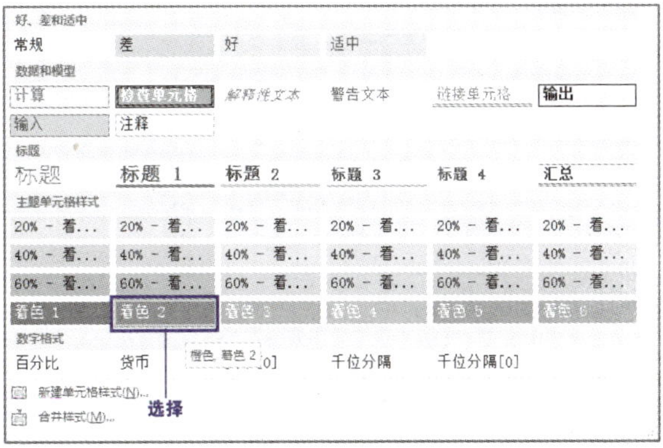

图 10-38　设置单元格样式

❸ 选择 C3:N16 单元格区域，打开“设置单元格格式”对话框，选择“数字”选项卡，将数字格式设置为“货币”，并设置“小数位数”为 0，如图 10-39 所示。

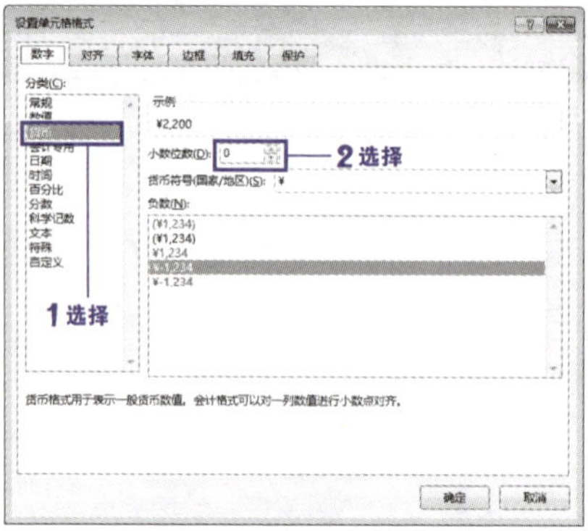

图 10-39 设置数字格式

技巧拓展

“小计”一栏中的数值由“自动求和”而来，“总计”一栏中的数值等于各“小计”值之和。

Extra tip >>>>>>>>>>>>

实例 189 培训工作准备清单

难度系数：★★★ 适用版本：全版本

技巧介绍： 培训工作准备清单主要记录培训前、培训中和培训后的准备事项，包括培训计划、培训所需物品及培训讲义等，如图 10-40 所示。

	时间	序号	事项	是否完成
培训前	提前10天	1	与讲师和主要受训员工确认时间	
		2	安排讲师差旅、住宿、就餐等（如需要）	
		3	确认参加人员名单	
		4	预订培训场地	
		5	预订学员住宿及就餐安排（如需要）	
	提前7天	1	确认课程内容、时间安排	
		2	发送培训通知	
		3	制作PPT、讲义	
		4	确定学员分组情况，打印各组成员名单	
		5	复印、装订学员资料（包括讲义、签到表、试卷、评估问卷）	
		6	游戏道具及小组游戏奖品（如需要）	
	提前2天	1	制作向导水牌	
		2	制作学员名牌	
		3	确认会场饮水机、纸杯、购买培训当天茶歇	
		4	布置培训教室	
		5	将确认的课程安排、学员名单提供给讲师	
		6	打印自用学员名单（包括手机号）	
	提前1天	1	油笔（红、蓝、黑）、黑板擦、白板、白纸、夹子	
		2	铅笔、学员用稿纸	
		3	话筒、胸麦、音箱	
		4	投影仪	
		5	手提电脑（PPT、投影是否正常）	

图 10-40 培训工作准备清单

制作培训工作准备清单主要包括输入基本内容、设置单元格填充颜色等内容。

❶ 将表格标题的“字体”设置为“华文行楷”，将“字号”设置为 18，并设置字体颜色为“蓝色，个性色 5，深色 25%”。

❷ 设置单元格填充颜色为“蓝色，个性色 5，淡色 60%”。

实例 190 培训成果评估表

难度系数：★★★★ 适用版本：07/10/13/16/17

技巧介绍： 培训成果评估表主要由参与培训的员工对培训进行多方面评估，包括合理性、适用性和趣味性等，并利用迷你图反映培训满意度，如图 10-41 所示。

	A	B	C	D	E	F	G
1	培训成果评估表（参与评估人数：40人）						
2	课程满意度评估						
3	课程	5（很满意）	4（满意）	3（一般）	2（较差）	1（很差）	迷你图比例
4	课程目标的明确性	22	8	5	3	2	
5	内容编排的合理性	19	5	4	8	4	
6	理论知识的系统性	25	10	3	1	1	
7	课程内容的适用性	18	13	2	4	3	
8	课程的趣味性	18	15	4	2	1	
9	讲师满意度评估						
10	评估项目	5（很满意）	4（满意）	3（一般）	2（较差）	1（很差）	迷你图比例
11	表达能力	18	11	6	3	2	
12	亲和力	14	10	10	4	2	
13	讲课的逻辑性	21	11	6	1	1	
14	对学员反应的关注程度	12	5	14	5	4	
15	鼓励学员学习兴趣的激发	8	12	15	3	2	
16	对学员提问所作出的指导	12	15	3	5	5	
17	案例分析能力	12	20	3	2	3	
18	把握课程进度的能力	16	13	8	2	1	
19	培训设备使用的熟练程度	16	14	4	3	3	

图 10-41　培训成果评估表

制作培训成果评估表主要包括填充单元格、添加边框和插入迷你图等操作。

❶ 将表格标题的“字体”设置为“华文新魏”，将“培训成果评估表”文本的“字号”设置为 16，选中文本“（参与评估人数：40 人）”，将“字号”设置为 11。

❷ 设置单元格填充颜色为“绿色，个性色 6，淡色 80%”，如图 10-42 所示；设置边框颜色为“绿色，个性色 6，深色 25%”，如图 10-43 所示。

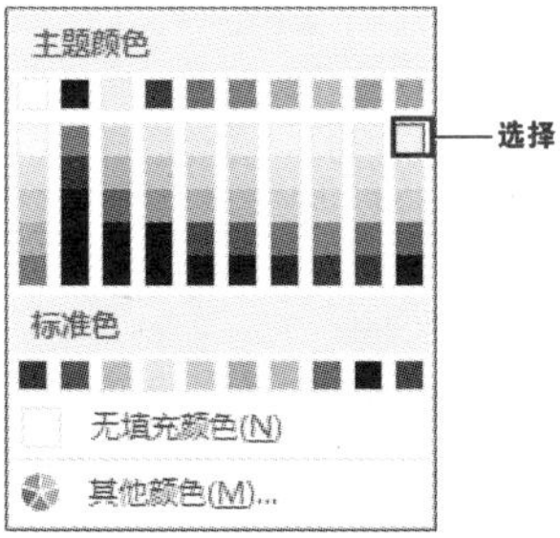

图 10-42　设置填充颜色

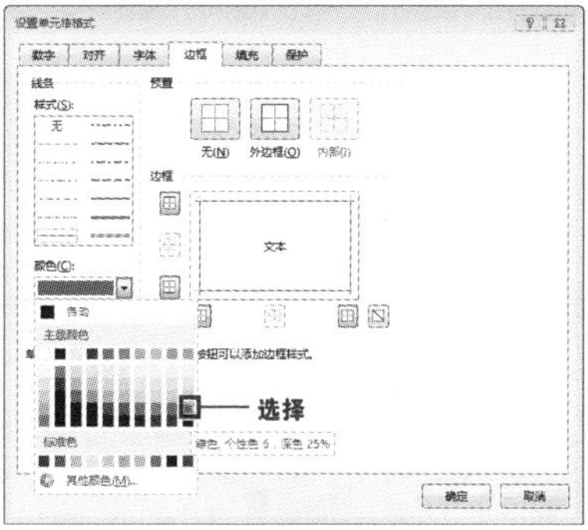

图 10-43　添加边框

❸ 分别选择 G4:G8 和 G11:G19 单元格区域，选择“插入”选项卡，在“迷你图”组中单击“柱形图”按钮，在弹出的“创建迷你图”对话框中选择 B4:F8 和 B11:F19 单元格区域作为数据范围，单击“确定”按钮，如图 10-44 所示，插入迷你图。

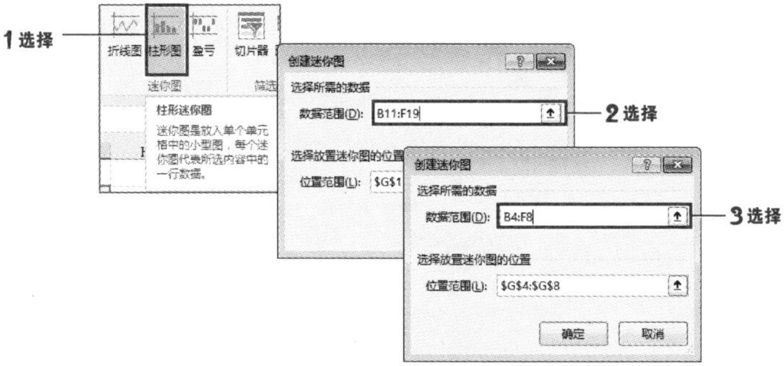

图 10-44　插入迷你图

④ 在 G4:G8 和 G11:G19 单元格区域中各选择一个单元格，选择“设计”选项卡，在“分组”组中单击“组合”按钮，单击 G4:G8 和 G11:G19 单元格区域中的任意单元格，在“样式”组中单击“其他”按钮，按照如图 10-45 所示选择迷你图样式。

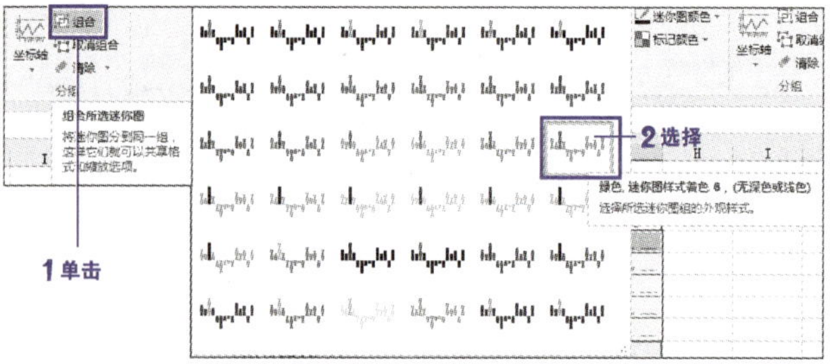

图 10-45 设置迷你图样式

技巧拓展

在“样式”组中单击“标记颜色”下拉按钮，选择“高点”选项，设置主题颜色为“绿色，个性色 6，深色 25%”，突出最高点，如图 10-46 所示。

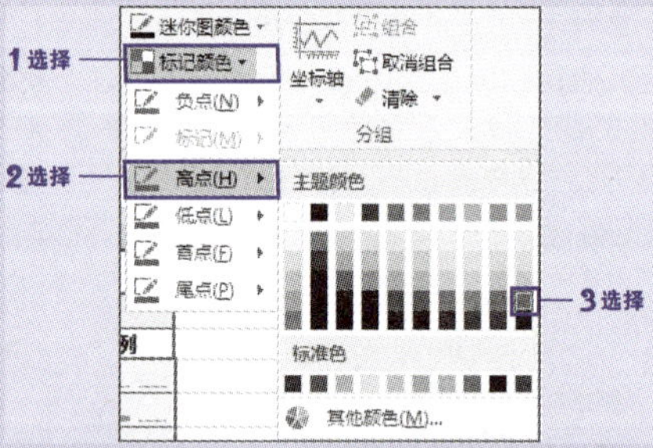

图 10-46 标记颜色

Extra tip

实例 191 培训成绩查询表

难度系数：★★★★ 适用版本：全版本

技巧介绍： 培训成绩查询表主要利用 Excel 中的数据筛选功能，筛选出满足指定条件的数据，如图 10-47 所示。

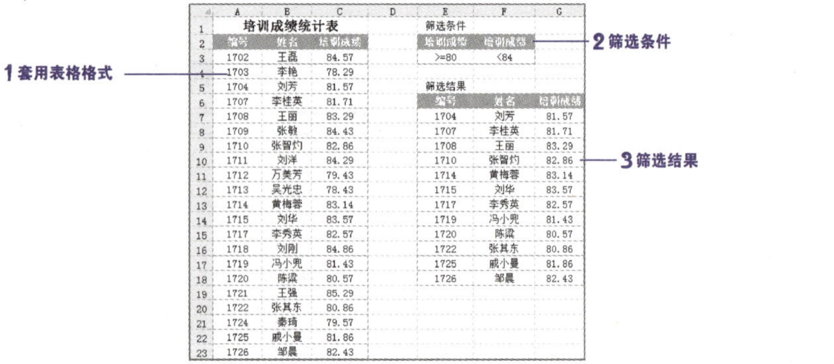

培训成绩统计表

编号	姓名	培训成绩
1702	王磊	84.57
1703	李艳	78.29
1704	刘芳	81.57
1707	李桂英	81.71
1708	王丽	83.29
1709	张敏	84.43
1710	张智灼	82.86
1711	刘洋	84.29
1712	万美芳	79.43
1713	吴光忠	78.43
1714	黄梅蓉	83.14
1715	刘华	83.57
1717	李秀英	82.57
1718	刘刚	84.86
1719	冯小兜	81.43
1720	陈梁	80.57
1721	王强	85.29
1722	张其东	80.86
1724	秦琦	79.57
1725	戚小曼	81.86
1726	邹晨	82.43

筛选条件

培训成绩	培训成绩
>=80	<84

筛选结果

编号	姓名	培训成绩
1704	刘芳	81.57
1707	李桂英	81.71
1708	王丽	83.29
1710	张智灼	82.86
1714	黄梅蓉	83.14
1715	刘华	83.57
1717	李秀英	82.57
1719	冯小兜	81.43
1720	陈梁	80.57
1722	张其东	80.86
1725	戚小曼	81.86
1726	邹晨	82.43

图 10-47 培训成绩查询表

制作培训成绩查询表主要包括套用表格格式、筛选数据等操作。

❶ 将表格标题的“字号”设置为 14 并加粗，套用“蓝色，表样式浅色 13”表格样式，如图 10-48 所示，并输入筛选条件。

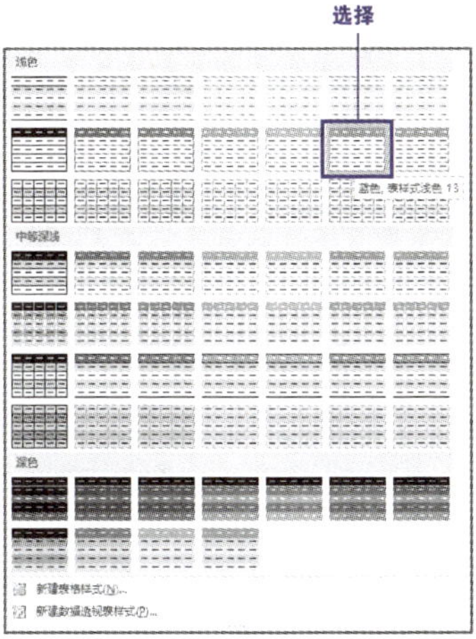

图 10-48　套用表格格式

❷ 选择“数据”选项卡，在“排序和筛选”组中单击“高级”按钮，弹出“高级筛选”对话框，选择“将筛选结果复制到其他位置”单选按钮，单击“列表区域”文本框右侧的折叠按钮，选择 A2:C23 单元格区域。按照相同的方法，设置“条件区域”为 E2:F3 单元格区域，设置“复制到”为 E6:G6 单元格区域，单击“确定”按钮，如图 10-49 所示，即可筛选出培训成绩大于等于 80 小于 84 的员工。

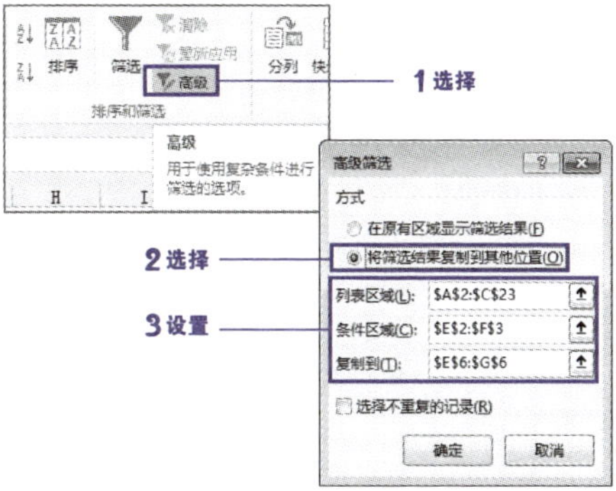

图 10-49　高级筛选

技巧拓展

选择 A2:C23 单元格区域，在“排序和筛选”组中单击“筛选”按钮，单击 C2 单元格中的下拉按钮，选择“数字筛选”→“自定义筛选”选项，在弹出的“自定义自动筛选方式”对话框中设置筛选条件，如图 10-50 所示，单击“确定”按钮，也可完成数字筛选工作。

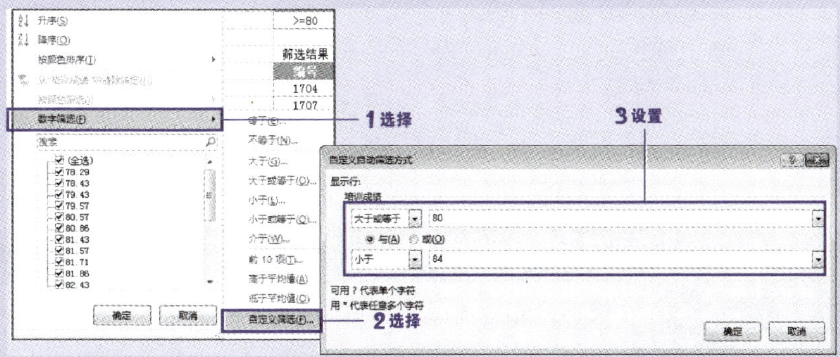

图 10-50　自定义自动筛选方式

Extra tip

实例 192 员工培训报告表

难度系数：★★★ 适用版本：全版本

技巧介绍： 员工培训报告表主要记录组织培训的名称、时间、方式、培训讲师和员工反馈等信息，如图 10-51 所示。

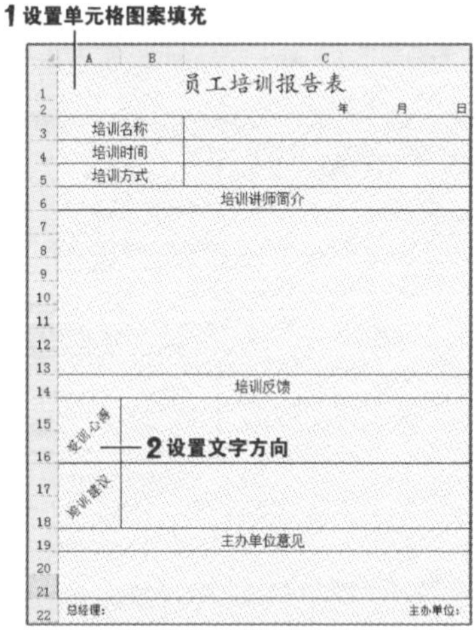

图 10-51 员工培训报告表

制作员工培训报告表主要包括输入表格内容、合并单元格、设置文字方向和填充单元格等内容。

❶ 将表格标题文本的“字体”设置为“华文行楷”，将“字号”设置为 20。

❷ 选择 A15:A18 单元格区域，在“对齐方式”组中单击“方向”下拉按钮，选择“逆时针角度”选项，如图 10-52 所示。

❸ 选择 A1:C22 单元格区域，打开“设置单元格格式”对话框，选择“填充”选项卡，设置图案颜色为“绿色，个性色 6，淡色 40%”，设置图案样式为“细 对角线 条纹”，如图 10-53 所示。

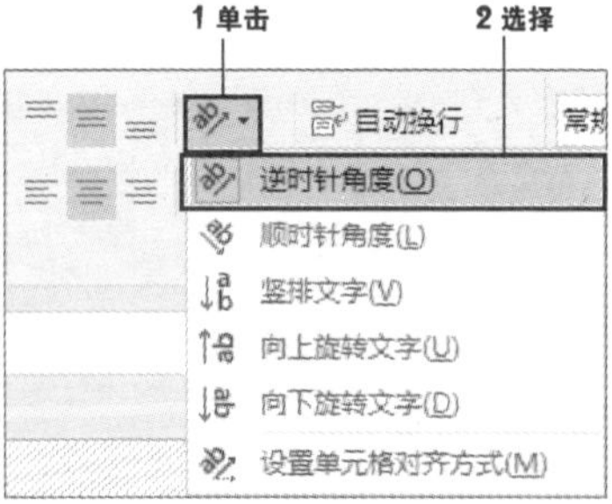

图 10-52 设置文本方向

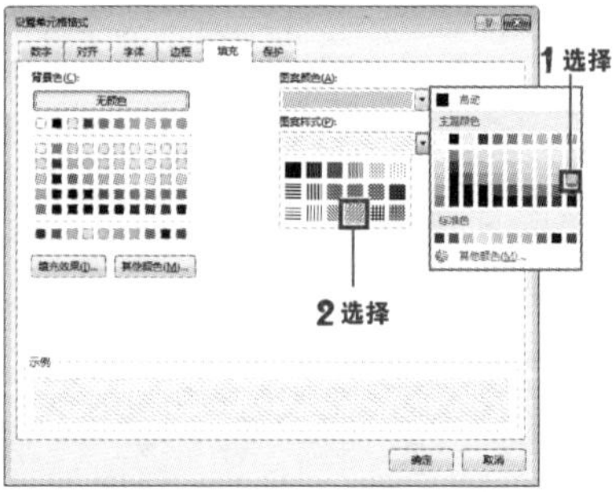

图 10-53 设置图案填充

实例 193 员工考核流程图

难度系数：★★★ 适用版本：全版本

技巧介绍： 员工考核流程图可以将绩效考核步骤以流程图的形式清晰、明确地表示出来，以反映绩效考核的流程，如图 10-54 所示。

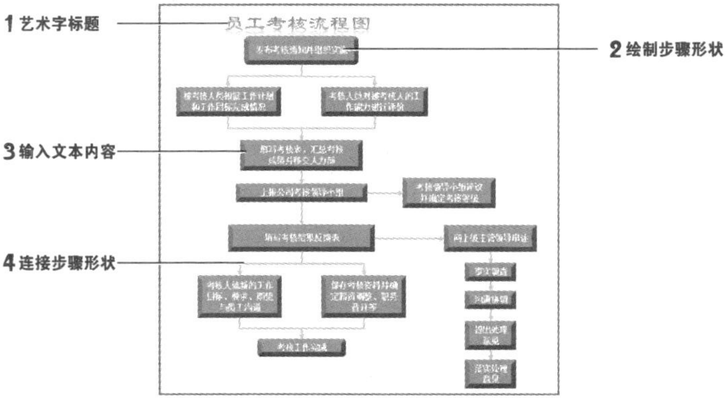

图 10-54　员工考核流程图

制作员工考核流程图主要包括插入艺术字标题、绘制步骤形状、输入文本内容和连接形状等操作。

❶ 按照如图 10-55 所示选择艺术字样式，并设置“字体”为“隶书”，“字号”为 28，移动艺术字标题至合适的位置。

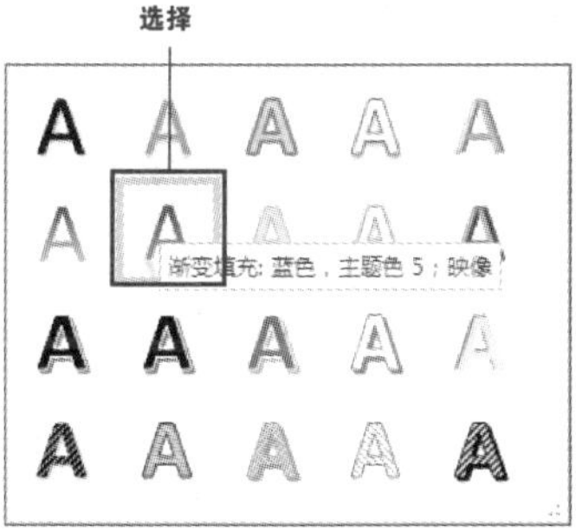

图 10-55　插入艺术字

❷ 选择“插入”选项卡，在“插图”组中单击“形状”下拉按钮，选择“矩形：圆角”形状，在工作表中绘圆角制矩形形状。选择“格式”选项卡，设置形状填充颜色为“蓝色，个性色 1，深色 25%”，单击“形状效果”下拉按钮，选择“棱台”→“角度”选项，如图 10-56 所示。

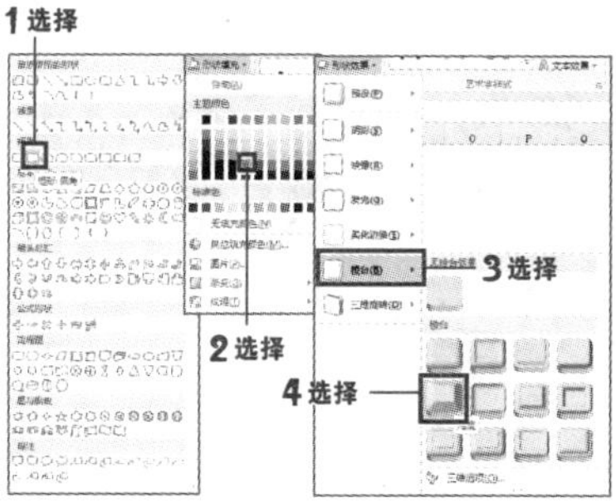

图 10-56　绘制步骤形状

❸ 双击圆角形状，并输入对应文本内容，设置文本“字体”为“宋体（正文）”并加粗。右击设置好的圆角形状，在弹出的快捷菜单中选择“设置为默认形状”命令，将设置的形状样式设置为默认，如图 10-57 所示。

图 10-57　设置为默认形状

④ 选择“插入”选项卡，在“插图”组中单击“形状”下拉按钮，选择“流程图：过程”形状，在工作表中绘制其余步骤形状。继续选择“连接符：肘形箭头”形状。在工作表中绘制肘形箭头形状来连接步骤形状。选择“格式”选项卡，设置“形状轮廓”颜色为“橙色，个性色2，淡色 40%”，并设置线条粗细为 2.25 磅，如图 10-58 所示。右击肘形箭头形状，将其设置为默认线条，继续绘制其余连接符连接步骤形状即可。

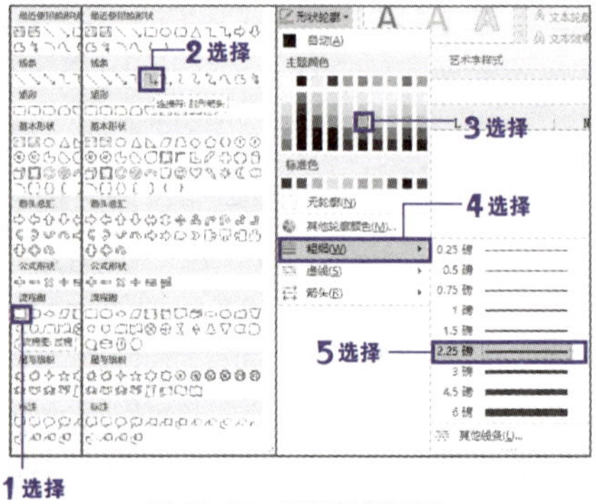

图 10-58　设置连接符形状

技巧拓展

在绘制流程图时，为了使流程图整洁、美观，各步骤形状直接的位置关系十分重要，通过“格式”选项卡的“排列”组中的“对齐”功能，可以十分便利地设置各步骤形状之间的对齐方式。

Extra tip

实例 194 员工业绩统计表

难度系数：★★　适用版本：全版本

技巧介绍： 员工业绩统计表主要记录销售人员各产品的销量及销售额，是计算员工业绩的数据源，如图 10-59 所示。

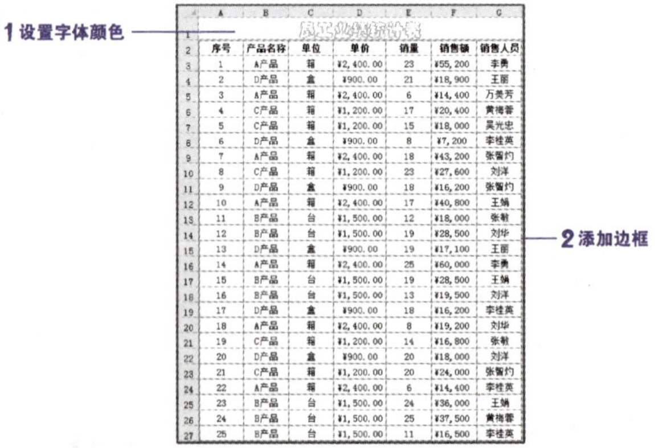

序号	产品名称	单位	单价	销量	销售额	销售人员
1	A产品	箱	¥2,400.00	23	¥55,200	李勇
2	D产品	盒	¥900.00	21	¥18,900	王丽
3	A产品	箱	¥2,400.00	6	¥14,400	万美芳
4	C产品	箱	¥1,200.00	17	¥20,400	黄梅蕾
5	C产品	箱	¥1,200.00	15	¥18,000	吴光忠
6	D产品	盒	¥900.00	8	¥7,200	李桂英
7	A产品	箱	¥2,400.00	18	¥43,200	张智灼
8	C产品	箱	¥1,200.00	23	¥27,600	刘洋
9	D产品	盒	¥900.00	18	¥16,200	张智灼
10	A产品	箱	¥2,400.00	17	¥40,800	王娟
11	B产品	台	¥1,500.00	12	¥18,000	张敏
12	B产品	台	¥1,500.00	19	¥28,500	刘华
13	D产品	盒	¥900.00	19	¥17,100	王丽
14	A产品	箱	¥2,400.00	25	¥60,000	李勇
15	B产品	台	¥1,500.00	19	¥28,500	王娟
16	B产品	台	¥1,500.00	13	¥19,500	刘洋
17	D产品	盒	¥900.00	18	¥16,200	李桂英
18	A产品	箱	¥2,400.00	8	¥19,200	刘华
19	C产品	箱	¥1,200.00	14	¥16,800	张敏
20	D产品	盒	¥900.00	20	¥18,000	刘洋
21	C产品	箱	¥1,200.00	20	¥24,000	张智灼
22	A产品	箱	¥2,400.00	6	¥14,400	李桂英
23	B产品	台	¥1,500.00	24	¥36,000	王娟
24	B产品	台	¥1,500.00	25	¥37,500	黄梅蕾
25	B产品	台	¥1,500.00	11	¥16,500	李桂英

图 10-59　员工业绩统计表

制作员工业绩统计表主要包括输入基本数据、设置字体颜色和添加边框等操作。

1 设置表格标题的“字体”为“华文彩云”，“字号”为 20 并加粗，并设置字体颜色为“橙色，个性色 2，淡色 40%”，如图 10-60 所示。

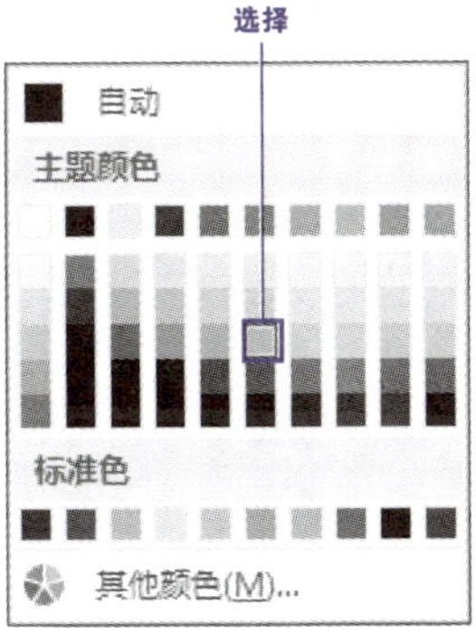

图 10-60　设置字体颜色

2 选择 A2:G39 单元格区域，打开“设置单元格格式”对话框，按照如图 10-61 所示为表格添加颜色为“橙色，个性色 2”的边框。

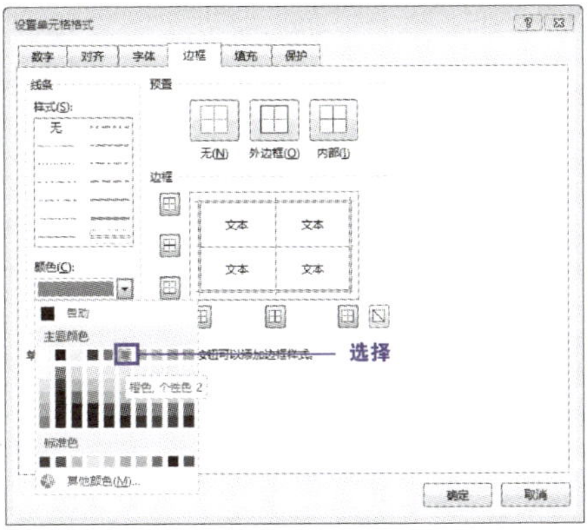

图 10-61　添加边框

实例 195　员工业绩汇总表

难度系数：★★★★　适用版本：全版本

技巧介绍： 仅仅统计了员工业绩还不够，还需要汇总计算各销售人员的总销售额，以及各产品的销售情况，制成员工业绩汇总表，如图 10-62 所示。

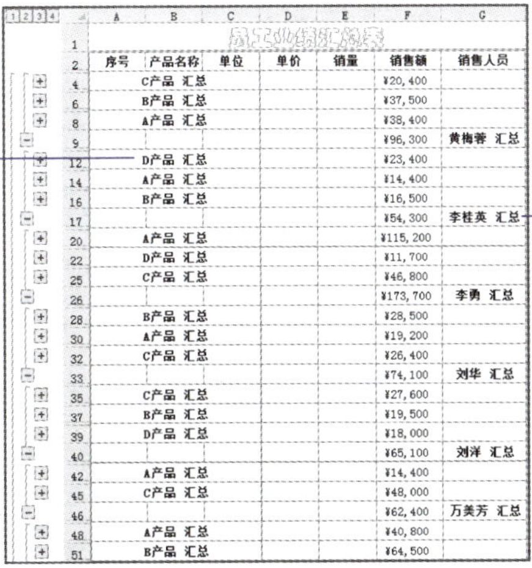

	A	B	C	D	E	F	G
1	员工业绩汇总表						
2	序号	产品名称	单位	单价	销量	销售额	销售人员
4		C产品 汇总				¥20,400	
6		B产品 汇总				¥37,500	
8		A产品 汇总				¥38,400	
9						¥96,300	黄梅蓉 汇总
12		D产品 汇总				¥23,400	
14		A产品 汇总				¥14,400	
16		B产品 汇总				¥16,500	
17						¥54,300	李桂英 汇总
20		A产品 汇总				¥115,200	
22		D产品 汇总				¥11,700	
25		C产品 汇总				¥46,800	
26						¥173,700	李勇 汇总
28		B产品 汇总				¥28,500	
30		A产品 汇总				¥19,200	
32		C产品 汇总				¥26,400	
33						¥74,100	刘华 汇总
35		C产品 汇总				¥27,600	
37		B产品 汇总				¥19,500	
39		D产品 汇总				¥18,000	
40						¥65,100	刘洋 汇总
42		A产品 汇总				¥14,400	
45		C产品 汇总				¥48,000	
46						¥62,400	万美芳 汇总
48		A产品 汇总				¥40,800	
51		B产品 汇总				¥64,500	

图 10-62　员工业绩汇总表

制作员工业绩汇总表主要包括对数据进行排序、分类汇总等操作。

❶ 打开本节素材文件“素材\第 10 章\实例 195\员工业绩汇总表原件 .xlsx”，选择 G3:G39 单元格区域，选择“数据”选项卡，在“排序和筛选”组中单击“升序”按钮，在弹出的“排序提醒”对话框中选择“扩展选定区域”单选按钮，如图 10-63 所示，单击“排序”按钮，将销售人员名单按升序排序。

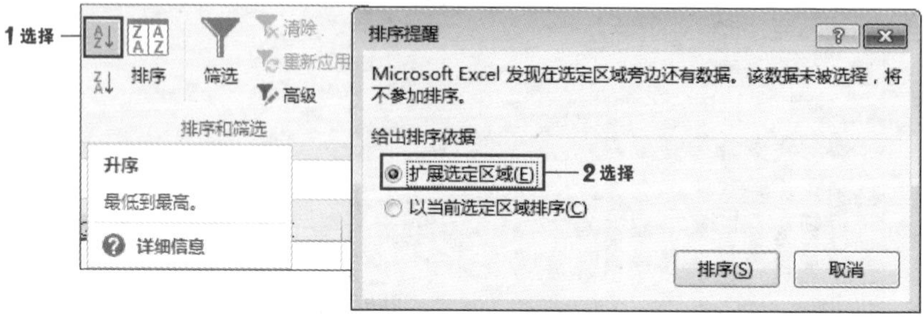

图 10-63　升序排序

❷ 当需要在 Excel 中对数据进行分类计算时，除了使用数据透视表外，还可以使用“分类汇总”功能。与数据透视表不同的是，它可以直接在数据区域中插入汇总行，从而可以同时看到数据明细和汇总。

❸ 选择 A2:G39 单元格区域，在“分级显示”组中单击“分类汇总”按钮，在弹出的“分类汇总”对话框中设置“分类字段”为“销售人员”，设置“汇总方式”为“求和”，设置“选定汇总项”为“销售额”，如图 10-64 所示，单击“确定”按钮，对销售人员的销售额进行分类汇总。

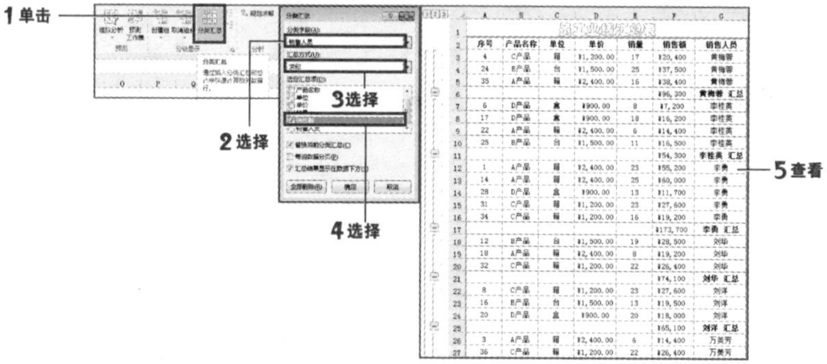

图 10-64　分类汇总 -1

❹ 选择 A2:G51 单元格区域，单击“分类汇总”按钮，在弹出的对话框设置“分类字段”为“产品名称”，设置“汇总方式”为“求和”，设置“选定汇总项”为“销售额”，并取消选择“替换当前分类汇总”复选框，如图 10-65 所示，单击“确定”按钮，对各产品的销售额进行分类汇总。

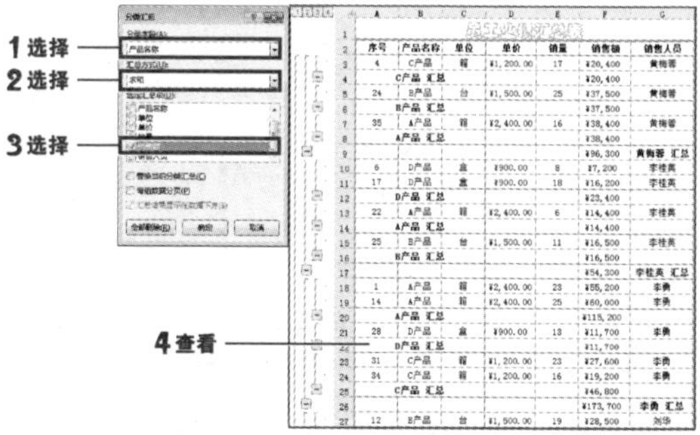

图 10-65　分类汇总 -2

⑤ 在显示汇总结果的同时，行标签左侧将自动显示一些分级显示的按钮[−]、[+]和[1|2|3|4]，使用分级显示按钮可以控制数据的显示。例如，单击明细数据按钮[+]或相应的行或列级别符号，可以显示分组中的明细数据；单击隐藏明细数据按钮[−]或相应的级别符号，可以隐藏分组中的明细数据。

技巧拓展

① 排序的目的是把分类项集中起来，按照类别进行汇总。如果不进行排序，直接进行分类汇总，Excel 不会自动将相同的类别归在一起，汇总结果看上去很凌乱。

② 在进行分类汇总前，需要保证数据具有下列格式，即数据区域的第一行为标题行，数据区域中没有空行和空列，数据区域四周是空行和空列。

在弹出的“排序提醒”对话框中有“扩展选定区域”和“以当前选定区域排序”两个单选按钮，假设 A、B、C 这 3 列都有数据，如果以当前选定区域（A 列）排序，则 B 和 C 列的顺序不变，而扩展选定区域则是保持 A、B、C 这 3 列之间的关联关系不变，对整个工作表进行排序，但若扩展排序中的某一列为空，那么这种关联关系有时也会被破坏。

Extra tip >>>>>>>>>>>>>>

实例 196　员工业绩评价表

难度系数：★★★★　适用版本：全版本

技巧介绍： 员工业绩评价表主要对员工的销售业绩进行优良评价，并可进行业绩排名，如图 10-66 所示，从而奖励并鼓舞业绩排名较高的员工，激励员工积极上进。

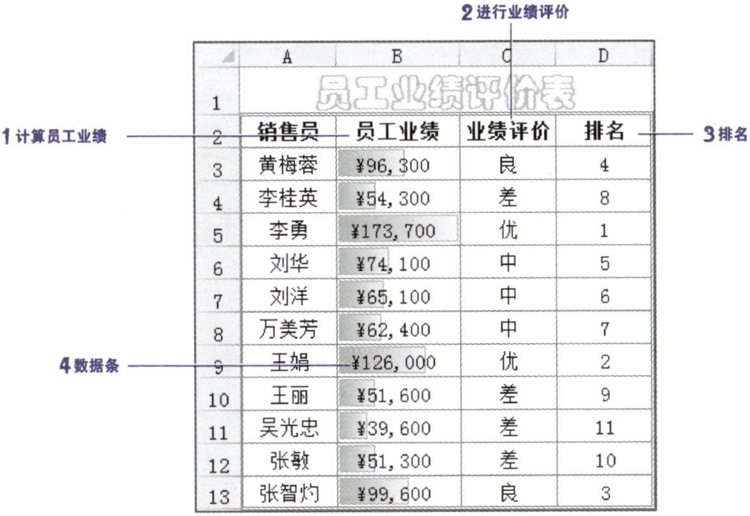

	A	B	C	D
1	员工业绩评价表			
2	销售员	员工业绩	业绩评价	排名
3	黄梅蓉	¥96,300	良	4
4	李桂英	¥54,300	差	8
5	李勇	¥173,700	优	1
6	刘华	¥74,100	中	5
7	刘洋	¥65,100	中	6
8	万美芳	¥62,400	中	7
9	王娟	¥126,000	优	2
10	王丽	¥51,600	差	9
11	吴光忠	¥39,600	差	11
12	张敏	¥51,300	差	10
13	张智灼	¥99,600	良	3

图 10-66　员工业绩评价表

制作员工业绩评价表主要包括计算员工业绩、评价业绩优良和计算排名等操作。

❶ 选择 B3 单元格，在编辑栏中输入计算公式：=SUMIF(Sheet1!$G$3:$G$39,A3,Sheet1!$F$3:$F$39)，按【Enter】键，计算销售总业绩，如图 10-67 所示。

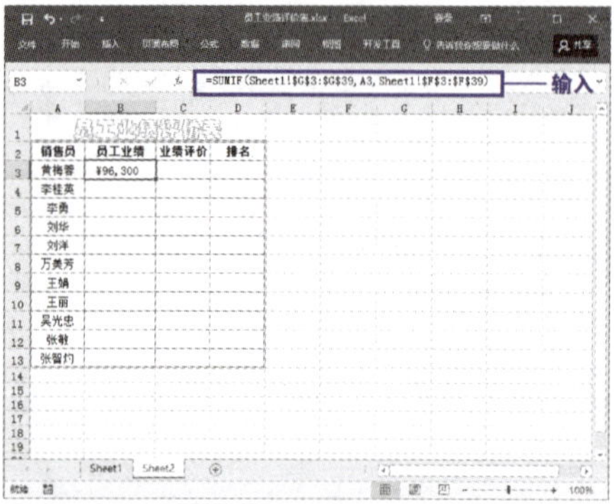

图 10-67　计算销售总业绩

❷ 选择 C3 单元格，在编辑栏中输入计算公式：=IF(B3<60000," 差 ",IF(AND(B3>=0,B3<80000)," 中 ",IF(AND(B3>=80000,B3<100000)," 良 "," 优 "))), 按【Enter】键，进行业绩评价，如图 10-68 所示。

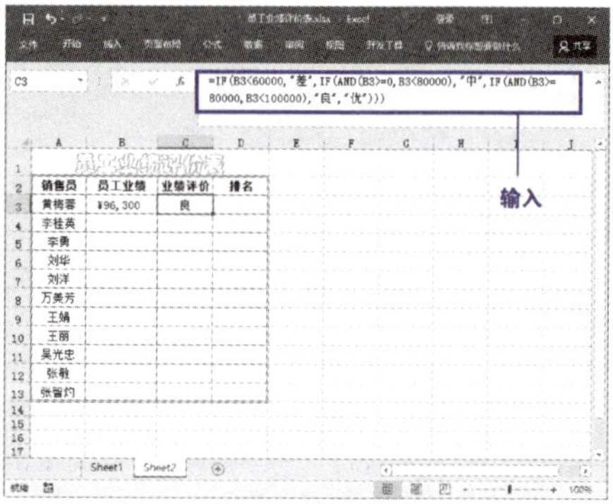

图 10-68　进行业绩评价

❸ 选择 D3 单元格，在编辑栏中输入计算公式：=RANK(B3,$B$3:$B$13)，按【Enter】键，计算业绩排名，如图 10-69 所示。

❹ 选择 B3:D3 单元格区域，双击其右下角的填充手柄，自动向下填充计算公式。

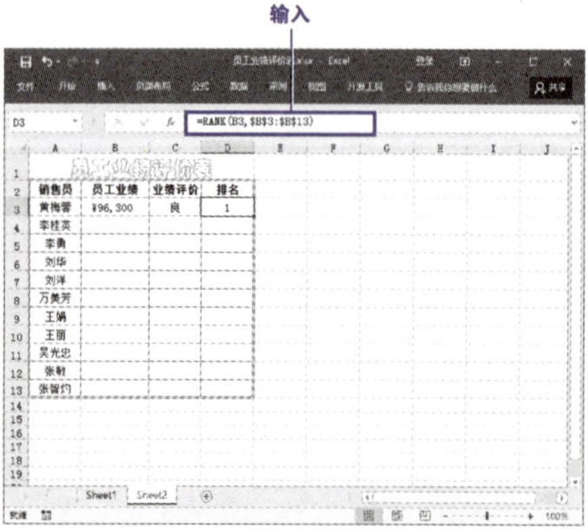

图 10-69　计算业绩排名

❺ 选择 B3:B13 单元格区域，在"样式"组中单击"条件格式"下拉按钮，选择"数据条"→"橙色数据条"选项，如图 10-70 所示，为单元格区域添加数据条。

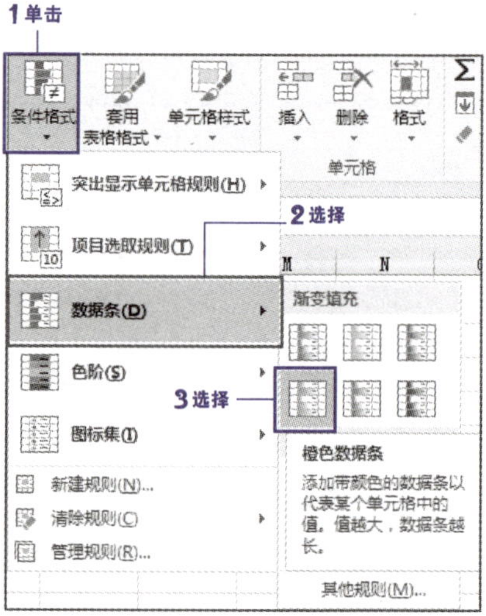

图 10-70　设置条件格式

技巧拓展

SUMIF 函数用于对范围中符合指定条件的值求和。

语法格式为：SUMIF(range,criteria,[sum_range])

其中：range 参数表示根据条件进行计算的单元格的区域。每个区域中的单元格必须是数字或名称、数组或包含数字的引用。空值和文本值将被忽略。criteria 参数用于确定对哪些单元格求和的条件，其形式可以为数字、表达式、单元格引用、文本或函数。例如，条件可以表示为 32、">32"、B5、"32"、" 工作表 " 或 TODAY()。任何文本条件或任何含有逻辑或数学符号的条件都必须使用双引号（"） 括起来。如果条件为数字，则无须使用双引号。sum_range 参数为要求和的实际单元格（如果要对未在 range 参数中指定的单元格求和）。如果省略 sum_range 参数，Excel 会对在 range 参数中指定的单元格（即应用条件的单元格）求和。

可以在 criteria 参数中使用通配符（包括问号（?）和星号（*）），问号匹配任意单个字符；星号匹配任意一串字符。如果要查找实际的问号或星号，需要在该字符前输入波形符 (~)。

本实例中的计算公式解释为：对 G3:G39 单元格区域中“黄梅蓉”所对应的“销售额”进行求和。

Extra tip >>>>>>>>>>>>>

实例 197　年度考核分析表

难度系数：★★★　适用版本：全版本

技巧介绍： 年度考核分析表主要对年度考核表插入数据透视表，从而动态地分析员工工作情况，如图 10-71 所示，这里的 D15 单元格表示所有员工奖金之和。

	A	B	C	D
1				
2				
3	**行标签**	**求和项:工作能力**	**求和项:绩效总分**	**求和项:奖金**
4	黄梅蓉	33.03	100.46	2500
5	李桂英	35.2	105.7	3500
6	李勇	34.875	102.95	3500
7	刘华	34.92	103.983	3500
8	刘洋	34.3	103.35	3500
9	万美芳	33.75	102.65	3500
10	王娟	35.675	103.975	3500
11	王丽	32.3	100.45	2500
12	吴光忠	34.9	102.6	3500
13	张敏	34.45	103.05	3500
14	张智灼	32.875	99.45	2000
15	**总计**	**376.275**	**1128.618**	**35000**

图 10-71　数据透视表

制作年度考核分析表主要包括插入数据透视表、添加数据透视表字段等操作。

❶ 打开本节素材文件“素材\第 10 章\实例 197\年度考核表.xlsx”，选择 A2:I13 单元格区域，选择“插入”选项卡，在“表格”组中单击“数据透视表”按钮，弹出“创建数据透视表”对话框，将数据透视表放置在“新工作表”中，单击“确定”按钮，即可添加 Sheet1 工作表并创建数据透视表，如图 10-72 所示。

图 10-72 插入数据透视表

❷ 在“数据透视表字段”窗格中右击“姓名”字段，在弹出的快捷菜单中选择“添加到列标签”命令；右击“工作能力”字段，在弹出的快捷菜单中选择“添加到值”命令；右击“绩效总分”字段，在弹出的快捷菜单中选择“添加到值”命令；右击“奖金”字段，在弹出的快捷菜单中选择“添加到值”命令，如图 10-73 所示，即可创建数据透视表。

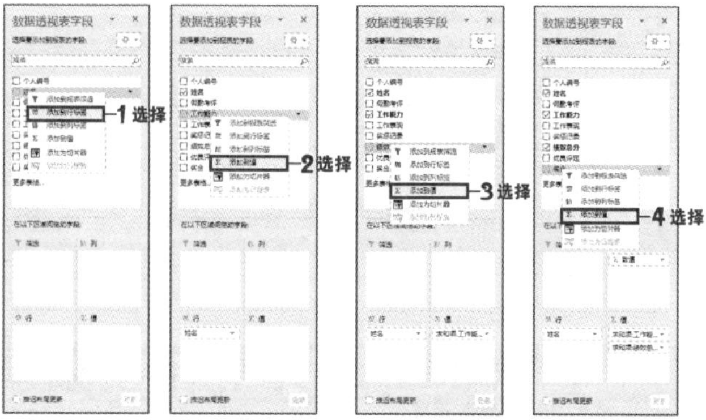

图 10-73 添加数据透视表字段

技巧拓展

当 Sheet1 工作表中的数据发生变化时，单击数据透视表中的任意单元格，选择“分析”选项卡，在“数据”组中单击“刷新”按钮，如图 10-74 所示，或按【Alt+F5】组合键，即可更新透视表中的数据。在“刷新”下拉列表框中还可选择“全部刷新”、“取消刷新”等选项。

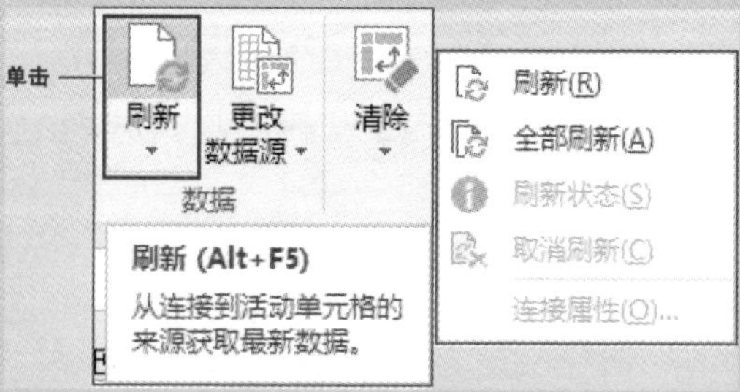

图 10-74 刷新数据透视表

Extra tip

实例 198 员工工作态度互评表

难度系数：★★★　适用版本：全版本

技巧介绍： 在对员工进行绩效考评时，除了领导评价外，同事之间的相互评价更能综合地反映出该员工的工作状态。员工工作态度互评表就能直观地反映差异，如图 10-75 所示。

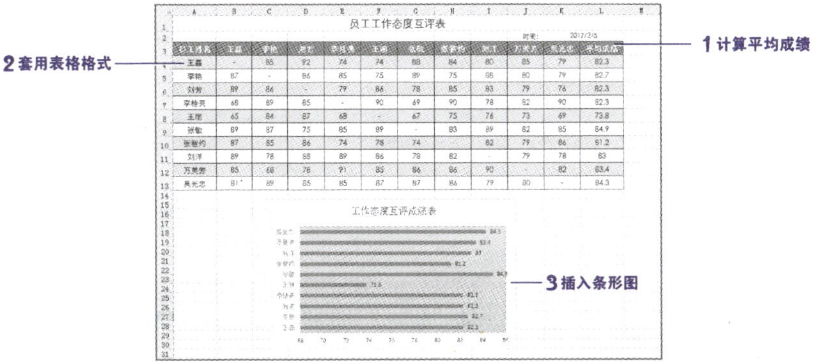

图 10-75　员工工作态度互评表

制作员工工作态度互评表主要包括计算平均成绩、套用表格格式和插入条形图等操作。

❶ 将表格标题的“字体”设置为“华文细黑”，将“字号”设置为 16。

❷ 选择合并后的 K2 单元格，在编辑栏中输入计算公式：=TODAY()，按【Enter】键，返回当前日期。选择 L4 单元格，在编辑栏中输入计算公式：=ROUND(AVERAGE(B4:K4),1)，按【Enter】键，计算平均成绩并对所得结果进行四舍五入，保留 1 位小数。双击 L4 单元格右下角的填充手柄，向下填充计算公式。

❸ 按住【Ctrl】键的同时，选中 A4:A13 和 L4:L13 单元格区域，选择“插入”选项卡，在“图表”组中单击“插入柱形图或条形图”下拉按钮，选择“簇状条形图”选项，如图 10-76 所示，并重命名图表标题为“工作态度互评成绩表”。

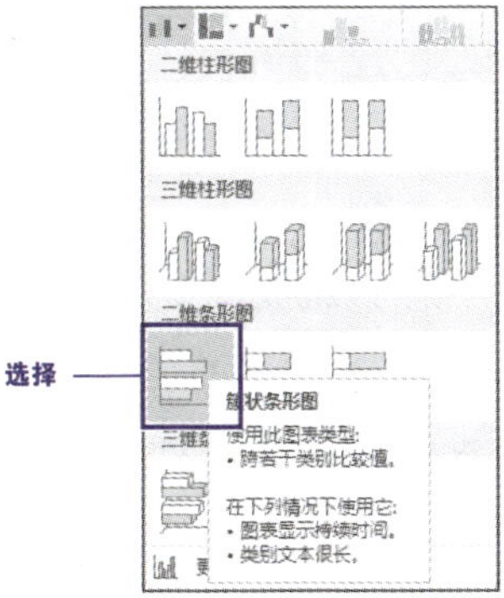

图 10-76　插入簇状条形图

❹ 单击“图表元素”按钮，选择“数据标签”复选框，并单击“网格线”下拉三角形，取消选择“主轴主要垂直网格线”复选框，并选择“主轴主要水平网格线”复选框，如图 10-77 所示。

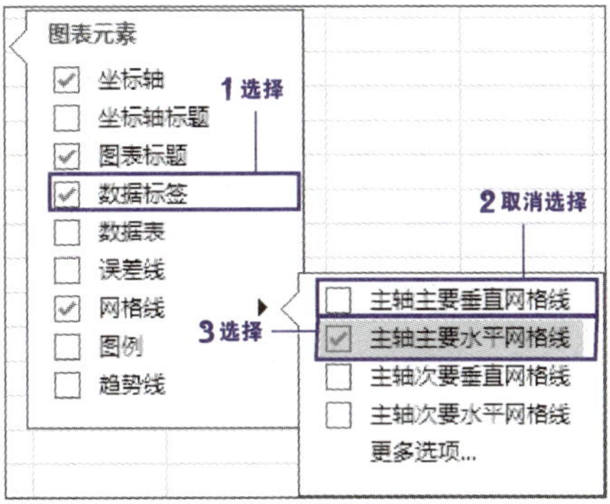

图 10-77　添加图表元素

5 选择图表的绘图区，选择“格式”选项卡，在“形状样式”组中单击“其他”按钮，按照如图 10-78 所示选择主题样式，并调整插入的图表至合适的位置。

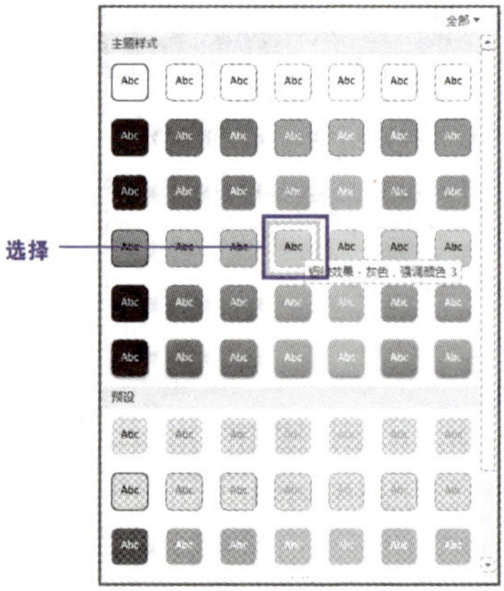

图 10-78　设置绘图区主题样式

实例 199 员工工作品行考核表

难度系数：★★★　适用版本：全版本

技巧介绍： 绩效考核包含多个方面，对工作品行的考核也是其中重要的一环。员工工作品行考核表则记录了员工各工作品行考核指标的得分，如图 10-79 所示。

	A	B	C	D	E	F	G	H	I	J
1	员工工作品行考核表									
2	员工姓名	考评指标								
3		工作积极性	工作热情	责任感	纪律性	积极学习	忠诚公司	财务明净	工作服从	得分合计
4	李勇	9	7.5	8.5	7.5	8.5	7.5	8.5	8	65
5	王娟	8.5	9.5	9	7.5	7.5	6.5	8.5	9.5	66.5
6	李桂英	8.5	7.5	8.5	7.5	7.5	8.5	7.5	9	64.5
7	王丽	9	9	7.5	8.5	8.5	8.5	7.5	8.5	67
8	张敏	8	8.5	8.5	8.5	8.5	8.5	8.5	8.5	67.5
9	张智灼	8.5	8.5	8.5	9.5	9	7.5	7.5	9	68
10	刘洋	7.5	7.5	7.5	8.5	7.5	8.5	7.5	9.5	64
11	万美芳	8	8.5	8.5	8	8.5	8	8.5	8.5	66.5
12	吴光忠	8.5	9	7.5	7.5	7.5	7.5	9	8.5	65
13	黄梅蓉	7.5	7.5	7.5	8.5	8.5	7.5	9.5	7.5	64
14	刘华	8.5	8	8.5	9	7.5	6.5	6.5	8.5	63

1 计算合计得分

2 条件格式

图 10-79　员工工作品行考核表

制作员工工作品行考核表主要包括输入基本内容、设置条件格式等操作。

1 设置表格标题文本的“字体”为“华文隶书”，“字号”为 18。

2 选择 B4:J14 单元格区域，在“编辑”组中单击“自动求和”按钮，计算合计得分。

3 选择 B4:I14 单元格区域，在“样式”组中单击“条件格式”下拉按钮，选择“突出显示单元格规则”→“大于”选项，弹出“大于”对话框，在文本框中输入数值 8，并设置为“黄填充色深黄色文本”，在工作表区可以看到预览效果，如图 10-80 所示。

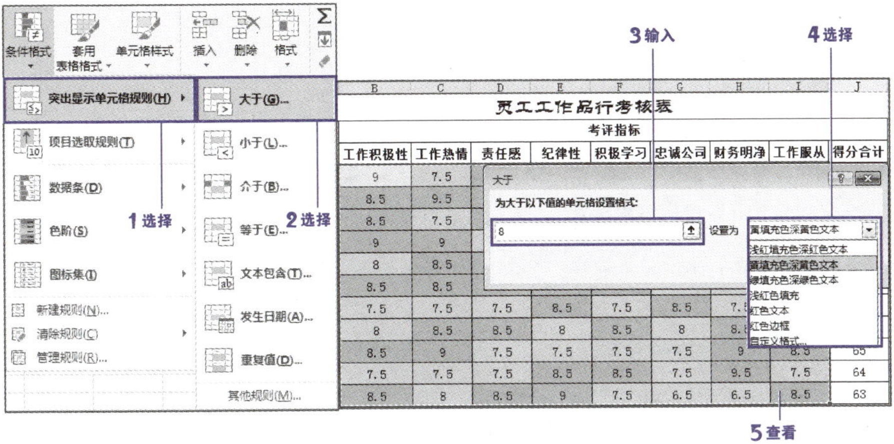

图 10-80 设置条件格式

实例 200 绩效考核面谈表

难度系数：★★★ 适用版本：全版本

技巧介绍： 在进行绩效考核时，被评估人与评估人之间会进行一次面谈，由被评估人总结工作中的经验与不足，并提出改善方法，这些都被记录在绩效考核面谈表中，如图 10-81 所示。

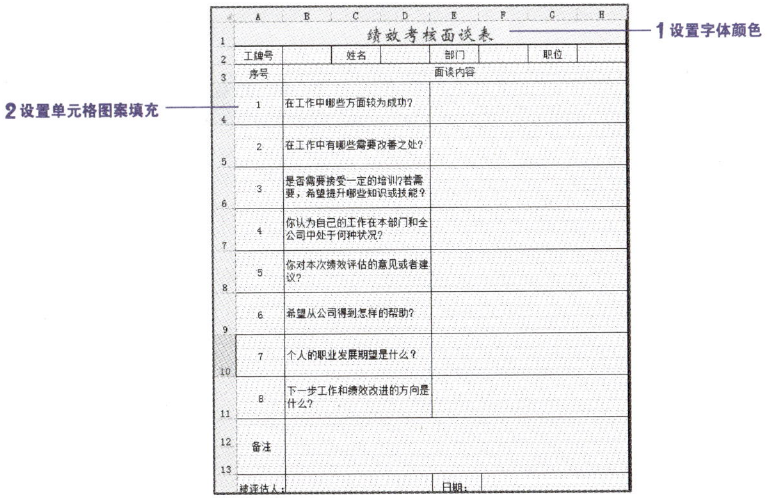

图 10-81 绩效考核面谈表

制作绩效考核面谈表主要包括输入基本内容、设置单元格填充等操作。

① 将表格标题的“字体”设置为“华文新魏”，将“字号”设置为 20，并设置字体颜色为“蓝色，个性色 1，深色 25%”，设置合并后的 A1 单元格填充颜色为“绿色，个性色 6，淡色 80%”，如图 10-82 和图 10-83 所示。

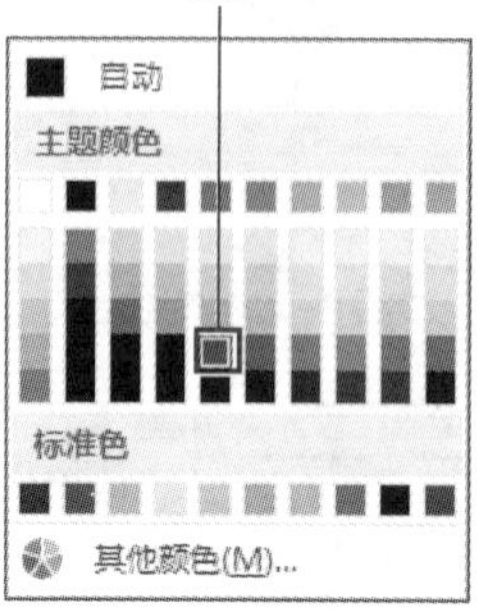

图 10-82　设置字体颜色

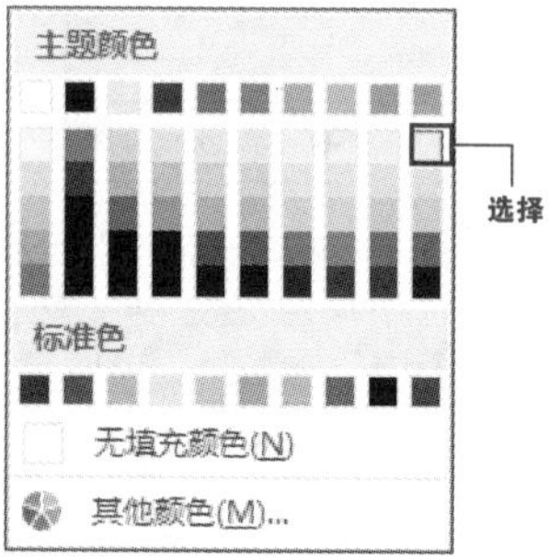

图 10-83　设置填充颜色

② 选择 A2:H16 单元格区域，打开“设置单元格格式”对话框，选择“填充”选项卡，设置图案颜色为“蓝色，个性色 5，淡色 60%”，设置图案样式为“细 水平 条纹”，如图 10-84 所示。

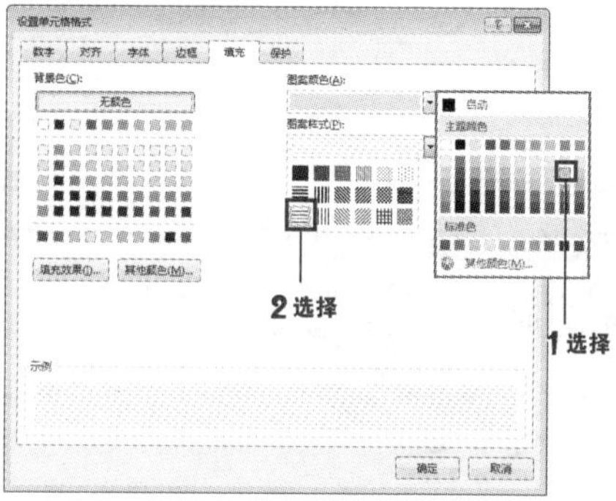

图 10-84　设置图案填充

实例 201　目标与实际业绩比较图

难度系数：★★★★　适用版本：全版本

技巧介绍： 在评估员工业绩时，目标业绩与实际业绩之间的差异可反映出员工的上进心及工作能力，将数据表制作成条形图，差异则一目了然，这就是目标与实际业绩比较图，如图 10-85 所示。

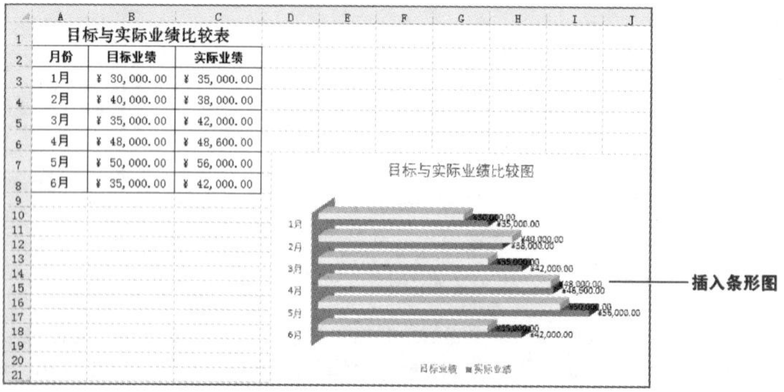

图 10-85　目标与实际业绩比较图

制作目标与实际业绩比较图主要包括输入基本内容、插入条形图等操作。

❶ 将表格标题设置为“华文中宋”，字号为 16。

❷ 选择 A2:C8 单元格区域，选择“插入”选项卡，在“图表”组中单击“插入柱形图或条形图”下拉按钮，选择“三维簇状条形图”选项，如图 10-86 所示，并重命名图表标题为“目标与实际业绩比较图”。

❸ 单击“图表元素”按钮，选择“数据标签”复选框，并取消选择“网格线”复选框，如图 10-87 所示。选择水平(值)轴，按【Delete】键，删除水平（值）轴。

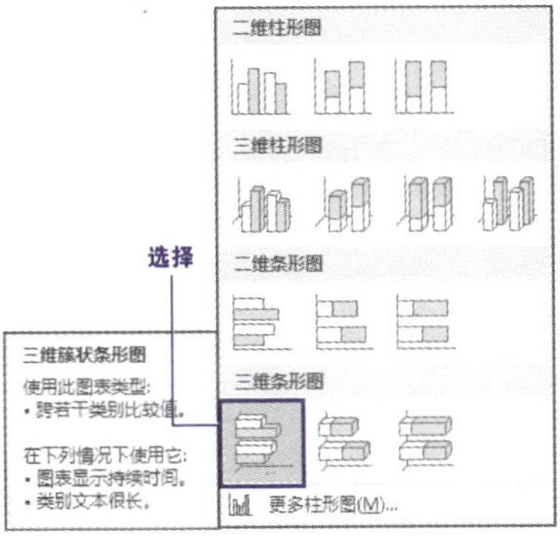

图 10-86　插入条形图

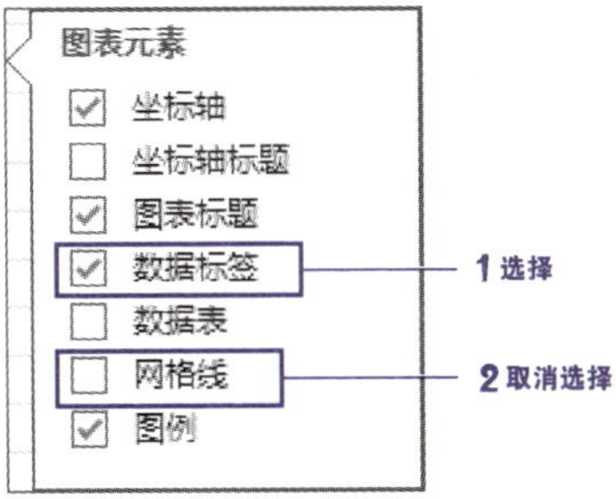

图 10-87　添加图表元素

❹ 双击垂直(类别)轴，打开“设置坐标轴格式”窗格，在“坐标轴选项”选项组中选择“逆序类别”复选框，如图 10-88 所示。

❺ 选择系列“目标业绩”并右击，在弹出的快捷菜单中选择“三维旋转”命令，打开“设置图表区格式”窗格，在“三维旋转”选项组中设置“X 旋转”角度为 30°，“Y 旋转”角度为 20°，并设置“深度”为 300，如图 10-89 所示。

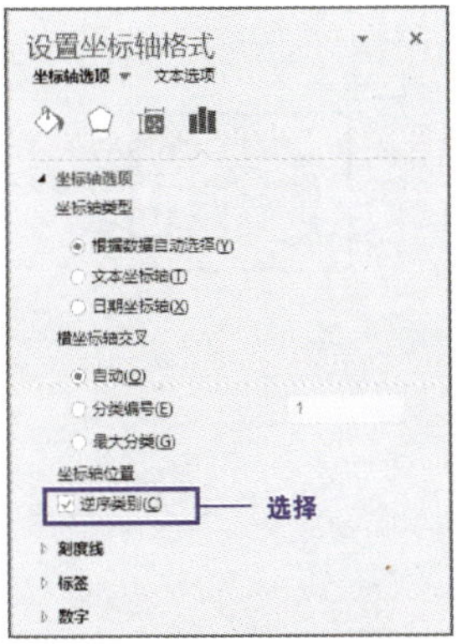

图 10-88　设置坐标轴格式

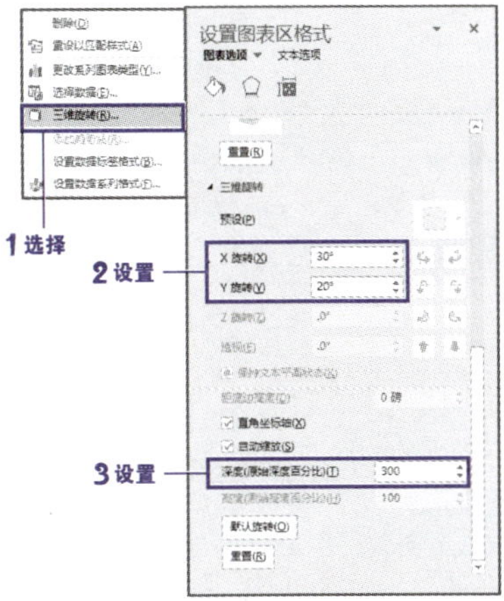

图 10-89　设置三维旋转

❻ 选择系列“目标业绩”，选择“格式”选项卡，在“形状样式”组中设置其形状填充颜色为“蓝色，个性色 5，淡色 80”，如图 10-90 所示。

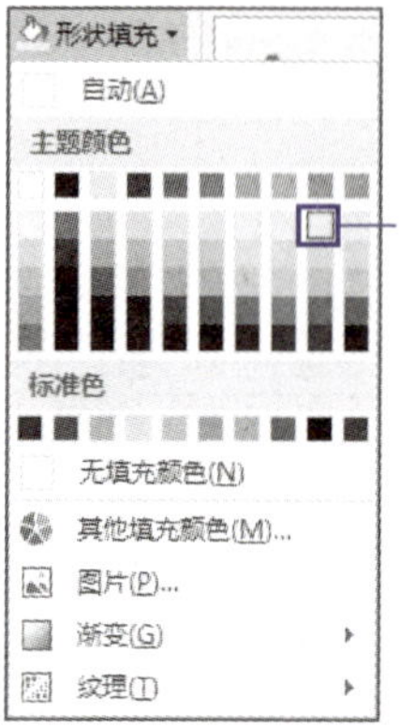

图 10-90　设置系列颜色

❼ 在“当前所选内容”组中，单击“图表元素”文本框下拉按钮，选择“基底”选项，在“形状样式”组中设置其形状填充颜色为“浅灰色，背景 2，深色 10%”，如图 10-91 所示。

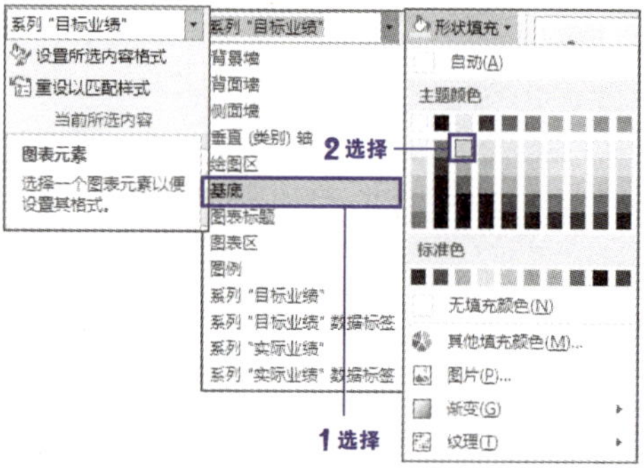

图 10-91　设置基底颜色

技巧拓展

可以将设置好的图表另存为模板，以方便在下一次使用时直接调用。

① 右击插入的条形图，在弹出的快捷菜单中选择“另存为模板”命令，如图 10-92 所示，在弹出的“保存图表模板”对话框中设置保存路径和文件名，单击“保存”按钮。

② 选择数据源，单击“图表”组中的对话框启动器，弹出“插入图表”对话框，选择“所有图表”选项卡，选择“模板”选项，即可看到另存的模板，如图 10-93 所示。

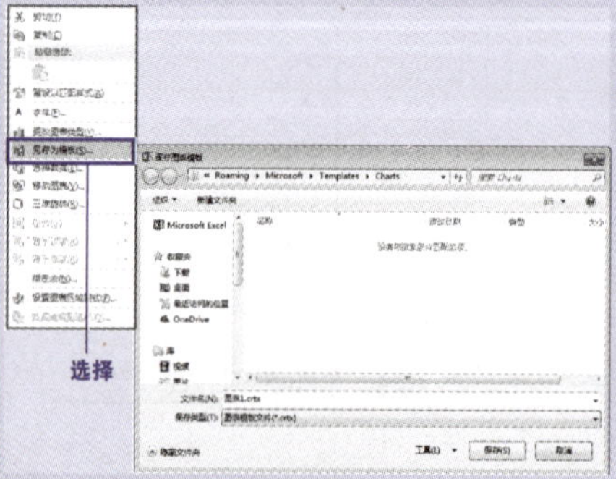

图 10-92　另存为模板

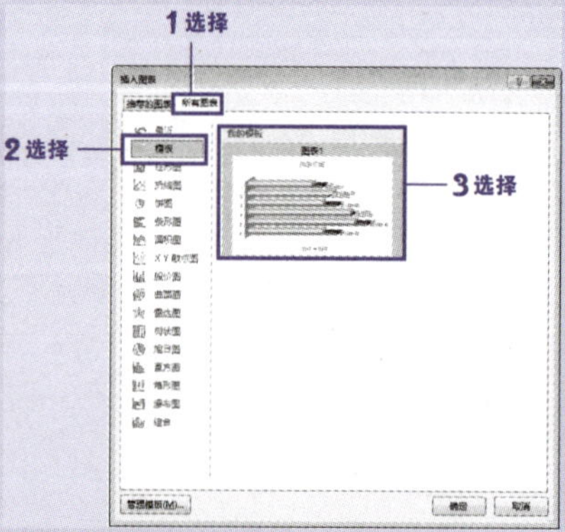

图 10-93　选择模板

实例 202

难度系数：★★★　适用版本：全版本

员工自评表

技巧介绍： 除了他人的评价外，员工对于自身工作的评价也是非常重要的，这样可以帮助员工正确地认识自身的优势与不足。员工自评表即用于员工自我评价，如图 10-94 所示。

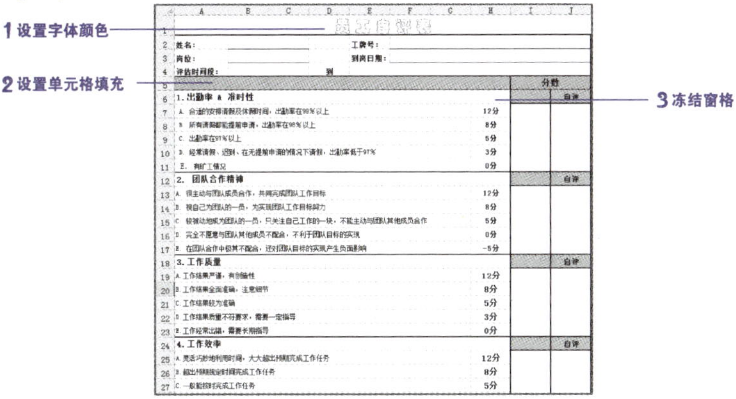

图 10-94　员工自评表

制作员工自评表主要包括输入基本内容、设置单元格填充、计算总分值和冻结窗格等操作。

❶ 将标题文本的“字体”设置为“华文彩云”，将“字号”设置为 20 并加粗，设置字体颜色为“浅蓝”。

❷ 按住【Ctrl】键的同时选择 A5:J5、A74:J74 和 A76:J76 单元格区域，设置单元格填充颜色为“浅蓝”；按住【Ctrl】键的同时选择所需的单元格，如 I6:J6 和 I12:J12 单元格区域，设置其单元格填充颜色为“橙色”。

❸ 选择 A85:J85 单元格区域，设置单元格填充颜色为“白色，背景 1，深色 35%”，如图 10-95 所示。

❹ 选择 J85 单元格，在编辑栏中输入计算公式：= SUM(J7:J46)*1.5+ SUM(J48:J73)，按【Enter】键，计算总分值，如图 10-96 所示，设置“字号”为 15 并加粗，设置字体颜色为“蓝色”。

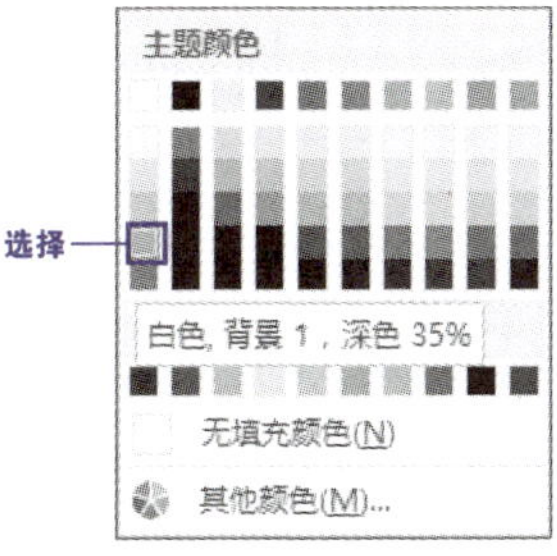

图 10-95　设置填充颜色

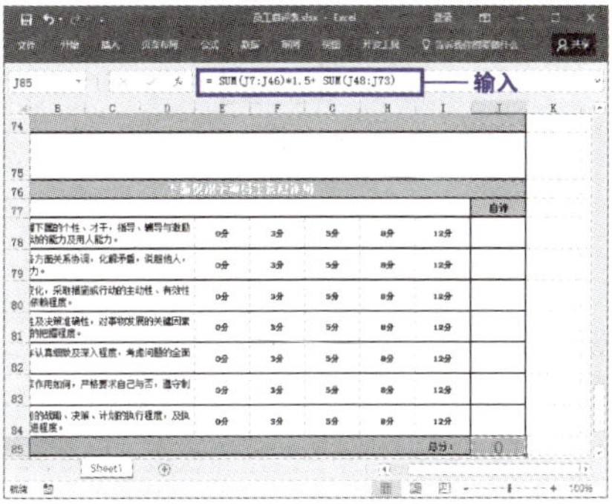

图 10-96　计算总分

❺ 选择合并后的 A6 单元格，选择“视图”选项卡，在“窗口”组中单击“冻结窗格”下拉按钮，选择“冻结拆分窗格”选项，锁定第 1 ~ 5 行单元格区域。

实例 203 员工月出勤记录表

难度系数：★★★ 适用版本：全版本

技巧介绍： 员工月出勤记录表主要记录每月员工的出勤情况，并由此计算员工的出勤薪资，如图 10-97 所示。在出勤记录表中，不同的缺勤情况将以不同的符号进行表示。

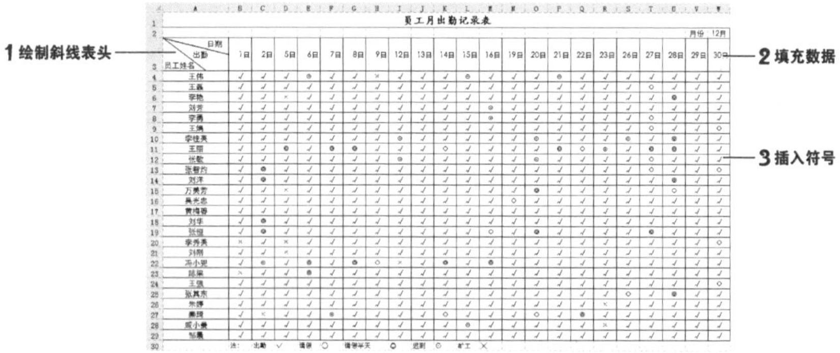

图 10-97 员工月出勤记录表

制作员工月出勤记录表主要包括制作斜线表头、填充数据和插入符号等操作。

❶ 将 A3 单元格的对齐方式设置为“顶端对齐”和“左对齐”，输入“日期”文本后，按【Alt+Enter】组合键，实现自动换行，继续输入“出勤”文本，按【Alt+Enter】组合键，实现自动换行，输入“员工姓名”，并通过输入空格来调整文本位置。

❷ 选择“插入”选项卡，在“插图”组中单击“形状”下拉按钮，选择“直线”形状，在 A3 单元格中绘制直线形状。选择“格式”选项卡，在“形状样式”组中选择“细线 – 深色 1”样式，如图 10-98 所示。按照相同的方法绘制另一条直线，制作斜线表头。

图 10-98 设置形状样式

❸ 在 B3 单元格中输入“2016/12/1”，并自定义数字格式为：d" 日 "，用鼠标右键按住 B3 单元格右下角的填充手柄，并拖曳至 W3 单元格后放开鼠标，在弹出的快捷菜单中选择“以工作日填充”命令，如图 10-99 所示。

❹ 工作表中各缺勤情况都以 Excel 中的符号进行表示，选择“插入”选项卡，在“符号”组中单击“符号”按钮，在弹出的“符号”对话框中可以找到对应的形状进行插入，如图 10-100 所示。

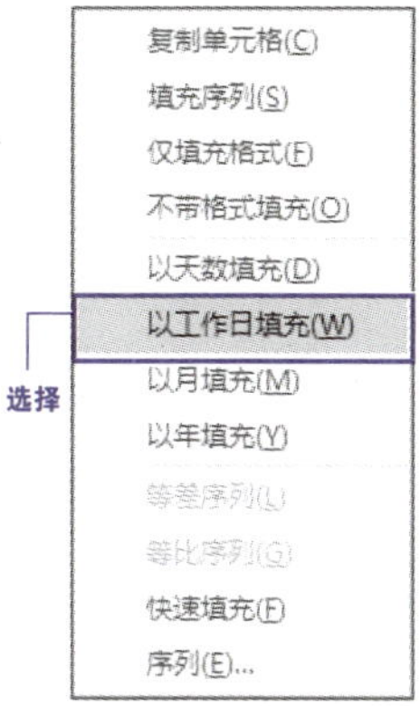

图 10-99 选择“以工作日填充”命令

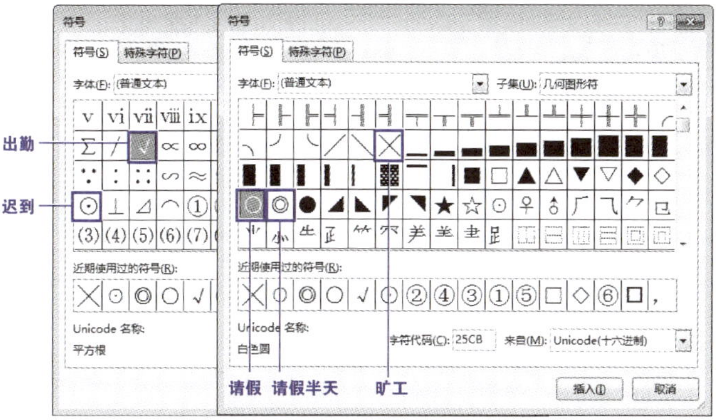

图 10-100 “符号”对话框

技巧拓展

已经插入过的符号会出现在“近期使用过的符号”列表框中，从而节省寻找符号的时间。

Extra tip >>>>>>>>>>>>>

实例 204

难度系数：★★★★ 适用版本：全版本

员工出勤查询表

技巧介绍： 在员工月出勤记录表中可以看到，由于有众多员工数量和出勤数据，很难快速查询到某个员工的出勤信息，员工出勤查询表就可以很好地解决这个问题，如图 10-101 所示。

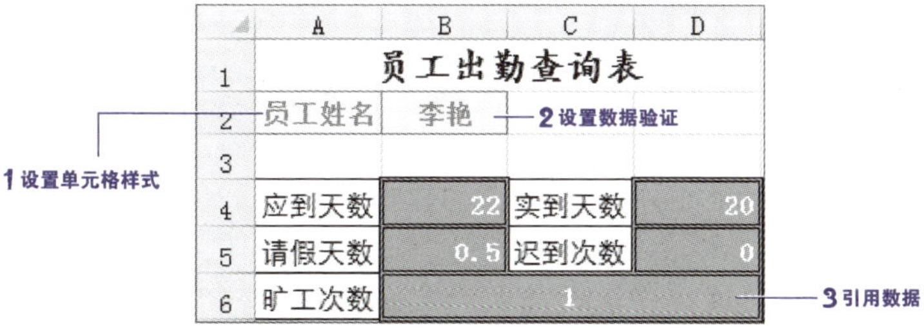

图 10-101 员工出勤查询表

员工出勤查询表的数据由员工月出勤记录表引用而来，制作员工出勤查询表主要包括计算相关出勤数据、设置数据验证和引用出勤数据等操作。

❶ 打开本节素材文件“素材\第 10 章\实例 204\员工月出勤记录表 .xlsx”，重命名 Sheet1 工作表为“出勤记录表”，添加新工作表并将其重命名为“出勤查询表”。

❷ 选择“出勤记录表”，为方便查看数据，选择 B4 单元格，选择“视图”选项卡，在“窗口”组中单击“冻结窗格”下拉按钮，选择“冻结拆分窗格”选项。

❸ 在“出勤记录表”右侧添加统计出勤数据的字段，如图 10-102 所示，并设置 X3:AB29 单元格区域的样式为“计算”。

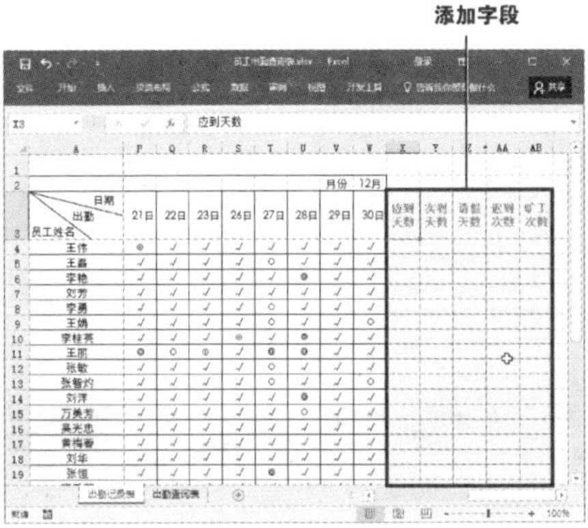

图 10-102　添加相关字段

❹ 选择 X4 单元格，在编辑栏中输入计算公式：=COUNTA(B4:W4)，按【Enter】键计算应到天数；选择 Y4 单元格，在编辑栏中输入计算公式：=COUNTIF(B4:W4," √ ")，按【Enter】键计算实到天数；选择 Z4 单元格，在编辑栏中输入计算公式：=COUNTIF(B4:W4," ○ ")+COUNTIF(B4:W4," ◎ ")/2，按【Enter】键计算请假天数；选择 AA4 单元格，在编辑栏中输入计算公式：=COUNTIF(B4:W4," ⊙ ")，按【Enter】键计算迟到天数；选择 AB4 单元格，在编辑栏中输入计算公式：=COUNTIF(B4:W4," í ")，按【Enter】键计算旷工天数，如图 10-103 所示。

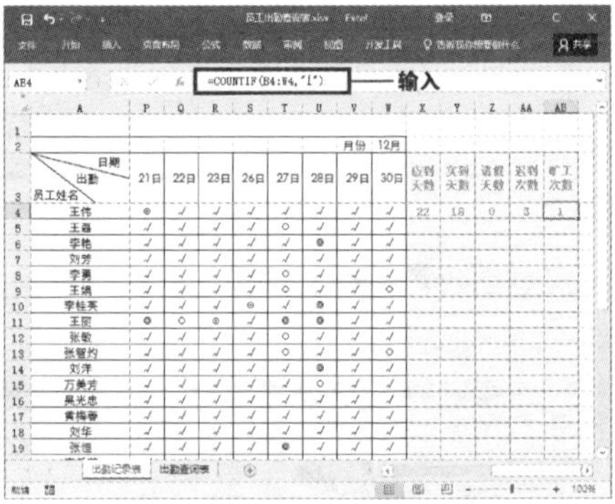

图 10-103　计算相关字段

❺ 选择 X4:AB4 单元格区域，双击其右下角的填充手柄，自动向下复制计算公式。

❻ 切换至“出勤查询表”，将标题文本的“字体”设置为“华文楷体”，将“字号”设置为 16 并加粗，设置 A2:B2 单元格样式为“计算”，设置 B4:B5、D4:D5 及合并后的 B6 单元格样式为“检查”单元格。

❼ 选择 B2 单元格，选择“数据”选项卡，单击“数据验证”按钮，弹出“数据验证”对话框，在“设置”选项卡中设置“允许”为“序列”，单击“来源”文本框右侧的折叠按钮，选择出勤记录表中的 A4:A29 单元格区域，返回“数据验证”对话框，如图 10-104 所示，单击“确定”按钮，为 B2 单元格添加数据验证功能。单击单元格中的下拉按钮，从下拉列表框中选择需要查询的对象。

❽ 选择 B4 单元格，在编辑栏中输入计算公式：=VLOOKUP(B2, 出勤记录表 !A4:AB29,24, FALSE)，按【Enter】键，引用查询应到天数；选择 D4 单元格，在编辑栏中输入计算公式：=VLOOKUP(B2, 出勤记录表 !A3:AB27,25, FALSE)，按【Enter】键，引用查询实到天数；选择 B5 单元格，在编辑栏中输入计算公式：=VLOOKUP(B2, 出勤记录表 !A3:AB27,26, FALSE)，按【Enter】键，引用查询请假天数；选择 D5 单元格，在编辑栏中输入计算公式：=VLOOKUP(B2, 出勤记录表 !A3:AB27,27, FALSE)，按【Enter】键，引用查询迟到天数；选择合并后的 B6 单元格，在编辑栏中输入计算公式：=VLOOKUP(B2, 出勤记录表 !A3:AB27,28, FALSE)，按【Enter】键，引用查询旷工天数，如图 10-105 所示。

❾ 当更换员工姓名时，其出勤数据也会随之发生变化。

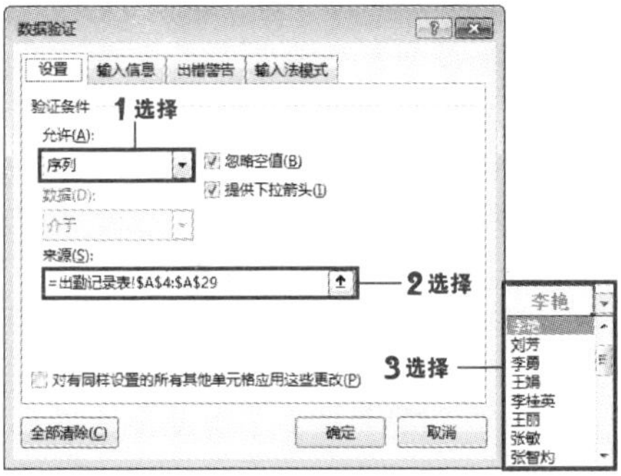

图 10-104　设置数据验证

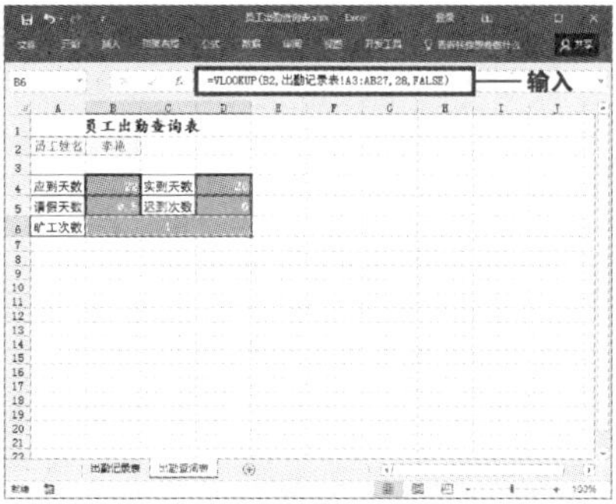

图 10-105　引用相关字段

实例 205

难度系数：★★★　适用版本：全版本

员工出勤工薪记录表

技巧介绍： 员工出勤工薪记录表主要根据员工月出勤记录表所记录的出勤情况，计算员工出勤工薪，如图 10-106 所示。

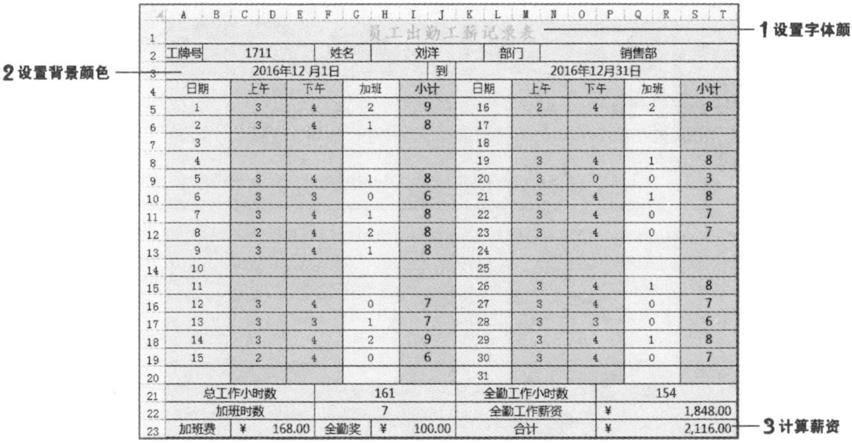

员工出勤工薪记录表									
工牌号	1711	姓名	刘洋		部门	销售部			
2016年12月1日				到	2016年12月31日				
日期	上午	下午	加班	小计	日期	上午	下午	加班	小计
1	3	4	2	9	16	2	4	2	8
2	3	4	1	8	17				
3					18				
4					19	3	4	1	8
5	3	4	1	8	20	3	0	0	3
6	3	3	0	6	21	3	4	1	8
7	3	4	1	8	22	3	4	0	7
8	2	4	2	8	23	3	4	0	7
9	3	4	1	8	24				
10					25				
11					26	3	4	1	8
12	3	4	0	7	27	3	4	0	7
13	3	3	1	7	28	3	3	0	6
14	3	4	2	9	29	3	4	1	8
15	2	4	0	6	30	3	4	0	7
					31				
总工作小时数		161			全勤工作小时数		154		
加班时数		7			全勤工作薪资		¥	1,848.00	
加班费	¥ 168.00	全勤奖	¥ 100.00		合计		¥	2,116.00	

图 10-106　员工出勤工薪记录表

制作员工出勤工薪记录表主要包括输入基本内容、设置单元格背景填充和计算出勤工薪等操作。

❶ 将表格标题文本的“字体”设置为“楷体”，将“字号”设置为 18 并加粗，设置字体颜色为“浅蓝”，设置表格基本内容字体为“微软雅黑”，字号为 12。

❷ 将 A1:T23 单元格区域的填充颜色设置为“金色，个性色 4，淡色 60%”，将 C4:F20 和 M4:P20 单元格区域的填充颜色设置为“蓝色，个性色 5，淡色 40%”，如图 10-107 和图 10-108 所示。

❸ 将 G4:H20 和 Q4:R20 单元格区域的填充颜色设置为“黄色”，将 I4:J20 和 S4:T20 单元格区域的填充颜色设置为“浅绿”。

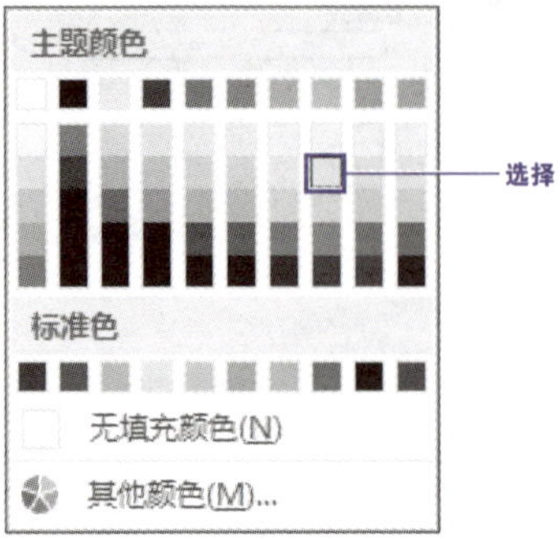

图 10-107　设置填充颜色 -1

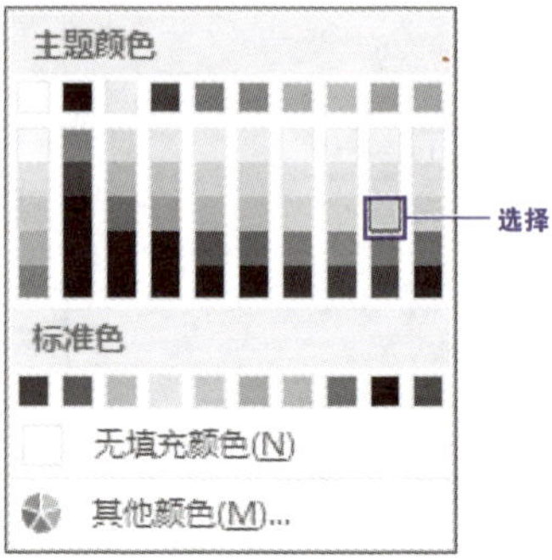

图 10-108　设置填充颜色 -2

④ 在合并后的 F21 单元格区域输入计算公式：=SUM(I5:J20)+SUM(S5:T20)，按【Enter】键，计算总工作小时数；在合并后的 P21 单元格区域输入计算公式：=(COUNTA(I5:J20)+COUNTA(S5:T20))*7，按【Enter】键，计算全勤工作小时数；在合并后的 P23 单元格区域输入计算公式：=P22+H23+C23，按【Enter】键，计算合计薪资，并将 P22、C23、H23 和 P23 单元格的数字格式设置为“会计专用”。

实例 206　员工请假流程图

难度系数：★★★　适用版本：全版本

技巧介绍： 填写请假条并经过各领导的审批，审批通过后，人力资源部则可将情况填写到月出勤记录表中，员工请假流程图就是用来表示请假所需的流程的，如图 10-109 所示。

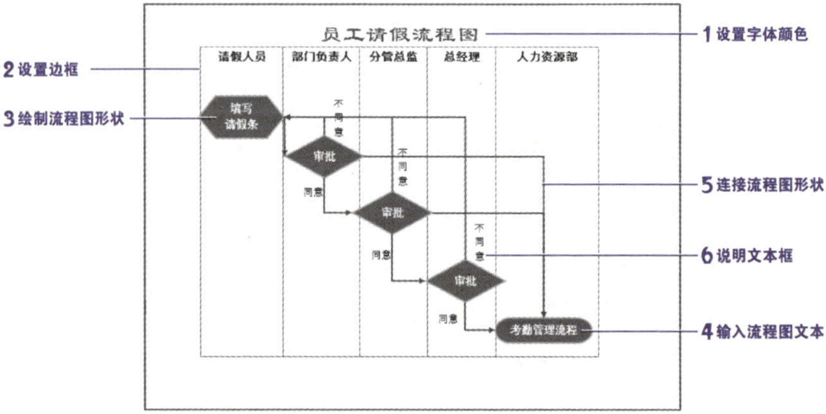

图 10-109　员工请假流程图

制作员工请假流程图主要包括绘制流程图形状、输入文本内容、连接形状和添加说明文本框等操作。

❶ 将表格标题的“字体”设置为“隶书”，将“字号”设置为 22，并设置字体颜色为“紫色”。

❷ 合并所需单元格，设置对齐方式为“顶端对齐”和“居中”，并按照如图 10-110 所示添加蓝色边框。

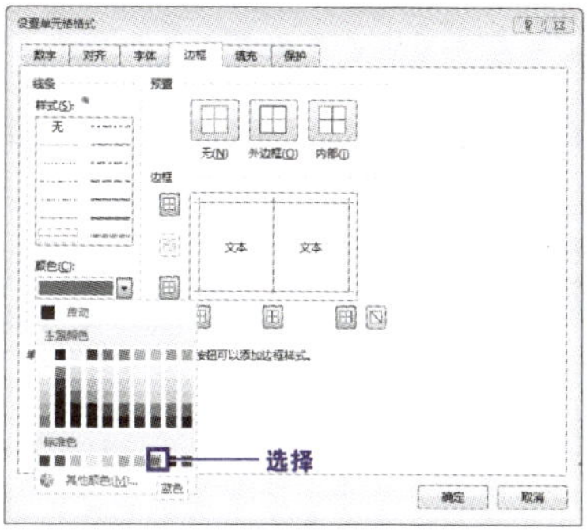

图 10-110　添加边框

❸ 选择“插入”选项卡，在“插图”组中单击“形状”下拉按钮，选择“流程图：准备”形状，在工作表中绘制流程图形状。选择“格式”选项卡，设置形状填充颜色为“橙色，个性色 2，深色 25%”，设置“形状轮廓”颜色为“绿色”，设置轮廓粗细为“1.5 磅”，如图 10-111 所示。

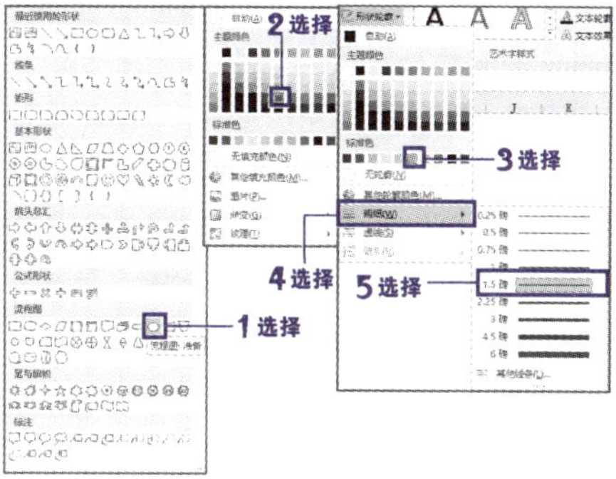

图 10-111　设置“流程图：准备”形状样式

❹ 双击流程图形状，输入对应的文本内容，并将文本加粗。右击设置好的流程图形状，在弹出的快捷菜单中选择“设置为默认形状”命令，将所设置的形状样式设置为默认。

❺ 选择“插入”选项卡，在“插图”组中单击“形状”下拉按钮，选择“流程图：决策”形状，在工作表中绘制决策形状。继续选择“流程图：终止”形状，在工作表中绘制终止形状，如图 10-112 所示。

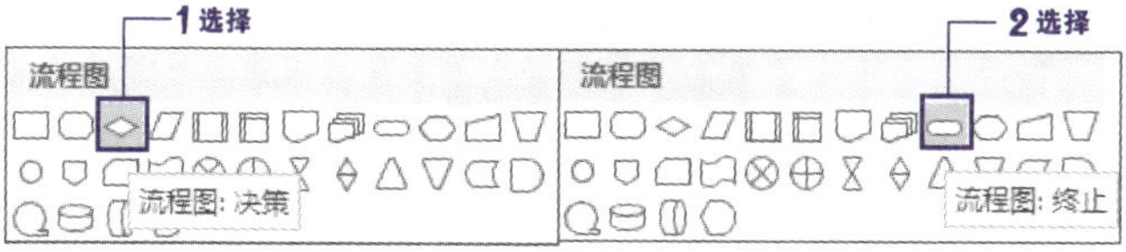

图 10-112　绘制其余流程图形状

❻ 选择“插入”选项卡，在“插图”组中单击“形状”下拉按钮，选择“连接符：肘形箭头”形状，在工作表中绘制肘形箭头形状来连接流程图形状。选择“格式”选项卡，设置“形状轮廓”颜色为“紫色”，并设置线条粗细为“1.5 磅”，如图 10-113 所示。右击肘形箭头形状，将其设置为默认线条，继续绘制其余连接符连接步骤形状。

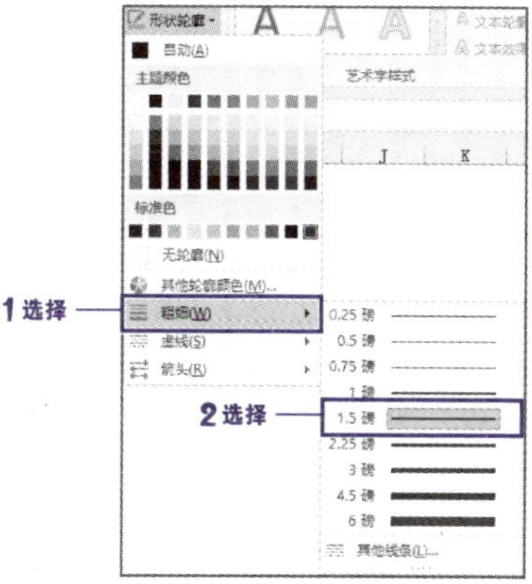

图 10-113　设置连接符样式

技巧拓展

当经过“审批”这一决策形状时，根据审批结果的不同，有不同的流程，需要额外添加文本框对其进行说明。选择“插入”选项卡，在“文本”组中单击“文本框”下拉按钮，选择“竖排文本框”选项，在文本框中输入“不同意”文本内容，移动文本框至合适的位置。按照相同的方法，插入“同意”横排文本框。

Extra tip >>>>>>>>>>>>

实例 207 员工签到簿

难度系数：★★★　适用版本：全版本

技巧介绍： 员工签到簿主要记录员工的上班及下班时间，通常可以从打卡器中导出签到数据，并加以调整设置即可，如图 10-114 所示。

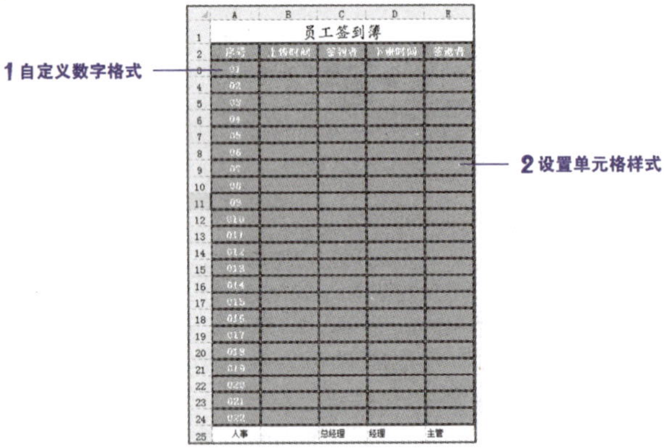

图 10-114　员工签到簿

制作员工签到簿主要包括输入基本内容、自定义数字格式和设置单元格样式等操作。

❶ 将标题文本的“字体”设置为“华文楷体”，将“字号”设置为 18。

❷ 自定义 A3:A24 单元格区域数字格式为："0"#，并设置 A2:E24 单元格区域的单元格样式为“检查单元格”。

实例 208 值班安排表

难度系数：★★★　适用版本：全版本

技巧介绍： 当遇到节假日时，有些公司需要安排人员值班，值班安排表则记录了值班日期、时间、人员及紧急联系方式等，如图 10-115 所示。

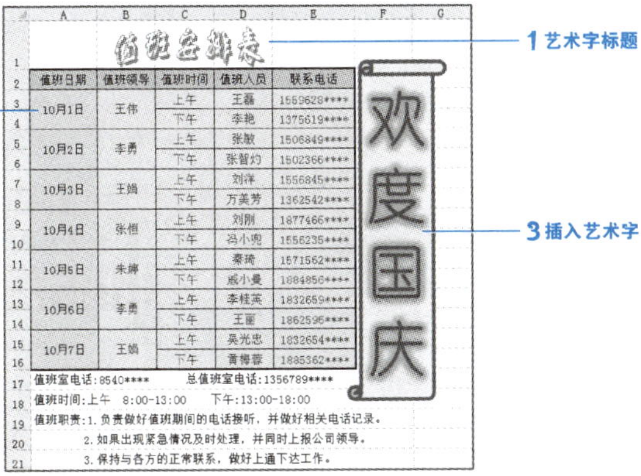

图 10-115　值班安排表

制作值班安排表主要包括插入艺术字、设置单元格样式等操作。

❶ 按照如图 10-116 所示插入艺术字标题，并设置“字体”为“方正舒体”，”字号”为 24。

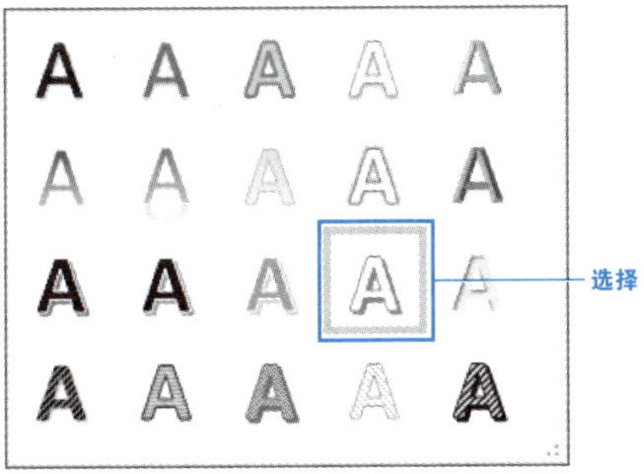

图 10-116　插入艺术字 -1

❷ 选择“格式”选项卡，在“艺术字样式”组中单击“文本效果”下拉按钮，设置文本的转换效果为“上翘”，如所图 10-117 示。

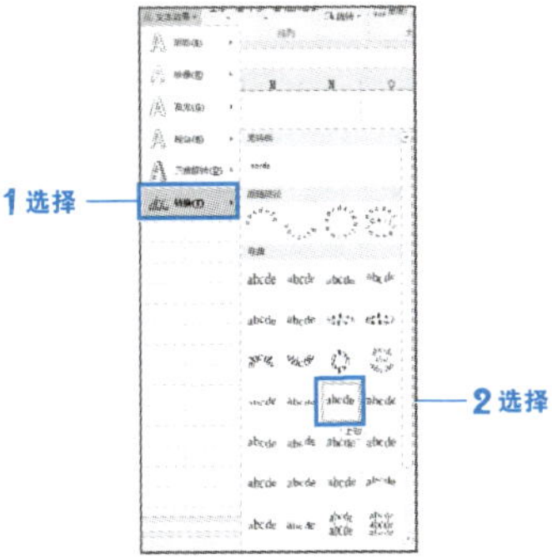

图 10-117　设置艺术字效果

❸ 设置 A2:E2 单元格区域的填充颜色为“浅绿”，设置 A3:A16 单元格区域的填充颜色为“蓝色，个性色 5，淡色 60%”，设置 B3:E16 单元格区域的单元格样式为“适中”。

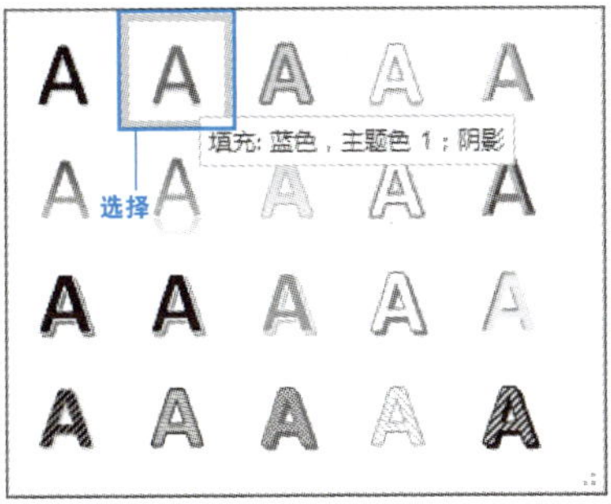

图 10-118　插入艺术字 -2

❹ 按照如图 10-118 所示插入艺术字，在“格式”选项卡中，设置文本填充及文本轮廓颜色为“红色”，并设置文本发光效果，如图 10-119 所示。

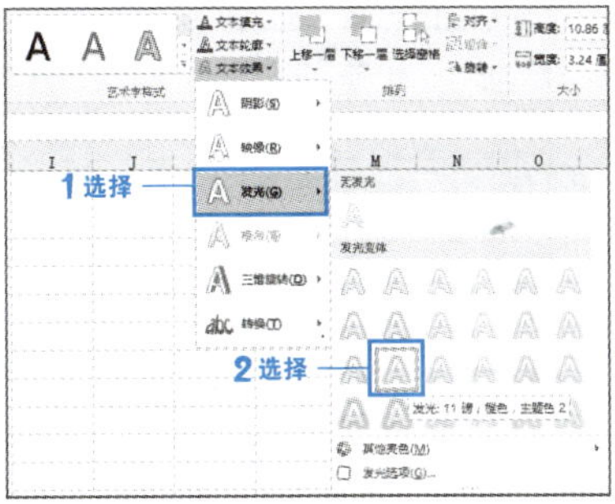

图 10-119　设置艺术字样式

⑤ 选择插入的艺术字，在“插入形状”组中单击“编辑形状”下拉按钮，选择“更改形状”→“卷形：垂直”形状，如图 10–120 所示。

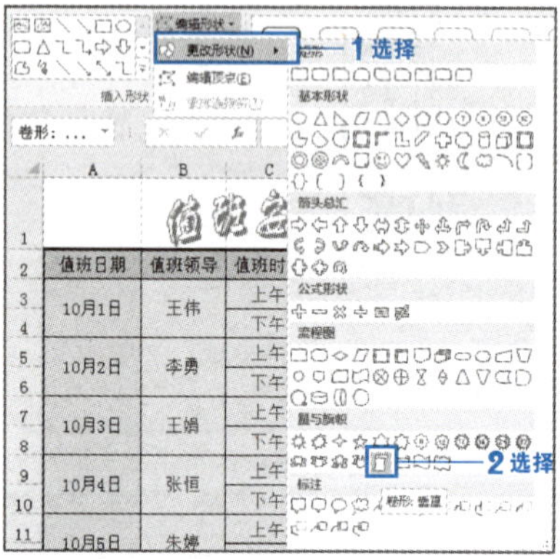

图 10–120 更改形状

⑥ 在“形状样式”组中，设置“形状填充”为“金色，个性色 4，淡色 80%”，设置“形状轮廓”颜色为“红色”，并设置线条粗细为“3 磅”，如图 10–121 所示。

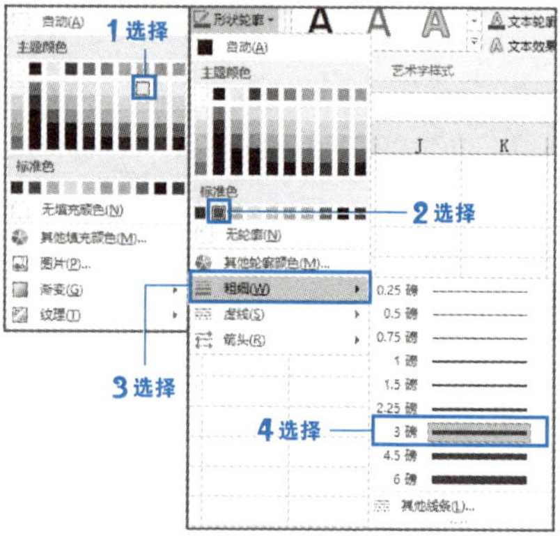

图 10–121 设置形状样式

实例 209 值班人员的合理调整表

难度系数：★★★★ 适用版本：07/10/13/16/17

技巧介绍： 值班人员的合理调整表主要说明人员安排值班遇到的情况，值班人员名单和值班星期数等，如图 10–122 所示。

	A	B	C	D	E
1	本周值班人员安排表				
2	人员安排遇到的情况				
3	王伟因业务原因要比刘洋晚一天值班				
4	刘华因个人原因，要比王丽晚两天值班				
5	万美芳由业务原因，不得不比李艳早三天值班		变量	2	
6	万美芳和刘洋由于工作需要在张智灼的前几天值班		目标值	5040	
7	张智灼在周四有空，因此安排在周四值班				
8					
9	值班人员	值班星期数		星期数乘积	5040
10	王伟	7			
11	刘洋	6			
12	刘华	3			
13	王丽	1			
14	万美芳	2			
15	李艳	5			
16	张智灼	4			

1 输入基础内容　2 计算乘积　3 规划求解

图 10–122 值班人员的合理调整表

制作值班人员的合理调整表主要包括计算值班星期数、规划求解等操作。

❶ 根据人员安排遇到的情况，可以知道王伟的值班星期数晚于刘洋值班星期数一天，即 =B11+1；刘洋的值班星期数在张智灼后几天，等于张智灼值班星期数加变量值，即 =B16+D5；同理，万美芳的值班星期数在张智灼前几天，等于张智灼值班星期数减变量值，即 =B16−D5；刘华的值班星期数晚于王丽两天，即 =B13+2；李艳晚于万美芳三天值班，即 =B14+3。

❷ 在 E9 单元格中输入计算公式：=PRODUCT(1,2,3,4,5,6,7)，按【Enter】键，计算星期数乘积，在 D6 单元格中输入计算公式：=PRODUCT(B10:B16)，在规划求解时要求目标值与星期数乘积相等。

❸ 打开“Excel 选项”对话框，选择“加载项”选项，并在右侧单击“转到”按钮，如图 10−123 所示。

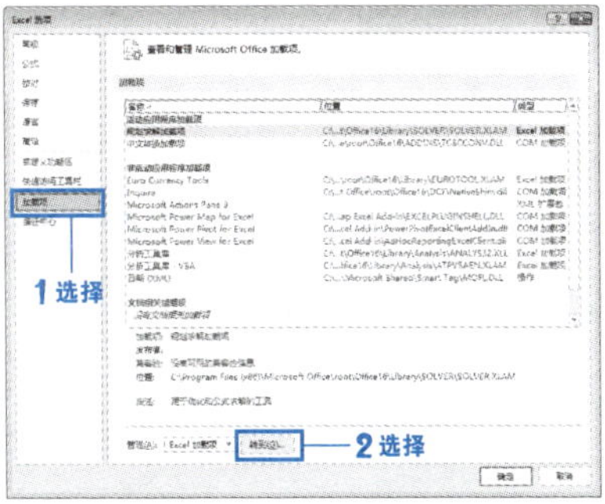

图 10−123　“Excel 选项”对话框

❹ 在弹出的“加载宏”对话框中选择“可用加载宏”列表框中的“规划求解加载项”复选框，如图 10−124 所示。

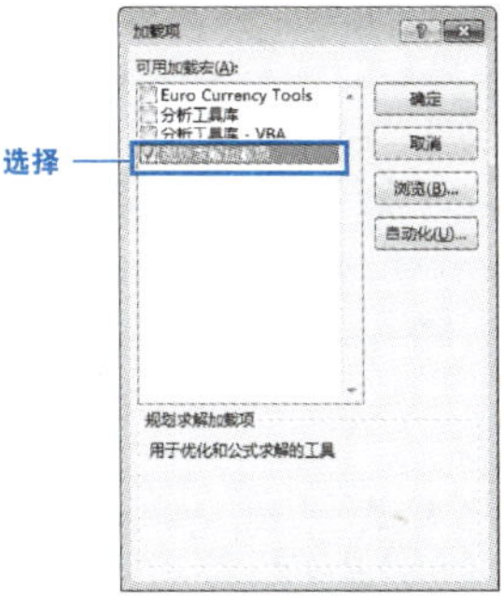

图 10−124　选择“规划求解加载项”复选框

❺ 选择“数据”选项卡，在“分析”组中单击“规划求解”按钮，在弹出的“规划求解参数”对话框中，设置目标单元格为 D6 单元格，选择“目标值”单选按钮，并设置目标值为 5040，单击“通过更改可变单元格”文本框右侧的折叠按钮，选择可变单元格区域。

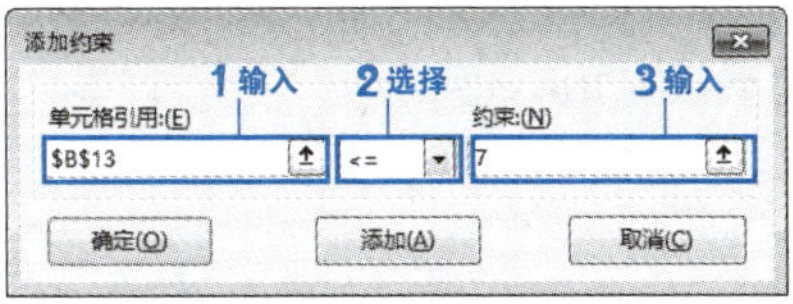

图 10−125　添加约束 −1

❻ 单击“添加”按钮，弹出“添加约束”对话框，设置“单元格引用”为“$B$13”，“约束条件”为“<=”，“约束”为 7，单击“添加”按钮，如图 10−125 所示；设置“单元格引用”为“$B$13”，“约束条件”为 int，单击“添加”按钮，如图 10−126 所示。

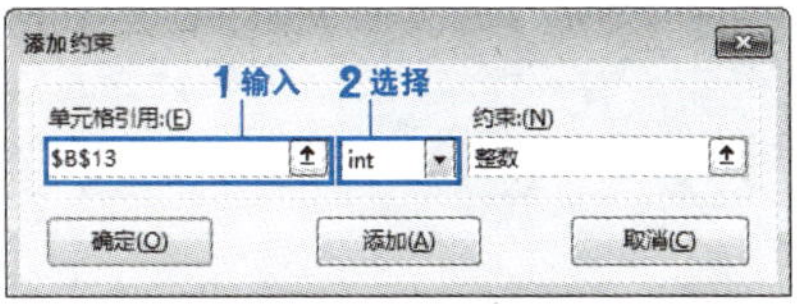

图 10−126　添加约束 −2

❼ 按照同样的方法添加规划求解其他约束条件，单击“确定”按钮，返回“规划求解参数”对话框，如图 10−127 所示，单击“求解”按钮。

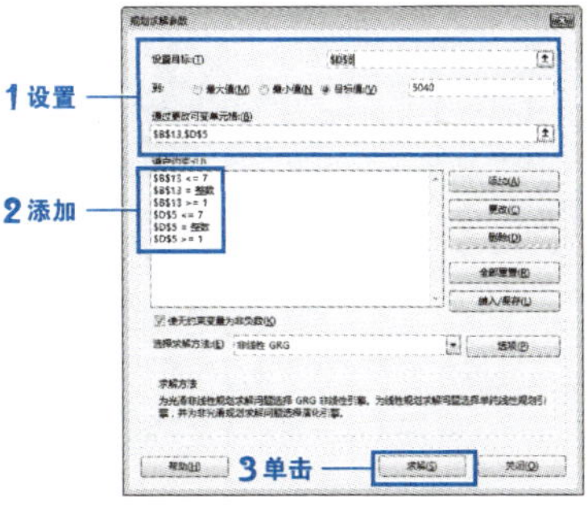

图 10−127　设置规划求解参数

⑧ 弹出“规划求解结果”对话框，提示已找到一解。在“报告”列表框中选择“运算结果报告”选项，选择“制作报告大纲”复选框，单击“确定”按钮，如图 10–128 所示，即可得出求解结果。

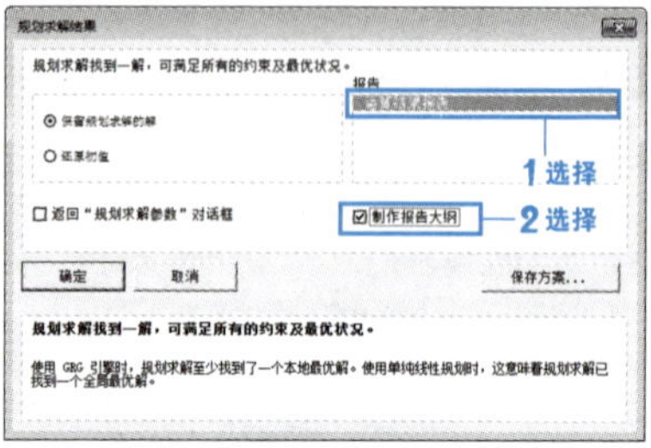

图 10–128 “规划求解结果”对话框

⑨ 在生成的“运算结果报告 1”工作表中，显示了规划求解生成的运算结果，如图 10–129 所示。

图 10–129 运算结果报告

技巧拓展

PRODUCT 函数使所有以参数形式给出的数字相乘并返回乘积。

语法格式为：PRODUCT(number1,[number2],…)

其中：number1 参数为要相乘的第一个数字或范围；number2,…参数为要相乘的其他数字或单元格区域，最多可以使用 255 个参数。

Extra tip>>>>>>>>>>>>>

实例 210 值班人员提醒表

难度系数：★★★ 适用版本：全版本

技巧介绍： 值班人员提醒表与值班安排表相似，主要记录值班情况，并提醒值班人员，如图 10–130 所示。

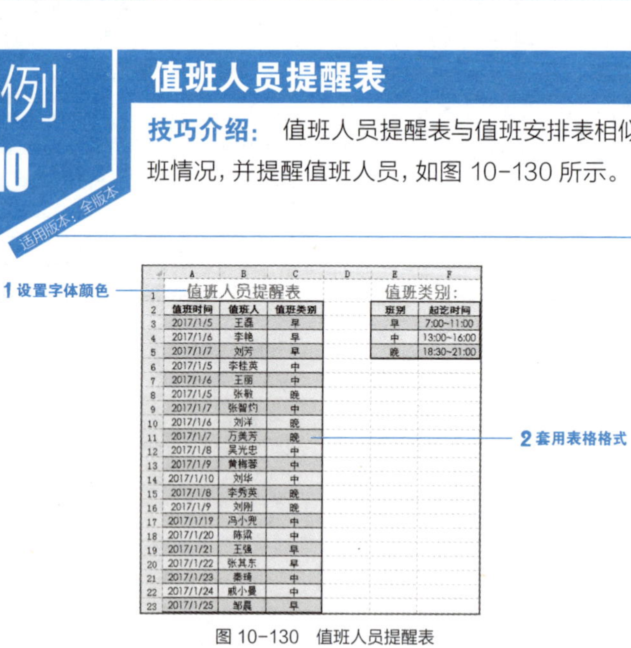

值班时间	值班人	值班类别
2017/1/5	王磊	早
2017/1/6	李艳	早
2017/1/7	刘芳	早
2017/1/5	李桂英	中
2017/1/6	王丽	中
2017/1/5	张敏	晚
2017/1/7	张智灼	中
2017/1/6	刘洋	晚
2017/1/7	万美芳	晚
2017/1/8	吴光忠	中
2017/1/9	黄梅荟	中
2017/1/10	刘华	中
2017/1/8	李秀英	晚
2017/1/9	刘刚	晚
2017/1/19	冯小兜	中
2017/1/20	陈梁	中
2017/1/21	王强	早
2017/1/22	张其东	早
2017/1/23	秦琦	中
2017/1/24	戚小曼	中
2017/1/25	邹晨	早

班别	起讫时间
早	7:00~11:00
中	13:00~16:00
晚	18:30~21:00

图 10–130 值班人员提醒表

制作值班人员提醒表主要包括输入基本内容、套用表格格式等操作。

① 设置表格标题文本的“字体”为“幼圆”，设置“字号”为 18 并加粗，设置字体颜色为“蓝色，个性色 5，深色 25%”，如图 10-131 所示。

② 选择 A2:C23 单元格区域，套用“浅蓝，表样式中等深浅 27”表格格式，如图 10-132 所示，并将其转换为区域。

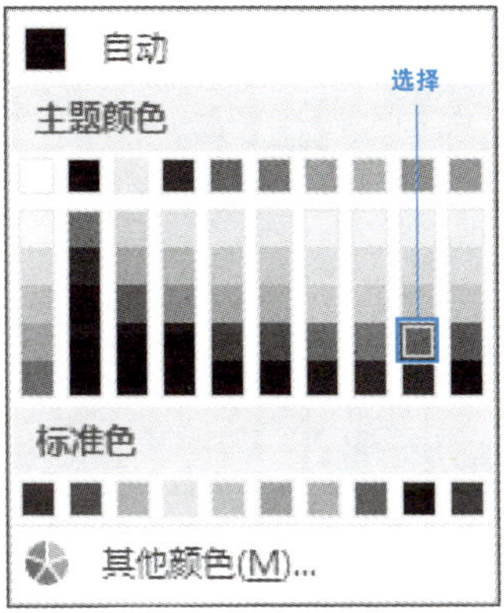

图 10-131　设置字体颜色

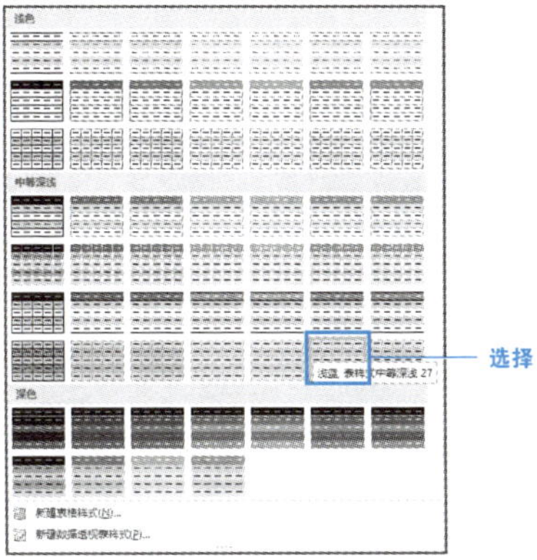

图 10-132　套用表格格式

实例 211 值班记录查询表

难度系数：★★★　适用版本：全版本

技巧介绍： 从值班记录查询表中可以查询所需的值班记录，如特定值班时间、值班人和值班类别等信息。图 10-133 所示为 2017/1/7 的值班记录。

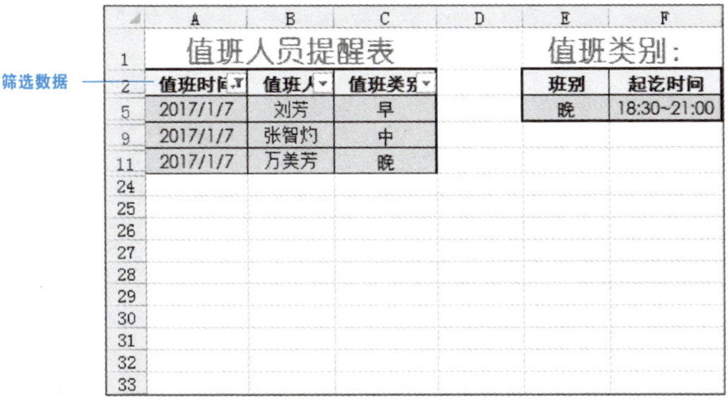

图 10-133　值班记录查询表

制作值班记录查询表主要包括数据筛选这一步骤。

① 选择表格区域的任意单元格，选择“数据”选项卡，在“排序和筛选”组中单击“筛选”按钮，A2:C2 单元格区域将出现下拉按钮，单击“值班时间”下拉按钮，在打开的下拉列表框中先选择 2017 复选框，然后选择 07 复选框，如图 10-134 所示，单击“确定”按钮，即可查询到 2017/1/7 的值班记录。

② 单击其余列标题单元格中的下拉按钮，也可对值班人员和值班类别进行筛选，如图 10-135 所示。

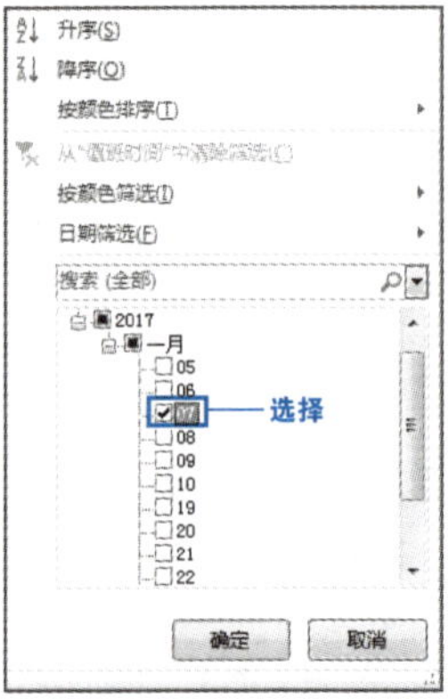

图 10-134　筛选值班时间

图 10-135　筛选数据

实例 212　值班替换申请表

难度系数：★★★　适用版本：全版本

技巧介绍： 当发生特殊情况，值班人员不能安排值班时，可以同其余值班人员进行调换，并填写值班替换申请表，如图 10-136 所示，申请通过后即可进行替换。

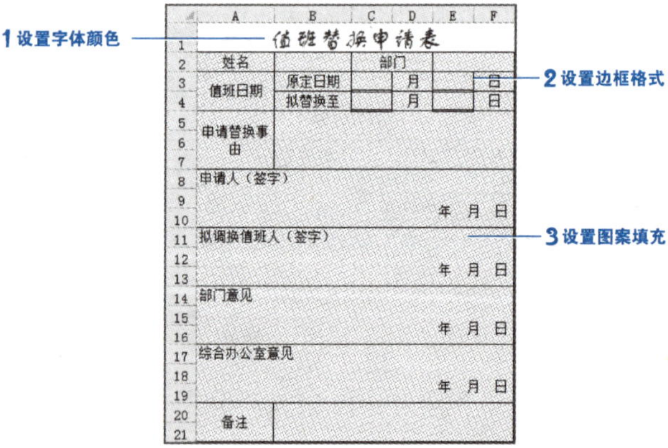

图 10-136　值班替换申请表

制作值班替换申请表主要包括输入基本内容、设置图案填充和设置边框格式等操作。

① 将表格标题的"字体"设置为"方正舒体"，将"字号"设置为"20"，并设置字体颜色为"深红"。

② 选择 A2:F21 单元格区域，打开"设置单元格格式"对话框，选择"填充"选项卡，设置图案颜色为"橙色，个性色 2，淡色 60%"，设置图案样式为"对角线 剖面线"，如图 10-137 所示。

③ 除了为表格添加“所有框线”的边框外，选择 C3 单元格，打开“设置单元格格式”对话框，选择“边框”选项卡，按照如图 10-138 所示设置下框线格式。

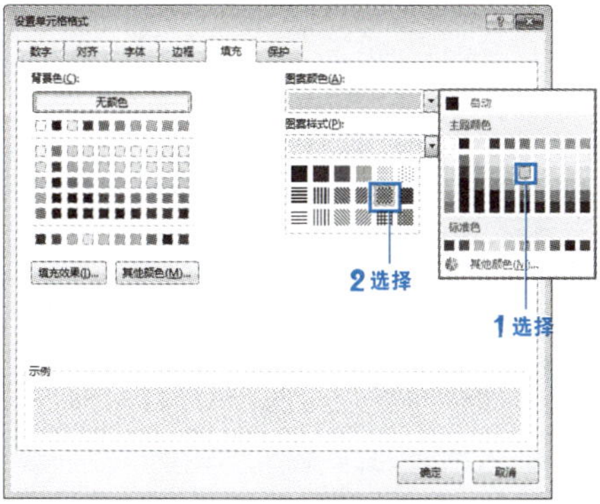

图 10-137　设置图案填充

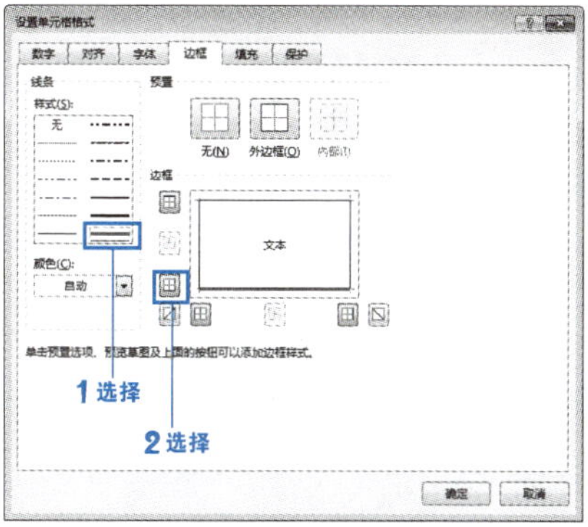

图 10-138　设置边框

实例 213
难度系数：★★★
适用版本：全版本

值班补贴申请表

技巧介绍： 值班人员享有一定的补贴，通过提交值班补贴申请表，如图 10-139 所示，征得领导同意后，即可发放补贴金额。

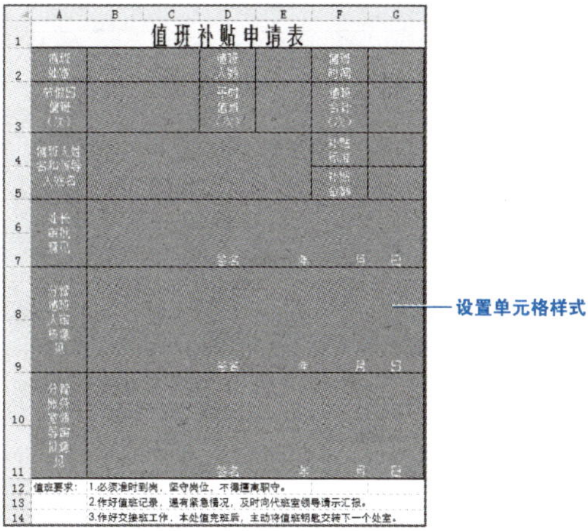

图 10-139　值班补贴申请表

制作值班补贴申请表主要包括输入基本内容、设置单元格样式等操作。

① 输入基本内容时需要进行合并单元格、设置自动换行等操作。

② 设置表格标题的“字体”为“方正姚体”，设置“字号”为 20，并设置合并后的 A1 单元格样式为“注释”。

③ 设置 A2:G11 单元格样式为“蓝色，着色 5”，如图 10-140 所示。

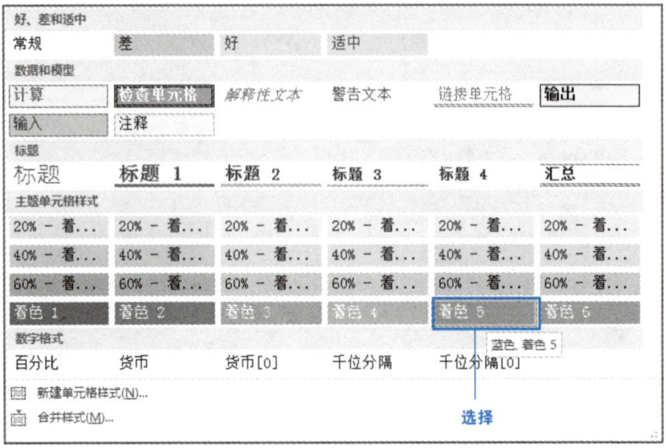

图 10-140 设置单元格样式

实例 214 员工加班申请表

难度系数：★★★　适用版本：全版本

技巧介绍： 员工加班申请表主要记录员工的相关信息、加班类别、加班事由和加班时间等信息，并交由各部门审核，如图 10-141 所示。

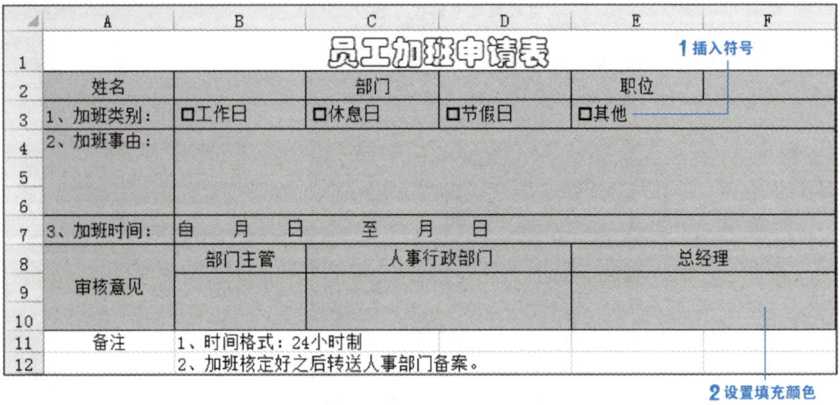

图 10-141 员工加班申请表

制作员工加班申请表主要包括输入基本内容、插入符号和设置单元格填充颜色等操作。

① 将表格标题的“字体”设置为“华文彩云”，将“字号”设置为 20，将 A2:F10 单元格区域的填充颜色设置为“浅绿”。

② 在 B3 单元格中输入文本“o 工作日”，并设置字体为 Wingdings，插入方框符号。按照相同的方法插入其余方框符号。

实例 215

难度系数：★★★★　适用版本：全版本

奖金审批表

技巧介绍： 奖金审批表主要记录公司职员的考核情况及奖金发放情况，包括优秀人员姓名、职务和奖金数额等，如图 10-142 所示。

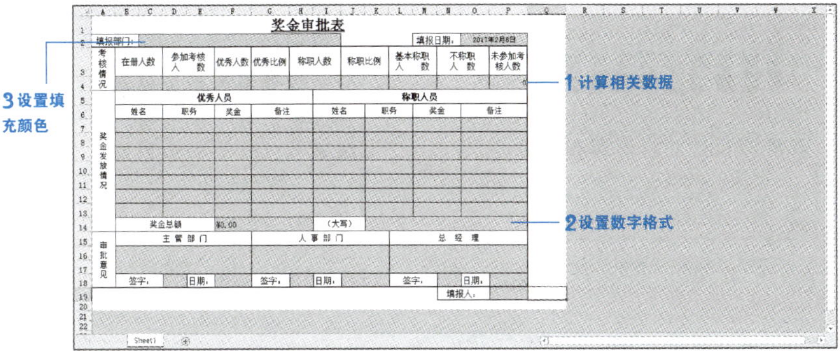

图 10-142　奖金审批表

制作奖金审批表主要包括计算相关数据、设置数字格式、设置单元格填充颜色和保护工作表等操作。

❶ 将表格标题“字号”设置为 20 并加粗，为标题文本添加双下画线。

❷ 选择 G4 单元格，在编辑栏中输入计算公式：=IF(B4>0,F4/B4,"")，按【Enter】键，计算优秀人员比例；选择 J4 单元格，在编辑栏中输入计算公式：=IF(B4>0,H4/B4,"")，按【Enter】键，计算称职人员比例；选择 N4 单元格，在编辑栏中输入计算公式：=IF(L4<>"",D4-F4-H4-L4,"")，按【Enter】键，计算不称职人数；选择 14 单元格，在编辑栏中输入计算公式：=SUM(F7:F13,M7:N13)，按【Enter】键，计算奖金总额。

❸ 选择合并后的 O2 单元格，在“数字”组中设置数字格式为“长日期”；选择合并后的 K14 单元格，打开“设置单元格格式”对话框，选择“特殊”选项，将“类型”设置为“中文大写数字”，如图 10-143 所示。

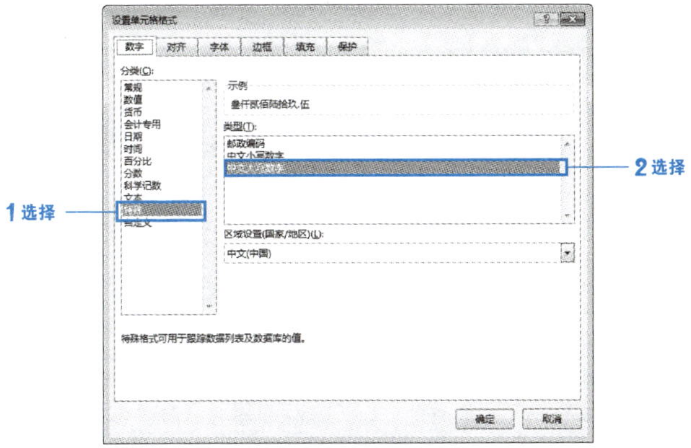

图 10-143　设置数字格式

④ 单击行列标签交界处，选中整个工作表，将填充颜色设置为“灰色，个性色 3，淡色 40%”，如图 10-144 所示。选择 A1:Q18 单元格区域，设置填充颜色为“白色，背景 1”；选择表格中需要填写数据的单元格，设置其背景颜色为“橙色，个性色 2，淡色 60%”，如图 10-145 所示。

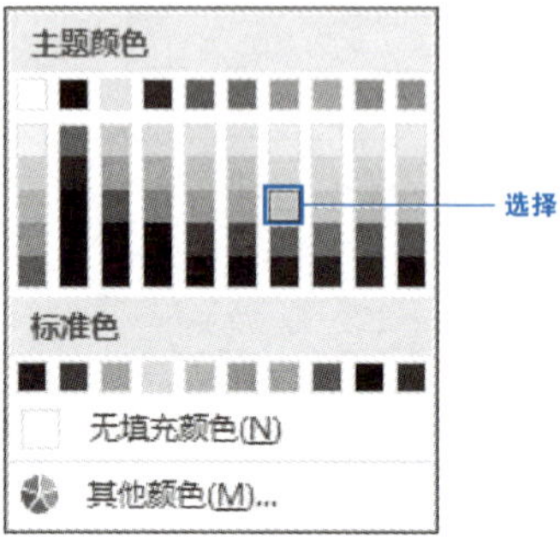

图 10-144　设置填充颜色 -1

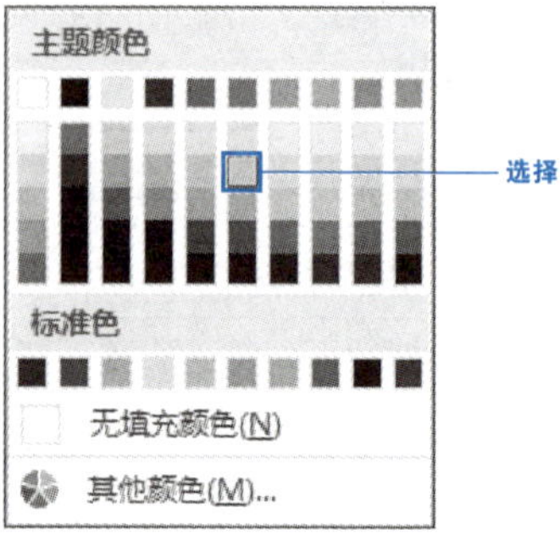

图 10-145　设置填充颜色 -2

技巧拓展

在本工作表中，只有 A1:Q18 单元格区域是可以选中的，灰色单元格区域不能被选中，这是因为设置了工作表保护。

选择 A1:Q18 单元格区域，打开“设置单元格格式”对话框，选择“保护”选项卡，取消选择“锁定”复选框，如图 10-146 所示。

选择“审阅”选项卡，在“更改”组中单击“保护工作表”按钮，在弹出的“保护工作表”对话框中，取消选择“选定锁定单元格”复选框，如图 10-147 所示，单击“确定”按钮，填充颜色为灰色的单元格区域（即仍被锁定的单元格区域）将不能被选中。

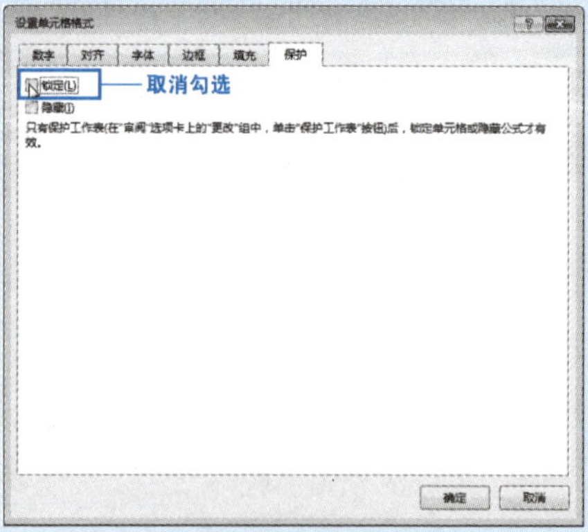

图 10-146　取消锁定单元格

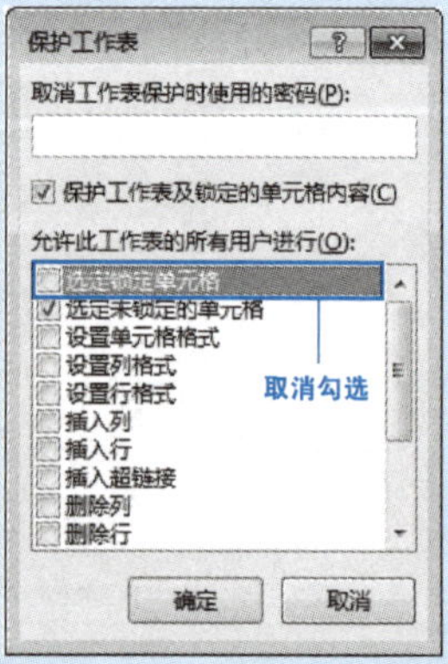

图 10-147　“保护工作表”对话框

Extra tip

实例 216 职位提升程序示意图

难度系数：★★★　适用版本：全版本

技巧介绍： 职位提升程序示意图主要通过插入 SmartArt 图形，快速制作步骤图，以表示职位提升流程，如图 10-148 所示。

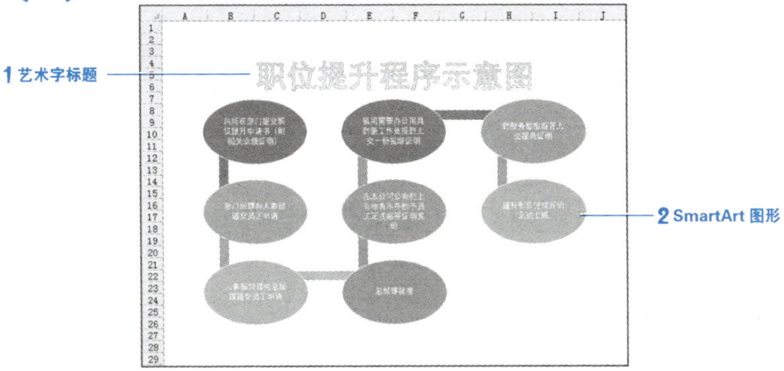

图 10-148　职位提升程序示意图

制作职位提升程序示意图主要包括制作艺术字标题、插入 SmartArt 图形等操作。

① 按照如图 10-149 所示选择艺术字样式插入到工作表中，并设置“字体”为“华文新魏”，“字号”为 36 并加粗。

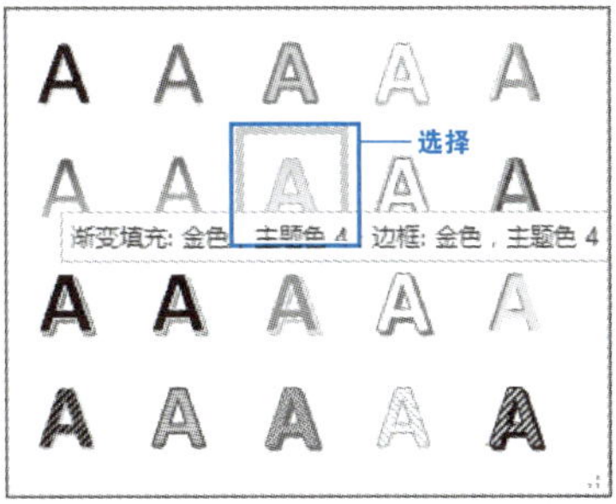

图 10-149　插入艺术字

② 选择“插入”选项卡，在“插图”组中单击 SmartArt 按钮，弹出“选择 SmartArt 图形”对话框，在左侧列表框中选择“流程”选项，从中部列表框中选择“垂直蛇形流程”图形，如图 10-150 所示。

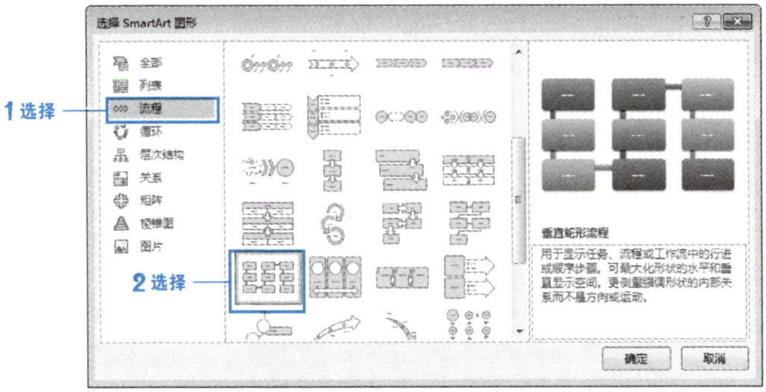

图 10-150　插入 SmartArt 图形

③ 输入相关文本，删除多余的步骤形状。选择所有步骤形状并右击，在弹出的快捷菜单中选择“更改形状”命令，将圆角矩形更改为椭圆形状，如图 10–151 所示。

④ 选择“设计”选项卡，在“SmartArt 样式”组中单击“更改颜色”下拉按钮，选择“彩色 – 个性色”颜色，如图 10–152 所示。

⑤ 右击插入的 SmartArt 图形，在弹出的快捷菜单中选择“大小和属性”命令，打开“设置形状格式”窗格，选择“锁定纵横比”复选框，设置图形“高度”为“9.42 厘米”，如图 10–153 所示。

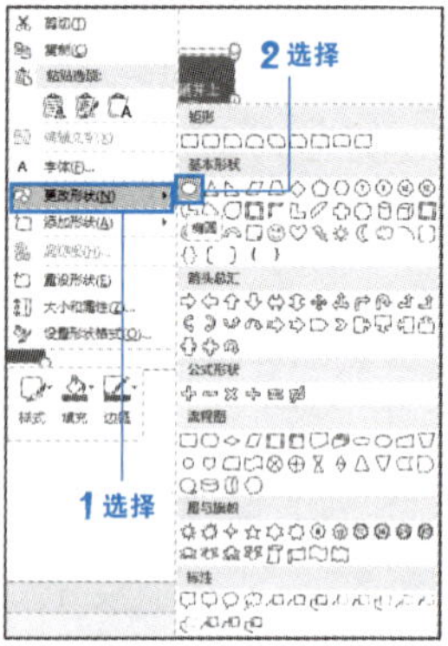

图 10–151　更改形状

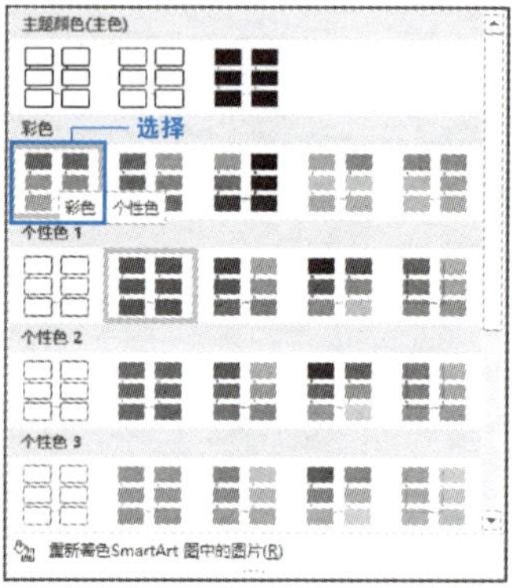

图 10–152　设置 SmartArt 图形样式

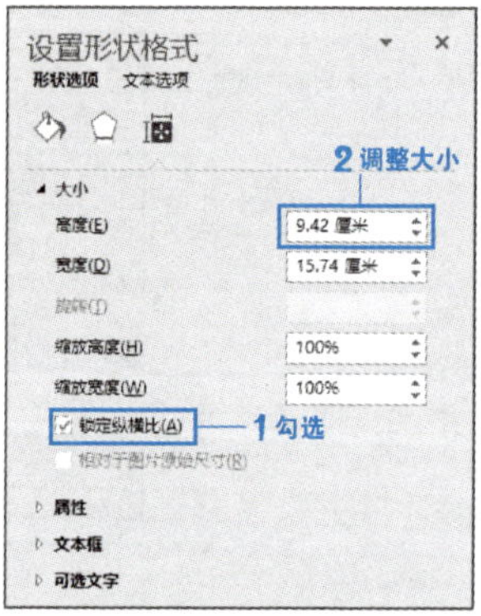

图 10–153　设置形状大小

实例 217　员工出差申请单

难度系数：★★★　适用版本：全版本

技巧介绍： 员工出差申请单主要记录出差员工的相关信息、出差时间、出差路线，以及出差目的和内容等，如图 10–154 所示。

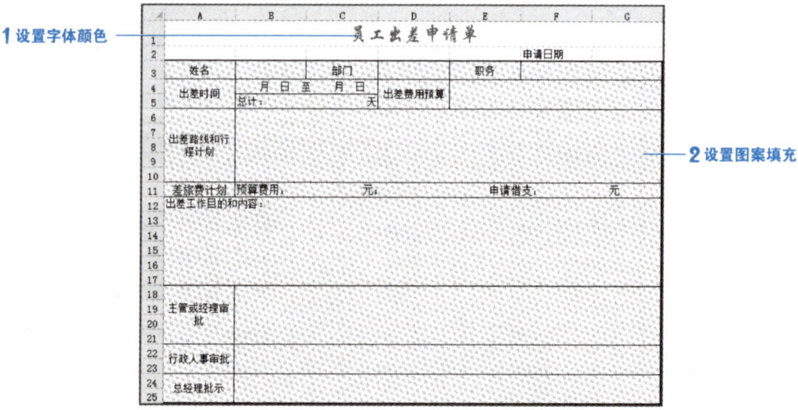

图 10–154　员工出差申请单

制作员工出差申请单主要包括输入基本内容、设置图案填充等操作。

❶ 将表格标题的“字体”设置为“华文行楷”，将“字号”设置为 20，并设置字体颜色为“蓝色”。

❷ 选择 A3:G25 单元格区域，打开“设置单元格格式”对话框，选择“填充”选项卡，设置“图案颜色”为“蓝色，个性色 5，淡色 40%”，设置“图案样式”为“25% 灰色”，如图 10-155 所示。

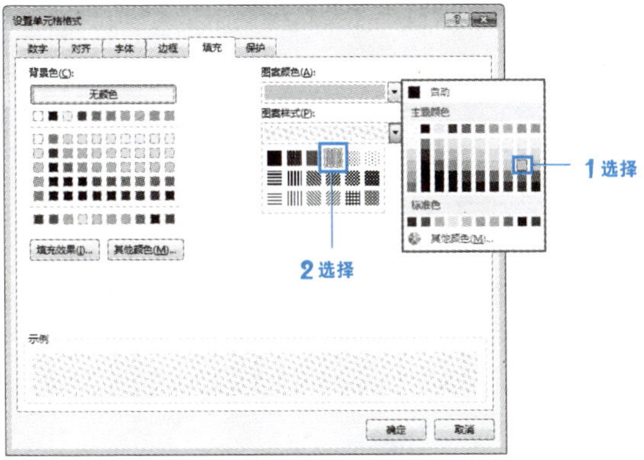

图 10-155　设置图案填充

实例 218 员工出差计划表

难度系数：★★★　适用版本：全版本

技巧介绍： 员工出差计划表相比员工出差申请单所记录的内容更为详细，包括具体的出差行程、客户资料和工作准备等内容，如图 10-156 所示。

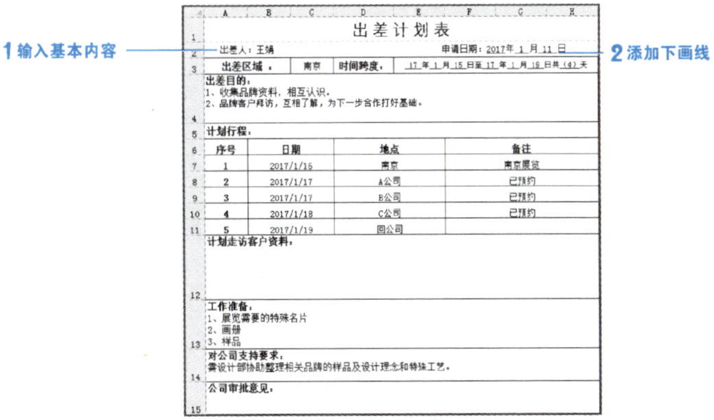

图 10-156　员工出差计划表

制作员工出差计划表主要包括输入基本内容、添加下画线等操作。

❶ 将表格标题的“字体”设置为“华文细黑”，将“字号”设置为 20。

❷ 选择合并后 A2 单元格中的 2017 文本，在“字体”组中单击“下画线”按钮，为文本添加下画线。按照相同的方法添加其他下画线。

实例 219 员工差旅费报销单

难度系数：★★★　适用版本：全版本

技巧介绍： 员工差旅费报销单主要记录了过去一个月内员工出差的具体开销情况，包括交通费、生活补助费和住宿费等，如图 10-157 所示，经过核实后即可实现费用报销。

1 设置字体颜色　2 设置单元格样式

	A	B	C	D	E	F	G	H	I	J	K	L	M	N	O
1	员工差旅费报销单														
2													填报日期	2017/2/5	
3	出差人		王娟					出差事由	客户拜访			经费来源	半支半自付		
4	起止时间及地址						飞机	火车	长途汽车	市内交通及生活补助			住宿费	其他	
5	月	日	起点	月	日	终点	金额	金额	金额	天数	标准	金额	金额	项目	金额
6	1	9	长沙	1	9	武汉		¥ 164.50		1	¥ 110.00	¥ 110.00	¥ 240.00		
7	1	11	武汉	1	11	长沙			¥ 135.00						
8	1	15	长沙	1	15	南京	¥ 880.00			3	¥ 120.00	¥ 360.00	¥ 500.00		
9	1	19	南京	1	19	长沙	¥ 880.00								
10	小计						¥ 1,760.00	¥ 164.50	¥ 135.00	¥ 470.00			¥ 740.00		
11	金额合计						¥ 3,269.50			（大写）		叁仟贰佰陆拾玖.伍			

3 设置数字格式

图 10-157　员工差旅费报销单

制作员工差旅费报销单主要包括输入基本数据、设置单元格样式和设置数字格式等操作。

① 将表格标题的“字体”设置为“华文隶书”，将“字号”设置为 24，并设置字体颜色为“红色”。选择 A3:O11 单元格区域，设置单元格样式为“适中”。

② “金额合计”值等于各小计值之和，合并后的 G11 单元格中的数据由公式 =SUM(G10:M10) 计算所得。

③ 将表格中“金额”数据的数字格式设置为“会计专用”，选择合并后的 L11 单元格，打开“设置单元格格式”对话框，选择“特殊”选项，将“类型”设置为“中文大写数字”。

技巧拓展

在员工差旅费报销单中有部分文本是被加粗的，需要先设置单元格样式，然后再对文本进行加粗，若先加粗后设置单元格样式为“适中”，则不会保留加粗这一设置。

Extra tip

实例 220 各部门员工出差统计表

难度系数：★★★　适用版本：全版本

技巧介绍： 各部门员工出差统计表主要记录了在过去一个月中各部门员工出差情况，包括交通工具、预借差旅费等，并利用 SUMIF 函数分别统计不同部门差旅费，如图 10-158 所示。

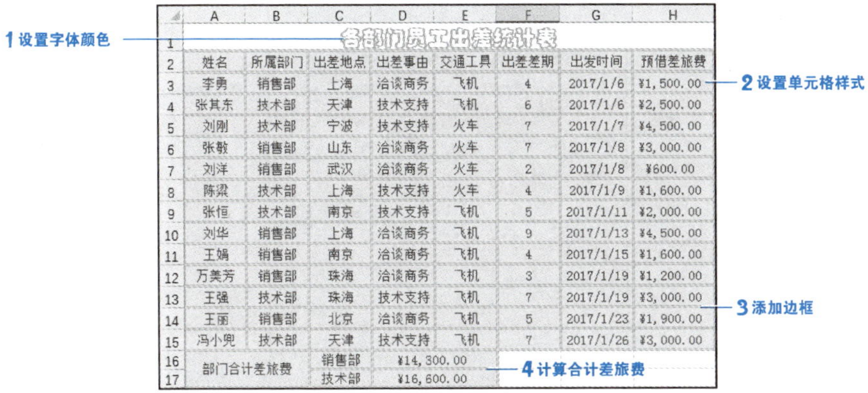

	A	B	C	D	E	F	G	H
1	各部门员工出差统计表							
2	姓名	所属部门	出差地点	出差事由	交通工具	出差差期	出发时间	预借差旅费
3	李勇	销售部	上海	洽谈商务	飞机	4	2017/1/6	¥1,500.00
4	张其东	技术部	天津	技术支持	飞机	6	2017/1/6	¥2,500.00
5	刘刚	技术部	宁波	技术支持	火车	7	2017/1/7	¥4,500.00
6	张敬	销售部	山东	洽谈商务	火车	7	2017/1/8	¥3,000.00
7	刘洋	销售部	武汉	洽谈商务	火车	2	2017/1/8	¥600.00
8	陈梁	技术部	上海	技术支持	火车	4	2017/1/9	¥1,600.00
9	张恒	技术部	南京	技术支持	飞机	5	2017/1/11	¥2,000.00
10	刘华	销售部	上海	洽谈商务	飞机	9	2017/1/13	¥4,500.00
11	王娟	销售部	南京	洽谈商务	飞机	4	2017/1/15	¥1,600.00
12	万美芳	销售部	珠海	洽谈商务	飞机	3	2017/1/19	¥1,200.00
13	王强	技术部	珠海	技术支持	飞机	7	2017/1/19	¥3,000.00
14	王丽	销售部	北京	洽谈商务	飞机	5	2017/1/23	¥1,900.00
15	冯小兜	技术部	天津	技术支持	飞机	7	2017/1/26	¥3,000.00
16	部门合计差旅费		销售部	¥14,300.00				
17			技术部	¥16,600.00				

图 10-158　各部门员工出差统计表

制作各部门员工出差统计表主要包括输入基本内容、设置单元格样式和计算合计差旅费等操作。

❶ 将表格标题的“字体”设置为“华文彩云”，设置“字号”为 18 并加粗，设置字体颜色为“绿色”。

❷ 选择 A2:H15 和 A16:E17 单元格区域，设置其单元格样式为“适中”。打开“设置单元格格式”对话框，选择“边框”选项卡，设置边框颜色为“橙色”，为单元格区域添加双框线，如图 10-159 所示。

❸ 选择合并后的 D16 单元格，在编辑栏中输入计算公式：=SUMIF($B$3:$B$15,C16,$H$3:$H$15)，按【Enter】键，计算销售部的合计差旅费；选择 D17 单元格，在编辑栏中输入计算公式：=SUMIF($B$3:$B$15,C17,$H$3:$H$15)，按【Enter】键，计算技术部的合计差旅费，如图 10-160 所示。

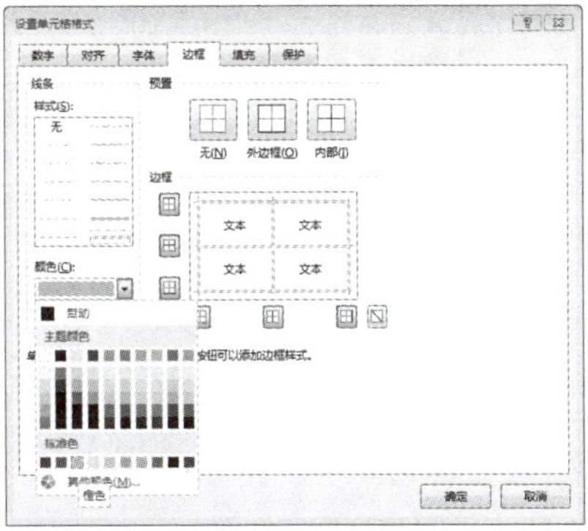

图 10-159　添加双边框

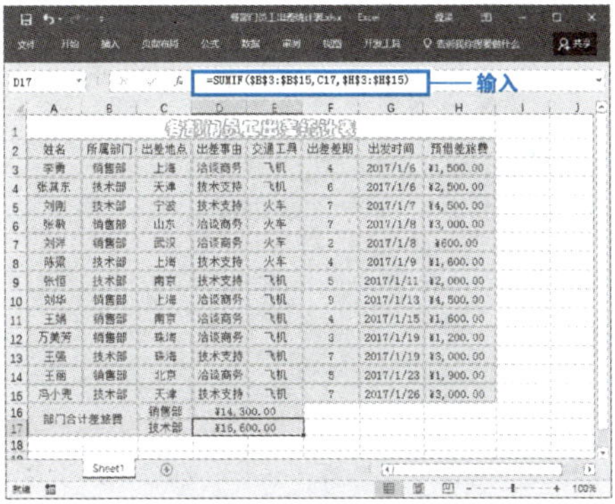

图 10-160　计算合计差旅费

实例 221　出差一周定期报告表

难度系数：★★★　适用版本：全版本

技巧介绍： 当职员出差时间较长时，需要每周对出差情况进行汇报，包括每天的工作内容、所花费的差旅费等，可以将这些情况记录在出差一周定期报告表中，如图 10-161 所示。

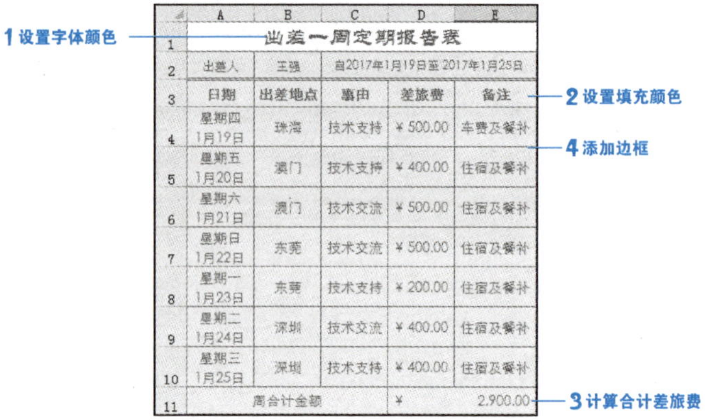

	A	B	C	D	E
1	出差一周定期报告表				
2	出差人	王强	自2017年1月19日至2017年1月25日		
3	日期	出差地点	事由	差旅费	备注
4	星期四 1月19日	珠海	技术支持	¥ 500.00	车费及餐补
5	星期五 1月20日	澳门	技术支持	¥ 400.00	住宿及餐补
6	星期六 1月21日	澳门	技术交流	¥ 500.00	住宿及餐补
7	星期日 1月22日	东莞	技术交流	¥ 500.00	住宿及餐补
8	星期一 1月23日	东莞	技术支持	¥ 200.00	住宿及餐补
9	星期二 1月24日	深圳	技术交流	¥ 400.00	住宿及餐补
10	星期三 1月25日	深圳	技术支持	¥ 400.00	住宿及餐补
11	周合计金额			¥	2,900.00

图 10-161　出差一周定期报告表

制作出差一周定期报告表主要包括输入基本内容、设置单元格背景颜色和添加边框等操作。

❶ 将表格标题的"字体"设置为"华文隶书"，将"字号"设置为 18，设置 A2:E11 单元格区域的字体为"华文细黑"，并将整个表格字体颜色设置为"蓝色，个性色 5，深色 25%"，如图 10-162 所示。

❷ 周合计金额等于每天的差旅费之和，D11 单元格中的数值由公式 =SUM(D4:D10) 计算所得。

❸ 将 A2:E11 单元格区域的填充颜色设置为"蓝色，个性色 5，淡色 80%"，如图 10-163 所示。

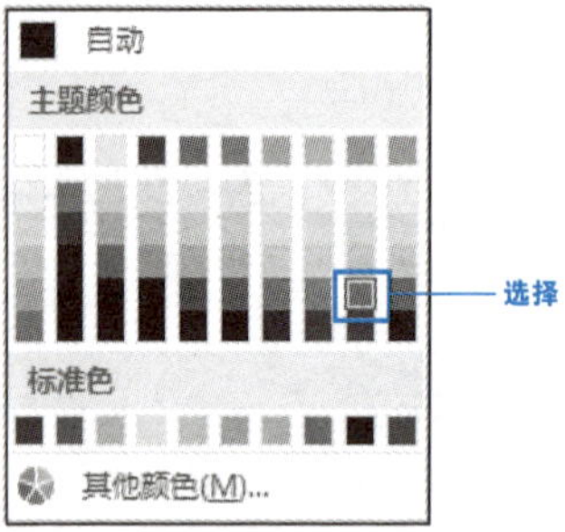

图 10-162　设置字体颜色

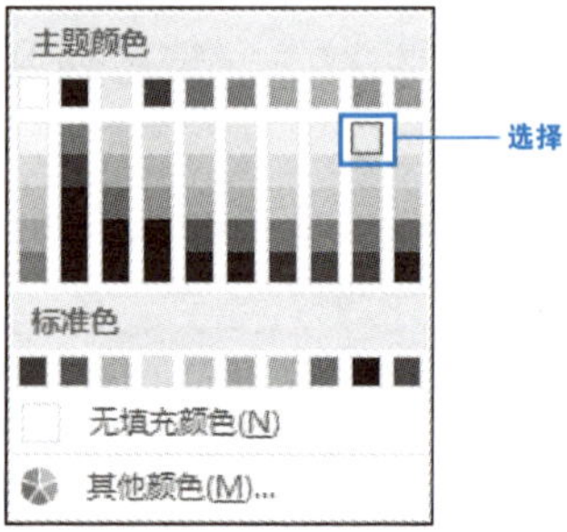

图 10-163　设置填充颜色

❹ 选择 A2:E11 单元格区域，打开"设置单元格格式"对话框，选择"边框"选项卡，设置边框颜色为"蓝色，个性色 1"，选择 A2:E2 单元格区域，在"所有框线"的基础上设置双底框线，如图 10-164 所示。

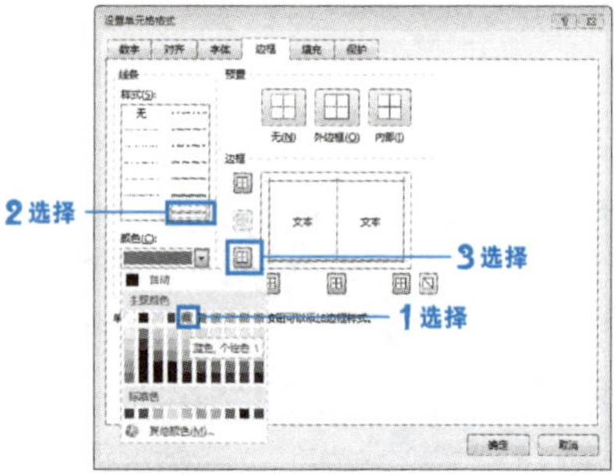

图 10-164　添加双底边框

实例 222　短程出差误餐费申领单

难度系数：★★★　适用版本：全版本

技巧介绍： 短程出差误餐费申领单主要记录误餐费、短程出差费用、加班执勤费和夜勤费等费用类别的请领申请情况，包括费用类别、起止时间和请领金额等信息，如图 10-165 所示。

短程出差误餐费申领单				
费用类别	□误餐费	□短程出差	□加班执勤费	□夜勤费
起止时间				
请领金额				
事由				
类别	次数	标准	支付金额	
主管		证明人	请领人	

图 10-165　短程出差误餐费申领单

制作短程出差误餐费申领单主要包括输入基本内容、设置字体颜色和插入符号等基础操作。

1. 将表格标题的“字体”设置为“幼圆”，将“字号”设置为 18，并添加下画线，设置字体颜色为“绿色”。
2. 在 B2 单元格中输入 o 误餐费，并将字体设置为 Wingdings，插入方框符号。按照相同的方法插入其余方框符号。
3. 将表格主体区域其余单元格的字体设置为“微软雅黑”，并设置表格主体字体颜色为“绿色，个性色 6，深色 25%”。

实例 223　出差费用标准表

难度系数：★★★　适用版本：全版本

技巧介绍： 出差费用标准表主要记录各职级员工出差办公时的交通、住宿和业务招待标准等，如图 10-166 所示。

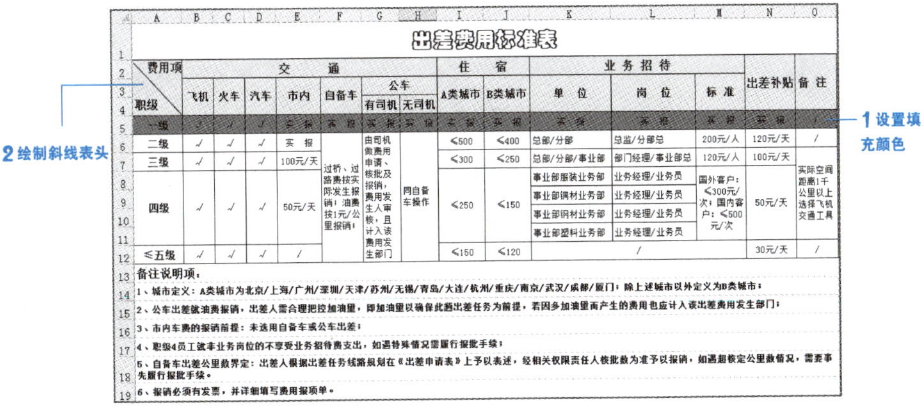

费用项 / 职级	交通							住宿		业务招待			出差补贴	备注
	飞机	火车	汽车	市内	自备车	公车：有司机	公车：无司机	A类城市	B类城市	单位	岗位	标准		
一级	√	√	√	实报	实报	实报	实报	实报	实报	实报	实报	实报	实报	/
二级	√	√	√	实报	过桥、过路费按实际发生报销；油费按1元/公里报销；	由司机做费用申请、核批及报销，费用发生人审核，且计入该费用发生部门	同自备车操作	≤500	≤400	总部/分部	总监/分部总	200元/人	120元/天	/
三级	√	√	√	100元/天				≤300	≤250	总部/分部/事业部	部门经理/事业部总	120元/人	100元/天	实际空间距离1千公里以上选择飞机交通工具
四级	√	√	√	50元/天				≤250	≤150	事业部服装业务部	业务经理/业务员	国外客户：≤300元/次；国内客户：≤500元/次	50元/天	
										事业部铜材业务部	业务经理/业务员			
										事业部钢材业务部	业务经理/业务员			
										事业部塑料业务部	业务经理/业务员			
≤五级	√	√	√	/				≤150	≤120	/			30元/天	/

备注说明项：
1、城市定义：A类城市为北京/上海/广州/深圳/天津/苏州/无锡/青岛/大连/杭州/重庆/南京/武汉/成都/厦门；除上述城市以外定义为B类城市；
2、公车出差就油费报销，出差人需合理把控加油量，即加油量以确保此趟出差任务为前提，若因多加油量而产生的费用也应计入该出差费用发生部门；
3、市内车费的报销前提：未选用自备车或公车出差；
4、职级4员工就非业务岗位的不享受业务招待费支出，如遇特殊情况需履行报批手续；
5、自备车出差公里数界定：出差人根据出差任务线路规划在《出差申请表》上予以表述，经相关权限责任人核批数为准予以报销，如遇超核定公里数情况，需要事先履行报批手续。
6、报销必须有发票，并详细填写费用报项单。

图 10-166　出差费用标准表

制作出差费用标准表主要包括输入基本内容、绘制斜线表头和设置单元格背景等操作。

1 将表格标题文本的“字体”设置为“华文彩云”，将“字号”设置为 22 并加粗。

2 将 A2:O4 单元格区域的背景颜色设置为“黄色”，按照如图 10-167 所示设置 A5:O5 单元格区域的背景颜色。

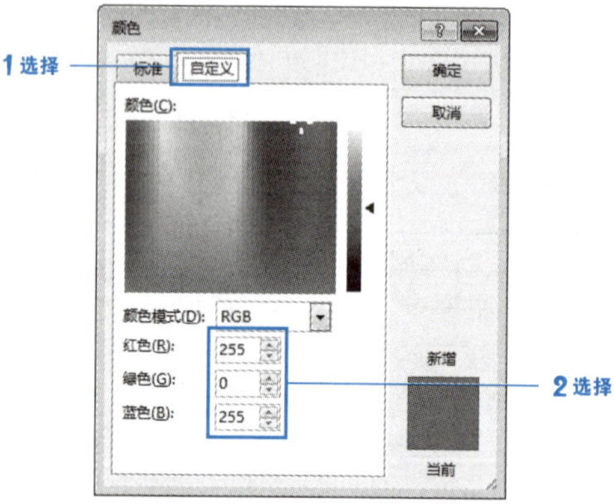

图 10-167 设置单元格填充颜色

3 对 A13:O19 单元格区域执行“跨越合并”操作，快速合并单元格区域。

技巧拓展

表格中的 A2:A4 单元格区域并没有合并，在 A2 单元格中输入“费用项”，设置对齐方式为“右对齐”，在 A4 单元格中输入“职级”，设置对齐方式为“左对齐”，并在单元格区域中绘制直线形状。选择“格式”选项卡，在“形状样式”组中选择“细线 – 深色 1”样式，如图 10-168 所示，制作斜线表头。

图 10-168 设置形状样式

Extra tip >>>>>>>>>>>>

实例 224

难度系数：★★★ 适用版本：全版本

旅费精算表

技巧介绍： 旅费精算表主要记录出差过程中各费用明细，在一定程度上与员工差旅费报销单记录的内容相似，如图 10-169 所示。

图 10-169　旅费精算表

制作旅费精算表主要包括输入基本内容、添加下画线和设置单元格样式等操作。

1. 将表格标题文本的“字体”设置为“华文行楷”，将“字号”设置为 18。
2. 表格中的下画线并不是通过按【Ctrl+U】组合键添加的，而是在“字体”组中为单元格区域添加下框线而成。当单元格中并未输入任何文字内容时，使用此种方法更为便捷。
3. 将 A8:I18 单元格区域的单元格样式设置为“好”，并按照如图 10-170 所示设置 E9:I18 单元格区域的边框格式。

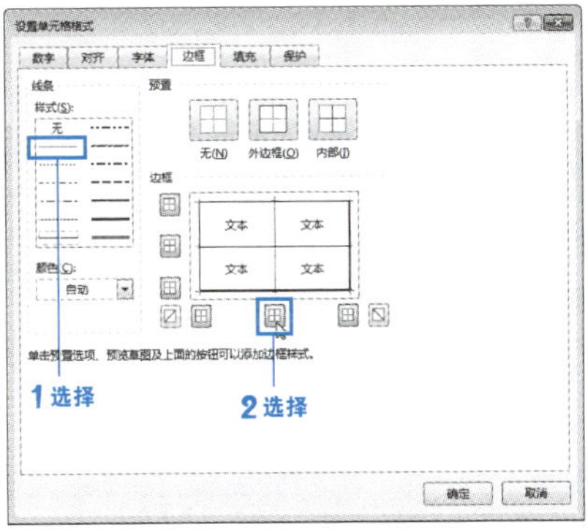

图 10-170　设置边框格式

实例 225　预支差旅费申请单

难度系数：★★★　适用版本：全版本

技巧介绍： 每次出差前，有些公司允许出差人员事先预支一部分差旅费，这就需要填写预支差旅费申请单，如图 10-171 所示，以记录出差的相关事项并写明预支金额。

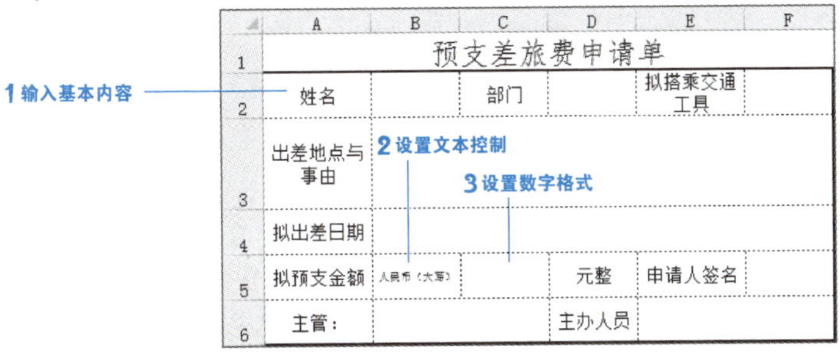

图 10-171　预支差旅费申请单

制作预支差旅费申请单主要包括输入基本内容、设置文本控制和设置数字格式等操作。

① 将表格标题文本的“字体”设置为“仿宋”，将“字号”设置为 18，并设置自动换行及边框格式。

② 选择 B5 单元格，发现其字号为 11，可是却有着不同于其余单元格中的显示效果，通过打开“设置单元格格式”对话框，选择“对齐”选项卡，选择“缩小字体填充”复选框，即可不改变字号大小，恰好将文字全部显示在单元格中，如图 10-172 所示。

③ 选择 C5 单元格，打开“设置单元格格式”对话框，选择“数字”选项卡，选择“特殊”选项，将数字“类型”设置为“中文大写数字”。

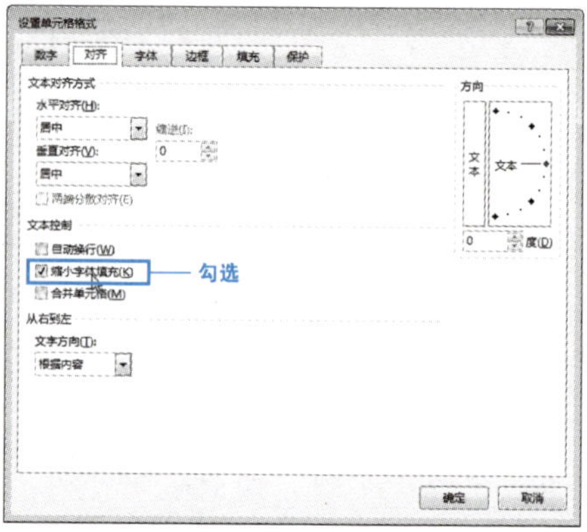

图 10-172　设置文本控制

实例 226　月份出差补助统计表

难度系数：★★★　适用版本：全版本

技巧介绍： 月份出差补助统计表主要记录出差的往返时间，并根据员工出差累计天数及补贴标准，计算出差补助金额，如图 10-173 所示。

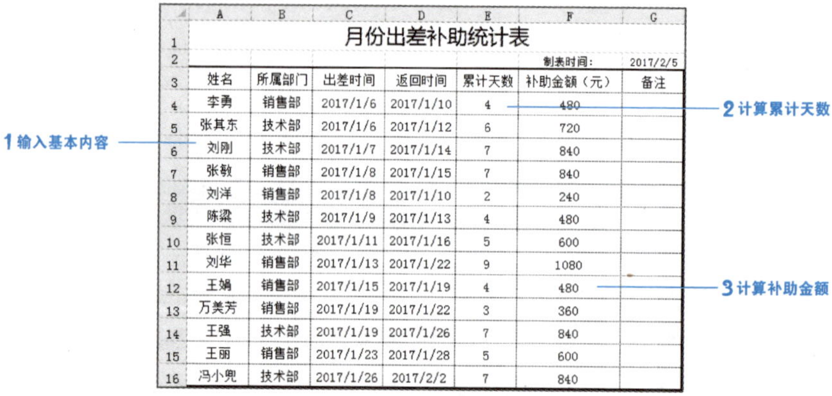

月份出差补助统计表

				制表时间：		2017/2/5
姓名	所属部门	出差时间	返回时间	累计天数	补助金额（元）	备注
李勇	销售部	2017/1/6	2017/1/10	4	480	
张其东	技术部	2017/1/6	2017/1/12	6	720	
刘刚	技术部	2017/1/7	2017/1/14	7	840	
张毅	销售部	2017/1/8	2017/1/15	7	840	
刘洋	销售部	2017/1/8	2017/1/10	2	240	
陈梁	技术部	2017/1/9	2017/1/13	4	480	
张恒	技术部	2017/1/11	2017/1/16	5	600	
刘华	销售部	2017/1/13	2017/1/22	9	1080	
王娟	销售部	2017/1/15	2017/1/19	4	480	
万美芳	销售部	2017/1/19	2017/1/22	3	360	
王强	技术部	2017/1/19	2017/1/26	7	840	
王丽	销售部	2017/1/23	2017/1/28	5	600	
冯小兜	技术部	2017/1/26	2017/2/2	7	840	

图 10-173　月份出差补助统计表

制作月份出差补助统计表主要包括输入基本内容、计算累计天数和计算补助金额等操作。

① 将表格标题的“字体”设置为“微软雅黑”，将“字号”设置为 18。

② 选择 E4 单元格，在编辑栏中输入计算公式：=DATEDIF(C4,D4,"d")，按【Enter】键，计算往返日期之间的差值，并向下填充至 E16 单元格中，如图 10-174 所示。

③ 选择 F4 单元格，在编辑栏中输入计算公式：= PRODUCT (E4,120)，按【Enter】键，以每天补助为“120 元”为标准，计算出差期间的补助金额，并向下填充至 F16 单元格中，如图 10-175 所示。

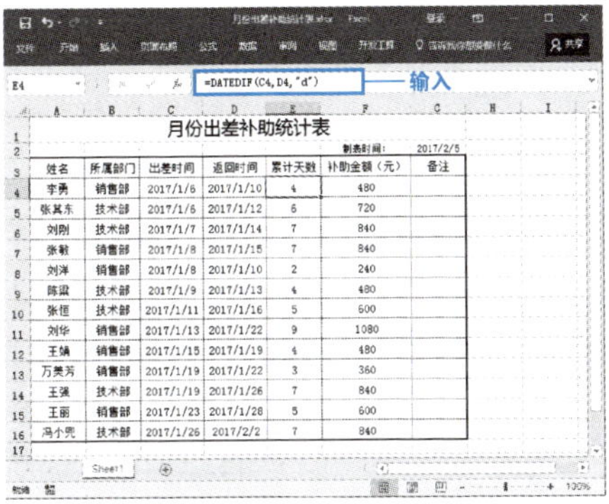

月份出差补助统计表						
				制表时间：	2017/2/5	
姓名	所属部门	出差时间	返回时间	累计天数	补助金额（元）	备注
李勇	销售部	2017/1/6	2017/1/10	4	480	
张其东	技术部	2017/1/6	2017/1/12	6	720	
刘刚	技术部	2017/1/7	2017/1/14	7	840	
张毅	销售部	2017/1/8	2017/1/15	7	840	
刘洋	销售部	2017/1/8	2017/1/10	2	240	
陈露	技术部	2017/1/9	2017/1/13	4	480	
张恒	技术部	2017/1/11	2017/1/16	5	600	
刘华	销售部	2017/1/13	2017/1/22	9	1080	
王娟	销售部	2017/1/15	2017/1/19	4	480	
万美芳	销售部	2017/1/19	2017/1/22	3	360	
王强	技术部	2017/1/19	2017/1/26	7	840	
王丽	销售部	2017/1/23	2017/1/28	5	600	
冯小兜	技术部	2017/1/26	2017/2/2	7	840	

图 10-174　计算累计天数

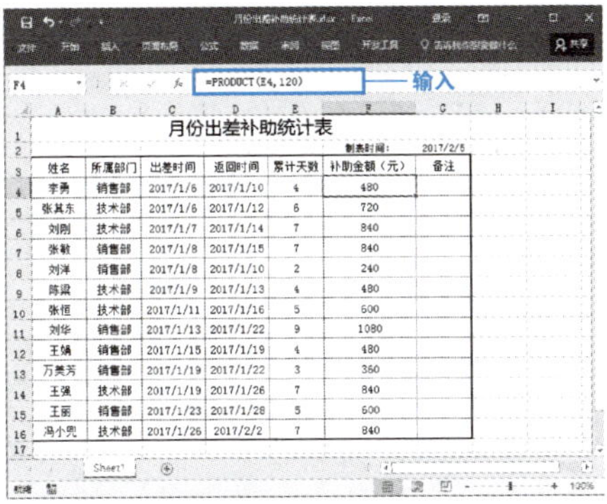

月份出差补助统计表						
				制表时间：	2017/2/5	
姓名	所属部门	出差时间	返回时间	累计天数	补助金额（元）	备注
李勇	销售部	2017/1/6	2017/1/10	4	480	
张其东	技术部	2017/1/6	2017/1/12	6	720	
刘刚	技术部	2017/1/7	2017/1/14	7	840	
张毅	销售部	2017/1/8	2017/1/15	7	840	
刘洋	销售部	2017/1/8	2017/1/10	2	240	
陈露	技术部	2017/1/9	2017/1/13	4	480	
张恒	技术部	2017/1/11	2017/1/16	5	600	
刘华	销售部	2017/1/13	2017/1/22	9	1080	
王娟	销售部	2017/1/15	2017/1/19	4	480	
万美芳	销售部	2017/1/19	2017/1/22	3	360	
王强	技术部	2017/1/19	2017/1/26	7	840	
王丽	销售部	2017/1/23	2017/1/28	5	600	
冯小兜	技术部	2017/1/26	2017/2/2	7	840	

图 10-175　计算补助金额

实例 227 员工工资标准表

难度系数：★★★　适用版本：全版本

技巧介绍： 在企业中，员工有权利知晓自己的薪资来源，清晰明确的工资标准有助于企业实现公正管理。根据职别及等级的不同，不同职位的工资标准也不同，如图 10-176 所示。

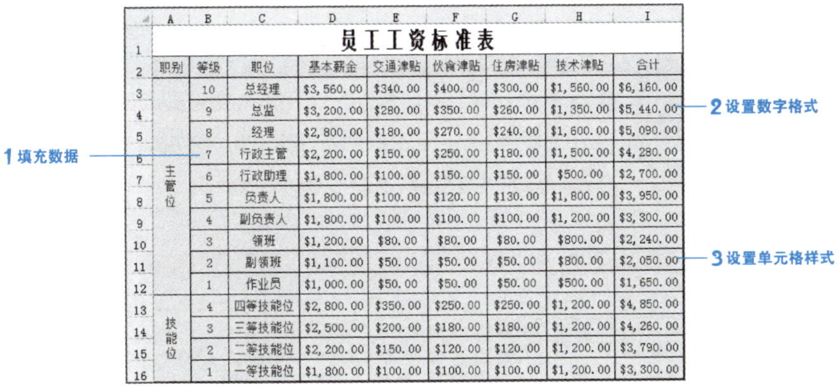

员工工资标准表								
职别	等级	职位	基本薪金	交通津贴	伙食津贴	住房津贴	技术津贴	合计
主管位	10	总经理	$3,560.00	$340.00	$400.00	$300.00	$1,560.00	$6,160.00
	9	总监	$3,200.00	$280.00	$350.00	$260.00	$1,350.00	$5,440.00
	8	经理	$2,800.00	$180.00	$270.00	$240.00	$1,600.00	$5,090.00
	7	行政主管	$2,200.00	$150.00	$250.00	$180.00	$1,500.00	$4,280.00
	6	行政助理	$1,800.00	$100.00	$150.00	$150.00	$500.00	$2,700.00
	5	负责人	$1,800.00	$100.00	$120.00	$130.00	$1,800.00	$3,950.00
	4	副负责人	$1,800.00	$100.00	$100.00	$100.00	$1,200.00	$3,300.00
	3	领班	$1,200.00	$80.00	$80.00	$80.00	$800.00	$2,240.00
	2	副领班	$1,100.00	$50.00	$50.00	$50.00	$800.00	$2,050.00
	1	作业员	$1,000.00	$50.00	$50.00	$50.00	$500.00	$1,650.00
技能位	4	四等技能位	$2,800.00	$350.00	$250.00	$250.00	$1,200.00	$4,850.00
	3	三等技能位	$2,500.00	$200.00	$180.00	$180.00	$1,200.00	$4,260.00
	2	二等技能位	$2,200.00	$150.00	$120.00	$120.00	$1,200.00	$3,790.00
	1	一等技能位	$1,800.00	$100.00	$100.00	$100.00	$1,200.00	$3,300.00

图 10-176　员工工资标准表

制作员工工资标准表主要包括输入基本内容、填充数据、设置数字格式和设置单元格样式等操作。

1. 将表格标题的“字体”设置为“方正姚体”，将“字号”设置为 20 并加粗。将 A2:I2 和 A3:C16 单元格区域的单元格样式设置为“适中”，将 D3:I16 单元格区域的单元格样式设置为“好”。

2. 在 B3 单元格中输入数值 10，按住鼠标右键拖曳填充手柄至 B12 单元格中，松开鼠标右键，在弹出的快捷菜单中选择“序列”命令，弹出“序列”对话框，设置“序列产生在 " 为“列”，并设置“类型”为“等差序列”，设置“步长值”为 −1，如图 10-177 所示，单击“确定”按钮，填充递减序列。按照相同的方法输入 B13:B16 单元格中的数据。

3. 选择 D3:I16 单元格区域，打开“设置单元格格式”对话框，将数字格式设置为“货币”，并设置“货币符号”为“$”，如图 10-178 所示。

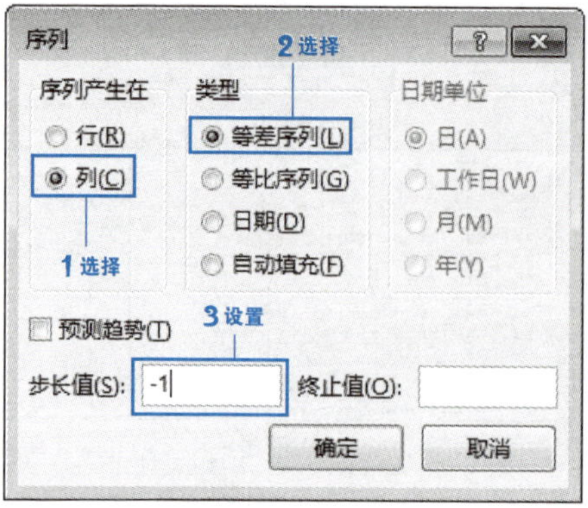

图 10-177　填充数据

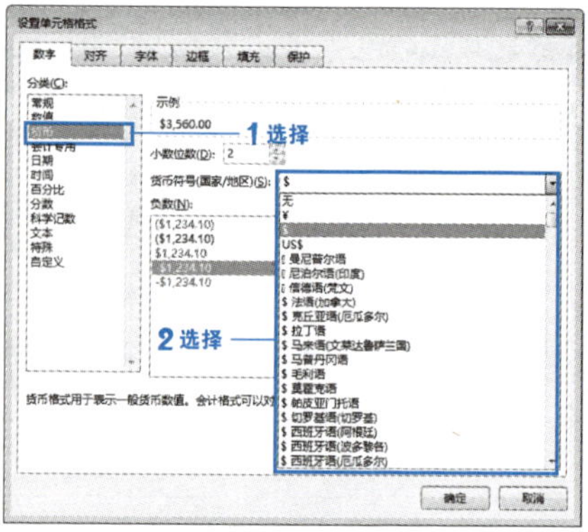

图 10-178　设置数字格式

技巧拓展

I3:I16 单元格中的数值利用“自动求和”得到。

Extra tip

实例 228　员工工资动态分析表

难度系数：★★☆　适用版本：全版本

技巧介绍： 员工工资动态分析表主要对员工工资表插入数据透视表，当员工工资数据发生变化时，透视表中的分析数据也会动态地随之变化，如图 10-179 所示。

	A	B	C	D	E	F
1						
2						
3	求和项:平均工资	列标签				
4	行标签	行政部	技术部	人事部	销售部	总计
5	本科	10128	9448	9058	22240	50874
6	0	2500	2568	2730	15950	23748
7	1	3068	6880	3068		13016
8	2	4560		3260		7820
9	3				6290	6290
10	研究生		10250		7250	17500
11	1				7250	7250
12	2		4390			4390
13	3		5860			5860
14	专科	2560	5550	2350	5500	15960
15	0		5550	2350	2150	10050
16	1	2560			3350	5910
17	总计	12688	25248	11408	34990	84334

图 10-179　数据透视表

制作员工工资动态分析表主要包括插入数据透视表、添加数据透视表字段等操作。

1 打开本节素材文件“素材\第10章\实例228\员工工资统计表.xlsx”，选择A2:F28单元格区域，选择“插入”选项卡，在“表格”组中单击“数据透视表”按钮，弹出“创建数据透视表”对话框，将数据透视表放置在“新工作表”中，单击“确定”按钮，即可添加Sheet2工作表并创建数据透视表，如图10-180所示。

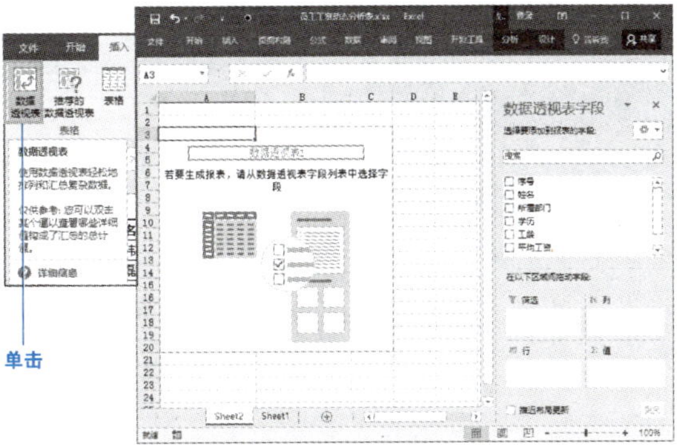

图 10-180　插入数据透视表

2 在“数据透视表字段”窗格中，右击“所属部门”字段，在弹出的快捷菜单中选择“添加到列标签”命令；右击“学历”字段，在弹出的快捷菜单中选择“添加到行标签”命令；右击“工龄”字段，在弹出的快捷菜单中选择“添加到行标签”命令；右击“平均工资”字段，在弹出的快捷菜单中选择“添加到值”命令，如图10-181所示，即可创建数据透视表。

图 10-181　添加数据透视表字段

技巧拓展

当双击数据透视表中的数值时，将自动添加仅含该数值来源的工作表，如双击“技术部”的“总计”值即C17单元格，将添加仅包含技术部相关数据的Sheet3工作表，如图10-182所示。

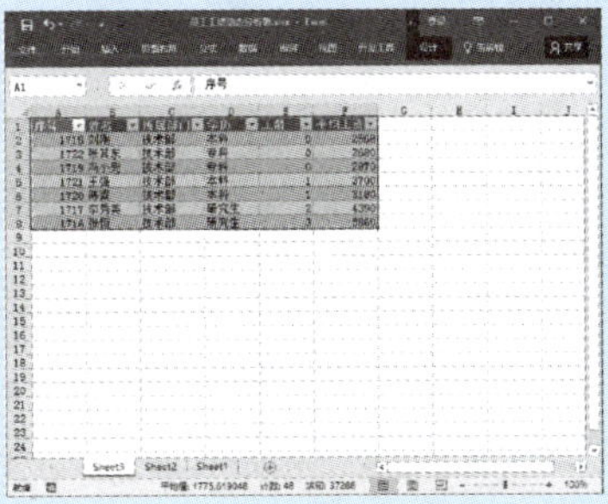

图 10-182　查看数据来源

Extra tip

实例 229 员工工资动态分析图

难度系数：★★★ 适用版本：07/10/13/16/17

技巧介绍： 员工工资动态分析图是针对数据透视表制作的数据透视图，如图 10-183 所示，将数据透视表中的数据显示在图表中。

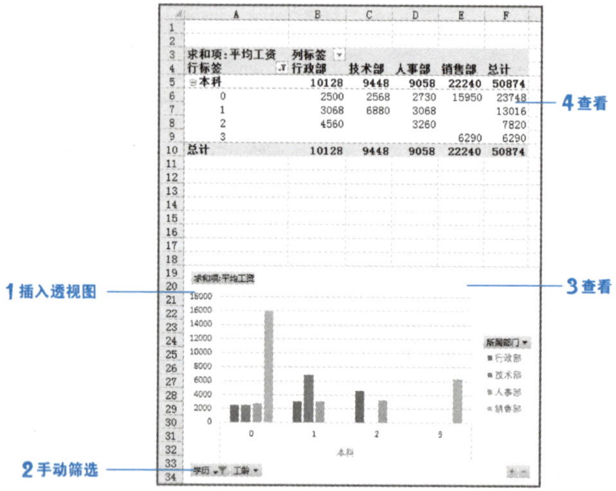

图 10-183　数据透视图

制作员工工资动态分析图主要包括插入数据透视图、手动筛选所需数据等操作。

① 打开本节素材文件“素材\第 10 章\实例 229\员工工资动态分析表.xlsx”，单击数据透视表中的任意单元格，选择“分析”选项卡，在“工具”组中单击“数据透视图”按钮，在弹出的“插入图表”对话框中选择“簇状柱形图”插入到工作表中，如图 10-184 所示。

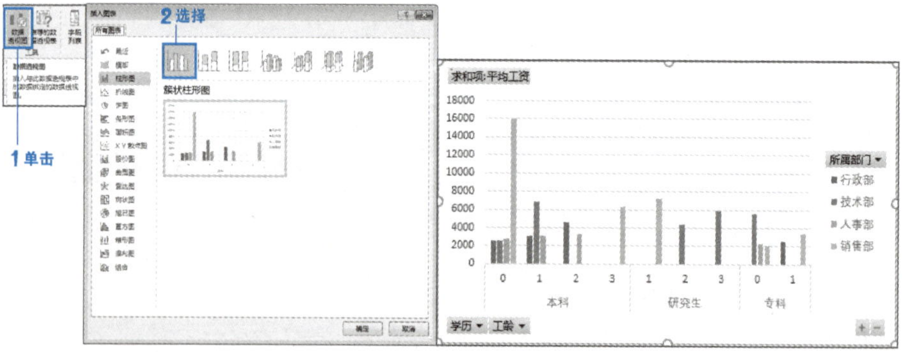

图 10-184　插入数据透视图 -1

② 对于插入的透视图，可以手动筛选需要查看的数据，如单击数据透视图中的“学历”按钮，选择“本科”复选框，如图 10-185 所示，即可查看本科人员的平均工资。当筛选完毕后，数据透视表中的字段也会相应地发生变化，将只显示透视图中包含的数据。

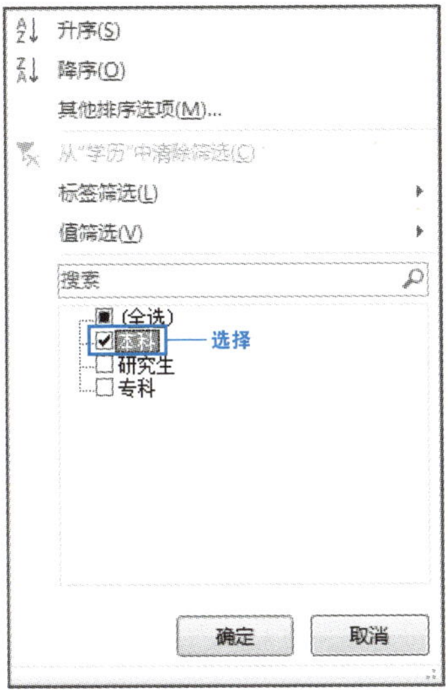

图 10-185　手动筛选

技巧拓展

选择“插入”选项卡，在“图表”组中单击“数据透视图”按钮，也可创建数据透视图，如图 10-186 所示。

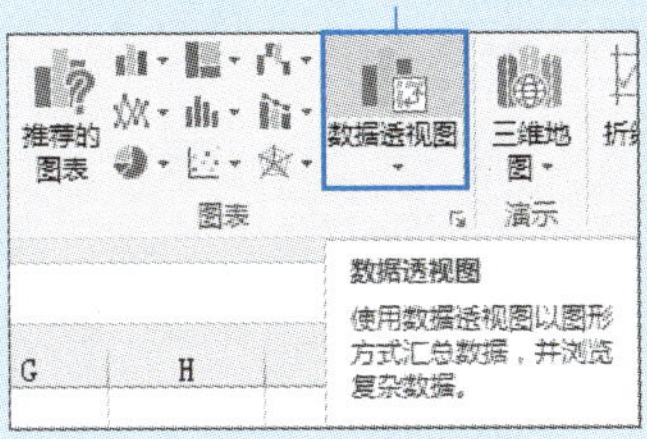

图 10-186　插入数据透视图 -2

Extra tip

实例 230　岗位调动薪酬变动审批表

难度系数：★★　适用版本：全版本

技巧介绍： 当公司员工想要调动工作岗位时，需要填写岗位调动薪酬变动审批表，如图 10-187 所示，需要征得部门及公司人力资源部同意后，方可进行岗位调动。

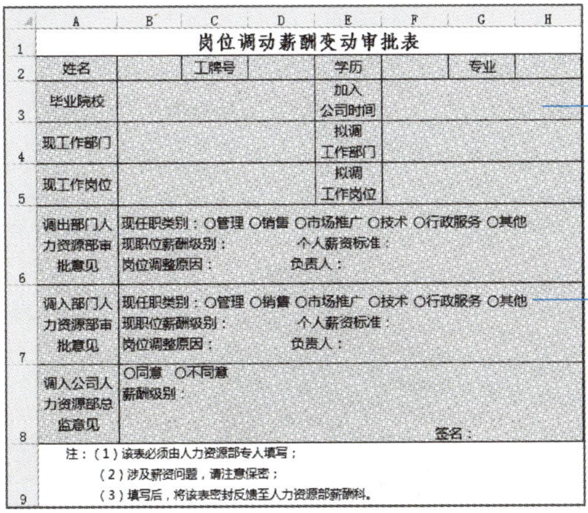

岗位调动薪酬变动审批表							
姓名		工牌号		学历		专业	
毕业院校				加入公司时间			
现工作部门				拟调工作部门			
现工作岗位				拟调工作岗位			
调出部门人力资源部审批意见	现任职类别：○管理 ○销售 ○市场推广 ○技术 ○行政服务 ○其他 现职位薪酬级别：　个人薪资标准： 岗位调整原因：　负责人：						
调入部门人力资源部审批意见	现任职类别：○管理 ○销售 ○市场推广 ○技术 ○行政服务 ○其他 现职位薪酬级别：　个人薪资标准： 岗位调整原因：　负责人：						
调入公司人力资源部总监意见	○同意 ○不同意 薪酬级别： 签名：						
注：（1）该表必须由人力资源部专人填写； （2）涉及薪资问题，请注意保密； （3）填写后，将该表密封反馈至人力资源部薪酬科。							

图 10-187　岗位调动薪酬变动审批表

制作岗位调动薪酬变动审批表主要包括输入基本内容、设置图案填充和插入符号等操作。

① 将表格标题文本的“字体”设置为“华文仿宋”，将”字号“设置为 16 并加粗。

② 选择 A2:H8 单元格区域，打开“设置单元格格式”对话框，选择“填充”选项卡，设置“图案颜色”为“金色，个性色 4”，设置“图案样式”为“50% 灰色”，如图 10-188 所示。

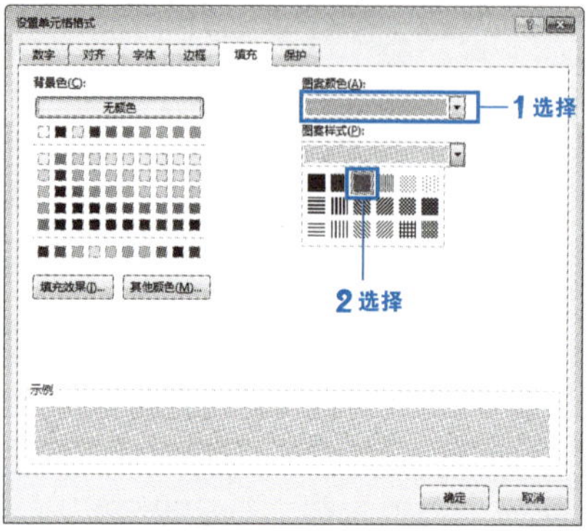

图 10-188 设置图案填充

③ 将鼠标光标定位至“管理”文本左侧，选择“插入”选项卡，在“符号”组中单击“符号”按钮，在弹出的“符号”对话框中找到“○”符号并单击“插入”按钮，如图 10-189 所示。

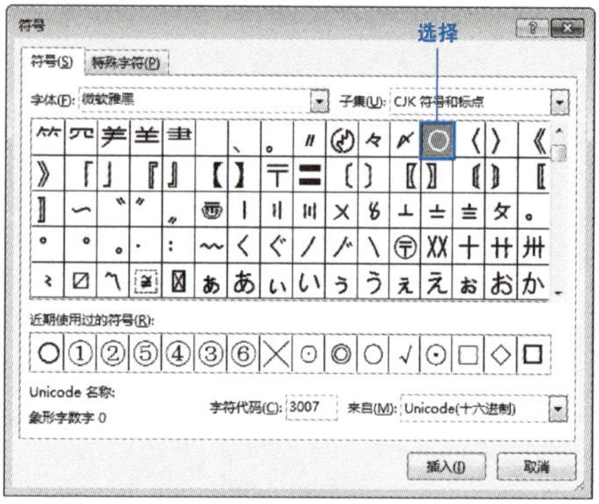

图 10-189 插入符号

实例 231 各等级薪资分布情况图

难度系数：★★ 适用版本：全版本

技巧介绍： 各等级薪资分布情况图主要统计各薪资等级中的员工数量，并制作成饼图来分析公司大部分员工薪资所处范围，如图 10-190 所示。

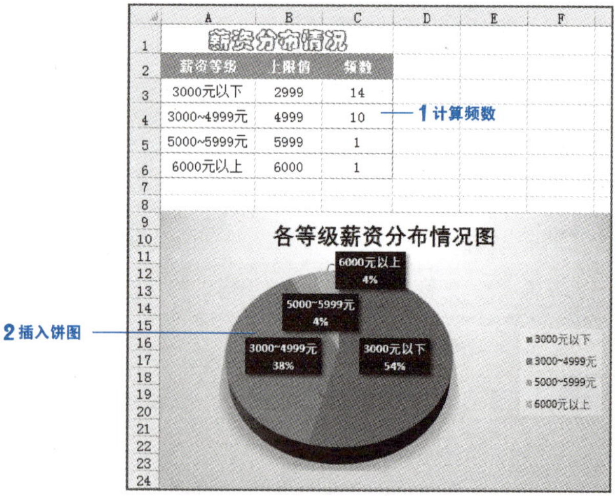

图 10-190 各等级薪资分布情况图

制作各等级薪资分布情况图主要包括计算薪资频数、插入饼图等操作。

❶ 打开素材文件“素材\第 10 章\实例 231\员工工资统计表 .xlsx”，添加“薪资等级分布图”工作表，设置表格标题的“字体”为“华文彩云”，“字号”为 18 并加粗，设置字体颜色为“蓝色”，并套用“蓝色，表样式浅色 13”表格样式，如图 10-191 所示。

❷ 选择 C3 单元格，在编辑栏中输入计算公式：=COUNTIF(工资统计表 !$F$3:$F$28,"<"&B3)，按【Enter】键，计算薪资处于 3000 元以下的员工数量；选择 C4 单元格，在编辑栏中输入计算公式：=COUNTIF(工资统计表 !$F$3:$F$28,">"&B3)–COUNTIF(工资统计表 !$F$3:$F$28,">"&B4)，按【Enter】键，计算薪资在 3000 ~ 4999 元范围内的员工数量；选择 C5 单元格，在编辑栏中输入计算公式：=COUNTIF(工资统计表 !$F$3:$F$28,">"&B4)–COUNTIF(工资统计表 !$F$3:$F$28,">"&B5)，按【Enter】键，计算薪资在 4000 ~ 5999 元范围内的员工数量；选择 C6 单元格，在编辑栏中输入计算公式：=COUNTIF(工资统计表 !$F$3:$F$28,">"&B6)，按【Enter】键，计算薪资超过 6000 元的员工数量。

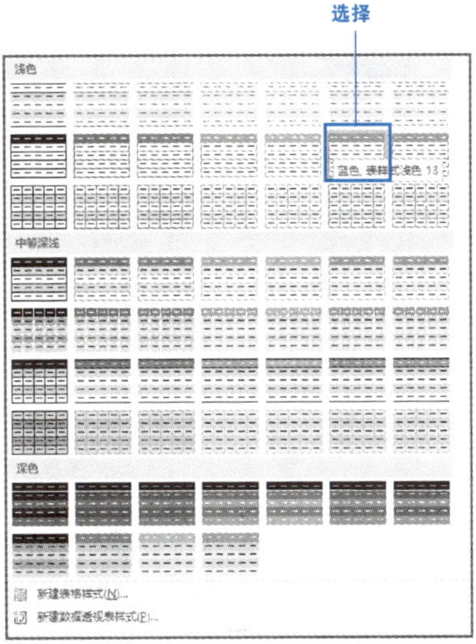

图 10-191　套用表格格式

❸ 选择 A3:A6 和 C3:C6 单元格区域，选择“插入”选项卡，在“图表”组中单击“插入饼图或圆环图”下拉按钮，选择“三维饼图”选项，插入三维饼图，并重命名图表标题为“各等级薪资分布情况图”。

❹ 单击“图表元素”按钮，选择“数据标签”选项，双击添加的数据标签，打开“设置数据标签格式”窗格，选择“类别名称”“百分比”和“显示引导线”复选框，如图 10-192 所示。

❺ 单击“图表样式”按钮，从列表框中选择“样式 3”选项，如图 10-193 所示，并适当调整数据标签的位置。

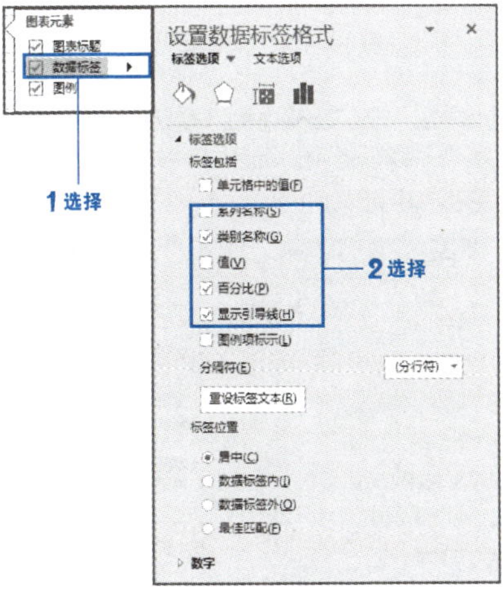

图 10-192　添加数据标签

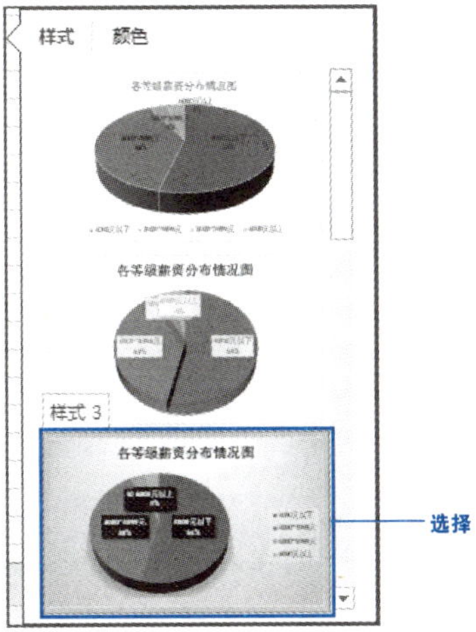

图 10-193　设置图表样式

实例 232 各部门薪资分布比较图

难度系数：★★★★ 适用版本：全版本

技巧介绍： 各部门薪资分布比较图主要利用数据透视表和数据透视图，分析比较各部门之间员工薪资的差异，如图 10-194 所示。

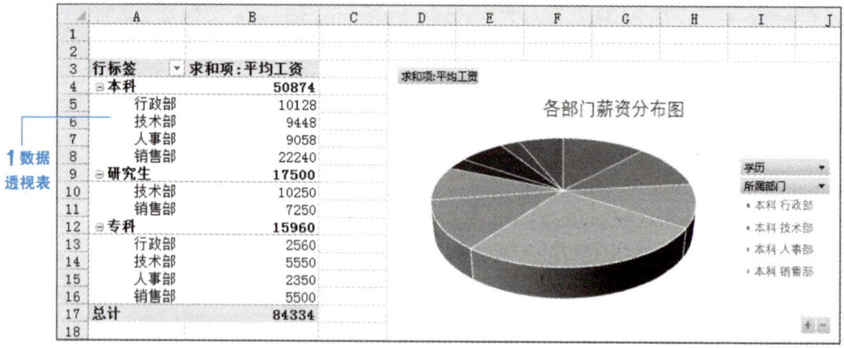

图 10-194 数据透视表

制作各部门薪资分布比较图主要包括插入数据透视表、添加数据透视表字段和插入数据透视图等操作。

❶ 打开本节素材文件“素材\第 10 章\实例 232\员工工资统计表 .xlsx”，选择 A2:F28 单元格区域，选择“插入”选项卡，在“表格”组中单击“数据透视表”按钮，弹出“创建数据透视表”对话框，将数据透视表放置在“新工作表”中，单击“确定”按钮，即可添加 Sheet1 工作表并创建数据透视表，如图 10-195 所示。

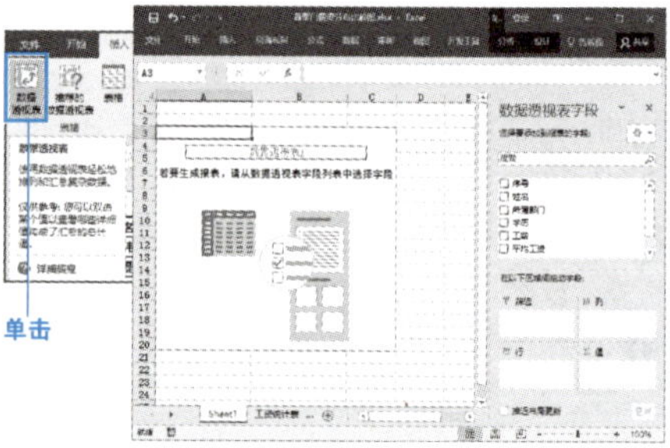

图 10-195 插入数据透视表

❷ 在“数据透视表字段”窗格中，选择“所属部门”“学历”及“平均工资”复选框，Excel 将自动为字段分配区域，如图 10-196 所示。

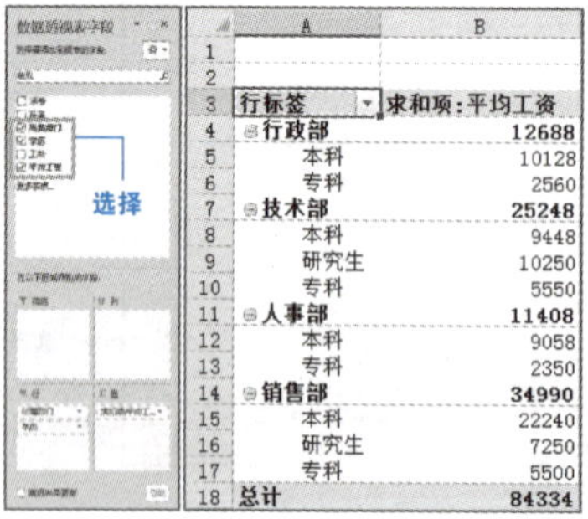

图 10-196 添加字段

❸ 单击“行”区域中的“学历”下拉按钮，选择“上移”选项，如图 10-197 所示，数据透视表创建完毕。

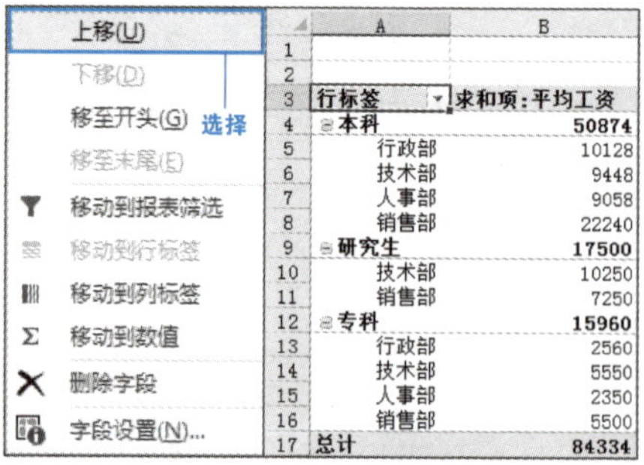

图 10-197 选择“上移”选项

④ 单击数据透视表中的任意单元格，选择“分析”选项卡，在“工具”组中单击“数据透视图”按钮，在弹出的“插入图表”对话框中选择“三维饼图”插入到工作表中，并重命名图表标题为“各部门薪资分布图”，如图 10-198 所示。

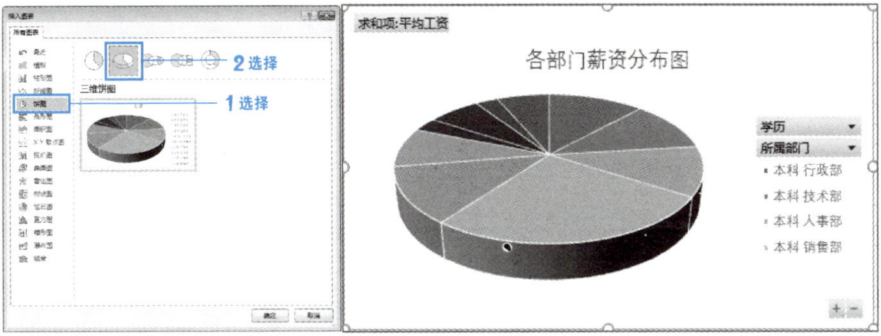

图 10-198　插入数据透视图

技巧拓展

数据透视图与普通图表的区别在于数据透视图有字段按钮，选择“分析”选项卡，在“显示 / 隐藏”组中单击“字段按钮”下拉按钮，从下拉列表框中选择“全部隐藏”选项，即可隐藏数据透视图中的字段按钮，如图 10-199 所示，再次选择“全部隐藏”选项，即可取消隐藏。

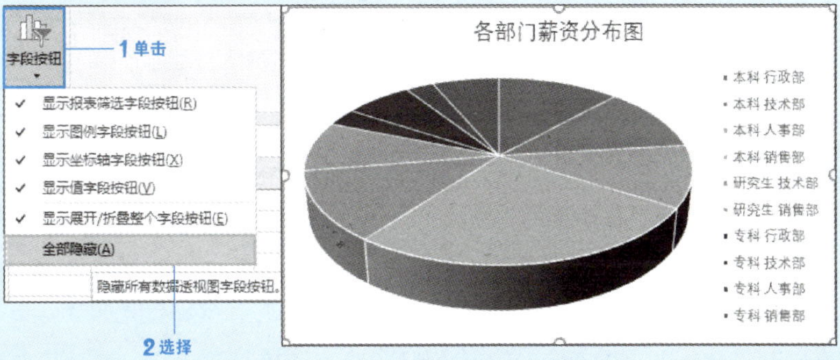

图 10-199　隐藏透视图字段按钮

Extra tip

实例 233　员工工资转账表

难度系数：★★★　适用版本：全版本

技巧介绍： 员工工资转账表主要记录员工的平均工资及转账账户，以方便工资的发放，如图 10-200 所示。

	A	B	C
1	员工工资转账表		
2	姓名	[illegible]	[illegible]
3	王伟	¥ 4,560.00	6217************101
4	王磊	¥ 3,068.00	6217************102
5	李艳	¥ 2,500.00	6217************103
6	刘芳	¥ 2,560.00	6217************104
7	李勇	¥ 6,290.00	6217************105
8	王娟	¥ 3,620.00	6217************106
9	李桂英	¥ 3,630.00	6217************107
10	王丽	¥ 2,470.00	6217************108
11	张敏	¥ 2,510.00	6217************109
12	张智灼	¥ 3,350.00	6217************110
13	刘洋	¥ 2,630.00	6217************111
14	万美芳	¥ 2,150.00	6217************112
15	吴光忠	¥ 2,560.00	6217************113
16	黄梅蓉	¥ 2,850.00	6217************114
17	刘华	¥ 2,930.00	6217************115
18	张恒	¥ 5,860.00	6217************116
19	李秀英	¥ 4,390.00	6217************117
20	刘刚	¥ 2,568.00	6217************118
21	冯小兜	¥ 2,870.00	6217************119
22	陈梁	¥ 3,180.00	6217************120
23	王强	¥ 3,700.00	6217************121
24	张其东	¥ 2,680.00	6217************122
25	朱婷	¥ 3,260.00	6217************123
26	秦琦	¥ 3,068.00	6217************124
27	戚小曼	¥ 2,350.00	6217************125
28	邹晨	¥ 2,730.00	6217************126

图 10-200　员工工资转账表

制作员工工资转账表主要包括输入转账账户、套用表格格式等操作。

❶ 将表格标题的“字体”设置为“方正姚体”，将“字号”设置为 18 并加粗，设置字体颜色为“蓝色，个性色 5，深色 25%”，如图 10-201 所示。

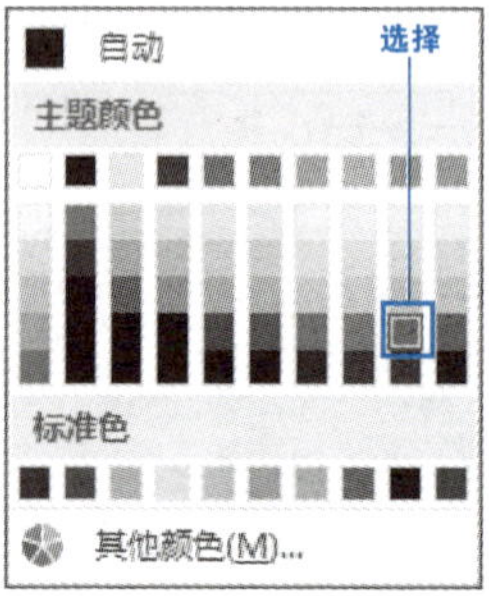

图 10-201　设置填充颜色

❷ 套用“蓝色，表样式中等深浅 6”表格样式，并转换为区域，如图 10-202 所示。

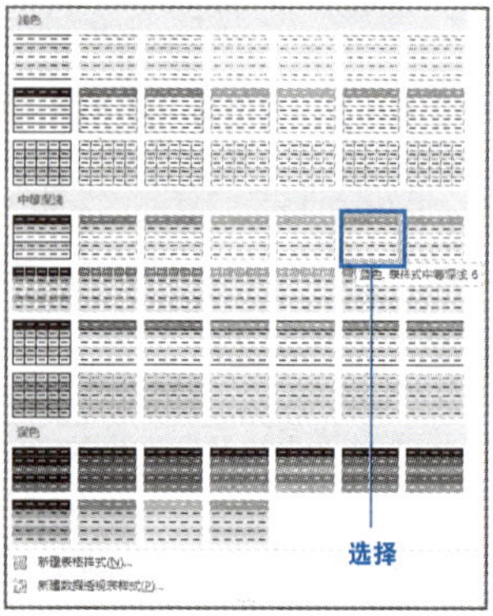

图 10-202　套用表格格式

❸ 在输入银行卡账号时，需要在输入文本前添加英文状态下的单引号“’”，或在输入数据前将数字格式设置为“文本”型数据，方可输入长串数字。

技巧拓展

为了保护职员隐私，本实例中将银行卡账号中的部分数值以“*”代替，具体方法是利用计算公式：=REPLACE(D3,5,12,"************")，将账户中从第 5 位数字开始，连续替换 12 位数据为“*”。

Extra tip ›››››››››››››

实例 234 员工工资级数评定表

难度系数：★★★ 适用版本：全版本

技巧介绍： 员工工资级数评定表主要根据员工的学历、服务年资和相关经验等信息评定员工工资等级，如图 10-203 所示。

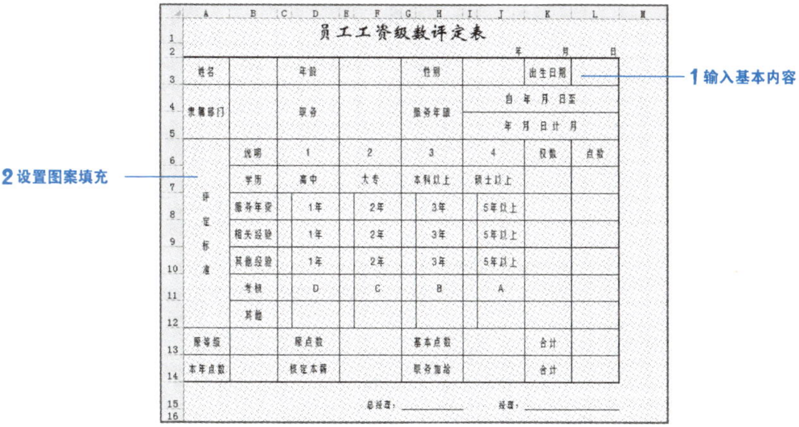

员工工资级数评定表							
					年	月	日
姓名		年龄		性别		出生日期	
隶属部门		职务		服务年限	自 年 月 日至 年 月 日计 月		
评定标准	说明	1	2	3	4	级数	点数
	学历	高中	大专	本科以上	硕士以上		
	服务年资	1年	2年	3年	5年以上		
	相关经验	1年	2年	3年	5年以上		
	其他经验	1年	2年	3年	5年以上		
	考核	D	C	B	A		
	其他						
原等级		原点数		基本点数		合计	
本年点数		核定本薪		职务加给		合计	
			总经理：____		经理：____		

图 10-203 员工工资级数评定表

制作员工工资级数评定表主要包括输入基本内容、设置图案填充等操作。

① 在输入基本内容时需要进行合并单元格、设置竖排文字等操作。

② 设置表格标题文本的“字体”为“华文新魏”，设置“字号”为 22；设置表格主体内容“字体”为“方正姚体”。

③ 选择 A1:M16 单元格区域，打开“设置单元格格式”对话框，选择“填充”选项卡，设置“图案颜色”为“绿色，个性色 6”，设置“图案样式”为“12.5% 灰色”，如图 10-204 所示。

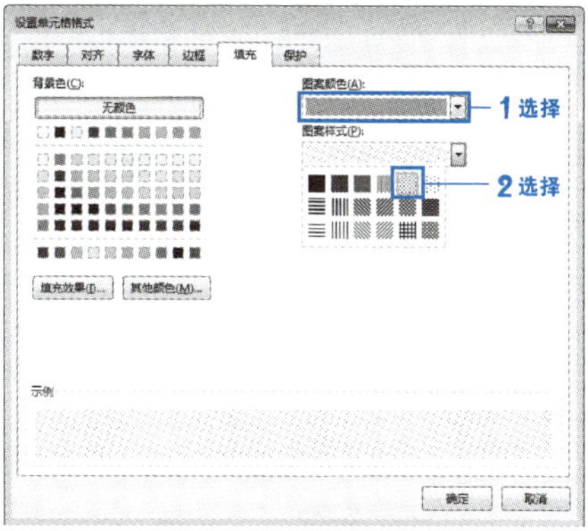

图 10-204 设置图案填充

实例 235 企业的人力资源类型示意图

难度系数：★★★ 适用版本：全版本

技巧介绍： 人力资源分为显性知识 / 高价值、显性知识 / 低价值、隐性知识 / 高价值和隐性知识 / 低价值四类。企业的人力资源类型示意图就是用于分析人力资源类型的，如图 10-205 所示。

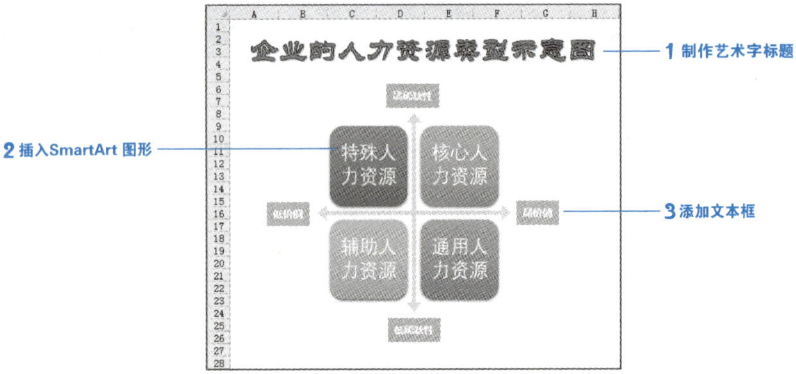

图 10-205 企业的人力资源类型示意图

制作企业的人力资源类型示意图主要包括制作艺术字标题、插入 SmartArt 图形和添加文本框等操作。

① 按照如图 10-206 所示选择艺术字样式，设置标题“字体”为“华文隶书”，设置“字号”为 32 并加粗。选择“格式”选项卡，在“艺术字样式”组中设置文本填充颜色为“橙色，个性色 2”，文本轮廓颜色为“橙色，个性色 2，深色 25%”。

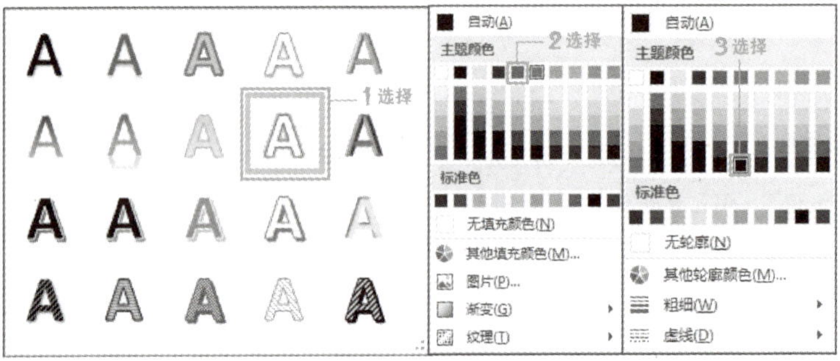

图 10-206 制作艺术字标题

② 选择“插入”选项卡，在“插图”组中单击 SmartArt 按钮，弹出“选择 SmartArt 图形”对话框，在左侧列表框中选择“矩阵”选项，从中部列表框中选择“网格矩阵”图形，如图 10-207 所示。

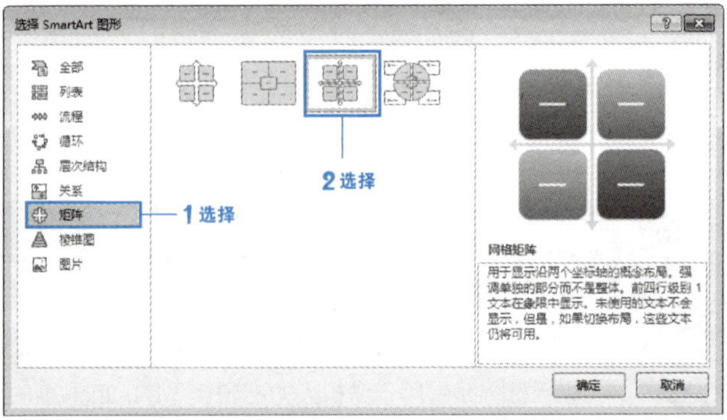

图 10-207 插入 SmartArt 图形

3 单击“确定”按钮，自动切换至“设计”选项卡，在“SmartArt 样式”组中单击“其他”按钮，设置“文档的最佳匹配对象”为“强烈效果”，单击“更改颜色”下拉按钮，选择“彩色 – 个性色”颜色，如图 10–208 所示，并在 SmartArt 图形中输入相关文本内容。

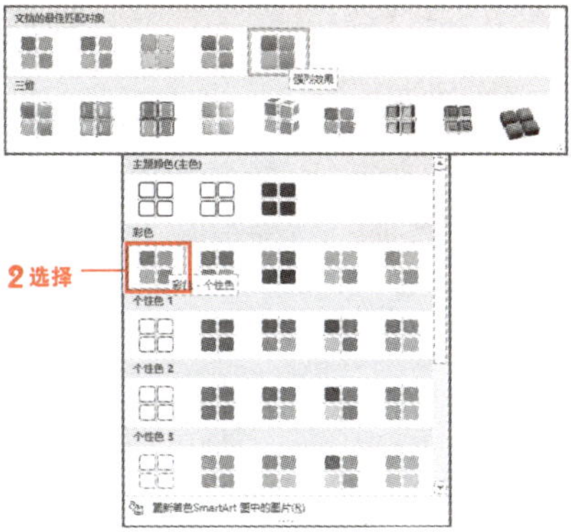

图 10–208　设置 SmartArt 图形样式

4 选择“插入”选项卡，在“文本”组中单击“文本框”下拉按钮，选择“横排文本框”选项，在文本框中输入相关内容，设置“字体”为“微软雅黑”并加粗，设置字体颜色为“白色，背景 1”；选择“格式”选项卡，在“形状样式”组中设置形状填充颜色为“橙色，个性色 2，淡色 40%”，如图 10–209 所示。

5 右击设置好的文本框，在弹出的快捷菜单中选择“设置为默认文本框”命令，如图 10–210 所示，继续插入并编辑文本框，省去重新设置文本框格式的步骤。

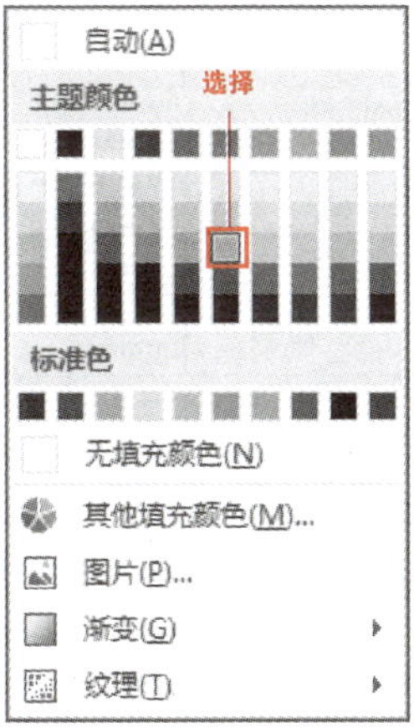

图 10–209　设置形状填充颜色

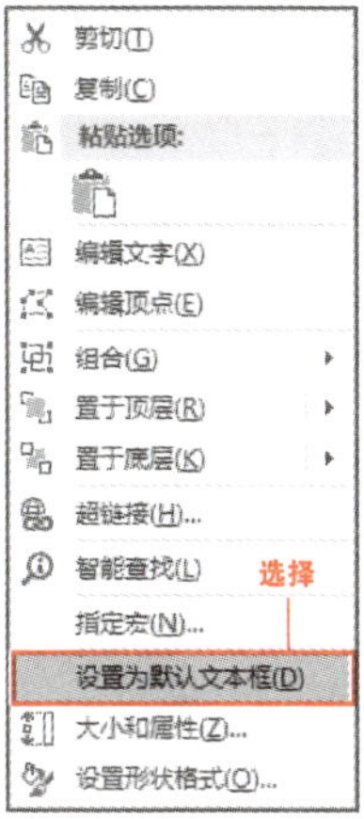

图 10–210　设置为默认文本框

技巧拓展

为了便于移动及调整示意图，可以将 SmartArt 图形与文本框组合在一起，按住【Ctrl】键的同时选中 SmartArt 图形与文本框并右击，在弹出的快捷菜单中选择“组合”→“组合”命令，如图 10–211 所示，这样移动图形时各部分之间的相对位置就不会发生变化。

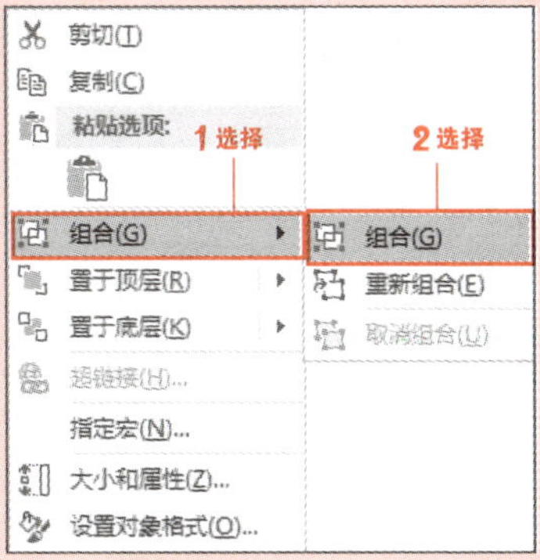

图 10–211　组合图形

Extra tip

实例 236 个人社会保险登记表

难度系数：★★★★ 适用版本：全版本

技巧介绍： 个人社会保险登记表主要记录员工的基本情况及社会保险的登记情况，包括户籍、地址、缴纳形式和缴费银行等信息，如图 10-212 所示。

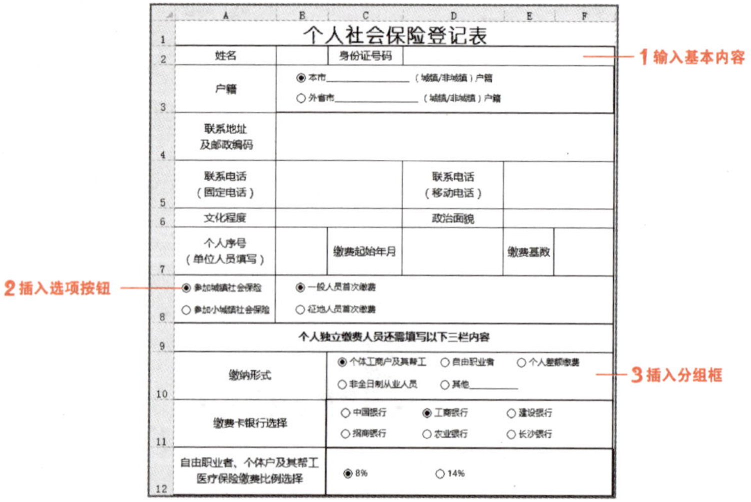

图 10-212　个人社会保险登记表

制作个人社会保险登记表主要包括输入基本内容、插入控件等操作。

❶ 设置表格标题文本的“字体”为“幼圆”，设置“字号”为 20 并加粗。

❷ 选择“开发工具”选项卡，在“控件”组中单击“插入”下拉按钮，选择“选项按钮（窗体控件）”控件，如图 10-213 所示，此时光标变成“+”型，单击合并后的 B3 单元格，插入选项按钮，并输入控件文本。

❸ 选择插入的控件，按住【Ctrl】键并拖动鼠标，复制并移动控件。右击复制的控件，在弹出的快捷菜单中选择“编辑文字”命令，如图 10-214 所示，输入对应的文本内容。按照相同的方法插入其余控件。

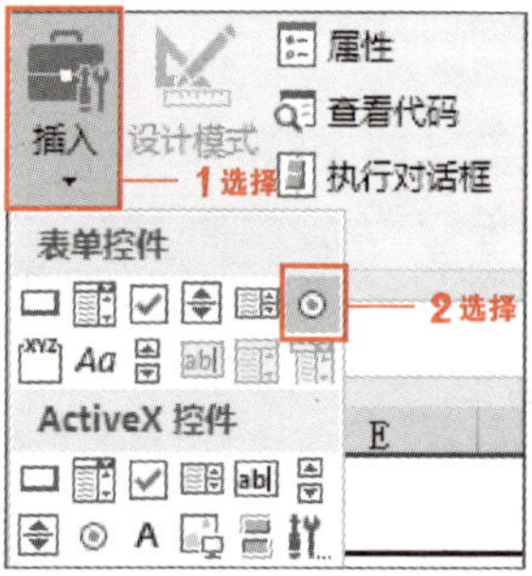

图 10-213　插入选项按钮

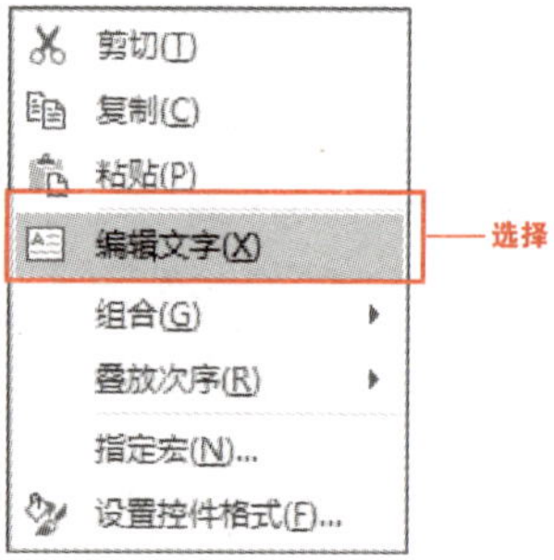

图 10-214　选择“编辑文字”命令

④ 当单击选项按钮时，控件中的会“○”变成“⊙”，表示已选中。

⑤ 在选择相应选项按钮时会发现，整个工作表中都只有一个控件可以被选中，怎样设置每一栏中都可以选中一个选项按钮呢？选择“开发工具”选项卡，在“控件”组中单击“插入”下拉按钮，选择“分组框（窗体控件）”控件，如图 10-215 所示。

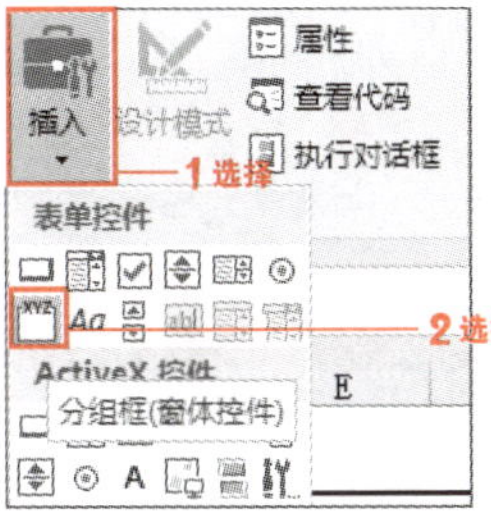

图 10-215　插入分组框 -1

⑥ 在合并后的 B3 单元格中绘制一个分组框，并删除分组框中的文本，如图 10-216 所示。按照相同的方法为其余选项按钮绘制分组框，即可实现在各分组框中都可以选中一个选项按钮。

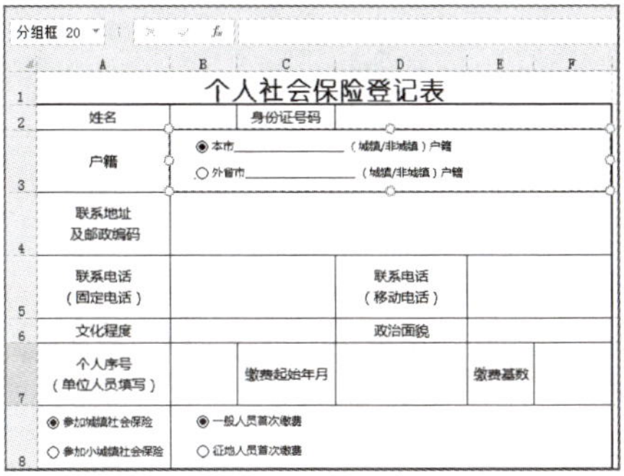

图 10-216　插入分组框 -2

技巧拓展

在编辑分组框时（包括删除文本、调整大小和移动位置等操作），由于绘制的分组框与单元格边框十分贴合，有时很难选中分组框。此时可以选择“开始”选项卡，在“编辑”组中单击“查找和选择”下拉按钮，选择“选择对象”选项，如图 10-217 所示，此时鼠标变成箭头的形状，即可快速选中分组框。

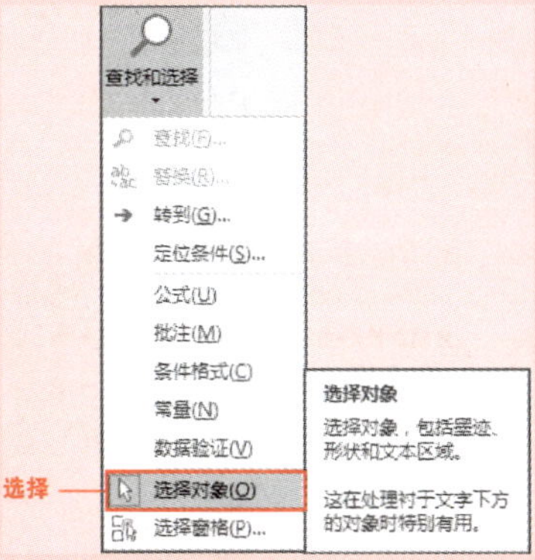

图 10-217　选择对象

Extra tip

实例 237　参加社会保险人员申报表

难度系数：★★★　适用版本：全版本

技巧介绍： 参加社会保险人员申报表主要记录企业员工申报社会保险的情况，如参保险种、个人信息和首次参保年月等信息，如图 10-218 所示。

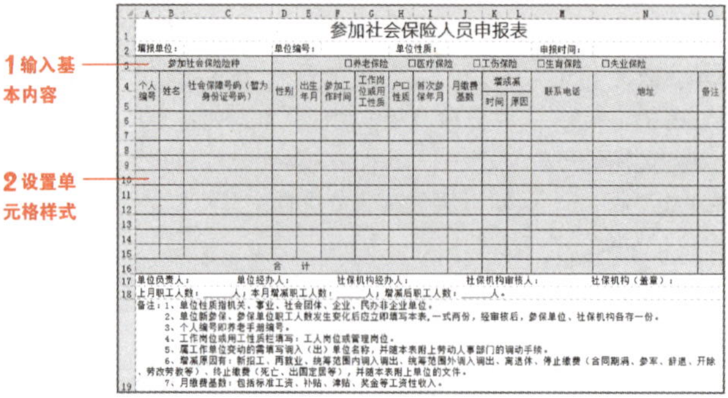

图 10-218　参加社会保险申报表

制作参加社会保险申报表主要包括输入基本内容、设置单元格样式等操作。

1 在输入基本内容的过程中需要用到插入方框符号、设置自动换行等功能。

2 将表格标题的“字体”设置为“方正兰亭超细黑简体”，将“字号”设置为 22 并加粗。

3 设置 A3:O16 单元格区域的单元格样式为“好”。

实例 238 住房公积金缴存限额图

难度系数：★★★　适用版本：全版本

技巧介绍： 住房公积金缴存限额图主要以柱形图的形式表示近 3 年的公积金缴存限额，包括最高缴存基数、每月最高缴存额和每月最低缴存额，如图 10-219 所示。

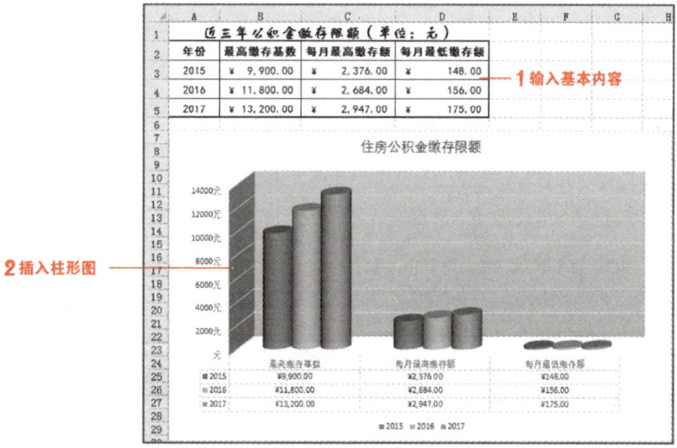

图 10-219　住房公积金缴存限额图

制作住房公积金缴存限额图主要包括输入基本内容、插入柱形图等操作。

1 将表格标题的“字体”设置为“方正舒体”，将“字号”设置为 16 并加粗，设置表格主体内容“字体”为“黑体”。

2 选择 A2:D5 单元格区域，在“图表”组中单击“插入柱形图或条形图”下拉按钮，选择“三维簇状柱形图”选项，如图 10-220 所示，在工作表中插入柱形图，并重命名图表标题为“住房公积金缴存限额”。

❸ 自动切换至“设计”选项卡，在“数据”组中单击“选择数据”按钮，弹出“选择数据源”对话框，在“图例项(系列)”列表框中选择“系列 1”，单击“编辑”按钮，设置系列名称为 2015。按照相同的方法设置其余系列名称，在“水平(分类)轴标签”列表框中取消选择“年份”复选框，如图 10-220 所示，完成数据源的设置。

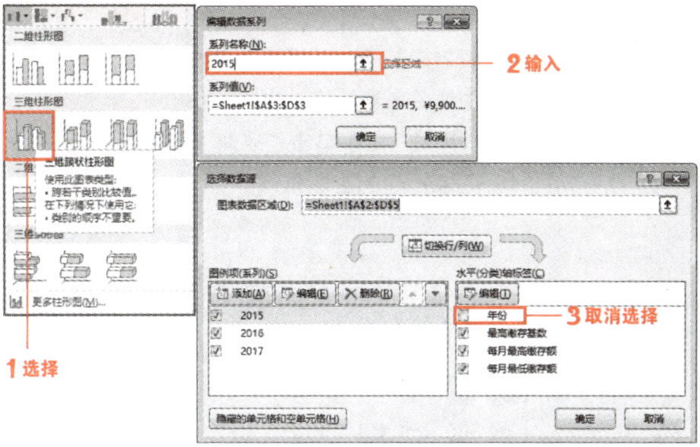

图 10-220 设置数据源

❹ 双击系列 2017，打开“设置数据系列格式”窗格，设置“柱体形状”为“圆柱图”，如图 10-221 所示。按照相同的方法，设置其余系列形状。

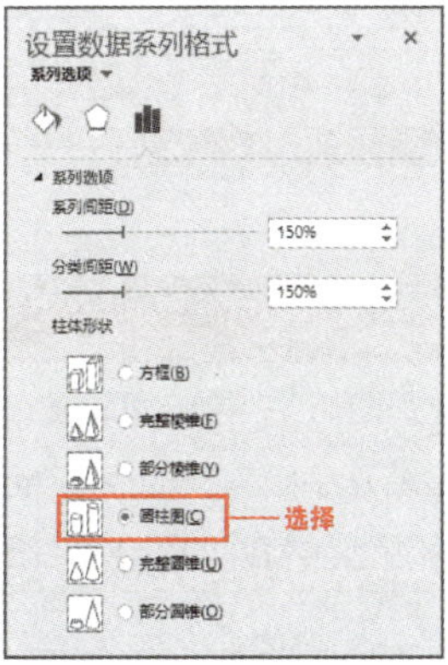

图 10-221 调整柱体形状

❺ 单击“图表元素”按钮，选择“数据表”复选框，如图 10-222 所示，按住【Shift】键，适当调整图表大小。

图 10-222 添加图表元素

❻ 双击垂直(值)轴，打开“设置坐标轴格式”窗格，激活“数字”选项组，在“格式代码”文本框中输入自定义代码：#"元"，单击“添加”按钮，如图 10-223 所示。

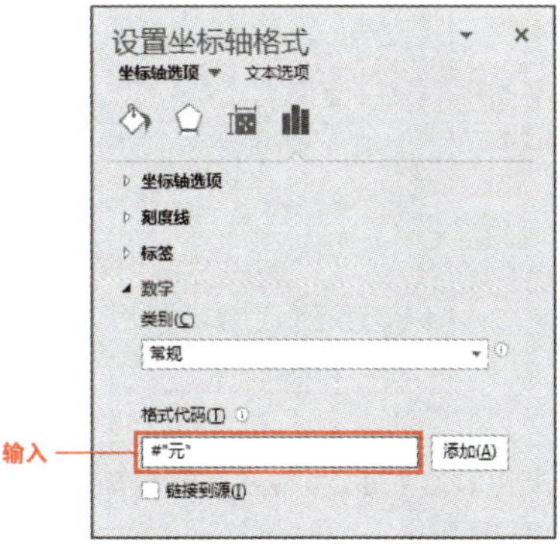

图 10-223 设置坐标轴格式

⑦ 选择“设计”选项卡，在“图表样式”组中单击“更改颜色”下拉按钮，选择如图 10-224 所示的调色板，选中图表中的背景墙，选择“格式”选项卡，在“形状样式”组中单击“其他”按钮，选择如图 10-224 所示的主题样式。

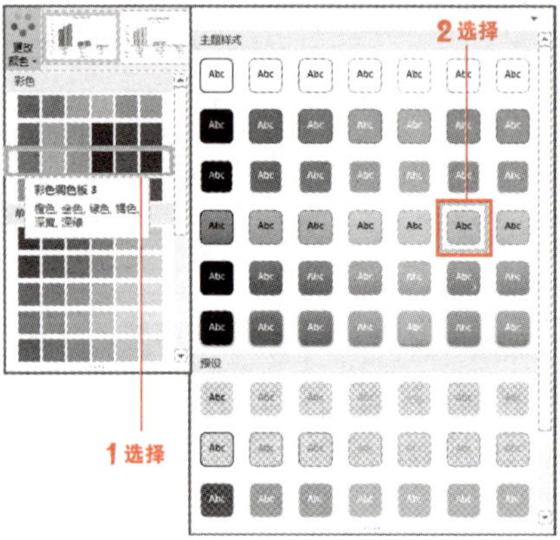

图 10-224　添加数据表

技巧拓展

选择“设计”选项卡，在“图表布局”组中单击“添加图表元素”下拉按钮，选择“数据表”→“显示图例项标示”选项，如图 10-225 所示，同样可以将数据表显示到图表中，以方便数据的对照查看。

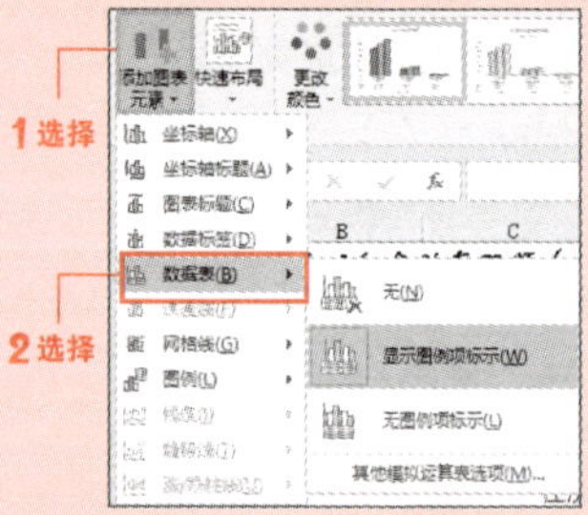

图 10-225　添加数据表

Extra tip

实例 239　职工住房公积金提取申请表

难度系数：★★★★　适用版本：全版本

技巧介绍： 职工住房公积金提取申请表是公司职员在提取住房公积金时需要向住房公积金管理中心提交的表格，记录了住房公积金序号、账存金额和提取原因等内容，如图 10-226 所示。

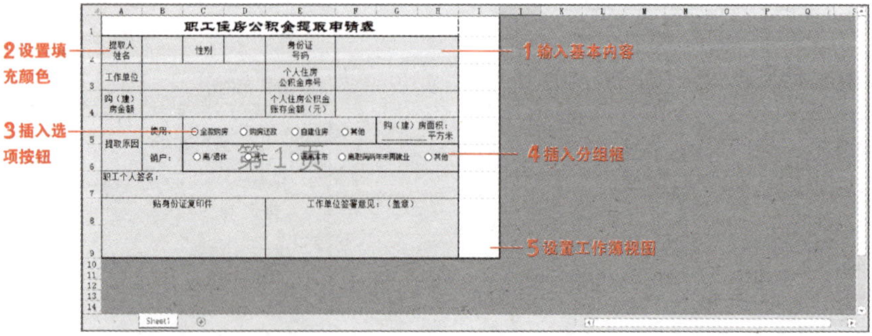

图 10-226　职工住房公积金提取申请表

制作职工住房公积金提取申请表主要包括输入基本内容、插入控件、设置单元格样式和设置工作簿视图等操作。

① 设置表格标题文本的“字体”为“华文隶书”，“字号”为 20 并加粗。

❷ 选择“开发工具”选项卡，在“控件”组中单击“插入”下拉按钮，选择“选项按钮（窗体控件）”控件，如图 10-227 所示，单击合并后的 C5 单元格，插入选项按钮，并输入控件文本，按住【Ctrl】键并拖动鼠标，复制并移动控件，编辑控件中的文本。

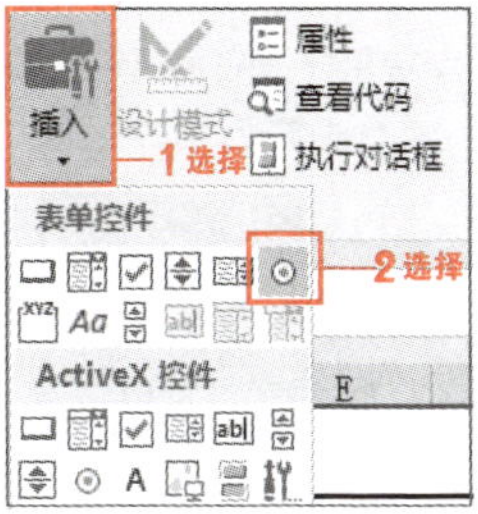

图 10-227　插入选项按钮

❸ 选择“开发工具”选项卡，在“控件”组中单击“插入”下拉按钮，选择“分组框（窗体控件）”控件，如图 10-228 所示。在合并后的 C5 单元格中绘制一个分组框，并删除分组框中的文本，按照相同的方法在合并后的 C6 单元格中绘制分组框。

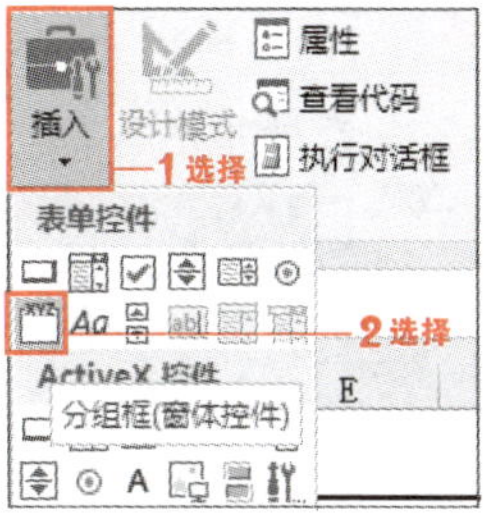

图 10-228　插入分组框

❹ 设置 A2:H9 单元格区域的样式为“浅橙色，20%－着色 2”，如图 10-229 所示。

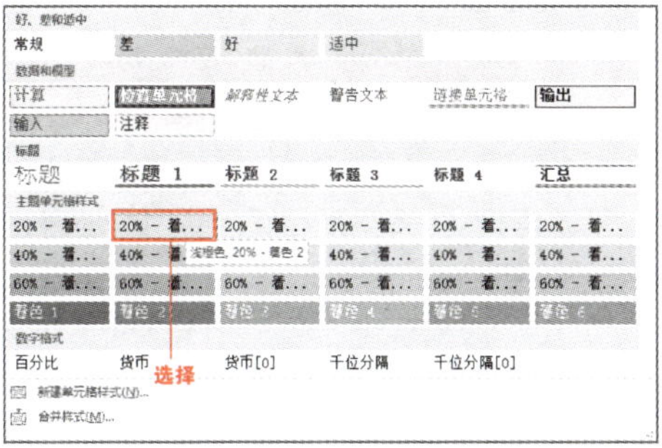

图 10-229　设置单元格样式

❺ 选择“视图”选项卡，在“工作簿视图”组中单击“分页预览”按钮，如图 10-230 所示。

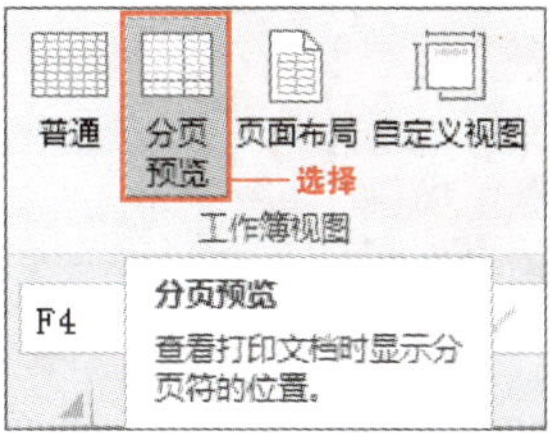

图 10-230　设置工作簿视图

技巧拓展

分页预览视图：显示要打印的区域和分页符位置的工作表视图。要打印的区域显示为白色，自动分页符显示为虚线，手动分页符显示为实线。

分页符：为了便于打印，将一张工作表分隔为多页的分隔符。

打印区域：不需要打印整个工作表时，打印的一个或多个单元格区域。如果工作表包含打印区域，则只打印打印区域中的内容。

Excel 根据纸张的大小、页边距的设置、缩放选项和插入的任何手动分页符的位置来插入自动分页符。在分页预览视图中可以调整当前工作表的分页符，还可以调整打印区域的大小并编辑工作表。

Extra tip

实例 240 医疗费用申报表

难度系数：★★★　适用版本：全版本

技巧介绍： 当公司职员需要申报医疗费用时，需要填写医疗费用申报表，申报表中包含员工的参保类别、费用类别和总医疗费用等信息数据，如图 10-231 所示。

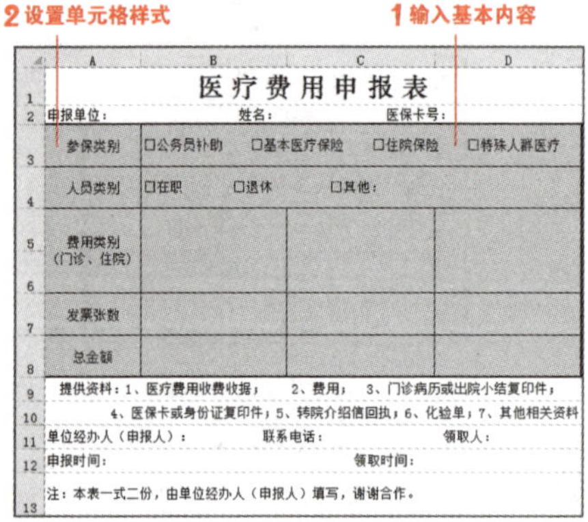

图 10-231　医疗费用申报表

制作医疗费用申报表主要包括输入基本内容、设置单元格样式等操作。

❶ 在输入基本内容的过程中需要用到插入方框符号、设置自动换行等功能。

❷ 将表格标题的“字体”设置为“华文中宋”，将“字号”设置为 22。

❸ 设置 A3:D8 单元格区域的单元格样式为“差”。

实例 241 生育保险申报表

难度系数：★★★　适用版本：全版本

技巧介绍： 公司女性职员申报生育保险时，需填写生育保险申报表，申报表中包基本信息、生育类别和医疗费用等信息，需经过计生办和企业生育保险科的审批，如图 10-232 所示。

图 10-232　生育保险申报表

制作生育保险申报表主要包括输入基本内容、设置单元格填充等操作。

❶ 在输入基本内容的过程中需要用到插入对勾符号、设置竖排文字和添加下画线等功能。

❷ 将表格标题的“字体”设置为“方正姚体”，将“字号”设置为 22。

❸ 并设置 A4:I30 单元格区域的填充颜色为“白色，背景 1”。

实例 242 员工个人缴纳保险费代缴表

难度系数：★★★ 适用版本：全版本

技巧介绍： 在缴纳社保时，公司会缴纳一部分，员工个人也需要缴纳一部分，员工个人缴纳保险费代缴表即是依据社保缴纳构成比例，计算员工需要缴纳的费用，如图 10-233 所示。

2 套用表格格式　　1 计算缴纳费用

员工个人缴纳保险费代缴表			
序号	员工姓名	社保基数	缴纳费用
1705	李勇	¥ 1,250.00	¥ 147.50
1706	王娟	¥ 2,560.00	¥ 291.60
1707	李桂英	¥ 3,200.00	¥ 362.00
1708	王丽	¥ 1,800.00	¥ 208.00
1709	张敏	¥ 2,500.00	¥ 285.00
1710	张智灼	¥ 2,600.00	¥ 296.00
1711	刘洋	¥ 3,200.00	¥ 362.00
1712	万美芳	¥ 1,200.00	¥ 142.00
1713	吴光忠	¥ 1,500.00	¥ 175.00
1714	黄梅蓉	¥ 1,700.00	¥ 197.00
1715	刘华	¥ 1,680.00	¥ 194.80

社保缴纳构成比例			
保险项目	单位缴纳比例	个人缴纳比例	额外金额
养老保险	21%	8%	0
医疗保险	9%	2%	¥ 10.00
失业保险	2%	1%	0
工伤保险	1%	0%	0
生育保险	1%	0%	0
住房公积金	8%	8%	0

图 10-233 员工个人缴纳保险费代缴表

制作员工个人缴纳保险费代缴表主要包括输入基本内容、计算缴纳费用和套用表格格式等操作。

① 设置表格标题的“字体”为“华文中宋”，设置“字号”为 16。

② 选择 D3 单元格，在编辑栏中输入计算公式：=C3*$H$3+C3*$H$4+$I$4+C3*$H$5，按【Enter】键，并向下填充至 D13 单元格中，计算所需缴纳的费用。

③ 先后选择 A2:D13 和 F2:I8 单元格区域，套用“绿色，表样式中等深浅 14”表格格式，如图 10-234 所示。

④ 选择 G3:H8 单元格区域，打开“设置单元格格式”对话框，设置其数字格式为“百分比”，并设置“小数位数”为 0，如图 10-235 所示。

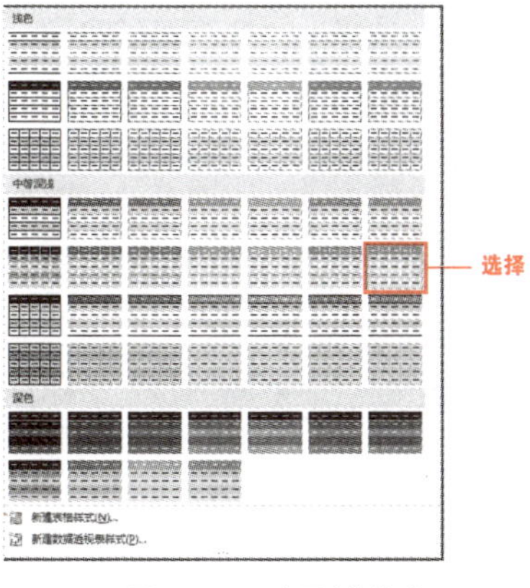

图 10-234 套用表格格式

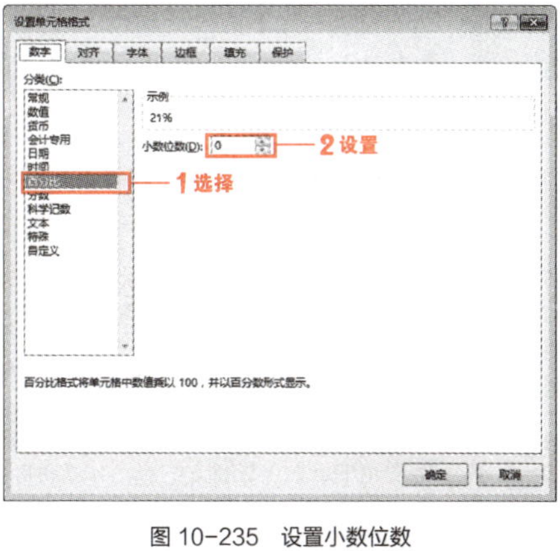

图 10-235 设置小数位数

实例 243 员工住房公积金缴纳费用表

难度系数：★★★ 适用版本：07/10/13/16/17

技巧介绍： 员工住房公积金缴纳费用表与员工个人缴纳保险费代缴表相似，主要区别在于需要计算的费用类别及计算公式，如图 10-236 所示。

	A	B	C	D
1	员工住房公积金缴纳费用表			
2	序号	员工姓名	实发工资	缴纳费用
3	1705	李勇	¥ 6,284.35	¥ 502.75
4	1706	王娟	¥ 3,617.02	¥ 289.36
5	1707	李桂英	¥ 3,623.79	¥ 289.90
6	1708	王丽	¥ 2,460.73	¥ 196.86
7	1709	张敏	¥ 2,507.09	¥ 200.57
8	1710	张智灼	¥ 3,347.48	¥ 267.80
9	1711	刘洋	¥ 2,625.82	¥ 210.07
10	1712	万美芳	¥ 2,140.82	¥ 171.27
11	1713	吴光忠	¥ 2,557.15	¥ 204.57
12	1714	黄梅蓉	¥ 2,843.40	¥ 227.47
13	1715	刘华	¥ 2,921.32	¥ 233.71

	F	G	H	I
1	社保缴纳构成比例			
2	保险项目	单位缴纳比例	个人缴纳比例	额外金额
3	养老保险	21%	8%	0
4	医疗保险	9%	2%	¥ 10.00
5	失业保险	2%	1%	0
6	工伤保险	1%	0%	0
7	生育保险	1%	0%	0
8	住房公积金	8%	8%	0

1 输入基本内容

2 计算缴纳费用

图 10-236 员工住房公积金缴纳费用表

制作员工住房公积金缴纳费用表主要包括复制表格内容、计算缴纳费用和清除格式等操作。

① 因为员工住房公积金缴纳费用表与员工个人缴纳保险费代缴表中记录的员工信息、缴纳构成比例及单元格格式是相同的，可以直接打开员工个人缴纳保险费代缴表，将“社保基数”一列数据修改为“实发工资”，并重命名表格标题。

② 选择 D3 单元格，在编辑栏中输入计算公式：=C3*$H$8，按【Enter】键，并向下填充至 D13 单元格中，计算所需缴纳的费用。

③ 向下填充计算公式时，会发现 D3 单元格的填充颜色也被填充至下方的单元格，并且执行“套用表格格式”命令也不能覆盖修改填充颜色，此时可以先清除单元格区域的格式，然后重新套用表格格式，在“编辑”组中单击“清除”下拉按钮，选择“清除格式”选项，如图 10-237 所示，则可清除单元格格式。

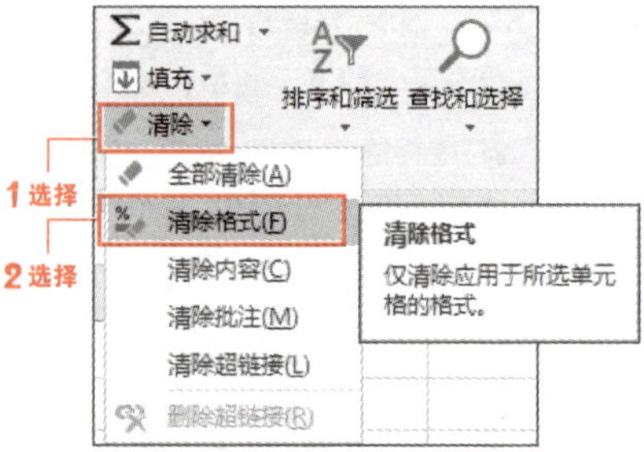

图 10-237 选择“清除格式”选项

技巧拓展

① 在“清除”下拉列表框中还可以清除内容、批注和超链接等，若选择“全部清除”选项，则可清除单元格区域中的全部内容及格式。

② 当清除格式时，单元格区域中的数字格式和对齐格式也均被清除，需要重新设置。

③ 在向下填充计算公式后，也可以利用格式刷复制其余单元格的格式至所需单元格。

Extra tip

实例 244 养老保险转移申请表

难度系数：★★★　适用版本：全版本

技巧介绍： 当由于某些原因需要转移养老保险时，需要填写养老保险转移申请表，主要记录调出和调入单位、调出原因，以及转入社会保险经办机构等相关信息，如图 10-238 所示。

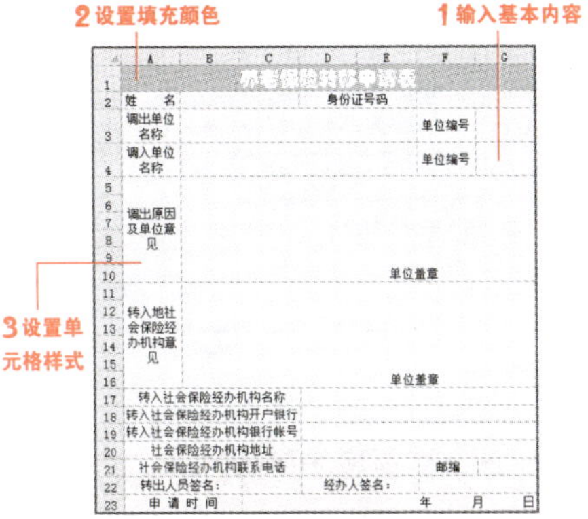

图 10-238　养老保险转移申请表

制作养老保险转移申请表主要包括输入基本内容、设置单元格样式和填充单元格等操作。

1. 在输入基本内容的过程中需要用到自动换行、跨越合并等功能。
2. 将表格标题的“字体”设置为“华文琥珀”，将“字号”设置为 18。
3. 设置标题颜色为“白色，背景 1”，设置 A1 单元格的填充颜色为“浅绿”，设置 A2:G23 单元格区域的样式为“注释”。

实例 245 员工奖惩申报表

难度系数：★★★　适用版本：全版本

技巧介绍： 员工奖惩申报表主要记录员工的奖惩情况，包括奖惩金额、奖惩事项、事由等信息，如图 10-239 所示。

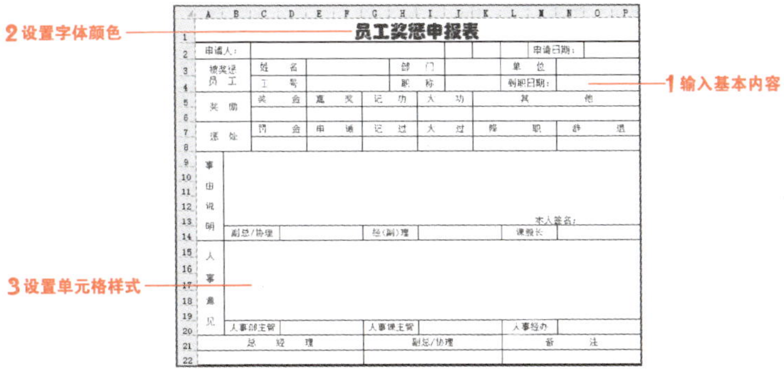

图 10-239　员工奖惩申报表

制作员工奖惩申报表主要包括输入基本内容、设置单元格样式等操作。

1. 在输入基本内容的过程中需要用到竖排文字功能。
2. 将表格标题的“字体”设置为“华文琥珀”，将“字号”设置为 22，并设置字体颜色为“红色”。

③ 设置 A2:P22 单元格区域的样式为“警告文本”，如图 10-240 所示。

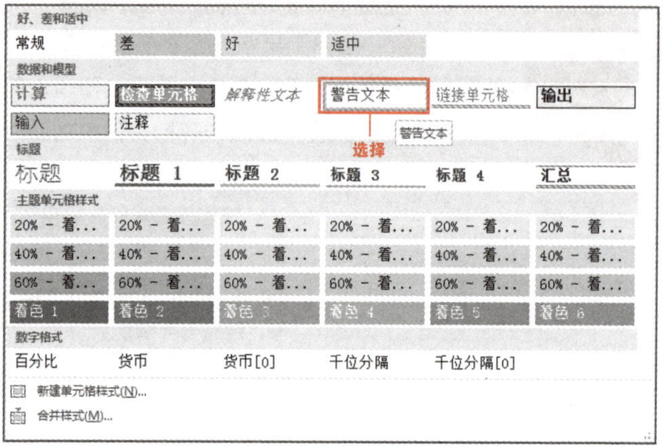

图 10-240 设置单元格样式

实例 246 员工奖惩登记表

难度系数：★ 适用版本：全版本

技巧介绍： 员工奖惩登记表主要记录在一个月、一个季度或一年中，公司员工的奖惩情况，包括奖惩事项及文号，并统计每次的奖励或惩处次数，如图 10-241 所示。

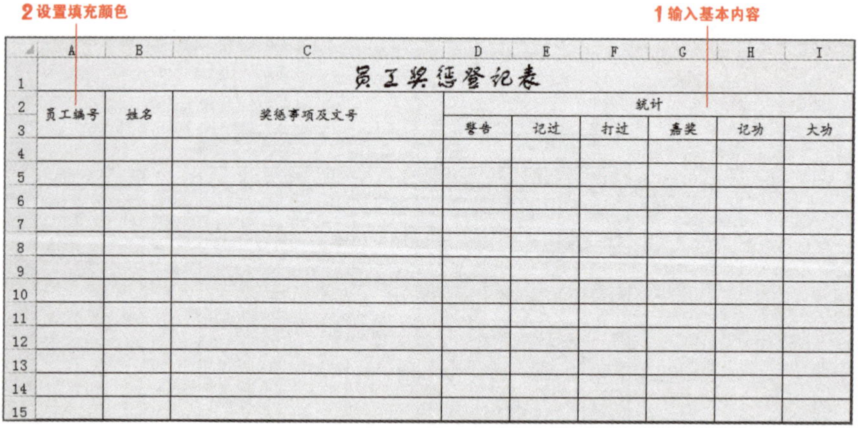

图 10-241 员工奖惩登记表

制作员工奖惩登记表主要包括输入基本内容、设置单元格填充颜色等操作。

① 设置表格标题的“字体”为“方正舒体”，设置“字号”为 22，并设置表格基本内容“字体”为“华文楷体”。

② 设置单元格填充颜色为“绿色，个性色 6，淡色 80%”。

实例 247 员工奖惩流程图

难度系数：★★★　适用版本：全版本

技巧介绍： 员工奖惩流程图主要利用 Excel 中的形状和文本框，绘制表示奖惩过程的流程图，如图 10-242 所示。

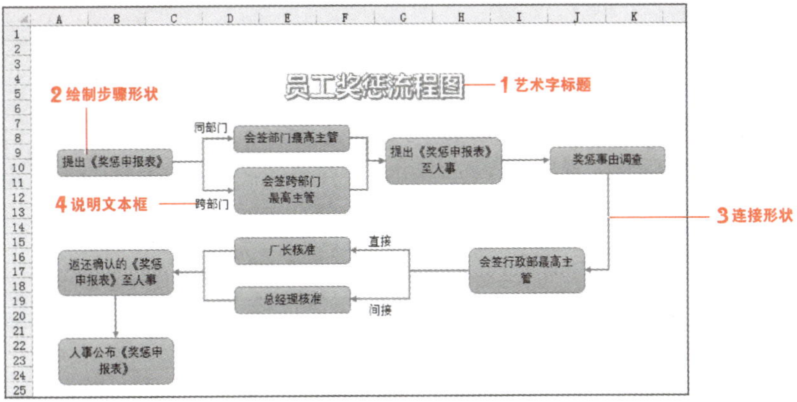

图 10-242　员工奖惩流程图

制作员工奖惩流程图主要包括插入艺术字标题、插入步骤形状和连接形状等操作。

① 按照如图 10-243 所示选择艺术字样式，并设置“字体”为“微软雅黑”，“字号”为 24 并加粗，移动艺术字标题至合适的位置。

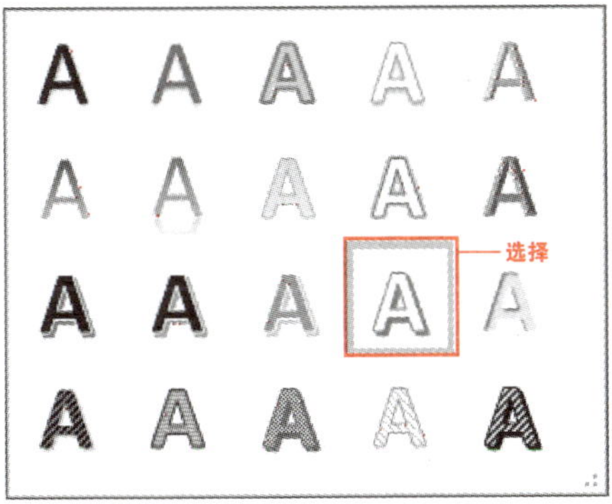

图 10-243　插入艺术字

② 选择“插入”选项卡，在“插图”组中单击“形状”下拉按钮，选择“矩形：圆角”形状，在工作表中绘制矩形形状。选择“格式”选项卡，在“形状样式”组中单击“其他”按钮，按照如图 10-244 所示选择主题样式。

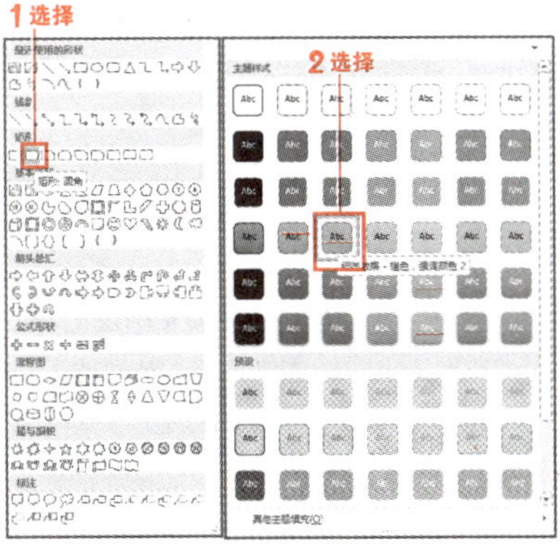

图 10-244　绘制步骤形状并设置主题样式

③ 双击圆角形状，并输入对应的文本内容，设置文本字体为“楷体”。右击设置好的圆角形状，在弹出的快捷菜单中选择“设置为默认形状”命令，将所设置的形状样式设置为默认，如图 10-245 所示。继续绘制其余步骤形状。

第1章 第2章 第3章 第4章 第5章 第6章 第7章 第8章 第9章 第10章

4 选择“插入”选项卡，在“插图”组中单击“形状”下拉按钮，选择“连接符：肘形箭头”形状，在工作表中绘制肘形箭头形状来连接步骤形状。选择“格式”选项卡，在“形状样式”组中单击“其他”按钮，按照如图 10-246 所示选择主题样式，并右击肘形箭头形状，将其设置为默认线条。继续绘制其余连接符连接步骤形状即可。

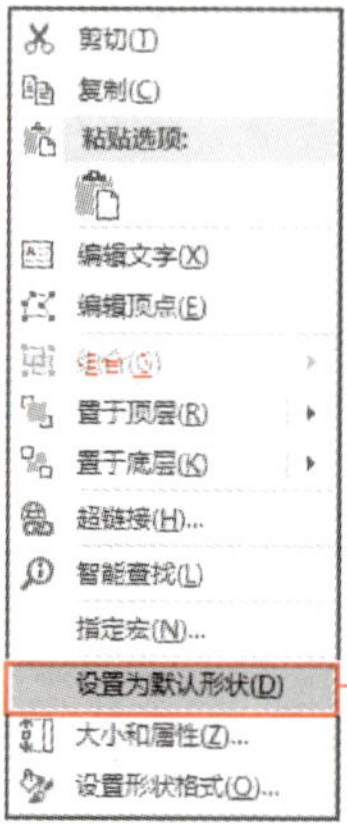

图 10-245　选择“设置为默认形状”命令

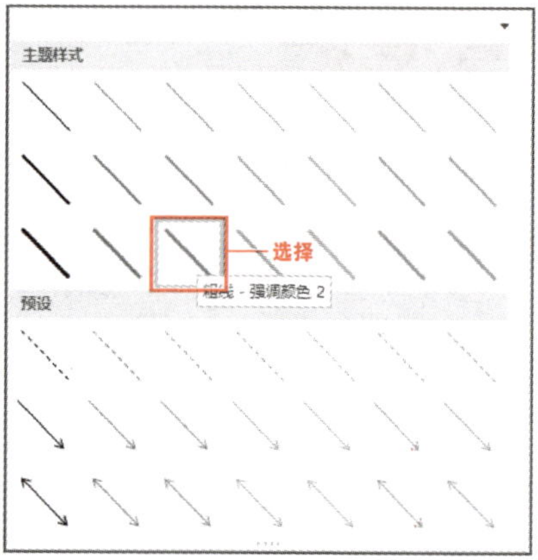

图 10-246　设置连接符样式

5 选择“插入”选项卡，在“文本”组中单击“文本框”下拉按钮，选择“横排文本框”选项，在文本框中输入“同部门”文本内容，移动文本框至合适的位置。按照相同的方法，插入其余文本框。

6 通过“格式”选项卡的“排列”组中的“对齐”功能，调整各步骤形状之间的位置关系，增强流程图的美感。

技巧拓展

在绘制步骤形状时，右击绘制的形状，在弹出的快捷菜单中选择“设置形状格式”命令，打开“设置形状格式”窗格，选择“大小与属性”选项卡，在“文本框”选项组中选择“根据文字调整形状大小”复选框，如图 10-247 所示，使得在输入文本内容时，形状的高度能随着文本的多少而自动调整。

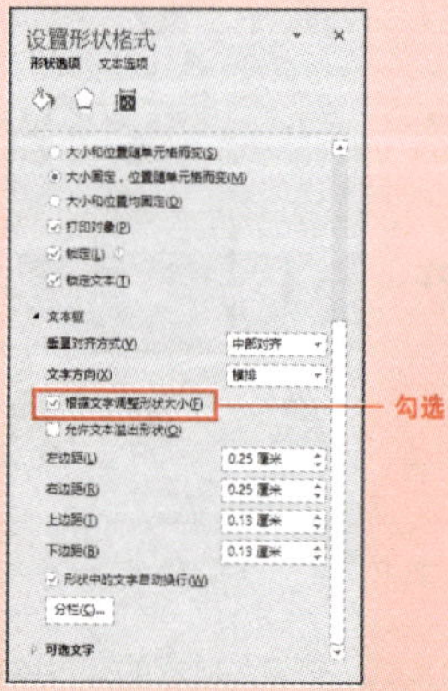

图 10-247　设置形状大小与属性

Extra tip

实例 248　员工违纪通知单

难度系数：★★★　适用版本：全版本

技巧介绍： 员工违纪通知单主要记录违纪员工信息、违纪情况、所给予的处分，以及处分生效日期等信息，如图 10-248 所示。

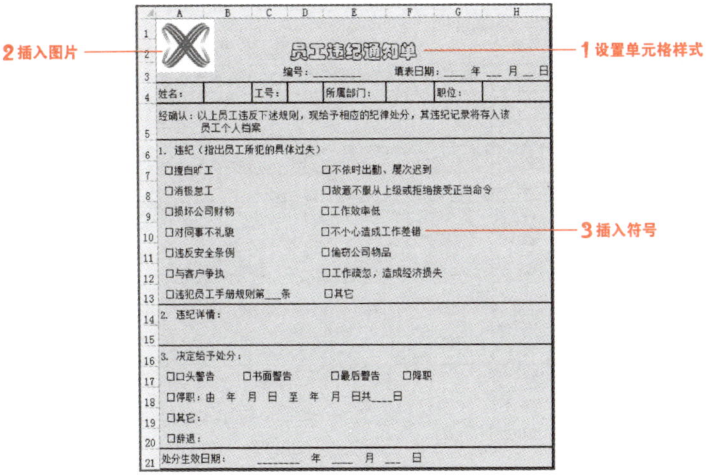

图 10-248　员工违纪通知单

制作员工违纪通知单主要包括输入基本内容、设置单元格样式和插入图片等操作。

1. 设置 A1:H22 单元格区域的样式为“浅蓝，40%－着色 5”，如图 10-249 所示。
2. 设置标题文本的“字体”为“华文彩云”，设置“字号”为 20。
3. 选择 A1 单元格，在“插图”组中单击“图片”按钮，插入所需图片并调整图片大小。

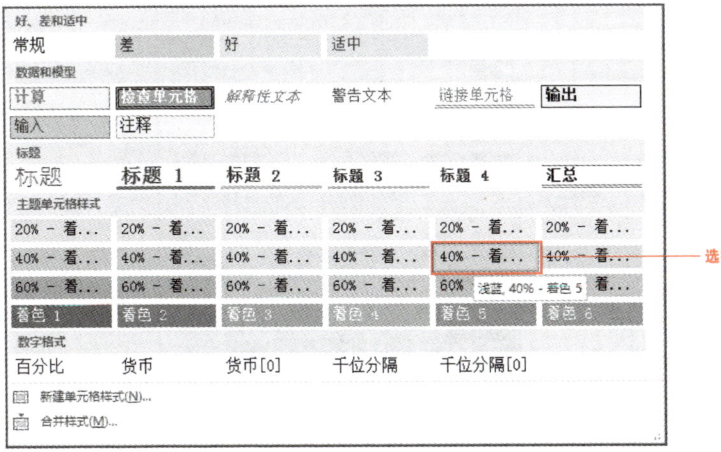

图 10-249　设置单元格样式

第1章 第2章 第3章 第4章 第5章 第6章 第7章 第8章 第9章 第10章

实例 249 员工处罚台账

难度系数：★★★　适用版本：全版本

技巧介绍： 员工处罚台账主要记录公司员工处罚情况，包括违纪员工所属部门、处罚事由等信息，如图 10-250 所示。

	A	B	C	D	E
1	员工处罚台账				
2	序号	违规人员	所属部门	处罚额	处罚事由简述
3	01				
4	02				
5	03				
6	04				
7	05				
8	06				
9	07				
10	08				
11	09				
12	10				
13	11				
14	12				
15	13				

图 10-250　员工处罚台账

制作员工处罚台账主要包括输入基本内容、套用表格格式等操作。

1. 设置表格标题文本的“字体”为“方正舒体”，“字号”为 20，字体颜色为“蓝色，个性色 1”。

2. 自定义 A3:A15 单元格区域数字格式为：0#，为 A2:E15 单元格区域套用“浅蓝，表样式浅色 16”表格格式，如图 10-251 所示。

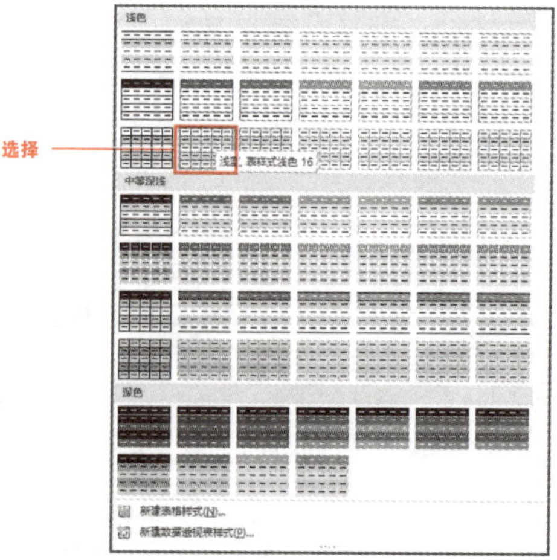

图 10-251　套用表格格式

第1章 第2章 第3章 第4章 第5章 第6章 第7章 第8章 第9章 第10章

实例 250

难度系数：★★★★
适用版本：07/10/13/16/17

抽样调查员工薪资构成

技巧介绍： 当员工数据较多时可以采用抽样调查的方法，抽取部分员工薪资数据来分析薪资构成，如图 10-252 所示。

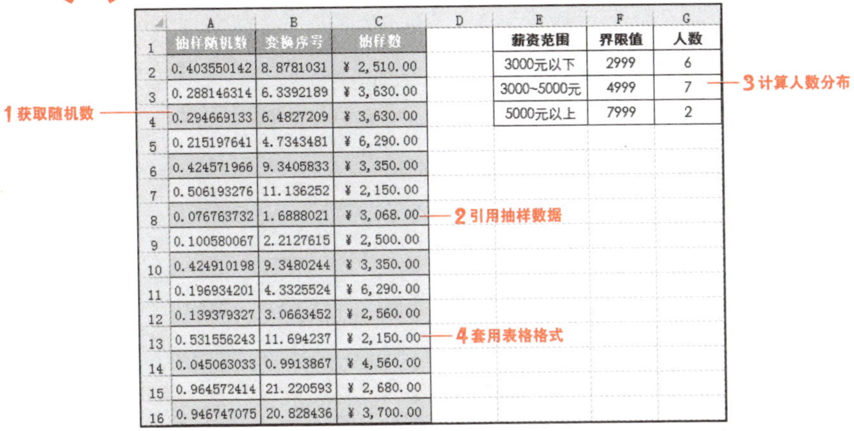

	A	B	C	D	E	F	G
1	抽样随机数	变换序号	抽样数		薪资范围	界限值	人数
2	0.403550142	8.8781031	¥ 2,510.00		3000元以下	2999	6
3	0.288146314	6.3392189	¥ 3,630.00		3000~5000元	4999	7
4	0.294669133	6.4827209	¥ 3,630.00		5000元以上	7999	2
5	0.215197641	4.7343481	¥ 6,290.00				
6	0.424571966	9.3405833	¥ 3,350.00				
7	0.506193276	11.136252	¥ 2,150.00				
8	0.076763732	1.6888021	¥ 3,068.00				
9	0.100580067	2.2127615	¥ 2,500.00				
10	0.424910198	9.3480244	¥ 3,350.00				
11	0.196934201	4.3325524	¥ 6,290.00				
12	0.139379327	3.0663452	¥ 2,560.00				
13	0.531556243	11.694237	¥ 2,150.00				
14	0.045063033	0.9913867	¥ 4,560.00				
15	0.964572414	21.220593	¥ 2,680.00				
16	0.946747075	20.828436	¥ 3,700.00				

图 10-252　抽样调查员工薪资构成

抽样调查员工的薪资构成主要包括获取随机抽样数、引用员工薪资数据和计算人数分布频数等操作。

① 打开本节素材文件“素材\第 10 章\实例 250\员工工资统计表.xlsx”，在 A2 单元格中输入计算公式：=RAND()，并向下填充至 A16 单元格中，复制 A2:A16 单元格区域，选中 A2 单元格并右击，按【Ctrl+Alt+V】组合键，弹出“选择性粘贴”对话框，选择“数值”单选按钮，单击“确定”按钮，如图 10-253 所示，将随机计算的数据作为抽样随机数。

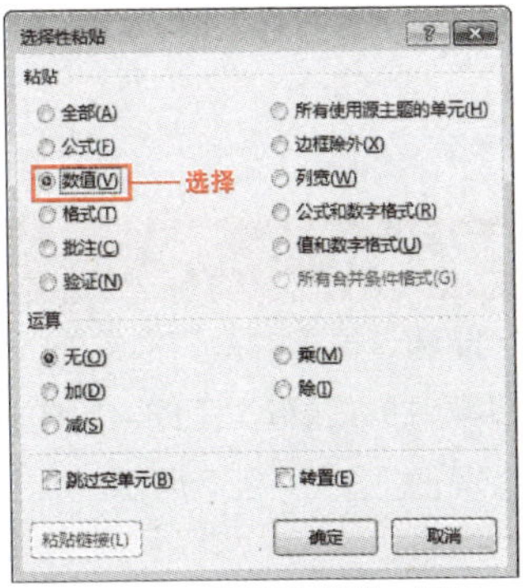

图 10-253　“选择性粘贴”对话框

② 因为工资统计表中总共有 26 位员工的薪资数据，总数为 26，所以得到的随机序号（B2 单元格）为 =A2*22。

③ 选择 C2 单元格，在编辑栏中输入计算公式：=INDEX(工资统计表!$F$3:$F$24, ROUNDUP(B2,0))，按【Enter】键，并向下填充至 C16 单元格中，如图 10-254 所示，计算抽样序号对应的薪资。

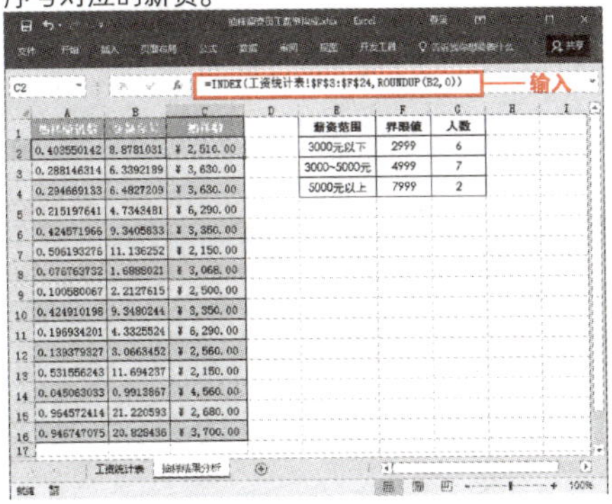

图 10-254　计算员工薪资

❹ 选择 A1:C16 单元格区域，套用“金色，表样式中等深浅 12”表格样式，如图 10-255 所示。

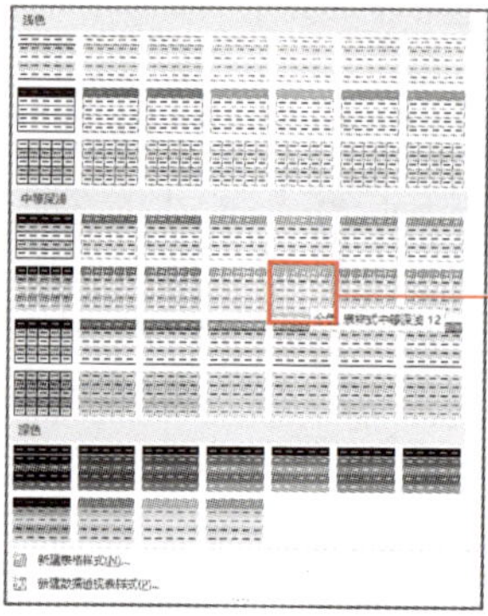

图 10-255　套用表格格式

❺ 选择 G2 单元格，在编辑栏中输入计算公式：=FREQUENCY(C2:C16,F2:F4)，按【Ctrl+Shift+Enter】组合键输入数组公式，计算一定薪资范围内的人数，如图 10-256 所示。

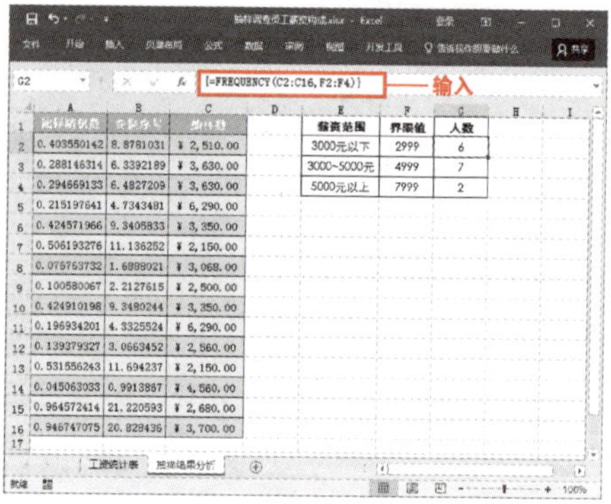

图 10-256　计算员工人数

技巧拓展

FREQUENCY 函数用于计算数值在某个区域内的出现频率，然后返回一个垂直数组，必须以数组公式的形式输入。

语法格式为：FREQUENCY(data_array,bins_array)

其中：data_array 参数是一个数组或对一组数值的引用，如果 data_array 中不包含任何数值，函数将返回一个零数组；bins_array 参数是一个区间数组或对区间的引用，该区间用于对 data_array 中的数值进行分组。如果 bins_array 中不包含任何数值，函数返回的值与 data_array 中的元素个数相等。

Extra tip >>>>>>>>>>>>

实例 251　抽样调查员工的学历构成

难度系数：★★★★　适用版本：07/10/13/16/17

技巧介绍： 抽样调查除了能调查员工的薪资构成外，还可以调查员工的学历、所属部门等。抽样调查员工的学历构成即是分析抽样人员的学历分布情况，如图 10-257 所示。

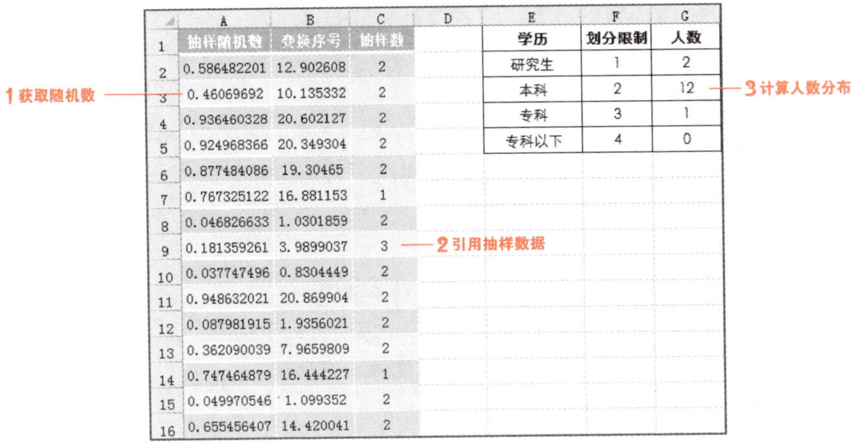

	A	B	C	D	E	F	G
1	抽样随机数	变换序号	抽样数		学历	划分限制	人数
2	0.586482201	12.902608	2		研究生	1	2
3	0.46069692	10.135332	2		本科	2	12
4	0.936460328	20.602127	2		专科	3	1
5	0.924968366	20.349304	2		专科以下	4	0
6	0.877484086	19.30465	2				
7	0.767325122	16.881153	1				
8	0.046826633	1.0301859	2				
9	0.181359261	3.9899037	3				
10	0.037747496	0.8304449	2				
11	0.948632021	20.869904	2				
12	0.087981915	1.9356021	2				
13	0.362090039	7.9659809	2				
14	0.747464879	16.444227	1				
15	0.049970546	1.099352	2				
16	0.655456407	14.420041	2				

图 10-257　抽样调查员工的学历构成

抽样调查员工的学历构成主要包括计算学历代码、获取随机抽样数、引用员工学历数据和计算人数分布频数等操作。

1 打开本节素材文件“素材\第 10 章\实例 251\员工工资统计表.xlsx”，选择“工资统计表”工作表，在 H 列中输入“学历代码”相关文本，选择 H3 单元格，在编辑栏中输入计算公式：=IF(D3="研究生",1,IF(D3="本科",2,IF(D3="专科",3,4)))，按【Enter】键，计算学历所对应代码，并向下填充至 H28 单元格中，如图 10-258 所示。

2 切换至“抽样结果分析”工作表，在 A2 单元格中输入计算公式：=RAND()，按【Enter】键，并向下填充至 A16 单元格中，复制 A2:A16 单元格区域，将单元格区域中的“数值”选择性粘贴到 A2 单元格中，将随机计算的数据作为抽样随机数。

3 选择 C2 单元格，在编辑栏中输入计算公式：=INDEX(工资统计表!$H$3:$H$28, ROUNDUP(B2,0))，按【Enter】键，并向下填充至 C16 单元格中，计算抽样序号对应的学历。

4 选择 G2 单元格，在编辑栏中输入计算公式：=FREQUENCY(C2:C16,F2:F5)，按【Ctrl+Shift+Enter】组合键输入数组公式，计算学历构成，如图 10-259 所示。

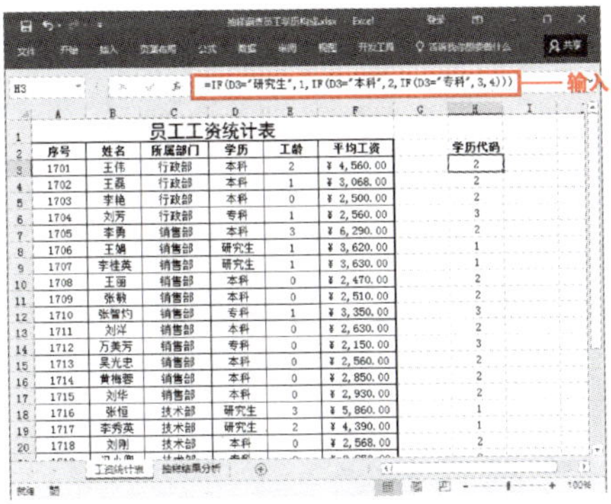

图 10-258　计算学历代码

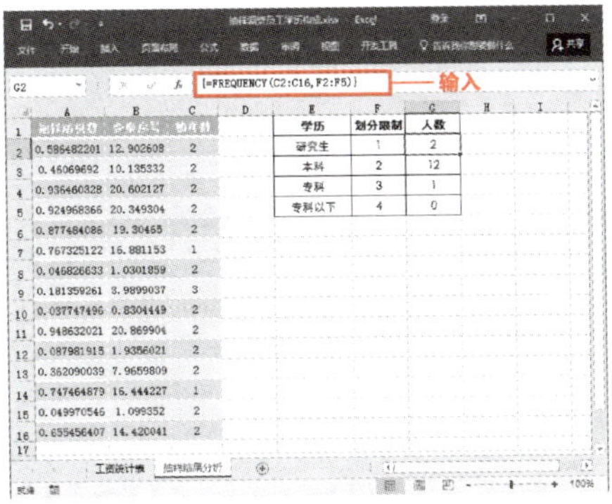

图 10-259　计算学历构成

实例 252 年龄与薪资的相关性分析

难度系数：★★★★ 适用版本：全版本

技巧介绍： Excel 还有"分析工具库"模块，提供高级函数和工具，如"方差分析""相关系数""协方差"和"抽样"等。利用相关系数即可分析年龄与薪资间的相关性，如图 10-260 所示。

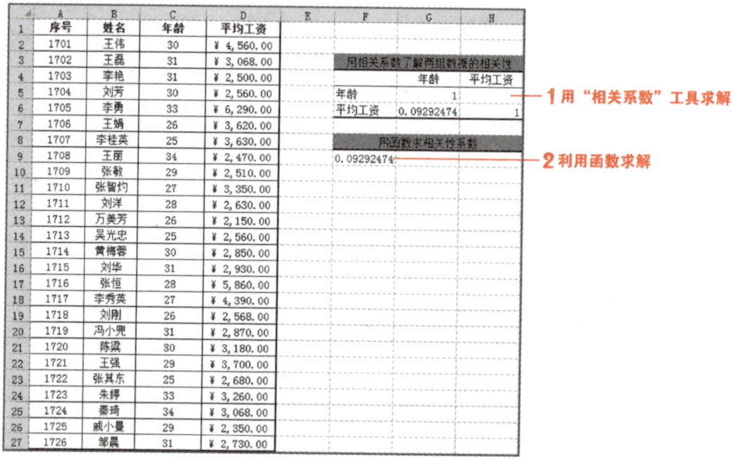

序号	姓名	年龄	平均工资
1701	王伟	30	￥4,560.00
1702	王磊	31	￥3,068.00
1703	李艳	31	￥2,500.00
1704	刘芳	30	￥2,560.00
1705	李勇	33	￥6,290.00
1706	王娟	26	￥3,620.00
1707	李桂英	25	￥3,630.00
1708	王丽	34	￥2,470.00
1709	张敏	29	￥2,510.00
1710	张智灼	27	￥3,350.00
1711	刘洋	28	￥2,630.00
1712	万美芳	26	￥2,150.00
1713	吴光忠	25	￥2,560.00
1714	黄梅蓉	30	￥2,850.00
1715	刘华	31	￥2,930.00
1716	张恒	28	￥5,860.00
1717	李秀英	27	￥4,390.00
1718	刘刚	26	￥2,568.00
1719	冯小兜	31	￥2,870.00
1720	陈梁	30	￥3,180.00
1721	王强	29	￥3,700.00
1722	张其东	25	￥2,680.00
1723	朱婷	33	￥3,260.00
1724	秦琦	34	￥3,068.00
1725	戚小曼	29	￥2,350.00
1726	邹晨	31	￥2,730.00

用相关系数了解两组数据的相关性

	年龄	平均工资
年龄	1	
平均工资	0.09292474	1

用函数求相关性系数

0.09292474

图 10-260 年龄与薪资的相关性分析

分析年龄与薪资之间的相关性主要包括加载"分析工具库"、利用"相关系数"工具等操作。

① 在默认情况下，Excel 并没有加载数据分析工具，因此，需要手工加载该工具才能使用。打开本节素材文件"素材\第 10 章\实例 252\年龄与薪资的相关性分析原件.xlsx"，打开"Excel 选项"对话框，选择"加载项"选项，设置"管理"为"Excel 加载项"，单击"转到"按钮，如图 10-261 所示。

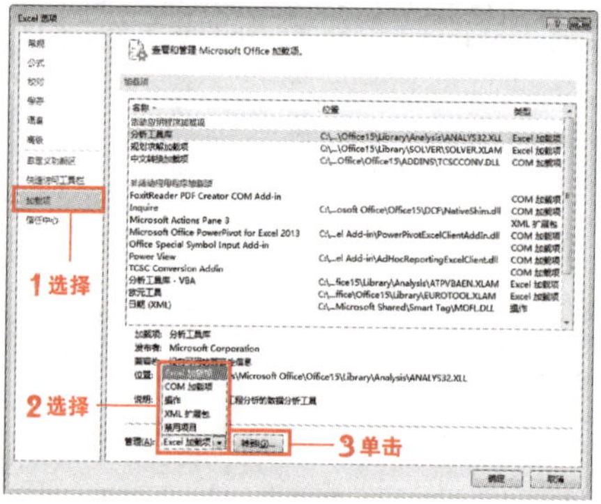

图 10-261 "Excel 选项"对话框

② 在弹出的"加载宏"对话框中选择"分析工具库"复选框，如图 10-262 所示。

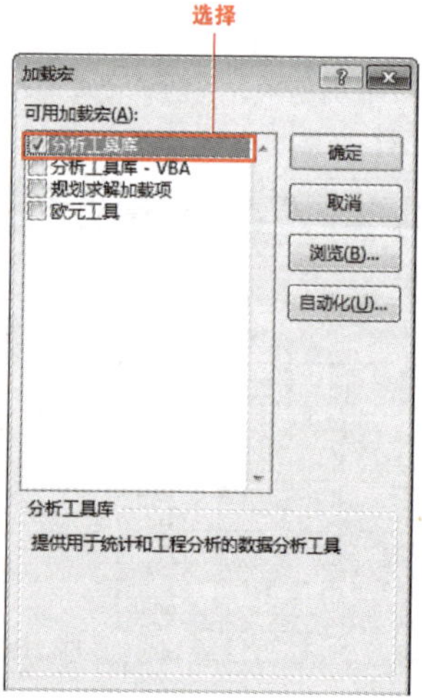

图 10-262 "加载宏"对话框

3 选择“数据”选项卡，在“分析”组中单击“数据分析”按钮，在弹出的对话框中选择“相关系数”选项，如图 10-263 所示。

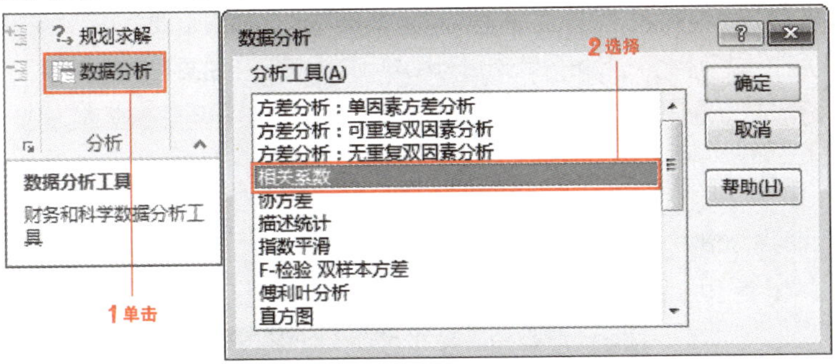

图 10-263　分析工具库

4 弹出“相关系数”对话框，将“输入区域”设置为 C1:D27 单元格区域，并选择“标志位于第一行”复选框，设置“输出区域”为 F4 单元格，如图 10-264 所示，单击“确定”按钮，即可在 F4:H6 单元格区域显示分析结果，分析结果中即包括了年龄与平均工资之间的相关系数。

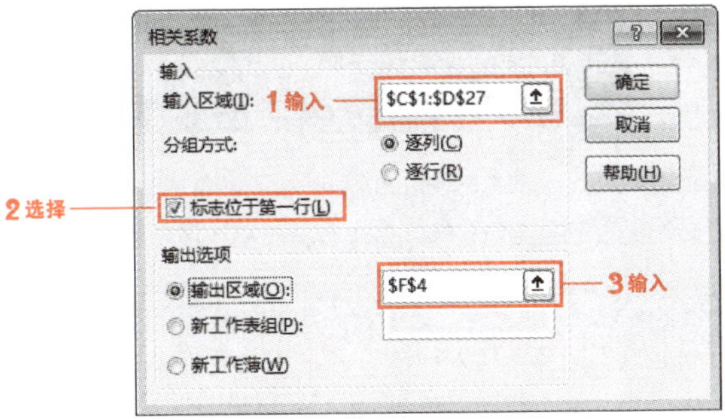

图 10-264　“相关系数”对话框

技巧拓展

也可以直接利用 Excel 函数计算相关系数，选择 F9 单元格，在编辑栏中输入计算公式：=CORREL(C2:C27,D2:D27)，按【Enter】键，也可计算年龄与工资之间的相关系数。

CORREL 函数用于返回 Array1 和 Array2 单元格区域的相关系数，使用相关系数确定两个属性之间的关系。

语法格式为：CORREL(array1,array2)

其中：

array1 参数为值的单元格区域；array2 参数为值的第二个单元格区域。

如果数组或引用参数包含文本、逻辑值或空白单元格，则这些值将被忽略；但包含零值的单元格将计算在内；如果 Array1 和 Array2 的数据点的数量不同，函数返回错误值 #N/A。如果 Array1 和 Array2 为空，或者其数值的标准偏差等于零，函数返回 #DIV/0! 错误值。

Extra tip

实例 253 男、女薪资高低比较图

难度系数：★★★ 适用版本：全版本

技巧介绍： 男、女薪资高低比较图主要将几个月内的男女平均薪资数据进行比较，并将其制作成面积图插入到工作表中，如图 10-265 所示。

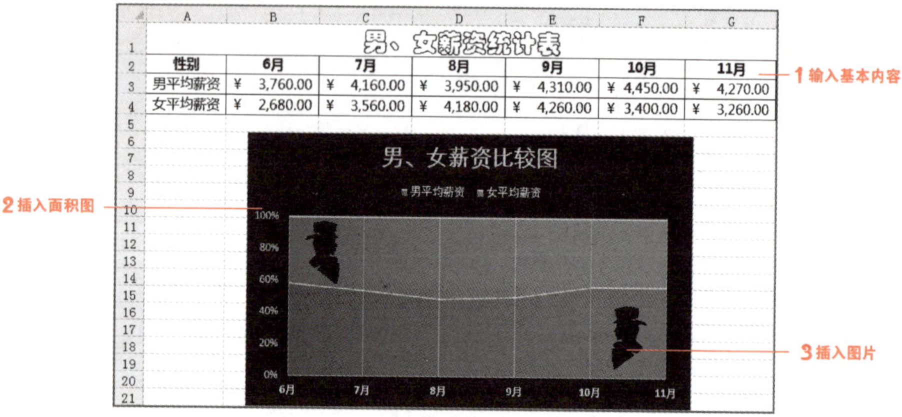

男、女薪资统计表

性别	6月	7月	8月	9月	10月	11月
男平均薪资	¥ 3,760.00	¥ 4,160.00	¥ 3,950.00	¥ 4,310.00	¥ 4,450.00	¥ 4,270.00
女平均薪资	¥ 2,680.00	¥ 3,560.00	¥ 4,180.00	¥ 4,260.00	¥ 3,400.00	¥ 3,260.00

图 10-265　男女薪资高低比较图

制作男、女薪资高低比较图主要包括输入基本数据、插入面积图和插入图片等操作。

① 将表格标题的“字体”设置为“华文彩云”，将“字号”设置为 20。

② 选择 A3:G4 单元格区域，选择“插入”选项卡，在“图表”组中单击“插入折线图或面积图”下拉按钮，选择“百分比堆积面积图”选项，如图 10-266 所示，并重命名图表标题为“男、女薪资比较图”。

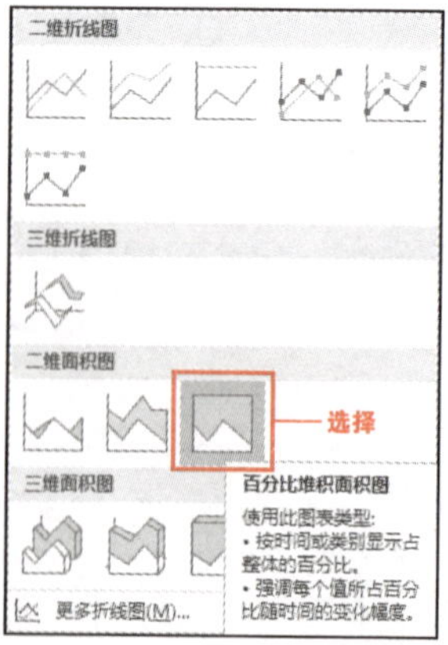

图 10-266　插入面积图

③ 双击垂直（值）轴，打开“设置坐标轴格式”窗格，设置坐标轴“主要”单位为 0.2，如图 10-267 所示。

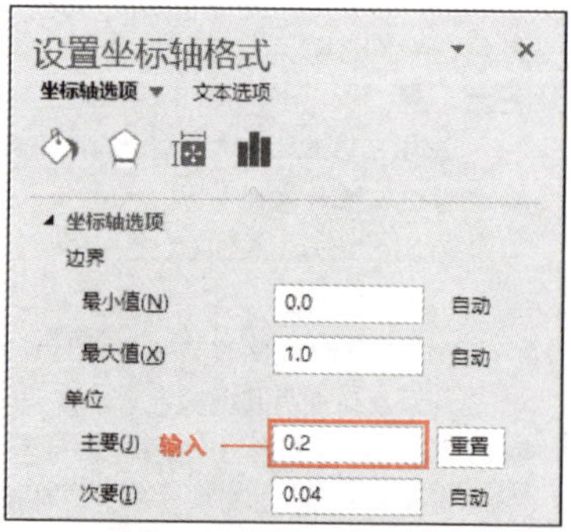

图 10-267　设置坐标轴单位

❹ 单击“图表样式”按钮，设置“图表样式”为“样式 2”，如图 10-268 所示。

❺ 选择“插入”选项卡，在“插图”组中单击“图片”按钮，插入所需图片。选择“格式”选项卡，在“大小”组中设置图片“高度”为 2，如图 10-269 所示，在“调整”组中单击“颜色”下拉按钮，选择“设置透明色”选项，单击图片中的白色区域，将图片背景设置为透明。

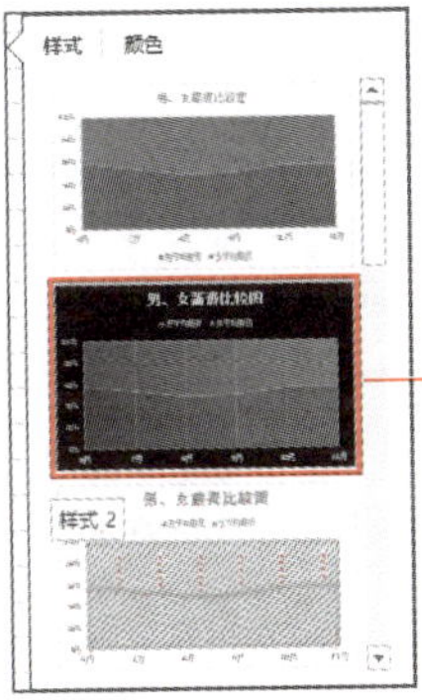

图 10-268　设置图表样式

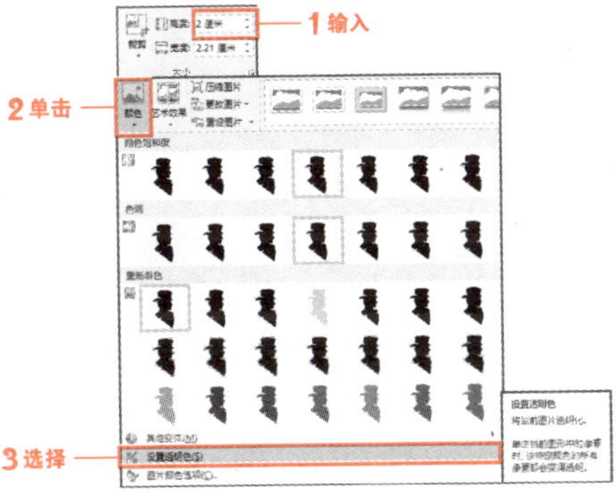

图 10-269　设置透明色

技巧拓展

通过在“插图”组中单击“图片”按钮所插入的图片，默认锁定了纵横比，所以直接在“大小”组中设置图片大小即可，也可以单击“大小”组中的对话框启动器，打开“设置图片格式”窗格，查看是否锁定纵横比。

Extra tip >>>>>>>>>>>>

实例 254　快乐指数与薪资关系图

难度系数：★★★　适用版本：全版本

技巧介绍： 员工快乐指数与所拿到的薪资、同事关系、工作环境等因素有关，快乐指数与薪资关系图则是对员工的快乐指数进行调查，如图 10-270 所示。

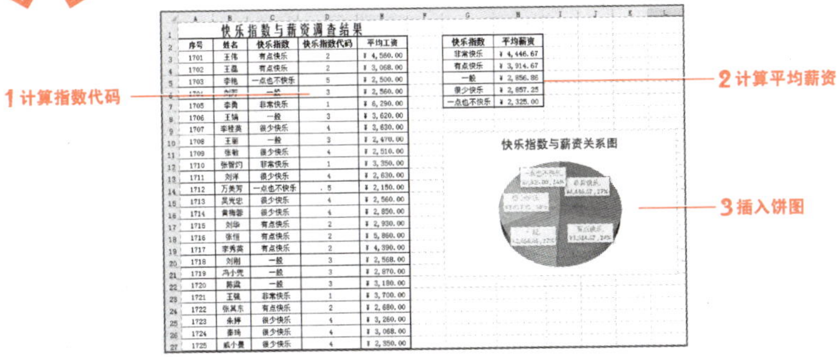

图 10-270　快乐指数与薪资关系图

制作快乐指数与薪资关系图包括计算快乐指数代码、计算平均薪资和插入饼图等操作。

1. 将表格标题的“字体”设置为“方正姚体”，将“字号”设置为 20。

2. 选择 D3 单元格，在编辑栏中输入计算公式：=IF(C3=" 非常快乐 ",1,IF(C3=" 有点快乐 ",2,IF(C3=" 一般 ",3,IF(C3=" 很少快乐 ",4,5))))，按【Enter】键，并向下填充至 H28 单元格中，计算快乐指数代码。

3. 选择 H3 单元格，在编辑栏中输入计算公式：=AVERAGEIF($C$3:$C$28,G3,$E$3:$E$28)，按【Enter】键，计算快乐指数为“非常快乐”的全部员工的平均工资。

4. 选择 G2:H7 单元格区域，选择“插入”选项卡，在“图表”组中单击“插入饼图或圆环图”下拉按钮，选择“三维饼图”选项，并重命名图表标题为“快乐指数与薪资关系图”。

5. 单击“图表元素”按钮，选择“数据标签”复选框，双击添加的数据标签，打开“设置数据标签格式”窗格，选择“类别名称”“值”“百分比”和“显示引导线”复选框，如图 10-271 所示。

6. 单击“图表样式”按钮，选择“样式 2”选项，如图 10-272 所示。

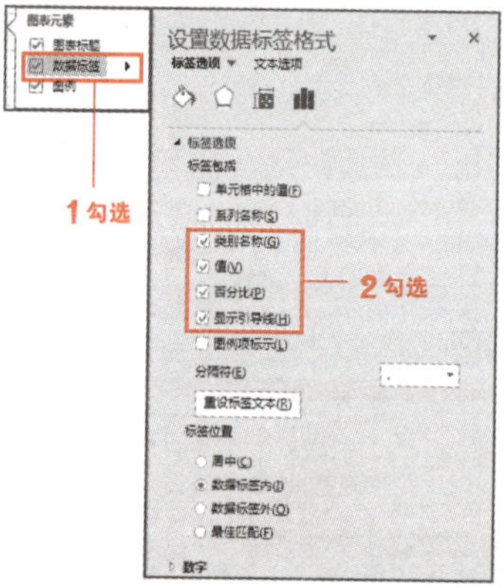

图 10-271 添加数据标签

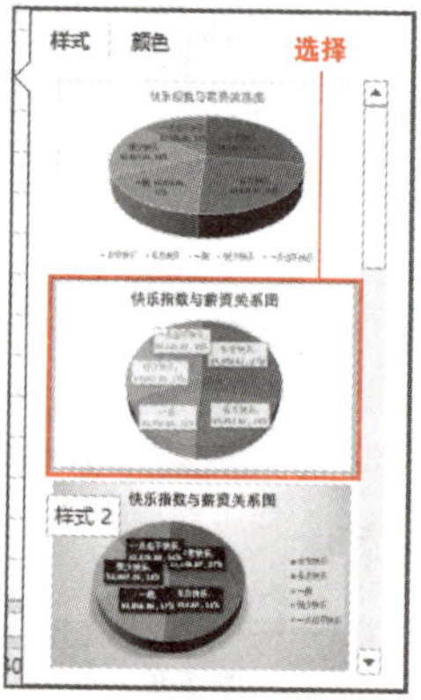

图 10-272 设置图表样式

实例 255 不同职位薪资比较图

难度系数：★★★ 适用版本：全版本

技巧介绍： 不同职位薪资比较图主要以条形图的形式表现不同职位平均薪资之间的差异，如图 10-273 所示。

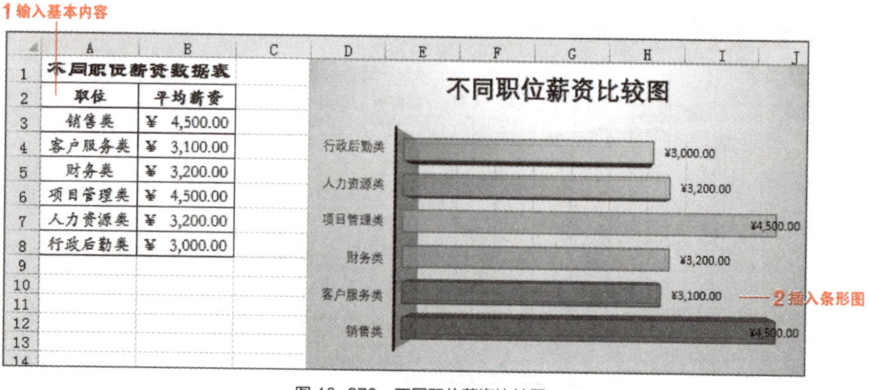

图 10-273 不同职位薪资比较图

制作不同职位薪资比较图主要包括输入基本内容、插入条形图等操作。

① 设置数据表标题“字体”为“华文隶书”，设置“字号”为 14 并加粗，设置数据表基本内容“字体”为“华文楷体”。

② 选择 A2:B8 单元格区域，选择“插入”选项卡，在“图表”组中单击“插入柱形图或条形图”下拉按钮，选择“三维簇状条形图”选项，并重命名图表标题为“不同职位薪资比较图”。

③ 双击系列“平均薪资”，打开“设置数据系列格式”窗格，选择“填充与线条”选项卡，在“填充”选项组中选择“依数据点着色”复选框，如图 10-274 所示，设置数据系列填充颜色。

④ 单击“图表元素”按钮，选择“数据标签”复选框，选择“设计”选项卡，在“图表样式”选项组中选择“样式 3”选项，选择水平（值）轴，按【Delete】键，删除水平轴。

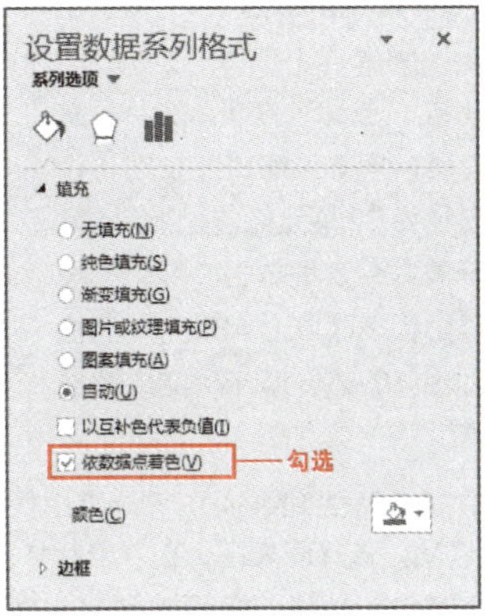

图 10-274　设置数据系列填充颜色

实例 256　薪资与业绩关系图

难度系数：★★★　适用版本：全版本

技巧介绍： 薪资与业绩关系图主要以折线图的形式反映员工业绩与薪资之间的关系，如图 10-275 所示。

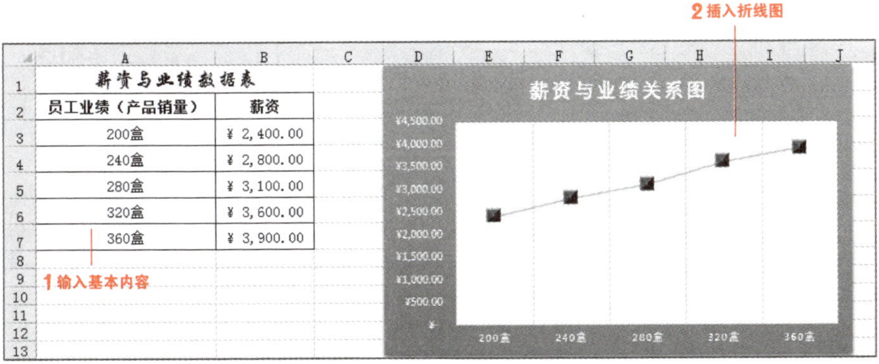

图 10-275　薪资与业绩关系图

制作薪资与业绩关系图主要包括输入基本内容、插入折线图等操作。

① 设置数据表标题“字体”为“华文行楷”，设置“字号”为 16，自定义 A3:A7 单元格区域的数字格式为：#" 盒 "。

② 选择“插入”选项卡，在“图表”组中单击“插入折线图或面积图”下拉按钮，选择“带数据标记的柱形图”选项，并重命名图表标题为“薪资与业绩关系图”。

❸ 选择“设计”选项卡，在“数据”组中单击“选择数据”按钮，弹出“选择数据源”对话框，设置图表数据区域为 A3:B7 单元格区域，在“图例项（系列）”列表框中选择“系列 1”选项，单击“删除”按钮，选择“系列 2”选项，单击“编辑”按钮，设置系列名称为 B2 单元格，在“水平（分类）轴标签”列表框单击“编辑”按钮，设置轴标签区域为 A3:A7 单元格区域，如图 10-276 所示，完成数据源的设置。

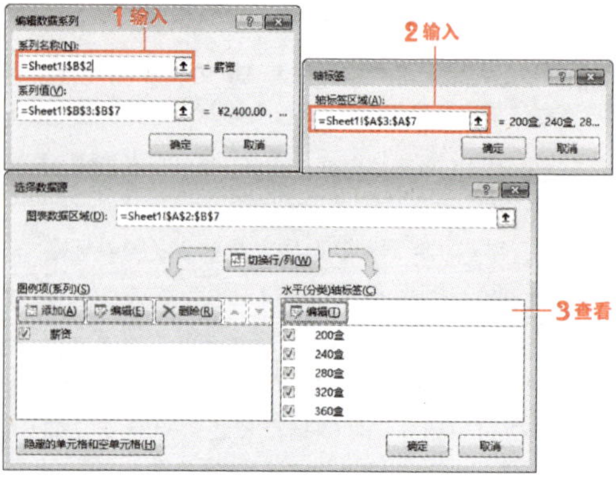

图 10-276　设置数据源

❹ 单击“图表样式”按钮，从列表框中选择“样式 13”选项，选择图表区，在“形状样式”组中单击“其他”按钮，按照如图 10-277 所示设置图表区主题样式，按照相同的方法设置绘图区主题样式。

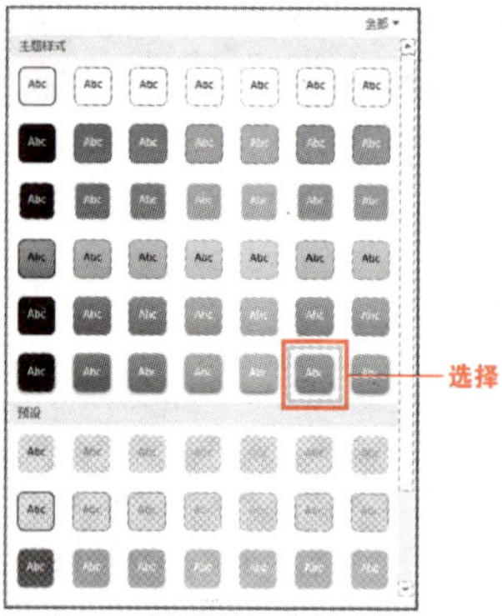

图 10-277　设置主题样式

❺ 选择系列“薪资”，在“形状样式”组中设置形状填充颜色为“橙色，个性色 2，深色 25%”，设置“形状轮廓”为“浅绿”，单击“形状效果”下拉按钮，选择“棱台”→“斜面”选项，如图 10-278 所示。

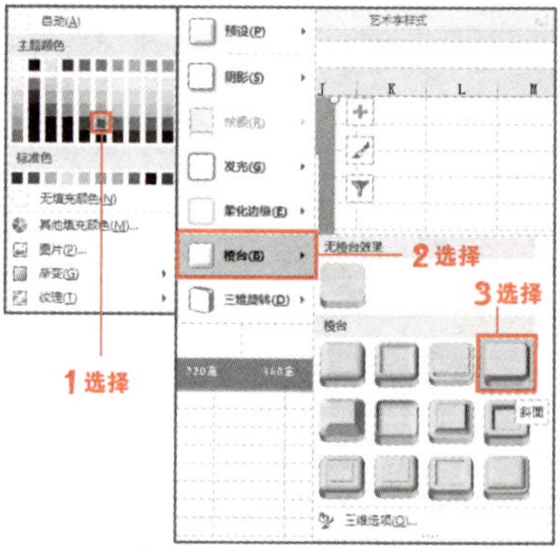

图 10-278　设置形状样式

❻ 双击系列“薪资”，打开“设置数据系列格式”窗格，选择“填充与线条”选项卡，激活“标记”选项组，单击“数据标记选项”下拉三角形，选择“内置”单选按钮，并设置数据标记“类型”及“大小”，如图 10-279 所示。

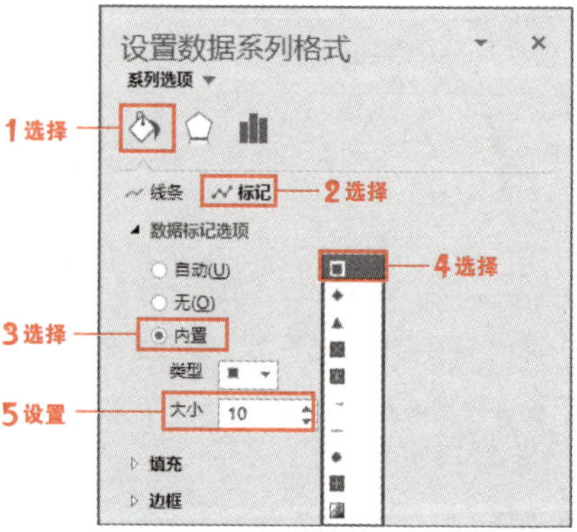

图 10-279　设置数据标记

实例 257 薪资涨幅趋势分析图

难度系数：★★★ 适用版本：全版本

技巧介绍： 薪资涨幅趋势分析图主要依据历年员工薪资数据，利用趋势线分析薪资的上涨幅度，如图 10-280 所示。

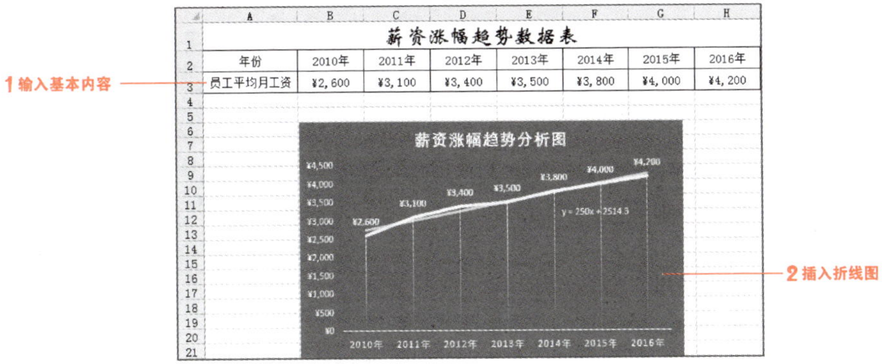

图 10-280 薪资涨幅趋势分析图

制作薪资涨幅趋势分析图主要包括输入基本内容、插入折线图等操作。

1. 设置数据表标题的“字体”为“华文新魏”，设置“字号”为 20。

2. 选择 A2:H3 单元格区域，选择“插入”选项卡，在“图表”组中单击“插入折线图或面积图”下拉按钮，选择“折线图”选项，并重命名图表标题为“薪资涨幅趋势分析图”。

3. 单击“图表元素”按钮，选择“趋势线”复选框，并双击添加的趋势线，打开“设置趋势线格式”窗格，选择“显示公式”复选框，如图 10-281 所示，并移动趋势线公式至合适的位置。

4. 选择“设计”选项卡，在“图表样式”组中选择“样式 3”选项。

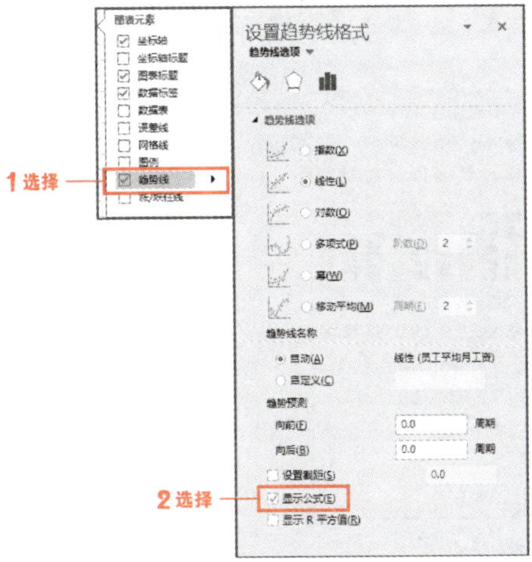

图 10-281 显示趋势线公式

实例 258 不同学历背景对薪酬的满意度图表

难度系数：★★★ 适用版本：全版本

技巧介绍： 不同学历背景员工对薪酬的满意度图表主要以柱形图的形式表示学历与满意度之间的关系，如图 10-282 所示。

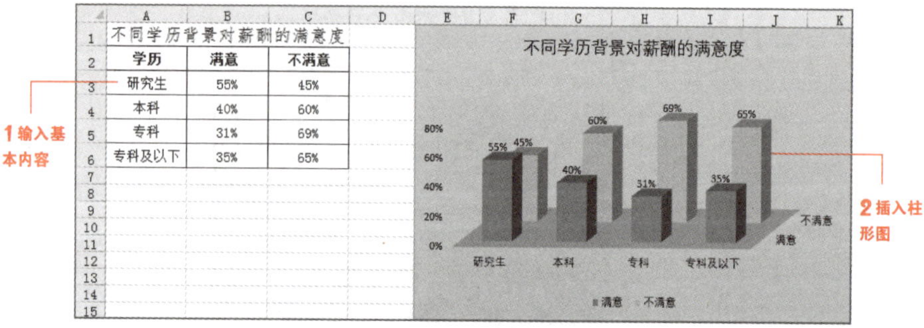

图 10-282 不同学历背景对薪酬的满意度图表

制作不同学历背景对薪酬的满意度图表主要包括输入基本内容、插入柱形图等操作。

1. 选择 A2:C6 单元格区域，选择“插入”选项卡，在“图表”组中单击“插入柱形图或条形图”下拉按钮，选择“三维柱形图”选项，并重命名图表标题为“不同学历背景对薪酬的满意度”。

2. 单击“图表元素”，选择“数据标签”复选框并取消选择“网格线”复选框。

3. 选择“设计”选项卡，在“图表样式”组中单击“更改颜色”下拉按钮，选择如图 10-283 所示的调色板，选择图表中的基底，选择“格式”选项卡，在“形状样式”组中设置其形状填充颜色为“橙色，个性色 2，淡色 60%”。

4. 选择图表区，在“形状样式”组中单击“其他”下拉按钮，按照如图 10-284 所示设置图表的区的主题样式。

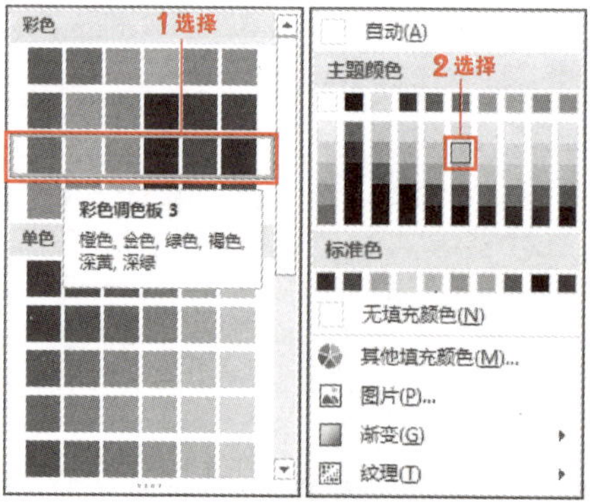

图 10-283 设置图表样式

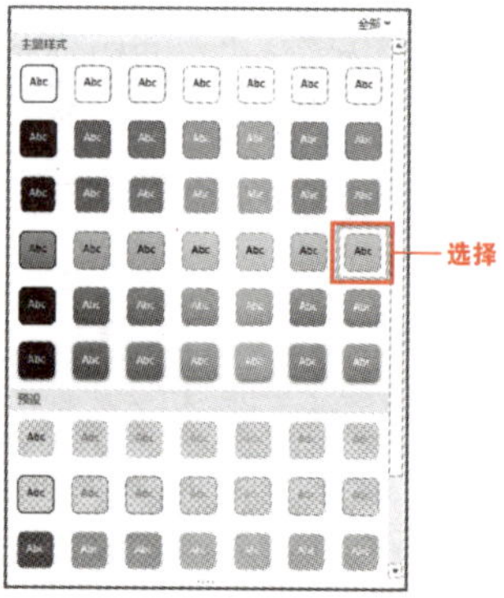

图 10-284 设置图表区主题样式

实例 259 改变目前薪酬状况的选择

难度系数：★★★　适用版本：全版本

技巧介绍： 通过调查人们为了改变目前薪酬状况所选择的改变方式，并统计各改变方式所占的比例，从而制作三维饼图来反映人们的选择趋势，如图 10-285 所示。

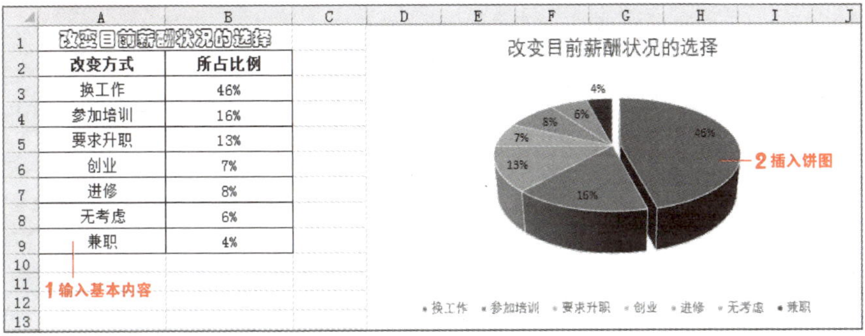

图 10-285　改变目前薪酬状况的选择

制作改变目前薪酬状况的选择关系图包括输入基本内容、插入饼图等操作。

1 将表格标题的“字体”设置为“华文彩云”，将“字号”设置为 14，并设置 B3:B9 单元格区域百分比小数位数为 0。

2 选择 A2:B9 单元格区域，选择“插入”选项卡，在“图表”组中单击“插入饼图或圆环图”下拉按钮，选择“三维饼图”选项，并重命名图表标题为“改变目前薪酬状况的选择”。

3 单击“图表元素”按钮，选择“数据标签”复选框，选择“换工作”所占扇区，拖动扇区至合适的位置，使其与主体扇区部分分离。

技巧拓展

右击系列“所占比例”，在弹出的快捷菜单中选择“三维旋转”命令，打开“设置图表区格式”窗格，在“三维旋转”选项组中取消选择“自动缩放”复选框，并设置“高度”为 150，即可设置扇区高度，如图 10-286 所示。

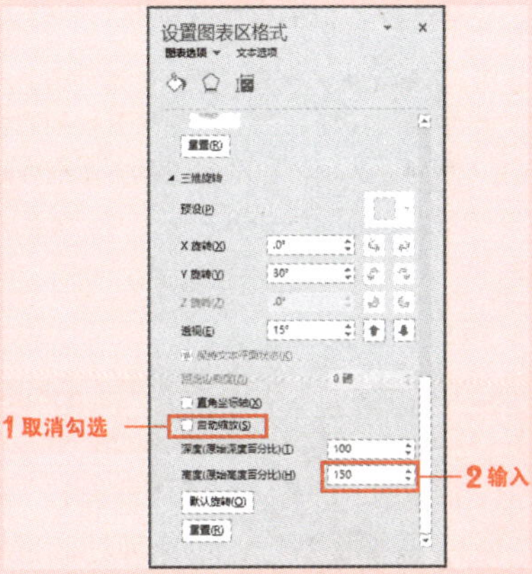

图 10-286　设置形状高度

Extra tip

实例 260 人员调整建议表

难度系数：★★★　适用版本：07/13/16/17

技巧介绍： 人员调整建议表是根据员工表现，对人员职务调整所给出的建议的记录表，包括员工的现任职务、拟调职务等，如图 10-287 所示。

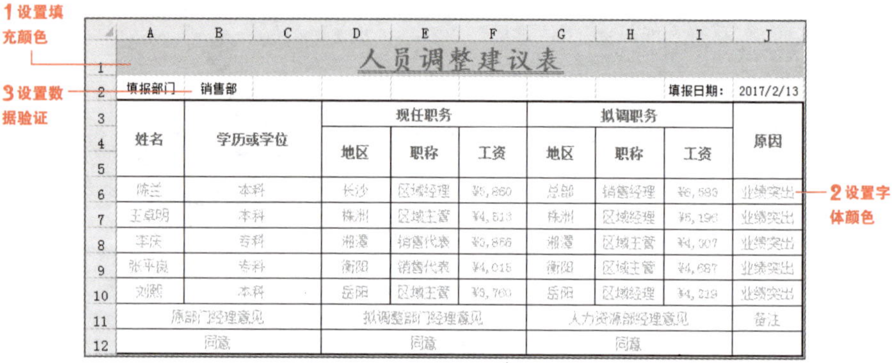

人员调整建议表

填报部门　销售部　　填报日期：2017/2/13

姓名	学历或学位	现任职务			拟调职务			原因
		地区	职称	工资	地区	职称	工资	
陈兰	本科	长沙	区域经理	¥5,860	总部	销售经理	¥6,583	业绩突出
王京明	本科	株洲	区域主管	¥4,513	株洲	区域经理	¥5,196	业绩突出
李庆	专科	湘潭	销售代表	¥3,856	湘潭	区域主管	¥4,307	业绩突出
张平良	专科	衡阳	销售代表	¥4,015	衡阳	区域主管	¥4,687	业绩突出
刘鹏	本科	岳阳	区域主管	¥3,760	岳阳	区域经理	¥4,219	业绩突出
原部门经理意见		拟调整部门经理意见			人力资源部经理意见			备注
同意		同意			同意			

图 10-287　人员调整建议表

制作人员调整建议表主要包括输入基本内容、设置数据验证等操作。

1. 设置标题文本的“字体”为“楷体”，设置“字号”为 22 并加粗，同时添加双下画线，设置字体颜色为“蓝色，个性色 1”，并填充单元格颜色为“橙色，个性色 2，淡色 60%”，并在 J2 单元格中输入计算公式：=TODAY()。
2. 设置第 3 ~ 5 行单元格区域字体颜色为“蓝色”，设置第 6 ~ 12 行字体颜色为“浅蓝”。
3. 选择 B2 单元格，选择“数据”选项卡，单击“数据验证”按钮，在“允许”下拉列表框中选择“序列”选项，在“来源”文本框中输入文本内容，如图 10-288 所示，为 B2 单元格添加部门下拉按钮。

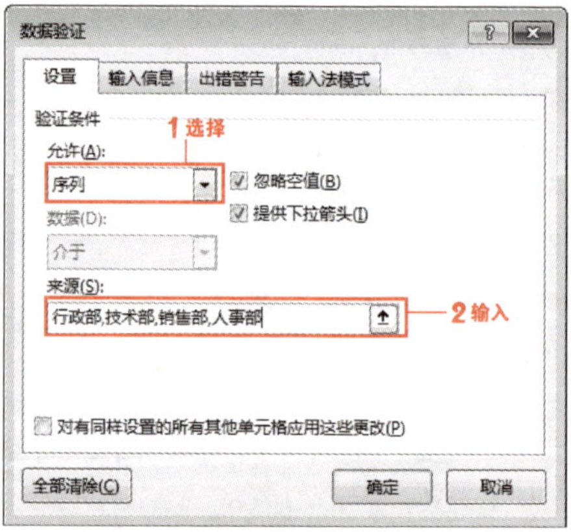

图 10-288　设置数据验证

实例 261 员工调派意见表

难度系数：★★★　适用版本：全版本

技巧介绍： 员工调派意见表主要记录公司员工的调派情况，包括现任职位与拟调派职位的相关信息，对拟调派职位还需登记其定员额和现有人数，如图 10-289 所示。

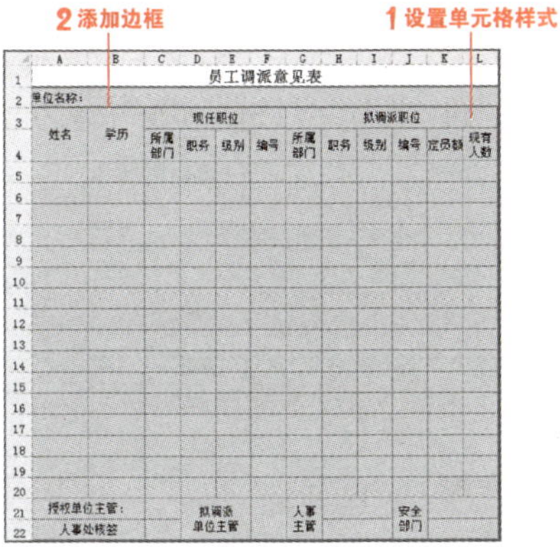

图 10-289　员工调派意见表

制作员工调派意见表主要包括输入基本内容、设置单元格样式和添加边框等操作。

1 在输入基础内容时，需要合并单元格、设置单元格样式，以及添加边框等操作。

2 将合并后的 A1 单元格样式设置为“标题 1”，设置 A2:L22 区域单元格样式为“浅蓝，40%-着色 1”，如图 10-290 所示。

3 选择 A3:L22 单元格区域，按照如图 10-291 所示为单元格区域添加“蓝色，个性色 1”边框。

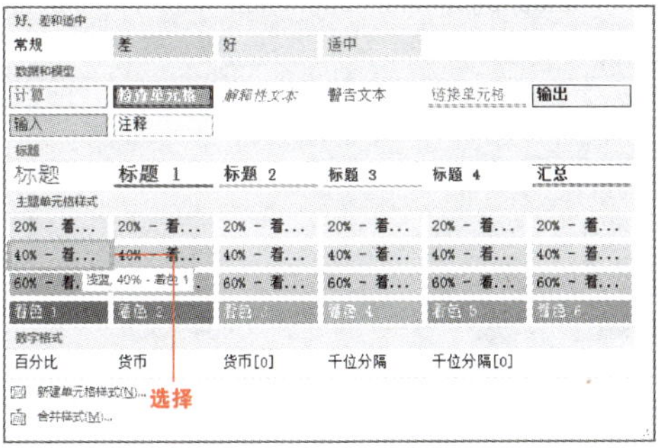

图 10-290　设置单元格样式

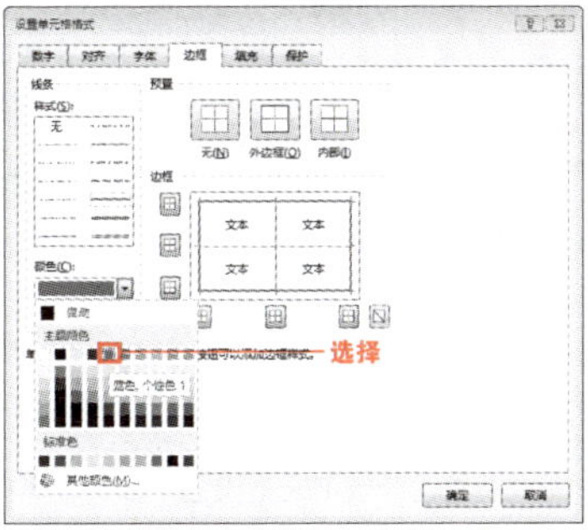

图 10-291　添加边框

实例 262　管理职位递补表

难度系数：★★★　适用版本：全版本

技巧介绍： 管理职位递补表主要记录管理储备人员的相关情况及可递补的职位信息，包括递补职位的工资津贴、所需训练等内容，如图 10-292 所示。

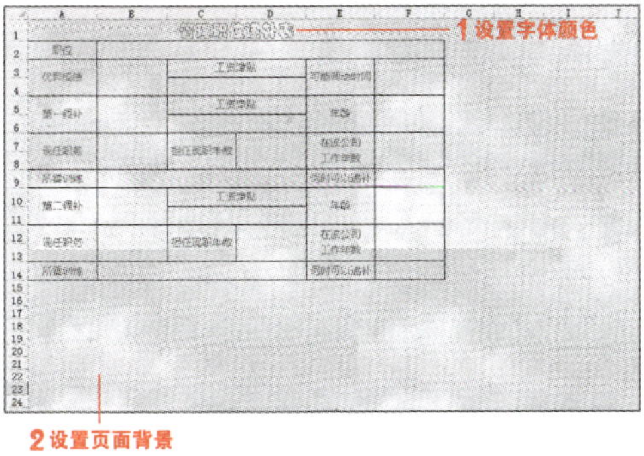

图 10-292　管理职位递补表

制作管理职位递补表主要包括输入基本内容、设置页面背景等操作。

1 在输入基本内容时，需要进行合并单元格、设置自动换行和添加边框等操作。

2 将标题文本的“字体”设置为“华文彩云”，将“字号”设置为 18。

3 选择“页面布局”选项卡，在“页面设置”组中单击“背景”按钮，为工作表设置合适的背景。

实例 263 人员晋升核定表

难度系数：★★★ 适用版本：全版本

技巧介绍： 人员晋升核定表主要用于核定人员晋升信息，包括原任工作资料等信息，检查是否存在记录错误等情况，如图 10-293 所示，也可用于统计公司员工晋升情况。

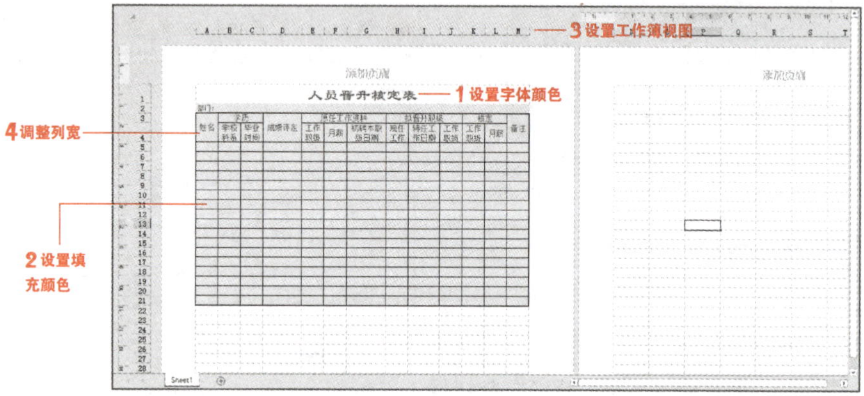

图 10-293 人员晋升核定表

制作人员晋升核定表主要包括输入基本内容、设置列宽、设置填充颜色和设置工作簿视图等操作。

① 在输入基本内容时，需要进行合并单元格、设置自动换行和添加边框等操作。

② 设置标题文本的“字体”为“隶书”，“字号”为 22，设置 A2:M21 单元格区域填充颜色为“蓝色，个性色 5，淡色 80%”，并设置字体颜色为“蓝色”。

③ 选择第 A ~ M 列单元格区域，在“单元格”组中单击“格式”下拉按钮，选择“自动调整列宽”选项，然后设置第 A 至 C 列、E 至 F 列、H 列、J 至 M 列的列宽为 5。

④ 选择“视图”选项卡，在“工作簿视图”选项组中单击“页面布局”按钮即可，如图 10-294 所示。

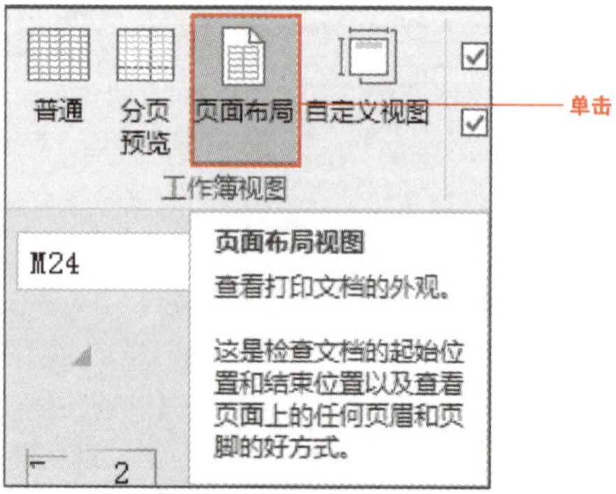

图 10-294 设置页面布局视图

技巧拓展

普通视图是 Excel 的默认视图，适合于对表格进行设计和编辑，但在该视图中无法查看页边距、页眉和页脚，仅在打印预览或切换到其他视图后各页面之间会出现一条虚线来分隔各页。

页面布局视图用于显示文档所有内容在整个页面的分布状况，以及整个文档在每一页上的位置，并可对其进行编辑操作。在页面布局视图中，在屏幕上所看到的页面内容就是实际打印的真实效果，每一页都会同时显示页边距、页眉和页脚，可以在此视图模式下编辑数据、添加页眉和页脚。

之所以在本实例中详细讲述了列宽的设置，是因为若不设置列宽，整个表格的内容在打印时将打印在两张 A4 纸上，如图 10-295 所示，需要借助页面布局视图来调整列宽。

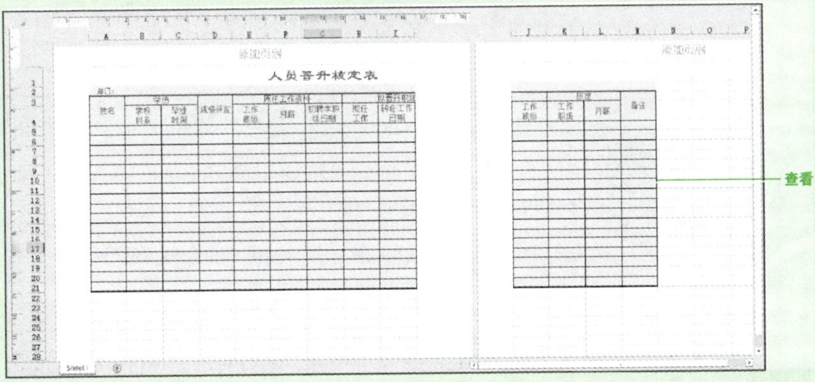

图 10-295　默认列宽

Extra tip

实例 264　员工调动通知单

难度系数：★★★　适用版本：全版本

技巧介绍： 员工调动通知单主要用于将员工的调动情况通知员工本人，包括调动日期、调动前后的部门经理、岗位和薪资等信息，如图 10-296 所示。

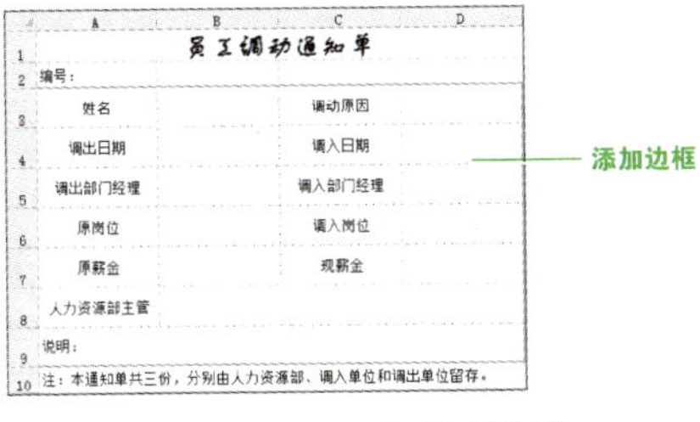

图 10-296　员工调动通知单

制作员工调动通知单主要包括输入基本内容、添加边框等操作。

① 设置标题文本的“字体”为“方正舒体”，设置“字号”为 20 并加粗。

② 选择 A3:D10 单元格区域，打开“设置单元格格式”对话框，选择“边框”选项卡，为单元格区域添加如图 10-297 所示的网格边框。

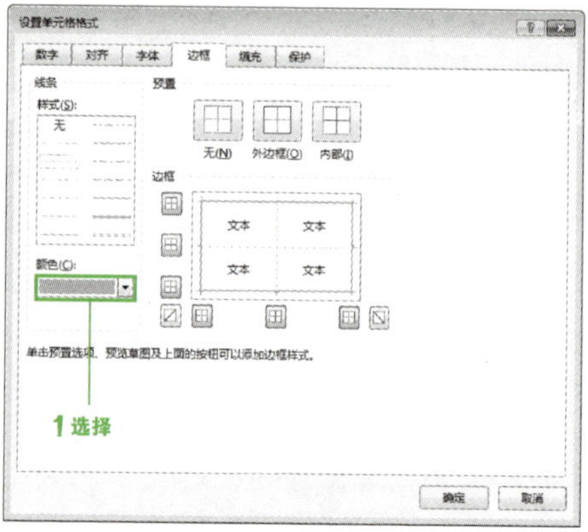

图 10-297 添加边框

实例 265 派遣员工录用通知书

难度系数：★★★ 适用版本：全版本

技巧介绍： 派遣员工录用通知书主要用于通知员工前往派遣公司办理录用手续，通知书中记录了详细的工作地点、劳动合同期限和劳动条件等内容，如图 10-298 所示。

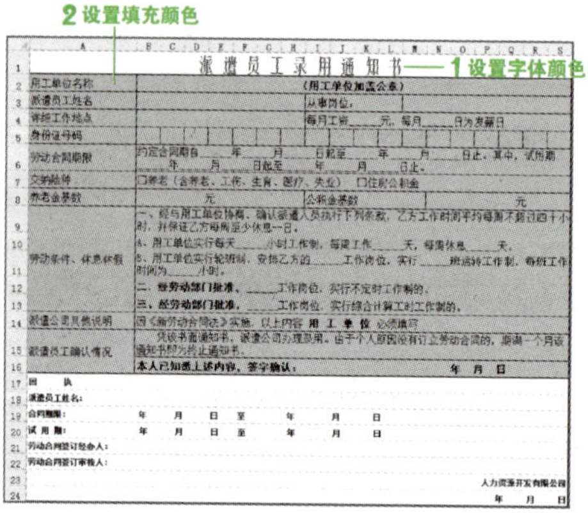

图 10-298 派遣员工录用通知书

制作派遣员工录用通知书主要包括输入基本内容、设置填充颜色等操作。

① 在输入基本内容时，需要合并单元格、设置自动换行、添加边框和添加下画线等操作。

② 设置标题文本的“字体”为“方正姚体”，设置“字号”为 22，并设置字体颜色为“红色”。

③ 将 A2:S16 单元格区域的填充颜色设置为“橙色，个性色 2，淡色 40%”。

实例 266 离职原因汇总表

难度系数：★★★ 适用版本：全版本

技巧介绍： 离职原因汇总表主要记录和统计了员工离职的原因，包括工作原因、居住环境原因和薪资福利原因等，如图 10-299 所示。

离职原因汇总表		
工作原因	1	与上司或同事关系不好；对上司管理不满意
	2	管理制度苛刻
	3	工作压力及工作量大、工作时间长、很累
	4	工作能力欠缺不能胜任本岗位
	5	工作态度差，违反公司纪律
薪资、福利原因	6	工资不理想
	7	假期过少
	8	住房公积金或社保缴纳门槛高
职业发展原因	9	无发展前景与晋升机会
	10	与职业规划不同
居住环境原因	11	宿舍比较拥挤
	12	宿舍设施不完善
	13	宿舍卫生状况差、凌乱
	14	宿舍距离工作地点较远
伙食原因	15	饭菜粗糙
	16	饭菜不合口味
	17	饭菜不卫生
个人原因	18	身体欠佳或者怀孕
	19	家事
	20	照顾老人小孩
	21	结婚生子
	22	离配偶远
其它原因	23	其它

设置单元格样式

图 10-299　离职原因汇总表

制作离职原因汇总表主要包括输入基本内容、设置单元格样式等操作。

❶ 在输入基本内容时，需要进行合并单元格、填充数据和添加边框等操作。

❷ 设置标题文本的“字体”为“华文行楷”，设置“字号”为 22。

❸ 将 A2:C24 单元格区域的单元格样式设置为“输出”。

实例 267　各部门人员流失率统计表

难度系数：★★★　适用版本：全版本

技巧介绍： 各部门人员流失率统计表主要记录一个月内各部门人员的增减数量，并计算员工流失率，由此反映人员流失情况，如所图 10-300 示。

2 计算月末人数　3 计算流失率

各部门人员流失率统计表						
					月份	1月
部门	上月末人数	本月增加人数	本月离职人数	本月末人数	本月员工流失率	备注
行政部	9	0	0	9	0.00%	
营业部	12	3	1	14	7.69%	
财务部	3	1	0	4	0.00%	
人力资源部	2	0	0	2	0.00%	
写字楼合计	26	4	1	29	3.64%	
技术一部	5	0	0	5	0.00%	
技术二部	6	0	1	5	18.18%	
技术部合计	11	0	3	8	31.58%	
销售一部	16	3	6	13	41.38%	
销售二部	20	4	6	18	31.58%	
销售三部	18	2	1	19	5.41%	
销售部合计	54	9	13	50	25.00%	
合计	91	13	17	87	19.10%	

4 自动求和　1 设置字体颜色

图 10-300　各部门人员流失率统计表

制作各部门人员流失率统计表主要包括输入基本内容、计算月末人数和计算员工流失率等操作。

❶ 本月末人数 = 上月末人数 + 增加人数 − 离职人数，所以在 E4 单元格中输入计算公式：=B4+C4−D4，按【Enter】键，并填充至 E16 单元格中。

❷ 员工流失率 = 离职人数 / （（上月末人数 + 本月末人数）/2），所以在 F4 单元格中输入计算公式：=D4/((B4+E4)/2)，按【Enter】键，并填充至 F16 单元格中。

❸ A8:F8、A11:F11 和 A15:F15 单元格区域中的数值由自动求和而来，A16:F16 单元格区域中的数值等于各部门人员之和，并且将这些单元格区域中的字体颜色设置为“红色”。

实例 268　流失人员学历结构比例图

难度系数：★★★　适用版本：全版本

技巧介绍： 流失人员学历结构比例图主要是将流失人员按照学历进行划分，并统计不同学历对应的流失人数，制作饼图来反映流失人员的学历情况，如图 10-301 所示。

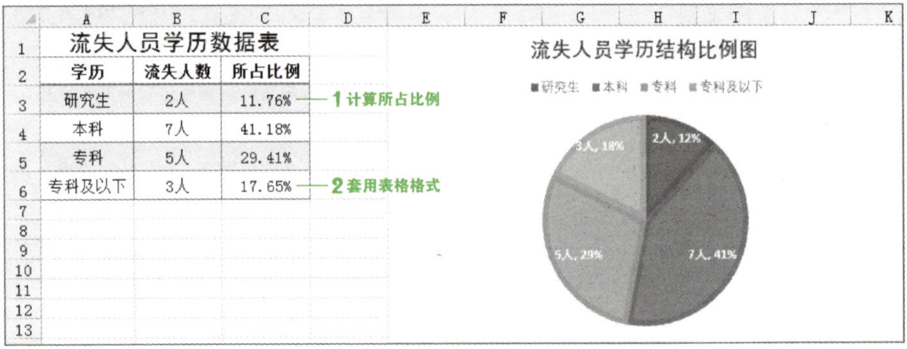

图 10-301　流失人员学历结构比例图

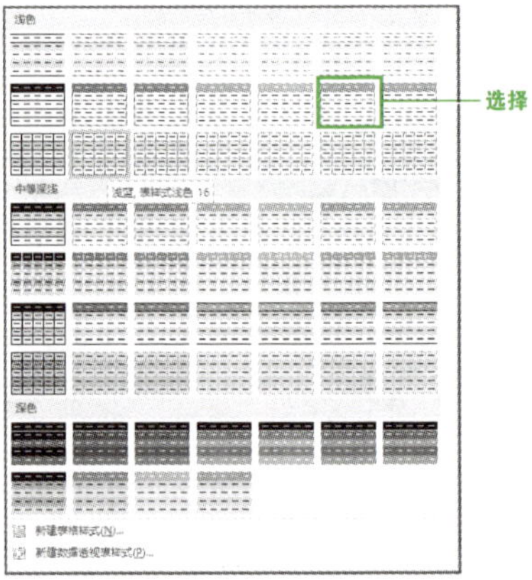

图 10-302　套用表格格式

制作流失人员学历结构比例图主要包括计算人员比例、套用表格格式和插入饼图等操作。

❶ 选择 C3 单元格，在编辑栏中输入计算公式：=B3/SUM($B$3:$B$6)，按【Enter】键，计算流失人员中研究生所占比例，并填充至 C6 单元格中。

❷ 设置表格标题的“字体”为“黑体”，“字号”为 16 并加粗，自定义 B3:B6 单元格区域的数字格式为：#"人"，套用“浅蓝，表样式浅色 16”表格样式，如图 10-302 所示。

❸ 选择 A2:B6 单元格区域，选择“插入”选项卡，在“图表”组中单击“插入饼图或圆环图”下拉按钮，选择“饼图”选项，并重命名图表标题为“流失人员学历结构比例图”。

❹ 单击“图表元素”按钮，选择“数据标签”复选框，双击添加的数据标签，打开“设置数据标签格式”窗格，选择“值”“百分比”及“显示引导线”复选框，如图 10-303 所示。

❺ 单击“图表样式”按钮，从列表中选择“样式 8”选项，如图 10-304 所示。

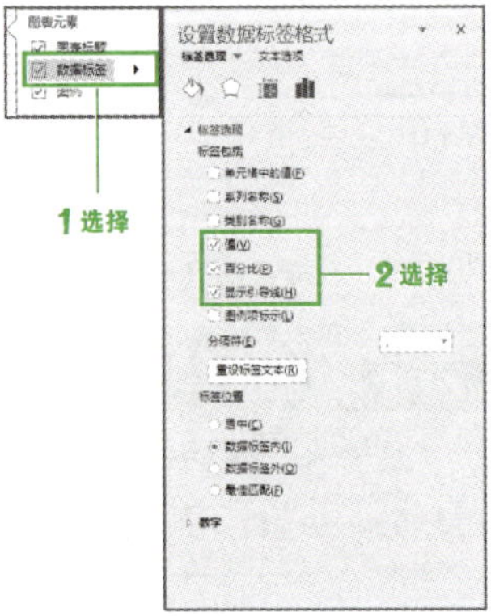

图 10-303　添加数据标签

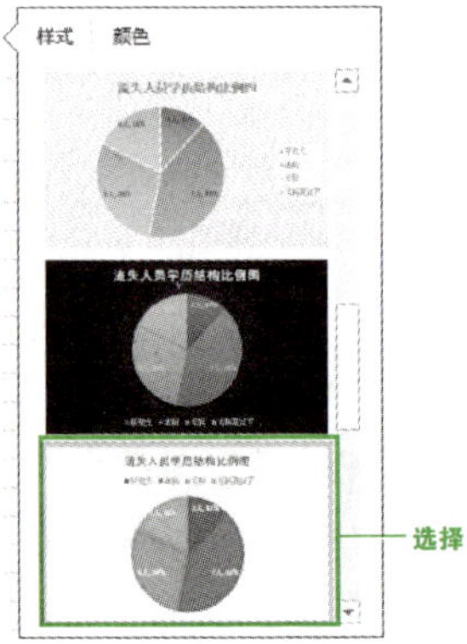

图 10-304　设置图表样式

实例 269

难度系数：★★★　适用版本：全版本

公司员工流失率统计分析

技巧介绍： 公司员工流失率统计分析主要用于记录并分析过去一年中公司的人员变动情况，计算人员流失率并分析人员变动原因，直观地表现各月的人员流失情况，如图 10-305 所示。

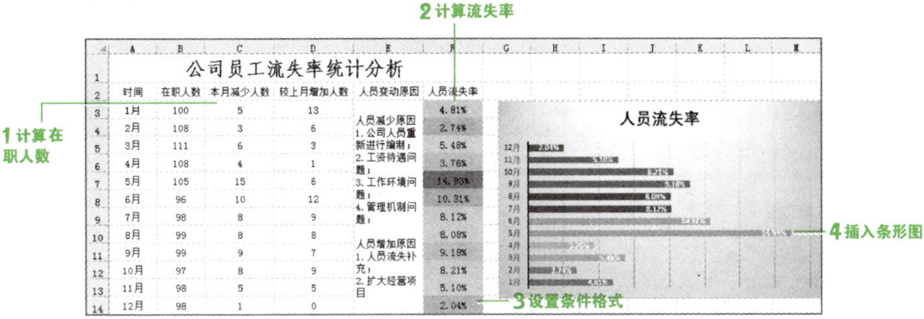

图 10-305　公司员工流失率统计分析

进行公司员工流失率统计分析主要包括计算人员流失率、设置条件格式和插入条形图等操作。

① 设置数据表标题“字体”为“华文仿宋”，设置“字号”为 22 并加粗。

② 在 B4 单元格中输入计算公式：=B3+D3−C3，按【Enter】键，并填充至 B14 单元格中；在 F3 单元格中输入计算公式：=C3/((B3+B4)/2)，按【Enter】键，并填充至 F14 单元格中。

③ 选择 F3:F14 单元格区域，在“样式”组中单击“条件格式”下拉按钮，选择“色阶”→“红 – 黄 – 绿色阶”选项，如图 10-306 所示。

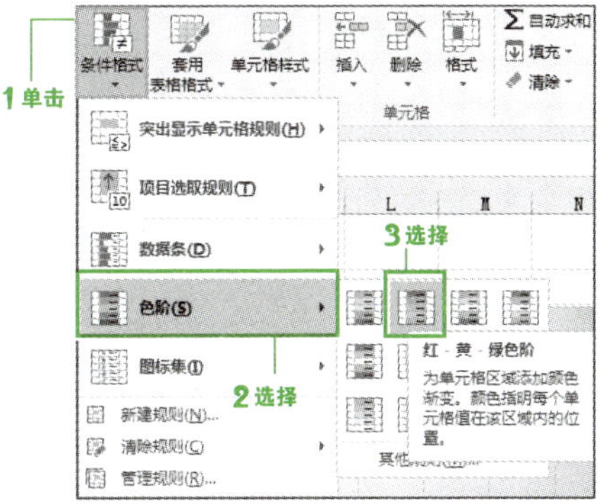

图 10-306　设置条件格式

④ 选择 A2:A14 和 F2:F14 单元格区域，选择“插入”选项卡，在“图表”组中单击“插入柱形图或条形图”下拉按钮，选择“簇状条形图”选项，在工作表中插入条形图，并重命名图表标题为“人员流失率”。

⑤ 双击系列“平均薪资”，打开“设置数据系列格式”窗格，选择“填充与线条”选项卡，在“填充”选项组中选择“依数据点着色”复选框，如图 10-307 所示，设置数据系列填充颜色。

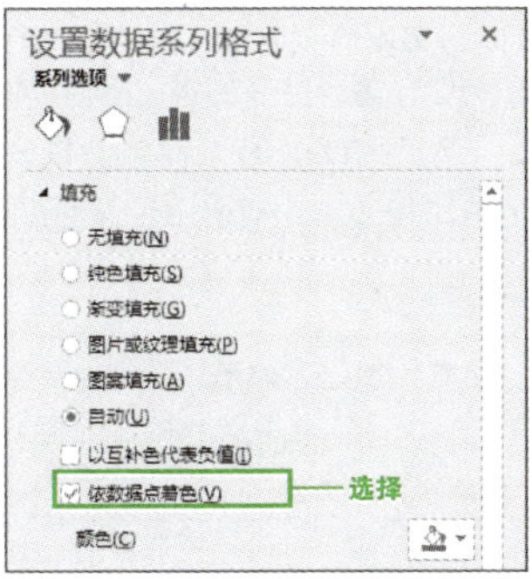

图 10-307　设置数据系列填充颜色

⑥ 单击“图表元素”按钮，选择“数据标签”复选框。选择“设计”选项卡，在“图表样式”组中选择“样式 3”选项，如图 10-308 所示，选择水平（值）轴，按住【Delete】键删除水平轴。

图 10-308 设置图表样式

实例 270 人员调职申请书

难度系数：★★★ 适用版本：全版本

技巧介绍： 当由于某些原因发生人事调动时，调职人员需要填写人员调职申请书，其中记录了调职的单位和调职理由，并利用批注说明了调职人员的工作表现，如图 10-309 所示。

图 10-309 人员调职申请书

制作人员调职申请书主要包括输入基本内容、设置单元格填充颜色、插入批注和添加边框等操作。

① 在输入基本内容时需要用到合并单元格及设置竖排文字功能。

② 设置标题文本的“字体”为“华文行楷”，设置“字号”为 20，为合并后的 A1 单元格填充“橙色，个性色 2，淡色 80%”背景颜色，并设置字体及边框颜色为“橙色，个性色 2，深色 25%”，如图 10-310 所示。

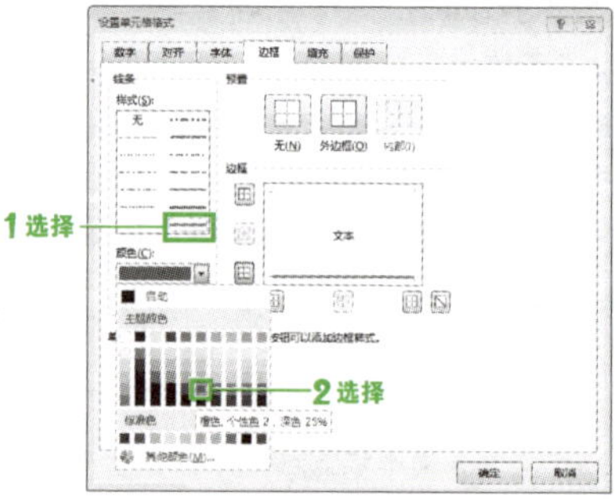

图 10-310 设置边框格式

③ 右击 F3 单元格，在弹出的快捷菜单中选择“插入批注”命令，在文本框中输入批注内容，并设置“字体”为“宋体”，“字号”为 9，如图 10-311 所示。

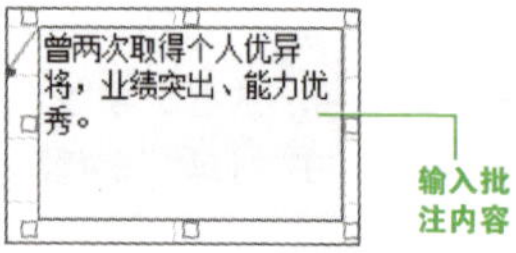

图 10-311 输入批注内容

实例 271 员工离职申请表

难度系数：★★★　适用版本：全版本

技巧介绍： 员工准备离职时，需要递交离职申请表，申请表中记录了员工的基本信息，包括入职时间、合同到期时间等，并需要写明离职时间、离职原因等，如图 10-312 所示。

图 10-312　员工离职申请表

制作员工离职申请表主要包括输入基本内容、添加边框等操作。

① 在输入基本内容时，需要进行合并单元格、设置竖排文字等操作。

② 将标题文本的“字体”设置为“方正舒体”，将“字号”设置为 22 并加粗，设置字体颜色为“蓝色，个性色 1”。

③ 选择 A2:F14 单元格区域，打开“设置单元格格式”对话框，选择“边框”选项卡，为单元格区域添加如图 10-313 所示的网格边框。

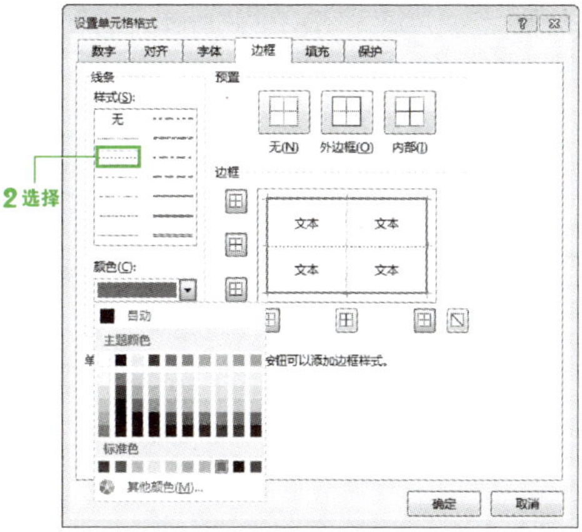

图 10-313　添加边框

实例 272 员工离职程序表

难度系数：★★★　适用版本：全版本

技巧介绍： 员工离职程序表利用 SmartArt 图形快速制作流程图，说明员工离职的过程及所需处理的事项，如图 10-314 所示。

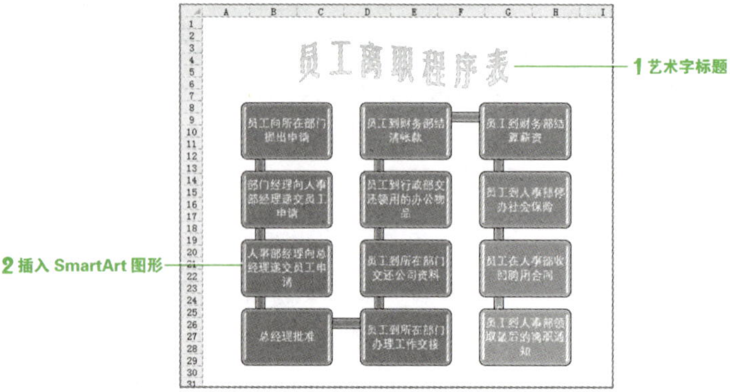

图 10-314 员工离职程序表

制作员工离职程序表主要包括制作艺术字标题、插入 SmartArt 图形等操作。

① 按照如图 10-315 所示选择艺术字样式插入到工作表中，并设置“字体”为“方正姚体”，“字号”为 32 并加粗。选择“格式”选项卡，在“艺术字样式”组中单击“文本效果”下拉按钮，设置艺术字的转换效果为“波形：下”。

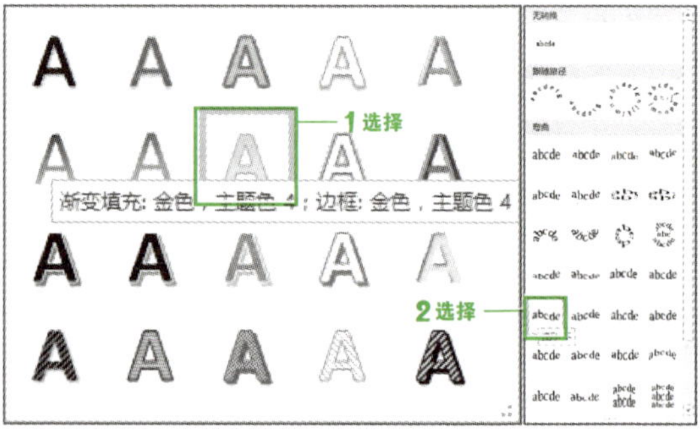

图 10-315 插入艺术字

② 选择“插入”选项卡，在“插图”组中单击 SmartArt 按钮，弹出“选择 SmartArt 图形”对话框，在左侧列表框中选择“流程”选项，从中部列表框中选择“垂直蛇形流程”图形，如图 10-316 所示。

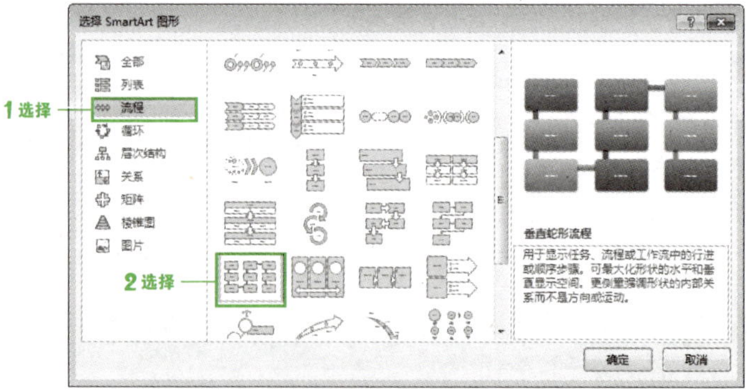

图 10-316 插入 SmartArt 图形

③ 右击任意矩形，在弹出的快捷菜单中选择“添加形状”命令，在子菜单中选择在后面或前面添加形状，如图 10-317 所示，并输入相关文本内容。

④ 选择“设计”选项卡，在“SmartArt 样式”组中单击“更改颜色”下拉按钮，选择“彩色范围 – 个性色 2 至 3”选项；继续单击“SmartArt 样式”组中的“其他”按钮，设置图形样式为“卡通”，如图 10–318 所示。

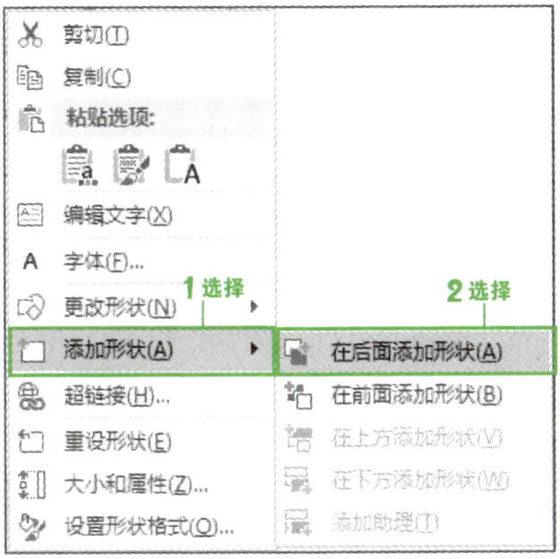

图 10–317 添加形状

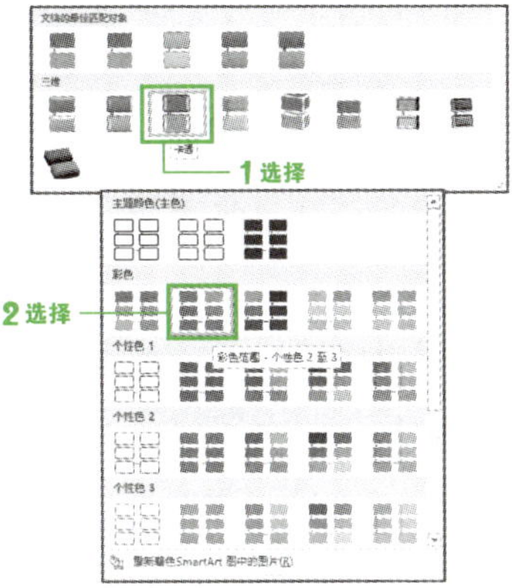

图 10–318 设置 SmartArt 图形样式

实例 273 员工离职结算单

难度系数：★★★ 适用版本：全版本

技巧介绍： 员工离职结算单除了记录离职事由外，还记录着员工离职需要办理的手续，包括合同、财务、工资和档案等都需要进行结算，如图 10–319 所示。

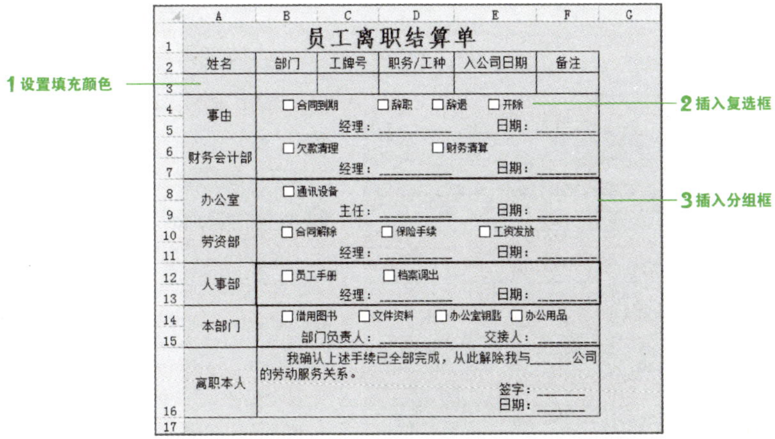

图 10–319 员工离职结算单

制作员工离职结算单主要包括输入基本内容、插入控件和设置填充颜色等操作。

① 设置标题文本的“字体”为“仿宋”，“字号”为 20 并加粗，设置 A1:G17 单元格区域的填充颜色为“绿色，个性色 6，淡色 60%”。

第1章 第2章 第3章 第4章 第5章 第6章 第7章 第8章 第9章 第10章

② 选择“开发工具”选项卡，在“控件”组中单击“插入”下拉按钮，选择“复选框（窗体控件）”控件，如图 10-320 所示，单击合并后的 B4 单元格，插入复选框控件，并输入控件文本，按住【Ctrl】键并拖动鼠标，复制并移动控件，编辑控件中的文本。

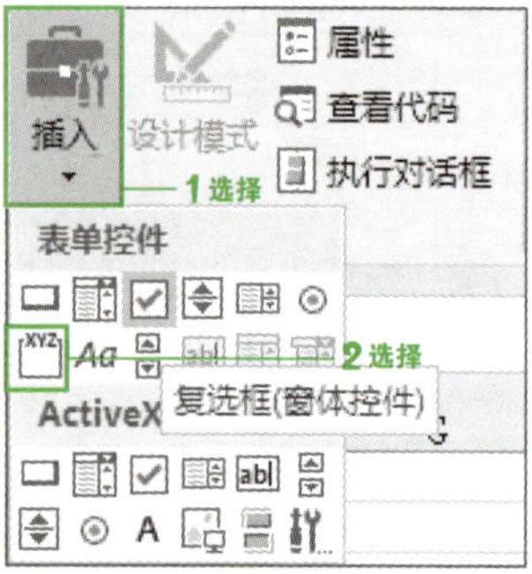

图 10-320　插入复选框

③ 选择“开发工具”选项卡，在“控件”组中单击“插入”下拉按钮，选择“分组框（窗体控件）”控件，如图 10-321 所示。在合并后的 B4 单元格中绘制一个分组框，并删除分组框中的文本。按照相同的方法绘制其余分组框。

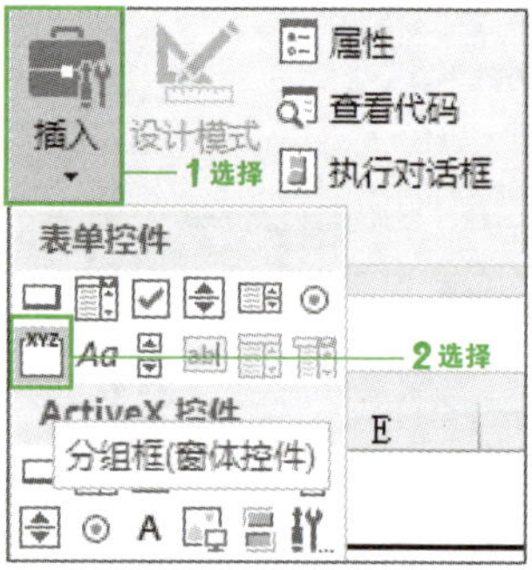

图 10-321　插入分组框

实例 274　工作交接表

难度系数：★★★　适用版本：全版本

技巧介绍： 工作交接表主要记录员工离职时的工作交接情况，包括尚未完成的工作交接、文件资料交接和物品交接等，如图 10-322 所示。

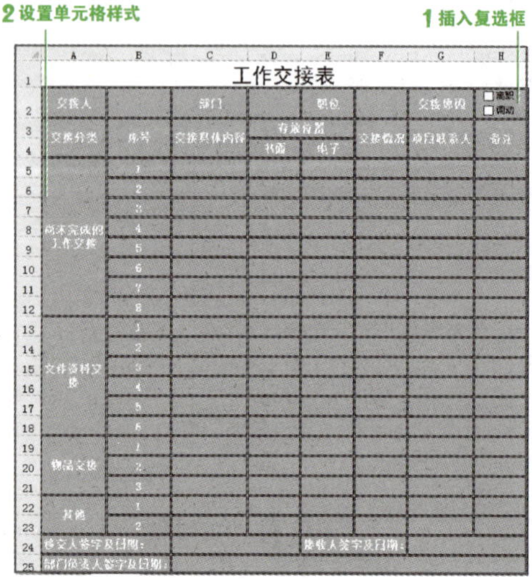

图 10-322　工作交接表

制作工作交接表主要包括输入基本内容、插入控件和设置单元格样式等操作。

① 在输入表格内容的过程中，需要进行数据填充、自动换行等操作。

② 设置标题文本的“字体”为“黑体”，“字号”为 20，设置 A2:H25 单元格区域的样式为“检查单元格”。

③ 选择“开发工具”选项卡，在“控件”组中单击“插入”下拉按钮，选择“复选框（窗体控件）”控件，单击 H2 单元格，插入复选框，并输入“离职”文本。按照相同的方法，插入“调动”控件。

技巧拓展

因为在该表格中需要对“交接原因”进行选择，所以只选中一个复选框控件，而不需要添加分组框了。

Extra tip >>>>>>>>>>>>>

实例 275 职务免除通知单

难度系数：★★★　适用版本：全版本

技巧介绍： 职务免除通知书主要用于通知员工职务免除的相关事项，包括免除日期、需要办理的事项、免职依据和相关说明等，如图 10-323 所示。

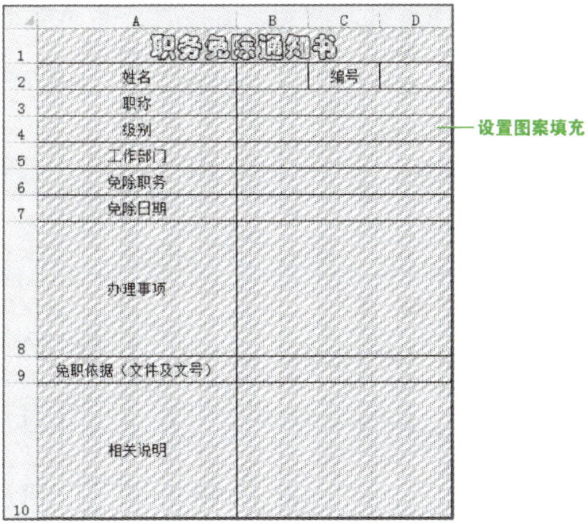

图 10-323　职务免除通知书

制作职务免除通知书主要包括输入基本内容、设置图案填充等操作。

① 将标题文本的“字体”设置为“华文彩云”，将“字号”设置为 20。

② 选择 A1:D10 单元格区域，打开“设置单元格格式”对话框，选择“填充”选项卡，设置“图案颜色”为“橙色，个性色 2”，设置“图案样式”为“25% 灰色”，如图 10-324 所示。

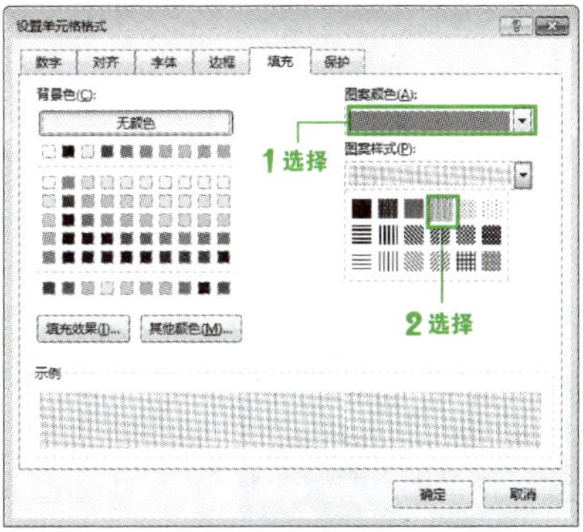

图 10-324　设置图案填充

实例 276 个性品质测评问卷

难度系数：★★★ 适用版本：全版本

技巧介绍： 个性品质测评问卷主要从员工对多个问题的回答中来反映员工个性，员工可以利用“+”“-”或“？”来快速回答问题，如图 10-325 所示。

图 10-325 个性品质测评问卷

制作个性品质测评问卷主要包括输入基本内容、插入批注和设置数据验证等操作。

① 将表格标题的“字体”设置为“华文仿宋”，将“字号”设置为 20 并加粗，设置说明文本“字体”为“楷体”，设置问题文本“字体”为“华文细黑”。

② 右击 I3 单元格，在弹出的快捷菜单中选择“插入批注”命令，在文本框中输入批注内容，并设置“字体”为“宋体”，“字号”为 9，如图 10-326 所示。

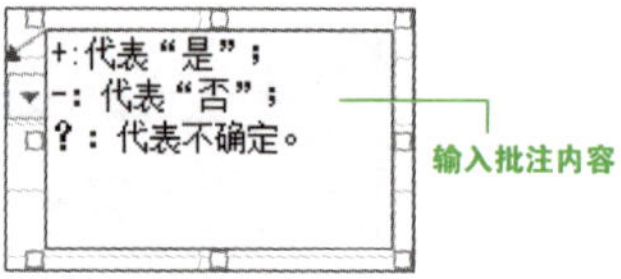

图 10-326 插入批注

③ 选择 I3:I22 单元格区域，选择“数据”选项卡，在“数据工具”组中单击“数据验证”按钮，设置“允许”为“序列”，在“来源”文本框中输入文本内容，如图 10-327 所示，从下拉列表框中选择相应的文本即可快速输入单元格。

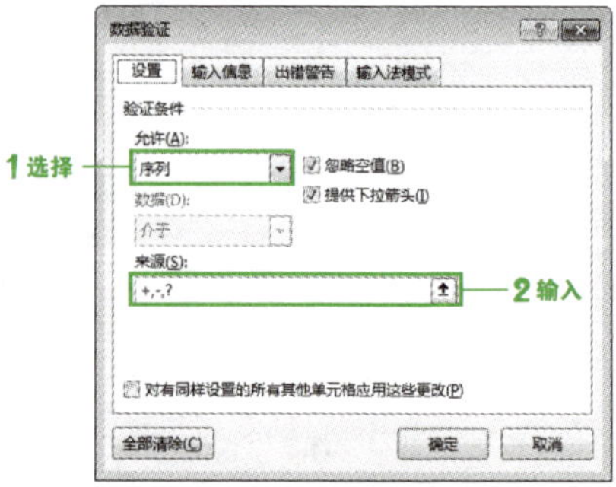

图 10-327 设置数据验证

实例 277 员工工作动力测评问卷

难度系数：★★★★ 适用版本：全版本

技巧介绍： 员工工作动力测评问卷主要通过设置的工作情景，测评员工的工作动力，如图 10-328 所示。

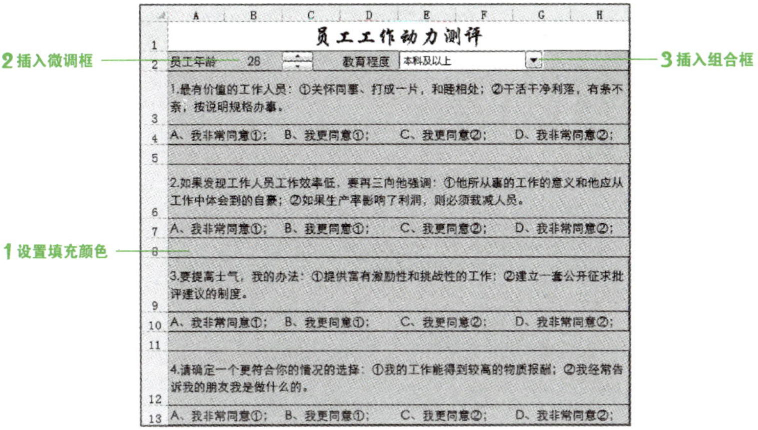

图 10-328　员工工作动力测评

制作员工工作动力测评问卷主要包括输入基本内容、插入控件和设置单元格填充颜色等操作。

① 设置标题文本的“字体”为“华文行楷”，设置“字号”为 20，并设置 A2:H13 单元格区域的填充颜色为“蓝色，个性色 1，淡色 60%”。

② 选择“开发工具”选项卡，在“控件”组中单击“插入”下拉按钮，选择“数值调节钮（窗体控件）”控件，单击合并后的 C2 单元格，插入微调框并调整微调框大小。

③ 右击插入的窗体控件，在弹出的快捷菜单中选择“设置控件格式”命令，弹出“设置控件格式”对话框。选择“控制”选项卡，设置“最小值”“最大值”“步长”及“单元格链接”，如图 10-329 所示，单击“确定”按钮，当单击微调框的上下调节按钮时，B2 单元格中的数值将以步长值 1 发生变化。

④ 选择“开发工具”选项卡，在“控件”组中单击“插入”下拉按钮，选择“组合框（窗体控件）”控件，单击合并后的 E2 单元格，插入下拉框，并调整下拉框大小。

⑤ 右击插入的窗体控件，在弹出的快捷菜单中选择“设置控件格式”命令，弹出“设置控件格式”对话框。选择“控制”选项卡，单击“数据源区域”文本框右侧的折叠按钮，选择“学历”工作表中的 A2:A4 单元格区域，如图 10-330 所示，单击“确定”按钮，当单击下拉按钮时，可以从下拉列表框中选择相应的学历输入到下拉列表框中。

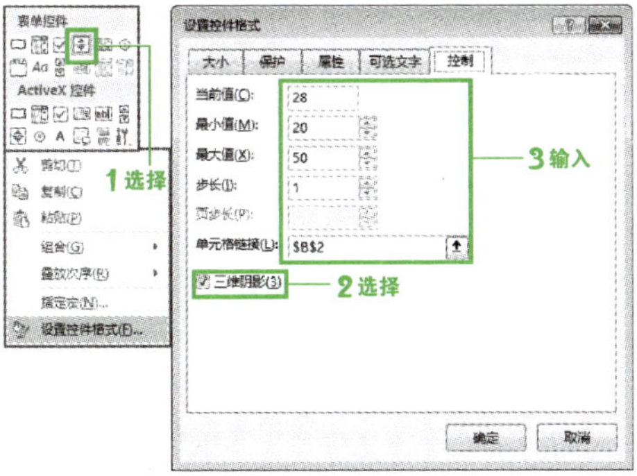

图 10-329　插入微调框

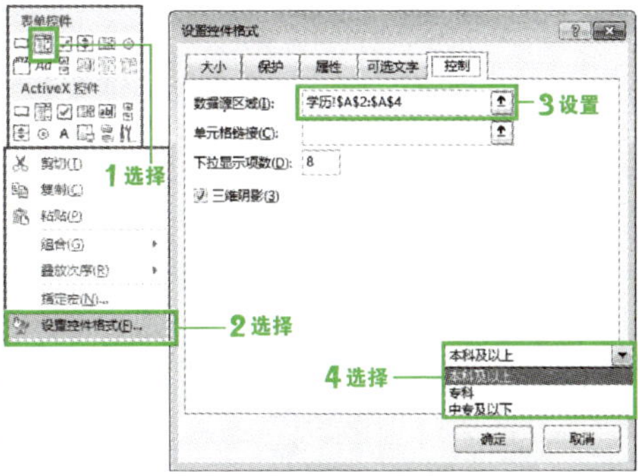

图 10-330　插入下拉框

实例 278 创新能力测评问卷

难度系数：★★★★ 适用版本：全版本

技巧介绍： 创新能力测评问卷主要通过调查员工的性格及喜好，从而测评员工的创新能力，如图 10-331 所示。

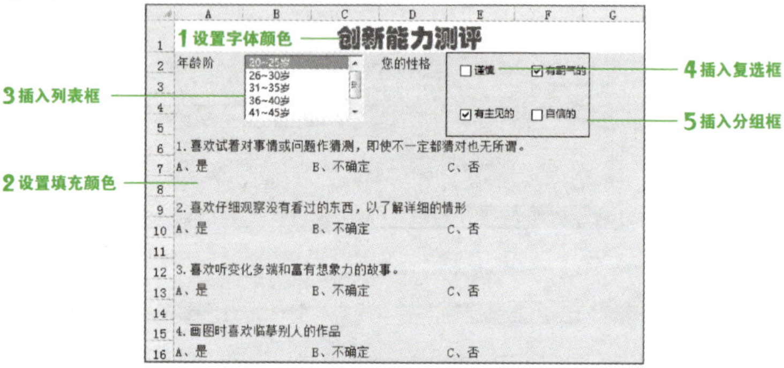

图 10-331　创新能力测评问卷

制作创新能力测评问卷主要包括输入基本内容、设置单元格样式和插入控件等操作。

① 设置标题文本的“字体”为“华文琥珀”，设置“字号”为22，设置标题字体颜色为“红色”，并设置 A2:G16 单元格区域的样式为“好”。

② 选择“开发工具”选项卡，在“控件”组中单击“插入”下拉按钮，选择“列表框(窗体控件)”控件，在工作表中绘制列表框。右击插入的窗体控件，在弹出的快捷菜单中选择“设置控件格式”命令，弹出“设置控件格式”对话框，选择“控制”选项卡，单击“数据源区域”文本框右侧的折叠按钮，选择“年龄段值”工作表中的 A1:A6 单元格区域，如图 10-332 所示，单击“确定”按钮，为列表框添加列表内容。

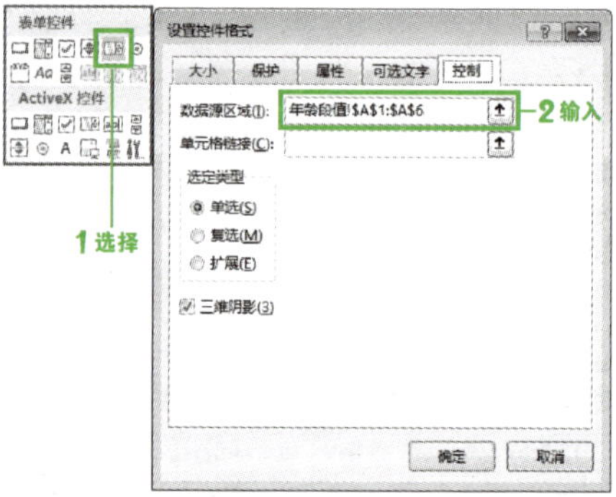

图 10-332　插入列表框

③ 选择“开发工具”选项卡，在“控件”组中单击“插入”下拉按钮，选择“复选框(窗体控件)”控件，插入复选框，并输入控件文本，按住【Ctrl】键并拖动鼠标，复制并移动控件，编辑控件中的文本。

④ 选择“开发工具”选项卡，在“控件”组中单击“插入”下拉按钮，选择“分组框(窗体控件)”控件，在工作表中绘制一个分组框，并删除分组框中的文本。

实例 279 心理健康测评成绩分析

难度系数：★★★ 适用版本：全版本

技巧介绍： 心理健康测评成绩分析主要记录员工的心理健康测评成绩，并对合计成绩进行分析，判断员工的心理健康水平，如图 10-333 所示。

	心理健康测评成绩分析							
被测人	智力正常	情绪健全	意志健全	人格完整	人际关系和谐	与社会协调一致	心理行为符合年龄特征和角色特征	合计
李勇	9.5	7.9	8.8	7.8	7.7	9.6	9.7	61
王娟	8.5	9.8	9.5	9.8	8	8.8	8.5	62.9
李桂英	8.5	8.5	8.7	8.8	8.1	9.6	8.9	61.1
王丽	7.9	8.8	8.9	9.5	9.6	9.5	9.8	64
张敏	9.6	8.7	8.6	9.5	9.8	8.5	7.8	62.5
张智灼	9.8	7.8	8.8	9	7.8	7.9	9.5	60.6
刘洋	8.5	8.5	9.5	8.8	9.8	9.5	7.8	62.4
万美芳	9.8	8.9	7.8	9.5	9.5	8.8	9.8	64.1
吴光忠	8.8	9.5	9.6	9	8.8	9.5	7.8	63
黄梅蓉	8.6	7.8	8.5	8	9.6	7.8	9.5	59.8
刘华	8.9	9.5	8.5	8	8.9	9.6	7.9	61.3

1 自动求和

2 设置条件格式

图 10-333　心理健康测评成绩分析

进行心理健康测评成绩分析主要包括输入基本内容、计算成绩合计值和设置条件格式等操作。

❶ 设置标题文本的“字体”为“华文楷体”，设置“字号”为 18。

❷ 选择 B3:I13 单元格区域，单击“编辑”组中的“自动求和”按钮，计算成绩合计值。

❸ 选择 I3:I13 单元格区域，在“样式”组中单击“条件格式”下拉按钮，选择“项目选取规则”→“前 10 项”选项，在弹出的“前 10 项”对话框中设置数值为 5，并将单元格格式设置为“绿填充色深绿色文本”，如图 10-334 所示。

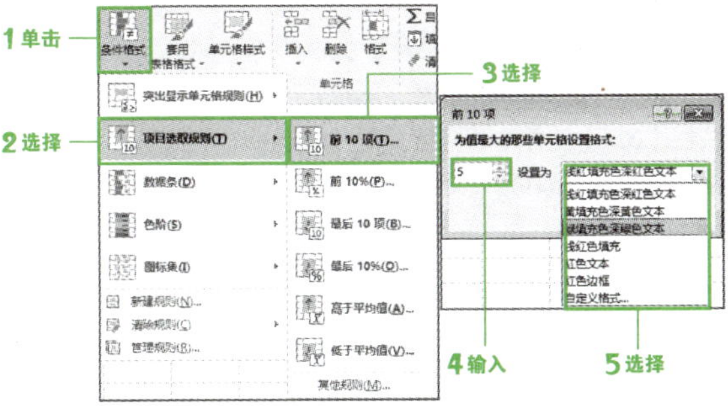

图 10-334　设置条件格式

实例 280　职业适应性测评问卷

难度系数：★★☆　适用版本：全版本

技巧介绍： 职业适应性测评问卷主要通过调查员工理想中的工作及感兴趣的活动，测评员工对于职业的适应性，如图 10-335 所示。

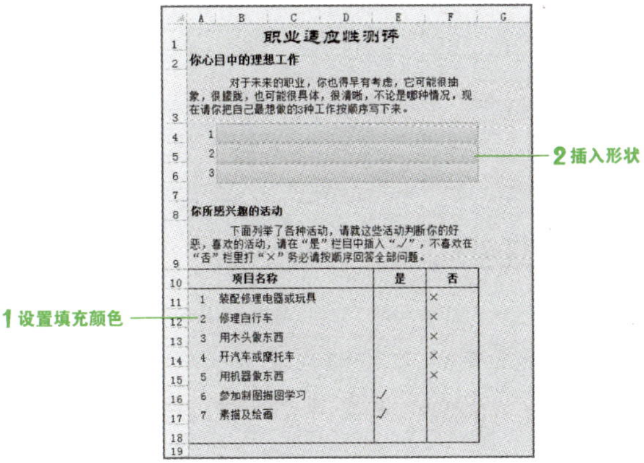

图 10-335　职业适应性测评问卷

制作职业适应性测评问卷主要包括输入基本内容、插入矩形形状和设置单元格填充颜色等操作。

1 设置标题文本的“字体”为“华文隶书”，设置“字号”为 20，并设置 A1:G19 单元格区域的填充颜色为“蓝色，个性色 5，淡色 60%”。

2 选择“插入”选项卡，在“插图”组中单击“形状”下拉按钮，选择“矩形”形状，在 B4:F4 单元格区域绘制矩形形状，在“形状样式”组中单击“其他”下拉按钮，按照如图 10-336 所示设置形状样式，并设置形状中的“字体”为“宋体”，“颜色”为“黑色，文字 1”，按住【Ctrl】键并拖动鼠标复制并移动矩形形状至合适的位置即可。

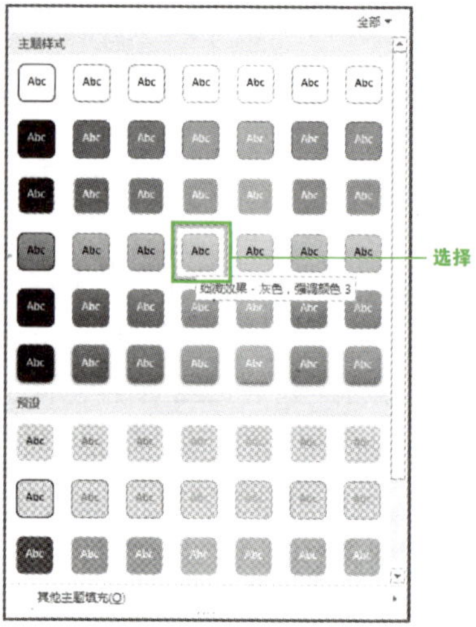

图 10-336　设置形状样式

实例 281 人才综合素质测评表

难度系数：★★★★　适用版本：全版本

技巧介绍： 人才综合素质测评表主要用于记录员工的综合素质测评成绩，包括组织管理能力、人际沟通能力和个人内在能力等内容，如图 10-337 所示。

人才综合素质测评表

员工姓名	组织管理能力				人际沟通能力			个人内在能力					总分
	统筹规划能力	判断决策能力	组织指挥能力	管理风格	沟通表达能力	影响力	沟通风格	生理素质	专业知识与技能	相关经验	心理素质	创新能力	
李勇	9.2	9.5	9.5	7.9	8.3	9.5	7.6	8.3	8.7	8.3	8.7	8.4	☆103.9
王娟	7.5	8.3	8.1	8.9	9.2	8.7	8.5	9.6	7.5	8.7	7.9	8.4	☆101.3
李桂英	8.8	8.8	8.8	8.3	9.2	7.5	8.3	8.3	9.6	8.5	8.5	7.9	☆102.5
王丽	9.6	8.3	8.2	7.9	8.3	9.2	8.4	8.3	8.7	8.5	7.9	8.7	☆ 102
张敏	8.1	8.3	8.3	7.5	9.5	7.9	8.8	8.7	8.7	8.7	8.3	7.9	☆100.7
张智灼	8.9	8.3	7.8	9.6	8.8	9.5	8.2	8.5	7.5	7.9	8.7	7.9	☆101.6
刘洋	8.2	8.1	9.2	8.8	9.5	8.3	8.1	8.7	8.7	8.3	8.3	8.3	☆102.5
万美芳	8.5	8.9	8.3	8.3	7.6	8.3	8.7	8.7	9.6	8.3	8.3	8.7	☆102.2
吴光忠	7.5	7.5	9.2	8.8	8.3	8.5	8.6	8.3	7.9	8.7	8.3	8.5	☆100.1
黄梅蓉	8.3	8.8	8.6	8.3	8.3	8.8	8.1	8.7	8.3	8.3	7.9	8.3	☆100.7
刘华	8.1	8.3	8.7	9.2	8.5	8.2	8.5	7.9	8.5	8.3	9.6	8.3	☆102.1

1 自动求和

2 设置条件格式

图 10-337　心理健康测评成绩分析

制作人才综合素质测评表主要包括输入基本内容、计算总分和设置条件格式等操作。

1 设置标题文本的“字体”为“华文新魏”，设置“字号”为 22，设置 A2:N14 单元格区域的样式为“好”。

2 选择 B4: N14 单元格区域，单击“编辑”组中的“自动求和”按钮，计算成绩合计值。

③ 选择 N4: N14 单元格区域，在“样式”组中单击“条件格式”下拉按钮，选择“图标集”→“其他规则”选项，在弹出的“新建格式规则”对话框中设置规则类型为“基于各自值设置所有单元格的格式”，设置“图标样式”为“3 个星形”，设置“类型”为“数字”，并设置数值，如图 10-338 所示，单击“确定”按钮，即可为单元格区域设置条件格式。

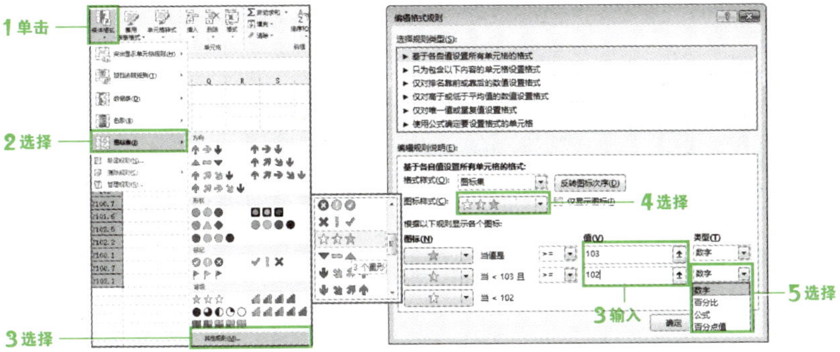

图 10-338　设置条件格式

实例 282 解决问题风格测评问卷

难度系数：★★★　适用版本：全版本

技巧介绍： 解决问题风格测评问卷主要让员工回答一些简单的问题，从回答中判断员工解决问题的风格，如图 10-339 所示。

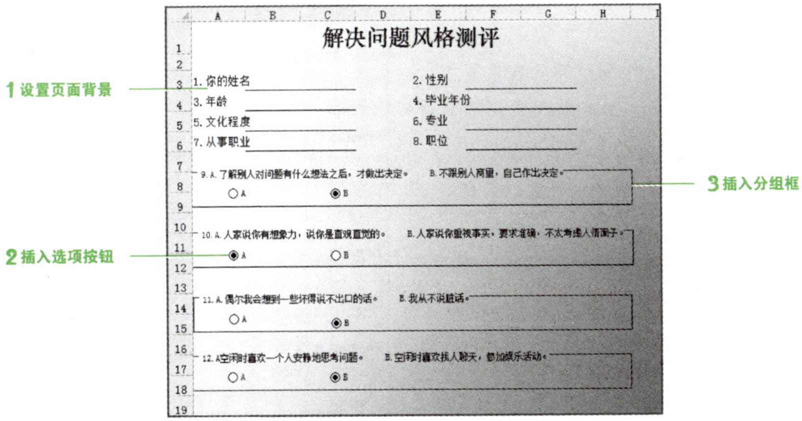

图 10-339　解决问题风格测评问卷

制作解决问题风格测评问卷主要包括输入基本内容、插入控件和设置背景图片等操作。

① 设置标题文本的“字体”为“华文中宋”，设置“字号”为 22。

② 选择“开发工具”选项卡，在“控件”组中单击“插入”下拉按钮，选择“选项按钮（窗体控件）”选项，插入选项按钮，并输入控件文本，按住【Ctrl】键并拖动鼠标，复制并移动控件，编辑控件中的文本。

第1章 第2章 第3章 第4章 第5章 第6章 第7章 第8章 第9章 第10章

③ 选择“开发工具”选项卡，在“控件”组中单击“插入”下拉按钮，选择“分组框（窗体控件）”选项，在 A8:H9 单元格区域绘制一个分组框，并编辑分组框中的文本。按照相同的方法绘制其余分组框。

④ 选择“页面布局”选项卡，在“页面设置”组中单击“背景”按钮，为工作表添加合适的背景图片。

实例 283 领导能力结构测评评分表

难度系数：★★★ 适用版本：全版本

技巧介绍： 领导能力结构测评评分表主要对领导的各项能力进行测评，包括计划能力、组织能力和决策能力等，并计算各项能力的合计得分，如图 10-340 所示。

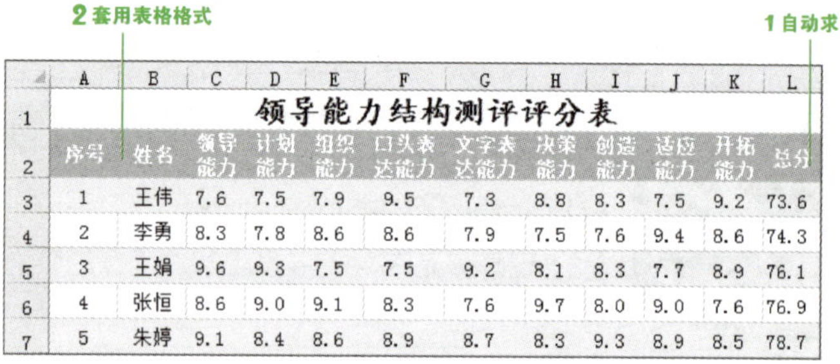

序号	姓名	领导能力	计划能力	组织能力	口头表达能力	文字表达能力	决策能力	创造能力	适应能力	开拓能力	总分
1	王伟	7.6	7.5	7.9	9.5	7.3	8.8	8.3	7.5	9.2	73.6
2	李勇	8.3	7.8	8.6	8.6	7.9	7.5	7.6	9.4	8.6	74.3
3	王娟	9.6	9.3	7.5	7.5	9.2	8.1	8.3	7.7	8.9	76.1
4	张恒	8.6	9.0	9.1	8.3	7.6	9.7	8.0	9.0	7.6	76.9
5	朱婷	9.1	8.4	8.6	8.9	8.7	8.3	9.3	8.9	8.5	78.7

图 10-340 领导能力结构测评评分表

制作领导能力结构测评评分表主要包括输入基本内容、计算总分和套用表格格式等操作。

① 在输入基本内容时需要用到数据填充、自动换行等功能。

② 将标题文本的“字体”设置为“楷体”，将“字号”设置为 18 并加粗。

③ 将 A2: L7 单元格区域套用“金色，表样式中等深浅 5”表格样式，如图 10-341 所示，并转换为区域。

④ 选择 A3: L7 单元格区域，单击“编辑”组中的“自动求和”按钮，计算成绩合计值。

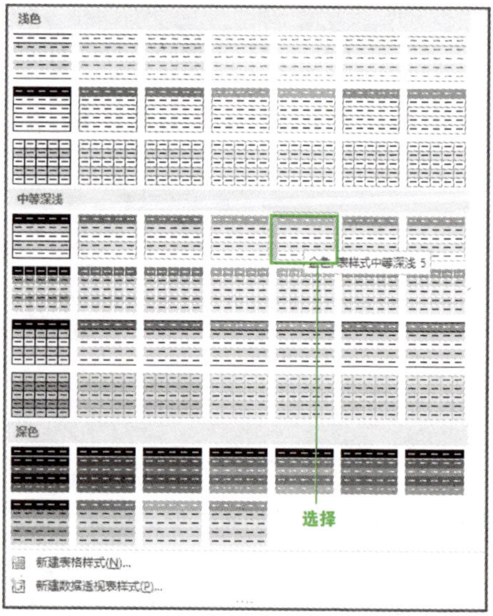

图 10-341 套用表格格式

实例 284 事业驱策力测评问卷

难度系数：★★★ 适用版本：全版本

技巧介绍： 事业驱策力测评问卷主要通过调查员工的个人喜好，从中反映其事业驱策力，如图 10-342 所示。

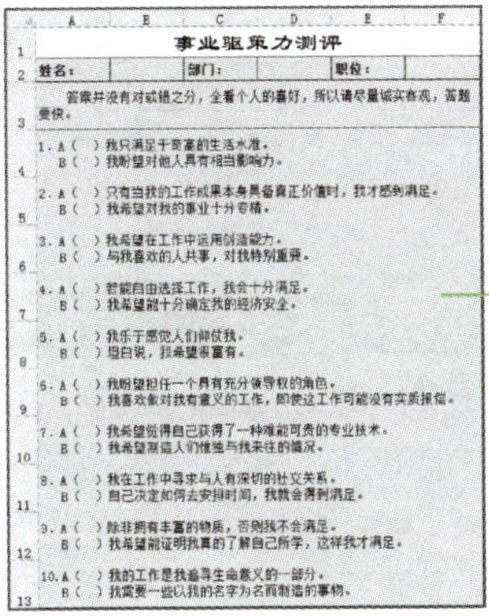

图 10-342 事业驱策力测评问卷

制作事业驱策力测评问卷主要包括输入基本内容、设置填充颜色等操作。

1. 在输入基本内容时需要用到跨越合并、自动换行等功能。
2. 将标题“字体”设置为“隶书”，将“字号”设置为 20。
3. 将 A2:F13 单元格区域的填充颜色设置为“橙色，个性色 4，淡色 60%”。

实例 285 职业性格测评问卷

难度系数：★★★ 适用版本：全版本

技巧介绍： 职员性格测评问卷主要调查了解员工在工作和生活中的一些人际关系、兴趣爱好等信息，从中反映员工的职业性格，如图 10-343 所示。

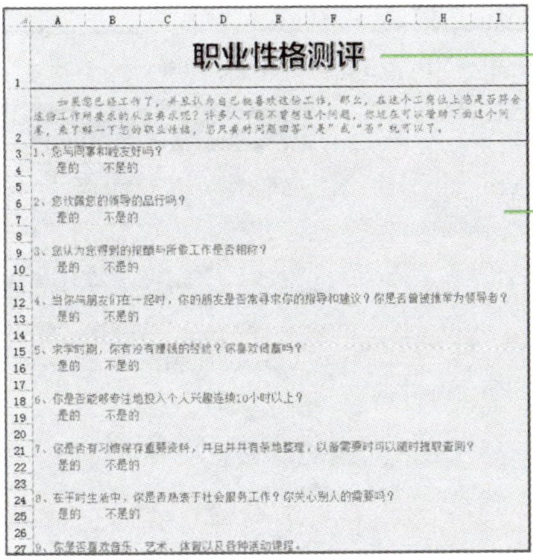

图 10-343 职员性格测评问卷

制作职员性格测评调查问卷主要包括输入基本内容、制作艺术字标题和设置填充颜色等操作。

① 按照如图 10-344 所示选择艺术字类型，输入标题文本内容并将“字体”设置为“微软雅黑”，将“字号”设置为 28 并加粗。

② 设置单元格填充颜色为“蓝色，个性色 1，淡色 80%”，设置字体颜色为“蓝色，个性色 1”。

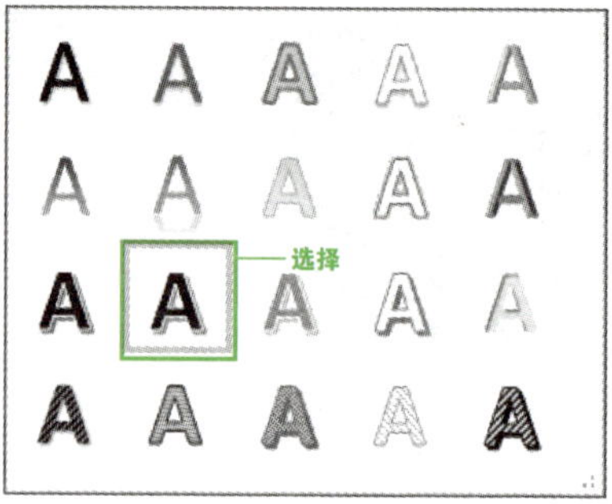

图 10-344　选择艺术字类型

实例 286 安全教育培训计划安排表

难度系数：★★★　适用版本：全版本

技巧介绍： 安全教育培训计划安排表主要用于组织安全教育培训，包括培训项目、培训日期和培训地点等信息，并记录培训负责人的联系方式，如图 10-345 所示。

计算星期数

安全教育培训计划安排表						
序号	项目	负责人	培训日期		培训地点	电子邮箱
			日期	星期		
1	电工作业培训	王伟	2017/2/10	5	4楼电工车间	******@139.com
2	金属焊接切换作业培训	刘芳	2017/2/15	3	1楼大厅	******@139.com
3	防火安全培训	王磊	2017/2/18	6	3楼会议厅	******@139.com
4	防盗培训	李艳	2017/2/20	1	1楼大厅	******@139.com
5	电梯安全使用培训	王伟	2017/2/24	5	3楼会议厅	******@139.com
6	厂内机动车辆驾驶培训	刘芳	2017/2/27	1	1楼广场	******@139.com

图 10-345　安全教育培训计划安排表

制作安全教育培训计划安排表主要包括输入基本内容、计算星期数等操作。

① 将表格标题的“字体”设置为“幼圆”，设置“字号”为 20 并加粗。

② 选择 E4 单元格，在编辑栏中输入计算公式：=WEEKDAY(D4,2)，按【Enter】键，计算培训日期对应的星期数，如图 10-346 所示，并向下填充至 E9 单元格中。

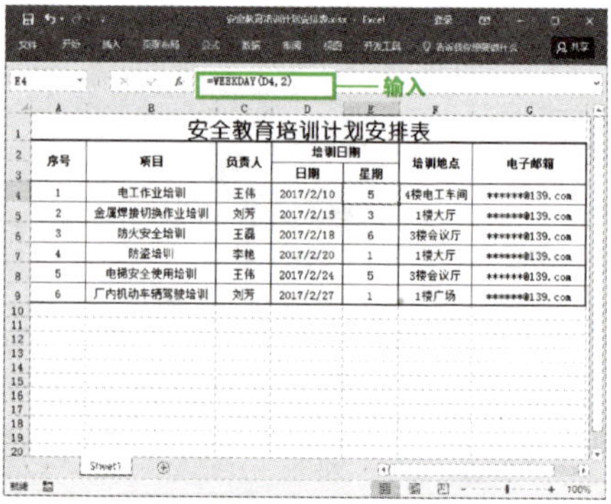

图 10-346　计算星期数

技巧拓展

WEEKDAY 函数用于返回对应于某个日期的一周中的第几天。默认情况下，天数是 1（星期日）～ 7（星期六）范围内的整数。

语法格式为：WEEKDAY(serial_number,[return_type])

其中：serial_number 参数代表尝试查找的那一天的日期；return_type 参数用于确定返回值类型的数字。当 return_type 为 1 或省略时，返回数字 1（星期日）～ 7（星期六）。当 return_type 为 2 时，返回数字 1（星期一）～ 7（星期日）。

Extra tip >>>>>>>>>>>>>

实例 287

难度系数：★★★★　适用版本：全版本

员工安全知识考核成绩表

技巧介绍： 员工安全知识考核成绩表主要记录各安检部门员工的考核成绩，并计算部门平均成绩。通过制作条形图来表现各部门之间的差异，如图 10-347 所示。

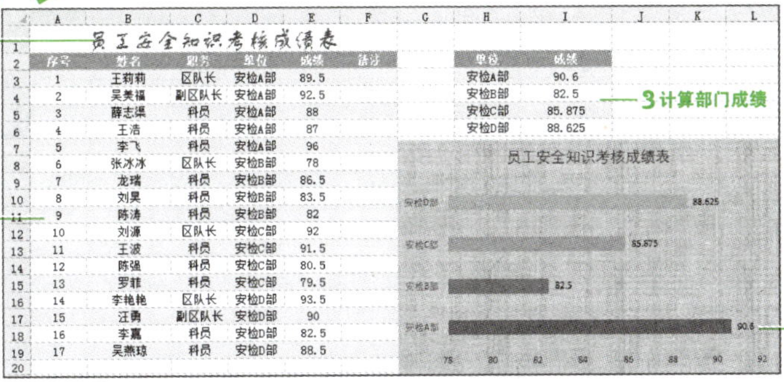

序号	姓名	职务	单位	成绩	备注
1	王莉莉	区队长	安检A部	89.5	
2	吴美福	副区队长	安检A部	92.5	
3	薛志渠	科员	安检A部	88	
4	王浩	科员	安检A部	87	
5	李飞	科员	安检A部	96	
6	张冰冰	区队长	安检B部	78	
7	龙璐	科员	安检B部	86.5	
8	刘昊	科员	安检B部	83.5	
9	陈涛	科员	安检B部	82	
10	刘源	区队长	安检C部	92	
11	王波	科员	安检C部	91.5	
12	陈强	科员	安检C部	80.5	
13	罗菲	科员	安检C部	79.5	
14	李艳艳	区队长	安检D部	93.5	
15	汪勇	副区队长	安检D部	90	
16	李嘉	科员	安检D部	82.5	
17	吴燕琼	科员	安检D部	88.5	

单位	成绩
安检A部	90.6
安检B部	82.5
安检C部	85.875
安检D部	88.625

图 10-347　员工安全知识考核成绩表

制作员工安全知识考核成绩表主要包括输入基本内容、计算平均成绩、套用表格格式和插入条形图等操作。

❶ 将标题文本的“字体”设置为“方正舒体”，将“字号”设置为 22，并设置字体颜色为“红色”。

❷ 选择 I3 单元格，在编辑栏中输入计算公式：=AVERAGEIF($D$3:$D$19,H3,$E$3:$E$19)，按【Enter】键，计算部门的平均成绩，并向下填充至 I6 单元格中。

❸ 为 A2:F19 及 H2:I6 单元格区域套用“绿色，表样式中等深浅 7”表格格式，如图 10-348 所示。

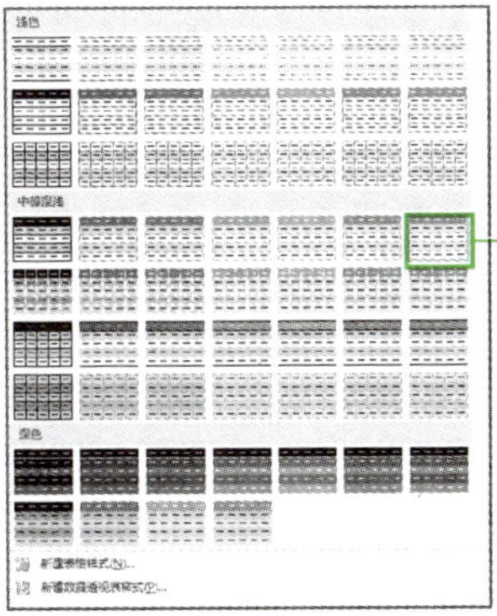

图 10-348　套用表格格式

4 选择 H2:I6 单元格区域，选择“插入”选项卡，在“图表”组中单击“插入柱形图或条形图”下拉按钮，选择“簇状条形图”选项，在工作表中插入条形图，并重命名图表标题为“员工安全知识考核成绩表”，单击“图表元素”按钮，选择“数据标签”复选框。

5 双击系列“成绩”，打开“设置数据系列格式”窗格，选择“填充与线条”选项卡，在“填充”选项组中选择“依数据点着色”复选框，设置数据系列填充颜色。

6 双击图表区，打开“设置图表区格式”窗格，选择“填充与线条”选项卡，在“填充”选项组中选择“图片或纹理填充”单选按钮，单击“纹理”下拉按钮，选择“纸莎草纸”选项，如图 10-349 所示，为图表设置纹理填充。

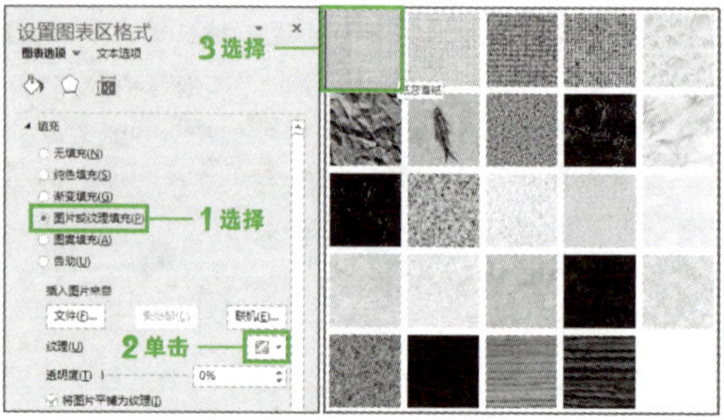

图 10-349 设置纹理填充

实例 288 安全管理实施计划表

难度系数：★★★ 适用版本：全版本

技巧介绍： 安全管理实施计划表主要记录一个月中安全管理实施的计划内容，其制作的重点在于利用 Excel 函数直接返回日期对应的星期数，如图 10-350 所示。

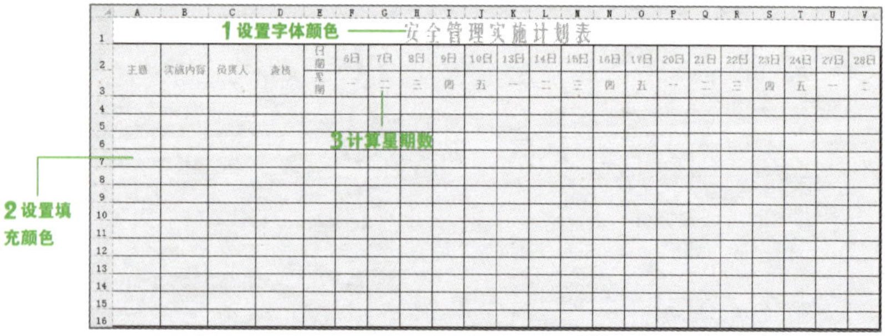

图 10-350 安全管理实施计划表

制作安全管理实施计划表主要包括输入基本内容、计算星期数和设置填充颜色等操作。

1 将标题文本的“字体”设置为“方正姚体”，将“字号”设置为 24，并设置表格字体颜色为“绿色”。

2 在 F2 单元格中输入“2017/2/6”，并将 F2:V2 单元格区域的数字格式自定义为：d" 日 "。

3 选择 F3 单元格，在编辑栏中输入计算公式：=CHOOSE(WEEKDAY(F2,2)," 一 "," 二 "," 三 "," 四 "," 五 "," 六 "," 日 ")，按【Enter】键，将由 WEEKDAY 函数计算得到的星期数返回为汉字，如图 10-351 所示。

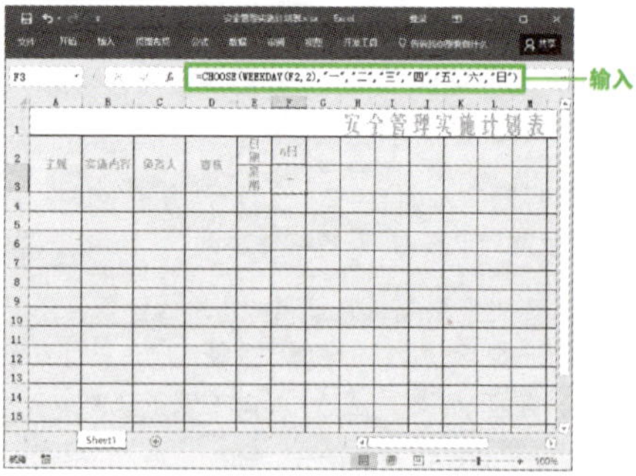

图 10-351 计算星期数

④ 选择 F2:F3 单元格区域，用鼠标右键拖曳单元格右下角的填充柄至 V3 单元格，松开鼠标右键，在弹出的快捷菜单中选择“按工作日填充”命令。

技巧拓展

CHOOSE 函数用于返回数值参数列表中的数值。使用 CHOOSE 函数可以根据索引号从最多 254 个数值中选择一个。

语法格式为：CHOOSE(index_num, value1, [value2], …)

其中：index_num 参数用于指定所选定的数值参数。index_num 必须是介于 1 ~ 254 之间的数字，或是包含 1 ~ 254 之间的数字的公式或单元格引用。如果 index_num 为 1，则函数返回 value1；如果为 2，则函数返回 value2，以此类推。

value1, value2, …参数为选择列表，可以是数字、单元格引用、定义的名称、公式、函数或文本，这些参数的个数介于 1 ~ 254 之间，函数将根据 index_num 从中选择一个数值或一项要执行的操作。

Extra tip >>>>>>>>>>>>>

实例 289　用电安全检查表

难度系数：★★★　适用版本：全版本

技巧介绍： 用电安全检查表主要用于检测各设备是否正常运转，查看是否存在安全隐患，对老化或不达标的设施需要提出改善措施，如图 10-352 所示。

	A	B	C	D	E	F
1	用电安全检查表					
2	项次	检查项目	良好	不良	缺点事实	改善措施
3	1	电器设备及马达外壳是否接地				
4	2	电器设备是否有淋水或淋化学液				
5	3	电器设备配管配线是否破损				
6	4	电器设备配管及马达是否超载使用				
7	5	高压马达短路环、电器是否良好				
8	6	配电箱处是否堆积材料、工具或其他杂物				
9	7	导体露出部分是否容易接近、是否挂“危险”标示牌				
10	8	D.S及Bus Bar是否因接触不良而发红				
11	9	配电盘外壳及P.T.C.T二次线路是否接地				
12	10	转动部分是否有覆罩				
13	11	变电室灭火器是否良好				
14	12	临时线路的配置是否完全				
15	13	高压线路的绝缘支持物是否不洁或有脱落现象				
16	14	中间接线盒是否有积棉或其他物品				
17	15	现场配电盘是否确实关妥				
18	16	电器开关的保险丝是否符合规定				
19	17	避雷针是否有效				

图 10-352　用电安全检查表

制作用电安全检查表主要包括输入基本内容、设置单元格样式等操作。

① 在输入基本内容的过程中需要进行填充数据、自动换行等操作。

② 将表格标题的“字体”设置为“仿宋”，将“字号”设置为 22 并加粗。

③ 首先将 A2:F19 单元格区域的单元格样式设置为“适中”，然后将 C2:C19 单元格区域的单元格样式设置为“好”，将 D2:D19 单元格区域的单元格样式设置为“差”。

实例 290 安全日报表

难度系数：★★★　适用版本：全版本

技巧介绍： 安全日报表主要记录工作中发生的意外及非意外事故，并记录意外事故发生的地点、原因及需要采取的对策，如图 10-353 所示。

	A	B	C	D	E	F	G	H	I
1	安全日报表								
2								2017年2月13日	
3	非意外事故			意外事故				事故频率	对策指标
4	人员	时间	累计时间	工作场所	姓名	原因	损失额		
5	王浩	4	8						
6	张冰冰	4	8						
7				一车间	陈涛	设备配线破损	¥ 20.00	5%	个人全赔
8	刘源	8	8						
9	罗菲	8	8						
10	李艳艳	4	7						
11				三车间	李蕙	操作失误，损坏机器	¥500.00	10.00%	个人赔50%
12									
13									
14									
15									
16									
17									
18									
19									
20									

设置单元格样式

图 10-353　安全日报表

制作安全日报表主要包括输入基本内容、设置单元格样式等操作。

① 将标题文本的“字体”设置为“黑体”，将“字号”设置为 20。

② 将 A3:I20 单元格区域的单元格样式设置为“输入”，并将列标题加粗。

实例 291 安全隐患整改通知单

难度系数：★★★　适用版本：全版本

技巧介绍： 安全隐患整改通知单主要针对安全隐患提出整改意见，并记录整改结果，如图 10-354 所示。

设置填充颜色

	A	B	C	D	E	F	G	H	I	J	K	L
1	安全隐患整改通知单											
2	部门					部位						
3	检查发现情况											
4	整改意见											
5												
6												
7												
8												
9												
10				保安部：			年		月		日	
11												
12					请在		年		月		日之前完成	
13	整改结果			签名			年		月		日	
14	注：整改结果须由部门负责人签字后交回安全部。											
15												

图 10-354　安全隐患整改通知单

制作安全隐患整改通知单主要包括输入基本内容、设置单元格填充颜色等操作。

① 在输入基本内容时需要注意设置文字的对齐方式。

② 将标题文本的“字体”设置为“华文彩云”，将“字号”设置为 20 并加粗。

③ 设置单元格填充颜色为“蓝色，个性色 5，淡色 80%”。

实例 292　工伤事故报告表

难度系数：★★★　适用版本：全版本

技巧介绍： 工伤事故报告表简单地记录了工伤事故内容，包括发生时间、发生原因和受害人姓名等信息，如图 10-355 所示。

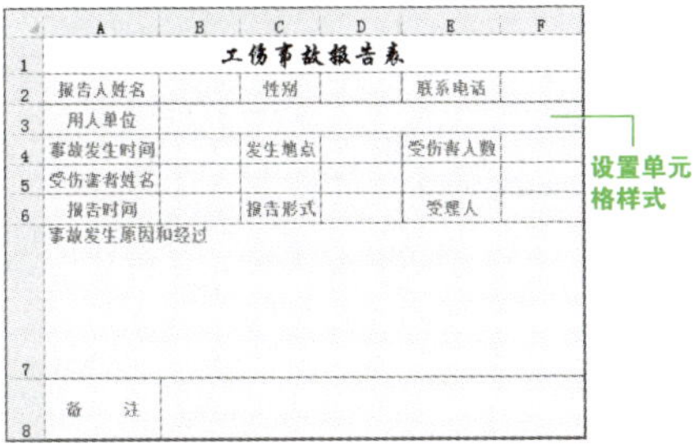

图 10-355　工伤事故报告表

制作工伤事故报告表主要包括输入基本内容、设置单元格样式等操作。

① 在输入基本内容时需要注意设置文字的对齐方式。

② 将标题文本的“字体”设置为“华文行楷”，将“字号”设置为 18。

③ 设置单元格样式为“计算”。

实例 293　工伤报告单

难度系数：★★★　适用版本：全版本

技巧介绍： 工伤报告单主要用于详细记录员工工伤事故，相当于工伤事故报告表的升级版。除工伤事故报告表中记载的内容外，还需要记录工伤级别、损失额等内容，如图 10-356 所示。

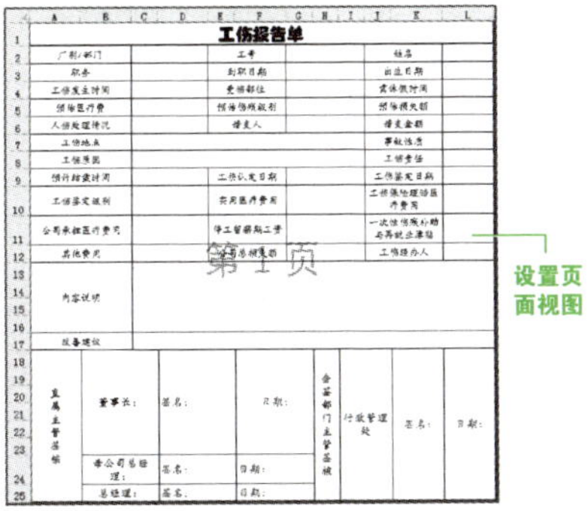

图 10-356　工伤报告单

制作工伤报告单主要包括输入基本内容、设置页面视图等操作。

① 在输入基本内容时需要注意设置文字方向。

② 将标题文本的“字体”设置为“华文琥珀”，将“字号”设置为 18，并设置表格基本内容“字体”为“楷体”，“字号”为 10.5。

③ 选择“视图”选项卡，将工作簿视图设置为“分页预览”，并利用“分页预览”视图调整报告单列宽，使表格内容全部显示在一页中。

实例 294　事故调查报告表

难度系数：★★★　适用版本：全版本

技巧介绍： 事故调查报告表着重调查事故的基本情况、事故引起的受伤类型、受伤部位，以及事故发生时员工正在进行的岗位工作等信息，并记录了事故调查人员，如图 10-357 所示。

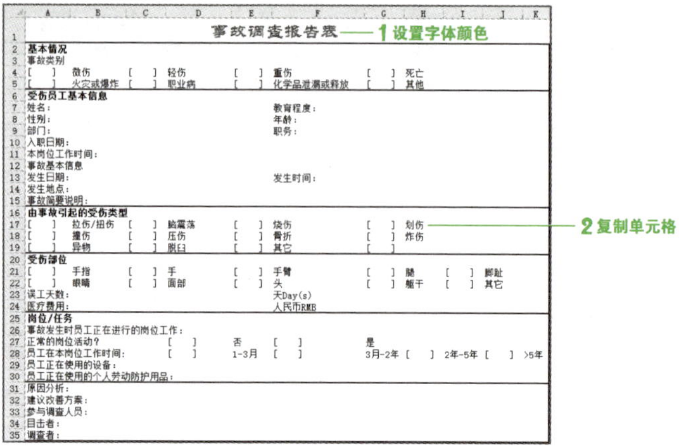

图 10-357　事故调查报告表 -1

制作事故调查报告表主要包括输入基本内容、复制单元格等操作。

① 将表格标题的“字体”设置为“华文隶书”，将“字号”设置为 22，并设置字体颜色为“红色”。

② 在输入基本内容“[　　]”时，先将其输入到一个单元格中，后直接复制该单元格，将大大减少输入工作量。并且该工作表中并没有合并单元格，而是将网格线隐藏，使其看起来更加整洁、美观。图 10-358 所示为未隐藏网格线的效果。

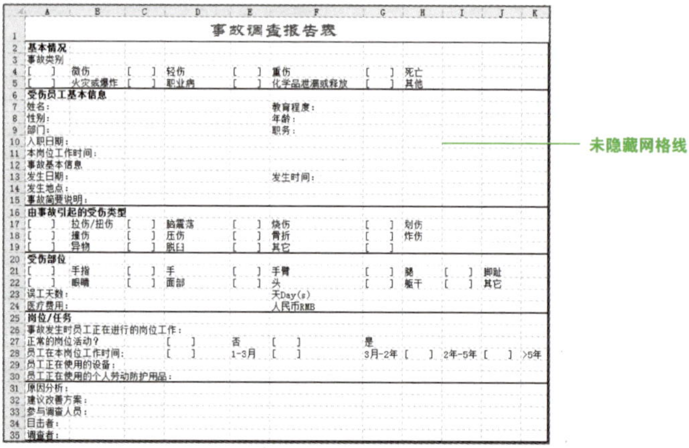

图 10-358　事故调查报告表 -2

实例 295　赔偿处理调查报告书

难度系数：★★★　适用版本：全版本

技巧介绍： 赔偿处理调查报告书主要根据事故调查结果整理而成，如图 10-359 所示。

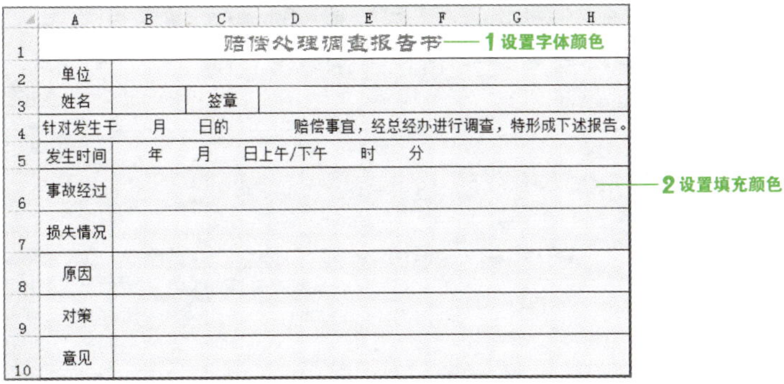

图 10-359　赔偿处理调查报告书

制作赔偿处理调查报告书主要包括输入基本内容、设置单元格样式等操作。

1 将表格标题的“字体”设置为“华文隶书”，将“字号”设置为 18，并设置字体颜色为“蓝色，个性色 1”。

2 设置 A2:H10 单元格区域的单元格样式为“浅蓝，20%－着色 5”，如图 10-360 所示。

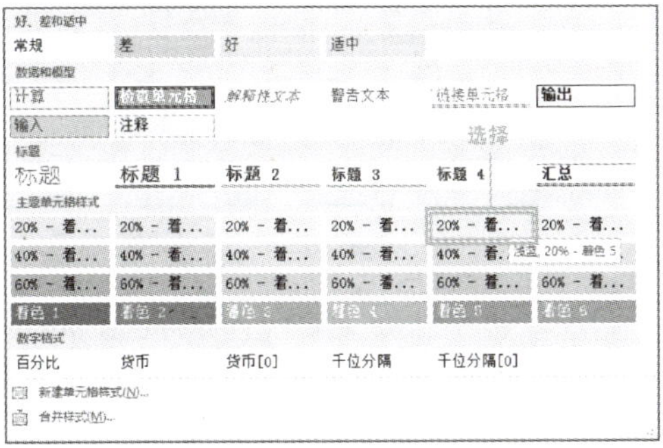

图 10-360　设置单元格样式

实例 296　健康体检流程图

难度系数：★★★　适用版本：全版本

技巧介绍： 健康体检流程表主要是利用 SmartArt 图形快速制作的流程图，条理清晰地展现出员工体检流程，如图 10-361 所示。

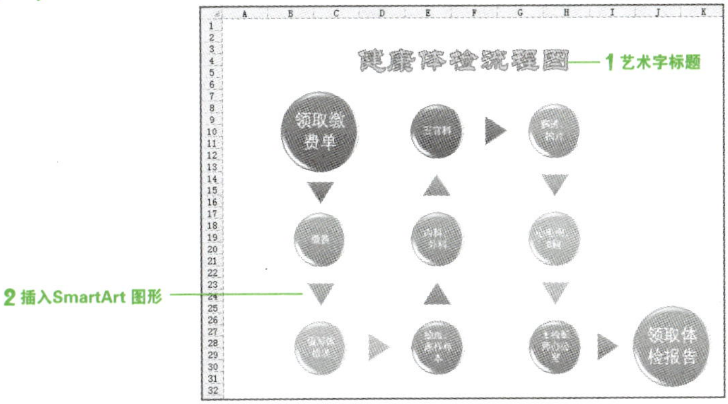

图 10-361　健康体检流程表

制作健康体检流程表主要包括制作艺术字标题、插入 SmartArt 图形等操作。

① 按照如图 10-362 所示选择艺术字样式并插入到工作表中，设置“字体”为“华文隶书”，“字号”为 36 并加粗。

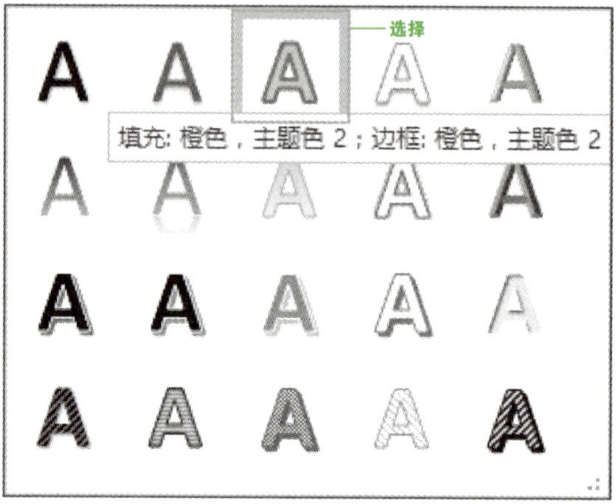

图 10-362　插入艺术字

② 选择“插入”选项卡，在“插图”组中单击 SmartArt 按钮，弹出“选择 SmartArt 图形”对话框，在左侧列表框中选择“流程”选项，从中部列表框中选择“环状蛇形流程”图形，如图 10-363 所示。

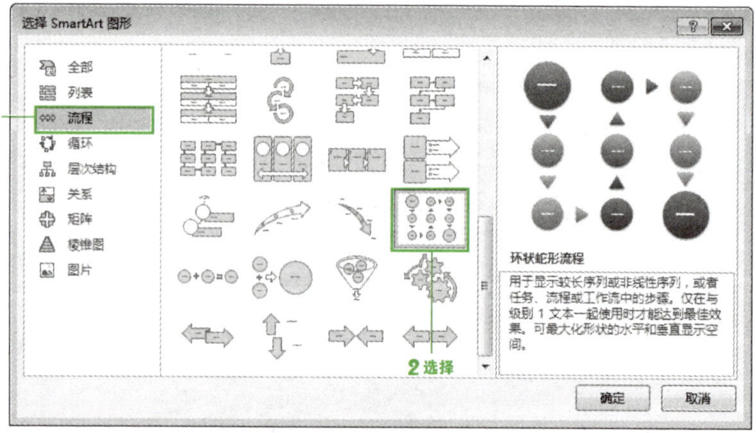

图 10-363　插入 SmartArt 图形

③ 右击右下角的圆形形状，在弹出的快捷菜单中选择“添加形状”命令，在子菜单中选择在后面或前面添加形状，如图 10-364 所示，并输入相关文本内容，按住【Shift】键调整 SmartArt 图形至合适的大小。

④ 选择“设计”选项卡，在“SmartArt 样式”组中单击“更改颜色”下拉按钮，从下拉列表框中选择“彩色，个性色”选项，继续单击“SmartArt 样式”组中的“其他”下拉按钮，设置样式为“优雅”，如图 10-365 所示。

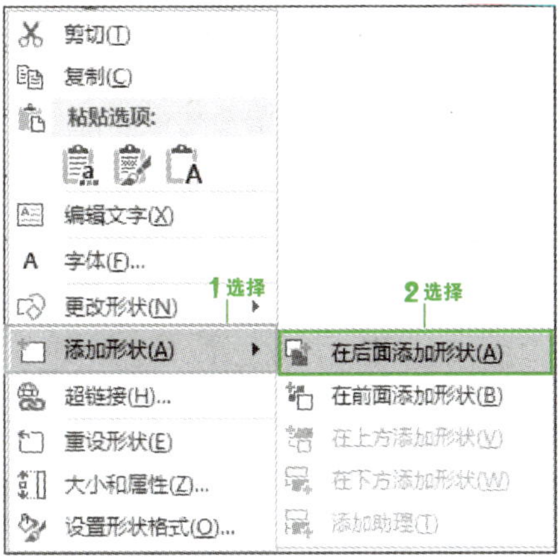

图 10-364　添加形状

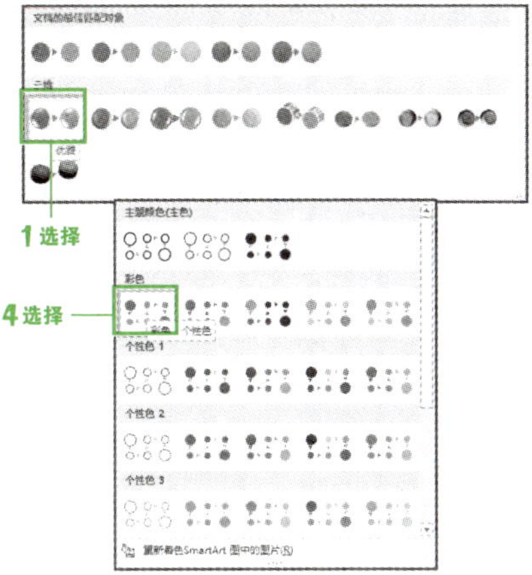

图 10-365　设置 SmartArt 图形样式

实例 297　员工健康水平分布图

难度系数：★★★★　适用版本：全版本

技巧介绍： 员工健康水平分布数据表主要用于记录员工的健康状态，从中统计各健康状态员工人数，依此制作员工健康水平分布图，如图 10-366 所示。

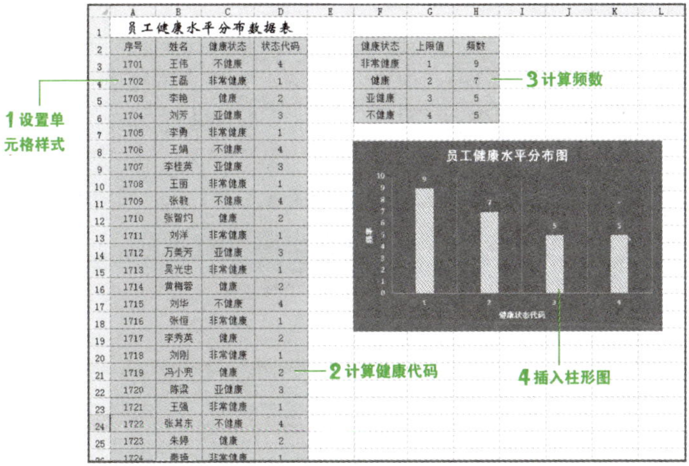

图 10-366　员工健康水平分布图

制作员工健康水平分布图主要包括输入基本内容、计算健康状态代码、计算频数和插入柱形图等操作。

❶ 将数据表标题的“字体”设置为“华文新魏”，将“字号”设置为 18，并设置单元格样式为“输入”。

2 选择 D3 单元格，在编辑栏中输入计算公式：=IF(C3=" 非常健康 ",1,IF(C3=" 健康 ",2,IF(C3=" 亚健康 ",3,4)))，按【Enter】键，并向下填充至 D28 单元格中，如图 10-367 所示，计算健康状态代码。

3 选择 H3:H6 单元格区域，在编辑栏中输入计算公式：=FREQUENCY(D3:D28,G3:G6)，按【Ctrl+Shift+Enter】组合键，计算员工数目，如图 10-368 所示。

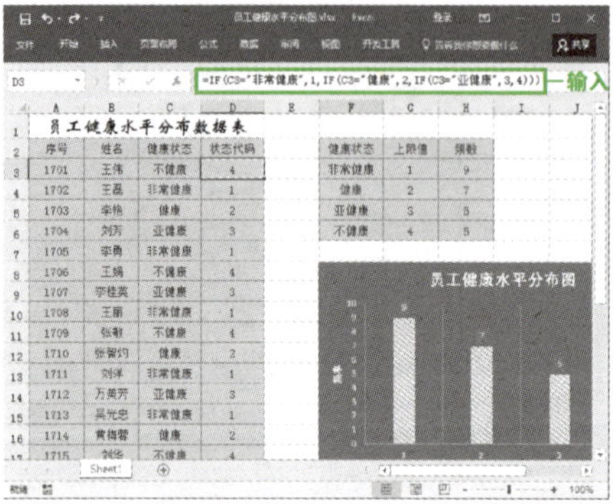

图 10-367 计算状态代码

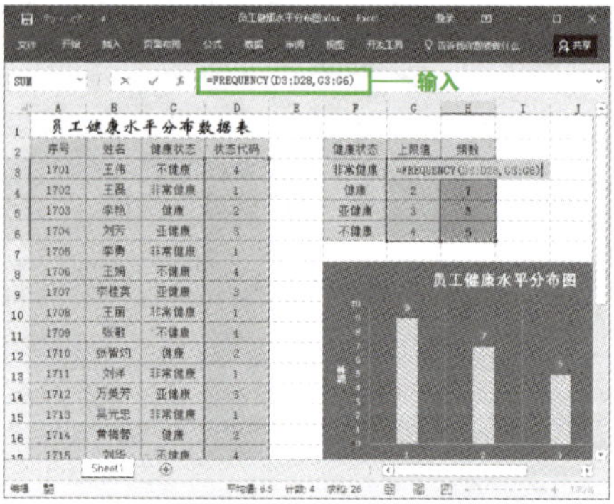

图 10-368 计算员工数目

4 选择 G3:H6 单元格区域，选择“插入”选项卡，在“图表”组中单击“插入柱形图或条形图”下拉按钮，选择“簇状柱形图”选项，在工作表中插入柱形图，并重命名图表标题为“员工健康水平分布图”。

5 右击插入的柱形图，在弹出的快捷菜单中选择“选择数据”命令，弹出“选择数据源”对话框，在“图例项（系列）”列表框中选择“系列 1”选项，单击“删除”按钮，设置图表数据源。单击“图表元素”按钮，选择“坐标轴标题”和“数据标签”复选框，取消选择“图例”复选框，并输入坐标轴标题。

6 选择“设计”选项卡，在“图表样式”组中单击“其他”下拉按钮，选择“样式 14”选项，如图 10-369 所示。

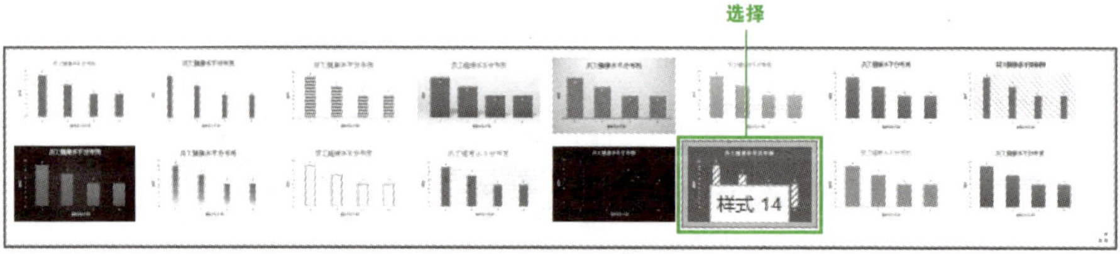

图 10-369 选择图表样式

技巧拓展

H3 单元格中的公式为数组公式。若要使用此公式返回单元格 H4、H5 和 H6 中的值，需要选中 H3:H6 单元格区域，按【F2】键，再按【Ctrl+Shift+Enter】组合键，否则，将仅返回 H3 单元格中的值。

Extra tip

实例 298　员工健康与工作环境关系图

难度系数：★★★　适用版本：全版本

技巧介绍： 员工健康与工作环境关系图主要利用散点图来表示员工健康与环境之间的关系，如图 10-370 所示。

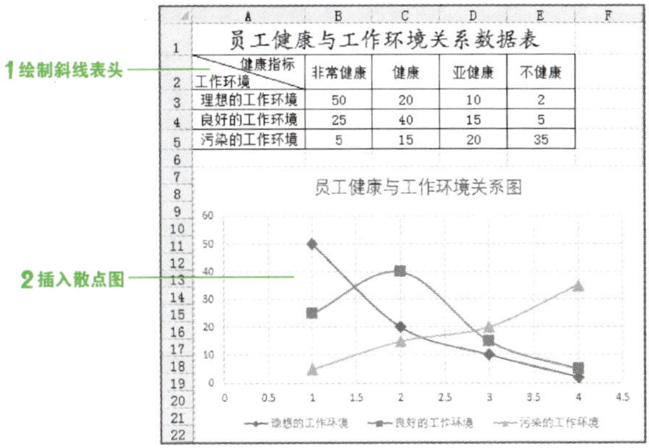

图 10-370　员工健康与工作环境关系图

制作员工健康与工作环境关系图主要包括制作斜线表头、插入散点图等操作。

① 将数据表标题的“字体”设置为“华文楷体”，将“字号”设置为 18，为 A2 单元格添加斜线边框，并利用空格和自动换行输入文本内容。

② 选择 A2:E5 单元格区域，选择“插入”选项卡，在“图表”组中单击“插入散点图（X、Y）或气泡图”下拉按钮，选择“带平滑线和数据标记的散点图”选项，如图 10-371 所示，在工作表中插入柱形图，并重命名图表标题为“员工健康与工作环境关系图”。

③ 双击系列“理想的工作环境”，打开“设置数据系列格式”窗格，选择“填充与线条”选项卡，激活“标记”选项组，单击“数据标记选项”下拉三角形，选择“内置”单选按钮，并设置数据标记的“类型”及“大小”，如图 10-372 所示。

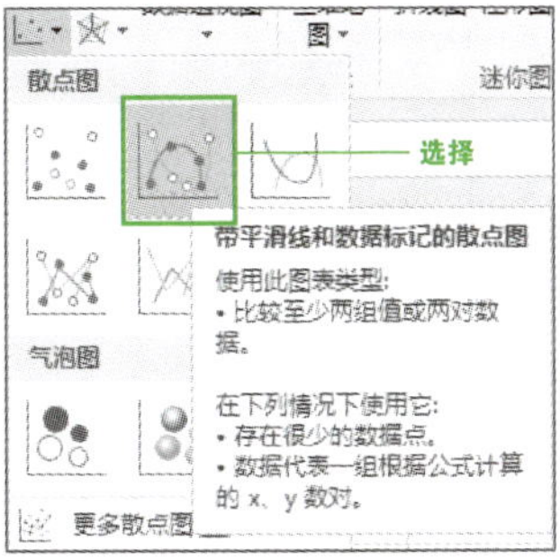

图 10-371　插入散点图

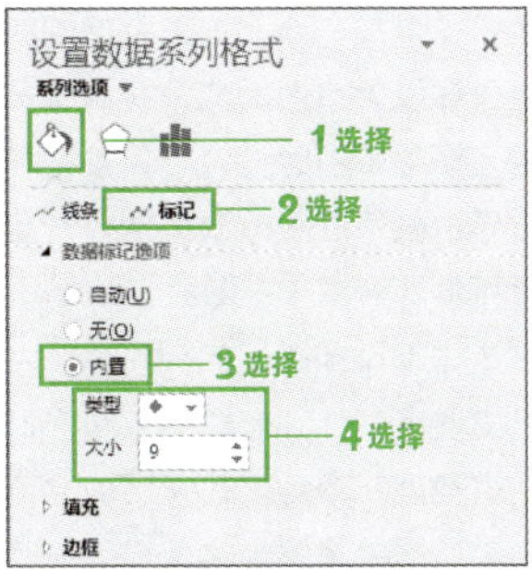

图 10-372　设置数据标记 -1

第1章 第2章 第3章 第4章 第5章 第6章 第7章 第8章 第9章 第10章

④ 按照相同的方法设置系列“良好的工作环境”与系列“污染的工作环境”的数据标签选项，如图 10-373 和图 10-374 所示。

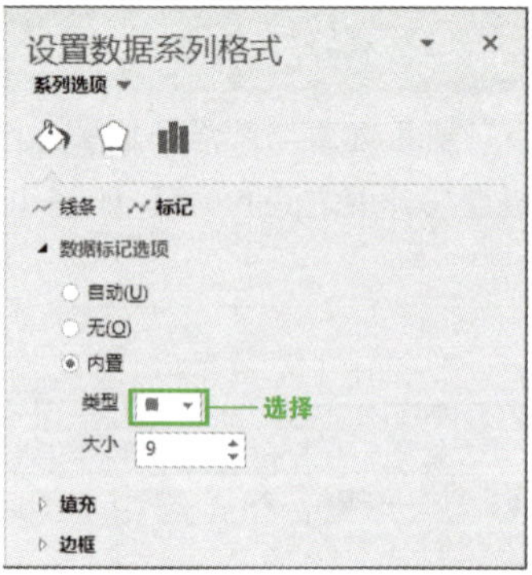

图 10-373　设置数据标记 -2

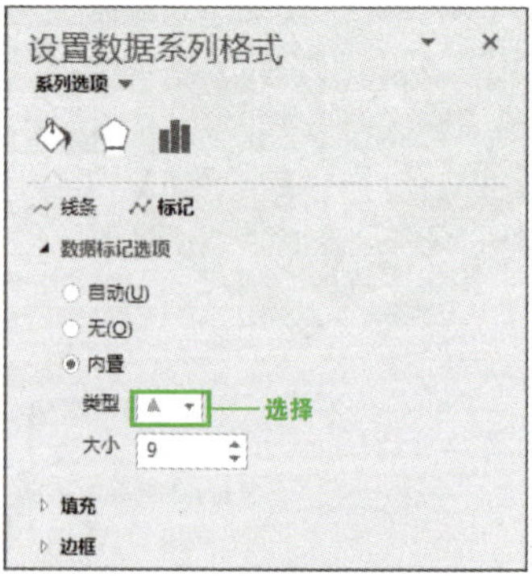

图 10-374　设置数据标记 -3

实例 299 员工健康与个人习惯关系图

难度系数：★★★　适用版本：全版本

技巧介绍： 员工健康与个人习惯关系图同员工健康与工作环境关系图类似，主要记录员工健康与个人习惯之间的关系，如图 10-375 所示。

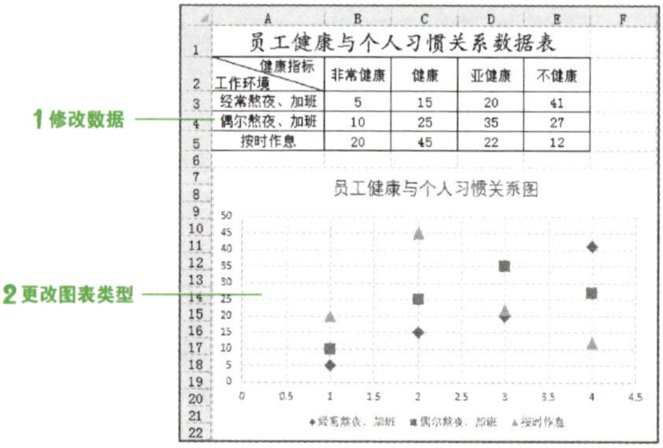

健康指标 / 工作环境	非常健康	健康	亚健康	不健康
经常熬夜、加班	5	15	20	41
偶尔熬夜、加班	10	25	35	27
按时作息	20	45	22	12

图 10-375　员工健康与个人习惯关系图

因为员工健康与个人习惯关系图同员工健康与工作环境关系图类似，在制作员工健康与个人习惯关系图时，可以直接在员工健康与工作环境关系图上修改数据，快速得到员工健康与个人习惯关系图。

为了表示两个图表之间的差异，右击修改的“员工健康与个人习惯关系图”，选择“更改图表类型”命令，在弹出的“更改图表类型”对话框中将图表类型修改为“散点图”，如图 10-376 所示。

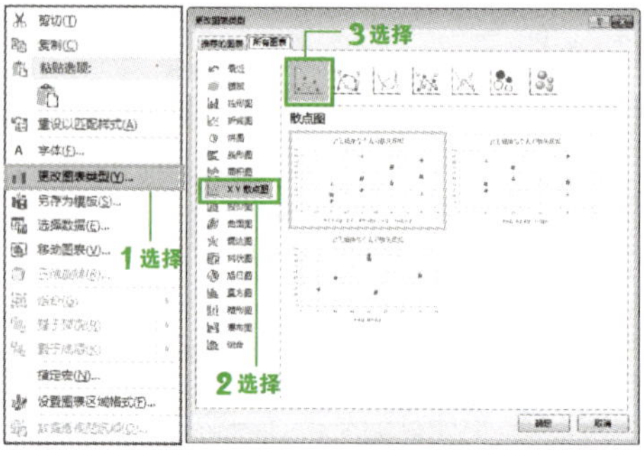

图 10-376　更改图表类型

实例 300　员工健康与晨运关系图

难度系数：★★★★　适用版本：全版本

技巧介绍：员工健康与晨运关系图主要利用气泡图反映员工健康状态与运动量之间的关系，如图 10-377 所示。

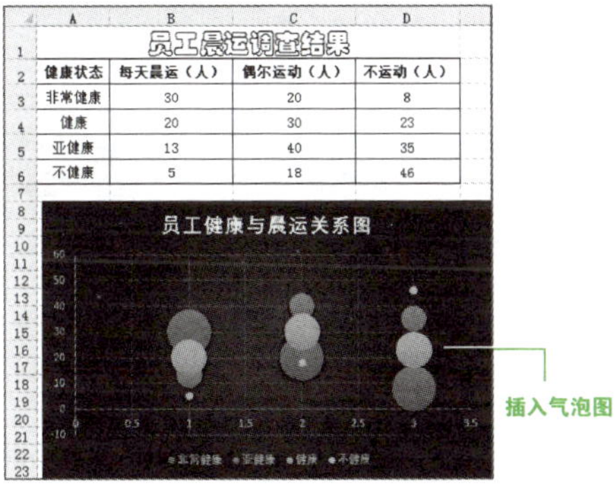

图 10-377　员工健康与晨运关系图

制作员工健康与晨运关系图主要包括输入基本内容、插入气泡图等操作。

❶ 将数据表标题的“字体”设置为“华文彩云”，将“字号”设置为 20。

❷ 选择 A2:D6 单元格区域，选择“插入”选项卡，在“图表”组中单击“插入散点图（X、Y）或气泡图”下拉按钮，选择“气泡图”选项，在工作表中插入气泡图，并重命名图表标题为“员工健康与晨运关系图”。

❸ 最开始插入的气泡图中只有“非常健康”与“亚健康”两种健康状态，选择“设计”选项卡，在“数据”组中单击“选择数据”按钮，弹出“选择数据源”对话框，在“图例项（系列）”列表框中选择“非常健康”系列，单击“编辑”按钮，弹出“编辑数据系列”对话框，设置“系列气泡大小”为“={30,30,30}”，如图 10-378 所示，单击“确定”按钮。按照相同的方法设置“亚健康”系列气泡大小为“={10,10,10}”。

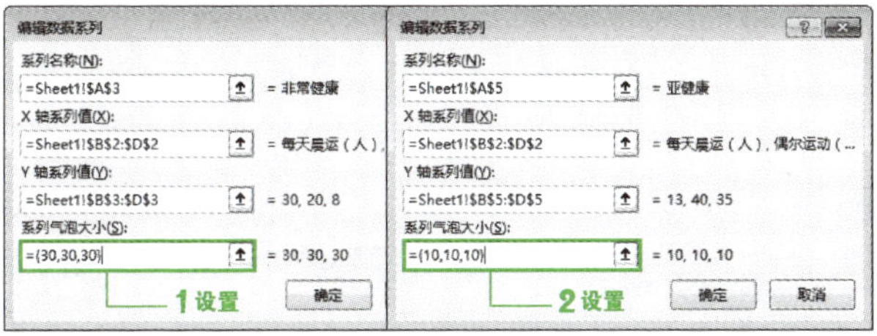

图 10-378　编辑数据系列

❹ 在“图例项（系列）”列表框中单击“添加”按钮，在弹出的对话框中设置“系列名称”为 A4 单元格，设置“X 轴系列值”为 B2:D2 单元格区域，设置“Y 轴系列值”为 B4:D4 单元格区域，设置“系列气泡大小”为“={20,20,20}”，如图 10-379 所示。按照相同的方法添加“不健康”系列数据。

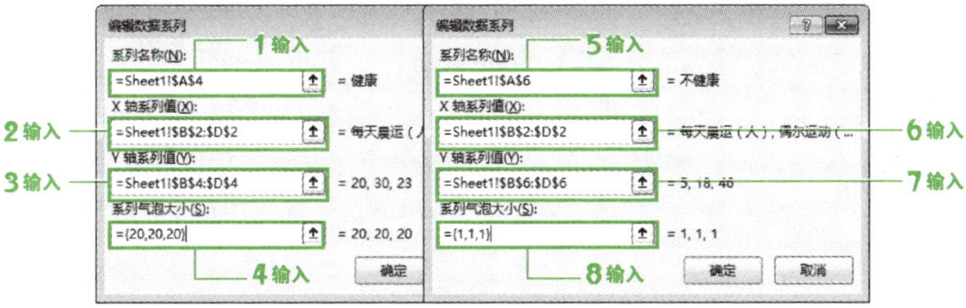

图 10-379　添加数据系列

⑤ 选择“设计”选项卡，在“图表样式”组中单击“其他”下拉按钮，选择“样式8”选项，如图10-380所示

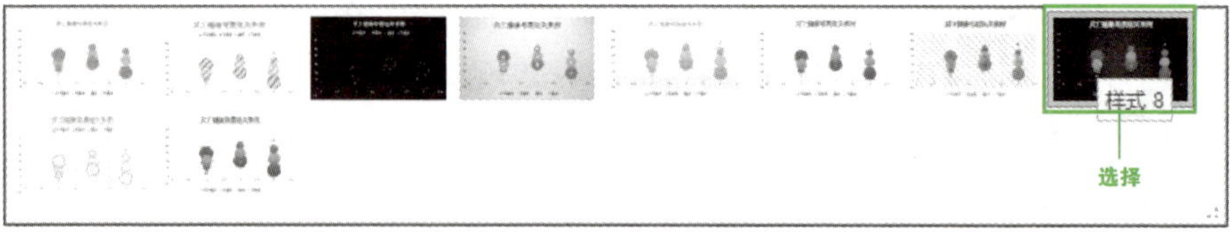

图10-380 设置图表样式

职场小知识

二八法则

简介： 分清主次，抓住问题关键，利用20%的时间创造80%的效益。

20世纪初，意大利统计学家、经济学家维尔弗雷多·帕累托偶然注意到19世纪英国人的财富和收益模式。在调查取样中，发现大部分财富流向了少数人手里。结合其他国家早期的资料，他从大量具体的事实中发现：社会上20%的人拥有80%的社会财富，在任何特定群体中，重要的因子通常只占少数，只要能控制具有重要性的少数因子，就能控制全局。这个原理经过多年的演化，进化成当今管理学界所熟知的二八法则——即80%的公司利润来自20%的重要客户，其余20%的利润则来自80%的普通客户。

人们常说“一分耕耘，一分收获”，二八法则却提供了另一种说法，它强调“一分耕耘，多分收获”，只需要抓住重点，便可以获取多数的成果。事实上，在人们的工作中，有80%的内容是单调的，实在很难靠这些事让自己与众不同。二八法则给人们的启示是，在工作和生活中，并不是付出多少就会得到多少回报，切忌胡子眉毛一把抓，而应分清主次、轻重、先后，做到抓重点、抓中心、抓关键，鼓励特殊表现而非赞美全面的平均努力，寻求捷径而非全程参与，选择性寻找而非巨细无遗地进行观察，专注于某个领域，在一个领域内做到出类拔萃，用最短的时间高质量地完成所要做的事情，这样才能提高工作效率，也才能创造出好的业绩。

在工作中，要想高效地创造价值，一定要懂得抓住主要矛盾、解决关键问题。要想有效地做好一件事情，做精一件事情，同样要懂得合理地分配时间，利用好最关键的资源，并做到重点出击、重点突破。10分钟是一个很短的时间，如果被用来考虑一天的大事时，它产生的作用却很大，这就是80%的结果来自20%的原因。所以将二八法则应用到生活中来，争取通过20%的时间创造出80%的效益，从而实现“四两拨千斤”的效果。